D1730243

REISE KNOW-HOW im Internet

Aktuelle Reisetipps und Neuigkeiten
Ergänzungen nach Redaktionsschluss
Büchershop und Sonderangebote
Weiterführende Links zu über 100 Ländern

www.reise-know-how.de
info@reise-know-how.de

Wir freuen uns über Anregung und Kritik.

Werner Lips
Taiwan

Wenn Freunde aus der Ferne zu Besuch kommen -
ist das nicht wahre Freude?

Konfuzius

Werner Lips
Taiwan

Impressum

Werner Lips
Taiwan

erschienen im
REISE KNOW-HOW Verlag Peter Rump GmbH
Osnabrücker Str. 79
33649 Bielefeld

© *Peter Rump* 1997, 1999
3., komplett aktualisierte Auflage 2003

ALLE RECHTE VORBEHALTEN

Gestaltung:
Umschlag: M. Schömann, P. Rump (Layout)
   G. Pawlack (Realisierung)
Inhalt: G. Pawlak (Realisierung)
Fotos: der Autor; Titelfoto: Werner Lips
Karten: der Verlag

Ausgeschieden

Lektorat (Aktualisierung): Barbara Bossinger

Bildbearbeitung: bkn Lithostudio GmbH, Bielefeld
Druck und Bindung: Fuldaer Verlagsagentur

Stadtbibliothek
Darmstadt

ISBN: 3-8317-1107-0

PRINTED IN GERMANY

Dieses Buch ist erhältlich in jeder Buchhandlung der BRD, der Schweiz, Österreichs, Belgiens und der Niederlande. Bitte informieren Sie Ihren Buchhändler über folgende Bezugsadressen:
BRD: Prolit GmbH, Postfach 9, 35461 Fernwald (Annerod) sowie alle Barsortimente
Schweiz: AVA-buch 2000, Postfach, CH-8910 Affoltern
Österreich: Mohr Morawa Buchvertrieb GmbH, Sulzengasse 2, A-1230 Wien
Niederlande, Belgien: Willems Adventure, Postbus 403, NL- 3140 AK Maassluis

Wer im Buchhandel trotzdem kein Glück hat, bekommt unsere Bücher auch direkt bei:
Rump-Direktversand,
Heidekampstr. 18, D-49809 Lingen (Ems) oder über
unseren *Büchershop im Internet: www.reise-know-how.de*

Alle Informationen in diesem Buch sind vom Autor mit größter Sorgfalt gesammelt und vom Lektorat des Verlages gewissenhaft bearbeitet und überprüft worden. Da inhaltliche und sachliche Fehler nicht ausgeschlossen werden können, erklärt der Verlag, dass alle Angaben im Sinne der Produkthaftung ohne Garantie erfolgen und dass Verlag wie Autor keinerlei Verantwortung und Haftung für inhaltliche und sachliche Fehler übernehmen. Die Nennung von Firmen und ihren Produkten und ihre Reihenfolge sind als Beispiel ohne Wertung gegenüber anderen anzusehen. Qualitäts- und Quantitätsangaben sind rein subjektive Einschätzungen des Autors und dienen keinesfalls der Bewerbung von Firmen oder Produkten.

Vorwort

Als Moses die Israeliten durch die Wüste führte, waren die chinesischen Gesetze weiser und ihr religiös-spirituelles Wissen wohl umfassender als in Ägypten oder in anderen Hochkulturen. Rad und Schubkarren benutzten die Chinesen tausend Jahre vor dem Westen, schon vor unserer Zeitrechnung wurden Kompass und Seismograph in China erfunden. Als die Bewohner der britischen Inseln sich noch die Körper blau färbten und mit Weidenkähnen auf den Flüssen fischten, kleidete man sich in China in feinen Seidengewändern, und es gab einen der weltoffensten Kaiserhöfe der Weltgeschichte. Bereits vor 2200 Jahren wurde mit dem Bau der chinesischen Mauer begonnen, und es war China, dessen Forscher Papier, Feuerwaffe, Hängebrücke oder Schwefelholz erfanden.

Ein Teil der Oberschicht dieses Volkes floh 1949 vor der Übermacht der Kommunisten nach TaiWan, errichte das Bollwerk der sogenannten „Republik China" und entwickelte sich in den folgenden Jahrzehnten zu einem der sogenannten „Tigerstaaten".

TaiWan – Republik China – verbindet man zunächst mit Massenprodukten wie Plastikspielzeug, Computern oder Hightech-Komponenten. Doch wurde das Eiland von den portugiesischen Seefahrern nicht zu Unrecht „Ilha Formosa", die wunderschöne Insel, genannt. Was viele Asienreisende nicht wissen: abseits der Industriezentren und Metropolen TaiWans lockt eine einzigartige subtropische Natur mit gewaltigen Marmorformationen, heißen Quellen, gigantischen Bergmassiven mit bis zu 4000 m Höhe, Seen, Stränden, kleinen Inseln – ideal zum Trekken oder Erholen. Die hervorragende Infrastruktur (öffentlicher Verkehr, Kommunikation) und eine breite Palette an Unterkünften machen TaiWan auch für Asien-Einsteiger und Familien interessant. Neben der Hauptinsel TaiWan werden auch die vorgelagerten Inseln und Inselgruppen wie die Pescadoren, die Orchideeninsel, die Grüne Insel oder die vor dem chinesischen Festland liegenden „Bastionen" KinMen und MaTzu beschrieben.

Um TaiWan und seine Bewohner besser zu verstehen, wird detailliert auf Geschichte und Kultur der Republik China eingegangen und die politischen Besonderheiten TaiWans im Gegensatz zu Rotchina dargestellt.

Der europäische Besucher TaiWans wird insbesondere von der Gastfreundschaft und Hilfsbereitschaft seiner Bewohner fasziniert sein. Den Zugang zu den freundlichen Menschen und ihrem Land möchte dieses Handbuch erleichtern.

Mehrere Erdbeben sowie ein dramatischer (positiver) innenpolitischer Wandel haben in den vergangenen Jahren sehr viel verändert – auch für den Reisenden. Diese Neuauflage berücksichtigt alle wesentlichen aktuellen Änderungen und soll auch diesmal mit bestmöglichen Informationen zu einer interessanten und erlebnisreichen TaiWan-Reise beitragen. Viel Spaß!

Werner Lips

Danksagung

Herzlichen Dank für alle Zuschriften von Reisenden mit Informationen, Anregungen und hilfreicher Kritik, insbesondere an:

H. Simon, S. Wagenbrenner, T. Falck, B. Stöter, S. Engelmann, D. Friedl, I. Rapold, K. Klug, J. Boxheimer, L. Richter, S. Volz, T. Kick, U. Schaffrath, C. Jelsen, M. Hother, K. Schulz, G. & H. Lubbe, B. & T. Rennfanz, R. Bochmann, S. Stabik, H. Aicher, R. Spil, D. Steinke, Prof. Dr. M. Malzahn, M. Kerscher, L. Moerl, R. Hoyer, T. Lorenz, C. Moser, C. Niemann, S. Herrmann, J. Altmann, N. Seel, J. Wilhelm & K. Schäfer, M. Kluge, Andrea Huber, K. Morgenstern, M. Westerbarkey, A. Landgraf, Theodor F., I. Tyrolph sowie in letzter Minute Herrn J. Seitz.

Inhalt

Praktische Tipps A-Z

Land und Natur

Staat und Politik

Mensch und Gesellschaft

Ortsbeschreibungen

TaiPei

Der Norden

Der Nordosten

Der Südosten

Der Süden

KaoHsiung

Der Südwesten

Der Nordwesten

Zentralbergland Nord

Zentralbergland Mitte

Zentralbergland Süd

Die Inselwelt

Anhang

Benutzerhinweise

Dieses Handbuch gliedert sich in drei Blöcke: *Praktische Hinweise* für eine Reise nach TaiWan, eine Einführung über *Land und Leute,* sowie die detaillierte Beschreibung der *Orte und Sehenswürdigkeiten.* Für jeden aufgeführten Ort gibt zunächst ein beschreibender Abschnitt dem Leser einen allgemeinen Überblick über alles Wissenswerte, ein zweiter Abschnitt bietet dann alle praktischen Informationen wie Unterkunft, Weiterreise usw. auf einen Blick. Für eine schnelle Orientierung wurden die meisten Legendenpunkte der Sehenswürdigkeiten aus den Plänen mit in den Text übernommen, sind mehrere Karten auf der Seite aufgeführt, wird zusätzlich auch auf die Seite verwiesen, z.B. ♣ 1 (Seite xy).

Ein informativer Anhang mit *Sprachhilfe, Glossar, Literaturhinweisen* und *Register* rundet das Buch ab.

Aussprache der Ortsnamen

TaiWan gehört zum chinesischen Kulturkreis und verwendet daher *Schriftzeichen* (Piktogramme).

In den touristischen Gebieten sieht man aber auch oft eine lateinische Umschrift, welche allerdings nicht mit der international üblichen „PinYin"-Schreibweise übereinstimmt, da TaiWan eine eigene Umschrift (angelehnt an das sogenannte Wade-Giles-System) entwickelt hat. Wichtige Eigen- und Ortsnamen wurden daher in Klammern zusätzlich mit der leichter und korrekter sprechbaren *PinYin-Umschrift* versehen, die Sprachhilfe im Anhang basiert gänzlich auf PinYin. Dies ist deshalb eine Erleichterung, da die *taiwanesische Umschrift* für verschiedene Aussprachen gleiche Schreibweisen verwendet („K" kann PinYin j, k oder g sein), PinYin dagegen eine echte Aussprachehilfe ist. Die auf TaiWan übliche Umschrift z.B. für Keelung („Kehlung") würde daher vermutlich nicht verstanden, wenn man sie so spricht. Der Benutzer sollte für die *Aussprache* die bessere PinYin-Umschrift beachten (JiLong), die der tatsächlichen Aussprache am nächsten kommt (siehe auch im Kapitel „Sprache" sowie im Anhang „Sprachhilfe").

Hinweisschilder und Wegweiser sind meist nur in chinesischen Schriftzeichen verfasst. Um dem Leser eine Hilfestellung zu geben, beginnt *die Umschrift* jedes einzelnen chinesischen Zeichens *im Buch* mit einem Großbuchstaben, zusammengehörende Begriffe werden dabei außerdem zusammengeschrieben,

---

z.B. TaiWan, TaiPei. Daran kann der Benutzer erkennen, dass der Ort „Yang-MingShan" aus drei, „TienHsiang" dagegen im Chinesischen aus zwei Zeichen besteht. Verwechslungen bei Begriffen wie „TiAn" (zwei Zeichen) und „Tian" (ein Zeichen) sind somit ausgeschlossen, an Wegweisern kann durch Zählen der Zeichen der Weg eher erkannt werden.

Für einige Eigennamen gibt es eine im Deutschen eingebürgerte, abweichende *Schreibweise.* So hat sich beispielsweise im Deutschen für taiwanesisch TaiPei (PinYin: TaiBei) die Schreibweise Taipeh durchgesetzt. Auch diese wird – sofern vorhanden – im Text bei erstmaliger Erwähnung in Klammern ergänzt. Englisch ist in offiziellen Broschüren und Ortsbezeichnungen weit verbreitet, daher wird gelegentlich auch die englische Bezeichnung von Sehenswürdigkeiten angegeben.

Namen von Restaurants oder Unterkünften, aber auch Namen von Straßen, in denen man ein bestimmtes Ziel findet, sind in der Randspalte *in chinesischen Zeichen zum Draufdeuten* geschrieben. Um die Zuordnung zu erleichtern ist dem Namen jeweils das Zeichen „中" (übrigens eine Vereinfachung des chinesischen Zeichens für „chinesisch") direkt vorangestellt.

Die Ortsnamen in den Überschriften werden in Klammern zusätzlich *wörtlich übersetzt,* da viele Namen einen Hinweis auf die geographische Lage beinhalten und der Leser zugleich einen kleinen Einblick in die blumige Namensgebung der Chinesen gewinnen kann.

Abkürzungen, Symbole und fremdsprachliche Ausdrücke

↗	siehe
Bbhf	Busbahnhof
CCIH	Central Cross Island Highway (East-West Coast Highway)
chin.	chinesisch
CKS	ChiangKaiShek (in geographischen Originalbezeichnungen, z.B. „CKS airport")
Do(rm).	Dormitorium (Schlafsaal)
DPP	Demokratische Fortschrittspartei (engl.: Democratic Progressive Party)
DZ	Doppelzimmer
EZ	Einzelzimmer
fan	Ventilator
KMT	KuoMinTang (GuoMinDang, chin.: nationale Volkspartei)
KPC	Kommunistische Partei Chinas
MRT	Mass Rapid Transit
NCIH	Northern Cross Island Highway
NPM	Nationalpalast Museum
NT$	Neuer TaiWan-Dollar
NV	Nationalversammlung
R.o.C	Republik China (engl.: Republic of China)
SB	Selbstbedienungsrestaurant
SCIH	Southern Cross Island Highway
TI	Tourist Information
VRC	Volksrepublik China
Wo/Fe	Wochenenden und Feiertage
YAC	Youth Activity Center

Was man unbedingt wissen sollte

Visum: Für EU-Bürger & Schweizer visafreie Einreise bis zu 14 Tagen; „Landing Visa" für einen Aufenthalt bis zu 30 Tagen sind bei der Einreise am CKS-Flughafen erhältlich (Foto erforderlich). Beide sind nicht verlängerbar. Verlängerbare Touristenvisa (2 Monate) werden bei den taiwanesischen Vertretungen in Europa i.d.R. zügig ausgestellt.

Dokumente: Pass und Flugticket sollte der Reisende auch als **Fotokopie** im Gepäck haben, um bei Verlust schneller einen Ersatz zu bekommen. Die Durchschläge bei **Geldumtausch** sowie die **Zollerklärung** müssen bis zur Ausreise aufbewahrt werden, um problemlos rücktauschen zu können.

Geld: Die nationale Währung, der New TaiWan Dollar (NT$) ist nicht frei konvertierbar. Gewechselt wird bei einigen lizensierten Banken sowie an den Flughäfen von KaoHsiung und TaoYuan (CKS-international). Ende 2002 lag der Wechselkurs bei rund 34,5 NT$ für 1 €. Ein- und ausgeführt werden dürfen bis zu 40.000 NT$.

Zeit: MEZ + 7 Stunden (MESZ + 6 Stunden).

Klima: subtropisch mit heißen Sommern, regenreichen Übergangsphasen und nasskalten Wintern, in den Höhenlagen mit Frost.

Impfungen: Wegen des in TaiWan hohen Hygienestandards ist keinerlei Impfung vorgeschrieben. Zu empfehlen ist lediglich die Tetanus-Impfung, Hepatitis-Impfung sowie die Mitnahme eines Malariamittels (z.B. Halfan), welches zur nachträglichen Erstbehandlung im Falle einer Infektion ausreichend ist.

Reisegepäck: Leichte Baumwollhemden/-blusen im Sommer, leichte Jacke im Winter. Leichte Jacke/Sweater für Bergland/Aircondition. Koffer nur für Geschäftsreisende, Individualtouristen nehmen besser einen Rucksack oder eine Tragetasche. Ein **Regenschutz** ist auf jeden Fall mitzunehmen.

Versicherungen: Reiserücktrittsversicherung und Gepäckversicherung können, eine Auslandskrankenversicherung sollte unbedingt abgeschlossen werden.

Praktische Tipps von A bis Z

An- und Rückreise, Ankunft am CKS-Airport

Bedingt durch die Insellage TaiWans kommt nur eine Anreise auf dem Wasser- oder Luftweg in Betracht. Wer viel Zeit mitbringt und eine insgesamt längere Asientour plant, kann auf die interessante Anreise per Passagierschiff von Macao oder Japan aus zurückgreifen.

Seeweg

Alle 14 Tage (sonnntags) pendelt eine Passagierfähre zwischen KaoHsiung und **Naha auf der japanischen Insel Okinawa,** von wo aus weitere Schiffsverbindungen zu japanischen Hafenstädten bestehen. Ebenfalls 14-tägig dienstags (abwechselnd mit KaoHsiung) fährt die Fähre ab KeeLung, die Rückreise ab Naha findet meist mittwochs, gelegentlich aber auch erst donnerstags oder freitags statt. Tickets für die 17stündige Überfahrt können auch hier bei Reiseveranstaltern oder direkt bei der Schiffslinie gebucht werden: für KeeLung-Naha in TaiPei (Yeung An Maritime Company, 11 RenAiLu, Sec 3, Tel: 02-7715911) oder KeeLung (gleiche Gesellschaft, Tel: 02-4248151), für KaoHsiung-Naha in KaoHsiung (gleiche Gesellschaft, Tel: 07-5510281).

Wer von Japan aus anreist, wendet sich an die Arimura-Line in Osaka (Tel: 06-5319269) oder direkt in Naha (Tel: 098-8640087). Der einfache Fahrpreis liegt – zu wählen ist zwischen 3 Klassen – bei ca. 80–110 € (KeeLung) und 90–130 € (KaoHsiung). Studenten mit internationalem oder chinesischem Studentenausweis erhalten in der dritten Klasse 25% Rabatt. Die Japan-Linie ist vor allem bei japanischen Studenten sehr beliebt, während der Sommermonate können daher Engpässe auftreten.

Die **Ausreisesteuer** von NT$ 300 wird auch bei Ausreise zur See fällig.

Luftweg

Noch vor wenigen Jahren gab es von Europa keine **Direktflüge** nach TaiWan, meist flog man über HongKong, eventuell auch über Singapur, Bangkok oder Manila. Mittlerweile ist, nicht zuletzt durch den regen Bedarf der Geschäftsreisenden, TaiWan hervorragend an das internationale Luftverkehrsnetz angebunden. Ohne Umsteigen bieten heute Lufthansa (Mittwoch und Sonntag abends) und die taiwanesische China Airlines (Montag und Donnerstag nachmittag) Direktverbindungen „nach TaiPei" (was nicht ganz stimmt, da der CKS-Airport ziemlich weit vom Zentrum TaiPeis entfernt liegt) an.

Natürlich gibt es zahllose **indirekte Verbindungen,** etwa mit Lufthansa oder Cathay nach HongKong, von dort mit Cathay oder China Airlines nach TaiPei oder KaoHsiung. Auch zahlreiche andere asiatische Gesellschaften bieten Flüge (mit Umstieg bzw. Stopover im jeweiligen Heimatflughafen) an.

Aufgrund der Visafreiheit für 14-tägige Aufenthalte (♫ Einreisebestimmungen) werden sich vermutlich **kürzere Trips** im Anschluss an eine China- oder Philippinenreise in Zukunft besonderer Beliebtheit erfreuen.

Der **Preis** eines TaiWan-Fluges ist wegen der großen Konkurrenz und des in den 1990er Jahren arg strapazierten Dollarkurses für Europäer recht günstig. Einig sind sich die meisten Gesellschaften stets zur Hauptsaison: ab 1.7. und vor Weihnachten werden die Preise erhöht, beim Buchen also immer nach geplanten Änderungen erkundigen! Während Geschäftsreisende meist aus Vielflieger-Bonusgründen mit Lufthansa reisen (Linienflüge kosten derzeit etwa 1900 €), haben Touristen die Möglichkeit, Billigtickets bei vielen kleineren Reisebüros zu kaufen (♫ Anhang).

Kombi-Flüge (sogenannte *Gabelflüge)* sind nur mit bestimmten Gesellschaften, abhängig von den Zielen möglich. So fliegt z.b. Singapore Airlines (wer es noch nicht weiß: eine der besten!) FFM (Frankfurt/Main) – Singapore – TaiPei – HongKong – Singapore – FFM (mit jeweils beliebig langem Stopover) für ca. 1300 € oder Thai Airways die Kombination FFM – Bangkok – HongKong – TaiPei – Bangkok – FFM, Philippine Airlines etwa FFM – Manila – TaiPei – Bangkok – FFM und, und, und …

Noch in Europa kann auch direkt **zu anderen Zielen in TaiWan** gebucht werden (KaoHsiung, HuaLien oder TaiNan, verbunden mit ca. 100 € Aufpreis), allerdings muss dann der nationale Flughafen (SungShan National Airport, TaiPei) vom CKS International angefahren werden.

Die einzige Ausnahmeregelung ist *KaoHsiung.* Hier besteht die Möglichkeit, direkt vom CKS-Airport als noch nicht immigrierter Transitreisender nach KaoHsiung zu fliegen, ohne mit Gepäck erst zum zwei Busstunden entfernten nationalen Flughafen fahren zu müssen. Mit China Airlines ist der Flug etwas mühsam, da die Europa-Linie bereits um 13:00 landet, ein Weiterflug mit CAL aber erst um 21:40 möglich ist. Zwei nationale Linien (EVA, TaiWan) bieten ebenfalls den 50-minütigen Flug CKS – KaoHsiung an, allerdings muss das Ticket bereits vorher gekauft werden (im Transitbereich des CKS-Airport gibt es keine Ticket-Schalter!). Genausogut kann die Rückreise auch von KaoHsiung aus angetreten werden. Dies gestaltet sich einfacher, da man sein Ticket für den internationalen Anschlussflug ab CKS-Airport abstimmen und direkt am Flughafen in KaoHsiung kaufen kann. Eine andere Möglichkeit, direkt nach KaoHsiung zu fliegen, besteht darin, bereits in Singapore, Bangkok, Manila, HongKong oder Macau in einen direkten Weiterflug nach KaoHsiung umzusteigen. Auch diese Varianten werden von hiesigen Reisebüros angeboten. (TI-KaoHsiung Airport, Tel: 07-8033063)

CKS-KaoHsiung			*KaoHsiung-CKS*		
EVA-Air	07:55	nur Di.	China-Airlines	06:30	Mo., Mi., Sa.
TaiWan	09:30	tgl.	TaiWan	10:00	tgl.
TaiWan	11:50	tgl.	China-Airlines	10:20	tgl.
China-Airlines	12:30	tgl.	TaiWan	13:40	tgl.
TaiWan	15:30	tgl.	China-Airlines	14:20	tgl.
TaiWan	19:30	tgl.	EVA-Air	16:30	tgl. außer Do.
China-Airlines	21:40	tgl.	TaiWan	16:50	tgl.
China-Airlines	22:30	Di., Fr., So.	EVA-Air	21:05	nur Di.
EVA-Air	22:45	tgl. außer Do.			

Wer per Flugzeug unmittelbar nach **TaiNan, KaoHsiung und den Pescadoren** möchte, sollte als Flugroute CKS-Flughafen – KaoHsiung – Pescadoren – TaiNan buchen, nicht TaiNan – Pescadoren – KaoHsiung. Vom CKS-Airport kann man direkt durchbuchen bis KaoHsiung, nicht aber nach TaiNan (man müsste dann erst zum nationalen Flughafen nach TaiPei, was viel Zeit kosten kann).

Praktische Tipps

Bei der Abreise (ins Ausland) wird eine *Flughafensteuer* von 300 NT$ erhoben (oft bereits im Ticketpreis enthalten), Inlandsflüge sind steuerfrei.

CKS-Airport

Da die meisten Reisenden am CKS-Airport ankommen, einige Hinweise zu den Besonderheiten am Flughafen. Nach meist langem Flug ist man oft übermüdet und neigt leicht dazu, etwas Wichtiges zu übersehen. Nach Erledigung der Einreiseformalitäten und des Zolls läuft man einem sehr wichtigen Punkt fast in die Arme: der (kostenlosen) *Hotelreservierung* in der Ausgangshalle. Die englischsprachigen Damen machen Vorschläge jeder Preisklasse und rufen im gewünschten Hotel an, schreiben die Anschrift in chinesischen Zeichen auf und zeigen den Weg zum Bus. Allerdings sollte man sich selbst genau davon überzeugen, wo die Vorschläge tatsächlich liegen, da es vorkommen kann, dass einem wegen der Größe der Städte und Regionen ein Hotel 50 km außerhalb des eigentlichen Zieles vorgeschlagen wird.

Der *Wechselkurs* des NT$ ist überall im Lande nahezu gleich, daher kann unbesorgt gleich am Flughafen getauscht werden.

Bevor man zum Bus läuft, sollte man auch noch die *Info-Schalter* (Tel: 03-3892194/3834631) für Stadtplan, Veranstaltungskalender usw. aufsuchen.

Der Flughafen liegt an der NW-Küste bei TaoYuan und bietet eine ausgezeichnete Verkehrsanbindung an TaiPei und andere Regionen, so dass TaiPei nicht um jeden Preis angelaufen werden muss. Die folgende Übersicht zeigt die *Busverbindungen* ab CKS-Airport:

von CKS nach	erster Bus tgl.	letzter Bus tgl.	Fahrzeit	Preis	Anzahl täglich
KaoHsiung	13:30	13:30	4h10'	NT$ 530	1
PingTung	14:50	14:50	4h30'	NT$ 570	1
ShaLu	13:00	13:00	3h	NT$ 230	1
TaiPei-Stadtflughafen	07:10	23:50	1h (mind.)	NT$ 128	50 (alle 20 min)
TaiChung	10:30	23:00	2h30'	NT$ 250	13
TaiNan	15:00	15:00	3h30'	NT$ 480	1
TaiPei Mitte	06:45	00:30	1h (mind.)	NT$ 128	70 (alle 15 min)

Wichtigster *Expressbus* (neben denen nach TaiPei) ist der nach TaiNan. Die Abfahrtszeit ist bei Flug mit China Airlines von Frankfurt kommend ideal: Landung gegen 13:00. Diese Ankunftszeit wird knapp (mit Handgepäck aber nicht unmöglich!) für den Direktbus nach KaoHsiung (13:30). Wer ihn nicht erreicht, nehme den nach PingTung (liegt 20 km östlich von KaoHsiung an der Bahnlinie in die Stadt), dessen Abfahrtszeit um 14:50 auf jeden Fall ausreichen sollte.

Neben den Expressbussen gibt es eine Reihe von *Linienbussen* aus dem und in das Umland des CKS-Airports. Insbesondere vor dem Abflugtag ist die Linie von Chung-Li/TaoYuan zum Flughafen für Touristen wichtig (⌐ ChungLi bzw. TaoYuan), da von dort aus Attraktionen wie „Window on China" oder „Leofoo Safari-Park" leicht erreichbar sind.

CKS International Airport

In beiden Orten besteht **Bahnanbindung nach TaiPei,** was auch schon nach der Ankunft genutzt werden könnte (Bus ca. 38 NT$, Bahn 70 NT$).

Taxis nach TaiPei kosten etwa 1200 NT$, man sollte diesen Preis als Fixum anbieten. Die Taxameter laufen in einer Kombination aus Zeit und Entfernungsmessung, immer zum Nachteil der Kunden. Staus (und die sind häufig) kosten also sinnlos Geld. Nach TaoYuan sollte man mit 400 NT$, nach ChungLi mit 500 NT$ für ein Taxi rechnen.

In Asien ist es weitgehend üblich, auch bei bezahlten und eindeutig gebuchten internationalen Rückflügen (auch wenn dies in Europa getätigt wurde) mindestens 3 Tage vor der Rückreise den Flug **rückzubestätigen** *(reconfirm).* Hierzu muss man entweder persönlich (sicherer) oder telefonisch die jeweilige Fluggesellschaft informieren, dass es aus der Sicht des Reisenden beim genannten Termin bleibt. Es empfiehlt sich, der Fluggesellschaft die Telefonnummer der Unterkunft zu hinterlassen, da der Fluggast bei nachträglichen Änderungen des Flugplanes informiert werden kann. Für telefonische Rückbestätigungen sind die aktuellen Nummern der Fluggesellschaften auf TaiWan im Flugmagazin an Bord verzeichnet (notieren) bzw. in den Ortsbeschreibungen dieses Buches aufgelistet. Selbstverständlich ist es sehr praktisch, besonders bei Kurzaufenthalten noch direkt am Flughafen den Rückflugtermin rückzubestätigen. Es empfiehlt sich trotzdem, zwei bis drei Tage vor dem Abflug nochmals bei der Gesellschaft anzurufen.

Der CKS-Flughafen ist **nachts geschlossen,** so dass keine „Übernachtung" am Flughafen möglich ist. Auch beim frühesten Flug am Morgen darf sich kein Reisender über Nacht in den Wartehallen aufhalten.

Hat ein Abflug Verspätung oder der Reisende noch ein paar Stunden Zeit, kann man das **Luftfahrtmuseum** beim 2 km entfernten Flughafenhotel besuchen. Leider gibt es keinen Fußweg und keine Busverbindung, man muss an der Hauptstraße entlang gehen. Es ist täglich außer montags von 9:00–16:30 Uhr geöffnet und kostet 50 NT$ Eintritt.

Zukunftspläne – Anreise zu Land

Es mag wie eine Satire klingen, aber langfristig ist in der Tat die Anreise nach TaiWan sogar auf dem Landweg möglich. Zwischen TaiWan und dem Festland der Volksrepublik China wird nämlich ein 144 km langer (!) Tunnel gebaut werden, der den britisch-französischen Kanaltunnel um ein vielfaches übertreffen wird. Die Kosten für den Tunnel zwischen HsinChu (Nordwest-TaiWan) und PingTan (Festlandsprovinz FuJian/Fukien) sind derzeit mit umgerechnet 160 Milliarden Euro veranschlagt, mit der Fertigstellung wird etwa um 2025 gerechnet. Primär ist eine Eisenbahnverbindung geplant, welche die Reisezeit auf unter 2 Stunden verkürzt und die Inselrepublik verkehrstechnisch direkt an die Volksrepublik anbindet.

Die Inangriffnahme eines solchen Projektes birgt zum jetzigen Zeitpunkt vor allem eine politische Dimension: Nach der problemlosen Eingliederung HongKongs am 1.7.1997 und der voraussichtlich ebenso unproblematischen Eingliederung Macaus am 20.12.1999 in die Volksrepublik bemüht sich das chinesische Führungsduo Zhu-RongJi/JiangZeMin um die „Rückkehr TaiWans in das Mutterland", wobei HongKong und Macau als Musterbeispiele für das Funktionieren des chinesischen Sonderweges „ein Land, zwei Systeme" (⌀ Politik) dienen. Aus diesem Grund wurden Verhandlungen über direkte Flugverbindungen nach TaiWan aufgenommen, oder eben dieses langfristige Tunnelprojekt beschlossen.

Wirtschaftspolitisch ist dieses Projekt auch in einem direkten Zusammenhang mit der Idee Pekings zu sehen, eine gigantische südchinesische Metropole mit unvorstellbarer Wirtschaftskraft zu schaffen: GuangZhou (Kanton), Macau und HongKong sollen zu einer 50 Millionen Menschen Giga-Metropole zusammenwachsen (derzeit werden entsprechende Schnellbahnen gebaut und moderne Siedlungen in den Zwischenräumen aus dem Boden gestampft), dann die ebenfalls starke Nachbarprovinz FuJian – und eben TaiWan an „Gigapolis" angelehnt werden.

Arbeiten und Wohnen in TaiWan

Arbeiten

Wer in TaiWan arbeiten möchte oder dorthin gesandt wird, muss zunächst eine **Arbeitserlaubnis** beantragen sowie ein entsprechendes Visum (⌀ Einreisebestimmungen). Da TaiWan nach Auffassung vieler Staaten (u.a. der BRD) nicht als Staat existiert, sondern nur ein Teil „Gesamt-Chinas" ist und keine Doppelbesteuerungsabkommen mit europäischen Nationen vereinbart sind, müssen einige Besonderheiten beachtet werden. Zwei Faktoren spielen bei Visa/Arbeitserlaubnis und Besteuerung eine Schlüsselrolle: Dauer des Aufenthaltes und Art der Vergütung.

Besteuerung

Grundsätzlich muss daher zunächst eine Arbeitserlaubnis *(working permit)* beantragt werden, dann ein Visum anhand der geplanten Aufenthaltsdauer. **Unter 90 Tagen** unterliegen alle Einnahmen, die in TaiWan ausgezahlt werden, dem taiwanesischen Fiskus – man lasse sich in diesen Kurzzeitfällen tunlichst nichts vor Ort auszahlen, sondern daheim. Von **91 bis 182 Tagen** werden die in TaiWan erzielten Einkünfte (unabhängig vom

Ort der Auszahlung) der Steuer unterworfen. Beide Varianten sind nur beschränkt steuerpflichtig (derzeit 20% Pauschalabzug), es muss keine komplizierte Steuererklärung in TaiWan abgegeben werden.

Wer **mehr als 182 Tage** in TaiWan arbeitet oder hier einen festen Wohnsitz hat, ist unbeschränkt steuerpflichtig: im Ausland fortgezahlte oder von einem ausländischen Unternehmen überwiesene Gehälter bleiben zunächst ungekürzt, die Steuern fallen erst mit der Steuererklärung am Jahresende an. In TaiWan von einem taiwanesischen Unternehmen ausgezahlte Gelder werden indes sofort besteuert. Daraus resultiert das Problem, dass ein „Gastarbeiter" für 7 Monate sowohl in TaiWan als auch in Deutschland – wo das weltweit erzielte Einkommen besteuert wird – unbeschränkt steuerpflichtig ist. Am einfachsten ist in einem solchen Fall die offizielle Abmeldung des Wohnsitzes in Deutschland für die Dauer des Arbeitseinsatzes.

Bleibt der Arbeitnehmer bei dem entsendenden Unternehmen durchgehend weiter angestellt und dauert die Entsendung länger als drei Monate, kann auch eine **Befreiung von der deutschen Steuer** („Auslandstätigkeitserlass") erreicht werden – allerdings unterliegen die ausländischen Einkünfte dann immer noch dem Progressionsvorbehalt. Wer in Deutschland mehr als 20% Steuern bezahlt, kann folglich ein Geschäft machen, indem er sich hier abmeldet und gleichzeitig in TaiWan nur als beschränkt steuerpflichtig (20%) eingestuft wird.

Prinzipiell gilt ferner, dass alle Geldleistungen (Zuschüsse, Kaufkraftausgleich usw.) ebenfalls unter die taiwanesische Besteuerung fallen, nicht aber **Sachleistungen** des Arbeitgebers wie Wohnung (sofern im Eigentum des Arbeitgebers stehend), Wagen, Mobiliar, Sprachkurse usw. Diese Kosten kann der Arbeitgeber in TaiWan wiederum steuerlich geltend machen. Beide Seiten sollten daher möglichst oft Sachleistungen als Vergütung vereinbaren. **Lohnnebenkosten** wie Renten- und Sozialversicherungsbeiträge muss der Arbeitnehmer nicht versteuern, der Arbeitgeber dagegen kann auch diese steuerlich geltend machen.

Wohnzimmer mit Balkonzugang

Der in TaiWan unbeschränkt Steuerpflichtige kann vor der Besteuerung seiner Geldeinnahmen einige *Freibeträge* geltend machen, abhängig von Anzahl der Familienmitglieder und Veranlagungsart, der verbleibende Rest wird mit 40–60% versteuert.

Arbeitsuche

Die *Arbeitslosenquote* in TaiWan ist sehr gering (unter 2%), so dass auch die Chancen bei einer Arbeitsuche erst im Land nicht schlecht stehen. Freilich spielen dabei die eigene Qualifikation und chinesische Sprachkenntnisse eine wichtige Rolle, ebenso eventuelle *KuanHsi (GuànXi,* Beziehungen).

Das WaiChiaoPu (WàiJiāoBù, Ministry of Foreign Affairs, KueiYangLu 1, TaiPei) verfügt über ein Verzeichnis von Stellen bzw. Anfragen taiwanesischer Firmen für ausländische Spezialisten. Häufig handelt es sich um *Übersetzer-Jobs* (Bedienungsanleitungen, Faxverkehr mit dem Ausland) und technische Fachaufgaben (Computer, Elektrotechnik). Manche taiwanesische Firma „leistet" sich einen Ausländer auch aus Prestigegründen, Internationalität hebt das Ansehen im eigenen Land. Amerikaner haben dabei meist ein Heimspiel (aus sprachlichen Gründen und historischer Dankbarkeit für die lange Treue der USA zur R.o.C.), kulturell stehen allerdings Europäer höher im Kurs.

Allerdings muss man sich darüber im klaren sein, dass man mit Unterzeichnung bei einer taiwanesischen Firma seine Seele verkauft hat; die bis dahin geltende höfliche Gleichrangigkeit weicht oftmals einem *strikten Befehlssystem* – „ich zahle, du gehorchst". Dies mag überspitzt klingen, doch muss man Gedanken wie „Mutterschutz", „Krankengeld", „unzumutbar" usw. von vornherein fallenlassen.

Englischunterricht

Ein beliebtes Zubrot für Studenten sind die Englischstunden an jedermann. Die Taiwaner sind erpicht auf Englisch, aus geschäftlichen Gründen, aus Gründen beabsichtigter Auswanderung oder nur um selbst als international und gebildet zu gelten. Oft werden schon drei-, vierjährige Kleinkinder zum Privatunterricht angehalten. Organisatorisch ist das Ergattern von Stunden recht simpel: man wendet sich an eine *PuShiPan (Bù-ShìBān,* Nachhilfeschule) oder ein Language Center und los geht's. Frauen haben dabei zumeist große Vorteile, sie werden von den meisten Lernenden bevorzugt, da westliche Lehrer häufig als „Zuchtmeister" eingeschätzt werden. 600–800 NT$ pro Doppelstunde sind die Regel, es sei aber eindringlich darauf hingewiesen, dass nur Besitzer eines Permanent Resident Visa mit Alien Resident Certificate Arbeit aufnehmen dürfen. Außerdem sind viele Institute und PuShiPans illegal, werden also ohne Genehmigung betrieben. Daher werden „Lehrer" von den Instituten denn auch meist direkt zum Heim der Schüler geschickt, der Unterricht also nicht in der „Schule" gehalten. Französisch ist gelegentlich, Deutsch selten gefragt. Diese sogenannten „Teaching-Jobs" waren lange Zeit der einzige Grund für Traveller, nach TaiWan zu kommen und führten zu großem Ärger mit den Behörden (mit der Folge, dass Visaverlängerungen aus „touristischen" Gründen praktisch nicht mehr gewährt werden), sie sind aber für den normalen Studenten vor Ort absolut notwendig; Studenten sollten in ihrer Uni/Lehranstalt in TaiWan andere ausländische Kommilitonen befragen und täglich die „schwarzen Bretter" inspizieren.

Legal ist übrigens der sogenannte *Sprachaustausch* (language exchange, ⊅ Studium in TaiWan).

Mangelnde Fremdsprachenkenntnisse werden inzwischen auf TaiWan offen bemängelt mit der Folge, dass nunmehr Erleichterungen der Arbeitsaufnahme u.a. auch für *„Sprachinstruktoren"* im Gespräch sind.

Wohnen

Wer einen Job hat, möchte natürlich auch irgendwo wohnen. Aus kulturellen und prakti-schen Gründen (Familienzusammenhalt, Platznot, hohe Mietpreise usw.) gibt es in Tai-Wan – von einigen exquisiten Sonderfällen abgesehen – eine recht einheitlich ge-schnittene **Wohnungsform.** In eine Wohnung (egal ob Hochhaus oder kleinerer Wohn-block) gelangt man vom Treppenhaus durch die Wohnungstür und von dort – auf den Bal-kon! Dann erst wird durch eine doppelte Schiebetür (eine aus Glas, welche tagsüber geöffnet bleibt, die zweite aus Moskitonetz) ein großer, gemeinsamer Wohnraum betre-ten, von dem aus dann Bad, Küche und meist zwei bis drei kleine Schlafräume zu errei-chen sind. Das Leben spielt sich in diesem atriumartigen Wohnraum ab, wo Fernseher, Sitzmöbel usw. stehen. Die Fenster und der Balkon sind häufig aus Angst vor *HsiaoTous (XiǎoTóu,* wörtlich: kleiner Kopf = Dieb) mit schweren Eisenstäben vergittert.

Optimal wäre es natürlich, wenn der Arbeitgeber die **Wohnungssuche** übernähme; auch eine entsprechende Bitte an einen taiwanesischen Bekannten/Geschäftspartner kann hilfreich sein. Die in den englischsprachigen Zeitungen angebotenen Quartiere sind meist recht teuer, günstigere Angebote sind aus den Anschlägen an Telefonsäulen und den schwarzen Brettern der Universitäten zu entnehmen. Entscheidend für den Preis sind: Baujahr, Ausstattung (möbliert, Klimaanlage usw.) und Lage. Günstig sind Fried-hofsnähe (z.B. Bezirk ChingMei) und generell der dritte Stock. Da in TaiWan das Erdge-schoss der erste Stock ist, zählt unser dritter Stock dort als vierter. Die Zahl vier *(szu)* ist aber lautgleich mit dem Wort für „sterben" und in ganz China eine Unglückszahl. Man wird daher des öfteren in älteren Gebäuden mit Lift vergeblich den Knopf für den vierten Stock suchen, auf den dritten folgt gleich der fünfte!

Mietpreise

Mietschnäppchen beginnen bei 12.000 NT$, normal sind 20.000–25.000 NT$ für eine Wohnung, Zimmer sind schon ab 5000 NT$ zu haben. Wer großes Glück hat und schnell ist, findet auch Anschläge wie: „Biete kostenlose Unterkunft gegen Englisch-unterricht (2 St. tgl.)".

Innenhof eines älteren Wohnblocks

Rund ums Wohnen

Ist das Wohnungsproblem gelöst, sind noch ein paar Kleinigkeiten zu beachten. Viele Gebäude sind illegal, ein **Vertrag** wird dann nur mündlich geschlossen. **Nebenkosten** wie Strom, Telefon usw. werden direkt vom Dienstleister abgerechnet (Rechnung kommt per Post) und brauchen nicht neu beantragt zu werden. Eine „Zwischenabrechnung" bei Mieterwechsel gibt es meist nicht.

Viele Küchen haben keinen Herd, sondern einen zweiflammigen **Gaskocher,** der mittels transportabler Propangasflaschen betrieben wird. Die Gasflaschen werden ins Haus geliefert, in jedem Bezirk befinden sich Lieferanten, die auf Anruf binnen weniger Minuten mit dem Moped kommen und neu gegen alt tauschen (Barzahlung). **Starkstrom** steht nur für die Klimaanlage an der Innenwand zum Balkon unterhalb der Decke zur Verfügung. An dieser Dose darf nichts anderes betrieben werden. Ansonsten werden US-amerikanische zweipolige Flachstecker-Steckdosen zu 110 Volt benutzt.

Alle **Rechnungen** (Strom, Telefon, Miete usw.) werden meist alle zwei Monate bezahlt, selten monatlich.

Für den **Umzugstransport** oder die Verschickung größerer auf TaiWan erworbener Einrichtungsgegenstände sind im Kapitel „Einkäufe" einige der vor Ort vertretenen Spediteure genannt.

Ausrüstung

Die Ausrüstung für eine Reise nach TaiWan ist von drei Dingen abhängig: der Reisezeit (kühler oder wärmer, ♫ Klima), dem Ziel (überwiegend Stadt, Strand oder Berge) und dem Zweck (Business, Urlaub, Bergtour usw.) der Reise. Hierüber muss man sich zunächst Gedanken machen. Grundsätzlich gilt: so wenig wie möglich, denn unnütze Schlepperei ist unangenehm, 10% des Körpergewichts sollten das Limit sein. Außerdem kann nahezu alles in TaiWan bei Bedarf nachgekauft werden.

Checkliste

Neben der persönlichen Bekleidung, die so leicht und luftig wie irgend möglich sein sollte (im Sommer keine Jeans in der Ebene), und Toilettenartikeln könnte eine Basiszusammenstellung folgendermaßen aussehen (Details zur Anzugsordnung ♫ Bekleidung):

- **Schwimmkleidung,** evtl. Schnorchelausrüstung (Inseln)
- **Schuhe** (Stadt: Sandalen; Berge: Wander- oder gute Sportschuhe)
- **Regenschutz** (ein Schirm kann gleichzeitig als Sonnenschutz dienen, für Fahrrad- und Mopedtouren ist eine leichte Regenjacke besser)
- **Sonnencreme;** Tuch oder Mütze als Sonnenschutz für Mopedtouren und Wanderungen in der heißen Jahreszeit.
- **Sonnenbrille**
- **Taschenmesser** (Multifunktionsmesser mit Büchsenöffner, Schere, Feile usw.)
- **Wäscheschnur** (zum Aufhängen der Handwäsche, besser noch ein flexibles Hosengummi)
- **Waschmittel** (spezielle Reisewaschmittel sind vor Ort meist nicht erhältlich, ein Stück Kernseife genügt ebenfalls)
- **Medikamentenbeutel** (♫ Gesundheit)
- **Brühe, Getränkepulver;** bruchfeste, leichte Tasse, für Langstreckenwanderungen: bruchfeste Feldflasche o.Ä.
- **Taschenlampe** (bei bestimmten Wanderungen unverzichtbar)
- **Reisewecker** (wichtig für Sonnenaufgänge, frühe Verkehrsmittel usw.)

Rucksack/Koffer

Wer in TaiWan einen Rucksack trägt, dem wird sogleich eine Bergexpedition unterstellt. Ähnlich wie bei uns werden Leute mit Rucksack, wenn sie in ein mittleres oder besseres Hotel kommen, u.U. schräg angesehen. Auf der anderen Seite – und das gilt auch für Geschäftsreisende – sind Koffer das denkbar ungeeignetste Transportmittel. Sehr gut bewährt für alle Zwecke haben sich ***Tragetaschen mit versenkbarer Rucksackvorrichtung***. Damit hat man im Hotel gute Karten und ist auch für Bergwanderungen gerüstet. Sind Wanderungen mit vollem Gepäck geplant, ist ein Rucksack einer reinen Tragetasche unbedingt vorzuziehen. Wer sich überwiegend in Städten und an Stränden ohne viele Fußmärsche aufhalten will, dürfte mit einer Tragetasche mit Schulterriemen gut beraten sein.

Behinderte auf Reisen

Verglichen mit Mitteleuropa und Nordamerika sind in fast ganz Asien die ***Reisemöglichkeiten für Behinderte*** sehr bescheiden. So ist es auch in TaiWan verhältnismäßig schwierig, als Behinderter eine Rundreise zu unternehmen. Zwar gibt es in TaiPei einige abgeflachte Bürgersteige an Straßenüberquerungen, rollstuhlgerechte Lifte in vielen Museen und Hotels oder auch einige Behinderten-WCs. Doch sind die zahllosen Kleinigkeiten wie genügend lange Grünphasen, tiefergesetzte Knöpfe an Fußgängerampeln (alle Ampeln werden automatisch gesteuert), rollstuhlgerechte Gehwege und so fort nicht vorhanden. Von behindertengerechten öffentlichen Verkehrsmitteln (abgesenkter Einstieg, Behindertensitzplätze usw.) kann gar nicht die Rede sein. Der sozialpolitische Ansatz Behinderten gegenüber ist in TaiWan ein vollkommen anderer als in Europa: in Asien kümmert sich nahezu ausschließlich die eigene Familie um die Betroffenen, erledigt Einkäufe, unternimmt Ausflüge und anderes mehr. Der Staat oder etwaige Hilfsorganisationen bleiben im Wesentlichen außen vor.

Wer als Behinderter eine TaiWan-Reise plant, sollte also generell nur mit ***Begleitperson*** fahren, Rollstuhlfahrern ist eine Reise definitiv nicht anzuraten.

Einige Institutionen vor Ort helfen bei der individuell optimalen Reiseplanung, geben frühzeitig Auskunft über das jeweils Zumut- und Durchführbare. Dringend anzuraten ist, sich mit entsprechendem zeitlichen Vorlauf mit dem ***Asia Trade Center*** in Frankfurt (↗ Informationsstellen) in Verbindung zu setzen.

Bekleidung

Taiwaner bewerten andere Menschen sehr stark nach dem Äußeren, man sollte sich daher bei der Bekleidung auf einige Spielregeln einstellen.

Touristen

Allgemein sollten Besucher von ***Städten, Tempeln und Museen*** mindestens lange Hosen und kurzärmeliges Hemd tragen. Gleiches gilt für Studenten und Sprachschüler. Kurze Hosen sind ebenso „out" wie Birkenstocks (leider), es sei denn letztere haben einen Fersenriemen (dann gelten sie als Schuh). In TaiPei sieht man allerdings alles etwas „lockerer".

Für **Strände** gilt generell ein FKK-Verbot, Badeanzüge sind Bikinis vorzuziehen. Wer viel **wandern** bzw. trecken will, benötigt sehr gute, feste und bequeme Schuhe. Bitte beachten: Größen über 44 sind vor Ort kaum zu haben. Die An- und Abstiege selbst auf häufig frequentierten Wanderwegen sind oft sehr steil, insbesondere Fersensehnen und Knie werden strapaziert. Für die höheren Berglagen und die kühleren Monate November bis Februar empfiehlt sich zusätzlich ein Pullover/Strickjacke.

Geschäftsreisende

Geschäftsreisende nach TaiPei kommen um ein adrettes (eher enges) Kostüm für Frauen bzw. weißes Hemd, Krawatte und Anzug für Männer nicht herum. Während geschäftlicher Besprechungen und im Hotel macht das wegen der Klimaanlagen nichts, wenn aber etwa ein Park oder Tempel gemeinsam besucht wird, kommt man sehr leicht ins **Schwitzen**. Tipp: leichter Tuchanzug, dunkel, kein Unterhemd. Es empfiehlt sich ferner die Anschaffung von Sporttrikotagen aus Mikrofaser in Fachgeschäften. Diese nehmen jeglichen Schweiß auf, weiße Blusen oder Hemden bleiben weiß. Dies ist wichtig: die Geschäftspartner sind die Gastgeber; schwitzt der Gast, fühlt er sich unwohl, veranlasst er damit den Gastgeber zur Abhilfe und Programmänderungen (ohne dass man dies als Betroffener erkennt). Doch Geschäfte macht man lieber mit „problemfreien" Partnern. Wer sich den Zeitpunkt einer Geschäftsreise aussuchen kann, sollte November/Dezember wählen. Bequemes, aber elegantes Schuhwerk versteht sich von selbst.

Anders liegt der Fall in KaoHsiung und dem tropischen Süden, wo der Krawattenzwang nicht so eng gesehen wird und kurze Ärmel ohne Jacke bzw. weite Röcke keinen Affront darstellen.

Reinigung

Aus der Tatsache, dass man in TaiWan mehr als in anderen asiatischen Staaten auf Äußerlichkeiten achtet, resultiert das Problem, wie man seine Kleidung auf einer längeren Reise und bei Touren durch die Berge einigermaßen sauber hält. Die einfachste Lösung besteht in der **Handwäsche,** wozu eine eigene Schnur als Trockenleine im Hotelzimmer sehr nützlich ist. Praktisch sind Zimmer mit Ventilator (schnelleres „Trockenwehen").

Viele (auch einfache) Hotels bieten einen **Wäschereiservice** an, wobei der Preis nach der Anzahl an Kleidungsstücken berechnet wird.

Schließlich kann man seine Kleidung in öffentlichen **Wäschereien** reinigen lassen, die allerdings oft mit scharfen Chemikalien arbeiten. Häufig befinden sich Reinigungen in unmittelbarer Nähe der Universitäten, da die Studenten in ihren Wohnheimen auch kaum die Möglichkeit der eigenen Wäsche haben.

Diplomatische Vertretungen und Verbindungsbüros

TaiWan wird von den meisten Staaten diplomatisch nicht anerkannt. Daher finden sich offizielle Botschaften und Konsulate auch nur in einigen wenigen Drittweltländern (z.B. Belize, Nauru, Vatikanstaat). De facto nehmen sogenannte „Kultur- und Wirtschaftsbüros" weltweit konsularische Aufgaben wahr. **TaiWan-Visa** können bei folgenden Stellen beantragt werden:

Belgien	●TaiPei Representative Office, Avenue des Arts 41, B-1040 Bruxelles, Tel: 32-2-5110687
Dänemark	●TaiPei Representative Office, Amaliegade 3, 2. St., 1256 Copenhagen K, Tel: 45-33935152
Deutschland	●TaiPei Trade Office (Visa), Rheinstr. 29, D-60325 Frankfurt/M., Tel: 069-259234
	●TaiPei Vertretung Deutschland, Markgrafenstraße 35, 10117 Berlin, Tel. 030-203610
	●TaiPei Wirtschafts- und Kulturbüro, Sonnenstraße 26, 80331 München, Tel. 089-5126790
Luxemburg	●TaiPei Economic and Cultural Office, 50 Route d'Esch, L-1470 Luxembourg-Ville, Tel: 352-444772
Niederlande	●TaiPei Representative Office, Javastraat 46-48, N-2585 The Hague, Tel: 31-70-3469438
Österreich	●TaiPei Economic and Cultural Office, Praterstr. 31, 15. OG, A-1020 Wien, Tel: 43-1-2124720
Schweiz	●Delegation Culturelle et Economique de TaiPei en Suisse, Monbijoustraße 30, CH-3011 Berne, Tel: 41-31-3822927
HongKong	●ChungHua Travel Service, 4. St., Lippo Tower, Lippo Centre 89, Queensway, HongKong, Tel: 852-25258315
Japan	●TaiPei Economic and Cultural Office, 20-2 Shirokanedai 5-chome, Minato Ku, Tokyo 108, Tel: 81-3-32807811
	●TaiPei Economic and Cultural Office, Asahiseime Yokohama Bldg., 60 Nihonohdori, Nakaku, Yokohama, Tel: 81-45-6417730
	●TaiPei Economic and Cultural Office, Nichiei Bldg. 4-8, 1-chome, Tosabori, Nishi-Ku, Osaka, Tel: 81-6-4438481
	●TaiPei Economic and Cultural Office, Sun Life Bldg. 5-19, 2-chome, Hakataeki Higashi, Hakata-Ku, Fukuoka, Tel: 81-92-4736656
Philippinen	●TaiPei Economic and Cultural Office, Pacific Star Bldg., 28. St., Sen. Gil Puyat Ave, Ecke Makati Ave, Makati, Metro-Manila, Tel: 63-2-8921381
Südkorea	●TaiPei Mission in Korea, 6. St., Kwanhwamoon Bldg., 211 Sejong-Ro, Chongro-Ku, Seoul, Korea 110-050, Tel: 82-2-3992767

Ein-, Aus- und Rundreisebestimmungen

Kurzaufenthalte

Die Einreisebestimmungen wurden in den vergangenen Jahren mehrfach deutlich gelockert und insbesondere für Geschäftsreisende und Kurzurlauber spürbar vereinfacht. Grundsätzlich ist ein Reisepass mit einer Restgültigkeit von mehr als 6 Monaten erforderlich.

●**Visafreie Einreise:** Eine visafreie Einreise für einen Aufenthalt bis zu 14 Tagen gilt für die Bürger 20 westlicher Länder, darunter Deutschland, Österreich und die Schweiz. Es ist keine Verlängerung möglich, auch nicht die nachträgliche Beantragung eines Visums!

●**Landing Visa:** Bürger obiger Staaten – zuzüglich Polen, Tschechien und Ungarn – die planen mehr als 14, aber weniger als 31 Tage in TaiWan zu bleiben, können bei der Einreise am CKS-Flughafen ein kostenloses „Landing Visa" mit einer Gültigkeit von 30 Aufenthaltstagen beantragen; hierzu ist lediglich ein Passfoto vorzulegen sowie der Nachweis eines Rückflugtickets zu erbringen. Die Visastelle am CKS-Flughafen hat rund um die Uhr geöffnet, die Prozedur nimmt durchschnittlich eine halbe Stunde in Anspruch.

Daueraufenthalt

●**Tourist Visa:** Dem früher wichtigsten (kostenpflichtigen) Visum kommt heute für den Leserkreis dieses Buches wegen der beiden oben genannten Einreisemöglichkeiten, aber auch wegen der Willkür der ausstellenden Behörden kaum noch Bedeutung zu. Andere Nationalitäten, aber auch wer länger als einen Monat (bis 60 Tagen) in TaiWan bleiben möchte, muss ein Touristen-Visum beantragen. Ein „single-entry-tourist-visa" erlaubt eine einmalige Einreise mit einer Aufenthaltsdauer von maximal 60 Tagen. Es wird im Heimatland beantragt (Antrag anfordern, ♂ dipl. Vertretungen) und kostet rund 60 €. Hierbei empfiehlt es sich genau zu begründen, warum man länger als einen Monat im Land bleiben möchte, sonst zahlt man und erhält doch nur 30 Tage ausgestellt – es ist den Behörden freigestellt, welche Aufenthaltsdauer sie beim Touristen-Visum gewähren! Gleiches gilt für das ebenfalls noch erhältliche „multiple-entry-tourist-visa" (mehrfache Einreise möglich) und kommt nur für bestimmte Personenkreise (Regionalhandelsvertreter o.Ä.) in Betracht.

Der Hauptvorteil des Touristenvisums liegt darin, dass es bei einer der folgenden 21 Polizeidienststellen unter Vorlage des Reisepasses verlängert werden kann:

ChangHua (Tel: 04-7222101)	**ChiaYi** (Tel: 05-2274454)
FengShan (Tel: 07-7460105)	**FengYuan** (Tel: 04-5263304)
HsinChu (Tel: 035-513438)	**HsinYing** (Tel: 06-2229704)
HuaLien (Tel: 038-224023)	**YiLan** (Tel: 039-325147)
KaoHsiung (Tel: 07-2154342)	**KeeLung** (Tel: 02-4241991)
MaKung (Tel: 06-9272105)	**MiaoLi** (Tel: 037-211302)
NanTou (Tel: 049-222111)	**PanChiao** (Tel: 02-9614809)
PingTung (Tel: 08-7336283)	**TaiChung** (Tel: 04-2203032)
TaiNan (Tel: 06-2229704)	**TaiPei** (Tel: 02-3817475)
TaiTung (Tel: 089-322034)	**TaoYuan** (Tel: 03-3335107)
TouLiu (Tel: 05-5322042)	

●Die wichtigste Anschrift bei Visaverlängerungen dürfte für die meisten Besucher die **Zentralstelle der Ausländerpolizei** in TaiPei sein: Foreign Affairs Department, National Police Administration, 96 YenPing NanLu, Tel: 02-23818341. Das Personal spricht englisch, was auf dem Land nur selten der Fall ist.

Eine maximal zweimalige Verlängerung des Touristenvisums ist mittlerweile ziemlich schwierig geworden und muss sehr gut begründet werden; sie kommt insbesondere für Studierende (Nachweis der Einschreibung) oder Fachkräfte mit Einsatz unter 6 Monaten (Arbeitgeber- und Auftragnehmerbestätigung) in Frage.

●**Permanent Resident Visa:** Für diese Form der Aufenthaltserlaubnis/Visum ist ausschließlich das Bureau of Consular Affairs, 3-5 Fl., North Wing, 2-2 ChihNan Lu, Sec. 1, Tel. 02-23432888, Fax 23432968 in TaiPei zuständig. Längerfristig delegierte Beschäftigte oder Studenten, die mehr als 180 Tage in TaiWan leben oder arbeiten wollen, können zunächst ebenfalls ein Touristenvisum beantragen, dieses dann aber im Land unter Vorlage von Unterlagen, welche die Notwendigkeit eindeutig dokumentieren, in ein Permanent Resident Visa (PRV) umwandeln (nur in TaiPei möglich); damit ist man dann zum Daueraufenthalt berechtigt. Wer vom Beginn seines Aufenthaltes an eine bezahlte Tätigkeit ausübt, beantragt am besten gleich und rechtzeitig vorab (mind. 3 Monate) das Permanent Resident Visa schon im Heimatland (Kosten: ca. 85 €), muss dabei aber mit erheblichem bürokratischem Vorlauf rechnen. Mit dem PRV hat man zwar das Bleibe-,

Praktische Tipps

noch nicht aber das Arbeitsrecht. Jeder PRV Inhaber muss zusätzlich ein sogenanntes „Alien Resident Certificate" beantragen. Dies entspricht etwa einer Arbeitserlaubnis, kostet ca. 35 € und muss jährlich erneuert werden.

Achtung: Besitzer eines PRV müssen vor **jeder** Ausreise ein Re-Entry Visum (Wiedereinreisevisum) beantragen **und eine Steuererklärung abgeben.** Letzteres kann in auffälligen Einzelfällen (z.B.: Englischmuttersprachler hält sich als Tourist 4 Monate in Tai-Pei auf, ohne eine Sprachschule zu besuchen) auch dem Touristenvisum-Inhaber passieren.

Änderungen der Visa-Bestimmungen sind jederzeit möglich, verbindliche Auskunft zur visafreien Einreise sollte man unbedingt bei den Vertretungen TaiWans in Europa einholen. Ferner kann ein Visum – sofern gewünscht – auch vom Reisebüro beantragt werden. Für in Deutschland mit dauerndem Aufenthaltsrecht lebende Ausländer gilt die gleiche Regelung wie für Bundesbürger.

Die o.g. Vertretungen versenden auf Anfrage den Antrag, der ausgefüllt mit einem Passbild, Pass (der zum Zeitpunkt der Einreise mindestens sechs Monate Gültigkeit haben muss, beim *Multiple Entry* und *Resident Visa* 12 Monate), V-Scheck und als Einschreiben frankiertem Rückumschlag eingeschickt werden muss.

Sonstige Dokumente

Impfbuch, Versicherungsnachweise, internationaler Führerschein, (internationaler) Jugendherbergsausweis, Studentenausweis u.a. sind nicht zur Einreise nach TaiWan notwendig, können sich aber unterwegs als hilfreich erweisen.

Einreise

Noch im Flugzeug teilt die Crew **Einreise- und Zollerklärungen** aus. Hier sollten im eigenen Interesse so detailliert wie möglich eingetragen werden: neue Elektrogeräte, Muster, Maschinenteile, technische Geräte, Apparaturen, Fotoapparate/Camcorder, Laptop, Gold, Silber, Schmuck, Devisen, Medikamente, industrielle und andere Rohstoffe, Artikel aus der Volksrepublik China sowie Gepäckstücke, die gesondert ins Land kommen (z.B. bei Umzug).

Zollfrei eingeführt werden darf (ein Erwachsener ab 20 Jahren) alles für den persönlichen Bedarf, eine Flasche Alkohol, 200 Zigaretten, Lebensmittel in überschaubarem Rahmen, Gebrauchsartikel im Wert von 10.000 NT$/Stück bzw. Geräte bis zu 20.000 NT$, Muster bis zu 12.000 NT$. Oberhalb dieser Limits besteht Zollpflicht, wenn der Gesamtwert 5.000 US$ übersteigt. Zu beachten ist ferner, dass nicht mehr als 62.5 g Gold, 625 g Silber o.Ä. problemlos eingeführt werden können. Wer mehr mitbringt, muss eine Importgenehmigung beim Zoll beantragen, gleiches gilt bei Überschreitung der Obergrenzen für oben erwähnte Waren.

An **Devisen** dürfen bis zu (umgerechnet) 5.000 US$ und 40.000 NT$ eingeführt werden. Bei höheren Beträgen wird ein Einfuhrzertifikat vom Zoll ausgestellt, welches es dem Reisenden gestattet, den angegebenen Betrag binnen sechs Monaten auch wieder auszuführen. Medikamente dürfen bis zu zwei Schachteln/Flaschen pro Sorte mitgebracht werden.

Generell verboten sind folgende Artikel: Falschgeld, Glücksspielutensilien, Pornographie, kommunistische Schriften, Waffen und Munition, Drogen, Spielzeugwaffen (incl. Attrappen), Raubkopien und Artikel, die gegen internationale Urheberrechte verstoßen, Schmuggelware, Lebensmittel aus Infektionsgebieten, bedrohte Tierarten, Pflanzen o.Ä.

Ausreise

In einem **Zollvordruck** müssen Devisen, Landeswährung, technische und optische Geräte, Computer/-zubehör, Gold und Silber eingetragen werden. Neben den eingeführten Gegenständen dürfen Artikel im Gesamtwert von bis zu 2.000 US$ ausgeführt werden. Ein Exportverbot besteht für Raubkopien (Audio, Phono, EDV, Print), Antiquitäten, Waffen, kommunistisches Propagandamaterial, Falschgeld, Drogen, gefährdete Tier- und Pflanzenarten.

Die Entscheidung des Zolls, ob durchgewunken oder gefilzt wird, hängt sehr oft vom äußeren **Erscheinungsbild** ab. Alle Bestimmungen sind unbedingt peinlich genau zu beachten.

Einschränkungen der Reisefreiheit

Sind die Einreiseformalitäten erledigt, kann der Besucher das Land absolut unbehelligt bereisen. Ausnahmen sind lediglich deutlich kenntlich gemachte **militärische Sperrgebiete.** Bis 1995 waren die vor der Festlandsprovinz FuKien gelegenen schwimmenden Artilleriestellungen KinMen und MaTzu gesperrt. Mittlerweile sind nach Beendigung des Kriegszustandes auch diese Inseln für Besucher freigegeben, „militärische Rundreisen" sind dort nunmehr offiziell und ohne Sondergenehmigung möglich (⊿ Inseln).

Berggenehmigungen

Aus Umweltschutz- und Sicherheitsgründen (um zu wissen, wer wo möglicherweise verunglückt ist und um eine rasche Hilfe zu ermöglichen) können einige bestimmte Gipfelregionen TaiWans nur mit einem sogenannten **Mountain Pass** besucht werden, der ursprünglich in zwei Kategorien erhältlich war. In den Ortsbeschreibungen in diesem Buch wird jeweils auf eine eventuelle Notwendigkeit hingewiesen.

Der einfache Typ, **Mountain Pass B,** ist mittlerweile fast ausnahmslos in ein Eintrittsgeld für die jeweilige Region umgewandelt worden. Die Bezeichnung existiert zwar noch in einigen Gebieten, hat aber nichts mehr zu bedeuten. Lediglich der Reisepass muss gelegentlich vorgelegt werden.

Laden für getrocknete Lebensmittel

Einige wenige (allerdings auch recht extreme und für den normalen Touristen kaum in Frage kommende) Gipfelregionen verlangen den **Mountain Pass A.** Da Vorhaben dieser Art Expeditionscharakter haben, ist ein gewisser zeitlicher Vorlauf unabdingbar. Man wendet hierzu rechtzeitig vor der Abreise (mindestens 6 Wochen) mit Fotokopie des Reisepasses an die *RoC Alpine Association* (RoCAA), 10. Etage, 185 ChungShan BeiLu, Section 2, TaiPei, die den Mountain Pass Typ A arrangiert. Vor Ort ist – je nach Saison – mit ein bis zwei Wochen Bearbeitungszeit zu rechnen.

Eine weitere Voraussetzung für die Ausstellung dieses Passes ist, dass man entweder einen lokalen Führer mietet oder eine von der RoCAA angebotene und arrangierte Klettertour bucht. Ferner muss geeignete Ausrüstung nachgewiesen (oder vor Ort gemietet) werden. Aus Wettergründen ist nicht jede Tour zu jeder Jahreszeit möglich, so dass für Interessenten die frühzeitige Anfrage beim RoCAA dringend anzuraten ist.

Die **Patrouillen** der Bergpolizei kontrollieren den Besitz des Mountain Pass A; Missachtung der Vorschriften ziehen empfindliche Geldbußen oder eine Ausweisung nach sich.

Einkäufe

Für **Gebrauchs- und Konsumgüterartikel** während des Aufenthaltes bietet TaiWan alles, was das Herz begehrt. Von westlichen und chinesischen Speisen über die Taschenlampe bis hin zu qualitativ guter Allwetterkleidung führen Kaufhäuser, Shops und Boutiquen ein ähnliches Sortiment, wie wir es von europäischen Kaufhäusern her kennen. Alles, was der Reisende unterwegs braucht (Batterien, Schreibzeug, Waschpulver, mal ein T-Shirt), kauft er besser vor Ort ein, da die Preise für diese Dinge leicht günstiger sind als in der Heimat und er sich nicht unnötig mit Gewicht belasten muss. Spezielle Gegenstände wie gute Schuhe oder ein Schlafsack für Bergtouren besorgt man sich besser vor der Abreise, da diese vor Ort oft nur mit größerem Suchaufwand und dann auch teurer (im Falle von Schuhen ab Größe 44 gar nicht) zu haben sind.

Die Vielfalt des Angebotes macht es schwierig, Empfehlungen für **Souvenirs** zu geben. Einfach mitzuführende und sehr beliebte Mitbringsel sind Kleidung, Jadeschmuck, ein persönlicher Namensstempel, Stickereien, kleine Holz- oder Steinstatuen, lokale Spirituosen und vieles andere mehr.

Computerzubehör (Hard- und Software) ist günstiger als in Europa, wobei jedoch Garantienachteile und eventuelle Einfuhrbeschränkungen in Europa zu beachten sind. Wer komplette **Porzellanservices** oder traditionelle **Möbelgarnituren** erwerben möchte, kann in TaiPei meist direkt im Geschäft die Verschiffung nach Europa mit buchen.

Obgleich man sich nicht am Anfang einer Reise mit Souvenirs eindecken sollte, hat sich eine Regel als wertvoll erwiesen: Wenn man an etwas Gefallen findet, sollte man es unbedingt **sofort erwerben** und nicht auf die letzte Reiseetappe mit dem Hinweis verschieben, man könne dies auch noch am Ende der Reise irgendwo bekommen – dann sucht man sehr oft vergebens.

Manch ein Besucher ist von der traditionellen Möbelherstellung so begeistert, dass er gleich ganze Einrichtungen kauft. Manchmal, aber eben nicht immer, wird ein **Verschiffungsservice** vom Verkäufer mit angeboten. Die Tages- und Monatszeitungen bieten Adressen von aktuell günstigen Spediteuren, hier eine kleine Auswahl:
- **Schenker International/TaiWan Branch,** TaiPei, Tel: (02)-27197199, Fax: (02)-27196163- 65.
- **SDV - TaiWan,** 214 TunHuaPeiLu, Sec. 2, TaiPei; Tel: (02)-27188118, Fax: (02)-27154382

●**Crown Transport & Storage Co.,** KaoHsiung, Tel: (07)-3810832, Fax: (07)-3819335
●**Green Van Int. Ltd.,** TaiPei, Tel: (02)-28361176, Mr. Peter Fu.
●**Orient Pacific International Movers,** TaiPei, Tel: (02)-28343108,
Fax: (02)-28357203, KaoHsiung Tel: (07)-7436513
●**Triumph Express Movers,** TaiPei, 151 ChungShanPeiLu,
Tel: (02)-25811133, Fax: (02)-25819635

Elektrizität

In TaiWan beträgt die **Stromspannung** 110 V, mitgebrachte elektrische Geräte benötigen also ein geeignetes Netzteil. Ferner muss ein **Flachstiftstecker** (Typ N-Amerika oder Asien, erhältlich in Baumärkten und Elektrogeschäften) mitgebracht werden.

Achtung: Wer etwa ein Radio oder Computerteile kaufen will, muss sich unbedingt davon überzeugen, dass ein **Kippschalter** zum Umschalten auf 220 V nicht nur als Attrappe existiert, sondern auch funktioniert. Meist ist zwar der Umschalter am Gehäuse vorhanden, da der inländische Markt aber den Umschalter nicht benötigt, fehlt häufig das Modul im Gerät!

Essen und Trinken

Nicht zuletzt durch die hohe Anzahl chinesischer Restaurants in Europa ist das Kulinarische einer der ersten (oft auch der einzige) Berührungspunkte des Europäers mit der chinesischen Kultur vor einer Reise in den fernen Osten. Die chinesische Küche übt eine beinahe einzigartige Faszination auf jeden aus, was sowohl auf der Vielzahl an Stil-, Zubereitungs- und Geschmacksrichtungen als auch auf der unvergleichlichen optischen Gestaltung der Mahlzeiten beruht. Tatsächlich wird das Kochen in China und TaiWan nicht als Handwerk sondern als Kunst verstanden, die Verbindung von Optik, Geschmack und Geruch spielt in allen chinesischen Küchen eine Schlüsselrolle.

Die **regionalen Besonderheiten Festlandchinas** haben über die Jahrtausende zahlreiche vollkommen unterschiedliche Küchen entstehen lassen, die sich in etwa so unterscheiden wie die französische von der britischen. Auf TaiWan leben die Nachkommen von Chinesen aus allen Provinzen der Republik China vor 1949. Demzufolge sind auch die zahlreichen Stilrichtungen der chinesischen Küche auf sehr überschaubarem Raum vertreten, was TaiWan bei Freunden der chinesischen Kochkunst besonders beliebt macht. Kulinarisch wird China in **vier Regionen** mit weiter unterteilten Kochstilen gegliedert: nördliche Küche (Peking-Stil, mongolischer Stil), östliche Küche (ShangHai-Stil), die südliche Küche (kantonesischer, Hakka-, taiwanesischer und FuChou-Stil) und die westliche Küche (SzuChuan-Stil, HuNan-Stil).

Peking-Küche

Die Zutaten werden isoliert (d.h. nicht zusammengemischt) und frisch zubereitet, sind sehr mild gewürzt und somit dem westlichen Besucher geschmacklich am vertrautesten. Sehr beliebt sind gegrillte Fleischgerichte und Hammelspieße.

Das bekannteste Gericht dürfte allerdings die **Peking-Ente** sein, deren Zubereitung bei Beachtung aller Regeln Tage dauert und die durch das Einpinseln mit Honigwasser goldbraun glänzt. Die Poren werden damit versiegelt, das Fett brät nach innen und lässt die Haut besonders knusprig werden. Zur Ente werden Zwiebeln oder Lauch und Pfannküchlein gereicht.

China ist zwar der größte Reisproduzent der Erde, doch beschränkt sich die Verbreitung dieses Grundnahrungsmittels auf die wärmeren Gegenden im Süden. Nördlich des ChangChiang (Chang-Jiang, YangTzeKiang), der auch als **Nudeläquator** bezeichnet wird, werden mehr Nudeln, südlich davon Reis gegessen.

Mongolisch

Das markante Merkmal dieser Kochrichtung ist die gemeinsame Benutzung eines Grills („Mongolian Barbecue") oder Topfes („Mongolian Hotpot") der Gäste am Tisch. Zubereitet werden hauptsächlich Fleisch, Geflügel und Gemüse. In TaiPei bieten zahlreiche Restaurants das Barbecue („eat-as-much-as-you-can") zum Festpreis an – für Hungrige ein gutes Schnäppchen!

ShangHai-Stil

Huhn und Krabben sind die Hauptbestandteile der ShangHai-Küche, ergänzt durch Pilz- und Bambussprossengerichte. Durch die schnelle Zubereitungsart behalten die einzelnen Speisen überwiegend ihren natürlichen Geschmack, die Würze entsteht durch die beigestellten Saucen.

Kantonesisch

„Der Kantonese isst alles was fliegt, schwimmt oder vier Beine hat – außer den Stuhl, auf dem er sitzt und das Bett, in dem er schläft" lautet eine in China selbst weitverbreitete Redensart zur Essgewohnheit im Süden. In Film und Literatur wird oftmals leider nicht berücksichtigt, dass Kanton nicht China, eine Küche nicht stellvertretend für das ganze Land und „alle Chinesen" genannt werden kann. Die überwiegende Mehrheit der Chinesen lehnen die kantonesische Küche ebenso wie der von Tierschutz geprägte westliche Besucher ab. Tatsächlich beinhaltet die kantonesische Küche auch (aber nicht nur) Käfer, Würmer, Schlangen, Hunde, Ratten, Vogelnestersuppe, Affen und andere Leckereien. Wer einen Anhänger dieser Richtung auf die „Widerwärtigkeit" derartiger Lebensmittel anspricht, muss damit rechnen, dass er nach dem Unterschied zu Aalen, Schnecken oder Austern gefragt wird! Zu den „normalen" Köstlichkeiten zählen *DimSum (DianXin,* eine Vielzahl an warmen Snacks), gebratenes Schweinefleisch, Haifischflosse und Shrimps in zahlreichen Variationen.

ChaoZhou-Stil

Haifischsuppe, Schellfisch, Gans in Sojasauce und Vogelnestersuppe zählen zu den bekanntesten Gerichten dieser Region. Die Mahlzeiten sind sehr gehaltvoll und herzhaft, wenn auch nicht übermäßig scharf.

Hakka-Stil

Die Hakka als Nomadenvolk haben ganz China durchquert und einige besondere Kochgewohnheiten entwickelt. Ihre Grundbestandteile bestehen aus getrockneten Gemüsearten und getrocknetem Fleisch, um eine möglichst lange Haltbarkeit zu gewährleisten. Hauptmahlzeiten bestehen aus salzig-sauer eingelegtem Chinakohl, Sojabohnenquarksuppe und Innereien.

Taiwanesisch

Man darf die traditionelle taiwanesische Küche nicht mit den heute auf TaiWan angebotenen Richtungen aller chinesischen Küchen verwechseln. Meeresfrüchte und Suppen aller Art waren und sind die typischen Grundlagen einer taiwanesischen Mahlzeit. Eine besondere Spezialität – aber auch entsprechend teuer – ist der Hummer. Die Speisen sind mild gewürzt und auch für den europäischen Magen sehr bekömmlich.

FuZhou-Stil

Der Schwerpunkt dieser Küche liegt auf der frischen und geschmackserhaltenden Zubereitung von Meeresfrüchten und Suppen. Besondere Köstlichkeiten sind Haifischflossen- und Schildkrötensuppe. Gebratene Speisen sind oft süßsauer gewürzt. Letzteres ist ein typisches Geschmacksmerkmal dieser Kochrichtung, welche im Westen gelegentlich fälschlich als typisch chinesisch bezeichnet wird.

Garküche

SzuChuan-Stil (SiChuan)

Diese im Südwesten der Volksrepublik beheimatete Küche zeichnet sich durch die Verwendung von Chili, Fenchel, Anis und Koriander aus. Das Resultat ist eine einzigartige Geschmacksmischung aus Schärfe und würzigem Geschmack. Neben Schweinefleisch und Süßwasserfisch ist vor allem die geräucherte Ente äußerst beliebt. Die Ente wird in Pfefferkörnern, Ingwer, Zimt, Orangenschale und Koriander mariniert und über einem offenen Feuer mit Tee- und Kampferholz geräuchert. Nudeln und Brot sind beliebte Beilagen, ansonsten wird südlich des ChangChiang-Flusses (ChangJiang, Yang-TzeKiang) eher Reis gegessen, nördlich davon serviert man, wie bereits erwähnt, eher Nudeln.

HuNan-Stil

Die Besonderheit der HuNan-Küche liegt in der Verwendung von viel Öl und dem Dämpfen der Fleischspeisen. Man kennt hier sowohl sehr scharfe, aber auch süß-saure Zubereitungsarten. Besonderheiten sind Schwalbennest mit Krabbenfleisch oder Entenzunge in brauner Sauce.

Gemüse

Die Gemüsebeilagen sind je nach Anbaugebiet und Saison unterschiedlich vertreten. Typisch sind Blumenkohl, Broccoli, Chinakohl, Sojabohnensprossen, Pilze, Bambussprossen, Melone, Gingko, Blattspinat, Gurke, Tomate, Kartoffel, Süßkartoffel und Karotte. Sojabohnen werden meist zu Sojasauce oder Sojaquark *(TouFu)* verarbeitet und nehmen in der buddhistischen vegetarischen Küche eine wichtige Stellung als Fleischersatz ein. Kartoffeln sind eher schwer erhältlich, stellen fast eine besondere Delikatesse dar und sind nicht Beilage wie bei uns sondern ein Gemüse wie andere auch.

Die Mahlzeit

Ein chinesisches Mahl besteht meist aus einer Vielzahl von Gängen, die auf einem runden Tisch allen Teilnehmern einer Runde zur Verfügung stehen. So kann man eine ganze **Reihe von einzelnen Gerichten** nach und nach probieren, große Einzelgerichte wie in westlichen Lokalen kennt man in der chinesischen Küche nicht.

Der Gastgeber sitzt am der Tür nächstgelegenen Platz, der Ehrengast gegenüber, sonstige Familienmitglieder oder Freunde verteilen sich ringsum. Bei (Ehe-) Paaren sitzt der Mann links der Frau.

Üblicherweise wird zur Eröffnung eine Tasse chinesischen Tees getrunken, ehe einige warme oder kalte Vorspeisen serviert werden. Anschließend folgen mindestens ein halbes Dutzend Hauptspeisen sowie eine Suppe, die quasi als Getränk nebenher getrunken wird und daher meist eher klar denn angedickt ist.

Selbstredend verwendet man zum Essen keine Bestecke, sondern *KuàiZi* **(Essstäbchen).** Alle Gerichte sind so fein geschnitten und portioniert, dass ein Zerkleinern der Speisen am Tisch überflüssig ist. Für die Suppe gibt es entweder einen kleinen Porzellanlöffel oder sie wird aus der Schale getrunken. Das Essen mit Stäbchen sollte sich der Tourist einigermaßen aneignen, es sieht zwar schwierig aus, ist aber nur eine Sache der Übung. Die folgende Skizze gibt eine kleine optische Hilfestellung zur Handhabung. Ein ausgezeichnetes Training ist das Aufnehmen von Erdnüssen mit Essstäbchen!

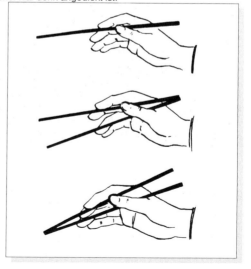

Getränke

In guten Lokalen gibt es neben einer breiten Palette internationaler Spitzenweine auch Importbier und *MáoTáiJiǔ* (Reis-Hefeschnaps), *KáoLiángJiǔ* (Sorghumschnaps), Tee und lokale Biere. Alle nationalen Alkoholika unterliegen der Aufsicht des „TaiWan Tobacco & Wine Monopoly Bureau".

War das einzige *TaiWan-Beer* in den 80er und frühen 90er Jahren noch ziemlich ungenießbar, erfreuen sich die mittlerweile vier nationalen **Biersorten** zunehmender Beliebtheit und sind auch qualitativ akzeptabel. Neben dem *TaiWan-Beer*, einer Art Pilsener, existieren *TaiWan-Draft*, *TaiWan-Dark*, welches nur in TaiNan gebraut wird und ausgezeichnet schmeckt, sowie – ganz im Trend – *TaiWan-Light*. Während in den besseren Restaurants Bier recht teuer ist, kann man sich in den Supermärkten preiswert eindecken. Eine 0.33er Dose *TaiWan-Beer* (blauweiß) kostet rund 20 NT$, sehr zu empfehlen ist auch das belgische *Superior*, welches unwesentlich mehr kostet.

Alkoholfreie Getränke sind in jedem Lebensmittelgeschäft, in Kaufhäusern und Bäckereien gekühlt oder ungekühlt erhältlich. Westliche Limonaden werden in Dosen (12 bis 15 NT$ pro 0.33-l-Dose), einheimische Fruchtsaft- und Mineralgetränke in 0.25- oder 0.33-l-Tetra-Packs (10 bis 20 NT$, je nach Sorte und Größe) verkauft. Mineralwasser ist nur ohne Kohlensäure in 1-2-l-Kunststoff-Flaschen erhältlich und kostet je nach Sorte 15 bis 30 NT$.

Milch und Milchprodukte sind erhältlich, aber vergleichsweise teuer. Viele Chinesen vertragen Milchprodukte generell nicht, da (wie bei vielen Asiaten) ein Enzym im Magen zum Abbau der Milchsäuren fehlt.

Ein urtypisches, geradezu zeremonielles Getränk der Chinesen ist der **Tee,** dessen Zubereitungs- und Trinkkultur seit Jahrtausenden im chinesischen Volk verwurzelt ist. Während der Tang-Dynastie (618–907 n.Chr.) verfasste ein buddhistischer Mönch namens *LuYu* gar einen „sechsten" Klassiker der chinesischen Literatur, das „*CháChing*" (Buch des Tees). Im 17. Jahrhundert kam Tee durch niederländische Kaufleute nach Europa, wo er insbesondere in England mit großer Begeisterung aufgenommen wurde und bald den regen Handel mit den Teeanbaugebieten des Empires begründete. Tee wird aus den jungen, grünen Blättern des Teestrauches gewonnen, getrocknet und entweder als unfermentierter grüner Tee (*LùChá*) oder als gerösteter und fermentierter schwarzer Tee (*HóngChá*, wörtlich: roter Tee) aufgegossen. Eine Mischform – halbfermentiert – ist der oft als Gesundheitstee angepriesene *Oolung-Tee* (*WūLóng*, schwarzer Drache). Zubereitet wird der Tee in winzigen Teekannen, die zu einem Viertel mit Teeblättern gefüllt und mit 100 Grad heißem Wasser bei fermentierten und halbfermentierten Sorten, mit 90 Grad heißem Wasser bei unfermentierten Sorten übergossen wird. Der Tee muss anschließend drei Minuten ziehen und wird aus winzigen fingerhutgroßen Becherchen getrunken. Die Kanne wird dann erneut drei- bis viermal mit Wasser aufgegossen, jeder Aufguss benötigt dann eine Minute länger zum ziehen. Tee gilt in China auch als lebensverlängernd, er ist harntreibend und gut für die Augen. Das chinesische Nationalgetränk enthält außerdem eine Reihe lebenswichtiger Vitamine, Fluorid und ätherischer Öle. Auch der Tourist sollte sich an Tee gewöhnen, da er überall erhältlich, preisgünstig und im feuchtschwülen Klima geradezu ideal verträglich ist. Nahezu alle Hotels bieten kostenlos heißes Trinkwasser zur eigenen Zubereitung von Tee an, gelegentlich werden sogar die Teeblätter im Zimmer bereitgestellt.

Preiswerte Küche

Soviel zur hohen chinesischen Küchenschule, nun geht es dem Touristen aber auch darum, die Volksküche und preiswerte Verpflegungsmöglichkeiten kennen zu lernen – und da sieht es etwas anders aus. *Einfache Lokale* bieten oft ähnliche, bankettartige Gerichte für mehrere Personen, gegessen wird dann aus Plastikschalen und mit Einweg-Holzstäbchen. In diesen Lokalen trifft man auch auf die sympathischen chinesischen Tischsitten wie das Werfen von Essensresten oder Knochen auf den Tisch, ein Zeichen, dass es geschmeckt hat.

Einfache *Garküchen* bieten schmackhafte und preiswerte Tellergerichte wie Suppen oder *ChiaoTzu (JiǎoZi* oder *ShǔiJiǎo,* wenn gekocht), eine Art Ravioli mit unterschiedlichen Füllungen, die jeder Tourist probieren sollte. Diese Garküchen erkennt man daran, dass sie keinen klimatisierten Gastraum anbieten, sondern zur Straße hin offen sind und die „Küche" nahe am Zugang für jedermann einsehbar ist.

Daneben gibt es eine unendliche Zahl von Fast-food-Ketten auf TaiWan. Neben dem üblichen westlichen Sortiment an Burger- und Hühnerfabriken, die bei Jung und Alt „in" sind, kann der Tourist in einer nur auf TaiWan vorhandenen Form des *chinesischen Schnellimbiss* preisgünstig satt werden: In einem von außen deutlich erkennbaren Speiseraum stehen buffetartig rund zwanzig verschiedene, einzeln zubereitete Speisen zur Auswahl, die man sich entweder zum Mitnehmen oder zum Verzehr vor Ort selbst in einer Styroporschale zusammenstellt. Anschließend wird an der Kasse zusammengerechnet, was das Gesamtmenü kostet. Fleisch und Fisch sind etwas teurer als die Gemüsesorten und Eierspeisen, Reis und Tee werden extra ausgegeben und sind im Preis inbegriffen. Diese Form des chinesischen Fast food ist eine ausgezeichnete Gelegenheit, auch ohne Sprachkenntnisse verschiedene Einzelspeisen auszuprobieren, ohne falsche Bestellungen befürchten zu müssen. Ein vegetarisches Menü kostet rund 75 NT\$, mit Fleisch oder Fisch kommt man auf ca. 120 NT\$. Meist schmeckt es ausgezeichnet, Sorgen wegen mangelnder Hygiene sind i.d.R. völlig unbegründet. Derartige Lokale sind nahezu allgegenwärtig, man beachte allerdings, dass viele nur zu den Stoßzeiten (mittags und abends) geöffnet haben, und die besten Sachen rasch vergriffen sein können.

Recht günstig sind vegetarische Mahlzeiten in buddhistischen Klöstern (wo die Möglichkeit dazu besteht, wird im beschreibenden Teil angemerkt) oder den an der Svastika (buddhistisches Hakenkreuz) erkennbaren *buddhistischen vegetarischen Restaurants.* Hier wird insbesondere *TouFu* (Sojabohnenquark) in mannigfaltigen Variationen von würzig bis süßsauer zubereitet.

Selbstversorger

In größeren Orten mit *Lebensmittel- und Supermärkten* kann man sich auch preiswert mit Konserven, Brot und Nudelsuppen über Wasser halten. Nahezu alle kleinen Lebensmittelläden bieten Tee-Eier (in Tee stundenlang gekochte Eier), Hot-Dogs, Sandwiches und eisgekühlte Getränke zum Selbstzapfen für wenig Geld an. Nudelsuppen in Tüten zum Aufgießen mit heißem Wasser *(KǎiShǔi,* gibt es in jedem Hotel kostenlos) sind sehr günstig (ab 12 NT\$) und insbesondere bei Wanderungen in den Bergregionen oft die einzige Möglichkeit einer warmen Mahlzeit.

Die *Märkte* bieten eine reichhaltige Palette an Gemüse, Fleisch, Fisch und Obst. Leider ist frisches Obst nicht so günstig wie in anderen Erzeugerstaaten der Region, eine Mango oder eine halbe Wassermelone können leicht 50–60 NT\$ kosten. Auch sind nicht alle Früchte durchgängig erhältlich, die nachfolgende Übersicht gibt die jeweilige Saison der auf TaiWan erhältlichen Obstsorten an.

„Großküche" eines Buddhistenklosters (ChangHua)

- ***Ganzjährig:*** Ananas, Banane, Carambola, Grapefruit, Guava, Papaya, Wachsapfel, Wassermelone
- ***März–Juli:*** Pflaume
- ***April:*** Erdbeere
- ***Juni – Juli:*** Mango, Pfirsich, Litschi
- ***Juli – September:*** Longan
- ***August – Oktober:*** Apfel, Birne
- ***August – Januar:*** Limone
- ***November – Februar:*** Orange

Feste und Feiertage

Auf TaiWan werden einige Festivitäten nach dem westlichen gregorianischen, andere nach dem Mondkalender begangen. Letztere wechseln daher das Datum in unserer Zeitrechnung. Nationale Feiertage nach dem Mondkalender gibt es nur drei, daneben werden regionale aber auch nicht als offizielle Feiertage anerkannte Feste nach dem Mondkalender begangen.

Chinesisches Neujahr

Das traditionellste und kulturell bedeutsamste Fest ist das chinesische Neujahr *(Chun-Chie, ChunJie)*, welches sich nach dem Mondkalender berechnet (erster Tag des ersten Mondes) und in die Zeit von Anfang Januar bis Mitte Februar fällt. Die Feierlichkeiten dauern etwa **drei Tage** und werden von Knallkörpern, vielen neuen Vorsätzen, Symbolen, Verzierungen an den Häusern, Verwandtenbesuchen und anderem gekennzeichnet. Während dieser Tage geht „gar nichts", die Arbeit ruht, Hotels sind ausgebucht und der öffentliche Transport ist mehr als überfüllt.

Mit dem ersten Tag des Mondjahres wechselt das **Tierkreiszeichen,** welches immer für die Dauer eines Mondjahres gilt. Insgesamt gibt es 12 Tierkreiszeichen (⊅ Abschnitt Alterszählung & chinesischer Kalender im Kapitel Mentalität).

Herbst- oder Mondfest

Am 15. Tag des achten Mondes (etwa Mitte September) wird das Herbstfest *(ChungChiuChie, ZhongQiuJie)* oder Mondfest *(YuehChie, YueJie)* gefeiert. Zu diesem Anlass backen die Bäckereien die typischen und nur zu dieser Zeit erhältlichen kreisrunden Mondkuchen, eine Art kleine, dunkle Pastete. Das Fest ist traditionell ein sehr romantisches, da zwischen den Geschlechtern „Bande geknüpft" werden sollen. Dies basiert auf einer Legende, in der der Schütze HouYi neun der zehn die Erde verbrennenden Sonnen abschoss und zum Dank dafür ein Mittel der Unsterblichkeit erhielt, welches ihm aber von seiner Frau gestohlen wurde. Dem alten „Mann im Mond" missfiel die mangelnde Aufrichtigkeit zwischen den Ehepartnern, und seitdem knüpft er „unsichtbare Fäden der Aufrichtigkeit" zwischen Männern und Frauen.

Drachenbootfest

Auch das Drachenbootfest *(TuanWuChie, DuanWuJie)* am fünften Tag des fünften Mondes (ca. Juni) geht auf eine Geschichte zurück: *ChüYuan,* ein Poet und Politiker des chinesischen Altertums, ertränkte sich in einem Fluss, um gegen die Willkürherrschaft der Regierenden zu protestieren. Die Bewohner der umliegenden Orte wollten ihn finden und fuhren mit allen zur Verfügung stehenden Booten in rasender Eile den Fluss entlang, ohne Erfolg allerdings. Auf diesem Ereignis basieren die an diesem Tag abgehaltenen **Drachenbootrennen.** Heute werden die mit farbenfroh verzierten Booten ausgetragenen Rennen von TaiPei im Fernsehen übertragen und haben ähnlich sportlichen Charakter wie etwa das Rennen zwischen den Teams von Oxford und Cambridge.

Weitere Feste nach dem Mondkalender

Zwei Wochen nach dem chinesischen Neujahr, am 15. Tag des ersten Mondes, ziehen die Menschen mit selbstgebastelten, kunstvollen Lampions zu den Tempeln, um den Geistern den Weg zu weisen. Ganz besonders interessant ist das **Laternenfest** *(Yuan-HsiaoChie, YuanXiaoJie)* in den Tempeln von LuErMen, YenShui und PeiKang (⊅ Südwesten), wo viele tausend Teilnehmer und Besucher unter dem ohrenbetäubenden Lärm von Feuerwerkskörpern den Prozessionen beiwohnen.

Während des siebten Mondmonats (Juli, August), des **Geistermonats** *(KuiYueh, GuiYue)*, kommen die Geister aus der Unterwelt und wandeln einen Monat lang auf der Erde umher. In dieser Zeit vermeidet der Chinese das Reisen, Heiraten, den Abschluss größerer Geschäfte oder auch nur das Schwimmen, da die umherirrenden Geister nahezu alles negativ beeinflussen. Während dieser Zeit sind aus den genannten Gründen Hotel- und Transportkapazitäten für Touristen im Überfluss vorhanden. Am ersten Tag finden zahlreiche rituelle Prozessionen und Verbrennungen von symbolischem Papiergeld statt, um die Geister zu besänftigen. Zuweilen sollen sie auch durch lautes Feuerwerk am Aufstieg auf die Erde gehindert werden. Ähnliches wiederholt sich am 15. Tag des siebenten Mondmonats.

Mitten im Geistermonat, genau am siebten Tag des siebten Monats, wird in China der **Tag der Verliebten** *(ChingJenChie, QingRenJie)*, vergleichbar mit unserem Valentinstag, begangen. Die Paare schenken sich Karten und kleine Aufmerksamkeiten, bei Einbruch der Dunkelheit sind die Parks voll mit engumschlungenen Pärchen.

Eine der auf TaiWan wichtigsten Schutzgottheiten ist die taoistisch-schamanistische Göttin MaTzu. Sie wacht über das Heil der Fischer und Seefahrer, jeder Küstenort beherbergt mindestens einen Schrein oder Tempel ihr zu Ehren. **Der Geburtstag der Göttin MaTzu** *(MaTzu ShengJi, MaZu ShengRi)* wird am 23. Tag des dritten Mondmonates (April) begangen.

Im März, am 19. Tag des zweiten Mondmonats, feiern die Buddhisten den **Geburtstag der Gottheit der Barmherzigkeit** *(KuanYin SengJi, GuanShiYin ShengRi)*. Auch viele Taoisten verehren KuanYin, in ihren Tempeln wird das Zwitterwesen oft hundertarmig dargestellt, in buddhistischen Heiligtümern dagegen zweiarmig.

	2003	2004	2005	2006
Chinesisches Neujahr	1. Februar	22. Januar	09. Februar	29. Januar
Herbstfest (Mondfest)	11. Sept.	28. Sept.	18. Sept.	6. Oktober
Drachenbootfest	4. Juni	22. Juni	11. Juni	31. Mai
Laternenfest	15. Februar	05. Februar	23. Februar	12. Februar
Geisterfest ChungYuan*	12. August	30. August	19. August	25. Juli
Tag der Verliebten	4. August	22. August	11. August	31. Juli
MaTzu Geburtstag	24. April	11. Mai	01. Mai	20. April
KuanYin Geburtstag	21. März	9. März	28. März	8. Märzl

* Die 2 Wochen vor und nach dem Geisterfest werden Geistermonat genannt.

Feiertage nach dem Sonnenkaklender

Offiziell gilt auf TaiWan das Sonnenjahr, so dass auch wichtige Feiertage der Republik China auf uns vertraute, feste Daten fallen.

● **Gründungstag der Republik** *(YuanTan, YuánDàn,* 1. Januar): Zufällig ist auch auf TaiWan der erste Januar ein Nationalfeiertag, allerdings nicht wegen des neuen Kalenderjahres, sondern weil am 1.1.1912 SunYatSen die Republik China proklamierte.

● **Tag der Jugend** *(ChingNianChie, QīngNiánJié,* 29. März): Das Datum ist mehr oder weniger zufällig, der Anlass dagegen lobenswert. Den Jüngsten der Gesellschaft wird als Ehrentag ein Feiertag gewidmet, die Schulen bleiben geschlossen.

● **Ahnengedenktag** *(QīngMíngJié,* 5. April): Zu diesem Anlass ziehen die Familien mit Picknickkörben und Gartengerät zu den Gräbern ihrer Vorfahren, um diese (die Gräber) zu reinigen und wieder für ein Jahr ansehnlich zu gestalten. Nach getaner Arbeit wird mit einer mitgebrachten Vesper der Tag beschlossen.

Selbstgeißelung in Trance zur Geistervertreibung

Die **chinesischen Friedhöfe** unterscheiden sich stark von christlichen Begräbnisstätten. Das Grab wird überwiegend als farbig gekachelte, halbkreisförmige Mauer errichtet, auf dem zentralen Anschnitt mit den Daten des Verstorbenen kalligraphisch versehen und ein Bild oder ergänzende Texte beigefügt. Blumen sind sehr selten, die gesamte Fläche ist mit Ziegeln oder Kacheln versiegelt, zwischen den einzelnen, nicht geordneten Gräbern wächst wildes Gras. Je nach Vermögen der Familie und Ansehen des Verstorbenen ähneln die Gräber manchmal kleinen Tempeln.

● **Geburtstag des Konfuzius:** Auf TaiWan ist der Respekt vor dem Wissen und der Person des Lehrers eine der bedeutenden konfuzianischen Traditionen. So wird der Geburtstag des Konfuzius (28. September) als **Tag der Lehrer** gefeiert, an dem die Schüler den Lehrern als Dank für die Ausbildung und Wissensvermittlung kleine Präsente überreichen. In den Konfuziustempeln, die nur an diesem einen Tag zum Leben erwachen, finden farbenfrohe und prunkvolle Umzüge statt.

● **Revolutionstag** *(ShuāngShíJié,* 10. Oktober): Am 10.10.1911 wurde *PuYí,* der letzte Kaiser der Ching-Dynastie (1644–1911) von den nationalistischen Republikanern unter der Führung von *Dr. SunYatSen* zum Abdanken gezwungen. Der 10.10., in chinesischen Zeichen ++ („Doppelzehn") genannt, ist einer der größten Nationalfeiertage der Republik China auf TaiWan. Im Zentrum rund um die CKS-Gedächtnishalle in TaiPei werden Löwen- und Drachentänze, an den Kölner Karneval erinnernde Paraden und manchmal auch Militärparaden abgehalten. Viele offizielle Gebäude werden einige Wochen vorher mit den Zeichen ++, leuchtenden, übergroßen Portraits von *SunYatSen* und Tausenden von Glühbirnen geschmückt.

● **Wiedereingliederungstag** *(KuangFuChie, GuāngFùJié,* 25. Oktober): Nach der Niederlage im zweiten Weltkrieg musste Japan auch TaiWan räumen und die 50 Jahre anhaltende Besatzungszeit am 25. Oktober 1945 beenden. Die Wiedereingliederung TaiWans in die alte Republik China (also noch vor der taiwanesischen Republik China 1949) wird an diesem Tage gefeiert, wobei aus wirtschaftspolitischen Gründen auf das heutige Japan Rücksicht genommen wird und die Feierlichkeiten an diesem Tag recht bescheiden ausfallen.

● **Geburtstag von ChiangKaiShek** *(JiǎngGōng DànChén JìNiànRì,* 31. Oktober): Über Jahrzehnte hinweg galt der „Generalissimus" als Übervater, dessen Geburtstag mit allen Ehren gefeiert wurde. In den letzten 10 Jahren werden auch die Schattenseiten seiner Diktatur in der taiwanesischen Öffentlichkeit zunehmend offen diskutiert, nur noch die „Hardliner" der KuoMinTang halten den 31. Oktober als Feiertag aufrecht.

● **Geburtstag von SunYatSen** *(GúoFù DànChén JìNiànRì,* 12. November): *Dr. SunYatSen* ist der einzige chinesische Politiker des 20. Jahrhunderts, der sowohl in der VR China als auch auf TaiWan verehrt wird und noch heute in hohem Ansehen steht. Sein Name steht für das Ende des Kaiserreiches und die Begründung des neuen, von Unterjochung befreiten China.

● **Verfassungstag** *(HsingHsien ChiNianJi, XíngXiàn JìNiànRì,* 25. Dezember): Die Verfassung der Republik China wurde am 25. Dezember verabschiedet und der Tag somit als Nationalfeiertag gefeiert. Der 25.12. fällt zufällig auf Weihnachten; dieses christliche Fest wird auf TaiWan offiziell nicht gefeiert, auch wenn es eine kleine christliche Minderheit im Lande gibt. Um die Weihnachtszeit werden aber für Touristen und Geschäftsleute trotzdem viele Gebäude und Einkaufsstraßen mit weihnachtlichen Motiven geschmückt, und auch bei nichtchristlichen Chinesen findet der Weihnachtstrubel zunehmend mehr Anhänger.

Film und Foto

Auf TaiWan kann man – von militärischen Einrichtungen abgesehen – alles Sehenswerte **fotografieren**. Die Grenzen des Anstandes sollte jeder selbst kennen. Chinesen sind, wie der Besucher sehr bald merken wird, selbst begeisterte „Knipser" (nicht Fotografen), aber gewisse Motive sind auch tabu und sollten es auch für den Touristen sein, so etwa Betende, Liebespaare oder Verkehrsunfälle. Es ist kein Problem, Marktstände, Geschäfte, Fischerboote und Statuen in Tempeln zu fotografieren. Um Erlaubnis zu bitten, gehört sich dagegen zumindest bei Geistlichen oder bei den Gardisten, welche die politischen Gedächtnishallen bewachen (nicht sie selbst fragen, sondern die Aufsicht).

Negativfilme sind auf TaiWan nahezu an jeder Ecke zu kaufen, **Diafilme** dagegen wesentlich seltener. Fuji und Kodak beherrschen den Markt. Die Preise sind unwesentlich höher als in Europa, so dass man bei längerem Aufenthalt jederzeit frisches Material nachkaufen kann. Für kürzere Aufenthalte (sprich: 6–8 Filme, vor allem bei Diafilmen) empfiehlt sich die Mitnahme von zu Hause, da natürlich just nach dem letzten Film kein Filmgeschäft zu finden sein wird!

Die **Filmentwicklung** funktioniert tadellos in allen Fotogeschäften. Die Angebote reichen vom „Service in 1 Stunde" bis zur regulären 48-Stunden-Entwicklung. Da in TaiWan nahezu ausschließlich Bilder und nur in seltenen Ausnahmefällen Dias gemacht werden, hinkt die Qualität der Diaentwicklung mancherorts den Erwartungen hinterher, so dass man als Tourist die Diafilme besser erst in Europa entwickeln lässt.

Gefahren

Erfreulicherweise ist TaiWan für Touristen eines der sichersten Länder der Erde. Das Land ringt um internationale Anerkennung und will sich keinerlei Schnitzer gegenüber (gesetzestreuen) Ausländern erlauben. Diebstahl und Übergriffe auf Touristen gelten daher beinahe als nationaler Hochverrat, entsprechend unbeschwert kann sich der Besucher im Lande bewegen. Doch gibt es auch die berühmte Ausnahme von der Regel.

Eine Metropole wie **TaiPei** hat natürlich auch ihre Schattenseiten. Manch einer hat hier seine gesamten materiellen Hoffnungen auf die Börse gesetzt und alles verloren, andere scheuen im Ringen um mehr und mehr Reichtümer auch illegale Methoden nicht. Es kommt nicht von ungefähr, dass Banker, Börsianer und gescheiterte Manager reihenweise Selbstmord begehen – TaiPei hat eine der höchsten Suizidraten der Erde! Dass sich dabei auch eine Schicht kleiner Ganoven entwickeln muss, ist eine unausweichliche Folge.

Alleinreisenden Frauen kann es gelegentlich passieren, dass sie verbal belästigt werden, die Wahrscheinlichkeit ist aber um ein Vielfaches geringer als in anderen asiatischen Regionen. Durch Tausende westlicher Filme und Werbung mit spärlich bekleideten Models sind einige Männer auf TaiWan zu der irrigen Ansicht gekommen, dass jede westliche Frau mal eben so zu haben sei. In aller Regel genügt der dezente Hinweis, man sei verheiratet, um Ruhe zu haben.

Man kann getrost behaupten, dass TaiWan sicher zu bereisen ist, auf die üblichen Vorsichtsmaßnahmen gegen **Taschendiebstahl** (Geldgürtel, Gepäck immer im Auge haben) darf natürlich nicht verzichtet werden.

Taxi fahren

Kriminelle, Vorbestrafte und Gescheiterte werden von der Gesellschaft geächtet, haben das Gesicht verloren und greifen dann oft nach der letzten Chance, irgendwie ihre Existenz zu erhalten: der Job als Taxifahrer. 99% der Taxifahrer in TaiPei sind anständige Burschen, die ihren Job tadellos machen, es gibt allerdings auch einige, vor denen eindringlich gewarnt werden muss. Insbesondere *nachts* ist Vorsicht geboten, selbst Einheimische warnen davor, in der Nacht alleine ein Taxi zu benutzen, es sei denn, der Wagen wird in der *Taxizentrale* bestellt. Jedes Hotel, Restaurant oder Geschäft besorgt dies gerne, die Telefonnummer der auch englischsprachigen Zentrale lautet (02) -2821166.

Taxis werden mit nach vorne ausgestreckter wedelnder Handfläche herbeigewunken. Bevor man einsteigt, notiert der Gastgeber, dessen Haus man verlässt, der Portier eines Hotels oder ein Freund die *Taxinummer* (an der Scheibe) sowie das Kfz-Kennzeichen. Dies ist ein mittlerweile völlig normales Vorgehen bei Dunkelheit, die ehrlichen Fahrer haben dafür vollstes Verständnis. Auch als Tourist sollte man sich nicht scheuen, ebenso zu verfahren. Eine weitere vorbeugende Sicherheitsmaßnahme ist es, die Funktion von Fenster- und Türhebeln vor dem Einstieg zu kontrollieren, da potentielle Entführer diese abmontieren.

Geldangelegenheiten

Währung

Die Landeswährung ist der NT$ *(New Taiwan Dollar, Yuan* oder umgangssprachlich auch *Kuai* genannt), welcher in Münzen zu 1 NT$, 5 NT$, 10 NT$ und 50 NT$ im Umlauf ist. Als Banknoten existieren 50 NT$, 100 NT$, 500 NT$ und 1000 NT$. Alle Münzen und Scheine ziert das Portrait von ChiangKaiShek bzw. SunYatSen.

Der NT$ ist nicht frei konvertierbar und unterliegt oberhalb einer erlaubten Summe von 40.000 NT$ Ein- und Ausfuhrbeschränkungen. Der große Vorteil dabei ist, dass der **Wechselkurs staatlich festgelegt** wird und überall im Lande nahezu gleich ist, so dass Kursvergleiche bei Banken beinahe unnötig sind.

Umrechnungstabelle

100 NT$	2,90 €	1 €	34,50 NT$
100 NT$	4,24 SFR	1 SFR	23,56 NT$
100 NT$	2,88 US$	1 US$	34,69 NT$

Geldmittel

Fremdwährungen und Reiseschecks werden an den Flughäfen in TaiPei und KaoHsiung eingetauscht. Im Lande selbst sind ausschließlich *US$ Banknoten* und *Reiseschecks* der großen Gesellschaften für Touristen zu empfehlen. Neben sehr großen Touristenhotels wechseln u.a. die Bank of TaiWan und die International Commercial Bank of China Reiseschecks. Außerhalb der Großstädte wechseln Banken oftmals nicht, so dass sich ein ausreichender Tausch bei der Ankunft empfiehlt. Banken berechnen für Reiseschecks sehr unterschiedliche Gebühren (pro Scheck zwischen 10 und 140 NT$), limitieren aber oftmals die Summe pro Scheck auf 300 US$, so dass 500 $ Schecks nur am Flughafen oder bei *American Express-Reiseschecks* gebührenfrei bei deren Zentrale in TaiPei eingelöst werden sollten.

Umtauschbestätigungen müssen für drei Fälle aufbewahrt werden: für eine Visumsverlängerung, für den Rücktausch von NT$ bei der Ausreise und (sehr selten) Steuerhinterziehungskontrollen illegal arbeitender Touristen bei der Ausreise.

American Express, Diner, Master und *Visa* **Kreditkarten** werden in TaiPei in großen Geschäften, Restaurants und Hotels, außerhalb der Metropole zumindest in den größeren Hotels akzeptiert. Visa bietet Reisescheck- und Kartenkunden eine kostenlose Notfalltelefonnummer in TaiWan an: 0080-651019.

Einige **Geldautomaten** in Großstädten sowie in KenTing akzeptieren mittlerweile neben Kreditkarte mit Geheimnummer auch die EC-Karte mit P.I.N. (Automaten mit dem MAESTRO-Logo); Menüführung auf Englisch, Knöpfe „MASTERCARD" und „DEFAULT" drücken, dann max. 25.000 NT$ pro Abhebung. Die Gebühr beträgt pro Transaktion ca. 5 €, der Kurs ist aber etwas günstiger als bei Bartausch vor Ort.

Für den Fall von **Verlust** oder **Diebstahl** einer Geldkarte (Kredit- oder EC-Karte) muss aus versicherungsrechtlichen Gründen unverzüglich nach Bemerken des Verlustes die Sperrung der Karte telefonisch eingeleitet werden. Dies kann entweder über den zentralen Sperrannahmedienst (01805-021021), die jeweilige Servicenummer der Kreditkartengesellschaft (z.B. in Deutschland VISA 089-217123707, AmEx 069-97972000, Euro/Master 069-79331910) oder die Hausbank (EC-Karte) geschehen.

Geschäftsreisende

Die politische Führung TaiWans ist stark an einer Erweiterung der wirtschaftlichen Beziehungen zu europäischen Nationen interessiert, um die Abhängigkeit zu den asiatischen und nordamerikanischen Märkten zu verringern. Dies bietet auch den deutschen Unternehmen, die in Asien viel an Boden verloren haben, eine gute Chance vom Sprungbrett TaiWan aus wieder den notwendigen Anschluss zu finden. Nominell ist Deutschland TaiWans größter europäischer Handelspartner, umgekehrt liegt TaiWan an dritter Stelle nach Japan und der VR China im Handelsvolumen deutscher Unternehmen mit Asien. Von den etwa 9 Milliarden US$ an gemeinsamen Handelsvolumen entfällt die Masse auf einige wenige Großprojekte. Europäische Unternehmensleitungen sehen allerdings Faktoren wie Korruption, Bürokratie, mangelnde Englischkenntnisse sowie die politische Spannung zwischen TaiWan und der VR China als Haupthindernisse für ein breiteres Engagement in TaiWan trotz guter Investitionsanreize und gut ausgebildeten Fachkräften. Das schnelle Geschäft „auf dem Zwischenstopp" wird man im chinesischen Wirtschaftsraum (egal ob HongKong, TaiWan, Singapur oder der VR China) nur selten machen können; für eine fundierte, dauerhafte und fruchtbare Geschäftsbeziehung muss man einige Spielregeln kennen, deutsche Vorstellungen daheim lassen und viel Geduld mitbringen.

Unternehmensstrukturen

Im chinesischen Wirtschaftsraum (das kommunistische Festland nimmt eine Sonderstellung ein) ist, anders als im Westen, der kleine **Familienbetrieb** immer noch die tragende Säule der Wirtschaft. Egal ob Restaurant, Konsumladen, Kleinmanufaktur oder Dienstleister, stets sind es Familienmitglieder, die hier mitarbeiten. Die Anzahl an Kleinbetrieben ist auch optisch spürbar um ein Vielfaches höher als im Westen, auch als in Japan oder Südkorea. Es ist völlig normal, dass nahezu jeder irgendein Geschäft betreibt

Freies Unternehmertum für jedermann

und schon mit 20 eine Direktorenvisitenkarte (als ältester Tellerwäscher der Familie, internationaler Altreifenaufkäufer o.Ä.) besitzt. Zu den wesentlichen Folgen dieses Universalangebotes zählen hoher Konkurrenzdruck, Kampf um jeden Kunden, Ladenöffnungszeiten nach Belieben, Entstehung optisch identischer Straßenzüge („ich mache das, was der Nachbar macht"), Kopieren statt eigener Entwicklungen, mangelhaftes Marketing (gilt als Hauptvorteil des Westens), wenige gewachsene Marken, dafür unzählige kurzlebige no-name Produkte. Die Taiwaner selbst bezeichnen ihre Wirtschaft bisweilen als „ökonomischen Spielplatz", tatsächlich kommt man hier der Idee einer freien marktwirtschaftlichen Betätigung sehr nahe.

Nicht das Wachstum einiger weniger, sondern der Erfolg aller ist kennzeichnend für TaiWan. Ausgangspunkt von *Unternehmungsgründungen* ist in den seltensten Fällen eine Partnerschaft oder ein anonymer Geldgeber, sondern vielmehr die Familie. Umgekehrt zum Westen, wo man es tunlichst vermeidet, die Verwandtschaft in Geschäfte einzubeziehen und die Vermögenslage offenzulegen, vertraut der Chinese niemandem – außer dem inneren Familienkreis. Dem Außenstehenden wird es niemals, selbst eingeheirateten Westlern nur selten gelingen, in diesen inneren Kreis des Vertrauens vorzudringen. Geld wird zunächst im engsten Familienkreis geborgt, dann bei den weiteren Verwandten, und erst zuletzt und ungern bei Banken („fremde Leute"). Die Familie baut das Unternehmen unter der Leitung des Familienoberhauptes auf und lässt keine Führungsperson von außen zu. Selbst Großunternehmen und Holdings werden so geleitet, immer wird man einen „Schwager" oder „Bruder" an der Spitze der Tochtergesellschaften finden. Nun sollte man meinen, dass dann eben irgendwann eine Familie mit dem größten Unternehmen den Konkurrenzkampf überlebt – weit gefehlt. Nach dem Tode des Oberhauptes wird per Gesetz der Besitz unter den männlichen Erben paritätisch aufgeteilt. In der ersten Folgegeneration einigt man sich häufig noch auf gemeinsames Vorgehen, aber sobald die Enkel erben, zerfällt das Unternehmen in mehrere kleinere Bestandteile.

Die enge Familienbindung zeigt sich auch im *Rechtswesen:* bei Streitigkeiten versucht zunächst der Familienrat zu vermitteln, oft verhandeln die Familienoberhäupter für ihre Mitglieder; die Gerichte werden nach Möglichkeit erst zuletzt eingeschaltet. Selbst das moderne taiwanesische Rechtssystem kennt noch Fälle der Sippenhaftung: 1995 beispielsweise musste ein Vater für das verkehrswidrige Verhalten des minderjährigen (nicht haftbaren) Sohnes in Haft. Man hat es also nie mit einer Einzelperson zu tun, immer steht eine Familie unsichtbar dahinter. Der sozialpolitisch positive Aspekt ist der, dass die Familien (Clans) moralisch verpflichtet sind, ihre Mitglieder mit einzubeziehen und ihnen irgendeinen Job zuzuteilen; demzufolge ist die Arbeitslosigkeit in TaiWan beneidenswert gering.

Verhandlungsgepflogenheiten

Neben entsprechendem Outfit (☞ Bekleidung) gibt es über die in den Kapiteln Mentalität und Verhaltenshinweise genannten Punkte hinaus noch eine ganze Reihe wichtiger Kleinigkeiten zu beachten, die sehr oft über Erfolg oder Misserfolg eines Geschäftsabschlusses entscheiden können.

Ist man bei seinem Gesprächspartner angekommen, kann man schon in den ersten Sekunden viel Porzellan zerschlagen. Vielen Europäern fällt es schwer, die sehr wichtige Grenze zwischen notwendiger Höflichkeit und Unterwürfigkeit zu ziehen. Unbedingt angeraten ist stets eine kleine Verbeugung sowie zusätzlich das Überreichen einer *Visitenkarte* bei Erstkontakt. Keine Visitenkarte zu besitzen, wäre etwa so schädlich, wie ohne Krawatte in eine Besprechung zu gehen.

Das Überreichen der Visitenkarte (wie alles andere auch, z.B. Geld, ein Geschenk usw.) hat unbedingt **mit zwei Händen** zu erfolgen, nur diese Form ist höflich, einhändiges Aushändigen gilt als unhöflich. Auch spielt die Art eines Mitbringsels eine viel größere Rolle als bei uns (↗ Mentalität).

Aufgrund der allgemeinen Hektik und scheinbaren Schnellebigkeit von Produkten und Märkten in TaiWan meint man oft, eine Geschäftsbesprechung müsse so kurz und intensiv wie möglich sein. Mitnichten. Der wichtigste allgemeine Ratschlag für Verhandlungen auf mittlerer und höherer Ebene muss lauten: **Geduld** ist der Schlüssel. Die Kunst besteht darin, immer die letzte Karte in der Hinterhand zu haben und innerhalb der Rituale die eigene Person (und somit das Unternehmen) als „vertrauenswürdig" darzustellen. Ein gutes Geschäft zu tätigen ist **Vertrauenssache** und somit – wie oben angedeutet – gerade im chinesischen Raum äußerst schwierig. Dies bedeutet, dass man eben nicht mit der Tür ins Haus fällt (und sagt, was man eigentlich will), sondern lediglich allgemeine Lobpreisungen über die erstaunliche Entwicklung und Schönheiten des Landes von sich gibt, bis man zum Tee eingeladen ist (meist in einer anderen Sitzgruppe als zuvor, sofern es die Lokalitäten zulassen). Auch dann liegt der Konversationsschwerpunkt auf privaten Dingen wie Familie, Auto, eigene „Heldentaten" usw., erneut vermeidet man es, die Sprache auf den Kern des Besuchs zu bringen.

Im Idealfall verständigt man sich dabei auf ein **Arbeitsessen,** bei dem „Details" erörtert werden könnten. Tatsächlich wird die überwiegende Anzahl guter Kontrakte bei dergleichen Anlässen (Arbeitsessen, Bar-, Sauna- oder sogar Bordellbesuch) vorbereitet und nicht im Büro. Auch während des Essens wird zunächst wieder die gemeinsame Vertrauensbasis erweitert, keineswegs der eigentliche Kernpunkt in den Mittelpunkt gerückt. Erst mit dem unvermeidlichen Zuprosten *(KanPei, GánBèi* = auf ex) werden nahezu beiläufig und schrittweise etwa Konditionen, Preise oder mögliche Lieferfristen erörtert. Keine Einladung, Getränk oder Gericht sollten zurückgewiesen werden oder nur unter guten Ausreden (Vegetarier, Alkoholverbot vom Arzt). Ein Hauptproblem aus westlicher Sicht (neben der unabdingbaren 100prozentigen Trinkfestigkeit zwecks Gesichtswahrung) besteht in der Notwendigkeit, Hintertüren zu erkennen und eigene Zusagen nur dann zu geben, wenn man tatsächlich seine Vorstellungen erreicht sieht.

Eine einmal gemachte Aussage ist (wieder Gesichtswahrung!) bindend, andererseits sind die **Auslegungen** sehr oft unterschiedlich. Tatsache ist, dass „völlig klare Dinge" (Weihnachtskugeln müssen „logischerweise" vor Weihnachten auf den Markt) in China explizit und im Detail schriftlich festgehalten werden sollten. Ein Grund dafür liegt bereits in der schulischen Ausbildung, die im wesentlichen aus Vor- und Nachmachen, also ohne eigene Denkarbeit besteht. Oftmals werden Ausreden und Entschuldigungen zur Gesichtswahrung herangezogen. Daher ist der Faktor Geduld so wichtig, es ist unabdingbar, dem Geschäftspartner Schritt für Schritt alle (eigenen) Abläufe zu erläutern und die exakten Wünsche vor einer als Vereinbarung zu interpretierenden Aussage ohne die Möglichkeit einer Hintertür darzulegen.

Es ist leider manchmal auch völlig normal, dass Unwissenheit mit tolldreisten Ausreden kaschiert wird, Lieferunfähigkeiten mit einem Taifun, Krieg o.Ä. entschuldigt werden. Die **Lüge** – und sei sie auch noch so leicht zu durchschauen – ist ein legitimes Verhandlungsmittel. Es empfiehlt sich, echte Ergebnisse unmittelbar im Detail schriftlich festzuhalten, auch während eines Trinkgelages (sonst beginnt man am nächsten Tag unter Umständen von vorne).

Bei alledem darf nie Ärger sichtbar werden, die **Maske des Lächelns** ist oberstes Gebot. Auch das Demonstrieren von Ärger oder Anheben der Stimme bedeuten Gesichtsverlust und sind definitiv zu vermeiden.

Kommt es zu einer beide Seiten eindeutig zufriedenstellenden **Vereinbarung,** wird der taiwanesische Partner alles daransetzen, seinen Teil zu erfüllen. Neben dem auch hier bedeutsamen Gesichtsverlust spielt der Wunsch TaiWans nach internationaler Akzeptanz und Anerkennung der Entwicklung zum modernen Staatsgebilde eine wesentliche Rolle. Wer Alkohol, bestimmte Fleischgerichte u.Ä. ablehnen möchte, muss eine gute **Ausrede** parat haben. Religiöse Gründe („es ist Osterzeit, wir Christen dürfen jetzt nur Fisch essen") sind immer, gesundheitliche („mein Arzt hat mir Alkohol untersagt") manchmal („Warum schickt man uns einen gesundheitlich angeschlagenen Repräsentanten?") akzeptabel. Wer es geschickt anstellt, kann auch in einem Glas Cola den einen oder anderen Schnaps unauffällig verschwinden lassen.

Unternehmensformen für ausländische Zweigstellen auf TaiWan

Nicht nur für Großunternehmen, auch für Kleinbetriebe oder Import-/Exportgesellschaften mag sich die Frage stellen, ob und wie eine Zweigstelle auf TaiWan errichtet werden kann. Zwei unterschiedliche Arten kommen dabei in Betracht, die echte Filiale und die Repräsentanz:

Die **Filiale** ist eine juristische Person des taiwanesischen Rechts mit der Möglichkeit, auf Einnahmen abgezielte Tätigkeiten auszuüben, Konten zu eröffnen, Verträge aller Art abzuschließen usw. Sie unterliegt einer Pauschalbesteuerung (nach Abzug gewisser Freibeträge) von 25% und kann Gewinne (z.B. als Dividenden) beliebig steuerfrei transferieren. (Ein taiwanesisches Unternehmen ohne Mutter im Ausland zahlt bis zu 35% für Gewinntransfers ins Ausland, daher nimmt auch die „Unternehmenssitz-Flucht" in sogenannte Steuerparadiese beständig zu.) Ferner wird die Arbeitserlaubnis für mindestens einen Ausländer erteilt, wenn das Filialkapital mindestens 2.500.000 NT$ (ca. 75.000 EURO) beträgt, ohne Ausländerbeschäftigung genügen zwischen 500.000 und 1.000.000 NT$. Mit Ausnahme der zweimonatlichen und jährlichen Steuererklärungen fallen keine weiteren organisatorischen Verpflichtungen an.

Die **Repräsentanz** dient lediglich der Marktbeobachtung, darf keinerlei auf Gewinn ausgerichtete Tätigkeit ausüben und unterliegt somit keiner taiwanesischen Steuer (wohl aber müssen die Abgaben der angestellten Arbeitnehmer entrichtet werden). Ein Mindestkapital ist nicht erforderlich. Diese Form wird oft als Überbrückungsschritt während der Planungs- und Vorbereitungsphase unternehmerischer Aktivitäten gewählt (z.B. während der Suche nach einem Joint-Venture-Partner). Die im Umgang mit den Festlandchinesen erfahrenen Taiwaner sind der ideale Joint-Venture-Partner für Geschäfte mit der Volksrepublik. Allein auf sich gestellt steht man im Chinageschäft doch mehr vor großen bis unlösbaren Problemen.

Gesundheit

Touristen befürchten in Asien vorrangig ernährungsbedingte Beschwerden oder Malaria und packen ihre Reiseapotheke entsprechend. TaiWan ist weder Malariagebiet, noch sind Speisen, Getränke, Eiswürfel oder Obst gefährlich. Natürlich darf man keine Gesundheitsgefährdungen verharmlosen, die eine Auslandsreise manchmal mit sich bringen. Im Gegensatz zu anderen Ländern der Region, bei denen ganze Paletten von Impfungen und die Mitnahme ganzer Schuhschachteln voller Medikamente empfohlen wird, kann man in TaiWan aber auf nahezu alles verzichten.

Auch wenn TaiWan vom Gesundheitsstandpunkt her durchaus den Industrieländern gleichzusetzen ist: Wer mehr über einzelne hier nicht beschriebene Krankheiten wissen möchte, auch für eventuelle Reisen in Nachbarländer, sei auf das *Handbuch* „Wo es keinen Arzt gibt" von David Werner sowie denn Titel „Selbstdiagnose und Behandlung unterwegs" aus der Praxis-Reihe (ebenfalls im REISE KNOW-HOW Verlag erschienen) verwiesen.

Abführ- und Durchfallmittel (Pflaumen oder Pflaumenwein bzw. trockener Reis, Bananen, Äpfel und viel Tee erfüllen den gleichen Zweck) können getrost zu Hause bleiben.

Impfungen

Impfungen werden bei der Einreise nicht verlangt (sofern man nicht aus Infektionsgebieten kommt), *Tetanus* sollte man aus eigenem Interesse immer schon zu Hause auffrischen. Gegen *Malaria* muss man sich nicht impfen lassen, ein Mittel zur Einnahme im Notfall (Halfan) reicht völlig aus. Wer zwischen April und Oktober in ländliche Gebiete reist, sollte sich ggf. gegen *Japanische Encephalitis* impfen lassen.

Das *Zentrum für Reisemedizin,* Brehmstraße 23, 40239 Düsseldorf (Tel: 0211-961060) informiert individuell über alles für das Reiseland aktuell Notwendige (Kosten 10 €, kostenlos für Mitglieder bei der Barmer Ersatzkasse). Dieser Service ist sehr zu empfehlen, wenn man erstmalig nach Asien reist oder insgesamt sehr viele verschiedene Länder mit unterschiedlichen Impfforderungen besuchen will.

Medizinische Versorgung

Bei ernsthaften Erkrankungen hilft selbstredend nur ein *Krankenhausbesuch,* der im hochentwickelten TaiWan keinerlei Grund zur Besorgnis darstellt. Kleinere Beschwerden müssen bei richtigem Verhalten den weiteren Verlauf der Reise nicht nachhaltig behindern und können oftmals mit „Wundermittelchen" aus chinesischen *Apotheken* behoben werden (einfach hingehen und zeigen, was einem fehlt).

Mücken

Moskitos – und damit auch die Gefahr einer Malariaübertragung – sind rar im Vergleich zu Südostasien. Einzig in den ländlichen Regionen der *Westküste* kann man eventuell gestochen werden, aber wer in anderen Ländern windpockenartig heimgesucht wird, der fühlt sich auf TaiWan pudelwohl! Einfache Mückenmittel wie *Zedan* oder *Lemon-grass* sind völlig ausreichend, meist benötigt man gar nichts.

Sonnenbrand

Häufig wird die *tropische Sonneneinstrahlung* im Süden und auf den Pescadoren unterschätzt, insbesondere dann, wenn man per Fahrrad oder Moped unterwegs ist. Unterarme und Kopfhaut (!) sollten besonders durch lange Ärmel und ein Kopftuch/Hut geschützt werden, Kniekehlen eventuell durch lange Hosen. Ist man vom Sonnenbrand betroffen, sollte man die nächsten Tage in einer Stadt (Schatten, Klimaanlagen) verbringen. Besonders die Kopfhaut von Kindern ist gefährdet.

Erschöpfung

Von Flachländern wird die dünne Luft in *Höhenlagen ab 2500 m* leicht unterschätzt. Die gelegentlich eintretende Atemnot und physische Erschöpfung führt zwar in der Regel nicht zu ernsten gesundheitlichen Gefährdungen, aber doch zu kritischen Situationen, wenn z.B. ein Tagesziel nicht mehr erreicht wird. Viel trinken (keinen Alkohol), mäßig essen und ausreichende Pausen sind die wichtigsten Grundregeln in den Bergen.

Dengue-Fieber

Durch ausländische Gastarbeiter und rückkehrende taiwanesische Touristen kam auch das Dengue-Fieber nach TaiWan zurück, nachdem es bereits vollkommen zurückgedrängt war. Es wird wie die Malaria von Moskitos übertragen und äußert sich in stoßweise eintretenden Glieder- und Kopfschmerzen, einhergehend mit Fieberschüben. Bettruhe und Aspirin sind geeignete Gegenmittel für Erwachsene, Kinder dagegen müssen klinisch versorgt werden.

Geschlechts- und Infektionskrankheiten

Dass die üblichen Vorbeugemaßnahmen auch beim Besuch in einem modernen Land wie TaiWan selbstverständlich sein sollten, muss eigentlich nicht erwähnt werden. Arztbesuch und Penicillin sind die gängigen Abhilfen bei den meisten Geschlechtskrankheiten. Ein bedeutsamer Unterschied zu Europa ist die **AIDS-Politik** TaiWans: wird ein Ausländer während einer – wie auch immer gearteten – Untersuchung für HIV-Positiv befunden, führt dies unweigerlich zur Abschiebung!

Schlangen, Skorpione

Auf TaiWan existieren einige der giftigsten Schlangen überhaupt, von der Bambusviper bis zur Korallenschlange sind etliche Arten vertreten. Noch gefährlicher sind die **Seeschlangen,** deren Gift um ein vielfaches stärker ist als das der Landschlangen. Böse Zungen behaupten, die Japaner hätten in den 1930er Jahren auf dem YangMingShan (bei TaiPei) ein Giftlaboratorium errichtet, in welchem sie mit Giftschlangen experimentiert hätten. Beim Abzug 1945 hätten sie dann alle Giftschlangen freigelassen … Bevor der Individualreisende nun seine Reisepläne ändert, sei folgendes angemerkt: auch bei allergrößter Aufmerksamkeit wird der Tourist außer in der Snake Alley (Nachtmarkt in TaiPei) nur höchst selten eine Schlange zu sehen bekommen. Schlangen sind scheu und greifen nur an, wenn sie sich bedroht fühlen. Lässt man die Schlange in Ruhe, kann normalerweise nichts passieren.

Unglücksfälle können z.B. dadurch vorkommen, dass man aus Versehen im Wald auf eine gut getarnte Viper tritt. Dass diese dann beißt, ist klar. In solchen Fällen heißt es oft, man müsse die Schlange erlegen zwecks Identifikation für das Serum. Dies ist aber eine schlechte Idee, da man erstens Gefahr läuft, nochmals gebissen zu werden und zweitens durch die Jagd der Kreislauf schneller läuft anstatt sich zu beruhigen. Ideal ist ein Foto, zumindest aber sollte man sich die Schlange genauestens einprägen. Auf den Parkpolizeistationen hängen Poster der wichtigsten Giftschlangenarten, damit kommt man im Notfall weiter. Schnellstmöglicher Transport des Gebissenen ins Krankenhaus ist die einzige, echte Hilfe. Alle Wildwest-Tipps wie Aufschneiden der Wunde, Aussaugen oder Abbinden des Gliedes vergesse man schnell und tue das Richtige: flach stillegen, um die Verteilung des Giftes zu verlangsamen, und jemanden Hilfe holen lassen.

Spinnen

Nicht nur im Wald, auch in den Städten gibt es reihenweise Spinnen, auch größere Exemplare. Glücklicherweise sind die meisten (wenn überhaupt) nur schwach giftig, eine echte Gefahr besteht nicht. **In den Hotels** (vor allem in einfachen) sollte man auf die Tür achten: je größer der Spalt zwischen Boden und Tür, desto größere Untermieter können einziehen. Meist sind sie unter dem Bett versteckt und jagen Moskitos oder Kakerlaken (nachts). Werden Räucherstäbchen und Moskitospiralen angezündet, können sie nervös werden und über Wände, Bett und Gast huschen – unangenehm!

Pflanzen

Als Tourist befolge man die gleiche Regel wie auch zu Hause: was man nicht kennt, rühre man nicht an. Stark giftige Pflanzen gibt es nicht, wohl aber einige unangenehme **Brennesselarten.** Am ehesten wird der Tourist bei Wanderungen zwischen 1.000 und 2.000 m auf die *YaoJenMao* (Menschenbeißerkatze), eine mit hässlichen Flecken gesprenkelte Brennessel, treffen. Wer sie berührt, wird an diesen Stellen drei bis vier Tage Rötungen und Verbrennungsgefühle haben. Selbstverständlich soll man auch keine Früchte oder Pflanzen essen, wenn man sie nicht absolut sicher identifiziert hat.

Reiseapotheke

Eine **Basis-Reiseapotheke** für eine TaiWan-Reise sollte zumindest folgendes enthalten: elastische Binde, Desinfektionsmittel (Wasserstoffsuperoxyd), Pflaster, eine Wundsalbe, Schmerztabletten, Mückenschutz *(Autan* oder *Zedan,* vor Ort *Lemon-grass* oder *Mosquito-Coils),* Vitamine, Malariamittel *(Halfan).*

Ergänzend können mitgenommen werden: Abführmittel, Antibiotika-Puder, Augentropfen, Durchfalltabletten, Grippemittel, Halzschmerzmittel, Pilzsalbe, Zugsalbe, Verhütungsmittel. Hinzu kommen natürlich individuell benötigte Dinge wie Kontaktlinsenmittel, Gebissreiniger usw. Im Allgemeinen führen die Apotheken und Geschäfte auf TaiWan – von Markenartikeln oder speziellen Kosmetika abgesehen – alles Notwendige, oft sogar günstiger als in Europa. Es empfiehlt sich, nur das Notwendigste mitzunehmen.

Hygiene

Prinzipiell bestehen auf TaiWan keinerlei Gefahren für die Gesundheit ob mangelnder Hygiene, was insbesondere für Reisende mit Kindern ein wichtiger Faktor ist.

Das **Leitungswasser** kann bedenkenlos zum Zähneputzen benutzt werden, trinken sollte man es nicht unbedingt. Nahezu überall gibt es abgekochtes Trinkwasser, die Bäder auch in kleinen Hotels sind völlig in Ordnung und die Gefahr einer Fußpilzinfektion eher gering.

Auch die **Toiletten** sind überwiegend auf „westliche Toilette" modernisiert worden. Öffentliche Toiletten in Museen, Bahnhöfen oder Restaurants verfügen dagegen meist nur über traditionelle „französische" WCs (Stehtoiletten), was bei der regen Benutzung durchaus vorteilhaft ist. Ein kleines Problem sind die wegen der alten Leitungssysteme schlechten Spülungen. Man werfe daher alle sonstigen Abfälle, auch benutztes Toilettenpapier, in die im Bad zu diesem Zweck bereitgestellten Papierkörbe (sofern vorhanden).

Bettwäsche und Handtücher werden in kleineren Hotels zwar nicht täglich, aber regelmäßig gewechselt, Bedenken vor Ungeziefer sind meistens unangebracht. In sehr entlegenen Bergregionen kann es vorkommen, dass die Schlafsäle nicht so sehr gepflegt werden, so dass ein eigener Schlafsack manchmal angenehm wäre.

Wie auch in anderen heißen, subtropischen und tropischen Klimaregionen sollte sich der Reisende häufig **waschen,** dabei aber nicht den Säureschutz der Haut durch scharfe Seifen zerstören. Gut abtrocknen ist besonders wichtig, da sonst Pilz- und Infektionskrankheiten in Achselhöhlen, an Füßen und im Genitalbereich möglich wären.

Für kleine Kinder gibt es auch auf TaiWan das in ganz Asien beliebte kühlende **Hautpuder** (kühlt, hält die Haut trocken), welches meist in großen Dosen in den Drogerieabteilungen von Lebensmittelgeschäften, Supermärkten und Kaufhäusern erhältlich ist. Hier findet man auch **Tampons oder Binden** aller Art. Meist handelt es sich um amerikanische Importware und ist daher gut identifizierbar.

Selbstverständlich werden dem Reisenden **Kakerlaken** begegnen, trotz aller Reinlichkeit und ständigen Putzens wird sich dies in derartigen Klimaregionen nicht vermeiden lassen. Wer in TaiWan wohnen will, halte sich an die Regel, dass kein Lebensmittelkrümel liegenbleiben darf (im Spülbecken, auf dem Tisch) und Abflüsse (Waschbecken, Wanne) sicherheitshalber zugestöpselt werden – sonst hat man am nächsten Morgen possierliche Untermieter.

Informationsstellen

In Europa
Touristische Informationen vor der Reise gibt folgende Stelle, an die sich im Bedarfsfalle alle Europäer wenden müssen:
● *TaiPei Tourism Office*, Rheinstraße 29, 60325 Frankfurt / M.,
Tel. 069-610743, Fax 069-624518, e-mail info@taiwantourismus.de

Internet-Informationsseiten & Internet-Zugang:
Reiseinformationsseiten: Konkrete Veranstalterseiten zu TaiWan sind im Internet rar.
● Hinter www.formosa-travel.com verbirgt sich das Formosa-Reisebüro, Maillingerstr. 22,
80636 München, mit Individualreisen, Hotels, Flügen zu TaiWan usw.

Hinweisschild für öffentliche WC's

● Hotels und Rundreisen organisiert Logo! Reisen, Ritterbachstr. 84, 91126 Schwabach, Logo.Reisen@t-online.de
● Stopover- und Kurzreiseprogramme findet man bei www.lotos-reisen.de, der Informationsseite von Lotos Reisen, Aachener Str. 1, 50674 Köln.
● Auch China Airlines bietet unter airlines@rhein-main.net Transfer- oder Unterkunftsorganisation.
● Für Selbstorganisatoren empfehlen sich gerade für Flugbuchungen die Seiten www.mc-flight.de (stets ein guter Richtpreis für Charterflüge) sowie die Seiten der Last-Minute Spezialisten www.billigweg.de und www.travel24.com, wobei allerdings gesagt werden muss, dass last-minute-Flüge nach TaiWan nur schwer zu haben sind.

Landesinformationsseiten: www.roc-taiwan.de ist die offizielle Website der taiwanesischen Behörden, kombiniert mit der Seite www.tbroc.gov.tw – der offiziellen Seite des Ministeriums für Transport und Kommunikation – eine gute und einfach zu handhabende Einführung in die Strukturen vor Ort sowie Land und Leute. www.boca.gov.tw bietet Hinweise zu Sonderformen der Aufenthaltserlaubnisse (⌨ Ein-, Aus- und Rundreisebestimmungen). www.sinica.edu.tw/tit/index führt zur Seite des Magazins Travel in TaiWan, welches für touristische Hintergrundberichte empfohlen werden kann. www.twn-online.com.tw war ursprünglich als eine Art digitaler gelber Seiten entwickelt worden, hat sich aber zu einem Informationsfundus aller Art weiter entwickelt. Sinologiestudenten werden von www.webcom.com/bamboo/chinese begeistert sein. www.yam.com.tw ist eine der wenigen guten englischsprachigen Suchmaschinen für TaiWan.

Internetzugang unterwegs:
Wer mit eigenem Modemzugang unterwegs ist, kann sich über zwei bekannte Unternehmen zum Ortstarif einwählen:
● CompuServe TaiWan (TaiPei 23560786, TaiChung 23284290, TaiNan 2203523, KaoHsiung 3234977)
● AOL Global Net (TaiPei 23560786, TaiChung 23054257, TaiNan 2361955, KaoHsiung 3234977).
Ansonsten bieten Cyber-Cafés in manchen größeren Städten für Stundentarife von 80–140 NT$ jedem Besucher Netzzugang; einige Städte erlauben generell keine Cyber-Cafés, z.B. KaoHsiung!

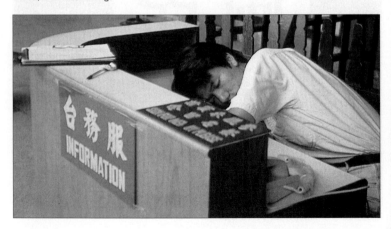

Für alle Traveller dürften die **kostenlosen Cyber-Säulen** in der TaiPei Main Station (Hbf) am interessantesten sein.

Zu politischen Fragen sowie zur Wahrnehmung quasi-diplomatischer Aufgaben wurden die folgenden Institutionen eingerichtet:
- *TaiPei Wirtschafts- und Kulturbüro,* Villichgasse 17, 53177 Bonn, Tel: 0228-364014
- *TaiPei Wirtschafts- und Kulturbüro,* Berliner Str. 55, 10713 Berlin, Tel: 030-8612574
- *TaiPei Wirtschafts- und Kulturbüro,* Mittelweg 144, 20148 Hamburg, Tel: 040-447788
- *TaiPei Wirtschafts- und Kulturbüro,* Tengstr. 38, 90796 München, Tel: 089-2716061
- *Institut der chinesischen Kultur,* Stubenring 4/III/18, A-1010 Wien, Tel: 01-5124681
- *Delegation Culturelle et Economique de TaiPei en Suisse,* Monbijoustraße 30, CH-3011 Berne, Tel: 41-31-3822927

Handelsspezifische Anfragen beantworten:
- *TaiPei Handelsbüro BRD,* Mainzer Landstraße 51, 60329 Frankfurt/Main, Tel: 069-259234
- *TaiPei Handelsbüro,* Große Bleichen 12, 20354 Hamburg, Tel: 040-351627
- *TaiPei Handelsbüro,* Rotebuehlplatz 20c, 70173 Stuttgart, Tel: 0711-2264085
- *TaiWan Trade Center,* Kaiser Friedrich Str. 62, 10627 Berlin, Tel: 030-3243040
- *TaiWan Trade Center,* Willi Becker Allee 11, 40227 Düsseldorf, Tel: 0211-78180
- *Far East Trade Center,* Stubenring 4-12A, A-1010 Wien, Tel: 01-5131933

In TaiWan
Vor Ort gibt es eine ganze Reihe nationaler und lokaler **Touristeninformations-schalter oder -büros,** die in den Beschreibungen des praktischen Teils zu den jeweiligen Orten aufgeführt werden.

Sehr wichtig und nützlich ist die landesweit geltende „**Tourist Hotline" (Tel: 02-27173737),** die täglich 8:00-20:00 Uhr englischsprachig in allen Fragen weiterhilft. Aktuelle Kinoprogramme, Theatervorstellungen, wie man womit zu welchem Museum fährt – all das und weitere Fakten kann der Unkundige hier erfragen. Auch bei **Notfällen** kann hier weitergeholfen werden (Informieren von Krankenhaus, Polizei usw.).

Kinder auf der Reise

Kinder nehmen auf TaiWan eine ganz besondere, beinahe heilige Stellung ein. Kinder sind der Segen der Nation, der Wunsch aller Familien, die ungekrönten Könige. Die R.o.C. hat sogar einen Tag der Jugend zum Nationalfeiertag erhoben. Diese äußerst angenehme und positive Einstellung der Einheimischen macht das Reisen mit Kindern natürlich recht angenehm. Für die Mitnahme von Kindern auf Reisen nach TaiWan sprechen auch der hohe Gesundheits- und Hygienestandard, die geringen Entfernungen der touristischen Sehenswürdigkeiten zueinander und nicht zuletzt die Herzlichkeit, die dem Touristen und vor allem seinen Kindern uneingeschränkt entgegengebracht wird. Kinder können im Doppelbett der Eltern ohne Aufpreis schlafen, sie können im Restaurant von den Tellern der Eltern essen, fahren umsonst, solange sie getragen werden, am Strand wachen hunderte unauffälliger Augenpaare, Kindernahrung und Drogerieartikel gibt es in Hülle und Fülle – all dies macht TaiWan für Asien-Einsteiger mit Kindern sehr empfehlenswert, mehr noch als Singapore oder HongKong.

Wegen der unmöglichen Gehsteige und der Enge im Innenstadtbereich ist es jedoch nicht ratsam einen Kinderwagen mitzunehmen.

Kosten

TaiWan gehört zu den reicheren Nationen und ist *kein Billigurlaub-Paradies.* Eine wesentliche Rolle bei den einzuplanenden Kosten pro Reisetag (ohne Anreise) spielt die *Größe der Reisegruppe.* Da die Übernachtungskosten den größten Posten darstellen und in TaiWan i.d.R. Zimmer als Einheit vermietet werden (unabhängig von der Zahl der Übernachtenden), hat der Alleinreisende grundsätzlich mit höheren Kosten zu rechnen als Zweier- oder Dreiergruppen.

Wer sich mit einfachen Unterkünften begnügt (Jugendherbergen, günstigste Hotelzimmer usw., wobei man „einfach" auf TaiWan nicht mit „einfach" in China vergleichen darf), öffentliche Verkehrsmittel nutzt und auf die günstigsten Verpflegungsmöglichkeiten zurückgreift, sollte (inkl. Sicherheitsreserve) mit *ca. 30 € pro Tag als Alleinreisender,* mit 25 € in der Zweier-/Dreiergruppe rechnen. Im Vergleich zu Billigländern hört sich dies zunächst recht hoch an, der Gegenwert ist aber auch ein ganz anderer: Verkehrsmittel (Stadtbusse außen vorgelassen) sind bequem und zuverlässig, Unterkünfte sauber und dem Preis angemessen.

Restaurants sind relativ teuer, als gute Einsparungsmöglichkeit bietet sich daher die *Selbstverpflegung* an. Ab Mittelklassehotel abwärts steht überall heißes Wasser *(Kai-Shui)* in Thermoskannen unbegrenzt zur Verfügung, oft auch Teeblätter. Heiße Getränke kann man also selbst zubereiten (entsprechend Kaffee- oder Teepulver mitbringen), ebenso Fertigsuppen oder heiße Brühe (Trockennudelsuppen vieler Geschmacksrichtungen gibt es portioniert abgepackt nahezu überall sehr günstig zu kaufen).

Wichtig ist es, *Spitzenzeiten* mit Engpässen (Feiertage, Urlaubszeit) zu vermeiden, da die Unterkunftspreise sofort in die Höhe schnellen. Viele Taiwaner sind am Wochenende unterwegs, um die Sehenswürdigkeiten im eigenen Land zu besuchen. Daher sollte sich der Tourist bei seiner Planung an die Faustregel halten: unter der Woche – Land, am Wochenende – Stadt.

Trinkgelder sind unüblich und unnötig, da auf die Preise in großen Hotels und Restaurants immer noch 10% „Service Charge" sowie 5% VAT *(Value Added Tax* = MwSt.) kommen. In kleinen und mittleren Hotels sowie einfachen Restaurants sind die Preise Endpreise.

Preise in TaiWan sind meist *Fixpreise.* Kleinere Rabatte sind auf Anfrage in Hotels, beim Kauf größerer Waren (Computer) sowie auf Märkten möglich, Ausländer werden nicht übervorteilt. Feilschen, wie sonst in Asien, ist auf TaiWan weit weniger verbreitet, bei größeren Anschaffungen (Möbel, Schmuck, Autos) sind natürlich immer ein paar Prozente Nachlass möglich.

Mit der *Quittung* hat es noch eine besondere Bewandtnis (vielleicht eine Anregung für europäische Finanzminister?): in TaiWan gehen viele Geschäfte am Staat vorbei. Ein Laden konnte bislang nicht gezwungen werden, immer einen Kassenzettel auszudrucken (frei nach dem Motto: „du bekommst 2.5%, ich 2.5% – ohne Quittung, o.k."). Daraufhin packte das taiwanesische Finanzministerium die Chinesen bei einer ihrer größter Leidenschaften: dem *Glücksspiel.* Jede Registrierkasse musste so ausgerüstet werden, das auf jedem Kassenzettel im Lande verschiedene Nummern gedruckt werden. Einmal alle zwei Monate findet nun eine Gewinnziehung statt, bei der hohe Geldpreise winken. So drängen nun alle Käufer auf einen Bon! Es kann Ausländern durchaus passieren, dass Angestellte (vor allem junge Damen in Supermärkten) um den Bon bitten, ehe der Tourist den für ihn wertlosen Zettel wegwirft – es könnte ja „die" Nummer werden.

Maße und Gewichte

Entfernungen werden auf TaiWan in *Mĭ* (Meter) und *GōngLĭ* (km) gemessen, verwendet wird also das metrische System. Man sollte sich beide Zeichen merken, da Verkehrsschilder und Wanderwegweiser meist ausschließlich in chinesischen Zeichen geschrieben sind. **Flächen,** ob Stoff, Tapete oder Wohnraum, Ackerland oder Bürofläche, werden dagegen nicht in qm, sondern in *Ping* gemessen, wobei ein *Ping* etwa 1,8 qm entspricht.

Wichtig für den Einkauf auf Märkten sind die chinesischen **Gewichtsmaße** *Chin (Jīn,* etwa 600g) und *Liăng* (etwa 38g). Alle Preise werden, etwa für Gewürze nach *Liang* oder für Obst nach *Chin,* berechnet.

Die einfachste Form der **Fragestellung** nach Preisen für eine Einheit oder nach einer Entfernung beginnt immer mit *TuoShao ...,* z.B. *TuoShaoChien YiChin (DūoShăoQián YĭJīn,* wie viel kostet ein Jin) oder *TuoShao KungLi (DūoShăo GōngLĭ,* wie viel km = wie weit).

Medien

Printmedien

Mit der Aufhebung des Kriegsrechts 1987 brach für die Medien in TaiWan eine liberale Ära an. Bis zu diesem Zeitpunkt war die Seitenzahl von Zeitungen aus Zensurgründen auf zwölf begrenzt, ferner bestand ein Gründungsverbot für neue Zeitungen, die Verbreitung kommunistischer Ideen, Unabhängigkeitsbestrebungen oder Kritik am Staatsoberhaupt waren streng verboten. 1988, mit der Freigabe der Medien, explodierte die Anzahl der Zeitungsverlage von 33 auf 234, die tägliche Gesamtauflage stieg auf 3,5 Millionen. TaiWan (20 Mio. Ew.) liegt in der Weltstatistik der Tagesauflagenhöhe etwa gleichauf mit Frankreich (50 Mio. Ew.) und damit an 21. Stelle. Zum Vergleich: in Deutschland (80 Mio. Ew.) bringen die rund 500 Zeitungsverlage täglich ungefähr 30 Millionen Exemplare heraus.

Die beiden größten **Zeitungen** sind die *ChungKuoShihPao (China Times)* und die *Lien-HoPao (United Daily News)* mit einer Auflage von je 1,2 Millionen. Die beiden Vorstandsvorsitzenden der gleichnamigen Verlagshäuser sind zugleich Ausschussmitglieder der KMT. Die *China Times* gilt dennoch als offen und liberal, eher dem Reformkurs zugeneigt, wogegen die *United Daily News* eher konservativ eingeschätzt wird. Als streng rechts gilt die *ChungYangJiPao (Central Daily),* das Parteiorgan der KMT, als links werden die *Tzu-LiChao/WanPao (Independence Morning/Evening Post)* eingestuft. Letztere haben jeweils eine 500.000er Auflage. Alle genannten Blätter sind nur auf chinesisch erhältlich.

Lange Zeit galten die beiden taiwanesischen **englischsprachigen Zeitungen,** *China News* und *China Post* als sehr niveauarm, auch über 1988 hinaus. Noch heute ist es für manchen deutschsprachigen Touristen interessanter, SPIEGEL, FAZ und andere Zeitschriften kostenlos (wenn auch ein bis zwei Wochen alt) im German Cultural Center, 26 HsinHaiLu, Sec.1, 11. Etage zu lesen. Mittlerweile wird in *China News* und *China Post* sowie den neuen *Taipei Times* und *Taiwan News* (alle kosten 15 NT$) politisch offen berichtet, außerdem sind die Blätter für den Touristen ein Fundus an Informationen: neue Restaurants werben, Veranstaltungen werden bekanntgegeben, der Wetterbericht (wichtig für Taifune) ebenso wie der aktuelle Stand der Umweltbelastung werden abgedruckt, es finden sich Umtauschkurse und weitere interessante Artikel, die dem Besucher das Land näherbringen. Zusätzlich zur Sonntagsausgabe der *China News* gibt es außerdem zweisprachig die englisch-chinesische Wochenendbeilage *Student News* (15 NT$), in der kostenlos persönliche Inserate (Grüße, Sprachaustausch usw.) abgedruckt werden. Anschrift: The China News, Student News Editor, 110 JenPingNanLu (RenPing South Rd.), 11th floor, TaiPeiShih.

Die englischsprachige *International Herald Tribune* ist ein Joint-Venture der *New York Times* und *Washington Post* und dient speziell der Information von US-Bürgern außerhalb der USA. Der eindeutige Informationsschwerpunkt liegt auf der Berichterstattung aus den USA und deren Interessensphäre. Im Gegensatz zur *China Post* und *China News*, die – zumindest in den Städten – an jedem Kiosk ausliegen, ist die *International Herald Tribune* nur in großen Hotels und größeren Buchhandlungen erhältlich.

Von über 700 Zeitschriften- und 3.500 Buchverlagen werden jährlich etwa 3.500 **Zeitschriften** und 16.000 **Bücher** verlegt. Das Leserinteresse bei den Zeitschriften liegt eindeutig auf wirtschaftlichen Fachblättern wie der *TienHsiaTsaChi (Commonwealth Monthly)* sowie der chinesischen Ausgabe des *Reader's Digest* mit einer Auflage von jeweils etwa 100.000.

Wichtigste **englischsprachige Zeitschriften** sind die *Asiaweek,* eine *Newsweek*-Variante mit Schwerpunkt Politik und Wirtschaft Asiens, und die *Far Eastern Economic Review* aus HongKong. Beide werden in den größeren Buchhandlungen verkauft.

Wer einen längeren Arbeits- oder Studienaufenthalt in TaiWan plant, kann sich seine Tageszeitung oder Zeitschrift von führenden deutschen Verlagen **nach TaiWan nachsenden** lassen (Dauer: etwa 8 Tage). Englischsprachige internationale Zeitungen und Zeitschriften können **vor Ort günstig abonniert** werden, z.B. bei der *TaiWan English Press,* P.O. Box 225, TaiPeiShih oder *Formosa Magazine Press,* 189 JenPingNanLu, TaiPeiShih.

Fernsehen

In TaiWan senden derzeit drei **staatliche Fernsehanstalten,** die mehr oder minder eng mit der KMT verflochten sind, kommerziell orientierte Programme mit politisch sehr konservativer Haltung. TTV, CTV und CTS *(TaiWan Television, China Television, China Television Service)* haben allesamt nicht die Qualität des 1984 gegründeten Anbieters **Special Public Television Task Force** (SPTTF). Hierbei handelt es sich um keinen selbstständigen Sender, sondern um eine unabhängige Arbeitsgruppe, die auf den Kanälen der drei bestehenden Anstalten 15 Stunden pro Woche ausländische Produktionen ohne Werbung ausstrahlt. Diese Gruppe soll unter dem Kürzel CPTV in Kürze ihren Betrieb als eigenständiger Sender aufnehmen.

Die taiwanesischen Anstalten senden überwiegend chinesischsprachige Sendungen und Reportagen, gelegentlich auch US-Filme im Original. Nachrichten **in englischer Sprache** gibt es nur einmal die Woche am Sonntagabend, aufgrund der Konkurrenz aus HongKong dürfte dieses zu geringe Angebot an englischsprachigen Sendungen aber schon bald der Vergangenheit angehören.

Pikanterweise wurde im April 1990 mit einer „rotchinesischen" Rakete der erste asiatische TV-Satellit *ASIASAT 1* im Auftrag der *Hutchison Whampoa Group HongKong* ins All geschossen. Als **STAR TV** sendet HongKong auf fünf Kanälen (BBC, Sports, Star Plus, NTV, Chinese) non stop in alle Teile Asiens mit potentiell 2,7 Milliarden Zuschauern. Über eine noch illegale Kabelfernsehgesellschaft und *Asiasat 1* können heute 40% aller taiwanesischen Haushalte *Star TV* empfangen.

Ende Januar 1999 wurde von Florida aus der **erste rein taiwanesische Satellit** *ROCSAT I* ins All geschossen, der Kommunikation und Forschung weiter verbessern soll. In Zusammenarbeit mit Dornier wurde 2002 das Folgemodell ROCSAT II ins All geschickt.

Sind die HongKonger Medien auf dem „Chinese"-Kanal schon heute vorsichtig im Umgang mit Peking, wird sich der Blickwinkel ab 1997 mit der Rückgabe HongKongs an China noch deutlicher verschieben. Das bedeutet für TaiWan momentan aber nichts anderes, als dass in der Tat Politpropaganda vom Festland herübergestrahlt werden könnte! Nun könnte man natürlich Bau, Import, Vertrieb und Installation von Satellitenempfangsanlagen einfach verbieten. Dagegen jedoch sprechen die Liberalisierungstendenzen und immense japanische Wirtschaftsinteressen: Die taiwanesische Regierung befindet sich in einer **medienpolitischen Zwickmühle:** 1989, ein Jahr vor dem Start der rotchinesischen Trägerrakete, genehmigte die taiwanesische Regierung auf Drängen des japanischen Senders NHK, der auf einem englisch- und einem japanischsprachigen Kanal über einen eigenen Satelliten sendet, die „Installation von kleinen und mittleren Satellitenempfangsanlagen". Die Durchdringung des taiwanesischen Marktes ist für die japanischen Betreiber von NHK natürlich wichtig, so dass die Rücknahme der Empfangserlaubnis auch aus internationalen Gründen nicht durchsetzbar war.

Insgesamt sind daher heute drei Blöcke in TaiWan zu empfangen: TaiWan (TTV, CTV, CTS) über Hausantenne, Japan über Satellit (NHK englisch und japanisch) sowie Star TV (auf fünf Kanälen via Satellit oder illegalem Kabel). Beliebtester Sender bei Reisenden ist **HBO Asia3,** ein 24-Stunden-Hollywood-movie-channel (rein englisch) ohne Werbespots. Auch CNN kann überall empfangen werden.

Hörfunk

In TaiWan senden 33 Hörfunksender, wobei i.d.R. für westliche Besucher nur das englischsprachige Programm der **International Community Radio TaiPei** von Bedeutung ist. Dieses von Amerikanern gestaltete Programm ist 24 Stunden täglich auf den UKW Frequenzen 100.1 Mhz (TaiPei) und 100.9 MHz (TaiChung) beziehungsweise den Kurzwellenfrequenzen 1548 kHz (TaiPei) und 1570 kHz (TaiChung) zu empfangen. Das Programm von ICRT ist – wie alle Fernsehprogramme auch – in der *China News* und der *China Post* abgedruckt.

Nachtleben und Unterhaltung

Tagesrhythmus

In den Großstädten gibt es eine ganze Reihe von Unterhaltungsmöglichkeiten, während die **ländlichen Gebiete** in puncto Kultur ein eher kümmerliches Dasein führen. Tatsächlich wird auf dem Lande mit der Sonne aufgestanden, um das Tageslicht ausnutzen zu können (etwa 5:00 bis 18:00 Uhr). Dann trifft man sich zum Fernsehen oder Kartenspielen und geht früh zu Bett.

Die **Städte** dagegen erwachen gewissermaßen in drei Schichten: Gegen 6:00 fahren Reisende und Pendler in städtische Industriegebiete, um 7:00 strömen die Schulkinder in die Stadt, ab 8:00 folgt dann die „Rush-Hour" mit Angestellten und Kaufleuten. Gegen 16:00 setzt der Abendverkehr in die umgekehrte Richtung ein. Viele Taiwaner fühlen sich gerade in der quirligen Großstadt wohl, weil „man hier so viel Abwechslung" habe: Parks, in denen Angestellte in der Mittagspause spazieren, Restaurants und Imbissbuden, die von kreischenden Schulkindern umlagert werden, Kinos, in denen sich Pärchen nicht nur der Filme wegen treffen und Nachtbars, in denen Geschäftsreisende die Spesenrechnungen auf „standesgemäße" Höhen schnellen lassen.

Abendvergnügen am Spielautomaten

Karaoke, MTV

Es gibt aber auch einige Freizeitvergnügungen, die in Europa weniger oder gar nicht bekannt sind. So konnte sich in unseren Breiten das in ganz Asien beliebte Karaoke, das direkte Einspielen des eigenen Gesangs in ein Musikclip, nicht durchsetzen. In TaiWan dagegen ist Karaoke ein großer Unterhaltungsknüller. Es gibt Lokale *(KTV, Kara-o.k. Bar* oder ähnlich), in welchen man gemütlich sitzen und trinken kann, die Gäste sich ein Instrumentalmusik-Videoclip einheimischer oder internationaler Interpreten aussuchen, auf einem großen TV abspielen und den Künstler live dazu imitieren. Karaoke gibt es mittlerweile auch als *home-kit,* kann also auch zu Hause am eigenen Fernseher angeschlossen werden.

Sehr nett sind die sogenannten *MTV* bzw. *Kiss-MTV,* in denen in kleinen Räumen Kinofilme auf Laserdisc vorgeführt werden. Pro Person beträgt der Eintritt etwa 200 NT$ und beinhaltet einen Getränkecoupon. Sehr beliebt auch bei Jungverliebten, um einmal zwei Stunden Ruhe zu haben! Freundlicherweise besteht das Mobiliar nicht aus Sesseln, sondern aus kunstledernen Couchgarnituren.

Spielhallen

Gäbe es *PC* und *Videospiele* nicht, sie müssten extra für TaiWan erfunden werden. Die Vielzahl an öffentlichen Spielhallen mit Computerspielen und Simulationen ist schier unglaublich. Bedenklich dabei scheint, dass die Betreiber keine Altersbegrenzungen kennen und schon früh am Morgen Schulkinder ihr Pausengeld am Automaten verprassen. Am Nachmittag steigert sich die Spiellust noch, um nach Einbruch der Dunkelheit in ein kreischendes Crescendo von außerirdisch anmutenden Kulissengeräuschen überzugehen.

Einkaufen, Bummeln

Im „Ladenschlussland" Deutschland ist es bisher noch nicht möglich, abends in Ruhe durch die Läden und Kaufhäuser zu bummeln – in TaiWan ist das bis 22:00 Uhr oder noch später absolut kein Problem. Auch die *Nachtmärkte* mit fliegenden Händlern, exotischen Speisen, frischem Obst und interessanten Souvenirs werden den Europäer in Erstaunen versetzen.

Insgesamt nimmt allein der *Spaziergang am Abend* durch eine Stadt einen großen und preiswerten Unterhaltungswert ein, da sich nahezu alles sichtbar und nicht hinter verschlossenen Türen abspielt.

Theater, Konzerte

Für den Anhänger der höheren Künste bieten die Großstädte noch weitere Highlights wie *Chinesische Oper, Akrobatik* oder auch *klassische Konzerte.*

Gelegentlich finden im Nationalstadion von TaiPei auch *Rockkonzerte* westlicher Größen (1995 z.B. Stevie Wonder) statt, Informationen zu Veranstaltungen dieser Art und Ticketbestellungen sind möglich unter Tel: (02)-23419898 oder (02)-27026908.

Auf dem Land

All dies sind Gründe, warum die Taiwaner das Stadtleben so erstrebenswert finden. Der Tourist muss sich darauf einstellen, dass auf dem Lande, vor allem in Bergregionen, nach Sonnenuntergang nichts, aber auch gar nichts los ist. Taschengesellschaftsspiele oder ein gutes Buch sollte man daher mitbringen.

Öffnungszeiten

Wie in Asien üblich, kann man auch auf TaiWan in manchen Geschäften bis spät in die Nacht, teilweise sogar durchgehend einkaufen. Große **Kaufhäuser** sind täglich außer Sonntag von 9:00 bis 21:00 Uhr geöffnet (manche auch am Sonntag). **Einzelhändler** und **Lokale** haben keinerlei geregelte Öffnungszeiten, im Allgemeinen beginnt in den Städten das Geschäftsleben gegen 9:00 Uhr, abends schließt jeder dann, wenn er meint, es sei heute kein Geschäft mehr zu machen.

Anders verhält es sich mit öffentlichen Institutionen und **Banken.** Letztere sind Montag bis Freitag von 9:00 bis 15:30, an Samstagen von 9:00 bis 12:00 Uhr geöffnet. **Behörden und Ämter** (auch die Post) sind sonntags geschlossen, öffnen sonst um 9:00 und schließen um 17:00 Uhr (samstags um 12:00 Uhr). Allerdings gibt es Ausnahmen: in Touristenorten haben manche Postämter auch am Sonntag geöffnet.

Orientierung

Am schlimmsten sind auf TaiWan die **Städte.** Ein Gewirr aus Zeichen, nichts, an dem man sich orientieren oder die Richtung prüfen kann. Alles sieht gleich aus, Verlaufen und Frust sind die Folge. Bei kleinen Orten kein Problem, zur Not läuft man eine Parallelstraße zurück, bis man das Ziel gefunden hat, in Großstädten wurde dagegen schon so manch ein Unkundiger an den Rand der Verzweiflung getrieben.

Leider sind, wenn überhaupt, nur die Hauptstraßen der Großstädte mit **lateinischer Umschrift** gekennzeichnet, ansonsten regiert das chinesische Zeichen. Englisch versteht auch kaum ein Passant. Was tun?

Der Anfang ist verhältnismäßig einfach: am internationalen Flughafen gibt es **englischsprachige Hilfe** (Hotel, Bus usw.), das sollte man unbedingt nutzen, um am ersten Tag, müde und mit Gepäck, zügig zu einer Unterkunft zu kommen.

Das Anschriftensystem

Das Straßen- und Hausnummernsystem wirkt insbesondere in TaiPei zunächst verwirrend. Eine große Straße heißt *Lu.* Liegt ein Haus (z.B. No. 99) direkt an der Chung-ShanLu, lautet die Adresse *99 ChungShanLu.* Zwei Punkte sind bei der Suche eine große

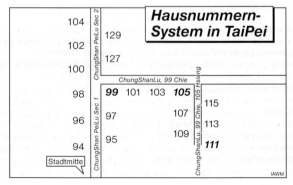

Praktische Tipps

Hilfe: erstens liegen immer die geraden **Hausnummern** auf der einen, die ungeraden auf der anderen Straßenseite, zweitens ist sehr oft an den Häusern ein (meist) blaues 10x10 cm großes Schild mit Straßennamen und Hausnummer angebracht. So kann man laufend die Zeichen vergleichen und feststellen, wo gerade und ungerade sowie auf- und absteigende Nummern sind.

Kleinere, von (z.B.) der ChungShanLu abzweigende Straßen haben nicht unbedingt einen eigenen Namen, sie heißen auch ChungShanLu und haben den Zusatz *Chie* (Nebenstraße). Diese **Nebenstraße** hat eine Nummer, und zwar die gleiche, die das Haus an der Ecke hat, an der die Nebenstraße von der ChungShanLu abzweigt. Die Hausnummern in dieser Nebenstraße werden so weitergezählt, als würden sie an der ChungShanLu selbst liegen. In der Beispielskizze wäre die korrekte Anschrift für Haus Nr. 103:

103 ChungShanLu, 99 Chie.

In TaiPei kommt es vor, dass diese Gliederung noch eine Einheit weiterführt, z.B.:

111 ChungShanLu, 99 Chie, 105 Hsiang.

Hsiang steht für **Weg**, Gasse, die Adresse liest sich aufgeschlüsselt folgendermaßen: An No. 99 auf der großen ChungShanLu führt eine Nebenstraße (99 Chie) ab, an deren Hausnummer 105 wiederum ein Weg (105 Hsiang) abzweigt, in dem sich No. 111 ChungShanLu befindet. Dies soll kein Grundkurs für Postbotenanwärter sein sondern eine nützliche und geldsparende Information, da sehr viele der billigen, kleinen Privathotels in derartigen Nebenstraßen liegen.

Hauptstraßen sind manchmal etliche Kilometer lang. Damit man erkennt, wo etwa sich die gesuchte Adresse befindet wird eine lange Hauptstraße numerisch in **Sektionen** (*Tuan,* auf den Straßenbeschilderungen englisch *Sec.* abgekürzt) gegliedert. Die Angabe der Sektion hilft, das Gebiet auf der Karte einzugrenzen. Unsere 111 ChungShanLu könnte also noch detaillierter so aussehen:

111 ChungShanLu, Sec. 1, 99 Chie, 105 Hsiang.

Andere Straßennamen haben noch den sehr nützlichen Zusatz einer **Himmelsrichtung.** Daran kann man erkennen, wo ab Zentrum man zu suchen hat. Die Zusatzangaben einer der Himmelsrichtungen *(Pei* = N, *Tung* = O, *Nan* = S und *Hsi* = W) werden vor das *Lu* gestellt, unsere Musteradresse sieht dann folgendermaßen aus:

16th fl. 111 ChungShan PeiLu, Sec. 1, 99 Chie, 105 Hsiang.

Eine derart angegebene Adresse bietet uns nun etliche Vorabinformationen:
● Es handelt sich um eine sehr große Straße, da Nebenstraßen und Gassen abführen.
● Sie liegt im Norden der Stadtzentrums
● Als Sektion 1 liegt die Adresse in der Nähe des Zentrums
● Ich brauche die 111 nicht an der Hauptstraße selbst zu suchen, sondern erst einmal die Seitenstraße bei No. 99. Dort biege ich ab und suche No. 105, wo ich erneut einbiege und die eigentliche 111 finde.
● Es handelt sich um ein Hochhaus, da ein 16. Stock angegeben ist, dieser entspricht unserem 15. Stock.

Etagen werden nämlich nach dem amerikanischen System (Erdgeschoss = 1. Stock) gezählt. In Liften fehlt oftmals ein 4. Stock, da die Zahl vier *(si/szu)* lautgleich mit dem Wort für sterben *(si/szu)* ist – gemäß der chinesischen Symbolik vermeidet man also die Zahl vier. Dies gilt für den vierten Stock, Zimmer 4, Wohnung Nr. 4 usw.

Ohne Kenntnis chinesischer Zeichen tapert man recht blind umher, auch allgemeine Orientierungspunkte wie Bahnhof, *McDonald's* oder ähnliches helfen bei der Suche nach einer bestimmten Straße nicht weiter. Man muss also bemüht sein, Straßennamen zu erkennen. Nun ist dies kein Problem bei einfachen Zeichen wie „Chung" bei der Chung-

ShanLu, bei den meisten anderen ist es aber nicht ganz so leicht. Hinzu kommt, das mal von rechts nach links, mal von links nach rechts, mal von oben nach unten geschrieben wird (allerdings nicht von unten nach oben, immerhin). Also immer hartnäckig vergleichen, bis man definitiv und sicher ein Zeichen des Straßennamens mit dem auf der Visitenkarte oder dem Stadtplan als übereinstimmend erkannt hat.

Hilfe von Einheimischen

Abschließend noch ein Hinweis zum Thema „Fragen bei Einheimischen". Taiwaner sind sehr hilfsbereit und bemühen sich ernsthaft, dem Touristen weiterzuhelfen. Dennoch müssen einige Regeln beachtet werden. So sollten Wahlfragen vermieden werden und immer eine exakte Antwort verlangt werden. Ein „maybe" in der Antwort sollte alle Alarmglocken läuten lassen, da es meist für „weiß ich eigentlich nicht" steht. Auch darf man sich niemals auf nur eine Auskunft verlassen – der drohende Gesichtsverlust erlaubt eine Notlüge, aber nicht das Eingestehen gegenüber dem Touristen, man kenne die eigene Stadt nicht.

Üblicherweise fragt man nach Tempeln die älteren Leute, weniger die Jugend. Umgekehrt kennen die Jugendlichen Kinos, MTV, Bars und ähnliches. Englisch ist eine wichtige Handelssprache und findet auch auf TaiWan immer mehr Verbreitung, doch außerhalb von TaiPei, TaiNan und KaoHsiung wird der Tourist sich auf „Chinese only" einstellen müssen.

Auf dem Land

Die ländlichen Regionen bieten weniger Anlass zur Besorgnis, da Abzweigungen oder bei Bergwanderungen Wegegabelungen meist eindeutig erkennbar sind. Dennoch empfiehlt es sich, auf Wanderungen einen Kompass mitzuführen und, wo immer möglich, nachzufragen, ob man noch auf dem richtigen Weg ist.

Postwesen

Zustellung

Die taiwanesische Post *(YouChu)* ist außerordentlich zuverlässig und effektiv. So erreichen Luftpostbriefe und Ansichtskarten den Empfänger in Europa i.d.R. binnen einer Woche, Inlandssendungen (8 NT$ pro Brief) sind binnen 48 Stunden am Bestimmungsort – auch auf den vorgelagerten Inseln. Die Effektivität der taiwanesischen Post ist erstaunlich, wenn man sieht, wie in entlegenen Regionen die Post befördert wird. So wird in der Bezirksstadt einem Linienbusfahrer ein Korb mit Briefen in die Hand gedrückt, der sie unterwegs in den Dörfern den vor ihren Häusern wartenden Leuten (man kennt ja den Fahrplan) aus dem fahrenden Bus zuwirft oder gar aufs Grundstück wirft – aber es funktioniert!

Postämter

Die Öffnungszeiten der Postämter sind nicht einheitlich, geöffnet ist meist von 9:00 bis 17:00 Uhr, es gibt aber auch lokale Abweichungen. Die Erkennungsfarbe der taiwanesischen Post, sowohl beim Briefträger wie auch den Ämtern selbst, ist grün-weiß. In kleineren Ämtern sind alle Schalter für alles zuständig, in den großen Hauptpostämtern muss man den entsprechenden Schalter anhand der Beschriftung darüber suchen. Das wichtigste Zeichen ist sicher jenes für Briefmarke *(YouChuPiao)*, anhand dessen man den Schalter identifizieren kann (⌀ Sprachhilfe im Anhang).

Porto

Die Preise sind sehr günstig, so kostet ein *Luftpostbrief* nach Europa 17 NT$, eine *Postkarte* 12 NT$ und das sehr nützliche *Aerogramm* 14 NT$. Letzteres ist ein bereits vorfrankiertes und in Briefformat gestaltetes Din A4 Blatt, dessen Rückseite beschrieben werden kann. Es wird gefaltet und mit der vorhandenen Gummierung zugeklebt, allerdings darf nichts zusätzlich beigelegt werden. *Einschreiben* sind ebenfalls möglich und kosten 28 NT$. Ein internationaler *Eilbrief* (garantierte Auslieferung in 48 Stunden) kostet rund 350 NT$ und ist nur in dringenden Angelegenheiten empfehlenswert.

Versand

Umfangreichere Sendungen (z.B. entwickelte Filmnegative) sendet man am besten als *Drucksache* statt als Brief, muss diese dann aber geöffnet lassen, also nur mit einer Klammer verschließen. *Pakete* (z.B. überflüssiges Gepäck oder Souvenirs, die man nicht schleppen will) können vor allem vom Hauptpostamt in TaiPei sehr bequem verschickt werden. Dort kann man sogar stabile Kartons und Holzwolle zur Verfügung gestellt und die Kartons anschließend maschinell mit stabilen Verpackungsbändern umschlossen – ein echter Service.

Bei der *Adressierung* sollte beachtet werden, dass unter die Empfängeradresse deutlich und unterstrichen das Land in Französisch (internationale Postsprache) oder Englisch geschrieben wird, chinesische Zeichen brauchen nicht unbedingt hinzugefügt werden. Befürchtungen, das Postpersonal würde aufgeklebte Briefmarken ablösen und die Sendung vernichten (was Postangestellten ärmerer asiatischer Länder gelegentlich nachgesagt wird) sind in TaiWan völlig unnötig.

Man kann seine Post zwar am Schalter abgeben, dies ist allerdings unüblich; meist wird man höflich gebeten, sie in die *Postkästen* außerhalb des Postamtes zu werfen. Postkästen bestehen aus zwei Teilen, einem grünen für die Inlandssendungen und einem zweigeteilten roten. Hier muss man etwas aufpassen, da nur der *linke Schlitz* für internationale Luftpostsendungen, der rechte dagegen für nationale Expresspost vorgesehen ist.

Postlagernde Sendungen

Der postlagernde Empfang von Briefsendungen ist problemlos möglich – oder beinahe problemlos. Der Absender muss unter dem Empfänger „poste restante" (französisch für „postlagernd") sowie den *Stadtnamen in taiwanesischer Umschrift* angeben (also TaiPei statt TaiBei oder Taipheh, KaoHsiung statt GaoXiong usw.) – andere Umschriften können zu erheblichen Missverständnissen und Fehlleitungen führen.

Wird man beim Abholen einer Postlagersendung nach dem Namen gefragt, unter welchem der Brief einsortiert sein könnte, gebe man sowohl *Vor- als auch Zunamen* an, da im Chinesischen der Nachname vorangestellt wird und unter Umständen der Brief unter dem europäischen Vornamen einsortiert wurde. Um sicher zu gehen, stelle auch der Versender den Zunamen des Adressaten voran und unterstreiche ihn zusätzlich.

Paketdienste

Außer der staatlichen Post bieten auch *UPS* (in KaoHsiung: 250 YingAnLu, Tel: 07-3920109, in TaiPei: 124 MinTzu HsiLu, Tel: 02-25975998) und *Federal Express* (in KaoHsiung: 75 HsingChungLu, Sec. 2, in TaiPei: 778 PaTeLu, Sec. 4, Tel: 02-27783535, am CKS-Flughafen: 03-3982463, landesweit telefongebührenfrei: 080-251080) ihre Dienste an.

Sicherheit

Siehe Gefahren

Sport und Aktivitäten

Für Geschäftsleute, die längere Zeit auf TaiWan bleiben, ist der Beitritt zu einem der Golf-, Segel- oder Drachengleitclubs nahezu obligatorisch, um Kontakte zu knüpfen und Verbindungen zu vertiefen. Für den Touristen beschränken sich die sportlichen Aktivitäten gewöhnlich auf Bergwandern oder Schwimmen – die natürlichen Möglichkeiten Tai-Wans eben (und das genügt in diesem Klima völlig!).

Das **Schwimmbadsystem** funktioniert etwas anders als in Europa. Oft muss man Clubmitglied werden (1.000 US$/Jahr!), sonst kommt man nicht hinein, andere Bäder sind für das breite Publikum geöffnet und kosten rund 150 NT$ Eintritt. Auch die Öffnungszeiten sind völlig anders, geschwommen wird in drei Schichten von 8:00–11:30, 13:00–16:30 und 18:00–21:00 Uhr. Montags ist in der Regel zwecks Wasserwechsel geschlossen.

Das Sportvereinswesen unserer Prägung gibt es praktisch nicht, die meisten Sportarten werden im Rahmen der Schulausbildung bzw. an den Universitäten und Sporthochschulen durchgeführt. TV-Nationalsport ist **Baseball,** Ausländer betreiben am ehesten Golf, Tauchen oder Tennis. Hier einige der wichtigsten Anschriften von Clubs und Verbänden. Die erstgenannten Verbände verfügen jeweils über detaillierte Informationen und Anschriften aller gemeldeten Zweigorganisationen.

Tauchsport
- **R.o.C. Diving Association,** 114 MinSheng TungLu, Sec. 2, TaiPei, Tel: (02)-25670256
- **KaoHsiung Dive Shop,** 238 LiuHoLu, KaoHsiung, Tel: (07)-22817190
- **American Club in China,** 47 PeiAnLu, TaiPei, Tel: (02)-25948260
- **Happy Diving Co.,** 90 MinChuanHsiLu, TaiPei, Tel: (02)-25118599

Tennis
- **Chinese TaiPei Tennis Association,**
  285 ChungHsiao TungLu, Sec. 4, TaiPei, Tel: (02)-27313026
- **TaiPei Tennis Club,** 4 NanKing TungLu, Sec. 4, TaiPei, Tel: (02)-27716557
- **HuanChiu Indoor Tennis-Court,** 33 FuYuanLu, 179 Hsie, TaiPei, Tel: (02)-27668766
- **YangMingShan Country Club,** 49 KaiHsuenLu, YangMingShan, Tel: (02)-28610941
- **HuaChiang Tennis-Court,** 20 ChangChiangLu Sec. 3, 41 Hsie, PanChiao, Tel: (02)-22533866

Golf
- **R.o.C. Golf Association,** 71 TunHua NanLu, 369 Hsie, TaiPei, Tel: (02)-27117482
  Auf TaiWan gibt es rund 25 Golfparcours, meist 18 Löcher/par 72. Der genannte Verband informiert über Aufnahmebedingungen und Gastspielmöglichkeiten.

Bergsteigen
  Die Besteigung schwieriger Gipfelregionen bedarf der besonderen Genehmigung (Mountain Permit A) sowie der Begleitung durch einen qualifizierten Führer. Alle Fragen, die Bergtouren, Genehmigungen und Organisation solcher Touren betreffen, müssen über die **R.o.C. Alpine Association,** 186 ChungShan PeiLu, Sec. 2, TaiPei, Tel: (02)-25942108 geklärt werden.

Angelspaß am künstlichen Becken

TaiChiChuan

Manch ein Europäer möchte während des Aufenthaltes gerne diese ureigenste Form des chinesischen Individualsports bzw. der Lebensphilosophie erlernen. Kurse unter fachkundiger Aufsicht von unterschiedlichster Dauer gibt es zuhauf. Individuelle Auskünfte und Ratschläge erteilt die *Chinese TaiPei TaiChiChuan Association,* 157 FuHsing NanLu, Sec. 2, TaiPei, Tel: (02)-27056743.

Segelsport

Dieser Sport findet auf TaiWan in den letzten Jahren großen Zulauf, da eine eigene Yacht Wohlstand und Erfolg widerspiegelt. Zahlreiche Sportboothäfen werden zur Zeit eingerichtet, insbesondere PengHu (Pescadoren) soll mittelfristig ein Segel-Eldorado in der TaiWan-Straße werden. Interessierte wenden sich an die *R.o.C. Yachting Association,* 305 PeiAnLu, TaiPei, Tel: (02)-25623436.

Drachen- und Fallschirmsport

Ganz in der Nähe des Yacht-Verbandes, in der 59 PeiAnLu, liegt die *R.o.C. Parachuting Association* (Tel: 02-25917794), die über Flugsportmöglichkeiten auf TaiWan informiert.

Sprache

Amtssprache der R.o.C. ist das **Hochchinesisch (Mandarin),** weite Teile der Bevölkerung sprechen auch taiwanesisch, eine Art des FuKien-Dialekts. Das Taiwanesische ist aber für den Touristen nicht von Belang, da es nicht von allen Taiwanern gesprochen wird und keine Offizielle Amtssprache ist. Das Mandarin weist eine ganze Reihe von Eigentümlichkeiten und Besonderheiten auf, die dem Europäer mehr als fremd sind.

Gesprochene Sprache

Zunächst einmal müssen gesprochene und geschriebene Sprache differenziert betrachtet werden. Die gesprochene Sprache ist **monosyllabisch** (eine Silbe = ein Bedeutungswort) und **tonal** (Töne verändern die Bedeutung). Nun kennt das Mandarin rund 420 Silben (z.B.: a, an, ba, bu...). Alle Silben enden entweder auf einen Vokal oder Diphtong (ta, hao) oder auf die Konsonanten n oder ng (Chin Chung). Daher die beschränkte Zahl der möglichen Silben. Silben wie Tisch, Tag, Blatt wären in dieser Sprache nicht möglich. Bei anderen Sprachen (z.B. dem Kantonesischen) sieht dies wieder ganz anders aus. Ein Kantonese kann daher mit einem Taiwaner (der Mandarin spricht) nicht mündlich, sehr wohl aber schriftlich kommunizieren, da die Schriftsprache mit ihren Zeichen in allen chinesischen Sprachen gleich ist (wie etwa einheitliche Verkehrszeichen in Europa, die aber jeder anders ausspricht).

Da es aber wesentlich mehr Bedeutungen gibt als Silben, sind die 420 Silben vielfach mit **verschiedenen Bedeutungen** belegt. So kann die Silbe *ma* „Hanf", „schimpfen", „Mutter", „Pferd" oder ein gesprochenes Fragezeichen bedeuten. Um eine gewisse Differenzierung zu ermöglichen, hat das Chinesische **verschiedene Töne** (Aussprachemethoden) für die Silben entwickelt. Das Mandarin kennt 5 Töne, so dass je nach Aussprache der Silbe *ma* der Chinese weiß, ob „Mutter" oder „Pferd" gemeint ist. Leider kommt es dennoch recht oft vor, dass die gleiche Silbe bei gleichem Ton immer noch völlig unterschiedliche Bedeutungen hat – hier kommt es auf den Zusammenhang an. Ein Beispiel hierfür wäre etwa *yī* im ersten Ton, das immer noch je nach Zusammenhang „eins", „Arzt", „Kleidung", „Abhängigkeit", „Geknarre", „nur", „Welle" oder „traditionelle Verbeugung" bedeuten könnte!

Die fünf Töne

1. Ton: gleichbleibend hoch, z.B. *mā,* vergleichbar mit deutsch „Aal" in der Situation: „ich esse heute Aal" „was isst du?" „Aal esse ich!" . In diesem Fall hieße „*mā*" „Mutter", bei gleichem Ton, aber anderen Zeichen auch „putzen" oder „Amme".

2. Ton: von unten nach oben aufsteigend, etwa: „was schenkst du ihm? ein Buch? er hat schon so viele!" In diesem Falle hieße *má* „Hanf".

3. Ton: erst von oben nach unten fallend, dann steigend (in der Praxis meist leicht vibrierender tiefer Ton), etwa deutsch: „aha!", aber das h bleibt weg, die Betonung (erst abwärts dann aufwärts) liegt nur auf dem „a". *Mă* hieße dann bei unterschiedlichen Zeichen „Pferd", „Ameise", „Numerierung".

4. Ton: Von oben nach unten fallend, etwa deutsch: „Jawoll!" oder „Mist!". *Mà* hieße dann je nach Zeichen „schimpfen" oder „Heuschrecke".

5. Ton: der Vokal wird sehr kurz ausgesprochen, abrupt abgebrochen. *Ma* wäre dann ein gesprochenes Fragezeichen, ein Betonungszeichen entfällt.

Schrift

Die chinesische Schrift ist im Prinzip eine Bilderschrift, bei der jedes **Zeichen** die Bedeutung eines Silbenwortes hat. Diese Bilderschrift wird von jedem Chinesen gleich verstanden (egal ob in Tibet, ShangHai oder TaiPei), aber jeweils völlig anders gesprochen. Dies bedeutet, das die traditionelle Charakterschrift (so nennt man die Bilder) ein wichtiges Bindeglied und zumindest schriftliches Verständigungsmittel in ganz China ist. Würde eine Umschrift statt der Schriftzeichen verwendet, würden sich die einzelnen Gebiete nicht mehr verstehen und sich weiter voneinander entfremden. Insgesamt gibt es rund 35.000 Schriftzeichen, der gebildete Chinese beherrscht etwa 10.000, unter 1000 gilt man als ungebildet.

Auf TaiWan werden die traditionellen **Langzeichen** geschrieben, wohingegen in der VR 2000 häufige Zeichen sehr stark vereinfacht worden sind. Anhand der Schriftzeichen kann man (zumindest als Ausländer) nicht erkennen, wie das Zeichen wohl gesprochen werden könnte.

Der Leser wird sich sofort fragen, wie man denn aus 35.000 Bildern ohne Alphabet ein **Wörterbuch** aufbaut. Die Schriftzeichen setzen sich aus verschiedenen Grundbestandteilen zusammen. Diese Teilfiguren treten bei verschiedenen Zeichen immer wieder auf. Man sucht in einem Wörterbuch zunächst diesen Grundbestandteil ("Radikal"), anschließend sieht man in einer Liste aller Zeichen, die diesen **Radikal** beinhalten, nach und findet dann (hoffentlich) das Zeichen mit Seitenverweis. Erst dann kann man die Bedeutung der angegebenen Seite nachschlagen.

Umschrift

Wie aber gibt man einen Begriff in einer Sprache mit Alphabet wieder? Eine recht gute Methode zur Umschrift des Chinesischen hat sich international weitgehend durchgesetzt: das **PinYin**. Dies ist eine Wiedergabe der chinesischen Laute und gibt auch den entsprechenden Ton mit an (sehr wichtig). Hat man die Aussprache einmal intus, kann man sich mit PinYin ganz gut durchschlagen. Leider geht TaiWan – man will sich ja von der VR unterscheiden – einen anderen Weg, und auch das nicht einheitlich. Die **taiwanesische Art der Umschrift** unterscheidet viele Laute nicht (k kann g, j oder k sein), jeder schreibt, wie er will: PinYin *jian* existiert auf TaiWan als *Kian, Kien, Chian, Chien, Jiann, Djian ...*, verbindlich scheint nur, dass nichts verbindlich ist! Noch komplizierter wurde die Umschrift seit die neue DPP-Regierung mit TongYong-PinYin eine weitere „Kreation" einführte, um den unabhängigen taiwanesischen Weg auch in der Sprache zu dokumentieren.

Die **Sprachhilfe** im Anhang basiert auf dem einfacher zu sprechenden PinYin, Bezeichnungen in den beschreibenden Kapiteln sind sicherheitshalber in beiden Varianten angegeben: im Text so, wie man es im Lande meist sieht, am Rand bei den Zeichen im sprachlich eindeutigen PinYin. In der Praxis sollte sich der Besucher keinerlei Illusionen hingeben: der Ungeübte kann die Töne nicht exakt treffen, er wird bei den Einheimischen in der Regel nicht verstanden. Man sollte daher gleich auf die entsprechenden Zeichen im Text/Anhang deuten.

Sprachaufenthalt und Studium

Der Lernende der chinesischen Sprache steht bei einem sehr zu empfehlenden Sprachstudium vor Ort oft vor der Frage, welches Land sich eher zum Studium eignet: die Volksrepublik oder TaiWan.

VR oder TaiWan

Ein Sprachstudium *in der Volksrepublik* ist oft preiswerter, vor allem sind die Lebenshaltungskosten um einiges geringer als auf TaiWan, außerdem hat man die Möglichkeit, das Festland (den Ursprung der chinesischen Kultur) und seine historischen Stätten direkt zu besuchen. Die Praxis zeigt allerdings, dass manch ein Student, von Verwaltungsbürokratie, Hindernissen im Alltag oder eventuell falscher Wahl des Studienortes (in einer Region, die gar nicht Mandarin oder nur starke dialektale Abweichungen spricht) verhältnismäßig entnervt, ohne entscheidende Lernerfolge und Sprachpraxis blieb.

Die Vorteile eines Sprachaufenthaltes *in TaiWan* liegen in einer sehr unbürokratischen und problemlosen Organisation, in dem im Umgang mit Ausländern geschulten Personal sowie in der direkten Anwendung der Sprache im Alltag überall auf der Insel.

Ein von den meisten Lernenden unterschätzter Faktor ist ferner die Verwendung der traditionellen *Langzeichen* auf TaiWan und in HongKong, während in der VR fast ausschließlich in Kurzzeichen geschrieben wird (Ausnahmen sind dort alte Beschriftungen). Nach einiger Zeit ist man in der Lage, anhand der gelernten Langzeichen auch die Kurzzeichen zu erschließen, umgekehrt ist dies nicht der Fall. Außerdem gibt es Überlegungen in der Volksrepublik, zumindest teilweise zu den traditionellen Zeichen zurückzukehren, da die vereinfachten Zeichen gelegentlich zu Missverständnissen führen.

Kosten

Die **Kursgebühren** bei taiwanesischen Instituten für ein Quartal belaufen sich im Schnitt auf etwa 600 €, mindestens so viel muss man auch für ein *Zimmer* für diese Zeit veranschlagen. Die meisten Ausländer wählen eine Schule in TaiPei, doch auch TaiChung oder TaiNan sind sehr zu empfehlen, da beide nicht so überlaufen sind wie TaiPei und auch Unterkünfte günstiger als in TaiPei sind.

Studium

Ausländer, die regulär an einer Hochschule studieren wollen, sind grundsätzlich zugelassen, müssen sich aber zuvor einem Sprachtest unterziehen. Ist dieser bestanden, stehen alle Fakultäten offen bis hin zum Examen (Magister, Promotion). Hier einige Anschriften taiwanesischer Sprach- und Hochschulen:

- *National TaiWan Normal University,* Mandarin Training Center, 62 HePing TungLu, Sec. 1, TaiPei, Tel: (02)-23218405.
- *FuJen Catholic University,* 510 ChungChengLu, HsinChuang, TaiPei, Tel: (02)-29031111
- *Inter University Program for Chinese Language Studies,* P.O. Box 13204, TaiPei, Tel: (02)-23639123
- *TaiPei Language Institute,* 104 HsinYiLu, Sec. 2, TaiPei, Tel: (02)-23410022.
- *Cathay Chinese Language Center,* 190 ChungShanLu, Gasse 8, Sec. 7, TaiPei, Tel: (02)-28729165.
- *China Language Institute,* 51 TienMu PeiLu, TaiPei, Tel: (02)-28727127.
- *Chinese Culture University,* Mandarin Learning Center, 9 RooseveltLu, Sec. 2, TaiPei, Tel: (02)-23564616.
- *FengChia University,* 100 WenHuaLu, TaiChung, Tel: (04)-2522250.
- *National ChengKung University,* 1 TaHsuehLu, TaiNan, Tel: (06)-2368660.
- *TaiPei Language Institute,* Dpt. KaoHsiung, 507 ChungShanLu Sec. 2, KaoHsiung, Tel: (07)-2153638, Fax: (07)-2152981.

Sprachaustausch

Eine weitere, sehr beliebte und kostenlose Möglichkeit, die chinesische Sprache vor Ort zu erlernen bzw. zu vertiefen, besteht im sogenannten Sprachaustausch (Language-

Übung macht den Meister!

Exchange). Der Austausch besteht schlicht darin, dass man sich mit einem einheimischen Interessenten trifft (meist in einem westlichen Fast-food-Restaurant oder einer Studentenmensa) und sich eine gleiche Anzahl von Stunden die jeweilige Muttersprache wechselweise beibringt. Diese Methode ist für beide Seiten sinnvoll, da direkt mit Muttersprachlern gesprochen wird und vor allem die Alltagssprache intensiv vermittelt werden kann. Dennoch sollten Grundkenntnisse bereits vorhanden sein. Sowohl in den englischsprachigen Tageszeitungen wie auch an den schwarzen Brettern und Aushängen der Universitäten suchen Taiwaner nach „Language-Exchange", gelegentlich kommt es sogar vor, dass man als Westler unvermittelt im Park oder in einem Restaurant angesprochen und nach seinem Interesse an Sprachaustausch gefragt wird.

„Telefonzelle" beim Historischen Museum/TaiPei

Telefon

Was die Metropolen TaiPei und KaoHsiung betrifft, so unterscheiden sich die beiden Städte im Hinblick auf das Handy als Statussymbol wenig von anderen asiatischen Handelszentren. Erreichbarkeit rund um die Uhr muss sein. Manch ein findiger Unternehmer hat bereits die Marktlücke entdeckt: gegen eine geringe Gebühr wird der Handy-Besitzer von einer Agentur zum vereinbarten Zeitpunkt mit vereinbartem Text (meist geht es um angebliche Millionen-Dollar-Geschäfte) angerufen, um den Geschäftspartnern oder der Freundin im Auto zu imponieren.

Innerhalb TaiWans

Alle Telefonangelegenheiten oblagen bis 1997 dem taiwanesischen staatlichen Monopolisten *Directorate General of Telecommunications* (DGT), der seit 1997 privatisiert ist. Das Telefonieren ist einfach und – zumindest innerhalb TaiWans – um ein Vielfaches preiswerter als vergleichbare Gespräche in Europa. Innerhalb einer Region mit „gleicher" Ortsvorwahl wird diese nicht mitgewählt, nur bei Gesprächen in einen anderen Vorwahlbereich.

Entfernungs-stufe	7:00-19:00, Sa bis 13:00	19:00-23:00, Sa. ab 13:00	23:00-07:00 u. So.
A	20 Sek./NT$	40 Sek./NT$	60 Sek./NT$
B	12 Sek./NT$	24 Sek./NT$	40 Sek./NT$
C	6 Sek./NT$	12 Sek./NT$	20 Sek./NT$

Entfernungsstufe A sind Ortsgespräche, B Gespräche ins nähere Umland und C Gespräche in nicht benachbarte Provinzen oder zu den vorgelagerten Inseln. Innerorts oder innerhalb einer Provinz wird die Vorwahl nicht gewählt.

Internationale Gespräche

Bei Gesprächen aus TaiWan nach Europa muss zunächst die 002, dann die nationale Vorwahl, anschließend die Ortsnetzkennzahl ohne die Null und schließlich die Teilnehmernummer gewählt werden. Frankfurt/Main wäre demnach mit 002+49+ 69+Teilnehmernummer anzuwählen. Nach TaiWan: 00886+Vorwahl ohne 0+Teilnehmernummer.

Auslandsgespräche sind wesentlich kostspieliger und werden im Sechs-Sekunden-Takt berechnet, wobei der Spättarif (23:00-8:00 Uhr) um etwa 25% unter dem Tagestarif (8:00-23:00 Uhr) liegt. Sechs Sekunden **nach Europa** kosten 7,5 NT$ (tagsüber) und 5,5 NT$ im Nachttarif. Ziele in Asien sind nicht wesentlich billiger, nach HongKong oder Singapur liegt der Preis für den Sechs-Sekunden-Takt immer noch bei gut 5 NT$.

Öffentliche Fernsprecher

Auf TaiWan gibt es zwei unterschiedliche öffentliche Fernsprecher. Die grün-silbernen sind ausschließlich für Inlandsgespräche, die beigefarbenen sind entweder Kartentelefone (national) oder deutlich (auch in englischer Sprache) gekennzeichnete **ISD-phones** (international self-dialling). Nur mit letzteren sind direkte Auslandstelefonate möglich.

Auch sie sind nur als Kartentelefone vorhanden, so dass man zuvor eine **Telefonkarte** (ab 100 NT$) bei der Post (in manchen Städten auch bei der Ladenkette 7/11) kaufen muss. ISD-Telefone findet man meistens direkt vor den Hauptpostämtern und an Flughäfen, manchmal auch an Busbahnhöfen. Leider sind die Apparate in den seltensten Fällen in einer Telefonzelle angebracht, sondern direkt an Gebäudewänden – der Verkehrslärm ist daher oft sehr störend. Verbindungsaufnahme und Qualität der Leitungen sind jedoch weitgehend ausgezeichnet.

Eigenes Telefon

Wer eine eigene Telefonleitung beantragt (bei jeder lokalen Telekommunikationsbehörde), zahlt derzeit stolze 2750 NT$ Installationsgebühr zzgl.10 NT$ Monatsmiete für einen Leihapparat und 1000 NT$ rückerstattbare Kaution. Miete und Kaution entfallen bei Verwendung eines eigenen Gerätes. Anschließend werden nur noch die Gesprächseinheiten abgerechnet. Die ins Haus gesandten Rechnungen müssen per Zahlschein selbst in der Post beglichen werden.

Notfall- und Informationsnummern

- Polizei: 110
- Polizei (englischsprachig): 264 oder (02)-25254275, 23817475
- Feuerwehr: 119
- Ambulanz: (02)-7216315 oder ebenfalls 119
- Internationale Telefonvermittlung: 100
- Amt für Ausländerangelegenheiten (Visum): 02-3818341 oder 02-3817475
- TI-Stelle des CKS-Flughafen: (03)-3982194, 3834631
- TI-Stelle des SungShan-Flughafen/TaiPei: (02)-7173737
- TI-Hauptstelle in TaiPei: (02)-23491500
- Englischsprachige „Hotline" für Touristen (tgl. von 8-20:00): 02-27173737

Tourismus

TaiWan ist ein sehr wohlhabendes Land und benötigt im Gegensatz zu vielen asiatischen Ländern keine Touristenströme als Devisenbringer. Jährlich kommen etwa **zwei Millionen Besucher** nach TaiWan, die meisten aus dem asiatischen Raum. Verglichen mit anderen asiatischen Reisezielen ist diese Zahl verhältnismäßig klein, und tatsächlich wird der westliche Tourist in vielen Gebieten TaiWans, von touristischen Orten oder Ballungszentren abgesehen, vergeblich nach anderen „Langnasen" *(ChangPi, Pi)* Ausschau halten. Der Durchschnittstourist bleibt etwa sieben Nächte und lässt im Schnitt 150 US$ pro Tag im Land.

Im Gegensatz zu den meisten asiatischen Ländern braucht der Tourist um die Kleinigkeiten des Alltags nicht zu feilschen, in TaiWan herrscht ein Fixpreissystem, ähnlich wie bei uns. Auch das öffentliche Verkehrssystem ist preiswert, gut und zuverlässig, so dass das Reisen in TaiWan in vielerlei Hinsicht sehr einfach ist und der unkundige Tourist nur sehr selten übervorteilt wird.

TaiWan hat touristisch eine Menge zu bieten: Inseln, Strände, Berge, brodelnde Städte, chinesische Kultur, eine vielfältige Küche, ein hervorragendes öffentliches Verkehrsnetz, Hotels internationaler Extraklasse und vieles mehr. Noch wird TaiWan als Urlaubsziel nur ganz am Rande in Erwägung gezogen. Die Mehrzahl der Besucher sind **Geschäftsreisende,** welche nach Abschluss der geschäftlichen Besprechungen „zwei, drei Tage Informationsaufenthalt" anhängen, um in einem Blitzprogramm à la Nippon die Schönheiten des Landes portioniert und häppchenweise vorbereitet zu bestaunen.

Einheimische Touristen

Ein nicht zu unterschätzender Faktor ist der einheimische Tourismus. Mit steigender Mobilität wurde das eigene Land in den 70er und 80er Jahren für viele Taiwaner zum wichtigsten Urlaubsziel. Auslandsreisen und vor allem Devisen wurden kontrolliert, Schwarzgeld ließ sich daher am besten im Lande selbst verjubeln.

Die einheimische Tourismusindustrie kam dem Bedürfnis der Taiwaner nach **romantisch verklärtem Naturerlebnis,** aber bitte an der Hauptstraße und voll erschlossen, bereitwillig nach. Dies beginnt mit Angelausflügen an der Ecke: um dem Kunden Zeit zu sparen (durch den dichten Verkehr kommt man ohnehin nur schwer hinaus ins Grüne), kamen findige Angelfreunde überall in den Städten auf die grandiose Idee, mitten im Laden Fischbecken zu betonieren und den Naturfreund gegen Gebühr eine Stunde gleich vor Ort angeln zu lassen. Diese Neigung zum Echten setzt sich fort in der Liebe zu den allgegenwärtigen Pappfiguren ohne Kopf mehr oder minder berühmter Persönlichkeiten, hinter welche sich der Besucher stellt und sich so verwandelt für die hauseigene Ahnengallerie ablichten lässt. Und schließlich gipfelt das Streben nach Naturerlebnissen in dem perfekten Eingeborenendorf am Sonne-Mond-See, wo „echte Eingeborene" unter dem Gejohle der sich nun mitten in der tiefsten Wildnis wähnenden Chinesen an einer Liane über künstliche Gewässer turnen.

Faktisch bedeutet dies, dass **Touristenhochburgen** wie z.B. Sonne-Mond-See, YangMinShan, KenTing, ALiShan, TaRoKo besonders an Sonn- und Feiertagen überfüllt und dann um mehrere hundert Prozent überteuert sind. Der ausländische Besucher macht sich diese Tatsache am besten so zu Nutze, dass er am Wochenende die nun leeren Städte, unter der Woche aber die ländlichen Gebiete besucht. Genaue Planung und Beachtung dieser Regel wird sich im Hinblick auf Zimmerkapazitäten und Naturgenuss mehr als auszahlen.

Japanische Reisegruppe beim Fototermin

Östliche Touristen

Für *japanische Besucher* ist TaiWan immer noch ein billiges Urlaubsland. Kein Wunder, dass deren Anteil am Auslandstourismus 45% beträgt. Auch aus historischen Gründen kommen die Söhne und Töchter Nippons gerne ins Land, stand die Insel doch ein halbes Jahrhundert lang unter japanischer Herrschaft.

Auf Besucher aus HongKong entfallen 10%, weitere 10% auf Touristen aus anderen Ländern der Region (ohne VR China), davon überwiegend aus Südkorea.

Diese starke *Asienlastigkeit des Tourismus* bringt für den Besucher aus dem Westen drei Nachteile mit sich. Einerseits wird ein Aufenthalt in TaiWan durch die Anwesenheit großer Touristenströme aus Japan nicht gerade billiger. Da zweitens für asiatische Besucher i.d.R. chinesische Schriftzeichen zur Verständigung ausreichen, wird nur selten in englisch auf günstige Unterkünfte aufmerksam gemacht. Und schließlich kann es gelegentlich vorkommen, dass man sein Zimmer in den Städten vorzeitig räumen muss, weil eine Reisegruppe reserviert hat.

Und nun die gute Nachricht: asiatische Touristen im Allgemeinen und japanische im Besonderen bringen in der Regel *wenig Zeit* mit und treten häufig in Gruppen mit einheitlichem Erkennungsmerkmal (Käppi, Regenschirm) auf. So schnell sie auch einfallen, so rasch sind sie auch wieder verschwunden. Für den Reisenden bedeutet dies, dass bei plötzlich auftretendem Blitzlichtgewitter einer überfallartig auftauchenden japanischen Reisegruppe in entlegenen Regionen TaiWans kein Grund zur Beunruhigung bezüglich Zimmerengpässen besteht. Meist sind solche Gruppen per Bus unterwegs und haben ihr Quartier in einer Großstadt.

Westliche Touristen

Der rucksackreisende Individualtourist westlicher Prägung ist in TaiWan nach wie vor ein oft bestaunter Sonderling. Der Mut, ohne Kenntnis einer fremden Sprache, auf sich allein gestellt ein Land zu bereisen, noch dazu eventuell mit bescheidenen finanziellen Mitteln, wird von den Taiwanern geradezu bewundert.

Den größten Anteil westlicher Touristen stellen die USA mit 13%, gefolgt von Europa mit 6% (von insgesamt zwei Millionen Touristen, also gerade einmal 120.000). Daher ist die Touristik-Branche in TaiWan auch nur ganz am Rande auf den westlichen Traveller eingestellt. Ein Bauboom bei Billigunterkünften wie in anderen südostasiatischen Ländern fand daher in TaiWan bislang nicht statt.

Westliche Touristen, vor allem US-Amerikaner, sind sehr beliebte Gäste, was sich auch aus der Rolle der Amerikaner als langjährige Verbündete TaiWans nach 1949 gegen die VR China erklärt. Allgemein wird der weiße Tourist keinen diskriminierenden Vorurteilen wegen seiner Hautfarbe, Religion etc. begegnen. Farbige Besucher können es dagegen manchmal schwer haben.

Hat man den Flughafen verlassen, wird der Westler bald feststellen, dass die **Sprachunkundigkeit** das größte Problem darstellt. Die Freundlichkeit und Hilfsbereitschaft der Bevölkerung aber hat schon so manche Sprachbarriere überbrückt, auch ein durch kulturelle Unwissenheit bedingter Faux Pas wird dem Westler meist nachgesehen.

Uhrzeit und Kalender

Zeitunterschied

Die Uhrzeit in TaiWan ist der MEZ um **sieben Stunden** (während der europäischen Sommerzeit sechs Stunden) voraus; damit liegt TaiWan in derselben Zeitzone wie Hong-Kong oder Singapur. 12:00 Uhr in Wien hieße 19:00 Uhr in TaiPei während der mitteleuropäischen (Normal-) Zeit, 18:00 Uhr während der Sommerzeit.

Nun liegt TaiWan auf der gleichen Breite wie das südliche Ägypten. Dies bedeutet, dass es relativ schnell dunkel wird, in den Bergen muss man sich darauf einstellen, im Winter ab 17 Uhr Ortszeit im wahrsten Sinne des Wortes „im Dunkeln zu tappen".

Kalender

TaiWan rechnet offiziell nach dem **Sonnenjahr,** zahlreiche Feiertage (wie das berühmte chinesische Neujahr) richten sich jedoch nach dem **Mondkalender.** Dieser ist zu unserem Kalender um bis zu sechs Wochen nach vorn oder hinten verschoben, der fünfte Mondmonat kann also zwischen Mitte März und Mitte Juli liegen.

Die Zählweise für das aktuelle Jahr, etwa 1987 wird zwar verstanden, offiziell rechnet man aber das Jahr 1911 (Gründung der Republik) als das Jahr Eins. Demzufolge muss man die „19" wegdenken und vom aktuellen Jahr unserer Rechnung 11 abziehen, um zum taiwanesischen Jahr zu kommen. 2004 ist dann das „Jahr 93 der Republik".

Unterkunft

Der größte Posten während einer Reise auf TaiWan sind die Unterkunftskosten. Wer alleine reist, zahlt automatisch mehr, da nicht die Personenzahl, sondern das Zimmer an sich den Preis bestimmt. Einbettzimmer (Doppelbetten) kosten weniger als Zweibettzimmer (zwei getrennte Betten), gleichgültig, wie viele Personen darin wohnen wollen.

Die Spannbreite der Unterkunftsmöglichkeiten auf TaiWan ist sehr breit und nahezu stufenlos.

Hotels, Pensionen

Theoretisch kann man die Unterkünfte an der **Bezeichnung** ein wenig kategorisieren: es gibt *LuShe* (Pensionen), *TaLuShe* (Gasthäuser), *FanTian* (Hotels), *TaFanTian* (große Hotels), *PinKuan* (Resorthotel) und in den Bergen *ShanChuan* (Berghotel). Allerdings gibt die reine Benennung nicht allzu präzise Auskunft über das zu erwartende Preisniveau. *LuShe* sind jedenfalls i.d.R. die günstigsten Unterkünfte für Zimmer. Der Bezeichnung ist der Name vorangestellt, *LiLuShe* wäre demnach zu übersetzten mit „Pension Li".

Die **Preise** für Zimmer innerhalb eines Hotels sind zumeist gleich, gewisse Abstufungen der Zimmerpreise sind durch kleine Details bedingt (Fenster, Blick usw.). Es ist also nicht so, dass man erst stundenlang verhandeln muss, ein genannter Preis ist in der Regel fair, ohne dass es besondere Touristenpreise gäbe – das hat man auf TaiWan nicht nötig. Es gibt in Touristenorten zwei Preise, einen Wochen- und einen **Wochenendtarif.**

Bei der Zimmerauswahl gilt es, die üblichen **Routinechecks** vorzunehmen: schließt die Tür lückenlos mit dem Boden ab (Ungeziefer), funktionieren Spülungen und elektrische Geräte, wie schließt das Fenster (Hitze, Ungeziefer), schließt das Türschloss (Sicherheit), Lage (Lärm) usw. Derartige Kleinigkeiten können eine ganze Menge an Preis- und Komfortunterschied ausmachen.

Einfache DZ kosten ab rund 600 NT$ aufwärts (für 2 Personen), wobei in beinahe allen Häusern Klimaanlage und TV sowie eigenes WC Standard geworden sind. Sehr angenehm ist die chinesische Tradition des *KaiShui* **(heißes Trinkwasser),** welches entweder in Kannen oder Etagenautomaten in jedem Hotel kostenlos zur Verfügung steht. Tee, Kaffee und Fertigsuppen können damit die Reisekasse nicht unerheblich entlasten.

Die Hotelangaben in den Ortsbeschreibungen sind in **Kategorien** mit * gegliedert. Dabei bedeutet:

* die vor Ort günstigsten Übernachtungsmöglichkeiten mit genauen Preisangaben.
** DZ, die im Schnitt 600 NT$ kosten, mit genauen Preisangaben der jeweiligen Häuser.
*** Hotels, deren Preis für DZ im Schnitt bei 900 NT$ liegt.
Für jeden weiteren * erhöht sich der DZ-Durchschnittspreis um 300 NT$, ab dem siebenten Stern dann auch mehr. Bei den gehobenen Kategorien wurde auf detaillierte Preisangaben verzichtet.

Schlafsäle

Die billigste Lösung ist der Schlafsaal, was sich unangenehmer anhört als es letztlich in der Praxis ist. In Großstädten und touristischen Hochburgen sind diese oft recht voll, dagegen in anderen Regionen unter der Woche meist völlig leer. Betten in Schlafsälen kosten je nach Qualität und Lage zwischen 250–300 NT$ pro Person und sind insbesondere bei Einzelreisenden sehr beliebt. Normalerweise sind die Betten sauber und gepflegt, leider kommt der westliche Individualtourist nicht immer in alle Häuser hinein. Vielfach sind die Schlafsäle von Schulklassen ausgebucht oder man will dem Westler nicht „zumuten" (dummerweise), mit Asiaten in einem Schlafsaal zu liegen.

Jugendherbergen

Eine ganze Reihe von Jugendherbergen oder Erholungsheimen werden staatlich betrieben. Wer ausschließlich hier unterkommen will, hat die Möglichkeit, sich jeweils telefonisch bei der nächsten Station ein Bett reservieren zu lassen (bei allen staatlichen Herbergen sehr anzuraten, da sie oft ausgebucht sind). Staatliche Herbergen, für die in aller Regel kein besonderer Ausweis benötigt wird, gibt es in folgenden Orten:

Ort	Anschrift	Telefon
TaiPei	*ChienTan Youth Activity Center,*	02-25962151
	16 ChungShanPeiLu, Sec. 4	
	TaiPei International YAC, 30 HsinHaiLu Sec. 3	02-23621770
	TaiPei LaoYou ChiChia ChungHsin,	02-25519300
	2 HsinShengPeiLu, Sec. 2,101 Hsie	
KeeLung	*KeeLung Arbeitnehmer-Erholung,*	02-24286482
	22 AnYiLu, 370 Hsie	
ChinShan	*ChinShan YAC,* ChinShan	02-24981191
Shimen-Damm	*FuHsing ShanChuang, NCIH*	03-3822276
PaLing	*PaLingShanChuang, NCIH*	03-3332153
HuaLien	*HuaLien HsueYuan,* 40 KungYuanLu	03-8324124
	ChiaoShi HuiKuan, 10 KungChengLu	03-8325880
TienHsiang	*TienHsiang YAC*	03-8691111
WuShe	*WuShe ShanChuang*	049-223441
Sonne-Mond-See	*Sun-Moon-Lake YAC*	049-850070
LoShao	*LoShao ShanChuang* (♪ TienHsiang)	03-8691111
TzuenShan	*Tzuen Shan Chuang* (♪ TienHsiang)	03-8691111
KuanYun	*KuanYun ShanChuang*	04-5991173
TaYuLing	*TaYuLing ShanChuang* (♪ TienHsiang)	03-8691111
TeChi	*TeChi ShanChuang, CCIH*	04-5981592
ChingShan	*ChingShan ShanChuang, CCIH*	04-5244103
HsiTou	*HsiTou YAC*	049-612161
ALiShan	*ALiShan YAC,* ErWan Ping, ChiaYi-Bezirk	05-2679561
PengHu	*PengHu YAC,* 11 ChieShouLu, MaKung	06-9271124
	ChiaoShi HuiKuan, 38 ShuTeLu, MaKung	06-9273692
TaiNan	*TaiNan HsueYuan,* FuNungLu Sec 1 300Hsie	06-2670526
	Arbeitererholungsheim, 261 NanMenLu	06-2630174
TsengWen	*TsengWen YAC*	06-5752575
MeiShan	*MeiShan ShanChuang*	07-7470134
YaKou	*YaKou ShanChuang*	089-329891
LiTao	*LiTao ShanChuang*	089-329891
Cheng-ChingHu	*Cheng-Ching Hu YAC*	07-3717181
KaoHsiung	*Arbeitererholungsheim*	07-3328110
KenTing	*KenTing YAC*	08-8861221

Camping

Theoretisch kann man sich auch mit wildem Camping durchschlagen, doch das Klima ist so unterschiedlich, dass man in der Ebene im Zelt wie in einer Sauna schwitzt, im Hochland dagegen ohne Schlafsack erfriert. Eigene Zeltausrüstung ist wirklich nur Spezialisten zu empfehlen, die nahezu ausschließlich in den Bergen Langstreckenwanderungen oder angemeldete Bergbesteigungen planen. Reguläre Campingplätze gibt es sehr selten, sie sind dann auch sehr teuer, so dass man sich auch gleich ein günstiges Zimmer nehmen kann.

Verkehrsmittel

Das öffentliche Transport- und Verkehrswesen auf TaiWan ist, wenn man von einigen unzugänglichen Bergregionen absieht, ausgezeichnet ausgebaut und ermöglicht dem Touristen ein zügiges und problemloses Reisen. Zu vorgelagerten Inseln nimmt man das Flugzeug, der Preisunterschied zu Fährschiffen ist aufgrund der Konkurrenz der vielen Inlandsgesellschaften relativ gering. Auf der Hauptinsel selbst kommt für den Touristen hauptsächlich der Bustransport, zwischen größeren Städten auch die Bahn in Betracht.

Telefonnummern der (nationalen) Flughäfen auf TaiWan und den vorgelagerten Inseln:

TaiPei SungShan	(02)-25141400	TaiNan	(06)-2675387
ChiaYi	(05)-2358662	TaiChung	(04)-2923485
LuTao (Gr. Insel)	(089)-672099	ChiMei (PengHu)	(06)-9971920
HuaLien	(03)-8210220	KaoHsiung	(07)-8059630
MaKung (PengHu)	(06)-9212110	TaiTung	(089)-345430
LanYu	(089)-732006	WangAn (PengHu)	(06)-9991014

Flugzeug (FeiChi)

Inlandsflüge sind sehr preiswert und unproblematisch. An den Flughäfen sowie den Innenstadtbüros der einzelnen Gesellschaften kann man in der Regel Tickets noch für den gleichen Tag kaufen, eine Buchung einen oder zwei Tage vorher ist dennoch ratsam, da es insbesondere an Wochenenden und Feiertagen zu Engpässen kommen kann. Zum **Ticketkauf** muss der Reisepass vorgelegt werden, ebenso beim einchecken. Bei Flügen nach KinMen (JinMen) gelten derzeit noch einige zusätzliche Sicherheitschecks, die aber weiter keine Behinderung bedeuten. Sieben Gesellschaften (darunter auch das „Flaggschiff" *China Airlines)* fliegen die insgesamt 12 Flughäfen TaiWans an. Die Preise sind stabil und bei den einzelnen Gesellschaften quasi identisch. Alle Tickets müssen in NT$ (bar oder Kreditkarte) bezahlt werden.

Die taiwanesischen Inlandsfluggesellschaften und ihre Verkaufsstellen

China Airlines

	TaiPei	131 NanKingTungLu, Sec. 3	(02)-27151212
	TaiChung	44 SanMinLu, Sec.2	(04)-32304718
	ChiaYi	316 ChuiYangLu	(05)-2230116
	TaiNan	496 HsiMenLu, Sec. 1	(06)-2357861
	KaoHsiung	81 ChungHuaLu Sec. 3	(07)-2315181
	MaKung	2 ShuTeLu	(06)-9273866
	HuaLien	531 ChungChengLu	(03)-8347850

EVA-Air

	TaiPei	63 SungChiangLu	(02)-25011088
	KaoHsiung	177 SzuWeiLu	(07)-7911000
	TaiChung	Airport	(04)-4257630
	TaiNan	Airport	(06)-2225678

Far Eastern (FAT)

	TaiPei	5 TunHuaPeiLu	(02)-27121555
		36 KuanChienLu	(02)-23615431
	TaiNan	116 YungFuLu Sec. 2	(06)-2258111
	KaoHsiung	101 ChungHua 3 Lu	(07)-2411181
	MaKung	4-2 ChihPingLu	(06)-9274891
	KinMen/ KinCheng	15-6 MinShengLu	(0823)-27331

	HuaLien	318 ChungShanLu	(03)-8326191
	Taitung	241 HsinChengLu	(089)-326107
	ChiaYi	1 JungTienLu	(05)-2861956
FoHsing (FHA)			
	TaiPei	150 FuHsingNanLu	(02)-27152766
	TaiPei	111 ChungShanPeiLu	(02)-25119177
	TaiNan	205 ChungYiLu Sec 2	(06)-2281263
	KaoHsiung	146 ChungCheng 4Lu	(07)-2152868
	MaKung (PengHu)	34 ChungHuaLu	(06)-9279800
	KinMen/Kin-Cheng	18 MinChengLu	(0823)-21501
	HuaLien	408 ChungShanLu	(03)-8321995
Formosa (FAL)			
	TaiPei	SungShan Airport	(02)-25149636
	TaiChung	100 MinHangLu	(04)-4254236
	KaoHsiung	131 ChungChengLu Sec 1	(07)-7134685
	MaKung (PengHu)	4-5 ChihPingLu	(06)-9261089
	ChiMei (PengHu)	ChiMei Airport	(06)-9971427
	WangAn (PengHu)	WangAn Airport	(06)-9991079
	HuaLien	HuaLien Airport	(03)-8263989
	TaiTung	380 ChungShanLu	(089)-326677
	LuTao	Airport	(089)-672585
	LanYu	Airport	(089)-732036
	MaTzu	Airport	(0836)-56561
	KinMen	Airport	(0823)-24605
Great China (GCA)			
	TaiPei	260 PaTeLu Sec 2	(02)-27752450
	TaiPei	38 JenAiLu Sec 1	(02)-23568000
	ChiaYi	257 WenHua Lu (Gallant Hotel)	(05)-2256406
	TaiNan	Airport	(06)-2602811
	KaoHsiung	KaoHsiung Airport	(07)-8017608
	MaKung (PengHu)	102 KuangFuLu	(06)-9263111
	PingTung	Airport	(08)-7665971
	KinMen	Airport	(0823)-22207
MaKung (MKL)			
	TaiPei	SungShan Airport	(02)-27181145
	KaoHsiung	305 HoTungLu	(07)-2211175
	KaoHsiung	KaoHsiung Airport	(07)-8010869
	MaKung (PengHu)	34 MinShengLu	(06)-9276297
TaiWan Air (TAC)			
	TaiPei	59 SungChiangLu	(02)-25168801
	TaiPei	SungShan Airport	(02)-5142881
	TaiChung	4 ChungKangLu, 9Hsie	(04)-3232901
	KaoHsiung	KaoHsiung Airport	(07)-8013793
	MaKung	MaKung Airport	(06)-9211800
	ChiMei	ChiMei Airport	(06)-9971254
	WangAn	WangAn Airport	(06)-9991064

	TaiTung	86 HsinShengLu	(089)-327061
	LanYu	Airport	(089)-732005
TransAsia (TNA)	LuTao	Airport	(089)-672526
	Generalnummer		080-066880

Sicherheitsbedenken bei Inlandsflügen sind überflüssig. Einzig die Strecke TaiPei – HuaLien geht über gefährliche Gipfel des nördlichen Berglandes, bei schlechter Witterung kommt es hier gelegentlich zu Unglücken. Buchung und Verkauf funktionieren zuverlässig, auch die angegebenen Flugzeiten werden meist eingehalten, zu **Verzögerungen** kann es in der Regenzeit bei starken Niederschlägen kommen.

Sollte ein Flug **ausgebucht** sein, muss man dennoch nicht die Flinte ins Korn werfen. Zunächst einmal sind die Angestellten sehr hilfsbereit und versuchen alles, dem Ausländer weiterzuhelfen – Freundlichkeit und Lächeln vorausgesetzt! Es kommt durchaus vor, dass Geschäftsleute telefonisch reserviert haben, dann aber doch später fliegen, ohne dies mitzuteilen. Dann werden kurz vor dem Abflug plötzlich wieder einige Plätze frei. Es ist gut möglich, dass die Angestellten dem Ausländer dann vorrangig einen Platz zukommen lassen, aber wie gesagt: es kommt auf das Verhalten des Einzelnen an, die Hilfsbereitschaft steigt und fällt proportional zur Höflichkeit des Fremden. Außerdem liegen sogenannte „Stand-By"-Listen aus, Wartelisten für ausgebuchte Flüge, in die man sich eintragen kann und je nach Platzierung auf freigewordene Plätze aufrückt.

Schiff (ChuanTzi)

Der Fährtransport spielt auf TaiWan eine untergeordnete Rolle, wenn man von der Stadtfähre in KaoHsiung, den Fähren nach HsiaoLiuChiu sowie mit Abstrichen den Passagierbooten auf die Inseln PengHu, LanYu und LuTao absieht. Auf den größeren Strecken (vor allem LanYu und LuTao) ist das Schiff beinahe ähnlich teuer wie der Flug, ist unzuverlässig und kostet viel Zeit. Gut und zuverlässig sind insbesondere die PengHu- und HsiaoLiuChiu-Linien.

Auto & Motorrad (ChiChe & MoTuoChe)

Mit Ausnahme der für länger entsandten Diplomaten und Geschäftsleute empfiehlt es sich für TaiWan-Reisende, auf einen PKW zu verzichten. Der Verkehr in den Metropolen ist äußerst gewöhnungsbedürftig, um nicht zu sagen für den mittels Strafkatalogen disziplinierten Mitteleuropäer gefährlich. Zudem funktioniert der öffentliche Nah- und Fernverkehr so ausgezeichnet, dass, von wenigen Ausnahmen in entlegenen Gebieten abgesehen, rein keine Notwendigkeit für ein eigenes Fahrzeug besteht.

Ferner gibt es für Touristen die Möglichkeit, sich vielerorts für einen oder mehrere Tage einen **Scooter** (schneller Motorroller mit 50 ccm oder mehr) preisgünstig zu mieten und damit praktisch alle sehenswerten Punkte zu erreichen. In den entlegenen Regionen (Bergland, Ostküste) macht das Mopedfahren einen Heidenspaß und ist auch für den ungeübten Touristen bei risikofreiem Fahren empfehlenswert. Die Verleihstellen für Scooter (welche normalerweise über ein sehr praktisches, abschließbares Gepäckfach verfügen) werden im beschreibenden Teil bei den jeweiligen Orten genannt, die Mietpreise bewegen sich zwischen 400 und 500 NT$/Tag. Der Mietpreis wird im Voraus entrich-

Allgemeine Diskussion über die Schuldfrage ...

tet, der Reisepass als Sicherheit hinterlegt. Der Vermieter muss (!) die Fahrzeugpapiere dem Kunden mitgeben, da gelegentlich Polizeikontrollen vorkommen können und Fahrer (nicht Halter) ohne Papiere mit Geldbußen belegt werden. Voraussetzung für die Anmietung eines Gefährtes über 50 ccm ist ein internationaler Führerschein, oft wird aber seitens des Verleihers selbst ein stärkeres Moped ohne Kontrolle der Lizenz verliehen. Offiziell wird in TaiWan mit Helm gefahren, in der Praxis ist diese Vorsichtsmaßnahme jedoch eher die Ausnahme denn die Regel.

Bei über 10 Millionen Mopeds auf den Straßen (die weltweit höchste Pro-Kopf-Quote), kann man sich leicht vorstellen, wie der *Straßenverkehr* aussieht. Es handelt sich dabei um eine brisante Mischung aus Verkehrsregeln und der Einforderung des Rechtes des Stärkeren. LKW/Bus – PKW – Moped – Fahrrad – Fußgänger lautet die traditionelle Rangfolge, an die sich auch der Tourist zu halten hat. Spektakuläre Unfälle sind recht häufig, die Polizei lässt gelegentlich aus „Erziehungsgründen" die Unfallstelle stundenlang ungeräumt. Auf TaiWan gilt das Rechtsfahrgebot, Haltegebot bei roten Ampeln und die Grundregel, dass man überall dort parken darf, wo es nicht ausdrücklich verboten ist.

Für eine kleinere Gruppe von vier bis sechs Personen kann es sinnvoll sein, einen *PKW/Minibus* zu mieten, um entlegene Gebiete zügig und unabhängig besuchen zu können. In TaiPei und KaoHsiung bieten auch internationale Fahrzeugvermieter ihre Leistungen an, wobei allerdings mit Preisen ab 1600 NT$ pro Tag zu rechnen ist. Eine einwöchige Tour kostet dann für vier Personen rund 13.000 NT$ (inkl. Benzin), eine überlegenswerte Alternative zum öffentlichen Transport. Die folgenden Verleihfirmen für PKW vermieten zuverlässige Fahrzeuge neueren Baujahrs, meist mit Air-Condition, und sprechen Englisch.

● *Central Auto Service,* 1098 ChengTeLu, Sec. 4, TaiPei,
Tel: (02)-28819545; 100 ChungChingLu, TaiChung, Tel: (04)-2927000.
● *TaiPei Budget Rent a Car,* 10 WenChangLu, Tel: (02)-28312906
● *ShingAn Car & Minibus Hire,* 124 NingPo HsiLu, Tel: (02)-23922878
● *China Rental,* 506 MinTzu TungLu, Tel: (02)-25018133
● *V.I.P. Car Rental Co.,* 606 MinChuanLu, TaiPei, Tel: (02)-27131111.

Für Studierende könnte es interessant sein, ein *gebrauchtes Moped* für die Zeit des Aufenthaltes auf TaiWan zu erwerben. Ideal ist dabei die Übernahme eines Fahrzeuges von einem abreisenden ausländischen Studenten (Aushang in den Lehranstalten beachten). Der Erwerb eines Neufahrzeuges ist mit sehr hohen Kosten verbunden, da eine einmalige Zulassungsgebühr vorab bei der Ausgabe eines Kfz-Kennzeichens fällig wird, die einige Tausend NT$ beträgt und die Kfz-Steuer ersetzt. Diese Gebühr wird dann beim Wiederverkauf je nach Alter des Fahrzeuges dem Käufer anteilig aufgeschlagen. PKW kommen überwiegend aus Japan und Korea, aber auch Luxuskarossen aus Deutschland erfreuen sich zunehmender Beliebtheit bei den wohlhabenderen Schichten. TaiWan arbeitet an einer PKW-Eigenentwicklung, die Ende der 1990er Jahre den heimischen und den chinesischen Festlandmarkt bedienen soll. Bei den Mopeds ist und bleibt Honda marktführend, es gibt Maschinen von 50 bis 150 ccm, die aber nicht auf der SunYat-Sen-Autobahn (KeeLung–KaoHsiung) fahren dürfen. Größere Motoren sind illegal und nur als Schwarzimporte zu haben.

Das *Straßennetz* auf TaiWan ist landesweit gut ausgebaut, wobei die einzige (mautpflichtige) Autobahn entlang der Westküste von KeeLung nach KaoHsiung verläuft (SunYatSen-Autobahn). Im Bergland ist das Straßennetz naturbedingt weniger dicht, gelegentlich kommt es zu Sperrungen durch Erdrutsche und Einstürze.

Bus (KungKungChiChe)

Das *Überlandbussystem* auf TaiWan hat zwar aufgrund der zunehmenden privaten Motorisierung einige Kürzungen erlitten, ist aber nach wie vor außerordentlich effektiv, preiswert (im Schnitt 4 NT$/km) und für den Individualtouristen die angenehmste und zügigste Art der Fortbewegung. Nicht nur Großstädte, auch die kleineren Orte werden mehrfach täglich angefahren, lediglich einige wenige abgelegene Punkte der Bergregionen sind definitiv nicht mit dem Bus zu erreichen. Neben der nationalen *TaiWan ChiChe KeYun KungSi* bieten die Gesellschaften der jeweiligen Provinz ihre Kapazitäten an, die Busbahnhöfe liegen in aller Regel in unmittelbarer Nähe des Zentrums und des Hauptbahnhofes. Die meisten Busse sind sauber, für asiatische Verhältnisse modern, klimatisiert und bieten ausreichend Sitzfläche.

Tickets werden an den Schaltern im Busbahnhof gekauft, beim Einstieg kontrolliert und müssen beim Aussteig abgegeben werden. Auf den Tickets sind Ausgangs- und Zielort sowie der Fahrpreis aufgedruckt. Bei den Stadt- und Nahverkehrsbussen im Umland von Großstädten gibt es unterschiedliche Systeme, die im jeweiligen Ortskapitel erläutert werden. Man kann Tickets auch einen oder mehrere Tage im Voraus kaufen, was allerdings nur vor größeren Feiertagen notwendig ist. Die Verkäufer sprechen selten Englisch, man bewaffne sich am besten mit Zettel und Stift, um über Uhrzeit und Ziel schriftlich zu kommunizieren. In den Busbahnhöfen größerer Orte steht auf den aushängenden Fahrplänen neben den chinesischen Ortsangaben bisweilen eine lateinische Umschrift, die allerdings auf TaiWan nicht einheitlich gehandhabt wird. Man muss manchmal einige Phantasie walten lassen, um das gewünschte Fahrtziel zu erkennen. Es hilft meist nur ein mehrfaches Kontrollieren und Suchen der Zeichen des Fahrtzieles oder das Zeigen auf die Zeichen des Zielortes in den Ortsbeschreibungen dieses Handbuchs.

In den Ebenen ist die durchschnittliche **Reisegeschwindigkeit** (Faustregel 80 km/h) deutlich höher als auf den kurvenreichen und engen Straßen des Berglandes, wo man mit durchschnittlich 50 km/h rechnen sollte – eine wahre Raserei verglichen mit anderen Ländern der Region.

Bahn (HuoChe)

Das taiwanesische **Schienennetz** ist höchst einfach – rund um die Insel mit zwei an der Westküste landeinwärts führenden Sonderabschnitten: der ALiShan Schmalspurbahn und der „historischen" ChiChi-Linie. Die **Fahrpreise** liegen etwas höher als die der Busse, bieten aber zwischen den Großstädten absolute zeitliche Zuverlässigkeit, während Busse gelegentlich im Stau stehen.

Tickets können entweder bis zu drei Tagen im Voraus oder für den gleichen Tag (unterschiedliche Schalter) gekauft werden. Die Karten werden vor Betreten der Bahnsteige kontrolliert, müssen aufbewahrt werden und nach dem Ausstieg beim Verlassen der Bahnsteige wieder am Ausgang abgegeben werden. Eine Fahrt kann unterbrochen werden, dann darf das Ticket behalten werden (gibt der Beamte am Ausgang das Ticket zurück, ist dies ein untrügliches Zeichen dafür, dass man noch nicht am Zielort angekommen ist).

Züge existieren in vier Kategorien, **Nahverkehrspendelzüge** (PuTongChe), **Nahverkehrszüge** (FuHsingHao), **Fernzüge** (ChuKuangHao) und **Expresszüge** (TzuChiang-Hao). Auf den großen aushängenden Preis- und Fahrtabellen sind sie neben Zugnummer, Zugart, Abfahrtszeit, Zielbahnhof, Ankunftszeit und Gleis preislich in den Farben rot (Expresszüge), orange (Fernzüge), grün (Nahverkehrszüge) und blau (Pendelzüge) dargestellt. Die Expresszüge sind durchschnittlich doppelt so teuer wie die Pendelzüge, letztere fahren aber nur kurze Strecken und halten an jedem Bahnhof. Theoretisch kann man von TaiPei bis KaoHsiung ausschließlich mit Pendelzügen fahren, dies bedingt dann aber x-faches Umsteigen. In der Praxis nennt man beim Ticketkauf den Zielort und schreibt die ungefähre gewünschte Abfahrtszeit auf einen Zettel, der Schalterbeamte sucht dann eine passende Direktverbindung aus. Ohne Chinesischkenntnisse ist es aussichtslos, eine größere Strecke ausschließlich mit den billigen Zügen zurücklegen zu wollen. Meist erhält man eine Verbindung mit einem der schnelleren Züge. In den Zügen gibt es keine Unterteilung in Klassen; Speisen und Getränke werden während der Fahrt verkauft.

Alle Bahnhöfe sind vernetzt; sind freie Sitzplätze vorhanden, wird ein Platz zugewiesen und gleich auf die Fahrkarte aufgedruckt. Auf dem Ticket stehen Ausgangs- und Zielbahnhof, Zugnummer, Abfahrtszeit, Wagen- und Sitznummer. Es kommt vor, dass auf dem **reservierten Platz** bereits jemand sitzt. Dann zeige man seine Karte, der Platz wird unverzüglich geräumt. Man kann sich ohne weiteres auf freie Sitzplätze setzen, bis jemand kommt, der diesen Platz gebucht hat. Eine Reservierung (Ticketkauf mindestens einen Tag vor Fahrtantritt) ist immer ratsam, stehen ist auf längeren Strecken nicht angenehm.

Rückfahrkarten sind erhältlich und bringen 15% Kostenersparnis, die Rückfahrt muss dann allerdings binnen zwei Wochen angetreten werden und ein Sitzplatz für die Rückfahrt extra reserviert werden (kostenfrei). In der Umgebung von Großstädten ist der Zug eine ratsame Alternative zum Bus, da die Züge pünktlich und zeitlich berechenbar fahren und die Bahnhöfe auch stets zentral (und somit günstig für die Unterkunftssuche) liegen. Gedruckte *Fahrpläne (ShiKeBiao,* nur auf Chinesisch) sind in zwei Ausführungen zu 15 und 35 NT$ an den Zeitungsständen der Bahnhöfe erhältlich.

Im März 1999 wurde der Grundstein zu einer 15 Mrd. US$ teuren *Schnellbahntrasse* gelegt, welche die Fahrzeit auf den 345 km von TaiPei nach KaoHsiung auf 90 Minuten verkürzen wird; mit der Fertigstellung wird 2007 gerechnet. Welches Zugsystem den Zuschlag erhält, ist noch offen; zur Wahl stehen der japanische ShinKanSen sowie der EURO-Train, ein Hybridsystem aus ICE und TGV der Firmen Siemens und Alsthom.

Taxi (ChuZuChiChe)

Manchmal fühlt man sich in den Großstädten auf TaiWan wie in New York: „Yellow Cabs" überall! Tatsächlich scheint jedes zweite Fahrzeug in den Innenstädten ein Taxi zu sein. Eine Taxifahrt ist im Vergleich zu Europa preiswert, der *Fahrpreis* richtet sich nach Entfernung und Fahrzeit. Die Fahrzeuge sind fast immer klimatisiert und mit Taxameter ausgestattet, welches entweder nach Zeittakten (Stau) oder Entfernungstakten zählt. Der Grundpreis einschließlich der ersten 1500 Meter beträgt 60 NT$ und taktet weiter in 5 NT$ Schritten und zum Schluss werden noch 20 NT$ hinzuaddiert. An Flughäfen werden Pauschalsummen verlangt, die etwas höher liegen als eine Fahrt mit Taxameter aus der Stadt zum Flughafen. Dies wird mit längeren Wartezeiten der Fahrzeuge begründet, wohingegen die Taxis in der Stadt umherfahren und jederzeit Kunden auflesen können. Ähnlich verfahren auch in Schlange wartende Taxis an Bahnhöfen, so dass man einiges spart, wenn man einen Straßenzug entfernt ein vorbeifahrendes Taxi stoppt.

Taxis werden mit nach vorne ausgestrecktem Arm und nach unten wedelnder Hand *herbeigewunken.* Streitigkeiten gibt es selten, bei älteren Taxis ohne Taxameter muss man allerdings den Preis vorher aushandeln. Die wenigsten Fahrer sprechen Englisch, man überzeuge sich daher vor Antritt der Fahrt davon, dass der Fahrer das Ziel auch verstanden hat. Hotels und Touristeninformationen rufen bei Bedarf dem Touristen gerne telefonisch Taxis, zum Thema Sicherheit bei Taxifahrten sei auf das Kapitel „Gefahren" verwiesen.

Fahrrad (TziHsingChe)

Von China sagt man zwar, es sei das Land der Radfahrer, für TaiWan gilt dies allerdings nur sehr bedingt. In den Ebenen der Westküste ist das Radfahren für den Touristen aufgrund der relativ hohen Verkehrsdichte in den Ballungszentren und der für den Radler eher uninteressanten Landschaft weniger zu empfehlen. Das Bergland verlangt immense Kondition und gutes Material, allein die Ostküste dürfte dem „normalen" Mitteleuropäer am ehesten entgegenkommen. Nicht zu vergessen sind die subtropischen klimatischen Bedingungen, an die sich der Ungeübte zunächst gewöhnen muss. Die Strecken ins Gebirge sind steil bis sehr steil und mit Gepäck meist nur schiebend zu bewältigen.

Viele Fluggesellschaften bieten mittlerweile den *Transport von Rädern* in speziellen Kartonagen an. Bei der Ankunft auf TaiWan muss man sich genau überlegen, wie man eine Radtour durchführt. Städte und Westküste scheiden aus, so dass man sein verpacktes Rad idealerweise erst per Bus vom CKS-Flughafen zum Ausgangspunkt befördert. Am ehesten empfiehlt es sich, bis PingTung oder KenTing zu fahren und dort eine Tour durch den Süden und/oder entlang der Ostküste zu starten. Die Langstreckenbusse am Flughafen nehmen große Gepäckstücke mit, ansonsten ist man auf die Bahn

Wanderwegweiser am PaTungKuan-Plateau

angewiesen, da in normalen Überlandbussen der Fahrer individuell je nach Platz entscheidet, was mitdarf und was nicht. Im Zug werden extra aufgegebene Gepäckstücke in Gepäckwagen transportiert, die es allerdings nicht in jedem Zug gibt. Es kann also vorkommen, dass man als Passagier einen oder zwei Züge vor seinem Rad ankommt. Man muss daher immer seinen extra ausgestellten Gepäckschein (ein Rad kostet rund die Hälfte des Passagiertickets) aufbewahren und das Fahrrad eventuell erst später abholen.

Leihräder gibt es sehr selten (z.B. in KenTing), meist werden Mopeds verliehen.

Wer sein *eigenes Fahrrad* mitbringt, achte auch auf alle Ersatzteile, da es kaum Reparaturmöglichkeiten gibt oder aber die Teile wegen anderer Standardgrößen auf TaiWan unbrauchbar sind. Der Kauf eines Rades vor Ort ist zwar möglich, aber nur für den interessant, der es nach der Tour mit nach Hause nehmen will. Ein Verkauf auf TaiWan ist mit Verlust und Zeitaufwand verbunden (schwarze Bretter an den Unis beachten).

Zu Fuß

In einigen entlegenen Bergregionen gibt es keine andere Möglichkeit, als auch größere Strecken zu Fuß zu gehen, wenn man kein eigenes Transportmittel hat. Damit sind nicht die zahlreichen Wanderungen in den Bergen gemeint, sondern vom öffentlichen Nahverkehr nicht bediente Teilstrecken wie TaYuLing – CuiFeng oder ALiShan – YuShan.

Per-Anhalter-Fahren ist auf TaiWan mehr oder minder unbekannt. Auf vom öffentlichen Busverkehr nicht befahrenen Strecken ist es in der Praxis aber oft so, dass mitleidige Seelen von sich aus anhalten und fragen, ob man nicht lieber mitfahren wolle. Kriminelle Übergriffe gegen Ausländer sind praktisch unbekannt, die Menschen sind freundlich und meistens ziemlich erstaunt über den Mut und die Leistung, alleine und als Fremder durch entlegene Gebiete zu spazieren. Eine ganze TaiWan-Reise auf Autostopp aufzubauen, ist allerdings weder kulturell noch aus rein praktischen Erwägungen sinnvoll. Wo es einen Busanschluss gibt, wird in aller Regel erwartet, dass man auch als Student oder Tourist mit geringem Budget zumindest in der Lage ist, ein Ticket zu kaufen.

Unverzichtbar für jede längere *Wanderung* sind Sonnenschutz (Augen, Lippen, Haut) und Wasser. Zur Durchführung von eintägigen Touren sind keine besonderen Voraussetzungen nötig, bei den mehrtägigen ist zumindest ein leichter Schlafsack und genügend Verpflegung obligatorisch. Tropensonne und Höhenluft sind eine Kombination, die schon manchen „Nicht-Iron-Man" vor einige Probleme gestellt hat. Gelegentlich gibt es auf Wanderpfaden unerwartete Hindernisse wie eingestürzte Pfade und Stege, die dann an von den Bergclubs angebrachten Seilen umklettert werden müssen. Auch wenn die Nettodistanzen auf Karten und Skizzen manchmal recht kurz wirken, kann eine unerwartete Kletterpartie sehr kräfte- und zeitraubend werden. Die Wandervorschläge im beschreibenden Teil orientieren sich am normal-sportlichen Mitteleuropäer ohne Bergerfahrung, echte Gipfeltouren sind ohnehin nur mit Sondergenehmigung und Führer möglich.

Versicherungen

Reise-Krankenversicherung

Eine Reise-Krankenversicherung ist unbedingt zu empfehlen. Sie kann in jedem **Reisebüro** abgeschlossen werden. Der Beitrag richtet sich nach der Versicherungsdauer und dem Geltungsbereich. Preis- und Leistungsvergleiche der verschiedenen Versicherungsgesellschaften lohnen sich. Die günstigste uns bekannte Reisekrankenversicherung, die all die unten genannten Punkte erfüllt, kommt von der *Universa-Versicherung* und kostet pro Person ca. 8 € für beliebig viele Reisen bis zu zwei Monaten Dauer innerhalb eines Jahres.

Eine gute Krankenversicherung übernimmt die Kosten für **ärztliche Behandlung, Medikamente** und gegebenenfalls **Rücktransport** ins Heimatland. (Achtung: Bei manchen Versicherungsgesellschaften müssen die Patienten im Zielland in stationärer Behandlung gewesen sein – also für mindestens eine Nacht im Krankenhaus aufgenommen worden sein, damit der Rücktransport bezahlt wird.) Ein weiterer wichtiger Punkt ist die **automatische Verlängerung im Krankheitsfall:** Falls die Rückreise aus medizinischen Gründen (Krankheit, Unfall) nicht zum vorgesehenen Zeitpunkt möglich ist, sollte die Leistungspflicht noch weiter gelten (z.B. 3 Monate). Dieser Punkt ist besonders wichtig, damit nicht ab dem vorgesehenen Rückreisetag der Patient selbst für die Behandlungskosten aufkommen muss.

In jedem Fall müssen die Kosten im Land erst einmal vom Patienten getragen werden. Um sie nach der Heimreise zurückerstattet zu bekommen, muss man sich daher vom Arzt unbedingt eine **detaillierte Aufstellung aller Diagnosen, Leistungen und Medikamente** geben lassen. (Wenn irgend möglich mit englischer Übersetzung. Die Versicherungen akzeptieren meist nur Übersetzungen amtlich zugelassener Dolmetscher.)

Reisegepäckversicherung

Jedes Reisebüro bietet Reisegepäckversicherungen an. Der Beitrag richtet sich nach dem Geltungsbereich und der Höhe der Versicherungssumme. Der Versicherungsschutz darf jedoch nicht überbewertet werden, die Vertragsklauseln schließen viele Situationen und Gegenstände, insbesondere Wertsachen, aus. Ein eventueller Schaden muss von der Polizei beglaubigt werden. Auch in diesem Fall ist eine **amtlich beglaubigte Übersetzung des Protokolls** ins Deutsche unverzichtbar. Im Schadensfall erleichtert eine Liste der einzelnen Gepäckstücke die Rückerstattung. Wertangaben, Nummern von Kameragehäuse, Objektiven etc. nicht vergessen!

Unfall- und Haftpflichtversicherung

Unfall und Haftpflicht sind möglicherweise bereits durch bestehende Versicherungen abgedeckt, allerdings sollte man das genau überprüfen.

Das Land im Überblick

TaiWan – **Republik China,** so die offizielle Bezeichnung, liegt ca. 170 km östlich der Küste der chinesischen Festlandsprovinz FuKien (FuJian) im subtropischen Klimagürtel des pazifischen Ozeans.

Das **Staatsgebiet** umfasst TaiWan samt vorgelagerter Inseln, PengHu (Pescadoren), die direkt vor der Volksrepublik China gelegenen Inseln KinMen (JinMen) und MaTzu (MaZi) sowie Teile der von mehreren Ländern beanspruchten Spratley- und Pratas-Inseln.

Die gesamte **Landfläche** beträgt etwa 36.000 qkm (etwas weniger als die Fläche der Schweiz).

Mit einer **Bevölkerungsdichte** von 608 Einwohnern pro qkm (Deutschland ca. 230 E/qkm) und einer **Gesamtbevölkerung** von 21,9 Millionen Menschen zählt TaiWan zu den dicht besiedelten Staaten der Erde.

Politisches, administratives und wirtschaftliches Zentrum ist **TaiPei** (TaiBei, Taipeh) mit 2.700.000 Einwohnern.

Das **politische System** hat sich in den 80er Jahren von einem Einparteienstaat zu einem westlich geprägten kombinierten Präsidial- und Kabinettsystem mit mehreren Parteien entwickelt.

TaiWan gehört zum **chinesischen Kulturkreis,** Hauptglaubensrichtungen sind Buddhismus und Taoismus.

Das Wirtschaftswachstum liegt jährlich bei ca. 5% und ermöglicht ein **Pro-Kopf-Einkommen** von etwa 18.500 US$ p.a. Zum Bruttosozialprodukt (2002: 429 Mrd. US$) tragen hauptsächlich die Sektoren Dienstleistung (59%) und Industrie (37%) sowie in geringem Umfang die Landwirtschaft (4%) bei.

Die wichtigsten **Handelspartner** sind die USA, HongKong, Japan und Deutschland.

Amtssprache ist (Mandarin-) Chinesisch, das dem FuKien-Dialekt ähnliche Taiwanesisch ist weit verbreitet.

Reiserücktrittskostenversicherung

Eine solche Versicherung kann extra vereinbart werden; da die Kosten aber relativ hoch sind und die Versicherung nur in ganz speziellen Fällen bezahlt, ist es sinnvoll, sich zuvor genau zu informieren.

Sicherungsschein

Jeder, der eine **Pauschalreise** bucht, hat das Recht darauf, sich zu vergewissern, dass sein Reiseveranstalter gegen eine Insolvenz (Pleite) abgesichert ist.

Eine Pauschalreise ist jede Kombination zweier gleichwertiger Reiseleistungen, also beispielsweise bereits die kombinierte Buchung von Flug und Mietwagen.

Spätestens bei der ersten (An-)Zahlung muss der Veranstalter bzw. das Reisebüro dem Kunden deshalb einen **Sicherungsschein** aushändigen. Wenn ein Veranstalter aus welchen Gründen auch immer diesen Sicherungsschein verweigert, kann man davon ausgehen, dass er gegen eine Pleite nicht versichert ist. Das muss kein Grund sein, die Reise nicht zu buchen, es schließt allerdings das Risiko mit ein, bereits bezahlte Reiseleistungen im Pleitefall nicht zu erhalten – beispielsweise den Rückflug …

Land und Natur

Geographie

Fläche

Die Republik China, insgesamt etwas kleiner als die Schweiz, umfasst die Hauptinsel TaiWan (mit einigen vorgelagerten Inseln) mit 35.834 qkm, die 64 Pescadoreninseln (126 qkm), KinMen (150 qkm), Matzu (25 qkm), TungSha (Pratas-Island, 8,5 qkm, 350 km südwestlich von KaoHsiung) und NanSha (1200 km südlich von KaoHsiung).

Die einem Tabakblatt ähnelnde Hauptinsel misst in der Nord-Süd-Ausdehnung 377 km, in der Ost-West Ausdehnung gerade noch 144 km.

Lage

TaiWan liegt zwischen Japan, dem chinesischen Festland sowie den Philippinen und wird durch die TaiWan-Straße von der zwischen 130 und 220 km entfernten, gegenüberliegenden chinesischen Provinz FuJian (FuKien) getrennt.

Gestalt

Über 25.000 qkm der Hauptinsel TaiWan nehmen das Bergland und seine Ausläufer ein, nur rund 10.000 qkm zählen zu Ebene und flachem Hügelland (bis 500 m). Über 200 Gipfelregionen erreichen mehr als 3000 Höhenmeter, höchste Erhebungen sind der YuShan (3952 m), HsueShan (3900 m) und HsiuKuLuanShan mit 3860 m. Die längsten Flüsse sind der ChuoShui (186 km) und der TsengWen (138 km).

Klima

Die klimatischen Verhältnisse auf TaiWan werden im wesentlichen von drei Faktoren beeinflusst: dem Sonnenstand (Jahreszeit), der Monsunzeit (NW-Monsun oder SO-Monsun) und der Lage (tropisch oder subtropisch). Hinzu kommt natürlich die individuelle Lage der einzelnen Regionen des Landes (Gebirge oder Küste).

Klimazone

TaiWan liegt auf der **nördlichen Hälfte des Erdballs,** so dass die Sonnenintensität, wie auch bei uns in den Monaten Juni bis September am größten, während der Monate Dezember bis Februar am geringsten ist.

Zu zwei Dritteln liegt das Land im **subtropischen** (Hochdruckgebiet!), zu einem Drittel im **tropischen Klimagürtel.** Beide Faktoren zusammengenommen bedeuten, dass die Durchschnittstemperaturen im tropischen Süden weniger stark (20–32°) schwanken als im Norden (16–33°). Hinzu kommt der dritte und für den Niederschlag entscheidende Faktor: der Monsun.

Monsun

TaiWan liegt im Einflussgebiet zweier höchst unterschiedlicher Monsumströmungen. Der **Nordwestmonsun** entsteht durch Luftströmungen über dem zentralasiatischen Festland (überwiegend der chinesischen Wüstenregion), ist zunächst eher trocken und nimmt erst auf seinem Weg nach Südosten die Feuchtigkeit auf, die er u.a. über TaiWan abregnet und die im Norden oft rapide Temperaturschwankungen binnen weniger Stunden mit sich bringt; er beeinflusst hauptsächlich das Klima von November bis Februar. Der subtropische Nordregen kann ganztägig in geringen Schauern niedergehen.

Anders der **Südostmonsun** (April–September), der aus dem tropischen Süden heraufzieht und große Regenmengen mitbringt. Es regnet meist am Nachmittag für eine Stunde wolkenbruchartig, anschließend herrscht wieder strahlender Sonnenschein. Das dann verdampfende Wasser verursacht insbesondere in den Bergen den tückischen Nachmittagsnebel.

Taifun

Die größten Niederschlagsmengen gehen in den Monaten Juni bis August auf der Insel nieder. Mit der Strömung des SO-Monsuns zieht aber noch eine weitere Wettererscheinung herauf, der Taifun. „Taifun" heißt auf Chinesisch *TaiFeng* und ist eines jener Wörter, das als chinesisches Fremdwort auch in die deutsche Sprache Einzug fand. Diese unberechenbaren **tropischen Wirbelstürme** entstehen über dem Südwestpazifik und ziehen mit der Monsumströmung zum asiatischen Festland. Besonders betroffen sind immer wieder die Philippinen, TaiWan, Japan und Südchina während der Monate Juli bis September.

Man sollte einen Taifun keinesfalls unterschätzen, auch wenn bei entsprechend *richtigem Verhalten* keine große Gefahr für Leib und Leben besteht. Der taiwanesische Wetterdienst gibt frühzeitige Warnungen über Richtung, voraussichtliche Ankunft und Zielregion des Taifuns in Funk, Fernsehen und Presse (auch den englischsprachigen) bekannt. Bei Taifunwarnung können vor allem Verkehrsverbindungen kurzfristig unterbrochen werden, so dass an eine Weiterreise dann nicht zu denken ist. Berufs- und Schulverkehr sind dann besonders betroffen, auch wenn sich die Kinder und Jugendlichen über das „taifunfrei" natürlich genauso freuen wie bei uns über hitzefrei. Jeder Aufenthalt im Freien während eines Taifuns ist unbedingt zu vermeiden, es sind vor allem unwissende (dumme?) Ausländer, die durch herumwirbelnde Gegenstände getötet werden, weil sie einen Taifun live und draußen erleben wollen. Wer mehrtägige Bergtouren in den Sommermonaten plant, muss immer mit Abbruch oder Stornierung rechnen; wer alleine in den Bergen unterwegs ist, sollte sich immer nach den neuesten Wetterprognosen (bei einheimischen Reisenden, in den Unterkünften usw.) erkundigen.

Reisezeit

Viele Reisende planen – sofern sie nicht an europäische Ferienzeiten gebunden sind – ihren Urlaubsaufenthalt ausschließlich anhand des prognostizierten Klimas im Zielland. Da in TaiWan verschiedene Aktivitäten (rein kulturell, Bergwandern, Strand) möglich sind, sollte auch der eigene Interessensschwerpunkt sowie die touristischen Stoßzeiten der einheimischen Bevölkerung mitberücksichtigt werden.

So sollte das **chinesische Neujahrsfest** – die größte Feierlichkeit und Haupturlaubszeit des gesamten chinesischen Kulturkreises – trotz seiner unbestreitbaren Attraktivität – vermieden werden (Mitte Januar – Mitte Februar, abhängig vom Mondjahr). Hotels und Fahrkarten sind meist Wochen vorher ausgebucht, die eigene Planung ist dann großen Unwägbarkeiten ausgesetzt.

Die Monate **Juli bis August** sind für Bergwanderer häufig zu feucht (auch in den Ebenen ist der starke Regen unangenehm), Straßen werden wegen Erdrutschen gesperrt, Busse fahren dann nicht, außerdem muss mit Taifunen gerechnet werden. Andererseits ist der Monat August der sogenannte „Geister-Monat", in dem die meisten Einheimischen zu Hause bleiben. Wassersportler werden die Pescadoren gerade im Sommer aufsuchen, wogegen diese Inseln im Winter unwirtlich sind.

Land und Natur

Klimatabelle

Die abgebildete Klimatabelle zeigt Durchschnittstemperatur, Durchschnittsnieder-
schlag, Luftfeuchtigkeit, den jeweils herrschenden Monsun sowie die Möglichkeit
eines heranziehenden Taifuns in drei Stufen (A=hohe Taifunwahrscheinlichkeit,
B=muss stets in Erwägung gezogen werden, C=möglich, aber nicht sehr wahrschein-
lich). Es geht dabei nur um die Bildung eines Taifuns überhaupt; ob er dann tatsächlich

		Norden	Ost-küste	West-küste	Süden	Berge/Ost	Berge/West
Jan.	T.:	18°	17°	17°	19°	6°	7°
	N.:	100	50	20	20	80	70
	L.:	84%	71%	70%	70%	68%	65%
	M.:	NW	NW	NW	NW	NW	NW
	Ta.:	–	–	–	–	–	–
Feb.	T.:	17°	17°	17°	19°	7°	8°
	N.:	150	60	40	40	110	100
	L.:	84%	71%	71%	70%	71%	70%
	M.:	NW	NW	NW	NW	NW	NW
	Ta.:	–	–	–	–	–	–
März	T.:	22°	19°	19°	21°	10°	10°
	N.:	160	80	50	40	170	160
	L.:	84%	73%	72%	71%	70%	70%
	M.:	Überg.	Überg.	Überg.	Überg.	Überg.	Überg.
	Ta.:	–	–	–	–	–	–
Apr.	T.:	25°	23°	24°	26°	13°	13°
	N.:	180	90	70	50	280	260
	L.:	83%	73%	74%	75%	74%	73%
	M.:	SO	SO	SO	SO	SO	SO
	Ta.:	–	–	–	–	–	–
Mai	T.:	28°	25°	26°	28°	13°	14°
	N.:	200	210	180	160	600	550
	L.:	82%	75%	74%	75%	78%	77%
	M.:	SO	SO	SO	SO	SO	SO
	Ta.:	–	C	–	–	C	–
Jun.	T.:	32°	29°	29°	30°	15°	15°
	N.:	330	430	370	330	800	750
	L.:	81%	81%	80%	79%	78%	77%
	M.:	SO	SO	SO	SO	SO	SO
	Ta.:	C	B	–	–	B	C

auf TaiWan trifft, ist immer ungewiss, da diese tückischen Stürme ihre Richtung kurzfristig und unberechenbar verändern können.

Die Statistik hat – vor allem **für die Berge** – einen Pferdefuß: die angegebenen statistischen Niederschlagsmengen können durchaus komplett an einem oder zwei Tagen niedergehen, ansonsten herrscht Dürre. So gab es nach Aussage einheimischer Pflanzer in der Region WuShe – LuShan von 1987 bis 1989 keinen Tropfen Regen, der See dort sah aus wie eine unwirtliche Mondlandschaft.

		Norden	Ost-küste	West-küste	Süden	Berge/Ost	Berge/West
Jul.	T.:	33°	29°	30°	31°	15°	15°
	N.:	270	500	420	380	800	760
	L.:	78%	81%	80%	79%	76%	74%
	M.:	SO	SO	SO	SO	SO	SO
	Ta.:	B	A	C	C	B	B
Aug.	T.:	32°	30°	31°	30°	14°	15°
	N.:	260	540	430	390	830	800
	L.:	78%	81%	80%	80%	77%	77%
	M.:	SO	SO	SO	SO	SO	SO
	Ta.:	A	A	B	B	A	A
Sep.	T.:	30°	28°	29°	30°	13°	14°
	N.:	180	220	180	150	460	420
	L.:	80%	80%	79%	78%	74%	73%
	M.:	SO	SO	SO	SO	SO	SO
	Ta.:	A	A	B	C	A	A
Okt.	T.:	27°	24°	25°	26°	12°	13°
	N.:	120	90	30	20	190	150
	L.:	81%	73%	73%	73%	68%	67%
	M.:	Überg.	Überg.	Überg.	Überg.	Überg.	Überg.
	Ta.:	B	B	C	–	C	C
Nov.	T.:	18°	20°	21°	25°	10°	12°
	N.:	70	70	20	20	80	60
	L.:	81%	70%	71%	71%	61%	60%
	M.:	NW	NW	NW	NW	NW	NW
	Ta.:	–	–	–	–	–	–
Dez.	T.:	20°	19°	20°	22°	9°	10°
	N.:	80	50	20	10	90	70
	L.:	81%	70%	70%	70%	65%	64%
	M.:	NW	NW	NW	NW	NW	NW
	Ta.:	–	–	–	–	–	–

Erklärung:
T.=Temperatur, N.=Niederschlag in mm, L.=Luftfeuchtigkeit,
M.=Monsunrichtung (Herkunft, Überg.=Übergang), Ta.= Taifunstufe

Land und Natur

Üppige Vegetation im Tal der Puppen (WuLai)

Grundsätzlich kann folgende Empfehlung als Richtlinie gelten: Der tropische Süden ist ganzjährig attraktiv; Bergfreaks sollten auf die (regenreiche) Zeit Mitte Juni – Mitte September verzichten, Wassersportfreunde bevorzugt die Monate von Juni bis August wählen (Pescadoren Mai bis September), der überwiegend kulturell Interessierte kann sich sein individuelles Programm ganzjährig gestalten.

Flora

In den je nach Höhenlage unterschiedlichen Nadel-, Misch- und tropischen Wäldern TaiWans wachsen über 4000 verschiedene Pflanzenarten. Neben der **Akazie** ist der **Bambus** die verbreitetste Pflanzenart. Beide werden noch heute in entlegenen Gebieten als Brenn- oder gar Baustoff genutzt, die Sprossen des jungen Bambus auch als Lebensmittel. Von den zahlreichen Unterarten des Bambus wird der Besucher vor allem den baumstammdicken Bambus in den tropischen Regionen sehen, oberhalb der Nadelbaumgrenze in den Berglagen ab 2500 m den fingerdicken Bergbambus. Für die heimische Forstwirtschaft spielen der immergrüne Lorbeer, Nutzpalmen und die chinesische Korkeiche die größte Rolle. Das Frühjahr ist auf TaiWan von einer faszinierenden Farbenpracht der **Azaleen** und der Kirsch- und Pflaumenblüte geprägt, im Sommer sind die rosafarbenen und weißen **Lotusblüten** auf Seen und Teichen sehenswert. An **Speisefrüchten** werden in den mittleren Höhenlagen Birne, Apfel und Kirsche, in den warmen Regionen der Ebenen Mango, Sternfrucht, Guave, Litschi und Ananas angebaut.

Fauna

Aufgrund seiner Lage in der subtropischen Klimazone und der vielfältigen Höhen- und Meereslagen beheimatet TaiWan etwa ein Zwölftel aller Tier- und Pflanzenarten der Welt, darunter viele seltene und bedrohte Arten. Allein 400 verschiedene Schmetterlings-, rund 400 einheimische Vogelarten und ebenso viele Zugvögel sind auf TaiWan zu finden. Weiterhin haben dort 61.000 Säugetier-, 92 Reptilien-, 150 Süßwasserfisch- und 50.000 Insektenarten ihren Lebensraum. Nicht verschwiegen werden darf, dass der Bestand an seltenen Tieren wie Schwarzbär, Leopard, fliegendem Fuchs oder Zibetkatze durch Urbarmachung und Rodung der Wälder erheblich reduziert wurde.

Am häufigsten trifft der Reisende heute noch auf Wildschafe, Wildschweine, Felsenaffen und Berghasen. In den Berglagen leben zwischen 1400 und 2000 Höhenmetern Mikado-Fasane und Drosselarten. In den Reisfeldern und Flussläufen der Niederungen brüten Wasserhühner, Rallen, Mandarin- und Krickenten.

Nationalparks

Durch verstärkten Umweltschutz, Jagdverbote für geschützte Tiere und die Einrichtung besonderer Nationalparks sollen die bedrohten Tierarten wieder zu größeren Populationen heranwachsen. Zur Zeit existieren folgende Nationalparks auf TaiWan:

Nationalpark	Hauptverwaltung	Telefon	Größe in ha.
KenTing	596 KenTingLu, PingTung	(08)-8861321	32.631
YuShan	112 MingShengLu, ShuiLi	(049)-773121,2,3	105.490
YangMingShan	1 TzuTzuHuLu, TaiPei	(02)-286113601	11.456
Taroko	291 FuShi (bei HsinCheng)	(038)-621100	92.000
SheiPa	615 KuanTungLu, TungShi	(04)-5888647	76.850

Ami-Delegation am Nationalfeiertag (TaiPei)

Staat und Politik

Geschichte

Die Ureinwohner

Archäologische Forschungen zeigen, dass die Insel TaiWan vor mindestens 10.000 Jahren von australo-polynesischen Stämmen besiedelt wurde. Je nach Ansiedlungsort (Inseln, Gebirge, Küste) entwickelten sich verschiedene Stämme der Ureinwohner (engl. Aborigines) mit voneinander stark abweichenden Sitten und Gebräuchen. Von den neun noch existierenden Stämmen auf TaiWan sind die Tsou, Bunun, Atayal, Saisiat, Paiwan und Rukai Bergstämme, die Ami, Puyuma und Yami (auch Ayami genannt) Küstenbewohner. Heute leben nach offiziellen Angaben etwa 350.000 Ureinwohner auf TaiWan.

Die ersten Chinesen

Den ersten (nachweisbaren) Kontakt mit China erfuhr TaiWan im 3. Jh. unserer Zeitrechnung, als das chinesische Han-Reich (221 v.Ch.–220 n.Ch.) in die sogenannten „drei Reiche" Wei, Shu und Wu zerfiel. Dabei eroberten die Wu zwar im Jahre 239 n.ch. TaiWan, hatten dann aber kein Interesse, die Insel zu kolonialisieren. In den folgenden Jahrhunderten wanderten einzelne Gruppen von Hakka-Chinesen, einem Volksstamm aus Nordchina, nach TaiWan aus, um sich dort dauerhaft anzusiedeln. Sie nannten ihre neue Heimat *BaoTao* (Schatzinsel), da im Gegensatz zu dem durch Kriege und Naturkatastrophen gezeichneten Festland die Vegetation auf TaiWan im Überfluss gedieh.

Wegen der Eroberung Chinas durch die Mongolen (Yuan-Dynastie, 1280–1368) flohen viele Anhänger der vorangehenden (chinesischen) Sung-Dynastie – überwiegend aus der Festlandsprovinz FuKien (PinYin: FuJian) – nach TaiWan und siedelten im westlichen Flachland. Auf ihrer Sprache, dem FuKien-Dialekt, basiert heute die neben dem offiziellen Mandarin gesprochene **taiwanesische Sprache.** Auch die Mongolen erreichten die Insel und errichteten im Norden eine Militärbasis, in der Absicht, von hier aus Südjapan zu erobern. Nach dem Ende der Mongolenherrschaft (1368) folgte auf dem Festland die letzte echte chinesische Dynastie der Ming (1368–1644); TaiWan wurde nicht ins Reichsgebiet der Ming integriert und blieb daher in dieser Zeit von äußeren Einflüssen nahezu unberührt.

Der europäische Kolonialismus

Im 16. Jh. begann der Kontakt TaiWans mit den europäischen Kolonialmächten. Zu dieser Zeit nahmen die **Portugiesen** in der Seefahrt eine Monopolstellung ein, da keine andere europäische Nation den Seeweg nach Indien und China kannte. 1590 landeten sie auf der Suche nach Handelsstützpunkten an der Nordküste TaiWans. Angeblich riefen die Seefahrer beim Erblicken der Insel *Ilha formosa* (portugiesisch: wunderschöne Insel), was TaiWan für Jahrhunderte den Namen **Formosa** gab. Da in Portugal seit 1580 der spanische König *Philipp I.* in Personalunion regierte, übernahmen die Spanier 1626 von ihren iberischen Nachbarn den Handelsstützpunkt im Norden Formosas.

Die verlockenden Reichtümer des Fernen Ostens ließen bald Engländer und vor allem **Holländer** Richtung Osten ziehen. Die in der Schiffbautechnik weit überlegenen Holländer, die mit Hilfe windmühlenbetriebener Sägen ein Handelsschiff in vier Monaten anstatt der üblichen eineinhalb Jahre bauen konnten, versuchten bereits im Jahre 1620 Handelsbeziehungen mit China zu knüpfen und besetzten die zum Festland liegende Inselgruppe PengHu (Pescadoren). Da China keiner europäischen Macht Handelsrechte gewährte, wurden die Holländer von den herrschenden Ming aufgefordert, die zum Festland gehörenden Inseln zu verlassen. Daher wichen die Holländer 1624 auf die Südspitze von Formosa aus. Sie errichteten zwei Festungen und gründeten die erste Hauptstadt TaiNan im Süden. Mauerreste des Fort Providenzia sind noch heute zu sehen, Fort Zeelandia ist dagegen gänzlich zerstört.

Das Eindringen der Holländer in den Machtbereich Spaniens führte bald zu militärischen Auseinandersetzungen zwischen den europäischen Erzfeinden. Der Kampf um die Vormacht auf Formosa endete 1641/42 mit dem Sieg der Holländer, die nun die gesamte Insel kontrollierten und TaiWan (neben Java) zu ihrer wichtigsten Handelsstation ausbauten.

Die Ruhe währte allerdings nicht lange: 1644 wurde die chinesische Ming-Dynastie auf dem Festland von der mandschurischen Ching-Dynastie (1644–1911) abgelöst. Zu den Anhängern der Ming gehörte auch der Feldherr **KoHsingKa** (*KoXingGa, ZhengCheng-Gong*), der vor den siegreichen Mandschu mit 30.000 Soldaten auf 8000 Booten über die TaiWan-Straße nach TaiWan fliehen musste. Fast zwei Jahrzehnte lang bildeten die Holländer und die Vertriebenen eine gegen Festlandchina gerichtete Interessengemeinschaft, ehe der *KoHsingKa-Clan* 1661 die Holländer aus dem Land warf.

KoHsingKa spielt im Geschichtsbild der Taiwanesen eine nicht unerhebliche Rolle, da seine Flucht deutliche ***Parallelen zum Rückzug ChiangKaiSheks*** nach TaiWan 1949 aufweisen: die „Bösen" (dort die Mandschu, hier die Kommunisten) vertreiben die Armee des „Helden" (dort *KoHsingKa*, hier *ChiangKaiShek*) nach TaiWan. In beiden Fällen wird die einheimische Bevölkerung unterworfen, in beiden Fällen besteht der Anspruch der Geflohenen auf Rückeroberung Chinas, in beiden Fällen wurden erhebliche Wirtschaftsreformen auf TaiWan durchgeführt (*KoHsingKa* ließ vor allem die Landwirtschaft gezielt ausbauen). Hier enden allerdings die Parallelen, da die Mandschu 1682 TaiWan eroberten und von 1684 bis 1885 der chinesischen Provinz FuKien (*FúJiàn*) angliederten.

KoHsingKas **Landwirtschaftsreformen** gelten als Grundstein für die wirtschaftliche „Besserentwicklung" im Vergleich zum chinesischen Festland. Im folgenden Jahrhundert kamen deshalb trotz Ein- und Ausreiseverbotes fast eine Million Menschen aus den Provinzen KuangTung (*GuǎngDōng*, um Kanton) und FuKien auf die Insel.

Nach etwa 200 Jahren mehr oder weniger partnerschaftlicher Handelsbeziehungen zwischen Europa und China wurde der mandschurische Kaiserhof Mitte des 19. Jh. von den europäischen Kolonialmächten, vor allem England, immer stärker bedrängt, der Errichtung von Freihäfen und Handelsstützpunkten auf chinesischem Territorium zuzustimmen.

Die Verträge von NanKing (*NánJīng*) 1842 und TienChin (*TianJin*) im Jahre 1858 beendeten die Opiumkriege und brachten England die Kolonie HongKong ein, während Frankreich die taiwanesische Stadt KeeLung (*JīLóng*) mit Ft. San Domingo erhielt. Der Streit Chinas mit Frankreich über die französischen Kolonialisierungsbestrebungen in Indochina, welches unter chinesischem Einfluss stand, führte zur teilweisen Besetzung TaiWans und der PengHu-Inseln (Pescadoren) durch die **Franzosen.** 1885 zog Frankreich, nachdem der Kaiserhof in Peking der Öffnung weiterer französischer Handelshäfen auf dem Festland zustimmte und Indochina aufgeben musste, von TaiWan ab.

Im gleichen Jahr erhielt TaiWan erstmals den Status einer **eigenständigen Provinz Chinas** und wurde unter Gouverneur *LiuMingChuan* bald Chinas fortschrittlichste Provinz in den Bereichen Verwaltung, Wirtschaft, Technik und Industrie. TaiPei (TaiBei, dt. auch Taipeh) wurde neue Provinzhauptstadt und verfügte – wie taiwanesische Publikationen stolz herausstellen – über die erste elektrische Straßenbeleuchtung Chinas.

Von der japanischen Besatzung zur Republik

In den Jahren 1894/95 führten China und Japan wegen japanischer Ansprüche auf Teile Koreas und der Mandschurei einen erbitterten Krieg. Als Folge der Niederlage musste China im Vertrag von Shimonoseki 1895 die Provinz TaiWan (mit der Inselgruppe PengHu) vollständig *an Japan* abtreten.

Die Japaner versuchten, ihr ausgeprägtes Rechtssystem auf TaiWan zu übertragen, was heftigen Widerstand der TaiWan-Chinesen sowie der Ureinwohner hervorrief. Die abgesetzte Provinzverwaltung ging sogar so weit, TaiWan zur ersten asiatischen Republik auszurufen. Die damit einhergehende Erhebung wurde allerdings von den Japanern rasch niedergeschlagen. Auch für die Ureinwohner hatte die japanische Ära ihre Folgen: ihre Bewegungsfreiheit wurde auf neu gebildete Reservate begrenzt, Sumpfreisanbau und Viehzucht wurden eingeführt, Kopfjagd, Kindstötung und Stammesfehden unter Strafe gestellt. Auf ganz TaiWan wurden Straßen, Schulen und Häuser gebaut, ein Bildungssystem nach japanischem Vorbild eingeführt, welches den Taiwanern vorerst nicht zugänglich war. Für Historiker gilt die japanische Herrschaft in TaiWan als „Musterbeispiel" für eine wirkungsvolle und planmäßige Ausbeutung einer Kolonie. Die Umstrukturierung der Landwirtschaft vervielfachte insbesondere die Zuckerrohr- und Reiserträge. Diese wurden ins japanische Mutterland exportiert und damit der Kolonialapparat in TaiWan finanziert. Für TaiWan hatte dies zur Folge, dass das Land schon bald extrem exportorientiert war und dass noch heute zwar gerne japanisches Geld, weniger gern aber Japaner selbst gesehen werden.

Während TaiWan bis zur Kapitulation Japans 1945 Kolonie blieb, nahmen die Ereignisse auf dem Festland einen auch für TaiWan bedeutsamen Verlauf. Am 10.10.1911 (heute Nationalfeiertag TaiWans, die „Doppelzehn") zwang die nationalistische, republikanische Bewegung um *Dr. SunYatSen (SünZhōngShān)* den letzten Mandschu-Kaiser *PuI (BuYi)* abzudanken und begründete die **Republik China.** *SunYatSen* verzichtete aber wenig später auf das Präsidentenamt und überließ General *YuanShiKai* die Macht, der sich 1915 allerdings selbst zum Kaiser krönte und die absolute Macht bis zu seinem Tode 1916 in Händen hielt. Daraufhin entbrannte ein Bürgerkrieg, in dessen Verlauf es den Nationalisten unter *ChiangKaiShek* gelang, erneut die Ideen *SunYatSens* durchzusetzen und die Republik China als Staatsform zu etablieren.

Geschwächt durch den Bürgerkrieg musste China 1931 auf japanischen Druck hin die Mandschurei in die Autonomie (besser: ein Marionettenkaiserreich von Japans Gnaden) entlassen. An der Spitze stand *Henry PuI,* der 1911 entthronte letzte Kaiser der *Ching.* 1937 schließlich trug Japan den **Zweiten Weltkrieg** nach China, ehe „Generalissimus" *ChiangKaiShek* mit Hilfe der Alliierten die Japaner am 2.9.1945 zur Kapitulation zwang. TaiWan gehörte damit erneut als Provinz zur Republik China, die ca. 6 Millionen Einwohner waren wieder chinesische Staatsangehörige.

Während des Krieges hatte die nationalistische Partei *(KuoMinTang) ChiangKaiSheks* die Unterstützung der Kommunistischen Partei Chinas *MaoTzuTungs (MaoZiDong)* benötigt. Nachdem der gemeinsame äußere Feind (Japan) beseitigt war, wandte man sich nunmehr offen dem inneren Gegner zu. Als mehrmonatige Verhandlungen um Machtanteile zwischen Kommunisten und Nationalisten 1946 scheiterten, brach im Frühjahr 1947 der **Bürgerkrieg** offen aus. Während die Nationalchinesen von den USA unterstützt wurden, ließ die UdSSR der Kommunistischen Partei Chinas noch keine offizielle Hilfe zukommen, da sie bis 1945 auf der Seite Nationalchinas gegen Japan gestanden hatte. Die Kommunisten wurden vor allem von den ärmeren Bevölkerungsschichten Chinas unterstützt, so dass sich die Lage der Nationalchinesen trotz einiger Anfangserfolge dramatisch zuspitzte. Anfang 1949 kontrollierten kommunistische Truppen weite Teile Nordchinas, im März schließlich wich die Nationalregierung *ChiangKaiSheks* mit 500.000 Soldaten und 1,5 Millionen Zivilisten nach TaiWan aus und konnte nicht verhindern, dass *MaoTzuTung* am 1.10.1949 die Volksrepublik China proklamierte. Bei ihrer Flucht nahmen die Nationalchinesen praktisch die gesamten Goldvorräte des Landes sowie zahllose historische Kunstschätze aus ganz China mit. Heute zählt TaiWan zu den Ländern mit den größten Goldreserven der Erde.

Die Republik China auf TaiWan

Von den Ureinwohnern und den „alteingesessenen" chinesischen Einwanderern früherer Jahrhunderte wurden die „neuen" Taiwaner nicht sehr geliebt. Bis 1987 herrschte Kriegsrecht, die „alteingesessenen" TaiWan-Chinesen und Ureinwohner wurden in Politik und Wirtschaft stark benachteiligt. Zudem belastete die *„Affäre 2/28"* vom 28.2.1947 das Verhältnis zwischen „alten" und „neuen" Taiwanern: Der damalige nationalchinesische Gouverneur TaiWans, ChenYi, war aufgrund seines Lebenswandels und fortwährender Korruption der meistgehasste Mann der Insel, was schließlich zum offenen Aufstand der Taiwaner gegen ihn führte. Nationalchinesische Truppen schlugen die Erhebung brutal nieder, wobei etwa 10.000 Menschen ums Leben kamen. Erst zu Beginn der 1990er Jahre wurden „menschliche Fehler der damaligen Nationalregierung" eingestanden und am 28.2.1993 Mahnmale zum Gedenken an die Opfer errichtet.

Das *Kriegsrecht* sicherte den neuen Einwanderern eine rasche Kontrolle über das Land. So wurden die Ureinwohner aus den traditionellen Lebensräumen gerissen, in Fabriken rekrutiert und sollten schließlich zwangssinisiert, d.h. mit der chinesischen Bevölkerung verschmolzen werden. Erst in den 1980er Jahren besannen sich die Politiker auf „traditionelle" Werte TaiWans und begannen die Ureinwohner zu schützen, ließen „Musterdörfer" als Touristenattraktionen anlegen usw.

Die Republik China (also TaiWan) blieb nach 1949 *außenpolitisch* zunächst einzig anerkannter Repräsentant Chinas in den Vereinten Nationen und auf diplomatischer Ebene. Als aber die Volksrepublik China im Oktober 1971 UNO Mitglied wurde, zog sich TaiWan sofort zurück, da eine Doppelmitgliedschaft zweier Chinas nach taiwanesischem Verständnis unmöglich ist. Gleiches galt für diplomatische Beziehungen: TaiWan brach automatisch die Beziehungen zu jenen Ländern ab, die offizielle Kontakte zu Peking knüpften. Im Oktober 1972 eröffnete die Bundesrepublik ihre Botschaft in Peking und erst am 1.1.1979 folgten die USA, neben Frankreich längster und treuester Verbündeter TaiWans. Die USA sahen die Möglichkeit, einen Keil zwischen Peking und Moskau zu treiben. Vier Monate später kündigte die Volksrepublik China auch wirklich den Friedens- und Freundschaftsvertrag mit der UdSSR aus dem Jahre 1950. Außerdem hatten die USA natürlich erkannt, dass man einen Fuß in der Tür zum chinesischen Markt haben muss. Frankreich schloss sich erst 1994 dieser Haltung an.

Heute unterhalten viele Staaten in TaiWan sogenannte „Verbindungsbüros", die wirtschaftliche, kulturelle und gewisse konsularische Aufgaben wahrnehmen.

„Beide Chinas" betonen stets, die Wiedervereinigung sei absolutes Ziel, da es nur „ein China" gebe, beide seien der einzige legitime Nachfolger der Republik SunYatSens, die jeweils andere Seite habe „vorübergehend" die Kontrolle über das jeweils andere Gebiet. Beide Seiten betrachten die „China/TaiWan"-Frage als rein innenpolitische Angelegenheit und verfolgen eine „Ein-China-Politik". Erst seit dem letzten Präsidenten der alten Einheitspartei KMT, Lee TengHui, wurde Ende der 90er Jahre offen über „andere Möglichkeiten" (Unabhängigkeit) nachgedacht, was aber jeweils militärische Manöver und sogar Raketenbeschüsse vor die taiwanesische Küste seitens der VR China zur Folge hatte. Die VR formuliert klar, dass jede Form einer taiwanesischen Unabhängigkeit sofort Gewaltanwendung zur Folge hätte, und dass kein Staat sich in die „innerchinesische Angelegenheit" einzumischen habe.

Nachdem die „Wiedereingliederung" von HongKong (1997) und Macau (2000) vorzüglich nach der neuen Prämisse „Ein Land - zwei Systeme - drei Territorien" funktioniert hat, lockt Peking TaiWan zu einer raschen Aufgabe allen einzelstaatlichen Denkens. Die Führungsriege in Peking hat klargestellt, dass man die „Heimholung der abtrünnigen Provinz" als vorrangige Angelegenheit betrachte, insbesondere im Hinblick auf die olympischen Spiele 2008 in Peking.

Dennoch gilt für beide Seiten, dass realpolitische Interessen ganz obenan stehen und Drohgebärden nur übliches Säbelrasseln bedeuten. Der Umstand, dass 2001 die KMT von der oppositionellen und unabhängigen Tendenzen weit aufgeschlosseneren DPP mit Präsident Chen ShuiBian abgelöst wurde, hat daran nichts geändert. Im Gegenteil: beide Seiten fahren seit langem einen Näherungskurs, insbesondere auf den Gebieten der Festlandsinvestitionen für taiwanesische Unternehmen (seit ca. 10 Jahren), des kleinen Grenzverkehrs (Fährbetrieb) für touristische Reisen zwischen KinMen und der volksrepublikanischen Provinz FuJian (FuKien, seit Ende 2001) sowie den noch nicht von offizieller Seite bestätigten Planungen an einem Verkehrstunnel von TaiWan nach China (seit 2002). Präsident Chen bestätigte Anfang 2003 erneut seinen festen Willen zur intensiven wirtschaftlichen Kooperation mit dem Festland. Hierzu gab die Regierung zum 01.01.2003 fast alle Bereiche für Investitionen frei, lediglich in volksrepublikanische Infrastruktur, Bewässerung und Postbereiche dürfen taiwanesische Investoren (noch) nicht investieren. Durch die Übernahme des Staats- und Parteichefamtes durch Hu JinTao als Nachfolger Jiang ZeMins auf dem Festland im November 2002 wird mittelfristig die friedliche Koexistenz (wirtschaftliche Kooperation) das überkommene Säbelrasseln ablösen.

Politik

Die Staatsflagge:
Blau (kleines Rechteck)
für Demokratie,
Weiß für Wohlstand und
Rot für Nationalismus.

Staatsname
Offiziell nennt sich TaiWan **Republik China auf TaiWan.** So wird bereits im Namen auf die Übergangslösung hingewiesen, dass die 1949 vertriebene Nationalregierung sich nur bis zur Wiedervereinigung oder Rückeroberung des Festlandes auf TaiWan aufhalten will.

Staatssymbole
Die **Flagge** ist rot mit einer weißen Sonne auf blauem Grund im oberen linken Viertel. Die drei Farben sollen die drei Prinzipien *SunYatSens* symbolisieren: *MinChuan* (Demokratie), *MinSheng* (Wohlstand) und *MinTzu* (Nationalismus). Der Text der **Nationalhymne** wurde von *SunYatSen* selbst geschrieben und beginnt mit den Worten *San Min Chu I...* („Drei Volksprinzipien"). Wichtigste Partei ist bis heute die *KuoMinTang (GuóMínDàng),* die nach 1949 bis 1987 die Einheitspartei TaiWans war. Das obere linke Viertel der Staatsflagge, die weiße Sonne auf blauem Grund, ist außerdem die Parteifahne der KuoMinTang.

Die Pflaumenblüte stellt die **Nationalblume** dar. Ihr kommt u.a. bei der Hotelklassifizierung durch das TTB (TaiWan Tourist Bureau) praktische Bedeutung zu. Anstatt der international gängigen Sterne werden den Hotels je nach Standard ein bis fünf Pflaumenblüten verliehen.

Das politische Selbstverständnis

Formal betrachtet besucht der Reisende nicht das Land „TaiWan", sondern die „Republik China auf TaiWan" (Republic of China). Mit der unfreiwilligen Übersiedelung starker Armeeverbände, dem gewählten Parlament der „Republik China" und einer elitären Oberschicht im Jahre 1949 unter *ChiangKaiShek* begann die Phase der steten **Opposition der R.o.C. zur Politik Pekings.** *Maos* kommunistische Revolution ließ die „Volksrepublik China" auf dem gesamten chinesischen Festland (ohne HongKong und Macao) entstehen, während *ChiangKaiShek* weiterhin an der „Republik China" festhielt. Die vertriebenen Ex-Machthaber über ganz China verstanden den Zustand der eingeschränkten Macht von Anfang an als vorläufiges Provisorium und gaben ihrem Exil den Namen „Republik China auf TaiWan" mit dem „provisorischen administrativen Zentrum" TaiPei. Hauptstadt ist bis zum heutigen Tag NanKing (NánJīng) auf dem Festland (welches man aber nicht kontrolliert). Die von der R.o.C. kontrollierten Gebiete umfassen die Hauptinsel TaiWan mit ihren vorgelagerten Inseln (Regierungssitz dieser „Provinz TaiWan" ist ChungHsing bei TaiChung), PengHu (die Inselgruppe der Pescadoren), KinMen (JīnMén, früher QueMoy) und MaTzu (MǎZǔ) sowie einige von mehreren Ländern beanspruchte Inseln im südchinesischen Meer. Die beiden Inseln KinMen und MaTzu liegen zum Ärgernis der Kommunisten nur einen Steinwurf vom Festland entfernt und gleichen militärischen Hochsicherheitstrakten.

Beide Seiten (Volksrepublik und Republik) haben die **Wiedervereinigung** zum Ziel, natürlich unter dem jeweils eigenen Zepter; beide Seiten betrachten TaiWan und die Inseln als eine Provinz Chinas. So erklärt es sich auch, dass TaiWan nach Protesten Pekings nicht als R.o.C., sondern nur als „Chinese TaiPeh" an den Olympischen Spielen teilnehmen durfte.

Diese politische Situation spiegelt sich im **Vokabular** der Presse der R.o.C. sowie in offiziellen Publikationen wider:

- In TaiWan werden weiter die **traditionellen Langzeichen** in der Schriftsprache verwendet, die Volksrepublik führte vereinfachte Kurzzeichen ein.
- Peking (PinYin: *BěiJīng*) wird oft als **PeiPing** bezeichnet (der Name Pekings vor 1949).
- Die Volksrepublik China wird nicht anerkannt; man spricht – bzw. sprach bis vor kurzem – vom **kommunistisch besetzten Festland** oder „ChungKuoTaLu" (Kontinentalchina).
- Das (Mandarin-) Hochchinesisch wird als *KuoYu (GuoYu,* **Landessprache)** bezeichnet, während es in der Volksrepublik *PuTungHua* (einfache Volkssprache) genannt wird.
- Anstatt der international gängigen PinYin-Umschrift der Zeichen in lateinische Schrift wird in TaiWan eine an das amerikanische Wade-Giles-System angelehnte **Umschrift** verwendet.

Diese und ähnliche Feinheiten werden dem aufmerksamen Beobachter laufend begegnen – und sei es z.B. im *HsiaoJenKuo (XiaoRenGuo,* Land der kleinen Menschen), der Miniaturnachbildung berühmter chinesischer Bauten bei ChungLi, wo im Gegensatz zum Pekinger Original am Tor des Himmlischen Friedens das *MaoTzuTung-Portrait* „vergessen" wurde!

Der neue Pragmatismus

Die Welle neuer diplomatischer Beziehungen der Volksrepublik zu anderen Staaten und der zwangsläufige (weil sich selbst auferlegte) Abbruch diplomatischer Beziehungen TaiWans zu den Staaten, welche die VRC diplomatisch anerkannten, führte in den 1970er Jahren zu einer politischen Isolation TaiWans. Während die VRC ihre diplomatischen Beziehungen von 49 auf 120 Staaten ausdehnte, sank die Anzahl der Staaten, zu denen TaiPei offizielle Beziehungen unterhielt, allein im Jahre 1979 von 66 auf 22. Die **de facto** Teilung konnte nicht länger stur ignoriert werden.

In der Folge war die taiwanesische Außenpolitik von den *„Drei Nein"* gegenüber Peking geprägt: keine Kontakte, keine Anerkennung der Teilung, keine diplomatischen Beziehungen zu Staaten, die die VRC anerkennen. Da diese Haltung keinen Beifall in der internationalen Staatengemeinschaft fand, musste TaiWan seine Taktik ändern und seinen mittlerweile größten Trumpf ausspielen: die *langfristige wirtschaftliche Eroberung Chinas* nach japanischem Muster. Hierzu aber war die Duldung der Kommunisten in Peking nötig, weshalb man eine politisch ruhigere Gangart einschlug:

1. 1975 übergab ChiangKaiShek das Präsidialamt seinem Sohn ChiangChingKuo, der nach dem Tode seines Vaters (1978) einen *vorsichtigen Reformprozess* einzuleiten begann: 1987 endete formell das 40 Jahre dauernde Kriegsrecht, Verwandtenbesuche zum Festland wurden offiziell ebenso erlaubt wie Briefwechsel mit dem Festland. Natürlich hatten die findigen Taiwaner schon vorher so ihre speziellen Methoden: Post wurde über das Rote Kreuz in HongKong weitergeleitet, zu Verwandtenbesuchen reiste man nach HongKong, ließ sich nur ein Blatt als Visum für China aushändigen und entging so dem verräterischen Stempel im Pass.

2. Mit LeeTengHui folgte 1988 der erste gebürtige Taiwaner als Präsident, allerdings immer noch im Rahmen der Einparteienherrschaft der konservativen KuoMinTang (KMT). Er trieb die Reformen weiter voran, hob die *„provisorischen Bestimmungen"* auf und sprach nicht länger von einer „kommunistische Besatzung Festland-Chinas" (eine Formulierung, die Peking selbstredend seit jeher störte). Die provisorischen Bestimmungen hatten u.a. festgelegt, dass bis zur Befreiung Chinas alle 1947/48 gewählten (und geflohenen) Repräsentanten der einzelnen Festlandsprovinzen im Amt blieben, bis eine freie Wahl aller Chinesen möglich sei. Dies hatte zur Folge, dass die Nationalversammlung regelrecht „vergreiste", so dass z.B. Peking oder die innere Mongolei „repräsentiert" wurden, während für das kleine TaiWan entsprechend weniger Sitze vorbehalten waren (⊘ Staat, Verwaltung, Innenpolitik).

Neben der Notwendigkeit die Tatsachen anzuerkennen, haben 1991 noch andere Ursachen die Reformbereitschaft der KuoMinTang bewirkt:

● Der *biologische Faktor.* Das Hauptargument TaiWans, hier säßen die frei gewählten Repräsentanten Chinas von 1947, hatte keine Bedeutung mehr, nachdem die meisten der einstigen Festlandsrepräsentanten mittlerweile gestorben oder zu alt waren (einige wurden völlig senil und apathisch im Rollstuhl ins Parlament gebracht).

● Die *HongKong-Frage.* 1980 einigten sich Großbritannien und die VR China über die Rückgabe HongKongs an die VRC im Jahre 1997. Da der Handel mit HongKong 10% des Gesamthandels TaiWans ausmachen und immense taiwanesische Investitionen in HongKong getätigt wurden, wollte man Peking nicht reizen, um HongKong auch über 1997 hinaus als Handelspartner zu behalten.

● Der *Zusammenbruch Osteuropas* 1990/91. Möglicherweise hoffte man auf einen „Dominoeffekt", ein Überschwappen der Reformbewegungen gegen den Kommunismus auch nach China. Ein krisengeschütteltes Land wird i.d.R. durch einen gemeinsamen äußeren Gegner nach innen zusammengehalten. Durch die Preisgabe der alten, sturen Position wollte TaiPei keinen „Gegner", sondern vielmehr eine attraktive, vernünftige Alternative zum Kommunismus darstellen.

● *TienAnMen 1989.* TaiPei schloss sich nach der blutigen Niederschlag der Studentenproteste auf dem „Platz des Himmlischen Friedens" zwar der Welle internationaler Entrüstung an, doch fiel die Kritik im Vergleich zu früher eher gemäßigt aus. TaiPei wollte auch hier als Alternative und Vorbild dastehen und Peking keine Ablenkung nach außen ermöglichen. Der Druck im Festland sollte erhalten bleiben, um die politische Isolation Pekings durch den Westen zu nutzen.

● Der *Handel.* Nach taiwanesischem Verständnis ist die Wirtschaftspolitik und der Handel ein Mittel der (Wiedervereinigungs-)Politik. Rege, freundschaftliche Handelsbeziehungen mit dem Festland bedeuten keineswegs die Aufgabe politischer Positionen, sondern man versucht lediglich, diese mit anderen Mitteln (als politischen oder militärischen) durchzusetzen. TaiWan kommt Peking offiziell politisch entgegen und gibt sogar alte Grundsätze auf. Tatsächlich will man die Zustimmung Pekings für taiwanesische Investitionen auf dem Festland. Dies gelingt auch, und so sind erhebliche Investitionen in die TaiWan gegenüberliegende Provinz FuKien geflossen, Trabantenstädte und moderne Industrieparks dort bereits mit taiwanesischem Kapital entstanden.

● *Innenpolitischer Druck* als Folge der Liberalisierung. Wirtschaftlicher Aufschwung bedingt sehr oft Freiraum für politische Emanzipation, im Falle TaiWans entwickelte sich mit der *Democratic Progressive Party* eine echte Opposition zur KuoMinTang. Dem musste durch Abrücken von verkrusteten Positionen Rechnung getragen werden.

So waren die 1990er Jahre, von kleinen Ausnahmen abgesehen, durch eine intensivere **Verständigungspolitik** gekennzeichnet. Dies setzte sich in den ersten Jahren des 21. Jahrhunderts auch unter dem neuen DPP-Präsidenten Chen ShuiBian fort, mit dessen Aufstieg die Einheitspartei KMT zum Nebendarsteller degradiert wurde (⌐ Innenpolitik).

Staat, Verwaltung und Innenpolitik

Die nahezu 40 Jahre des „Kriegszustandes" der Republik China auf TaiWan hatten innenpolitisch zur Folge, dass sich das totalitäre Einparteiensystem der KuoMinTang etablieren konnte. Die gesamte Wirtschaft wurde in dieser Zeit zentral organisiert und nahm, begünstigt durch große Goldreserven, strikte Währungskontrolle und Anbindung des NT$ an den US$, einen imposanten Aufschwung.

Gewaltenteilung der Republik China

Die Verfassung der Republik China wurde 1947 in NanKing (NanJing), dem damaligen Sitz der Nationalregierung, in Kraft gesetzt. Nach dieser existierten neben dem weitreichenden Vollmachten ausgestatteten **Präsidialamt** und dem „gesamtchinesischen Parlament", der **Nationalversammlung,** eine Gewaltenteilung in fünf Yuan („Rat") genannte Bereiche (⌐ Schema „Gewaltenteilung der Republik China").

Dieses Schema und der Anspruch der Regentschaft über ganz China blieben seit 1949 unverändert bestehen, die 1947 gewählten Greise sollten allen Ernstes für Ganz-China zuständig bleiben! Erst 1991 befand der **Judikativ-Yuan** (oberster Gerichtshof) diesen Zustand für nicht mehr zeitgemäß. Bis dahin war für TaiWan zusätzlich eine Provinzialversammlung, ein TaiWan-Parlament, zuständig.

Heute wählt die Bevölkerung ein rein taiwanesisches, für die Gesetzgebung zuständiges Plenum (Parlament), den **Legislativ-Yuan** sowie den mit weitreichenden Vollmachten ausgestatteten **Präsidenten** in direkter Wahl. Die alte **Nationalversammlung** wird von den im Legislativ-Yuan vertretenen Parteien nach Maßgabe ihrer Parlamentssitze ernannt und bestimmt nur noch über Verfassungsänderungen, Amtsenthebung von Präsident oder Vizepräsident und Änderung der Landesgrenzen.

Seit Ende des Kriegsrechts sind bei den Wahlen zu **Nationalversammlung** und **Legislativ-Yuan** Abgeordnete verfassungsgemäßer politischer Parteien und parteilose Oppositionelle zugelassen. Der **Kontroll-Yuan** überwacht die Regierung sowie den Staatshaushalt, der **Prüfungs-Yuan** kontrolliert die gesamte Staatsverwaltung (Staatsdiener). Beide werden vom Präsidenten eingesetzt.

Vom autokratischen Einparteien- zum demokratischen Mehrparteiensystem

Nach 1949 waren nur drei Parteien zugelassen: die regierende KuoMinTang (KMT, Nationale Volkspartei, gegr. 1919 als Nachfolger SunYatSens „Gesellschaft für die Wiedergeburt Chinas") unter ChiangKaiShek, die YCP (Partei des Jungen China, gegr. 1923) und die CDSP (Demokratisch Sozialistische Partei Chinas, gegr. 1946) – die beiden letzteren waren geduldete Splittergruppierungen. Bis in die jüngste Vergangenheit

Politik

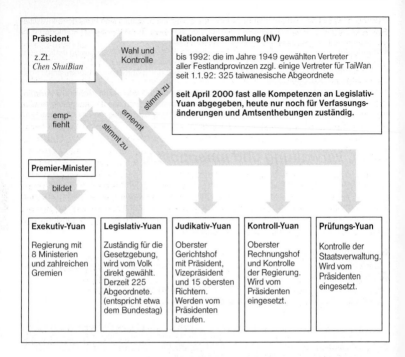

war die KMT in allen Wahlen absolut dominierend. Die gewählten parteilosen Oppositionellen waren teilweise heftigen Repressalien ausgesetzt, da sie sich oftmals gegen die Verfassung für ein unabhängiges TaiWan einsetzten. In der Regel errang die KMT 60–80, YCP und CDSP je einen, die einzelnen Parteilosen 10–15 der damals zu besetzenden Abgeordnetensitze.

1986, im Jahr vor der Aufhebung des Kriegsrechts, erzwangen linksgerichtete Oppositionelle gemeinsam mit einigen parteilosen Abgeordneten die **Gründung der DPP** (Democratic Progressive Party, erkennbar an der für die Insel TaiWan stehenden grünen Flagge), die zunächst für ein autonomes TaiWan eintrat. Das offene Zeigen dieser die Umrisse TaiWans darstellenden Fahne galt lange als Verstoß gegen die „Ein-China-Politik" und stand zeitweise unter Strafe.

Parteienspektrum und Innenpolitik der 1990er Jahre

In einer Zeit der weltweiten Liberalisierung war der Untergang des Einparteienstaates nun nicht mehr aufzuhalten. Zwar hielt sich die KMT unter ihrem Präsidenten Lee TengHui noch bis 2001 als stärkste Partei (123 von 225 Mandaten), doch zwischen den Parlamentswahlen erfolgten sukzessive mehrere parteienpolitische Erdbeben:

Die DPP etablierte sich rasch als zweite Kraft und errang in den 1990er Jahren rund ¼ der Abgeordnetenmandate zur Nationalversammlung, teilweise gelang sogar der

Sprung in wichtige Bürgermeisterämter, etwa dem heutigen DPP-Präsidenten Chen ShuiBian. Mit moderner und pragmatischer Realpolitik grub man der KMT ihr Grab. Diese erkannte die Notwendigkeit auf die außen- und innenpolitischen Umstände reagieren zu müssen und führte weitgehende Reformen ein, die von der Aufhebung des Kriegsrechtes über Presse- und Meinungsfreiheit bis zur Beendigung der „Provisorischen Bestimmungen" (s.o.) gingen – es half alles nichts. Zunächst war der rechte Flügel der KMT mit Reformen nicht einverstanden und spaltete sich als NKMTA (New KMT Alliance) ab, die sich später *NP* (New Party) nannte und klar auf das rechtskonservative Lager (Anspruch auf ganz China) abzielte. Nachdem der von KMT-Präsident Lee vorgeschlagene Kandidat Lian Chan (Lee wollte aus Altersgründen nicht mehr antreten) bei der Präsidentenwahl 2000 überraschend dem DPP-Kandidaten Chen unterlag, strebte Lee innerparteiliche Reformen an. Da er sich jedoch nicht durchsetzen konnte, spaltete er die *TSU* (Taiwan Solidarity Union) von der KMT ab. Zur Präsidentschaftswahl 2000 trat (neben Lian Chan und Chen ShuiBian) auch James Soong von der KMT an, was das KMT Lager entzweite (2 KMT-Kandidaten). Soong wurde nach Chen Zweiter. Wegen Verrates der Parteilinie wurde er jedoch aus der KMT ausgeschlossen und gründete die *PFP* (People First Party). Somit musste bei den Wahlen zur Nationalversammlung im Dezember 2001 die seit 1949 währende Vorherrschaft der („Rest-") KMT zusammenbrechen. Heute sind im Parlament 5 Parteien vertreten:

DPP (Präsident Chen)	33,4 %	allmähliche Unabhängigkeit
KMT (Ex-Premier LianChan)	28,5 %	Wiedervereinigung unter der KMT
PFP (Ex-KMT J. Soong)	18,6 %	Wiedervereinigung als Union
TSU (Ex-Präs. Lee TengHui)	7,8 %	vorsichtige Unabhängigkeit
NP (früher rechter KMT-Flügel)	2,6 %	Rückeroberung Chinas

Dieses Ergebnis bedeutet, dass die beiden Parteien, die Pekings „Ein Land – zwei Systeme" ablehnen (DPP, TSU) von der Bevölkerung bei einem langfristigen und vorsichtigen Unabhängigkeitskurs deutlich unterstützt werden.

Gefährlich wäre jedoch nicht nur eine Unabhängigkeitserklärung (nach Pekinger Definition ein Kriegsgrund), sondern auch eine fortgesetzte Parteiensplitterung. Weitere Absplitterungen und Parteiengründungen wie etwa die TAP (Taiwan Independence Party), radikal für sofortige Unabhängigkeit, ⊘ Peng MingMin, Glossar) oder die LüTang („Grüne") mit Pornosternchen Hsu HsiaoTan („politische" Werbung mit Striptease) mögen als Nachholbedarf einer Bevölkerung zu entschuldigen sein, die über Jahrzehnte gewohnt war, ihr Wahlkreuz nur an einer Stelle zu machen.

Zur Zeit verfügt die DPP-TSU Koalition zwar über die Stimmenmehrheit, aufgrund der komplizierten Parlamentszusammensetzung jedoch nur über 100 (von 225) Abgeordneten. Man stützt sich auf 10 vertretene Unabhängige Parlamentarier sowie auf Stimmen von PFP- und KMT-Abgeordneten: Die Opposition in TaiWan ist sich nicht einig (Rivalität Soong vs. Lian) und die Mitglieder einer Partei verhalten sich nicht so konform wie in den meisten westlichen Parlamenten; wegen „KuanHsi" (⊘ Schattenwirtschaft) darf man sich einiger Stimmen aus dem oppositionellen Lager sicher sein – persönliche Beziehung oder gemeinsame Herkunft zählen manchmal mehr als das Parteibuch…

Wichtigste innenpolitische Ziele der DPP-geführten Regierung sind nun bis 2006 der Bau von Meerwasser-Entsalzungsanlagen, Abbau der „katastrophalen" Arbeitslosigkeit von 3% sowie wirtschaftspolitische Weiterorientierung zur Dienstleistungs- und Forschungsgesellschaft (Gentechnologie, EDV).

Wirtschaft und Handel

Das asiatische Wirtschaftswunder

Eine für die damaligen Verhältnisse moderne Landwirtschaftstechnologie und Infrastruktur aus der japanischen Besatzungszeit bis 1945, großzügige Investitionshilfen der USA sowie die von der Nationalregierung 1949 mitgebrachte Staatskasse bildeten die **Grundlage** für die wirtschaftliche Entwicklung in TaiWan. Mit zentralistischen Sechsjahresplänen gab die Regierung dabei das Tempo vor.

Standen die 50er Jahre noch unter der Prämisse der Grundversorgung mit Lebensmitteln und Bildung größerer Staatsbetriebe, wurde in den 60er Jahren eine Strategie verfolgt, die auf den **Export** von Landwirtschaftsüberschüssen und die Produktion von Gebrauchsgütern im eigenen Land abzielte. Steuerbefreiung und Kreditanreize für eine sich allmählich entwickelnde Unternehmerklasse spielten eine ebenso große Rolle wie die Errichtung von „Exportverarbeitungszonen" (spezielle Industrieparks, in denen steuerbegünstigt Exportgüter hergestellt wurden), um den Wettbewerbsvorteil niedriger Lohnkosten nutzen zu können. Das Ziel, Devisenüberschüsse zu erwirtschaften, wurde durch die staatliche Kontrolle unternehmerischer Aktivitäten, eine nicht frei konvertierbare Währung sowie hohe Importzölle flankiert.

In den 1970er Jahren entwickelte sich TaiWan vom **Agrar- zum Schwellenstaat,** als durch den Mangel an Arbeitskräften auf der Insel verstärkt die Investition in kapitalintensive Produkte gefördert wurde. Die reichlichen Gold- und Devisenreserven, der starke Binnenmarkt und ein Überangebot an gut ausgebildeten Fachkräften ermöglichten insbesondere in der Elektro- und Schwerindustrie technische Innovation und hohes Wachstum. Mit massiven Regierungsinvestitionen wurden im Laufe der 70er Jahre die sogenannten „zehn nationalen Bauprojekte" (unter anderem Stahlindustrie, Schiffbau, Petrochemie, Elektrizität, Telekommunikation, Transportwesen) weitgehend fertiggestellt.

In den 80er Jahren konzentrierte sich die Regierung noch stärker auf Güter mit hoher Wertschöpfung. Nach amerikanischem Vorbild wurden Technologieparks in Universitätsnähe gegründet, Finanzmittel, Steueranreize und Stipendien großzügig gewährt, so dass TaiWan rasch zu einem der wichtigsten **High-Tech-Produzenten** aufsteigen konnte. Ende der 80er Jahre betrug der Anteil von High-Tech-Produkten am Gesamtexport bereits 38%, führend dabei Elektronik-, Informations- und Maschinenbauindustrie. 1998 hat TaiWan Japan als führenden Hersteller von Notebooks überflügelt.

Die jüngste Politik der Liberalisierung und der stark aufkommende Umweltschutz lassen einen weiteren Entwicklungsschub und eine Anhebung des technologischen Niveaus erwarten.

Nach offiziellen Statistiken erreichte TaiWan in den vergangenen 40 Jahren – bei einer Arbeitslosenquote von durchschnittlich unter 2% – eine Steigerung des Pro-Kopf-Einkommens der Bevölkerung von ca. 250 € im Jahr 1950 auf ca. 17.000 € für 2002 (Schwarzeinkommen nicht gerechnet, ♫ Schattenwirtschaft). Die allgemein gute Ausbildung und die Knappheit an Arbeitskräften ermöglichten es weiten Teilen der Bevölkerung, am **allgemeinen Wohlstand** teilzuhaben. War TaiWan vor 20 Jahren noch ein sogenanntes „Billiglohnland", kann davon heute nicht mehr Rede sein.

In westlichen Ländern erschwert die Konkurrenz zwischen Arbeitnehmern und Arbeitgebern häufig die Reaktionsfähigkeit auf gesamtwirtschaftliche Erfordernisse. In TaiWan steht dagegen das **Kollektivgefühl** im Vordergrund (♫ Mentalität und Verhaltenshinweise). Ausbildung, Erziehung und Arbeitseinstellung sind immer noch vom Konfuzianismus geprägt, in dem Gehorsam gegenüber der Obrigkeit, Verantwortung gegenüber der Gemeinschaft und Leistungsbereitschaft als höchste Tugenden hervorgehoben werden. Das konfuzianische Arbeitsethos fördert kollektive Loyalität, bewirkt vermehrte Lohnflexibilität und Beschäftigungsstabilität von Arbeitgeber- und Arbeitnehmerseite: beide Seiten verstehen sich lediglich als Teil zum Nutzen des Ganzen, wobei Einzelinteressen in den Hintergrund zu treten haben.

Da sich der Staat als Auftrags- und Arbeitgeber mittlerweile immer stärker zurückgezogen hat, bilden heute etwa 700.000 **Privatunternehmen** mit jeweils weniger als 50 Beschäftigten (= 98% der eingetragenen Firmen) das Rückgrat der Volkswirtschaft. Sie erwirtschaften 65% der Exporteinnahmen, 55% des Bruttosozialproduktes und beschäftigen 70% der Arbeitnehmerschaft. Die restlichen 2% der Unternehmen sind überwiegend Staatsbetriebe mit Monopolstellung in den Bereichen Telekommunikation, Post, Bank, Transport, Tabak und Alkohol.

Angestellte dieser Staatsbetriebe und Beamte genießen freie Gesundheits- und Pensionsvorsorge. Mitte der 1990er Jahre sollten alle Bürger eine **soziale Grundversorgung** genießen.

Der imposante Aufstieg TaiWans in die Reihe der Industrienationen hat natürlich auch seine negativen wirtschaftlichen Begleiterscheinungen. Die rigorose staatliche Kontrolle aller Aktivitäten, auch der Investitionen im Ausland, führte zu gigantischen Geld- und **Devisenreserven** im Lande. Heute verfügt TaiWan mit ca. 160 Mrd. US$ über die drittgrößten Devisenreserven weltweit. In den 1980er Jahren führte dies zu starken Preisanstiegen im Land, ließ Grundstückspreise in TaiPei auf Tokyoter Niveau steigen und sehr viel Geld zu Spekulationszwecken an die Börse fließen, die dadurch zum Spielkasino ausartete. Zugunsten einer rasanten Entwicklung wurde ferner ein drastischer **Raubbau an der Natur** billigend in Kauf genommen. So kamen 1992 statistisch auf jeden Quadratkilometer TaiWans (wobei nur 30% des Landes überhaupt besiedelt sind) drei gemeldete Fabriken und 350 Kraftfahrzeuge (♪ Umweltschutz).

Die beiden größten Wirtschaftszweige sind heute Dienstleistungen (59% Anteil am BSP) und Industrie (37%). Sollte der Aufschwung noch in den 1980ern zur langfristigen ökonomischen „Eroberung" des chinesischen Festlandes dienen, führte die Erkenntnis der politischen Realitäten in den 90ern bei der regierenden KMT zur Auffassung, die wirtschaftlichen Erfolge seien zur Gewinnung internationaler politischer Anerkennung der R.o.C. einzusetzen. Tatsächlich ist **der inoffizielle Status der R.o.C.** für die internationale Staatengemeinschaft eher von Nachteil. So verhinderte Peking bislang, dass TaiWan dem GATT-Abkommen beitritt (es gibt offiziell schließlich keinen Staat TaiWan/R.o.C.) und unter dem Namen „TaiWan" oder gar „R.o.C." an olympischen Spielen teilnimmt. International bedauerlich ist es auch, dass Peking einer offiziellen taiwanesischen Unterzeichnung des Abkommens von Montreal (Beschränkung des FCKW-Ausstoßes) entgegensteht. TaiPei ist dann stets bemüht, auf inoffiziellen Kanälen die Bereitschaft zur Einhaltung solcher Abkommen zu erklären.

Die Schattenwirtschaft

Jedes Land der Erde kennt Schwarzarbeit, Vetternwirtschaft, Steuerhinterziehung und ähnliches mehr – auch das relativ wohlhabende TaiWan. Geldprobleme spielen zwar kaum eine Rolle, die Banken sind froh, wenn sie überhaupt Geld verleihen können – zu groß sind die Spar-, Gold- und Devisenreserven auf TaiWan (außerdem leihen sich die Chinesen zuerst bei Verwandten und Bekannten Geld). Dennoch treibt das typisch chinesische Streben nach Einsparung und Gewinn manchmal seltsame Blüten. Die Zauberworte heißen **KuanHsi** (Beziehung) und **SuiPien,** (nach Belieben). Will jemand ein

Politik

Geschäft betreiben und erhält keine Lizenz, so kauft oder mietet er eben ein Gebäude, hängt Leuchtreklame an die Fassaden und wirtschaftet *SuiPien*. *KuanHsi* sorgen dafür, dass niemand daran Anstoß nimmt, Kapital privat besorgt wird usw.

Aus Sicherheitsgründen (Erdbeben, Taifun) durften Wohngebäude früher nicht höher als drei Etagen gebaut werden. Nun gut, dann werden drei Etagen gebaut, dass Gebäude staatlich abgenommen, später dann *SuiPien* eine Dachwohnung oben aufgesetzt (und schwarz Miete kassiert). Eine Marktlücke waren in den 1980ern kleine private Sprachschulen, sogenannte *PuShiPan*. Lizenzen wurden nur an wenige, qualifizierte staatliche Schulen und Institutionen vergeben. Tatsächlich aber schossen fast täglich neue, kleine *PuShiPans* aus dem Boden und verdienten sich – schwarz natürlich – eine goldene Nase. Ganze Unternehmen, Buslinien, Restaurants, Schulen, Hotels, ja sogar eine komplette Kabel-TV Gesellschaft wurden so aufgezogen! Tritt hierzulande die Aufsichtsbehörde, angestiftet von Neidern auf den Plan, so gibt es in TaiWan gemäß der konfuzianischen Kollektivethik relativ wenig Missgunst unter den Nachbarn.

Für ausländische Investoren oder Arbeitsuchende ist es daher immer von Bedeutung zu wissen, ob die Firma, mit der man es zu tun hat, staatlich, illegal privat oder legal privat (d.h. in das Handelsregister eingetragen) ist.

Nach inoffiziellen Schätzungen läuft **etwa ein Drittel der Wirtschaft** am Staat vorbei. Nun darf man natürlich keineswegs annehmen, dass offizielle Stellen das Problem ignorieren. Faktum aber ist, dass es die Betreiber illegaler Geschäfte oft billiger kommt, eine Strafe zu zahlen, als für eine Genehmigung den Behördenweg zu gehen. Und sollte mal etwas sein – man hat ja gute *KuanHsi* …

Ferner gelten die Taiwaner als Meister der doppelten Buchführung, wenn auch nicht nach westlichem Verständnis. Gehen bereits die Einnahmen inoffizieller Geschäfte am Fiskus vorbei, so haben auch lizensierte Privatunternehmen oft neben der realen Buchführung über ihre legalen Geschäfte eine angebliche Aufstellung der angeblich getätigten Ein- und Ausgaben für das Finanzamt vorbereitet – mit viel geringeren Einnahmen, versteht sich.

Als brisante Kombination von Aufschwung und Schattenwirtschaft erweist sich der **Bruch internationaler Urheberrechte.** Ähnlich wie in HongKong kann der Besucher jeden denkbaren Markenartikel – allerdings garantiert made in TaiWan – erwerben, von der Computersoftware bis zum „Benetton"-Shirt. Erst 1992 ließ sich TaiPei durch Druck der USA zu einem Urheberschutzgesetz drängen, der Erfolg bleibt allerdings noch abzuwarten. Und wo die Gesetze greifen, wird teilweise auf kriminelle Methoden umgestiegen: 1995 tauchten in Deutschland PC-Mikrochips (sogenannte „Caches") aus TaiWan auf, die perfekt im Aussehen, doch ohne jeglichen Einfluss auf die Rechengeschwindigkeit des PC waren – es handelte sich um teure, aber nutzlose Attrappen!

Verkehr und Umwelt

Infrastruktur

Mit der industriellen Entwicklung schritt auch der Ausbau des Verkehrsnetzes zügig voran. TaiWan verfügt heute mit der *Evergreen Marine Corporation* über die größte Containerschiffgesellschaft und mit KaoHsiung über den drittgrößten **Umschlaghafen** der Erde (nach HongKong und Singapur). Über 500 Millionen Tonnen Fracht werden jährlich von der Handelsflotte abgefertigt. Über die beiden **internationalen Flughäfen** des Landes, HsiaoKang International (KaoHsiung) und ChiangKaiShek International (TaoYuan), werden jährlich 0,7 Millionen Tonnen Fracht befördert und über 300.000 Passagiere abgefertigt. An beiden Flughäfen werden derzeit weitere Fracht- und Passagierterminals gebaut.

Die Länge des **Eisenbahnnetzes,** welches entlang der Küste um die gesamte Insel führt, beträgt 2635 km. Eine neue Hochgeschwindigkeitsstrasse von TaiPei nach Kao-Hsiung ist in Planung; sie soll 2006 eröffnet werden.

Das **Straßennetz** umfasst etwa 20.000 km und muss ca. 13 Millionen PKW plus LKW und Mopeds verkraften. In einem Land von der Größe der Niederlande, einer Bevölkerungszahl von mehr als 20 Millionen und einer statistischen Bevölkerungsdichte von über 600 pro qkm (BRD ca. 230) ist der **Verkehrsinfarkt** unvermeidlich. Man muss sich dabei vor Augen halten, dass Industriegebiete, Besiedelung und Verkehr wegen der riesigen, unzugänglichen Gebirgsregionen auf nur etwa 30% der Fläche TaiWans begrenzt sind. Katastrophale Zustände herrschen häufig in den Zentren TaiPei und KaoHsiung, während der Hauptverkehrszeiten ist man zu Fuß schneller. Die Stadtplaner dieser beiden Ballungsgebiete entwickelten daher das **Mass Rapid Transit** (MRT) System, eine Kombination aus U-, S- und Hochbahn. Für TaiPei kein einfaches Vorhaben, da der Untergrund denkbar ungeeignet ist und Platz oberhalb der Erde kaum zur Verfügung steht. Seit 1998 sind Teile der MRT TaiPei einsatzfähig, die Fertigstellung wird aber noch einige Jahre dauern.

1999 wurde TaiWan von einem verheerenden Erdbeben heimgesucht, auch 2001 und 2002 wurden mehrere schwere Erdstöße registriert; besonders betroffen waren hierbei **flächendeckend** die Regionen TaiChung und MiaoLi (s. Umschlagklappe hinten). Etwa 2450 Menschen verloren dabei ihr Leben und unzählige Existenzen wurden zerstört.

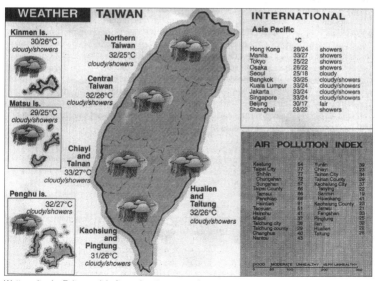

Wetterseite der Zeitung mit Luftverschmutzungsangaben

Politik

Da diese Naturkatastrophen einen nachhaltigen Einfluss auf die Infrastruktur des Landes haben, sollte der Reisende bei seiner Reiseplanung einige Dinge berücksichtigen:
Zahllose Gebäude, Straßen und Brücken sind noch nicht wieder vollständig instand gesetzt; dies betrifft besonders den CCIH (Central Cross Island Highway), der erst im Laufe des Jahres 2003 wieder vollständig hergestellt sein soll, von den vielen kleineren Nebenstraßen (Bergregionen) ganz abgesehen. Die wichtige Achse HuaLian - Taroko - LiShan - TaiChung wurde noch bei Drucklegung ab LiShan über PuLi nach TaiChung umgeleitet. Auch auf den Wanderwegen im Bergland halten die Aufräumarbeiten noch an.

Umweltschäden

Bedingt durch Industrie, Verkehr und privaten Wohlstand bleiben erhebliche Umweltbelastungen nicht aus. Aufgrund der geographischen Gegebenheiten kann man TaiWan in *drei Regionen* einteilen: einen dicht besiedelten Industriegürtel von TaiPei bis KaoHsiung entlang der Westküste, das fantastische, kaum besiedelte Hochland und die ländliche Ostküste.

An einem durchschnittlichen Tag werden über 1500 Tonnen Industrieabfälle, 450 Tonnen Landwirtschaftsmüll und 800 Tonnen *Abwässer* allein aus Privathaushalten ungeklärt in die Flüsse geleitet, an 20% aller Tage des Jahres wird in den Ballungszentren eine gesundheitsschädliche *Luftverschmutzung* gemessen, 14% der Flüsse gelten als schwer geschädigt. In der Praxis sieht dies so aus, dass der auf der Landkarte grüne Streifen im Westen TaiWans alles andere als grün ist. Vom Großraum TaiPei bis hinunter nach KaoHsiung erstreckt sich ein mehr oder weniger zusammenhängendes Industriegebiet. Seit Jahren wird in den Zeitungen der „pollution index" (Luftbelastungsgrad) abgedruckt. In TaiPei tragen die Menschen vor allem im Hochsommer auf der Straße manchmal einen Mundschutz, gelegentlich sind selbst Gasmasken zu beobachten. Die Stadt liegt in einem Kessel und ist von einer fast geschlossenen Hügelkette umgeben, so dass sich Abgase und Emissionen besonders während der Sommermonate unerträglich stauen können. Länger in TaiPei lebende Westler klagen über zuweilen nachlassende Sehkraft (durch Sauerstoffmangel bedingt) oder Haarausfall (Belastung der Lebensmittel mit Schwermetallen, durch mit Formaldehyd gespülte Pfandflaschen sowie durch den beliebten Geschmacksverstärker Monosodiumglutamat, MSG). In einem taiwanesischen Fernsehbericht wurde eine Wissenschaftlerin eingeladen, die eine frische Wasserprobe des durch TaiPei fließenden Flusses, der ironischerweise den Namen TanShui (DanShui, frisches Wasser) trägt, mitbrachte. Sie stellte einen Kerzendocht hinein und entzündete ihn – er brannte hervorragend!

Umweltschutz

Mit steigendem Lebensstandard, höherem Bildungsniveau und zunehmender Demokratisierung wird das Umweltproblem immer energischer angepackt. Einer Umfrage zufolge hielten 1988 fast 90% der Bevölkerung die Umweltverschmutzung für ein vordringliches gesellschaftliches Problem. Neben der regierenden DPP, die wegen ihrer grünen Schriftzüge (in Abgrenzung zum Blau der KMT) von westlichen Besuchern oft vorschnell als taiwanesische Grüne Partei eingestuft wird, engagieren sich mittlerweile über 80 verschiedene taiwanesische *Umweltschutzgruppierungen.* Man hat längst erkannt, dass Umweltschutzmaßnahmen in großem Umfang durchgeführt werden müssen und will die Unternehmen dabei stark einbeziehen. Im Sechsjahresplan 1997–2002 wurden 20 Mrd. US$ für die Beseitigung bestehender Schäden, Kontrolle der Luftverschmutzung, Lärmeindämmung und Recycling investiert. Für den neuen Sechsjahresplan 2003–2008 sind weitere Aufstockungen im Umweltbereich im Gespräch.

Mensch und Gesellschaft

Bevölkerung

Nach dem Stand von 2002 leben in der Republik China 22.854.000 Menschen, was bei einer Landfläche von gut 36.000 qkm einer Bevölkerungsdichte von 608/qkm entspricht. Das Bevölkerungswachstum ist tendenziell rückläufig, ein Nullwachstum wird im Jahre 2030 erwartet. Die Lebenserwartung auf TaiWan beträgt, bedingt durch die Entwicklung zur Industriegesellschaft und der damit einhergehenden medizinischen Weiterentwicklung, 72 Jahre für Männer beziehungsweise 77 Jahre für Frauen. Aufgrund der zunehmenden Einbindung der Frau in die Arbeitswelt tendiert man zu einer freiwilligen Einkind-Ehe, weshalb schon heute 3,9% der Bevölkerung über 70 und 8,5% über 65 Jahre alt sind. Ausbildung und Beruf führen häufig zu einer relativ späten Heirat, was die Geburtenziffer ebenfalls negativ beeinflusst. Kulturhistorisch und teilweise auch aus juristischen Gründen ist der Wunsch nach einem männlichen Nachkommen größer als nach weiblichen (auf 100 neugeborene Mädchen kommen 105 Knaben). Ein so hohes Missverhältnis wie auf dem Festland (100:115) besteht auf TaiWan allerdings nicht.

Nach der Übersiedelung der Nationalregierung nach TaiWan 1949 setzte sich die Bevölkerung aus drei Gruppen zusammen: Ureinwohner, Alt-Chinesen (Nachkommen der Übersiedler vom Festland vor 1895) und Neu-Chinesen (Übersiedler von 1949 und deren Nachkommen). Die Distanz zwischen den drei Gruppen ließ sich in den ersten Jahren der KMT auf TaiWan nur langsam abbauen. Einerseits sprachen die Alt-Chinesen, wie angeordnet während der japanischen Besatzung (1895–1945), nur Taiwanesisch (FuKien Dialekt) oder Japanisch, andererseits hatten die „Taiwaner" mit der Nationalregierung schlechte Erfahrungen gemacht („Affäre 2/28" ⊘ Geschichte). Und schließlich hatten die Neuankömmlinge 1949 einen erheblichen Vorteil durch mitgebrachte Staatsgelder, Vermögen und Militärstreitmacht. Lange Zeit bezeichnete man sich gegenseitig als *PenTiJen* (Menschen von hier) und *WaiShengJen* (außerhalb Geborene).

Da mit der Gründung der Republik 1912 das Mandarin als Amtssprache festgelegt worden war, forcierte die Nationalregierung auf TaiWan die rasche Ausbildung und Verbreitung dieser Sprache. Durch Ausbildung und Einbindung in die Arbeitswelt verschmolzen Alt-Chinesen und Neu-Chinesen in den kommenden Jahrzehnten, so dass heute nur noch die Ureinwohner eine eigenständige Gruppierung von etwa 350.000 Menschen darstellen. Durch zunehmende Urbanisierung und die finanzielle Attraktivität der Städte geht allerdings auch die kulturelle Identität der Ureinwohner zunehmend verloren.

Neun verschiedene Stämme leben heute auf TaiWan: Attayal, Saisiat, Ami, Bunun, Tsou, Puyuma, Rukai, Paiwan, Yami. Der Schutz der Kultur und des Lebensraumes der Ureinwohner ist in der Verfassung verankert, als regelrechte Behörde für Ureinwohner-Angelegenheiten fungiert die „World Vision of TaiWan", die bedürftige Ureinwohner unterstützt und sich um den Erhalt dieser Kulturen kümmert.

Glaubensrichtungen

Alle drei heute in Asien existierenden Weltreligionen sind nicht in Ost-/Südostasien entstanden, sondern durch Berührung mit anderen Kulturen importiert worden; dies gilt sowohl für das Christentum (durch katholische Missionare), für den Islam (Seefahrtsverbindungen der Araber nach Südostasien), wie auch für den Buddhismus, der über Indien Einzug nach China und Südostasien fand.

Amateurgruppe am Konfuziustag

Die chinesische Kultur war seit ihren Anfängen vor 7000 Jahren von **Schamanismus und Naturgötterverehrung** geprägt. Die Verehrung der Ahnen spielte eine zentrale Rolle wie auch die Vorhersage der Zukunft durch das Werfen von Orakelknochen. Später nahm auch die Verehrung legendärer Urkaiser eine sehr bedeutende Stellung ein. Einige Tempel und Gebräuche gehen noch heute auf diese Phase zurück, wie etwa Orakelstäbchen in manchen taoistisch-schamanistischen Tempeln: Man achte an den Altären auf Dosen, in denen eine Art Stäbchen mit vielen Schriftzeichen stecken. Diese werden gemischt und so lange geschüttelt, bis eines „von Geisterhand gezogen" herausfällt; das darauf verzeichnete Gebet wird dann gesprochen. Anschließend werden zwei nierenförmige Holzstücke hochgeworfen und je nach Lage des Auftreffens auf den Boden dann gedeutet.

Während der Epoche der streitenden Reiche (6. Jh. v.Ch.) kamen die sogenannten „100 Schulen" auf. Philosophen entwickelten verschiedene Denkmodelle, die alle Menschen vom Regenten bis zum kleinsten Untertan auf einen moralisch richtigen Weg hin zur harmonischen Gemeinsamkeit führen sollten (vor allem **Konfuzianismus** und **Taoismus** sind als wichtigste und prägendste Schulen zu nennen). Die bedeutendsten klassischen Philosophen wie *Konfuzius, LaoTzu, MoTzu* wirkten in dieser Phase, ihre Ideen und Lehren spielen noch heute eine wesentliche Rolle in der modernen chinesischen Kultur. Der sanfte **Buddhismus,** der über die Meditation zur Erleuchtung führen möchte, kam diesem Gedankengut wesentlich näher als die offensiven und jeweils „einzig wahren" Religionen Christentum und Islam und hatte daher die besten Aussichten, auch in China auf Akzeptanz zu treffen.

Entscheidend ist, dass sich die **Denkrichtungen nicht ausschließen;** ein Buddhist kann durchaus auch Konfuzianer sein und zudem an Naturgötter glauben. Keine der genannten Richtungen nimmt Alleingültigkeit für sich in Anspruch. Daraus resultiert auch die Verwirrung bei westlichen Besuchern, wenn ein Chinese am Morgen dem häuslichen Ahnenschrein Opfer darbringt, am Mittag im Konfuziustempel Räucherstäbchen entzündet, um dann am Abend im MaTzu-Tempel (Göttin des Meeres) um ruhige Überfahrt zu bitten.

Christentum und Islam sind jenseitsbezogene Religionen, die logisch aufgebaut sind und klare „wenn-dann" Regelungen beinhalten, um ins Paradies zu gelangen. Die östliche Denkschule ist dagegen auch stark **diesseitsbezogen** und sucht nach praktischen Lösungen und Ratschlägen für die Menschen. Die wichtigsten Strömungen des heutigen TaiWan sind Buddhismus, Konfuzianismus und Taoismus.

Das Straßenbild, sieht man von TaiPei als moderner Metropole einmal ab, wird von zwei Hauptelementen geprägt: Handel wohin man blickt und zahllose **Tempel** und **Schreine** für verschiedenste religiöse Zwecke. Bauweisen und Stile taiwanesischer Tempelanlagen sind für die meisten westlichen Besucher eine faszinierende Attraktion, eine gewisse Kenntnis der Hauptmerkmale von Tempeln, Göttern und Glaubensrichtungen ist ein wesentlicher Schlüssel zum Verständnis der modernen chinesischen Gesellschaft. Ob geschäftiger Manager oder kleiner Fischer: die Anhänger der jeweiligen Richtung halten sich uneingeschränkt an zeremonielle und rituell-traditionelle Regeln. Es gibt es keine „Kirchensteuer", jeder Tempel ist für sich selbst verantwortlich und auf Spenden angewiesen. Einzig die Buddhisten haben eine echte Hierarchie entwickelt, doch auch sie sind auf Spenden angewiesen.

Konfuzianismus

KungFuTzu (KòngFūZi) wurde vermutlich 551 v.Ch. geboren und wirkte mit seinen Lehren als Berater an verschiedenen Fürstenhöfen. Seine **fundamentalen Begriffe** waren Nennung der Dinge beim Namen, Harmonie, Tao (⌀ Taoismus), Himmel, Humanismus, Kindesgehorsam, Weisheit, Liebe, Pflichterfüllung und Respekt. Konfuzius - so die Latinisierung des Ehrentitels „KungFuTzu - „Meister Kung" - machte den Humanismus zum wichtigsten Element seiner Philosophie. Güte, Mitmenschlichkeit, Mildtätigkeit und Liebe waren seiner Vorstellung nach erstrebenswerte Elemente des Individuums. Wer diese Attribute verinnerlicht und umsetzt ist ein weiser und gütiger „Edler" *(ChunTzu),* der auch zum Regieren geeignet ist. Ein Regent könne nicht lange an der Macht bleiben, wenn er dem Volk kein geeignetes Vorbild sei. Ein guter Herrscher müsse für Nahrung sorgen, angemessen für Verteidigung sorgen und stets um das Vertrauen des Volkes bemüht sein. Konfuzius hatte durchaus erkannt, dass die politische Praxis anders verlief und mühte sich dennoch unerlässlich um Verbreitung seiner Grundsätze.

Konfuzius war einer der herausragenden chinesischen Denker mit nachhaltiger Wirkung bis in die Gegenwart. Dennoch sah er sich selbst weder als unfehlbar („dass manches keimt und nicht blüht, ach, das kommt vor"), noch war er ein überirdischer Heiliger. Für die weitere Verbreitung der Lehren sorgten nach dem Tod des Konfuzius (479 v.Ch.) viele seiner Schüler. Zu den bekanntesten zählen *MengTzu* (Mencius, 372-289 v.Ch.) und *HsünTzu* (313-238 v.Ch.). Im elften nachchristlichen Jahrhundert griffen die sogenannten **Neo-Konfuzianer** die Lehren des Konfuzianismus auf und erweiterten sie. *Chou-TunYi* (1017-1073) integrierte Elemente der Yin-Yang Schule (die beiden Gegenpole Yin und Yang sowie die Grundelemente Feuer, Wasser, Erde, Holz und Metall). *ChuHsi*

(1130–1200) erweiterte die Lehre um den Gedanken des Naturprinzips (es gebe unendlich viele Naturgesetze, sobald eine Erscheinung auftritt, sei sie als Naturprinzip erkannt). Seit *WangYangMing* (der ↗ YangMingShan bei TaiPei wurde nach ihm benannt) setzen sich auch buddhistische Tendenzen im Konfuzianismus fest, wie die Meditation als Mittel zur Erkenntnis oder die bestehende Einheit zwischen Erkenntnis und Handeln.

Zahllose **Umgangsformen** und Riten für das Miteinander im Alltag basieren auf dem Konfuzianismus wie auch die teilweise bis in unsere Tage gültige Beamtenprüfung. Was dem Europäer oft als übertriebene Höflichkeit oder Ritual vorkommt, ist nichts anderes als eine Befolgung der Lehren des Konfuzius. (Auch bei uns gibt es ähnliche Rituale wie etwa ein Tabu des Wäschewaschens am Sonntag: „am siebenten Tage…"). Dabei nimmt jedes Individuum einen festen Platz in einem gigantischen Netz ein, der Konfuzianismus weist jedem einen konkret definierten Platz zu (daraus resultieren auch die exakten Verwandtschaftsbezeichnungen für den dritten Schwager mütterlicherseits, den vierten Onkel väterlicherseits usw.).

Um dieses große Netz harmonisch zusammenhalten zu können, sind feste Regeln *(Li)*, Menschlichkeit *(Jen)*, Gerechtigkeit *(Yi)*, Harmonie *(He)* und Tugend *(Te)* nötig, allesamt haben aufgrund ihres **Vorschlagscharakters** größere Wirkung hinterlassen als die westlichen Anweisungen „du sollst – sonst". Konfuzius hätte, um das christliche Gebot „du sollst nicht töten" darzulegen, wohl gesagt „der wahrhaft Weise vermeidet, wo immer es ihm möglich ist und die Umstände es erlauben, das Töten". Auf den ersten Blick meint man, hier würden zahlreiche Hintertürchen offengelassen, aber genau da ist ein zentraler Unterschied zwischen Ost und West: Es wird nicht Klartext gesprochen, man „wurstelt" sich irgendwie heraus, man vermeidet klare, unzweideutige Formulierungen; das ist im Alltag spürbar und bereitet vor allem Geschäftsleuten große Probleme. Im westlichen Denken würde zu töten zwangsläufig bedeuten, aus der Gemeinschaft der guten Christen herauszufallen (Sünde). Im Konfuzianismus würde dagegen „lediglich" die Stufe des Edlen, Weisen nicht erreicht, der „Sünder" fällt aber nicht aus dem Netz der Gemeinschaft heraus.

Der **Geburtstag des Konfuzius** (28. September) wird auf TaiWan als „Teacher's day" zelebriert. Voller Respekt vor der Institution des Lehrers bringen die Schüler dem Lehrer Geschenke mit oder überreichen einen kleinen Geldbetrag in einem rotem Umschlag. In den Konfuziustempeln (↗ Ortsbeschreibungen) werden farbenfrohe Zeremonien abgehalten, die den Nationalfeiertagen oder den großen taoistischen Zeremonien in nichts nachstehen.

Taoismus

Der geistige Vater des Taoismus ist **LaoTzu** (*LǎoZi*, das „alte Kind"), der um 604 v.Ch. geboren wurde. Enttäuscht von der Menschheit und dem Leben zog er im hohen Alter nach Westen und hat auf der Reise das *TaoTeChing* (etwa: Der Weg zur höchsten Erkenntnis) verfasst. Zentrales Thema ist der Einklang mit der Gesamtheit des Kosmos und der Natur und das umfassende Erkennen des Ganzen. Dabei lernt der Mensch nicht durch aktive Verbesserung und Einmischung in weltliches Geschehen, sondern durch einen völligen Rückzug von jedem Handeln *(WuWei*, nicht Handeln), passivem Beobachten und Erkennen. Zu erkennen gilt es jenes Tao, welches mal Ruhe, Vernunft, Gott, Leben, Prinzip und anderes bedeuten kann.

Bezogen auf den edlen Menschen, der nach Konfuzius aktiv Menschlichkeit walten lassen muss, wird im Taoismus der letztlich Gute durch ein **„nicht tun, aber dabei nicht**

Gesellschaft

Taoistische Beschwörung im YuHuang-Tempel, TaiNan

untätig sein" definiert. Gemeint sind damit gleichmütiges und freiwilliges Zurücktreten vor dem Willen anderer. „Wer andere überwindet, ist zwar stark, doch wer sich selbst überwindet (andere nicht zu besiegen), zeigt wahre Tapferkeit", oder „wer andere kennt, ist klug, wer sich selbst kennt, ist erleuchtet" sind zentrale Lehren des Taoismus. In der Praxis bedeutete dies, dass Taoisten schon im Diesseits sich von allem Irdischen verabschieden und ein meditatives Leben als Eremit oder Wandermönch führen sollen, um irgendwann das Tao zu erkennen.

Der eher spirituelle Taoismus hatte es stets schwer, sich neben dem leichter verständlichen und praxisnäheren Konfuzianismus zu bestehen. Er spaltete sich ab dem dritten Jahrhundert nach Christus in zahlreiche Untergruppierungen auf, die alle meditativen und spirituellen Charakter hatten. Einige verschmolzen mit dem Buddhismus und bereicherten dessen Lehren. Im heutigen TaiWan ist der **taoistische Tempel** mit seinen farbenfrohen (bisweilen blutigen) Ritualen weit von der ursprünglich theoretischen Ausrichtung entfernt. Zahlreiche Götterstatuen wurden aufgenommen und toleriert, der Tempel dient auch nicht als Stätte zur Suche nach dem Tao, sondern vielmehr als Mischform schamanistischer Götterverehrung und taoistischer Philosophie. Der Besucher wird daher auf TaiWan „taoistische" Tempel besuchen, die tatsächlich aber bestimmten Gottheiten gewidmet sind (Schamanismus) und meist von Taoisten, aber auch von Konfuzianern und gelegentlich sogar von Buddhisten aufgesucht werden. Umgekehrt sind buddhistische oder Konfuziustempel fast ausnahmslos auf die eigene Richtung beschränkt.

Symboltiere an und vor taoistischen Tempeln sind Drache und Tiger. Derzeit gibt es auf TaiWan über 8000 Tempel, rund 30.000 Geistliche und 3,5 Mio. Anhänger des Taoismus. Typisch für taoistisch-schamanistische Tempel sind Öfen zur Verbrennung von Symbolgeld und Briefen für die Ahnen, riesige Räucherstäbchen in Form von Spiralen unter der Decke, ein dreigeteiltes Eingangstor sowie ein farbenfroh verziertes Dach.

Eine der bedeutendsten taoistischen Gottheiten ist *MaTzu (MäZù)*, die **Göttin des Meeres,** die aufgrund der Insellage TaiWans für Fischer und Seefahrer eine herausragende Bedeutung hat. Als Tempelwächter („Wachposten" rechts und links vom Tempeleingang) fungieren sehr häufig die Generäle *Fan* und *Hsie*, zu deren Existenz es eine rührende Geschichte gibt: *Hsie* (klein und dicklich) und *Fan* (lang und dürr) verabreden ein Treffen an einer Brücke. *Hsie* kommt etwas zu früh und will über das Brückengeländer ins Wasser blicken, als er das Gleichgewicht verliert, in das Gewässer stürzt und ertrinkt. *Fan* erscheint kurz darauf und findet seinen Freund tot vor. Daraufhin erhängt er sich aus Loyalität zu *Hsie* (die herAushängende Zunge in den Darstellungen von *Fan* symbolisiert den Selbstmord durch Erhängen). Ob dieser Freundschaft wurden sie zu Wächtern der Tempel und Symbol für Loyalität unter den Menschen. Eine andere Anekdote berichtet man in TaiPei: im ManKa–Viertel in TaiPei glauben die Menschen, dass die Geister von *Fan* und *Hsie*, mit Ketten beschwert nachts die Straßen durchstreifen und Diebe verschlingen. Tatsächlich ist die Kriminalitätsrate in ManKa niedriger als in anderen Stadtteilen TaiPeis!

Großen Einfluss nahm der Taoismus auf die im Westen als typisch chinesisch empfundene klassische **Landschaftsmalerei.** In Naturdarstellungen verschwinden die Einflüsse des Menschen oft bis zur Unkenntlichkeit. Selbst bedeutende Persönlichkeiten und Weise werden winzig klein dargestellt. Die Natur als größter Ausdruck der Harmonie dient dabei als Vorbild für das *WuWei*, wonach der Mensch so wenig wie möglich aktiv ändern, sondern durch passives Beobachten erkennen soll.

Gesellschaft

Buddhismus

Eine der drei großen Weltreligionen neben Islam und Christentum, der Buddhismus *(FóJiào)*, nimmt wie überall in Ost- und Südostasien, auch in China und TaiWan eine wichtige soziale und teilweise auch politische Stellung ein. Der Buddhismus entstand in Indien durch den historischen Buddha, *Prinz Siddharta Gautama*. Er wurde 563 v.Ch. in Lumbini (heute im südlichen Nepal) geboren. Ein Hofastrologe am Hofe des Vaters sagte ihm ein großes Schicksal bevor, weshalb er vom Vater besonders geschützt und von Leid und Elend ferngehalten wurde. Im jugendlichen Alter wurde er mit einer Prinzessin verheiratet und Vater eines Sohnes. Als er bald darauf einen kranken, alten Mann erblickte, war er vom Elend auf der Welt so erschüttert, dass er beschloss, heimlich den Hof mit all seinen Reichtümern wie auch seine eigene Familie zu verlassen und als Asket die wesentlichen Dinge des Lebens meditativ zu erfahren. Unter einem Feigenbaum wurde er erleuchtet, erkannte also das Wesentliche, und verkündete dies in den sogenannten *heiligen vier Wahrheiten:* 1. Das Leben bedeutet Leiden, 2. Die Ursache dafür ist menschliche Gier, 3. Die Lösung ist die Überwindung der Gier, 3. Das Mittel dazu ist der heilige achtgliedrige Pfad.

Zentrale Themen bei der Umsetzung dessen sind die Gleichheit aller sowie der Zyklus der Wiedergeburt. Demzufolge ist jeder Mensch mit jedem verwandt und muss allen gegenüber tolerant, mitfühlend und mildtätig sein. Um aus dem ewigen *Kreislauf der Wiedergeburt* herauszutreten, muss man während der irdischen Lebenszeit Gutes tun. Dies können Opfergaben, das Errichten von Tempeln oder das Beachten der fünf Grundregeln (Schonung aller Lebewesen, nichts erschleichen, Aufrichtigkeit, kein Alkohol, kein Ehebruch) sein. Die Pflicht zur Schonung allen Lebens ist Ursache dafür, dass überzeugte Buddhisten ausschließlich vegetarische Nahrung zu sich nehmen. Das ständige gute Handeln *(Karma)* beeinflusst die Art der Wiedergeburt (ob als Mensch oder etwa als Insekt) und die Entscheidung, ob der ewige Kreislauf *(Samsara)* beendet wird und man ins Paradies der Erleuchteten *(Nirwana)* einzieht.

Nach dem Tode *Gautamas* 483 v.Ch. breiteten sich seine Ideen in südliche Richtung quer durch Indien aus. Streng dem Ideal des Asketischen Weisen *Arhat* folgend, entwickelte sich im Süden die Theravada- oder Hinayana-Richtung, während sich im Laufe der Zeit im Norden (also dem Ursprungsgebiet) die *Mahayana-Richtung* durchsetzte, die den Boddhisatva (eine Art Halbgott, der für Menschen als Schützer zur Verfügung steht) als Ideal anerkannt und sich in liturgischen und rituellen Details von der alten Schule unterscheidet. Die südliche Hinayana-Richtung breitete sich in Südindien, Sri Lanka und Südostasien aus, die Mahayana-Schulen nach Norden (Tibet, China, Vietnam, Japan).

Der *Buddhismus* war *in China* vermutlich schon in der frühen Han-Dynastie (zweites vorchristliches Jahrhundert) bekannt, kam aber offiziell erst unter dem Han-Kaiser *Ming-Tì* um 65 n.Ch. ins Land. Da die Lage der einfachen Bauern sehr schwer war und sie wichtigere Probleme hatten als den philosophischen Disput zwischen Konfuzianern und Taoisten, fand der Mildtätigkeit verheißende und zumindest für das Jenseits vielversprechende Buddhismus leicht Gehör und Anhänger. Vieles in seinem meditativen Gedankengut und in der Grundhaltung fand sich ferner auch im Konfuzianismus oder Taoismus, so dass die Buddhisten nicht als störende Fremdkörper empfunden wurden.

Die verschiedenen lokalen Strömungen und Einflüsse der chinesischen Philosophien führte zu nicht weniger als 13 buddhistischen Richtungen in China, deren bekannteste die Chan-Schule (in Japan: Zen-Buddhismus) wurde. Sie stellt eine vollkommene Vermischung taoistischer und buddhistischer Gedanken dar.

Wie auch der Islam, kam der Buddhismus erst am Ende der Ming-Zeit (1642) mit den Flüchtenden nach TaiWan, wo er sich zur führenden religiösen Strömung entwickelte. Das Kloster FoKuangShan (FóGuāngShān) im Südwesten gilt weltweit als eines der wichtigsten buddhistischen Zentren überhaupt. TaiWan zählt heute 4.900.000 Buddhisten, über 9.000 Mönche und rund 4.000 Tempel. Da die **Buddhisten in TaiWan** ähnlich organisiert sind wie unsere christlichen Kirchen, nehmen sie auch unterschwellig Anteil an politischen Entscheidungen. So lassen sich taiwanesische Politiker regelmäßig vor Wahlen in buddhistischen Tempeln beim Gebet oder beim Spenden pressewirksam filmen oder fotografieren. Das Wohlwollen der buddhistischen Kirche ist diesem Personenkreis sehr wichtig, da die Meinung der buddhistischen Führer auf TaiWan viel zählt (ähnlich etwa dem Einfluss der katholischen Kirche in Polen).

Neben den Statuen des historischen *Buddha* (meist entweder auf Lotusblüte im meditativen Lotussitz oder liegend in der Nirwana-Position) sind auf TaiWan noch zwei weitere buddhistische Figuren sehr oft zu sehen. *KuanYin (GuānYīn),* die Gottheit der Barmherzigkeit, existiert entweder hundertarmig (in Taoistentempeln) oder zweiarmig, stehend, mit einer Vase in der Hand. *KuanYin* war ursprünglich ein Zwitterwesen, wird aber heute nahezu ausschließlich als weibliche Gottheit dargestellt. Der Maitreya-Boddhisatva *MiLoFu (MiLèFó),* die zweithöchste Halbgottheit nach *Buddha,* wird als dickbäuchig, freundlich, gemütlich und stets lächelnd dargestellt. Er gilt als buddhistischer Messias, echte Schreine für ihn sind jedoch selten. Meist befindet sich eine Statue von ihm vor buddhistischen Heiligtümern, auf Vorhöfen oder auf Nebenaltären. Symboltier der Buddhisten ist der weiße Elefant, der vor manchen Tempelanlagen lebensgroß dargestellt wird.

Christentum

Es scheint auf den ersten Blick erstaunlich, doch auf TaiWan leben heute rund eine Dreiviertelmillion chinesischer Christen – immerhin rund 3,5% der Gesamtbevölkerung. Rund 300.000 Katholiken werden von über 2.000 Priestern in nahezu ebenso vielen Kirchen betreut. Die Protestanten sind wegen des starken Engagement englischer und kanadischer Missionare im 19. Jh. sogar noch etwas stärker vertreten. Diese relativ hohen Zahlen haben zwei historische Ursachen: die europäische Missionspolitik und – erstaunlicherweise – *ChiangKaiShek.* Mit der Landung der Portugiesen und Spanier im Norden kam der Katholizismus ins Land. Nachdem die protestantischen Holländer ihre Rivalen vertrieben hatten, missionierten auch sie – allerdings nur in geringem Umfang und überwiegend in und um TaiNan. Als dann die Engländer Mitte des 19. Jh. dem Kaiserhof eine Konzession nach der anderen abgerungen hatten, schickten sie protestantisch-anglikanische Missionare auch nach TaiWan. Dass das Christentum auch im jungen TaiWan nach dem zweiten Weltkrieg eine Rolle spielte, hängt auch mit dem Übertritt *ChiangKaiSheks* zum Christentum nach seiner Heirat mit *SungMeiLing (Madame Chiang)* zusammen. Die meisten christlichen Kirchen befinden sich in und um TaiNan.

Andere

Der **Islam** spielt auf TaiWan nur eine untergeordnete Rolle. Ende der Ming-Dynastie (ab 1640) kamen mit den Flüchtlingen auch einige Moslems, deren Gemeinde heute rund 52.000 Mitglieder zählt.

Weiterhin gibt es noch andere chinesische Philosophien, die sich großer Beliebtheit erfreuen oder wie die **Yin-Yang-Schule** bis heute die traditionelle Medizin (☞) mit be-

Gesellschaft

Betelnussverkäuferin in TaiPei

einflussen. Die Yin-Yang-Schule und ihre Idee der zwei Gegenpole sowie der Tendenz zum Einklang des Menschen mit der Natur wurde von vielen anderen Philosophen (u.a. *LaoTzu)* aufgegriffen und verarbeitet. *Yin* steht für das Dunkle, Weibliche, Passive, den Mond und das Weiche, *Yang* dagegen für das Männliche, Helle, Aktive, das Harte, die Sonne. Alle materiellen wie immateriellen Dinge sind entweder Yin oder Yang zuzuordnen. Sind beide Elemente ausgewogen vertreten, herrscht das angestrebte Gleichgewicht.

Gemeinsam mit den fünf Grundelementen (Holz, Metall, Wasser, Erde, Feuer) wurden damit alle Zusammenhänge der Welt und des Kosmos erklärt. Dabei wurden die Elemente nicht als Material betrachtet, sondern als Kräfte oder Prinzipien mit jeweils unterschiedlicher Wirkung. Diese Idee entnahm man dem berühmten *I-Ching (YiJing* oder *I-Ging,* Buch der Wandlungen), einer etwa 3000 Jahre alten Anweisung für die Interpretation von Trigrammen oder Hexagrammen (zusammengesetzte Blöcke aus geschlossenen oder unterbrochenen Linien, wie sie beispielsweise in der südkoreanischen Staatsflagge zu sehen sind). Diese bildeten ursprünglich die Anordnung der geworfenen Orakelknochen ab und dienten zur Erklärung von Naturphänomenen und deren Weissagung.

Mentalität, Brauchtum und Verhaltenshinweise

Gesichtsverlust

Der Gesichtsverlust ist das Schlimmste, was einem Chinesen passieren kann. Also tut er in jedem Bereich alles, um dies zu verhindern. Dies wird der Tourist ebenso feststellen können wie der Geschäftsmann oder der Politiker. Fragt man nach dem Weg, wird man auf jeden Fall eine Antwort bekommen, sei sie nun richtig oder falsch (der Tourist ist Gast, der Chinese will ihm eine Freude machen, sonst ist er ein schlechter Gastgeber und verliert bei Unwissenheit das Gesicht).

Bei Geschäftsverhandlungen verspricht ein Chinese möglicherweise alles (um den Auftrag zu bekommen und gegenüber seiner Firma nicht das Gesicht zu verlieren) – um dann beim Liefertermin etwa einen Taifun, ein gesunkenes Schiff oder einen Streik vorzuschützen (um gegenüber dem Geschäftspartner nicht das Gesicht zu verlieren).

Der Politiker schließlich ist ein Meister im Verwenden von Formulierungen, welche – obgleich es sich um eine Drehung um 180 Grad handelt – das Bisherige dennoch als nach wie vor gültig erscheinen lassen.

Auch im Kleinen ist der Gesichtsverlust von zentraler Bedeutung: es muss das richtige Geschenk zum richtigen Zeitpunkt sein, Ärger darf niemals gezeigt werden, stets ist ein **Lächeln** verpflichtend, auch in noch so unangenehmen Situationen – und dies ist für den Touristen oftmals die schwierigste Hürde beim Versuch, sich der gastgebenden Kultur etwas anzupassen. Gleichgültig, ob man ein Zimmer nicht bekommt, einen Zug verpasst oder ob das Essen nicht schmeckt und überteuert ist – ein Lächeln ist selbst bei einer Beschwerde obligatorisch! Wer seinen Ärger zeigt oder gar lautstark wird, hat sein Gesicht verloren und erreicht dann noch weniger. Richtig ist es, immer höflich und lächelnd (nicht auslachend), aber unbedingt beharrlich zu sein. Gerade auf TaiWan geben sich die Menschen viel Mühe beim Erklären und Weiterhelfen. Da wir die Gäste sind, sollten wir uns anpassen und niemanden brüskieren.

Betelnüsse und Spucken

Eine für den europäischen Besucher befremdliche (Un-) Art des chinesischen Kulturkreises ist das Kauen von Betelnüssen und das Spucken. Selbst in den Großstädten wird man auf den Gehwegen und Straßen rötliche Flecken sehen, die an getrocknete Blutlachen erinnern. Dies sind jedoch keine Blutflecken, sondern Spuckflecken von Betelnusskauern. Der Betelnuss-Baum ist eine sehr dünne, schlanke Palmenart, die überall in den flacheren Regionen der Insel wächst. Die Nuss selbst ähnelt einer Eichel und wird mit einer roten Paste sowie mit Kalk bestrichen, anschließend in ein Blatt eingewickelt und überall an kleinen Ständen in einer Art Zigarettenschachtel für rund 10 NT$ pro Stück verkauft. Beim Kauen wird die Speichelproduktion angeregt, das Gemisch aus Nuss- und Pastensaft hat eine leicht berauschende Wirkung. Ein markantes Merkmal der Betelnusskauer sind die rötlich bis schwarz gefärbten Zähne bei exzessivem Genuss. Während die moderne Jugend das Betelnusskauen als antiquiert ablehnt, halten gerade ältere Menschen, Landbewohner und einfachere Berufsgruppen wie Bauarbeiter und Busfahrer (auch während der Fahrt!) an dieser typisch tropischen Tradition fest.

Spucken im Allgemeinen wird als eine Art Selbstreinigung empfunden – je geräuschvoller desto gesünder. Radikale Versuche, dies zu unterbinden (wie in Singapur mit gesalzenen Geldstrafen), wurden auf TaiWan bislang nicht umgesetzt, allerdings ist diese Angewohnheit auf TaiWan bei weitem nicht so verbreitet wie auf dem chinesischen Festland. Dennoch sollte man sich nicht wundern, wenn in einer Bank mit Teppichen oder im Hotel Schilder „Bitte nicht Spucken" angebracht sind!

Visitenkarten

Die bei uns sprichwörtliche „Visitenkarte" wird in TaiWan sehr wörtlich genommen. Jeder Berufstätige, selbst Student, Rentner oder Garküchenbesitzer ziert sich mit einer Namenskarte *(MingPiàn)*. Mit Titeln wird dabei nicht gegeizt, jeder nennt sich „Manager" oder „Director". Für die Geschäftswelt ist sie unverzichtbar, auch als Tourist ist es durchaus ratsam, sich mit genügend Visitenkarten (möglichst zweisprachig, vor Ort sehr billig) auszustatten. Die Präsentation einer Karte, die traditionell – wie alle Gegenstände – mit zwei Händen überreicht und entgegengenommen wird, ist zur Gesichtswahrung unbedingt notwendig, da sie den Menschen nach Außen repräsentiert. Keine Visitenkarte zu besitzen, hieße, das Gesicht zu verlieren!

Höflichkeit

Die Herabsetzung der eigenen Person und das übertrieben wirkende Schmeicheln des Gegenüber ist fest in der konfuzianisch geprägten chinesischen Kultur verankert. Wer als Ausländer auch nur *NiHâo* stammeln kann, wird sogleich als Sprachgenie tituliert, wer den Namen *ChiangKaiShek* kennt, wird als historisch bewandert bezeichnet und so fort. Dies wird auch der Tourist oder Geschäftsreisende feststellen, der sich mit einem Taiwaner erstmals unterhält. Wichtig ist, dass nichts davon ernstgenommen wird und man das Spiel mitspielt. **Komplimente** sind stets zurückzuweisen und mit einem Gegenkompliment zu erwidern. Es handelt sich lediglich um in die Rhetorik fest aufgenommene Floskeln, auf die man sich als Fremder nichts einbilden sollte. Im Gegenteil: man sollte etwa mit „aber woher denn, Ihr Englisch ist doch viel besser" antworten, der Bewunderung Europas mit einem Hinweis auf die „große Bedeutung TaiWans für die internationale Staatengemeinschaft" begegnen und so fort.

Auf die Frage, wie ihm denn der Rucksack gefalle, würde ein Chinese sich **niemals negativ äußern,** sondern selbst den unpraktischsten und hässlichsten Rucksack als wunderhübsch und überaus praktisch bezeichnen. Die Frage eines Einheimischen, ob er dieses oder jenes vom Touristen gezeigte Foto als Geschenk bekommen könne, sollte dieser **niemals mit „nein" beantworten.** Dies wäre unhöflich und entspricht einfach nicht der chinesischen Höflichkeitsrhetorik. Angebracht ist eine – wenn auch noch so dumme – Ausrede wie „das Foto gehört meinem Bruder"; für beide Seiten ist dann das Gesicht gewahrt.

Lebhaftigkeit (ReNao)

Überall in den Metropolen wird der Tourist eine rege Emsigkeit feststellen, die Menschen in den Lokalen unterhalten sich lautstark, kleine Geschäfte werben mit Leuchtreklame und lauter Musik. Die Spielhallen sind voll mit lärmenden Automaten aller Art, selbst in großen Kaufhäusern herrscht gelegentlich Diskoatmosphäre. All dies erzeugt ein Gefühl der Geborgenheit, welches dem Bedürfnis entspricht, nicht allein und einsam, sondern im Schutz einer Gruppe zu leben. Reisen, Essen, Einkaufen, Lernen – *alles geschieht in Gruppen,* Einzelgängern steht man eher misstrauisch gegenüber. Einzelne Spaziergänger im Park gelten beispielsweise als romantisch oder gar als unglücklich Verliebte. Daraus resultiert für den Besucher ein Bild der Lebhaftigkeit und eine Geräuschkulisse, die selbst europäische Städter in Erstaunen versetzt.

Alterszählung & chinesischer Kalender

Die chinesische Astrologie teilt den Tierkreis in einen **Zwölfjahresrhythmus** ein, wobei jedem Jahr ein bestimmtes Tierkreiszeichen zugeordnet wird. Einem Tierkreiszeichen-Jahrgang werden entsprechende Eigenschaften zugeordnet und das ideale Partner-Tierkreiszeichen ermittelt. Dabei kommt es allerdings nicht nur auf das Geburtsjahr an, sondern auch auf die genaue Geburtsstunde. Selbst die Blutgruppe spielt für den Charakter und bei der Wahl des Ehepartners eine wichtige Rolle. Der chinesische astrologische Kalender ist auch bei der weitverbreiteten Wahrsagerei und Handleserei immer von Bedeutung. Auch das berühmte chinesische Neujahrsfest richtet sich nach dieser auf dem Mondkalender basierenden Zählweise, die Umstellung von einem Tierkreiszeichen auf das nachfolgende findet im Zeitraum vom 21. Januar bis 28. Februar statt.

In der Alterszählweise zählt das Jahr der Geburt bereits als „eins", der erste Geburtstag (westlicher Rechnung) als „zwei", so dass bei einer Altersangabe im Vergleich zu unserer Zählweise ein Jahr abzuziehen ist.

Gelegentlich findet man in TaiWan auch die Datierung des **Kalenders nach der Revolution** von 1911. Der 10.10.2004 wäre dann „93/10/10" (93 Jahre nach der Revolution).

Gesellschaft

Der Chinesische Tierkreis

Ratte	1900	1912	1924	1936	1948	1960	1972	1984	1996
Büffel	1901	1913	1925	1937	1949	1961	1973	1985	1997
Tiger	1902	1914	1926	1938	1950	1962	1974	1986	1998
Hase	1903	1915	1927	1939	1951	1963	1975	1987	1999
Drache	1904	1916	1928	1940	1952	1964	1976	1988	2000
Schlange	1905	1917	1929	1941	1953	1965	1977	1989	2001
Pferd	1906	1918	1930	1942	1954	1966	1978	1990	2002
Schaf	1907	1919	1931	1943	1955	1967	1979	1991	2003
Affe	1908	1920	1932	1944	1956	1968	1980	1992	2004
Hahn	1909	1921	1933	1945	1957	1969	1981	1993	2005
Hund	1910	1922	1934	1946	1958	1970	1982	1994	2006
Schwein	1911	1923	1935	1947	1959	1971	1983	1995	2007

Bitte beachten:
Bis Anfang Februar Geborene fallen möglicherweise in das Tierkreiszeichen des Vorjahres.

Farben

Rot ist die wichtigste **Glücksfarbe** in der chinesischen Kultur. Glückssprüche an den Haustüren zum chinesischen Neujahrsfest, Einladungen zu großen Festen wie zu einer Hochzeit oder einem Jubiläum werden auf roten Karten geschrieben. Lediglich Lehrern ist es erlaubt, mit rotem Stift zu schreiben. Nachrichten, Briefe und Mitteilungen dürfen nicht mit roter Tinte/Kugelschreiber geschrieben werden, da dies als Akt der Unhöflichkeit interpretiert wird.

Die Farbe **Weiß** symbolisiert **Trauer und Tod.** Falls man zu einer Beerdigung eines Bekannten oder Freundes eingeladen wird, erwartet die Familie des Gestorbenen ein Geldgeschenk in einem weißen Umschlag. Einer Chinesin sollte man daher auch auf keinen Fall weiße Blumen schenken, das wäre ein böser Schnitzer.

Orange spielt nicht nur als Farbe des Buddhismus, auch als Symbolfarbe des Goldes **(Wohlstand)** eine große symbolische Rolle. So ist der Goldfisch der wichtigste (unverzehrbare!) Zierfisch. Das Wort *Yü* (2. Ton) für Fisch ist außerdem lautgleich mit *Yü* (4. Ton) für Wohlstand, der Fisch daher generell ein Glückszeichen. Karotten und Orangen sind ein geeignetes Mitbringsel, um symbolisch „Wohlstand" zu wünschen. Es ist kein Zufall, dass goldgelb auch die Farbe der chinesischen Kaiser war.

Geschenke

Unverzichtbarer Bestandteil chinesischer Höflichkeit ist das Mitbringen von Geschenken zu Einladungen aller Art. Dabei müssen sowohl die gesellschaftliche Stellung zwischen Schenkendem und Beschenktem, der **Symbolgehalt des Geschenkes** wie auch der Anlass berücksichtigt werden. Wird man als Tourist zu einem zwanglosen Besuch eingeladen, sind ein Beutel Tee (z.B. grüner OoLung) oder Süßigkeiten als Geschenk völlig in Ordnung. Ist man zum Essen eingeladen, bietet sich eine Flasche westlichen Cognacs und eine Tüte Orangen für die Dame des Hauses an. Die Orange nimmt wegen ihrer positiven symbolischen Farbe (sowohl goldfarben für Wohlstand als auch leuchtorange für buddhistisch) einen ohnehin sehr hohen Stellenwert ein, generell kann man mit Obst als Geschenk keinen Fehler begehen. Allerdings dürfen es nie vier Stück (egal was) sein, da die Zahl 4 *(si)* lautgleich mit *(si)* sterben gesprochen wird. Mit Blumen sollte man vorsichtig sein, insbesondere Schnittblumen sind bei traditionell denkenden Taiwanern den Ahnen – am Grab – vorbehalten.

Es gehört zu den Spielregeln, dass der **Wert des Geschenks** je nach Beziehung und Anlass erheblich zunimmt. Zu einer Hochzeitsfeier sollte der Eingeladene mindestens 5000 NT$ in verschlossenem roten Umschlag überreichen, Sachgegenstände besser nur mit Rücksprache der Eltern des Brautpaares verschenken – überflüssige oder doppelte Geschenke bedeuten Gesichtsverlust!

Außerhalb solcher offiziellen Anlässe werden Geschenke meist **rituell abgelehnt,** der Schenkende muss dann ebenso rituell auf der Annahme bestehen, oft mit dem Hinweis, der Gegenüber möge es doch bei Nichtgefallen weiterverschenken. Geschenke können verpackt oder unverpackt überreicht werden, dürfen aber in verpacktem Zustand vom Beschenkten nicht sofort geöffnet werden, sonst gilt man als gierig.

Gelage

Einladungen, Geschäftsessen oder Feierlichkeiten können leicht und übergangslos zu heftigen Trinkgelagen ausarten. Alkohol fließt dann reichlich, dem Gastgeber oder Ehrengast – und zu einem solchen kann auch der Tourist leicht werden – kommt dann die schwierige Aufgabe zu, mit nahezu jedem am Tisch ein Glas „auf die Freundschaft" oder

„auf die Gesundheit" ex, *KanPei*, zu trinken. ***Trinkfestigkeit,*** Durchhaltevermögen und hohe Disziplin auch zu fortgeschrittener Stunde sind unerlässliche Voraussetzungen nicht nur für Geschäftsleute. Schwäche zeigen bedeutet oftmals Gesichtsverlust und kann zum baldigen Abbruch der Beziehungen führen. Dies ist auch ein Grund, warum Frauen selten in repräsentative Funktionen aufsteigen – es ist für die chinesische Frau nicht schick, zu rauchen oder Alkohol zu trinken. Andererseits wird Trinkfestigkeit immer auch mit Durchhaltevermögen und Erfolg im Geschäftsleben gleichgesetzt.

Wenn es schließlich ans ***Bezahlen*** geht, wird jeder am Tisch geradezu vehement auf den Kellner einstürmen und unter beinahe handgreiflichen Auseinandersetzungen darauf bestehen, die Rechnung für alle zu begleichen. Dies ist ein offen zur Schau gestelltes Zeichen des persönlichen Wohlstandes und der Wertschätzung allen Anwesenden gegenüber. Als Ausländer kann man getrost ein wenig mittun, die Gastfreundschaft der Taiwaner gestattet es schlichtweg nicht, dass man tatsächlich einmal die Rechnung einer solchen Veranstaltung übernehmen müsste. Man beachte aber, dass im Falle eines Gegenbesuches in Europa ähnliches erwartet wird, was oft ein Problem des kulturellen Missverständnisses mit sich bringt, wenn sich eine Firma in Europa „ungenügend" um ihre Geschäftspartner kümmert!

Diese Art der Geschäftsbesprechungen ist auf TaiWan mittlerweile zu einem ***gesellschaftspolitischen Problem*** geworden. Zahlreiche vernachlässigte Ehefrauen beklagen in offenen Leserbriefen in den Tageszeitungen, dass sie ihre Männer nur noch im gesundheitlich bedenklichen Zustand der (Voll-)Trunkenheit zu Gesicht bekämen und so zahlreiche Ehen mehr oder minder gefährdet seien.

Tabus

Man ist auf TaiWan vom Westen, insbesondere durch die engen Beziehungen zu den USA, einiges gewohnt, was nicht mit der chinesischen Tradition und den allgemeinen Anstandsregeln übereinstimmt. Dennoch verschafft es sowohl direkte Erleichterungen (ein Passant bringt den Touristen trotz Umweges zum gewünschten Tempel, plötzlich ist doch noch ein Zimmer im Hotel frei) als auch Respekt, wenn man bestimmte Dinge berücksichtigt und sich an die Spielregeln des gastgebenden Landes hält.

Es ist ein Akt der Unhöflichkeit, Geld, Geschenke oder Visitenkarten ***mit einer Hand*** zu überreichen oder gar nur auf den Tisch zu legen. Höflich und respektvoll ist es, Gegenstände stets mit beiden Händen und einer leichten Verbeugung zu überreichen.

In chinesischen Hotels mit Lift wird man oft vergeblich den Knopf für den vierten Stock suchen. ***Die Zahl vier*** *(sì)* klingt lautlich ähnlich wie das Wort *(sï)* (sterben). Auf die dritte Etage folgt daher direkt die fünfte, obgleich dies faktisch die vierte ist – die Zahl vier ist einfach tabu. Man vermeide daher auch alles, was ähnlich interpretiert werden könnte, wie 400 NT$ als Geschenk, vier Bücher oder ähnliches. Drei und sieben dagegen sind Glückszahlen.

Es ist in China verpönt, dass ***Pärchen*** sich ***in der Öffentlichkeit*** küssen oder Händchen halten. In den Metropolen weicht dieses Tabu mehr und mehr auf, mittlerweile kann man auch auf TaiWan manches junge Pärchen händchenhaltend lustwandeln sehen.

Die chinesische Kultur hängt sehr an Symbolik und Vorzeichen, teilweise in enger Verknüpfung mit der Wahrsagerei und dem chinesischen Tierkreis. Am ***chinesischen Neujahr*** gibt es einige Dinge, die man auf keinen Fall tun sollte. Das neue Jahr soll Glück und Wohlstand bringen, fegt jemand, so verscheucht er das Glück. Wer an diesem Tag seine Kleidung wäscht, wird mit einem harten und arbeitsreichen Jahr bestraft, wer sich streitet, hat ein von Reibereien geprägtes Jahr vor sich.

Gesellschaft

Ärger sollte man ohnehin nie zeigen, auch dies würde Gesichtsverlust bedeuten. Auch in kritischen und ärgerlichen Situationen muss man die Zähne zusammenbeißen, sich beherrschen und stets lächeln – ein Zeichen von Selbstdisziplin und geistiger Überlegenheit.

Mit äußerstem Missfallen begegnet man der westlichen Form des *Lachens,* die als „auslachen" interpretiert wird. Lautstarkes Lachen wird vermieden und gleicht eher einem breiten Kichern, Frauen halten meist sogar beim Lachen die Hand vor den Mund. Der Grund dafür ist, dass das Tierische am Menschen (Fletschen der Zähne) anderen gegenüber nicht unhöflicherweise gezeigt werden soll.

Beim Essen darf man nie die Essstäbchen in die Schale stecken (Zeichen für einen baldigen Todesfall), sondern nur quer darüberlegen. Einen Fisch umdrehen, nachdem die Oberseite aufgegessen wurde, um dann die Unterseite zu essen hieße, das Schiff des Fischers zum Kentern zu bringen! Daher soll man den Fisch liegenlassen, die Gräten entfernen und erst dann weiteressen. Hinzu kommt, dass der Fisch *(Yú)* mit Überfluss *(Yú)* gleich lautet. Dreht man den Fisch um, verkehrt man auch den materiellen Überfluss ins Gegenteil.

Staub

In den Großstädten wird man gelegentlich Arbeiter, Fußgänger oder Kraftfahrer mit **Mundschutz** beobachten. Dies ist zwar auch eine bedauerliche Folge des Smogs und der industriellen Verschmutzung, liegt aber auch in der Abneigung gegenüber Staub begründet. Einheimische Studenten wählen bevorzugt die hinteren Bänke, um möglichen Staubeinflüssen (Tafelkreide) zu entgehen, moderne Klassenzimmer sind mit Faserstifttafeln ausgestattet. Die das Lebensodem *Chi (Qī)* tragende Atemluft soll möglichst von das Gleichgewicht störenden Einflüssen freigehalten werden – erstaunlich, dass die industriellen Luftverunreinigungen durch diese Einstellung noch nicht zurückgedrängt wurden.

Geomantik

Die traditionelle Wissenschaft von der Erkundung des idealen Platzes und der Ausrichtung beim Bau eines Hauses oder Gebäudes, die Geomantik, spielt im chinesischen Kulturkreis nach wie vor eine große Rolle. Interessanterweise lautet die chinesische Bezeichnung für Geomantik *FengShui (Feng* = Wind, *Shui* = Wasser), ein sehr anschauliches Bild, da nach der chinesischen Vorstellung der Strömungen von Luft und Flüssigkeit sowohl bei Lebewesen als auch in der unbelebten Natur eine Schlüsselrolle spielen. Der Geomantiker ist ein immer noch wichtiger Beruf, beim Bau von Häusern und Ahnenschreinen ist er mindestens so wichtig wie der Architekt. Selbst moderne Großunternehmen wählen ihren Standort nach den Vorgaben eines Geomantikers, gehen die Geschäfte schlecht, wird er ebenso häufig wie ein Wirtschaftsberater gerufen. Selbst die Bezeichnung eines Ortes oder einer Stadt hat symbolhaften Charakter. So wird man feststellen, dass es keine Ortsnamen gibt, die irgendwelche negativen Bezeichnungen wie „Teufelshöhle" oder „Galgenberg" tragen.

Persönliche Fragen

Während einer Bahnfahrt in Europa beschränken sich die Gespräche der (miteinander nicht bekannten) Reisenden meist auf das Reiseziel, die Krankheitsgeschichte der besuchten Person, die letzten Ligaergebnisse und die politische Allwetterlage. In TaiWan werden in öffentlichen Verkehrsmitteln oder auf der Parkbank auch dem Touristen kurz nach dem Vorstellen sehr schnell eine ganze Reihe aus unserer Sicht recht persönlicher

Fragen gestellt. So sind Fragen nach Beruf, Verdienst, Ehe und Kindern, wie viel man während der Reise so ausgebe und ähnliches völlig normale Gesprächsthemen, die in aller Offenheit besprochen werden. Man sollte auf Fragen dieser Art einigermaßen vorbereitet und keinesfalls brüskiert sein. Auf keinen Fall darf man erwiedern, dieses oder jenes gehe den Fragenden nichts an, vielmehr sollte man, wenn die Fragen nicht beantwortet werden sollen, eine Ausrede parat haben. Oder aber man antwortet ausweichend – auf jeden Fall aber immer höflich und lächelnd.

Die Frau in der Gesellschaft

Auch in TaiWan verschiebt sich die traditionelle Rolle der Frau als Mutter und Haushüterin allmählich hin zu einer aktiven Teilhabe am Arbeits- und Gesellschaftsleben. Mit zunehmender Ausbildung und höherem Lebensstandard sehen sich heute eine Vielzahl der Frauen mit der Mehrfachbelastung als Berufstätige, Mutter, Hausfrau und Partnerin konfrontiert. Eine zentrale Forderung, die der völligen **juristischen Gleichbehandlung,** konnte bislang jedoch nicht durchgesetzt werden. Traditionell wird der Name des Mannes angenommen, im Scheidungsfalle fallen die Kinder dem Mann zu und wird das Vermögen nach dem Ermessen des Mannes „aufgeteilt".

Geschiedene und auch Witwen werden nach wie vor in der Gesellschaft als „mit Makeln behaftet" betrachtet, was zu einem immensen Anstieg **psychologischer Hilfsdienste** (etwa 30 für verschiedenste Fälle wie Gewalt in der Ehe, Mobbing, Kindesmissbrauch und andere) und sogar zur Einrichtung einer telefonischen Hotline für betroffene Frauen führte („The Warm Life", Tel: 02-23819769 auch für Ausländerinnen).

Vor allem in der **Arbeitswelt** haben es Frauen sehr schwer, verantwortungsvolle Positionen zu erreichen, zu traditionsbewusst sind die Männer – und können es sich außerdem schwer vorstellen, Frauen in gewisse Etablissements zu „Arbeitsbesprechungen" oder zu den vielfältigen Trinkgelagen mitzunehmen.

Gesellschaft

Mehr Spaß in der Gemeinschaft

Nicht von ungefähr kommt daher vielleicht das Ergebnis einer breitangelegten Studie der Zeitschrift „Elle", wonach die taiwanesischen Frauen die unglücklichsten und unromantischsten Frauen der Welt sein sollen!

Besondere Probleme, meist basierend auf kulturellen Missverständnissen, können sich im Falle der ***Heirat einer Europäerin*** mit einem Taiwaner ergeben. Auch das wurde inzwischen erkannt: ein Ansprechpartner für telefonische Beratung in diesen Fällen ist das Mackay Counseling Centre in TaiPei, Tel: (02)-25718427.

Bildungswesen

Gemäß der Verfassung der R.o.C. fließen mindestens 15% des staatlichen, 25% des Provinzetats und 35% des Etats der Lokalverwaltungen in den ***Aus- und Fortbildungssektor.*** So stehen diesem wichtigen gesellschaftspolitischen Bereich derzeit jährlich über elf Milliarden US$ zur Verfügung. Davon kamen 3,2 Milliarden aus dem Staatshaushalt (zum Vergleich: in Deutschland etwa 2,5 Milliarden US$).

Das ***Schulsystem*** ist dem US-amerikanischen angenähert und beginnt mit einer sechsjährigen obligatorischen Grundschulausbildung, an die sich eine dreijährige Haupt-

Rentner beim ErHu-Spiel im CKS-Park/TaiPei

schulausbildung bis zur neunten Klasse anschließt. Anschließend folgt eine wiederum dreijährige Ausbildungsphase, deren Wahl vom gewünschten Ziel (Vorbereitung auf den Beruf, technisches College, Universität) abhängt. Nach der zwölften Klasse bestehen erneut zahlreiche Wahlmöglichkeiten (Fachhochschulen, Universitäten, technische Hochschulen), deren erster Abschluss (etwa: Magister) mit 23 bis 24 Lebensjahren erreicht ist.

Die Schulen sind verpflichtet, sehr eng mit den Eltern zusammenzuarbeiten. So müssen alle Hausaufgaben von den Eltern durchgesehen und unterzeichnet werden. Lehrer und Dozenten sind absolute Respektspersonen, denen nicht widersprochen werden darf.

Von den Möglichkeiten und finanziellen Mitteln her betrachtet, ist das taiwanesische Schulsystem sicherlich bemerkenswert. Allerdings wirken sich zwei Faktoren äußerst nachteilig auf den ***Bildungsstand*** aus: erstens ist die Schulbildung nicht umsonst, lediglich ärmere Familien erhalten freie Lehrmittel. Zweitens gelten die Schüler als relativ faul – was eine Verkennung der Umstände ist. Die Kinder werden sowohl von der modernen Informationsgesellschaft überfüttert (PC, TV, Spielhallen, MTV) als auch von den Eltern – wegen der Kosten und des gesellschaftlichen Ansehens – erheblich unter Druck gesetzt und teilweise sogar zusätzlich in ergänzende Abendschulen und Privatunterrichte geschickt. Trotzdem ergab ein Vergleich der Schülerleistungen zwischen japanischen und taiwanesischen Jugendlichen 1995, dass die Japaner in allen Belangen überlegen waren!

Erst 1999 wurde beschlossen, dass Englisch ab 2001 Pflichtfach an allen Grundschulen TaiWans werden soll, fehlende Fachlehrer wurden bis dahin fertig ausgebildet. Durch fallende Sprachbarrieren wird das Reisen in TaiWan langfristig damit sicherlich noch einfacher.

Soziales

Der allmähliche Übergang vom Agrar- über den Industrie- zum Dienstleistungsstaat brachte wachsenden Wohlstand und die Forderung nach einer gleichmäßigeren Minimalabsicherung aller mit sich. Basierend auf der chinesischen Tradition, dass die ***Familie die Kernzelle der Gesellschaft*** ist und eine Verantwortung für alle Familienmitglieder trägt, entstanden allerdings lediglich flankierende staatliche Maßnahmen wie Jugendschutzgesetze, allgemeine, einkommensunabhängige Schulausbildung, Unterstützungen für Personen ab 70 Jahren, Behindertenversorgung und ähnliches.

Eine allgemeine, umfassende Krankenversicherung wurde bislang ebenso wenig durchgesetzt wie Pflege-, Renten- oder Arbeitslosenversicherung (im Gespräch). Prinzipiell ist es Aufgabe des Einzelnen oder dessen Familie, für genügend Mittel im Alter, bei Krankheit oder Arbeitslosigkeit zu sorgen. Der wirtschaftliche Aufschwung führte zunächst zu speziellen Krankenversicherungen für bestimmte Berufsgruppen wie Farmer oder Industriearbeiter, noch nicht aber zu einer ***Sozialversicherung*** im mitteleuropäischen Sinne. Für Soldaten und Staatsdiener gelten besondere staatliche Absicherungsgesetze. Seit Januar 1995 wird eine allgemeine, allerdings freiwillige Krankenversicherung angeboten. Wer Mitglied ist, trägt bei ärztlicher Behandlung keine weiteren Kosten, auch dürfen diese Patienten von Ärzten und Krankenhäusern nicht abgelehnt werden. Diese Versicherung basiert auf einer bestimmten Deckungssumme, deren Prämie (rund 5% pro Jahr vom Bruttolohn) zu 60% vom Versicherten, zu 30% vom Arbeitgeber und zu 10% vom Staat bezahlt werden.

Gesellschaft

Nicht unerwähnt bleiben darf, dass die Bevölkerung nicht uneingeschränkt staatliche Maßnahmen fordert und den geplanten Lohnabzügen zunächst einmal kritisch gegenübersteht. Manche Stimmen meinen jetzt schon, man fühle sich entmündigt oder man wolle einfach keine Beiträge ohne konkrete Gegenleistung vom Lohn abgezogen bekommen. Die allumfassende Krankenversicherung wurde 1995 erneut in der Öffentlichkeit diskutiert, es fanden sich aber keine entsprechenden Mehrheiten. 60% der Bevölkerung sind bereits in einer der 13 existierenden Berufsgruppen-, Studenten- oder Beamtenversicherungen krankenversichert.

Zu den weitergehenden staatlichen Programmen gehören (für Kinder kostenlose) Schutzimpfungen, Schwangerschaftsuntersuchungen, Krebsuntersuchungen bis hin zu genetischen Tests zur Vorhersage möglicher Schäden bei Neugeborenen.

Rentner sind auf eigene Ersparnisse, die Familie (Kinder) oder die Zugehörigkeit zu einer Berufsgruppenrente (Beamte, Soldaten) angewiesen. Ein echtes Rentenalter gibt es daher nicht (für Staatsdiener gilt meist das 65. Lebensjahr), ab 70 existieren einige staatliche Vergünstigungen wie etwa der halbe Preis bei der Benutzung öffentlicher Verkehrsmittel. Bei Bedürftigkeit kommen freie Heilfürsorge, Unterstützung bei der Lebenshaltung oder Unterbringung in privaten oder staatlichen Altersheimen hinzu. Derzeit sind nur rund die Hälfte der älteren Taiwaner in irgendeiner Form sozialversichert.

TaiWan hat die höchste Rate **Kurzsichtiger** weltweit. Unter den Jugendlichen benötigen bereits mehr als zwei Drittel eine Sehhilfe. Sehtests bei der Einschulung, moderne Augenarztpraxen sowie die Ausbildung zahlloser Optiker sollen hier Abhilfe schaffen. Da Sehhilfen weit verbreitet sind, kommt es für Touristen oftmals zu folgender Situation: Fragt man einen Einheimischen nach einem bestimmten Ort – unter Hindeuten auf einen Stadtplan oder kleingeschriebene chinesische Zeichen – entschuldigt sich dieser mit dem Hinweis, er habe seine Lesebrille nicht dabei – Gesichtswahrung bei Nichtwissen.

Traditionelle Künste

Chinesische Heilkunst

Die traditionelle chinesische Medizin basiert auf den Erkenntnissen zweier Jahrtausende. Unter *ChinShih HuangTi* (Chin-Dynastie, 221–207 v.Ch.) wurden im Buch *NeiChiang* (innerer Fluss) eine Vielzahl traditioneller Behandlungsmethoden erstmals schriftlich festgehalten. Während der Han-Dynastie (206–221 n.Ch.) wurde dieses Werk erweitert und bildete die Grundlage für praktisch alle traditionellen Heilmethoden bis in unsere Zeit.

Der Kerngedanke der chinesischen Medizin besagt, dass der Mensch sich in einem **Gleichgewichtssystem innerhalb der Natur** *(Yin-Yang)* befindet. Ist dieses Gleichgewicht gestört, zeigt sich das in Form einer Krankheit. Ursache für derartige Gleichgewichtsstörungen können die „sechs äußeren" (Kälte, Hitze, Feuchtigkeit, Wind, Feuer, Trockenheit) oder die „sieben inneren Faktoren" (Ärger, Sorge, Schwermut, Trauer, Angst, Überraschung, aber auch Glück) sein. Ist die Ursache der Störung erkannt, werden z.B. Akupunktur oder traditionelle Medikamente eingesetzt.

Die **Akupunktur** basiert auf der Theorie, der Körper sei von selbstheilender Lebensenergie *(Chi)* erfüllt. Bei Krankheit sei dieser Fluss unterbrochen, durch Reizung bestimmter Körperpunkte könne diese Unterbrechung beseitigt und der Selbstheilungsprozess eingeleitet werden.

Die **traditionellen chinesischen Medikamente** sind meistens reine Naturheilmittel, die natürlichen Wirkstoffe von Pflanzen oder Knochen sollen eigene Körperabwehrfunktionen stärken oder ein Ungleichgewicht bekämpfen. Die medizinische Wirkung von Pflanzen auf bestimmte Körperpartien wurde genauestens analysiert und katalogisiert und ist keineswegs als „Quacksalberei" abzutun.

Malerei

Als goldenes Zeitalter der traditionellen chinesischen Malerei gilt die Ära der Tang-Dynastie (618–907 n.Ch.). Beamte und Oberschicht förderten die typische Landschaftsmalerei in Wasserfarben. Während der Sung-Dynastie (1036–1101 n.Ch.) kamen dann kleine Gedichte und Texte sowie rote Namenssiegel des Künstlers und des Empfängers zum Bild hinzu. Diese **Literaten-Malerei** genannte Form blieb die vorherrschende Variante der chinesischen Malerei bis ins 20. Jh. Auffallende Unterschiede zur westlichen Malerei sind die nahezu ausschließliche Verwendung von Wasserfarben, die stets subjektiv-realistische Darstellung der Landschaft oder Szene aus der Sicht des Künstlers (im Westen objektiv-realistisch) sowie die aus der Kalligraphie abgeleitete Strichtechnik (⇗ Taoismus).

Wandmalerei im ShanHsiu-Tempel/TouLi

Gesellschaft

Porzellan

Schon die frühen Kulturen Chinas vor 5000 Jahren verstanden sich auf das Brennen und Verzieren von tönernen Nutzgefäßen. Seit der Han-Dynastie (206 v.Ch. – 220 n.Ch.) wurden Porzellanartikel und Keramiken bis nach Indien und Japan geliefert. Weltbekannt wurde bei späteren Kontakten mit Europa das berühmte „chinesische Porzellan", dessen Material aus ChingTeChen (Provinz KiangSi) stammt. Diese Gegend ist noch heute berühmt für ihre Porzellanmanufakturen. In TaiWan erfreut sich die Porzellanherstellung wieder zunehmender Beliebtheit, einige Universitäten bieten sogar Ausbildungsgänge für das Porzellan- und Töpferhandwerk an.

Bronzen

Gefäße aus Bronze wird der Besucher in nahezu allen Museen antreffen. Wegen ihrer Haltbarkeit sind sie ein ausgezeichnetes Zeugnis der jeweiligen Kulturepoche. In China und TaiWan sind Bronzegefäße schon aus dem zweiten vorchristlichen Jahrtausend bekannt; sie dienten als Kochgefäß, als Trinkgefäß, als Behälter bei rituellen Handlungen sowie als Musikinstrumente. Chinesische Bronzen galten als besonders fein und symmetrisch ausgewogen. Hauptmotive und Randmuster wurden stets sorgsam aufeinander abgestimmt und verleihen der Musterung oft einen dreidimensionalen Charakter. Viele der ältesten in China und auf TaiWan gefundenen Bronzen werden im National Palace Museum in TaiPei (♪) ausgestellt. Noch heute finden große dreibeinige Bronzekessel zum Beispiel für Räucherstäbchen vor Tempeln Anwendung.

Jade

Für wohl keine andere Kultur spielt Jade in der Symbolik und im Kunsthandwerk eine so große Rolle wie für die chinesische. Als flache, eckige Scheibe poliert und mit einem runden Loch versehen galt sie schon den chinesischen Frühkulturen als Ausdruck der Kosmologie zu Ehren der Himmels- und Erdgeister. Aufgrund ihrer Seltenheit und Kostbarkeit wurden Ziergegenstände aus Jade nur von Reichen oder hohen Würdenträgern getragen. Auch zu rituellen Zwecken fand die Jade Verwendung, so als symbolische Befehlsstab des Kaisers an ins Ausland Gesandte. Die Entwicklung vom reinen Kunsthandwerk für Schmuckgegenstände begann unter der Sung-Dynastie (960–1276 n.Ch.), nur am Kaiserhof wurden fortan Jadegegenstände in Zeremonien eingesetzt. Jade gilt heute als bevorzugtes Geschenk für Ehepartner untereinander und zur Hochzeit, sie gilt als Symbol des Wohlstandes und als Schutz vor Unglück. Bei traditionellen Bestattungen im chinesischen Altertum wurden den Verstorbenen die Körperöffnungen mit Jade verschlossen, da dies der Verwesung vorbeugen sollte. Verstorbene Kaiser wurden aus diesem Grunde oft zusätzlich in Jadegewändern bestattet. Jade nimmt noch heute neben Gold die wichtigste Stellung auf dem Schmuckmarkt des heutigen TaiWan ein.

Laiendarbietungen und Spiele

Der Reisende wird in TaiWan im Alltag oder an Festtagen in Europa vollkommen unbekannte Vorstellungen beobachten können, die von ganz gewöhnlichen Menschen dargeboten werden und nicht immer einer bestimmten Kunstrichtung zuzuordnen sind. Sehr populär und durch das Fernsehen auch bei uns bekannt sind die sogenannten Drachen- und Löwentänze.

Der **Drachentanz,** seit der Sung-Dynastie (960–1279 n.Ch.) weit verbreitet, wird von einer Tanzgruppe mit einem Pappmaché-Drachen aus mehreren etwa 2 m langen Teilstücken an nationalen Feiertagen aufgeführt. Die größten Drachen erreichen in TaiWan bis zu 120 m Länge.

Nahezu an jedem Festtag werden **Löwentänze** aufgeführt, die weniger Personen benötigen und daher einfacher zu koordinieren sind. Ursprünglich sollte der Löwe als Symbol der Stärke am chinesischen Neujahrsfest böse Einflüsse vom neuen Jahr fernhalten.

So beliebt wie etwa bei uns das Jojo ist in China und TaiWan das von einer Person zu spielende **Diabolo.** Der Spieler hält ein an zwei Handgriffen befestigtes dünnes Seil in beiden Händen (ähnlich einem Hüpfseil) und bewegt einen hantelförmigen Gegenstand damit hin und her, schleudert ihn hoch und fängt ihn am gespannten Seil wieder auf. Das Diabolospiel fördert Konzentration und Geschicklichkeit und ist auch heute bei jung und alt sehr beliebt.

Ein beliebter Sport für zwei Spieler auf Pausenhöfen oder in Parks ist das **Federballkicken.** Ein absolutes Muss für jedes chinesische Kind (und sehr oft auch für Erwachsene) ist das **Kreiseldrehen,** wobei Größe und Gewicht des Drehkreisels zwischen Miniatur- und 50-kg-Geräten variieren.

Um viel Geld kann es beim **Mah-Jong** gehen, bei dem es aus verteilten und aus der Mitte gezogenen Steinen ähnlich wie beim Bridge wertvolle Sequenzen zu erreichen gilt.

Die meisten der genannten Volkskünste werden in TaiWan sorgsam gepflegt; die Eltern geben ihr Wissen an die Kinder weiter, oft gehören diese Kulturgüter sogar zum Schulunterricht.

Kleidung

Die traditionelle Kleidung der Chinesen muss von der heutigen, an westlichen Vorbildern orientierten, differenziert werden. Der überwiegende Teil der Bevölkerung, insbesondere die Jugend, trägt Jeans oder Stoffhosen nebst Bluse oder Hemd. Die aus der Tradition hervorgegangen Stile und Besonderheiten sind dennoch nach wie vor vorhanden und haben sich in TaiWan zu einem eigenständigen Design weiterentwickelt. Die Ursprünge gewebter Stoffe reichen archäologischen Funden zufolge (Nadeln aus Knochen oder Muscheln) rund 20.000 Jahre zurück.

Regelrechte **Kleidungsordnungen** für bestimmte Stände und Feierlichkeiten sind seit etwa 4500 Jahren bekannt, wobei Länge und Farbe des Gewandes immer eine feste Bedeutung hatten. Das bedeutendste war das *Shen Yi,* eine mit Rock oder Hose zusammengenähte, weit geschnittene und mit Stickereien verzierte Tunika aus Seide, die an besonderen Tagen oder von Gelehrten und Regierungsbeamten getragen wurde.

Die **Farb- und Glückssymbolik** bei den Stickereien spielte stets eine wesentliche Rolle. So wurden Drachen oder Trigramme (geschlossene oder unterbrochene Dreiergruppen von Strichen aus der Yin-Yang Lehre, ↗ Taoismus) für die Stickerei verwendet, Grün für den Frühling, Rot für den Sommer, Weiß für den Herbst und Schwarz für den Winter als Grundfarbe der Kleidung gewählt.

Obgleich gerade in TaiWan hervorragende Synthesen moderner Ansprüche und klassischer Muster kreiert wurden, liegt der Schwerpunkt heute in einer alltagstauglichen **Berufskleidung im westlichen Stil.** Für Feiertage hat zumindest die taiwanesische Frau nach wie vor auch östliche Gewänder zur Verfügung.

Namensstempel

Viel wichtiger als die Unterschrift war und ist in China der Namensstempel. Gleichgültig ob auf offiziellen Dokumenten, auf privaten Briefen oder auch Gemälden – überall fällt das rote Quadrat mit kunstvollen Schriftzeichen auf. Jeder Chinese nennt einen Namensstempel sein eigen, Stempelmacher ist ein hochangesehener und weitverbreiteter Beruf.

Gesellschaft

Als **Ausgangsmaterial** diente früher Kupfer, Marmor oder Jade, heute wird auch Speckstein, ein sehr häufiger und (sofern grün) der Jade ähnlicher, wenn auch weicherer Stein. Hat der Kunde dem Stempelgraveur seinen Namen genannt, entwirft dieser zunächst eine einmalige Komposition auf dem Papier in traditioneller Siegelschrift. Anschließend graviert er dem polierten, manchmal am oberen Ende mit einer Figur verzierten Rohling als Skulptur (die Zeichen treten von der Oberfläche hervor, alles übrige ist weggraviert) oder als Freske (die Zeichen sind vertieft, erscheinen also weiß im Druck) den Namenszug ein.

Der **Stempelabdruck** wird bei Behörden oder der Bank hinterlegt, als Beweis der Authentizität bei späteren „Unterschriften". Zur Eröffnung eines Bankkontos ist ein Namensstempel *(TuChang)* auch für Ausländer unerlässlich. Gedruckt wird ausschließlich mit einer sehr festen, in kleinen Porzellandöschen gelagerten roten Tintenpaste. Auch wenn es unzeitgemäß erscheinen mag – für Chinesen, auch auf TaiWan, ist es auch heute noch üblich, neben die Unterschrift auf Verträgen oder bei Geldgeschäften den Namensstempel hinzuzufügen. Die Kunst des Stempelgravierens wird auf allen Kunsthochschulen gelehrt und gilt als außerordentlich schwierig. Der Namensstempel ist außerdem ein Vorläufer für den Buchdruck in China.

Möbel

Die reichhaltig mit Ornamenten und Schnitzereien versehenen antiken Möbel in Museen, älteren Herrschaftshäusern oder auch Tempeln sind für den Besucher eine der Augenfälligkeiten, denen er auf TaiWan begegnet. Die Verwendung von Möbelstücken als Gebrauchsgegenstände entwickelte sich in der chinesischen Kultur erst verhältnismäßig spät. Erst mit der Han-Dynastie (206 v.Ch. – 220 n.Ch.) kam der Gebrauch von Betten und Bänken als Sitzgelegenheit auf. Bis zum Ende der Mingzeit (1368 – 1644) waren Stühle, Tische, Betten, Schränke, Schatullen und anderes mehr reine Gebrauchsgegenstände und selbst am Kaiserhof ohne größere Verzierung. Erst mit der Ching-Dynastie (1644 – 1911) und deren Kontakte zu anderen Kulturen kam die Verzierung von Möbelstücken als Ausdruck des eigenen Wohlstandes mehr und mehr in Mode. Kunstvoll verzierte und aus heutiger Sicht verspielt gearbeitete Stücke, welche als „antik chinesisch" gelten, stammen ausnahmslos aus dieser Periode. Analog zur chinesischen Architektur waren Sandel-, Birnen- und Ebenholz die wesentlichen Rohstoffe bei der Herstellung.

Neben einfachen Holzmöbeln für die Masse der Bevölkerung gab es die berühmten **Lackmöbel** für die reicheren Schichten. Nach dem Schnitzen der Stücke wurden sie mehrfach lackiert und anschließend spiegelglatt poliert, wobei häufig Perlmutt- oder Jadeeinlagen mit Drachen- oder Löwenmotiven zur weiteren Verzierung verwendet wurden. Heute wird im normalen Haushalt eher ein westlicher Stil (Leder- oder Stoffgarnituren) bevorzugt, daneben sind auch Bambus- und Rattanmöbel sehr beliebt. Letztere sind – verglichen mit europäischen Preisen – preiswert und werden in hoher Qualität auch für den Export nach USA und Europa produziert. Möbel im sogenannten „traditionellen" Stil werden nach wie vor als Ziermöbel in Firmen, in großen Hotels oder Restaurants, aber auch von Privatpersonen gekauft.

Lackwaren

Die Kunst der Lackverzierung bei Möbeln, Figuren, Geschirr und Zierrat ist eine rein chinesische Kunstform mit einer jahrtausendealten Geschichte. Vor rund 7000 Jahren entdeckten die Bewohner des gelben Flusses, dass der Saft des Lacksumach-Baumes nach dem Trocknen sehr fest und glänzend wird. So überzog man Alltagsgegenstände wie Töpfe und Krüge aus Ton oder Metall damit, um sie sowohl haltbarer als auch schöner zu machen. Bis zum ersten Jahrtausend vor unserer Zeitrechnung verwendete man den Lacksumach-Saft dann auch zur Lackierung von Waffen, Ritualgegenständen, Dosen, Götterbildern und anderem. Die Lackkunst erlebte zu dieser Zeit in China eine Blüte, selbst in andere Regionen Asiens wurde geliefert. Bis ins 19. Jh. hinein erreichte dieses Kunsthandwerk in China immer größere Vollendung, bis billigere und leichter zu verarbeitende Ölfarben aus Europa nach China kamen. Nach dem zweiten Weltkrieg wurden auch diese wieder verdrängt und durch die noch günstigeren chemischen Kunstfarben ersetzt. Die traditionelle Methode, das Übereinanderlegen von bis zu 20 verschiedenfarbigen Lackschichten und anschließendem Herausschnitzen der Motive hat sich dennoch als optisch schönste und auch haltbarste Form erwiesen. Heute werden Lackarbeiten überwiegend als Zierstücke (Schmuckschatullen, traditionelle Möbel) oder besondere Geschirrformen (große flache Dose mit mehreren Einsätzen) in TaiWan verwendet.

Knoten

Im Laufe der Zeit entwickelte sich in China der Knoten vom reinen Gebrauchs- auch zum **Schmuck- und Ziergegenstand,** der es vor allem den einfacheren Menschen erlaubte, Alltagsgegenstände wie Spiegel, Götterstatuen, Amulette, Fächer ohne Kosten zu verzieren. Selbst Figuren, Blumen oder symbolisches Geld wurde gänzlich aus Hanf, Baumwoll-, Seiden- oder Lederbändern geknotet. Noch heute spielt die Symbolik des Knotens eine große Rolle bei Glücksanhängern, Geschenkverpackungen und selbst an Gürteln. Fünf Merkmale unterscheiden den chinesischen Knoten von westlichen oder japanischen: sie sind stets sehr fest geknüpft, sind symmetrisch aufgebaut, sehr kompliziert, dreidimensional und entstehen in den drei Arbeitsgängen knüpfen, ziehen, vollenden. Oft werden für Schmuckanhänger Perlen und Jadefiguren eingearbeitet. In zahlreichen Geschäften und Kaufhäusern auf TaiWan werden geknotete Glücksbänder und Schmuckanhänger feilgeboten, insbesondere in Tempeln oder an Götterstatuen sind diese zu bewundern.

Stickereien

Eine der ältesten handwerklichen Künste des alten China ist die Stickerei. Die Historiker streiten, ob deren Anfänge im dritten oder erst im zweiten vorchristlichen Jahrtausend zu suchen sind. Der Zweck bestand zunächst in der Verzierung von Kleidung und damit der Demonstration der gesellschaftlichen Stellung. Mit dem Aufschwung des Handels während der Han-Dynastie (206 v.Ch.–220 n.Ch.) entwickelte sich die Stickerei mit zunehmendem Wohlstand vermehrt zu einer Kunst der Verzierung von Wandbildern und Accessoires. Mit der Ausbreitung des Buddhismus in China und dessen erster Blüte unter den Dynastien Wei und Tang im sechsten und siebenten Jahrhundert unserer Zeitrechnung nahm die Stickerei auch im religiösen Bereich eine große Rolle ein. Eindrucksvolle Relikte der filigranen „Buddha besticken" genannten Stickereien sind im National Palace Museum in TaiPei zu sehen. Bis zur Ming-Dynastie (1368–1644) wurden Technik und Verwendung weiter verfeinert, so dass unter anderem Geldtäschchen, Tücher, Wandbilder, Baldachine und Transparente bestickt wurden. Beim verwendeten Material reicht die Bandbreite von Seide über Goldfäden bis hin zu menschlichen Haaren. Auch im modernen TaiWan wurde die Stickkunst bewahrt, auch wenn sie durch die veränderte Rolle der Frau, die sich mit diesem Hobby traditionell beschäftigte, in den Hintergrund getreten ist. Der Tourist wird meist in buddhistischen Tempeln und während religiöser Festlichkeiten die bunten Stickereien auf orangefarbenem Grund (Fahnen, Transparente) bewundern können.

Gesellschaft

TaiChiChuan

Wer auf TaiWan in den frühen Morgenstunden durch die Parks der Innenstädte spaziert, wird viele jüngere und ältere mit einer Art Sportanzug bekleidete Menschen bei seltsam ruhig und in Zeitlupentempo vorgetragenen Leibesübungen beobachten können. Dies ist das in ganz China weitverbreitete, traditionelle *TaiChiChuan (TàiQīQuán,* etwa: „Aufnehmen der höchsten Lebensenergie"), eine Sonderform der *KuoShu* (Nationalkunst). Der Grundgedanke basiert auf dem auch in Medizin und Glauben enthaltenen Prinzip der Ausgewogenheit von Yin und Yang. Sind diese Elemente im Körper harmonisch und ausgewogen, kann die nicht physisch existente Lebensenergie *(Chi)* fließen und Gesundheit wie auch ein langes Leben fördern. Die Übungen verlangen äußerste Körperbeherrschung und Disziplin; entscheidend ist, dass alle Bewegungsabläufe rund und sanft ablaufen, da nur so körperliche Ausgewogenheit für die Aufnahme des Chi hergestellt werden kann.

Musik und Chinesische Oper

Die **traditionelle Musik** ist für den westlichen Besucher sicherlich äußerst gewöhnungsbedürftig. Bei Beerdigungen, in den Tempeln, in der chinesischen Oper oder auch in Parks begegnen dem Besucher fremde, oft völlig wirr scheinende Klänge mit Dissonanzen und ungewöhnlichen Rhythmen.

Bereits vor unserer Zeitrechnung gab es in China eine umfassende Musiktheorie und hochentwickelte Instrumente, welche hauptsächlich rituelle Verwendung fanden. Bis heute besteht ein klassisches Orchester meist aus sieben Musikern mit Laute *(PiPa),* Bambusflöte *(TiTzu),* Wölbbrettzither *(KuCheng),* Kniegeige *(ErHu),* Schalmei *(SoNa)* und verschiedenen Rhythmusinstrumenten. Ursprünglich wurde in ländlichen Regionen auf den Reisfeldern und Teeplantagen gesungen oder erzählte Liedertexte musikalisch begleitet. Durch Kontakte mit anderen Kulturen wurde die traditionelle chinesische Musik mit klassischen und modernen Elementen angereichert. Einer der bekanntesten Komponisten TaiWans, *LiTai Hsiang,* verbindet die Musik seiner Vorfahren (er stammt aus einer Ureinwohnerfamilie) mit traditionellen chinesischen und modernen westlichen Rhythmen. Selbst einheimischen Kennern fällt es gelegentlich schwer, die Grenzen zwischen den einzelnen Traditionen klar zu erkennen.

Gerade die Musik auf TaiWan wurde durch die 50jährige japanische Besatzung und die enge Anlehnung an die USA nach 1949 stark von anderen Nationen geprägt. In den 1970er Jahren kam die chinesisch gesungene **Popmusik** auf, die sich heute auch mit gesellschaftspolitischen Themen wie Umwelt oder Festlandspolitik auseinandersetzt.

Eine Sonderform in der Musik nimmt die berühmte **Chinesische Oper** *(KuoChü, GuóJú,* auch Peking-Oper genannt) ein. Der Tang-Kaiser *TaiTsung* gründete 626 n.Ch. die erste kaiserliche Schule für Hofmusik. Gesang, Musik, Akrobatik, Pantomime und Rezitativ-Gesang vereinigten sich hier zu einer vollkommen neuen Kunstform. Mythen, Legenden und historische Ereignisse bildeten den Themenkern für Darbietungen dieser neuen Opernkunst, die sich im Laufe der Zeit regional weiter- und auseinanderentwickelte. Die Ausbildung der Darsteller gehörte zu den schwierigsten und langwierigsten überhaupt, da jede Geste und Bewegung bis ins kleinste Detail einschließlich Maske und Garderobe ausgefeilt waren. Alle Rollen, auch Frauenrollen, wurden ausschließlich von Männern gespielt. Der bekannte Film „Lebewohl meine Konkubine" bietet einen ausgezeichneten Einblick in dieses Thema.

Der Schauspieler der Peking-Oper spielt weniger eine Rolle als einen Charakter, der durch die farbige Maske und das Kostüm festliegt und für den Zuschauer sofort erkennbar ist (vergleichbar dem europäischen Puppentheater). Die wichtigsten Charaktere sind der alte (weise) und der junge (kämpferische) *Sheng,* die ältere und die schöne *Tan,* der je nach Schminke gute oder böse *Ching* sowie der Spaßmacher und Kommentator *Chou.*

Neben traditionellen Stücken werden heute auch westliche Dramen umgearbeitet, zum Beispiel *Shakespeares* „Macbeth" zum „Königreich des Verlangens" von *WuHsingKuo.* Moderne Themen handeln von der schwierigen Beziehung TaiWans zum Festland und aktuellen innenpolitischen Fragen, oft in verschlüsselter Form. Für den Touristen empfiehlt sich weniger der Besuch eines kompletten Opernstückes als vielmehr ein **Besuch der Proben** von Peking-Opernschülern der *„National FuHsing Dramatic Arts Academy",* 177 NeiHuLu, Sec. 2, TaiPei, Tel: (02)-27962666. Dienstags und donnerstags wird für rund 15 US$ ein zweistündiges Besuchsprogramm mit kurzer Aufführung, Besuch der Ausbildungsstätte und der Möglichkeit für Besucher, selbst in Kostüm und Maske zu schlüpfen, angeboten.

Szene einer Chinesischen Oper

Gesellschaft

Literatur

So umfassend und ereignisreich wie die chinesische Geschichte ist auch die Literatur. Vergleichbar mit dem antiken Griechenland befand sich auch in China die Niederschrift von Heldenepen, Geschichtswerken und Dokumenten schon vor 3000 Jahren auf einem sehr hohen künstlerischen Niveau. Viele hervorragende Quellen und Schriften der frühen Unterhaltungsliteratur gingen durch die von Minister *LiSi* angeordnete Bücherverbrennung während der Chin-Dynastie (221–206 v.Chr.) verloren. Viele der alten Erzählungen blieben jedoch durch mündliche Überlieferung im Volk lebendig, da das Auswendiglernen von Texten in der Ausbildung und die Erzählung von Ereignissen über Generationen im einfachen Volk in China eine große Rolle spielte.

Die **klassische Literatur** sei hier mit sechs großen Werken vorgestellt:

●Die *„Geschichte der drei Reiche"* (von *LoKuanChung*, 1330–1400), welches den Kampf um die Vorherrschaft in China nach der Han-Dynastie während der Jahre 220–264 n.Ch. beschreibt.

●Die Heldengeschichte *„Die Räuber vom LiangShan Moor"* (*ShuiHuChuan*, von *ShihNaiAn* 1290–1365 verfasst).

●Die berühmte *„Reise nach dem Westen"* des buddhistischen Mönches *HsuanTang,* der nach Indien zog und den Buddhismus nach China brachte (*WuChengEn,* 1506–1582).

●*„Schlehenblüten in goldener Vase"* ist ein monumentaler erotischer Sittenroman über die Ming–Zeit (1368–1644). Sowohl die sprachlich verschlüsselten erotischen Szenen wie auch die Beschreibung des Alltagslebens machen dieses Werk äußerst interessant (*ChingPingMei,* erschienen um 1610).

●Eine gesellschaftskritische Satire, die vor allem mit dem korrupten Beamtentum abrechnet, ist *„Die inoffizielle Geschichte der Gelehrten"* von *WuChingTzu* (*JuLin WaiShih* , um 1750).

●Mehrfach verfilmt und auch im Deutschen Fernsehen zu sehen war der *„Traum der roten Kammer"* (*HongLouMeng)* von *TsaoHsüehChin* (1792), in dem der Sitten- und Machtverfall der Familie *Chia* geschildert wird.

Nach dem Ende der japanischen Besatzung und dem Rückzug der Nationalregierung nach TaiWan bestand die unter staatlicher Zensur stehende moderne nationalchinesische Literatur in den 1950er und 1960er Jahren überwiegend aus antikommunistischer Propaganda und der Reflektion westlicher Autoren wie *Joyce, Kafka* oder *Hemingway.* Diese Einflüsse und neue literarische Techniken wie Rückblende oder die Vermischung von Handlungssträngen beeinflussen auch die **neuere taiwanesische Literatur.** Eines der bekanntesten Werke unserer Zeit ist *PaiHsienYungs „TaiPeiRen"* (Menschen von TaiPei, 1971), in dem die Sehnsucht der Einwanderer nach Wohlstand und Luxus geschildert wird. Mit der zunehmenden diplomatischen Isolation Nationalchinas in den 1970er Jahren wurde die Politik und der Wunsch nach mehr Demokratie wichtigstes Thema der neuen taiwanesischen Literatur der 1970er und 1980er Jahre. Als wichtigster Vertreter kristallisierte sich *HuangChunMing* heraus, zu dessen bekannteren und verfilmten Werken das den japanischen Sextourismus angreifende *„Sayonara"* (1986) zählt. Mit der neuen Demokratisierung werden seit den 1980er Jahren auch aktuelle Themen wie unter anderem Umwelt oder Homosexualität literarisch verarbeitet.

Film

Ähnlich wie in der Literatur war das filmische Schaffen taiwanesischer Regisseure in den **1950er und 1960er Jahren** nahezu ausschließlich auf staatlich verordnete antikommunistische Propagandafilme beschränkt. Hinzu kamen lediglich einige rührselige Melodramen, die den Publikumsgeschmack jener Zeit auch außerhalb TaiWans trafen, insbesondere in Malaysia und Singapur.

Ein Umschwung erfolgte in den *1970ern,* als der taiwanesische Markt von US-Produktionen und Kung-Fu-Filmen aus HongKong beherrscht wurde. Bis zu 200 Filme jährlich wurden mit einem Mal auf TaiWan produziert, die sich mit aktuellen Zuständen auf der Insel beschäftigten und dem Verlangen des Publikums nach anderen als gewalttätigen Filmen nachkamen. In den *1980er Jahren* wurden Probleme der breiten Bevölkerung ein immer bedeutenderes filmisches Thema. Auch die eigene Geschichte der Nationalregierung wurde dabei mitverarbeitet. Vorreiter dieser neuen Bewegung waren unter anderem die Regisseure *HouHsiaoHsien* („Stadt der Traurigkeit"; „Millenium Mambo") und *Edward Yang* („Spur des Schreckens"). Der bekannteste Film dürfte zur Zeit „Tiger & Dragon" (2001) sein.

Internationale Erfolge kamen seit *LeeAng,* mit taiwanesischem Namen *LiAn* („Das Hochzeitsbankett", 1993 und „Eat Drink Man Woman", 1994), hinzu. Ein weiterer auch in Europa bekannter Meilenstein wurde die HongKong-volksrepublikanisch-taiwanesische Gemeinschaftsproduktion „Lebe wohl, meine Konkubine" *(PaWang PiehChi).*

Architektur

Auf TaiWan ähneln sich viele Ortschaften im Stadtbild sehr stark. Offizielle Einrichtungen, Firmen oder moderne Wohngebäude unterscheiden sich kaum von den Betonsilos anderer Städte auf dem Globus. Markante Unterschiede sind dagegen bei den älteren Privathäusern, Tempeln, Herrscherpalästen und Schreinen sichtbar. Der wichtigste Aspekt bei der Bauweise ist hier die symmetrische und ausgewogene Achse, der nachgeordnete Flügel rechts und links angefügt sind. Dieses Prinzip liegt nahezu allen Bauwerken zugrunde.

In den *Wohnhäusern* werden die Familienmitglieder entsprechend ihrer Stellung innerhalb der Familie untergebracht. Der Hausherr erhält den Hauptraum, die älteren Mitglieder wohnen im hinteren Abschnitt des Hauptraumes und die jüngeren Angehörigen in den Seitenflügeln. Grundbestandteil eines solchen Gebäudes ist ein Holzgerüst mit querliegenden, ineinandergesteckten (nicht genagelten) Balken und mehreren freistehenden verzierten Tragsäulen, die Wände wurden dann mit Lehm aufgefüllt (später auch mit Ziegeln). Diese klassische Bauweise wurde auch in Korea, Japan und Vietnam angewandt.

Die wichtige Bausubstanz, Holz, die in der chinesischen Symbolik auch Leben bedeutet, musste gegen Verfall geschützt werden, weshalb die hölzernen Bestandteile in leuchtenden Farben (oft rot als Glücksfarbe) lackiert wurden. Oft wurden Teile des inneren Holzgerüstes gleichzeitig als Schnitzerei verziert und lackiert, was *klassischen Bauwerken* einen unnachahmlichen Stil und Farbenpracht verlieh. Außerdem wurden auch die Innenwände mit religiösen oder philosophischen Themen, gelegentlich auch reinen Landschaftsmalereien verziert. Ein weiteres auffallendes Merkmal ist das meist nach innen gebogene Dach mit farbigen röhrenförmigen, gebrannten Dachziegeln. Dessen vier äußere Enden sind oft mit Tierkreiszeichen (bei konfuzianischen Tempeln) oder grellbunten Drachen- und Phoenixfiguren (bei taoistischen Tempeln) geschmückt. Wohlhabende Kaufleute und Würdenträger konnten es sich ferner leisten, einen *chinesischen Garten* mit Teichen, Spazierwegen und Pavillons zwischen den einzelnen Wohngebäuden anzulegen. Ein berühmtes und gut erhaltenes Beispiel hierfür sind die Lin-Gärten in PanChiao bei TaiPei.

Verschachtelte Dachkonstruktion des WenWu-Tempels (Sonne-Mond-See)

Ortsbeschreibungen

Routenempfehlungen

Kurztrips

Wer nur sehr wenig Zeit mitbringt oder sich aus geschäftlichen Gründen sich auf einen oder zwei Ausflüge beschränken muss, kann die gesamte Organisation erfahrenen **Reiseveranstaltern** vor Ort überlassen. Teilweise sind auch die Hotels mit den Veranstaltern assoziiert, so dass bereits im Hotel der gewünschte Ausflug gebucht werden kann. Angeboten werden Halbtagestouren (z.B. TaiPei/Stadtrundfahrt 500 NT$, WuLai 900 NT$, TanShui 800 NT$ oder die Nordküste 750 NT$), Tagestouren (Taroko 3800 NT$, Miniaturwelt HsiaoRenKuo 2000 NT$, Wildwasserfahrten am HsiuLuKuan, ⌂ HuaLien) oder mehrtägige Touren (KenTing 6000 NT$ für zwei Tage, Sonne-Mond-See 8000 NT$/ 3 Tage, Inselrundfahrt 11.000 NT$/4 Tage). Die Preise bei den meisten Anbietern sind auf den NT$ identisch, da bei geringer Beteiligung die Gesellschaften die Anmeldungen zusammenwerfen und nur einen Bus fahren lassen. Die zuverlässigsten und bekanntesten Tourorganisatoren sind:

3 6 南景東路二段
- **HuiFong Travel Service,** Φ36 NanKingTungLu Sec. 2, 8. Stock, Tel: (02)-5515805, (02)-5373224
- **„Gray Line" China Express Transportation Corporation,**

7 0 中山北路二段
Φ70 ChungShanPeiLu Sec. 2, Tel: (02-5416466)

1 9 0 松江路
- **Edison Travel Service,** Φ190 SungChiangLu, 4.Stock, Tel: (02)-5635313.

Wer praktisch keine Zeitreserven mitbringt und sich auf TaiPei beschränken muss, sollte zumindest die CKS-Gedächtnishalle und/oder das Nationalpalastmuseum (⌂ TaiPei) besuchen.

Rundreisevorschlag für 2 Wochen

Die Möglichkeit der visafreien Einreise für 14 Tage wird von vielen Besuchern genutzt in diesem Zeitraum auf einer Rundreise die wichtigsten Sehenswürdigkeiten zu besuchen. Selbstredend plant jeder seine individuelle Route nach eigenen Interessen, der folgende Vorschlag (13 Nächte, Übernachtungsorte unterstrichen) soll lediglich zeigen, was logistisch mit öffentlichen Verkehrsmitteln möglich ist – auch größere Entfernungen können deutlich schneller überbrückt werden als in vielen Nachbarländern.

- 1. Tag: Ankunft, TaiPei
- 2. Tag: Innenstadt TaiPei
- 3. Tag: Innenstadt TaiPei (⌂ Tourenvorschläge zu TaiPei)
- 4. Tag: Zug/Bus ⌂ HuaLien (Stadtrundgang)
- 5. Tag: Bus ⌂ TienHsiang (Taroko-Schlucht)
- 6. Tag: Bus ⌂ LiShan, umsteigen ⌂ PuLi*, umsteigen ⌂ Sonne-Mond-See

- 7. Tag: Aboriginal Cultural Village, <u>Sonne Mond See</u>
- 8. Tag: Bus ⬈ ShuiLi, Zug via ErShui nach <u>TaiNan</u>
- 9. Tag: Stadtbesichtigung <u>TaiNan</u>
- 10. Tag: Zug/Bus ⬈ <u>KenTing</u>
- 11. Tag: Baden und Ausflüge um <u>KenTing</u>
- 12. Tag: Bus ⬈ <u>KaoHsiung</u>, Stadtbesichtigung
- 13. Tag: Ausflug zum FoKuangShan; nachmittag Bus-/Bahn ⬈ <u>ChungLi</u>
- 14. Tag: LeoFoo LeYuan- oder HsiaoRenKuo-Park; Flughafentransfer, Rückreise

*Achtung: Diese Route wird voraussichtlich eingestellt, wenn die Instandsetzungsarbeiten an dem CCIH abgeschlossen sind. Dann wird die LiShan–TaiChung Route wiederhergestellt. Statt eines Abstechers an den Sonne-Mond-See empfiehlt sich dann ein Besuch des Harmonie-Freude-Bergs HoHuanShan (Übernachtung im Hotel SungHsuehLou).

In der Reisegruppe fühlt man sich am wohlsten

Routen

台北　　**TaiPei** *(TáiBěi,Terrasse Nord)*

Altes Stadttor – Relikt früherer Epochen

Überblick

**Lage und
Bedeutung**

In einer Schüssel im Norden TaiWans, umgeben von mehreren Hügeln und kleineren Bergen, liegt der provisorische Regierungssitz der Republik China, TaiPei. Mit offiziell 2,7 Millionen, tatsächlich aber mit den umliegenden Gemeinden und nicht registrierten Zuwanderern vermutlich doppelt so vielen Einwohnern, ist TaiPei die größte Stadt TaiWans. Sie ist das **kulturelle, politische und wirtschaftliche Zentrum** des Landes und wird gelegentlich sogar mit TaiWan gleichgesetzt (zum Beispiel in der früheren Bezeichnung „Chinese TaiPeh"). Dabei ist TaiPei offiziell nicht einmal Hauptstadt, weder der Republik China (das ist NanKing), noch der Provinz TaiWan (das ist ChungHsing).

**Entwicklung
im 20. Jh.**

Es waren die **Japaner,** die in den 1920er Jahren TaiPei wegen der Nähe zum wichtigen Hafen KeeLung ausbauten und den Ort mit dem raschen Anwachsen der Bevölkerung von 150.000 auf 400.000 Einwohner in den Status einer Stadt erhoben. Nach dem Rückzug der KuoMinTang-Armeen vor den siegreichen Kommunisten auf dem chinesischen Festland wählte *ChiangKaiShek* nicht etwa die traditionsreichen Metropolen TaiNan oder TaiChung als Zentrum, sondern, um den nur vorübergehenden Zustand des Rückzuges zu betonen, das bis dahin eine eher untergeordnete Rolle spielende TaiPei. Nachdem der vorläufige Zustand immer mehr zum Dauerzustand wurde und 1978 zahlreiche Auflagen des seinerzeit geltenden Kriegsrechts gelockert wurden, kamen neue Ideen aus Wirtschaft, Verkehr, Kultur, Mode, aber auch neues politisches Gedankengut nach TaiPei.

Die Rolle der Stadt als de-facto-Hauptstadt brachte es mit sich, dass TaiPei zunehmend aufblühte und Stadtarchitektur, Bildungswesen, Geschäftstätigkeit, aber auch Verkehrschaos, Kriminalität und Umweltbelastung in den **1980er Jahren** zu anderen Metropolen des fernen Ostens aufschlossen. Durch den damit einhergehenden Wohlstand und der Bildung einer modernen Mittelschicht wurden immer mehr Menschen auf dem Land von den sich bietenden Chancen angezogen. Die dadurch knapper werdenden Grundstücke verteuerten sich immens, so dass Mieten und Grundstücke heute kaum mehr tragbare Höhen erreicht haben. **Gegenwärtig** versuchen die Arbeitnehmer wieder, im Umland zu wohnen und in die Stadt zu pendeln, andere Unternehmen verlagern Produktions- und Dienstleistungsbetriebe in Vororte oder gänzlich andere Standorte der Insel.

Einen umweltpolitischen „Quantensprung" erfuhr TaiPei unter der Amtszeit des DPP-Bürgermeisters *ChenShuiBian* (1994 – 98) – dem jetzigen Präsidenten TaiWans –, der rigoros den öffentlichen Nahverkehr förderte, eine stark verbesserte Müllabfuhr einführte und laut einem großangelegten Vergleich der Zeitschrift *Asiaweek*

TaiPei

TaiPei – modernes Zentrum des Landes

letztlich die Stadt auf den fünften Platz der 40 lebenswertesten Städte Asiens hob.

Verhältnis zum Land

Trotz aller chinesischer Tradition geben sich die Menschen in Tai-Pei weltmännisch. Die neuesten Moden werden importiert, das Auto gehört ebenso zum Statussymbol wie eine möglichst gute Ausbildung für die Kinder. Die Menschen der Stadt empfinden sich als der eigentliche wirtschaftliche Motor und kulturelle **Trendsetter für ganz TaiWan.** Hektische Geschäftigkeit und Schnellebigkeit scheinen allgegenwärtig, während sonst im Lande immer ein Gefühl typisch asiatischer Gemütlichkeit spürbar ist. TaiPei war und ist immer der Vorreiter auf TaiWan, ob ausländische Waren, Modetrends, westliche Fast-Food-Ketten, Hochhäuser, politische oppositionelle Tätigkeiten – alles nahm stets in TaiPei seinen Anfang. Auch daher scheint es eine für den Ausländer gar nicht sichtbare **Rivalität** zu geben zwischen *TaiPeiRen* (Menschen aus Tai-Pei) und den *PieTeRen* (anderen Menschen). Erstere sind zu einem Großteil die Nachfahren der 1949 mit *ChiangKaiShek* nach Tai-Wan geflohenen KuoMinTang-Getreuen, letztere dagegen können teilweise auf eine lange taiwanesische Ahnenliste zurückblicken. Viele andere Städte und Dörfer fühlten sich vom KuoMinTang-Regime in TaiPei und dessen Anhängern bevormundet.

Tradition, Chaos und Moderne

Den Reisenden erwartet eine moderne asiatische Großstadt, die sowohl Tradition als auch zukunftsorientiertes Flair ausstrahlt. Alt-ehrwürdige Tempelanlagen wechseln sich mit modernsten Wolkenkratzern ab, westliche De-luxe-Restaurants bieten ihre kulinarischen Genüsse in unmittelbarer Nähe kleiner Garküchen an, moderne Kliniken mit westlicher Medizin werden ebenso häufig um

Rat gefragt wie der Handleser in einer kleinen Hinterhofkammer. Das Leben in TaiPei wirkt zwar chaotisch, funktioniert aber dennoch auf unerklärlich wundersame Weise. Als Europäer wird man dazu wohl eine ambivalente Haltung einnehmen – einerseits ist man schockiert über das „Chaos", andererseits bewundert man Fleiß und Lebensfreude der Menschen, die sich hier scheinbar mühelos zurechtfinden.

Orientierung

Manch ungeübter Ausländer findet sich nicht nur kulturell schwer zurecht. Das öffentliche **Bussystem** ist selbst für Eingeweihte gelegentlich schwer zu durchblicken, die oft nur chinesischsprachigen Straßenschilder tun ihr Übriges. Verlaufen und verfahren ist recht einfach in TaiPei, es sei daher auf das Kapitel Orientierung sowie auf die Hinweise zu den Stadtbussen weiter unten hingewiesen.

Für eine grobe Orientierung ist ferner wichtig, dass die Stadt anhand zweier **Straßenachsen** geviertelt ist. Die ChungHsiaoLu am Hauptbahnhof ist die Ost-West Achse, die ChungShanLu die Nord-Süd Achse. Straßen nördlich der ChungHsiaoLu werden mit dem Zusatz Φ *Pei* (Nord) versehen, südlich mit Φ *Nan* (Süd), westlich der ChungShanLu werden die Straßen durch Φ *Hsi* (West), östlich durch Φ *Tung* (Ost) erweitert. Die Kenntnis dieser Zeichen hilft schon einmal weiter. Steht man an einer Abzweigung „XYPei-Lu/YZTungLu", so weiß man gleich, dass es sich um eine Ecke im nordöstlichen Viertel der Stadt handelt. Als Vorsichtsmaßnahme sollte man sich die Visitenkarte des Hotels mitnehmen, um zur Not per Taxi (oder Bus via Hauptbahnhof) zurückzufinden – und immer wieder fragen, fragen, fragen!

北南
西東

Ankunft in TaiPei

TaiPei ist für die meisten Touristen die erste Station auf TaiWan nach dem internationalen CKS-Flughafen bei TaoYuan. Da man zu diesem Zeitpunkt noch über wenig Erfahrung verfügt, bietet es sich an, entweder in der Nähe des Hauptbahnhofs eine **Unterkunft** zu suchen oder (noch einfacher) am Hotelreservierungsschalter am Flughafen eine Unterkunft (zumindest einmal für eine Nacht) zu buchen. Am Folgetag kann man sich dann ausgeruht ins Gewühl der neuen Umgebung stürzen.

Sehenswertes

„Highlights" für Kurzaufenthalte

Wer sehr wenig Zeit hat, sollte auf jeden Fall die fünf bedeutsamsten Punkte aufsuchen oder kann bei den (⌁) Reisebüros jederzeit eine Sondertour vereinbaren. Zu diesen Höhepunkten gehören die **CKS-Gedächtnishalle** zu Ehren des Präsidenten ChiangKaiShek, das **Nationalpalastmuseum** mit den Kunstwerken der chinesi-

TaiPei

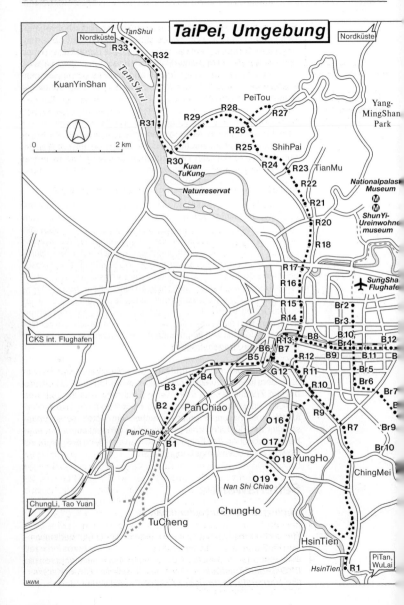

TaiPei, Umgebung

schen Kulturgeschichte, der **Konfuziustempel** in Angedenken an den großen Philosophen, der **LungShan-Tempel** als Zeugnis chinesischer Tempelarchitektur sowie einer der Nachtmärkte, bevorzugt der **WanHua-Nachtmarkt** mit der berüchtigten „Snake Alley".

Von den Zielen am Stadtrand im Grünen verdienen vor allem der **PiShan-Tempel,** auf einem die ganze Stadt überblickenden Hügel gelegen, der **SungShanLu-Park** mit seinen zahlreichen Spazier- und Wandermöglichkeiten sowie der **YangMingShan,** ein beliebtes Naturreservat im Norden der Stadt, Beachtung.

Im näheren Umland liegen das historisch bedeutsame **Fort San Domingo** in TanShui sowie die Ureinwohnersiedlung mit Freizeitpark **WuLai** südlich von TaiPei, die man bei wenig Zeit als erstes in Erwägung ziehen sollte.

Zu Fuß erreichbare Sehenswürdigkeiten im Zentrum

Mitsukoshi-Tower
日本白貨

Das bis zur Beendigung der Bauarbeiten am Financial Center (508 m, 101 Stockwerke, höchstes Gebäude der Welt) höchste und modernste Hochhaus TaiPeis rechts gegenüber des Hbf. ist ein riesiges Büro- und Kaufhausgebäude wie viele andere auch, hat aber eine Besonderheit. Vor dem Gebäude führt rechts eine Rolltreppe nach unten (!) zum TaiPei-View Point. Für 200 NT$ darf man den Aufzug zur **Aussichtsplattform** mit phantastischem Blick über die Stadt benutzen. Im Erdgeschoss befindet sich eine Reihe guter Imbissbuden. ★ 28 (Seite 182)

Chang Gründungsmuseum
鴻禧美術舘

Neben den Familien *Chen* und *Wang* ist die Familie *Chang* einer der einflussreichsten Clans des Landes. Um das der breiten Öffentlichkeit zu demonstrieren, wurde im Untergeschoss des familieneigenen Unternehmens unter *TaiPan ChangTienKen* (genannt *T. K. Chang*) ein Museum eingerichtet, in dem zahlreiche antike chinesische Kunstwerke ausgestellt sind. Der Familienlegende zufolge erwarb der heute 86-jährige *T.K.* im Alter von neun Jahren sein erstes Stück, eine Vase aus KuangTung, und baute die Sammlung im Laufe der Zeit aus. Seine vier Söhne trugen nicht unerheblich zur **Kollektion von Jadefiguren, Statuen und Porzellan** von der Dynastie Han (206 v.C.–211 n.C.) bis zur letzten Ching-Dynastie (1644–1911) bei. Die Sammlung besteht überwiegend aus seltenen und einmaligen Stücken, das Museum ist sehr besucherfreundlich aufgebaut und beherbergt – ganz nebenbei – eine öffentliche **Bibliothek** und einen kleinen **Bonsai-Garten,** dessen ältester Baum über 200 Jahre alt ist.

Ⓜ 42 (Seite 188); 63, RenAiLu, Sec. 2, geöffnet tgl. außer Montag und Feiertagen von 10:30–16:30 Uhr, Eintritt 100 NT$ (Kinder & Studenten halber Preis). Man kann binnen 10–15 Minuten vom CKS-Park laufen, die F-37 ist der beste Bus vom/zum Hbf.

TaiPei

Postmuseum

郵政博物館

Zum 70. Jahrestag der chinesischen Post am 20.3.1966 wurde das Postmuseum eröffnet, zunächst in einem Vorort TaiPeis, seit 1984 am heutigen Standort in der Φ45 ChungKing NanLu, Sec. 2 (Tel: 23945185-7). Die Erdgeschosshalle ist einem Postgebäude nachempfunden; die Etagen 2–4 führen nacheinander durch die Geschichte der Post, angefangen bei frühen Landverbindungen zwischen China und Europa bis hin zu den heutigen Dienstleistungen der modernen Post TaiWans. Philatelisten wird vor allem die fünfte Etage mit einer Ausstellung seltener chinesischer und internationaler Marken in Verzückung versetzen. Die sechste Etage ist einer wechselnden Ausstellung vorbehalten, der siebte Stock rundet mit einer Fachbibliothek zum Postwesen das Museum ab. Im Museum selbst werden keine Sammlermarken verkauft, wohl aber in zahlreichen kleinen Geschäften rund um das Museum. Zusätzlich findet vor dem Museum an Sonntagen eine private Briefmarkenbörse statt.

Ⓜ 37 (Seite 188); Geöffnet 9:00–17:00 Uhr außer Montag und an auf Feiertage folgenden Tagen; als Eintritt wird eine Postkarte für 5 NT$ verkauft (Kinder und Studenten 3 NT$). Man erreicht das Postmuseum zu Fuß binnen fünf Minuten von der CKS-Gedächtnishalle; Busanbindung siehe dort.

ChiangKaiShek Memorial Hall
中正紀念堂

Um einmal tief in die Klischeekiste zu greifen: Was der Tower für London oder der Eiffelturm für Paris ist, bedeutet die CKS-Gedächtnishalle für TaiPei. Ein Besuch hier ist quasi Pflicht – sonst hat man TaiWan nicht gesehen!

Wenn man den sich über 250.000 qm erstreckenden CKS-Park von der ChungShanLu aus durch das 30 Meter hohe „Tor der großen Mitte und perfekten Aufrichtigkeit" mit fünf Rundbögen betritt, „übersieht" man leicht die großartigen, im klassischen chinesischen Stil gehaltenen Bauten, rechts das **Nationaltheater,** links die **Nationale Konzerthalle.** Der Blick ist auf das am gegenüberliegenden Ende des Parks liegende „achte Weltwunder", die CKS-Gedächtnishalle fixiert. In der Tat ist das von westlichen Reisenden oft despektierlich als „übergroße weiße Zuckerdose mit blauem Deckel" titulierte Bauwerk etwas Einmaliges. Das tiefblaue Dach ist dem TianTan (Himmelstempel) in Peking nachempfunden, der Unterbau aus blendend weißem Marmor erinnert vielleicht etwas an die Pyramiden von Gizeh. Mit dem Tode des taiwanesischen „Übervaters" *ChiangKaiShek* am 5.4.1975 entstand die Idee eines der Größe *Chiangs* gebührenden Bauwerks, das am 5. April 1980 zum fünften Todestage des Präsidenten eröffnet wurde. Im Obergeschoss der zweistöckigen Anlage befindet sich lediglich eine 16 m hohe, hier ausnahmsweise sitzende Bronzestatue *Chiangs,* stets flankiert von Ehrenmahnwachen des Wachbataillons (sehr pompös!). Im Untergeschoss liegt das **CKS-Museum,** in dem die wichtigsten Stationen aus dem Leben des früheren Präsidenten in teilweise heroisierenden Gemälden und Fotografien festgehalten sind. Eine Reihe persönlicher Gegenstände *Chiangs*

Portal zum CKS-Park

sowie eine öffentliche Bibliothek ergänzen die Ausstellung. Filmvorführungen zu Leben und Werk werden ebenfalls mehrfach täglich angeboten.

★ 39 (Seite188); Museum und Halle (Eintritt frei) sind täglich von 09:00–17:00 Uhr geöffnet, der Park ist durchgehend geöffnet. Ausländische Touristen wissen auch die ISD-Telephone und den Postschalter in der Haupthalle sehr zu schätzen. MRT: CKS Memorial Hall

Doch nicht nur die CKS-Gedächtnishalle, auch der **Park** ist sehenswert. Kleine Teiche, Blumenbeete und Spazierwege laden zum Verweilen ein, oftmals kann man hier einheimische ErHu-Spieler (einsaitiges Musikinstrument), TaiChiChuan-Praktizierende oder oben an den Plattformen der Konzerthalle und des Nationaltheaters Tänzer, Cheerleadergruppen und Musikanten beobachten. Am „Doppelzehner" (10. Oktober, Nationalfeiertag in Erinnerung an den Sturz der Ching-Dynastie am 10.10.1911) finden hier auf dem riesigen Platz farbenfrohe Umzüge mit Drachen- und Löwentänzen statt.

**Präsidenten-
gebäude**
總統府

Das große Gebäude an der JenAiLu, Ecke ChungChingLu ist an nationalen Feiertagen ein beliebtes Nachtfoto-Motiv. Am Jahrestag der Revolution, dem 10.10. (in chinesischen Zeichen ++ ge-

151

ChiangKaiShek (ChiangChungCheng)

Der Gegenspieler *MaoTzuTungs* wurde als *ChiangChungCheng* 1887 in der Provinz CheChiang geboren. Nach Beendigung der Schulausbildung im Jahre 1906 entschloss sich der schon in der Jugend als Einzelgänger beschriebene *Chiang*, Militärwesen in Japan zu studieren. Ausschlaggebend für seine Wahl war unter anderem die Erinnerung an die schmachvolle Niederlage Chinas im chinesisch-japanischen Krieg von 1894/95. 1909 trat *Chiang* als Kadett der japanischen Armee bei und war gleichzeitig aktives Mitglied der chinesischen TungMenHui-Partei, der Vorläuferorganisation der späteren KuoMinTang (GuóMínDǎng).

Als am 10.10.1911 die chinesische Revolution das Kaiserreich stürzte, fuhr *Chiang* heimlich in sein Heimatland zurück und schickte Uniform nebst Säbel per Post an seine japanische Einheit, um nicht als unehrenhaft zu gelten. In ShangHai wurde er beauftragt, mit 100 Revolutionären die Stadt HangZhou (HangChow) zu nehmen, was ihm, ohne auf nennenswerten Widerstand zu stoßen, gelang. 1912/13 befehligte er das neue chinesische Ausbildungsregiment in ShangHai, musste aber gemeinsam mit *SunYatSen* im Juli 1913, nach der kurzzeitigen Restauration der Monarchie durch den General und Staatspräsidenten *YuanShiKai*, nach Japan fliehen.

YuanShiKai starb bereits 1914; in der bis 1923 währenden Zeit der Wirren und der regionalen Militärmachthaber blieb *Chiang* auf der Seite *SunYatSens*. Zum Dank ernannte *Sun* nach seiner (Wieder-)Ernennung zum Präsidenten der Republik China *Chiang* zum Oberbefehlshaber der Streitkräfte von GuangZhou (Kanton). Die endgültige Einigung Chinas gelang *Chiang* erst nach dem Tode *Suns* (1925) im Jahre 1926. Anschließend zog er sich von seinem Kommando zurück und heiratete *SungMeiLing*, eine Nichte *SunYatSens*. 1928 kehrte er auf Wunsch der Partei in sein Amt zurück, brach einen letzten Widerstand im Norden Chinas und wurde 1929 zum Parteivorsitzenden und Nachfolger *SunYatSens* ernannt. Die Folgejahre waren geprägt von innenpolitischen Kämpfen gegen die Kommunisten (1934 „langer Marsch") sowie außenpolitisch von einer zunehmenden Verschärfung der Beziehungen zu Japan (1931 Besetzung der Mandschurei durch Japan). 1936 wurde er sogar von eigenen Truppen festgesetzt und zu Verhandlungen mit den Kommunisten gezwungen („HsiAn-Zwischenfall"). Diese innere Uneinigkeit – und somit erwartete Schwäche – nahm Japan 1937 u.a. zum Anlass, nach China einzumarschieren und den Weltkrieg in Fernost zu beginnen. Das zunächst allein kämpfende China geriet unter starken Druck, erst am 7.12.1941 (Pearl Harbour) traten die Westmächte und China als Verbündete auf (Kriegserklärung Chinas an Deutschland und Italien am 8.12.1941).

Nach der Kapitulation Japans am 10.8.1945 begann die Ära der erneuten Auseinandersetzungen mit den von der UdSSR unterstützten Kommunisten, die in einem Fiasko für *Chiang* und die KuoMinTang endete. In der letzten Wahl der Republik China am 29.3.1948 wurde *Chiang* als Präsident bestätigt, konnte aber den stetigen Vormarsch der Truppen *Maos* nicht mehr verhindern. Entscheidend war die Schlacht von HuaiHai, in der die schlecht geführte und teilweise undisziplinierte Armee *Chiangs* rund 550.000 Mann verlor. Anfang 1949 ließ *Chiang* alle Goldvorräte und Kunstschätze Chinas nach TaiWan verlegen, welches er als letzte Rückzugsfestung vorgesehen hatte. Auf TaiWan wollte *Chiang* die verbliebenen Truppen umstrukturieren und baldmöglichst das Festland zurückerobern.

Nachdem eine Rückeroberung immer unwahrscheinlicher wurde, verlegte sich *Chiang* in den 1950er und 1960er Jahren auf den wirtschaftlichen und auf Verteidigung ausgelegten Ausbau TaiWans. Er musste trotz großer wirtschaftlicher Erfolge auf TaiWan miterleben, wie immer mehr Staaten der Republik China diplomatisch den Rücken kehrten und die kommunistische Volksrepublik China auf dem Festland anerkannten. *ChiangKaiShek* starb 1975 und liegt – auf eigenen Wunsch vorläufig bis zur Rückeroberung ganz Chinas – in ♫TzuHu im Nordwesten TaiWans aufgebahrt.

schrieben), wird die Nationalflagge und das Portrait von *Dr. SunYatSen* durch Tausende farbiger Glühbirnen an der Fassade dargestellt. ★ 35 (Seite182)

28.-Februar-Park (ErErBa HePing GongYuan)
二二八和平公圓

Der **ehemalige HsinYuan** (Neuer Park) wurde vom damaligen Bürgermeister **Chen** in Erinnerung an einen Anti-KuoMinTang-Aufstand vom 28.2.1947 im Jahre 1997 in den „28.-Februar-Park" umbenannt. Der Park, vom Hbf keine 500 m Richtung Südosten, ist eine willkommene Oase, um ein wenig im Grünen zu spazieren und dem Verkehr zu entrinnen. Einige Pavillons und Pagoden am kleinen Teich laden zum Verweilen ein, in den Morgenstunden üben Einheimische TaiChiChuan. Der Park ist durchgehend geöffnet, nach Einbruch der Dämmerung wird er zu einem Treffpunkt für Pärchen gleichen Geschlechts.

ShēngLì BóWùGuăn
臺灣省博物館

Direkt am HsinYuan liegt das **Provinzmuseum** (2 HsiangYang-Lu, Tel: 02-23613925), in welchem vorwiegend Handwerkskunst und Alltagsgegenstände sowie Nahrungsmittel und Gewürze der taiwanesischen Ureinwohner ausgestellt werden. Geöffnet täglich außer montags von 9:00–17:00 Uhr. Ⓜ 36 (Seite 182) MRT: NTU Hospital

TaTaoChengChu
大同區

Das Viertel TaTaoCheng ist neben ManKaChu **eines der ältesten Viertel TaiPeis.** Ein etwa ein- bis zweistündiger Rundgang gibt einen kleinen Einblick in das ursprüngliche TaiPei und dessen Besonderheiten. Zunächst geht man vom Busbahnhof West/Ost die ChungChingLu bis zur großen sechsarmigen Kreuzung hinauf (in der Mitte des Kreisels findet abends der **YuanHuan Nachtmarkt** statt) und folgt dort der NingHsiaLu, bis eine kleine Straße rechts abzweigt. ❶ 19 (Seite188)

陳德星堂

Darin liegt nach 30 m auf der linken Seite der **ChenTeHsing-Tang** (Φ27 PingYangChie), kein Tempel im eigentlichen Sinne, sondern ein Familienschrein des *Chen-Clans.* Die Familie *Chen* war und ist eine der größten und einflussreichsten Großfamilien TaiPeis, ihren verstorbenen Mitgliedern wird hier gedacht. Die Hunderte von kleinen Schrifttafeln (anstatt einer Hauptfigur) stehen je für ein Clanmitglied. Im Frühjahr und im Winter kommen Familienmitglieder aus aller Welt zu großen gemeinsamen Feierlichkeiten zusammen. Oft sind dann Tausende von *Chen* hier versammelt; derartige Festivitäten halten eine Großfamilie auch interkontinental zusammen. ★ 20 (Seite188)

迪化街

An der Ecke NingHsiaLu/MinShengLu biegt man links ein und erreicht nach knapp 10 Minuten die Φ **TiHuaChie.** Diese Straße ist sowohl die älteste als auch heute noch bedeutendste Einkaufsstraße der Einheimischen für getrocknete Lebensmittel wie Fisch, Nüsse, Pilze, Gewürze, Obst, Süßwaren, Nudeln, Tee usw. – alles in riesigen Mengen an der Straße aufgereiht.

TaiPei

霞海成隍廟

Hinter den Ständen in südlicher Richtung liegt linker Hand an der TiHuaLu ein unscheinbarer, kleiner, roter Wellblechbau. Dies ist der *HsiaHai ChengHuangMiao* (Φ61 TiHuaChie), der Tempel des Stadtteil-Gottes HsiaHai. Die Anlage ist zwar nur sehr klein, nichtsdestotrotz aber der bedeutendste Tempel dieses Viertels. Es finden ständig Prozessionen und Rituale statt, der Tempel gilt nicht umsonst als einer der aktivsten der Stadt. Der Stadtgott HsiaHai steht für Aufrichtigkeit und Gerechtigkeit, die größten Festivitäten finden hier am 13. Tag des 5. Mondmonats statt. ♠ 18 (Seite 188)

貴德街

Direkt gegenüber biegt man in die Gasse No. 72 links ein, dann geht man durch die nächste Gasse rechts (No. 86) zur Φ*KueiTe-Chie.* Dieses kleine Sträßchen war bis zum Anfang des Jahrhunderts die exquisite Wohngegend der Kolonialkaufleute und reichen taiwanesischen Teehändler. Heute erinnern noch die Gebäude der ChenTianLai-Residenz und die LiChunSheng-Kirche an diese Epoche. Am südlichen Ende trifft die KueiTeChie auf die

南京西路
法主公宮

Φ NanChingHsiLu, der man nach links bis zur No. 388 folgt. Hier liegt in der Straße der Φ*FaChuKungTempel;* ein reicher Teehändler namens – wen wundert es – *Chen* brachte aus der Festlandsprovinz AnHui eine FaChu-Statue mit, die Wünsche erfüllen soll. Am Geburtstag des Gottes, dem 22. Tag des 9. Mondmonats finden ihm zu Ehren auf ganz TaiWan Opferzeremonien mit roten Reisküchlein statt. Wer einen Wunsch hat, muss einen Kuchen opfern, wird er erfüllt, muss er im Folgejahr zwei opfern, dann beginnt das Ritual von vorne. Vom Tempel aus geht man über die NanChingHsiLu und den YuanHuan-Nachtmarkt zurück zum Hbf.

Per MRT/Stadtbus erreichbare Sehenswürdigkeiten:

Die allgemeinen Hinweise zu den Stadtbussen (♫ TaiPei An/Abreise) sollten vor einer Fahrt unbedingt gelesen werden, ohne sie sind die praktischen Hinweise zu den Sehenswürdigkeiten nicht zu verstehen. Um möglichst ökonomisch Besichtigungstouren durchführen zu können, werden die wichtigsten Punkte nach Touren sortiert beschrieben und die jeweilige Anschlussverbindung so einfach wie möglich dargestellt.

Tour A: Hbf. – SunYatSen Memorial Hall – World Trade Center – SungShan Aussichtshügel – CKS Memorial Hall – Präsidentengebäude – HsinYuan Park – Hbf.

Für die gesamte Runde sollte man ohne World Trade Center mindestens 5–6 Stunden einplanen, besucht man eine Ausstellung im WTC, entsprechend länger.

SunYatSen
Memorial Hall
國父紀念舘

Im Gedenken an den Gründer der Republik China wurde der Grundstein zur SunYatSen-Gedächtnishalle an seinem 100. Geburtstag, dem 12.11.1965 von Präsident *ChiangKaiShek* gelegt. Die Fertigstellung der riesigen Halle dauerte bis Mitte 1972. Teich und Brücke im Park wurden ausschließlich mit Materialien aus der

Dr. SunYatSen (1866–1925)

孫中山

SunYatSen (✿SunZhongShan) wurde am 12.11.1866 als SunWen in der Festlandsprovinz KuangTung geboren und setzte sich sein ganzes Leben für die republikanischen Strömungen Chinas ein. Nach Abschluss des Medizinstudiums beschloss er, als Berufspolitiker tätig zu werden und gründete die „Gesellschaft zur Erneuerung Chinas" (1894). Am 10.10.1911 stürzten Teile der Armee, die der republikanischen Bewegung positiv gegenüberstanden, die kaiserliche Mandschu-Dynastie (1644-1911) und zwangen den letzten Kaiser, Henry PuYi, zum Abdanken. Am 1.1.1912 rief Sun die „Republik China" aus und organisierte die republikanische Volkspartei KuoMinTang. Er selbst wurde zum Präsidenten ernannt, trat aber bald darauf freiwillig zugunsten des machthungrigen Generals YuanShiKai ab. Nach dessen Tod (1917) baute er die KuoMinTang mit Unterstützung der kommunistischen Internationalen (KomIntern) und seinem fähigsten militärischen Führer ChiangKaiShek zu einer Kaderpartei um. Es gelang zu seinen Lebzeiten nicht mehr, China völlig zu einen und regionale Machthaber, insbesondere im Norden Chinas, zu kontrollieren. Dr. Suns politische Ideen basieren auf den „drei Volksprinzipien" (SanMinChuYi) Nationalismus, Demokratie und Volkswohlstand.

Sun war mit SungChingLing aus der reichen Händlerfamilie Sung verheiratet. Ihre Schwester SungMeiLing heiratete ChiangKaiShek, so dass zwischen Sun und Chiang auch enge Familienbande entstanden. Dr. Sun starb am 12.3.1925 in Peking und ist der von „beiden Chinas" hochverehrte Gründervater des nachkaiserlichen China. ChiangKaiShek setzte im wesentlichen Suns Lebenswerk fort, obgleich sich sowohl die kommunistische Volksrepublik wie auch Nationalchina (TaiWan) als politische Erben Suns verstehen.

TaiPei

Heimat Suns errichtet – die Volksrepublik hatte nichts dagegen einzuwenden, da Sun von beiden Chinas verehrt wird. Das Gebäude wurde, ganz im Sinne des Landesvaters, bewusst schlicht und in rein chinesischem Baustil gehalten. Das Innere beherbergt an der Frontseite eine 25 m hohe Bronzestatue (mit Ehrenposten davor), die als Vorbild für alle anderen im Lande sichtbaren Statuen Dr. Suns gilt (einfachstes Unterscheidungsmerkmal für die Statuen SunYatSens und ChiangKaiSheks: Chiang steht meistens, SunYatSen sitzt). Am rechten Seiteneingang befindet sich ein Museum, welches Leben und Werk Dr. Suns zeigt, im selben Eingang eine SunYatSen-Bibliothek, in der auch die Zeitung China Post ausliegt. ★ 57 (Seite188); 505, JenAiLu Sec.4, Tel.: 27588008, geöffnet täglich 9:00–17:00 Uhr (Park durchgehend), Eintritt frei. Tipp: man sollte aus Gründen der geschichtlichen Abfolge erst die SunYatSen-, später die CKS-Gedächtnishalle besuchen. MRT: SunYatSen. Stadtbusse E-259, E-299, E-504 (und „Blinde" d.h. hier ohne Haltestellenschild 263, 266, 288). Von hier aus kann man auch zum nahegelegenen TI-Hauptbüro (5 Gehminuten) laufen und/oder die 299, 504 (gleiche Straßenseite) zum SungShanLu-Park nehmen. Zum/vom World Trade Center nimmt man die 266 oder 288.

World Trade Center (ShiMao ChungHsin)
世貿中心

Der China Export Trade Development Council (CETRA) errichtete die großen *Messe- und Ausstellungshallen* in den 1980er Jahren, um nationale und internationale Industrie- und Handelsausstellungen abhalten zu können. Ein Besuch ist – abhängig vom Thema – nicht nur für Fachleute interessant. Unter anderem zeigen Spielzeug-, Leder-, Elektronik- und Schmuckmessen die neuesten Entwicklungen des heimischen Marktes und sind oft auch für Touristen ein interessanter Einblick in Wirtschaft und Kultur TaiWans. Es empfiehlt sich, vor einer Fahrt zum World Trade Center bei Informationsstellen (TI oder direkt im WTC unter 27251111) das aktuelle Programm zu erfragen. Die Eintrittspreise liegen deutlich unter europäischen Messepreisen und variieren je nach Thema und Umfang.

Eine „Zweigstelle" der CETRA befindet sich direkt am nationalen SungShan-Flughafen in TaiPei (Blick zum Flughafengebäude – 50 m links) und bietet gleichfalls Industrie- oder Handelsausstellungen. Das Angebot hier ist kompakter und für den Touristen, der sich einen kurzen Überblick verschaffen möchte, noch empfehlenswerter als die umfangreichen Ausstellungen des WTC.

★ 56 (Seite188); vom Hbf. fahren folgende Busse zum WTC: D-22, F-37, 1, 38, 207, 226, 258, 266, 284, 288. Die Linien 266, 288 fahren anschließend zum SungShanPark weiter (gleiche Straßenseite), auf der anderen Straßenseite fahren einige der genannten Nummern zurück zum Hbf.

SungShan-Lu-Park
松山路園

Wer nicht die 200 NT$ für den Mitsukoshi-Tower ausgeben will (aber trotzdem eine gute TaiPei-Totalaufnahme machen möchte), wer nicht einen ganzen Reisetag für YangMingShan opfern will (aber trotzdem frische Luft und Stille in unmittelbarer Nähe der Stadt sucht) ist hier genau richtig. Am östlichen Stadtrand tauchen völlig unvermittelt einige steile, unbebaute Hügel auf, die zu Spaziergängen mit *herrlichen Blicken auf die Stadt* einladen.

聖恩宮

Ausgangspunkt des Parks ist der Φ ShengEnMiao, ein taoistisches Kloster am Fuße der Hügel, von dem aus man am besten links hinter dem Tempel die Treppe hinaufgeht und sich anschließend stets nach rechts, immer dem kleinen Betonpfad folgend, orientiert. Die Chinesen nennen die Hügel die SiShouShan (Vier-Tiere-Berge),da sie von weitem vier Tieren ähneln sollen. Der höchste Hügel wird Φ *ChiuWuShan* (9-5-Berg) genannt und hat eine kleine Legende. Am 5.9.1915 wurde der 95-jährige *YuHui* zum 95sten Mal Ururgroßvater. In Gedenken an diesen Tag beschloss er, auf den Hügel zu steigen und den Göttern zu danken. In Erinnerung an diese in Anbetracht des hohen Alters großartige Leistung und das Zusammentreffen der Ziffern neun und fünf nannten die Einheimischen den Hügel fortan „9-5-Berg". Die steilen Hänge werden von einer Vielzahl taoistischer Figuren geschmückt, der Blick auf die Stadt ist phantastisch.

九五山

SungShanPark – Erholungsgebiet am Stadtrand

● Stadtbusse E 299 (bester Bus) vom/zum Hbf. oder 266 und 288 ab World Trade Center bis zur Endstation nehmen, dann weiter aufwärts (Gabelung: Mitte) durch das Parktor zum Tempel gehen (5 Minuten). Diese genannten Busse nimmt man entweder zurück zum Hbf. oder fährt mit der HsinYi-Linie (einzige Linie hier, die nur Zeichen, keine Ziffern hat) zur CKS-Gedächtnishalle, von wo aus man das Präsidentengebäude (Parlament) und den HsinYuan (Neu-Park) leicht zu Fuß erreicht.

Tour B: Hbf. – Nationalpalast-Museum – TaiPei-Filmstudio – Märtyrerschrein – Hbf.

Man sollte für diese Tour mit einem ganzen Tag rechnen, allein im Nationalpalast-Museum gibt es genug zu sehen. Vor allem für (Kunst-) Historiker und Sinologen ist das Museum ein Muss, ebenso für jeden, der sich auch nur ein wenig für Kunst und Kultur (ganz) Chinas interessiert.

Nationalpalast-Museum (KuoWei KuKung PoWuYuan)
故公博物舘

Wer schon einmal ein Aerogramm aus TaiWan gesehen hat, wird sich gewiss an das Bild auf der Rückseite erinnern. Abgebildet ist ein mit mehreren Türmchen im chinesischen Stil errichtetes gigantisches Bauwerk am Fuße eines dicht bewaldeten Hügels im Stadtteil ShiLin.

Dieser Palast ist das Nationalpalast-Museum, der Stolz und das kulturhistorische Aushängeschild der R.o.C., welches für den gesamten chinesischen Kulturkreis eine Bedeutung hat wie etwa der Louvre in Paris für Europa. Dass auf dem kleinen TaiWan ein Hort

TaiPei

der chinesischen Geschichte steht, nicht aber in der Volksrepublik, hat eine pikante und spannende *Vorgeschichte:*

In der Sung-Dynastie (960–1279 n.C.) begannen die Kaiser erstmals, gezielt Zier-, Kult- oder Alltagsgegenstände am Kaiserhof zu sammeln. Die kaiserlichen Beamten überall im Reich wurden angewiesen, alles, was von Interesse sein könnte, zu sammeln und an den Hof zu schicken. Diese für die Regenten so erfreuliche und lukrative Tradition wurde auch unter den Dynastien Yuan (1279–1368), Ming (1368–1644) und Ching (1644–1911) fortgeführt. So entwickelte sich allmählich die *kaiserliche Schatzkammer* in der verbotenen Stadt in Peking, die kaum je ein Sterblicher zu sehen bekam außer den Herrschern und deren Hofstaat. Angesammelt wurden Gemälde, Möbelstücke, Schmuck, Bücher, Kunsthandwerkliches, Kalligraphien – kurz, alles was vom kulturellen Erbe Chinas zeugt.

Nach dem Sturz der letzten Dynastie und der Gründung der Republik 1911 stand der letzte Kaiser *PuYi* in der verbotenen Stadt erst unter Hausarrest und musste sie schließlich 1924 ganz räumen; alle Besitztümer fielen danach der R.o.C. zu. 1925 wurden die Tore der verbotenen Stadt in Peking für die Allgemeinheit geöffnet, das erste *Nationalpalast-Museum* war geboren, die Zeugnisse der chinesischen Kultur nun jedermann zugänglich.

Mit der Besetzung der Mandschurei durch Japan (1931) befürchtete China einen baldigen Angriff, so dass 1933 alle Kunstschätze des Kaiserpalastes in rund 7.000 große Holzkisten verpackt und per Eisenbahn in die Hauptstadt NanKing befördert wurden. Ungeöffnet zog der Tross von dort jeweils vor den vordringenden Japanern fliehend kreuz und quer durch das Land. Nach der Kapitulation Japans kamen die Schätze schließlich 1947 zurück in die Hauptstadt NanKing, wo sie teilweise der Öffentlichkeit gezeigt wurden. Doch schon 1949 mussten die Truppen der KuoMinTang den vormarschierenden Kommunisten weichen – erneut wurde eiligst eingepackt und über 6.000 Holzcontainer auf dem Seeweg nach KeeLung auf TaiWan verschifft. Da die R.o.C. sich nur auf einen „vorübergehenden" Rückzug einstellte, wurden die Kisten auch hier nicht ausgepackt, sondern in einem *Lagerhaus* des „provisorischen Regierungssitzes", TaiPei, untergestellt. Nachdem sich das Vorhaben der „Rückeroberung" auch in den 1960er Jahren nicht realisieren ließ, wurde das heutige NPM gebaut, welches 1965 die Pforten öffnete. Während der gesamten, langen Odyssee ist nach offiziellen Angaben nicht ein einziges Stück beschädigt worden.

Die Kunstschätze des NPM sind einer der ganz großen und äußerst schwierig zu beurteilenden *Streitpunkte zwischen TaiWan und der Volksrepublik.* Letzere fordert, da international das einzige anerkannte „China", alle Gegenstände heraus, da sie Eigentum der Volksrepublik seien. Umgekehrt argumentiert TaiWan, die Stücke seien der R.o.C. nach dem Fall des Kaiserreiches zugefallen, ihre Truppen hätten sie vor den Japanern in Sicherheit gebracht, und schließlich (was nicht von der Hand zu weisen ist) hätten die Kommunisten während der Kulturrevolution auf dem Festland nahezu alles Alte zerstört und somit offen kundgetan, dass sie die Erinnerungen an die alten Zeiten gar nicht wollten.

Heute befinden sich rund 700.000 Einzelstücke im Besitz des NPM, ausgestellt werden allerdings nur etwa 15.000. Alle drei Monate wird die *Ausstellung* dann komplett ausgewechselt, so dass es rund 12 Jahre dauert, ehe der Besucher jeden Gegenstand einmal zu sehen bekommt! Das NPM liegt nicht zufällig direkt

Der Stolz TaiWans – das Nationalpalastmuseum

an einem kleinen Berg. Dieser wurde ausgehöhlt, mit endlosen Gängen und vollklimatisierten Hallen durchzogen, wo die 685.000 gerade nicht gezeigten Stücke lagern.

Durch Schenkungen und Ankäufe wächst der Bestand des NPM stetig weiter, bedeutende Ausstellungsreihen (sind praktisch immer dabei) sind Keramik (bis zu 5000 Jahre alte Stücke), Bronzen (bis zu 3000 Jahre alt), Kalligraphie (Orakelknochen, Handschriften usw.) und Malerei.

Führungen in Englisch finden täglich um 10:00 und 15:00 Uhr statt, zweimal wöchentlich auch auf Französisch (Information dazu an der Kasse, auch Deutsch ist auf Voranmeldung möglich, Tel: 28821230, 28812021). Im Museum werden um 9:30 und 14:30 Uhr neben der „Galerie zum Vergleich chinesischer und anderer Weltkulturen" Diashows (engl.) zu chinesischer Kunst und Kultur vorgeführt. Der ***Souvenirladen*** im Eingangsbereich bietet Dias, ausgezeichnete kunst- und kulturgeschichtliche Bildbände sowie sehr günstige Drucke und Reproduktionen chinesischer Kalligraphien und Malereien an.

2 2 1 茊山路

Φ 221, ChiShanLu Sec.2, geöffnet tgl. 9:00–17:00 Uhr, das Teehaus bis 16:30 Uhr, das Restaurant von 9:00–19:00 Uhr (Mittagessen 11:00–14:00, Abendessen 17:00 bis 18:30 Uhr), der Garten nebenan (20 NT$) tgl. außer montags 9:00–17:00 Uhr. Im Museum herrscht absolutes Fotografierverbot, alle Geräte werden im Eingangsbereich von den Angestellten in Schließfächern verwahrt. Eintritt 80 NT$ (Studenten 60 NT$), MRT: Shilin, dort 255 oder 304 nehmen oder mit den Bussen F-213, L-255, L-304 vom/zum Zentrum (30 NT$).

100 NT$

TaiPei

**ShunYi-
Ureinwohner-
museum**

Das kleine Privatmuseum in der 221 ChiShanLu, Sec. 2 (in unmittelbarer Nähe zum Nationalpalast-Museum), Tel: 28412611, zeigt die vielleicht umfassendste Ausstellung zu Alltags- und Opfergegenständen der taiwanesischen Ureinwohner. Für Kenner sehr zu empfehlen, allerdings sind die Exponate nur in chinesischer und japanischer Sprache beschriftet. Englischsprachige Führungen sind möglich; geöffnet täglich außer Montag von 10:00–18:00 Uhr, 20.1.–20.2. geschlossen.

1700

**ChungYang
TianYing
WenHuaCheng**
中央電影文化成

Hinter diesem Begriff verbirgt sich eine etwas andere Sehenswürdigkeit in 10–15minütiger Gehentfernung des NPM, die *Filmstudios* der Stadt. Wer einmal hinter die Kulissen eines KungFu-Filmes blicken oder einfach nur etwas Fernsehluft schnuppern möchte, ist hier herzlich willkommen. Die Filmstudios (Eintritt 200 NT$) und das dazugehörende *Wachsfigurenkabinett* mit überwiegend chinesischen historischen Persönlichkeiten (Eintritt 80 NT$) sind täglich von 8:30–17:30 Uhr geöffnet.

Viele (einheimische) Touristen kamen hierher, sahen sich das Ganze einmal an, kamen aber kein zweites Mal – und die Besucherströme blieben sehr bald aus. Die Studios konnten dies natürlich nicht auf sich sitzen lassen (Gesichtsverlust!) und errichteten daher (rund um *Burger-King*) ein *Simulationskino* (100 NT$, 4 bis 5 90minütige Vorstellungen) mit 3-D- und 360-Grad-Effekten sowie die heftig propagierte *City of Cathay,* eine Art Kulissenstadt im chinesischen Stil mit klassischem Nachtmarkt. Die Angestellten kleiden sich im traditionellen Stil (Kostüme gibt es schließlich zur Genüge beim Film), sogar eine alte chinesische Währung nur für den Konsum im Park wurde eingeführt.
● Eintritt: 200 NT$ (170 NT$ ermäßigt), geöffnet 8:30–17:30 Uhr.
● Busse F-213 (Achtung: fährt nur etwa alle 30–45 min.), L-255, L-304 vom/zum Zentrum wie auch zum NPM. Vom NPM zu Fuß sind es etwa 1300 m der Hauptstraße rechts hinunter folgend (Orientierungspunkt per Bus: *Burger-King*).

Ehrenwache am
Märtyrerschrein

Märtyrerschrein
忠烈祠

Der Schrein der Märtyrer ist ein Heldengedenkplatz für die im Krieg der R.o.C. gegen die Volksrepublik Gefallenen. Für den Touristen ist dieser friedliche und feierliche Ort insbesondere wegen des *Wachwechsels* der Ehrengarde interessant, der in einem 15 minütigen Zeremoniell 5 Minuten vor jeder vollen Stunde stattfindet (bis 17.00 Uhr). Der Komplex besteht aus mehreren im traditionellen chinesischen Stil errichteten Gebäuden, die einzelnen Flügel enthalten Fotos und Berichte der Heldentaten der Märtyrer der Nation. Die Anlage ist täglich von 9:00 bis 17:00 Uhr geöffnet.
★ 21 (Seite188); Die Stadtbusfahrten zu diesen Punkten kosten 30 NT$ vom/zum Hbf. (zwischen den einzelnen Punkten je 15 NT$). Busse: F-213 (selten) vom/zum NPM fährt über Grand Hotel/Märtyrerschrein; vom/zum Hbf.; fahren F-213, E-247 (fährt auch von hier zum PiShan-Tempel), 267, E-

Der ChingMei-Tempel thront oberhalb der Stadt

287. Nur F-213 ist tatsächlich eine verbindende Linie; da sie nominell halbstündlich, in der Praxis stündlich fährt, erkundige man sich in der englischsprachigen TI im Hbf., wann genau die nächste 213 fährt, dann kann die Wartezeit mit Bahnticketkauf oder Shopping im Obergeschoss des Hbf. überbrückt werden.

Tour C1: Hbf. – ChingMei-Park – MuCha-Zoo – Goldener Drachen-Tempel – PiShan-Tempel – Hbf.

Die Sehenswürdigkeiten der Punkte C1 und C2 sind beliebig kombinierbar, da untereinander eine sehr gute Verbindung besteht. Die folgenden Vorschläge dauern zwei „kurze" Tage (z.B. 9:00–17:00 Uhr), natürlich kann man auch jeden Punkt einzeln ansteuern. Die erste Tour ist wesentlich anstrengender, bietet aber phantastische Ansichten von TaiPei. Der Zoo als wichtiger Verkehrsknotenpunkt ist in beide Vorschläge integriert.

ChingMei Yuan
景美山園

Der Stadtteil ChingMei im Süden TaiPeis ist vor allem durch seinen großen Friedhofsberg bekannt und daher bei den Einheimischen wenig beliebt. Die Mieten hier sind hier niedriger als anderswo in TaiPei, seit der MRT-Anbindung allerdings nicht mehr ganz so deutlich wie früher. Sehenswert ist hier der völlig untouristische (da unbekannte) ChingMei Park, ein **Berg mitten in TaiPei.** Die Lage des kleinen taoistischen Tempels (im Lesesaal liegt sogar die

China-Post aus) auf dem Berg ist famos, ein idealer Platz für einen Biergarten oberhalb der Stadt. Rund um den Tempel führen Pfade weiter aufwärts zum höchsten Aussichtspunkt des Parks, bestückt mit einer TaiWan-Flagge.

● Stadtbusse 295, A-237 vom/zum Hbf., bis man durch den langen Tunnel (Friedhofsberg) fährt. An der dritten Haltestelle danach aussteigen, erkennbar, wenn man auf eine Fußgängerüberführung zufährt; der Bus biegt dort links ab. Man gehe ab der Überführung geradeaus weiter auf der HsinHai-Lu Sec 4, bis man nach 400 m den zweiten Tunnel sieht. Vor dem zweiten Tunnel folgt man links dem Fußweg hinauf, überquert den Tunnel und folgt erst dem Pfad, dann den Stufen hinauf bis zu einer Abzweigung auf dem Grat. Links geht es den Höhenweg hinab in die Stadt, rechts geht es weiter aufwärts, vorbei an Rastplätzen, Trimm-Dich-Stationen und kleinen Badminton-Plätzen bis zu einem kleinen Tempel.

● MRT: ChingMei. Zum Zoo nimmt man besser die Busse 282, A-237 oder A/B-236 (letztere beide bei der Fußgängerüberführung).

MuCha-Zoo (TungWuYuan)
木柵動物園

Der städtische Zoo von TaiPei liegt in der südlichen Randgemeinde MuCha und ist bei Alt und Jung sehr beliebt. Das Gelände ist recht weitläufig, sehr gut gepflegt und zeigt einige in Europa selten zu sehende Tierarten. Für Kinder wurde ein „Streichelpark" eingerichtet, wo kleine Besucher Tiere hautnah erleben können. Insgesamt sicherlich einer der schönsten Tierparks Asiens.

● Geöffnet tgl. 8:30–17:00 Uhr, Eintritt 40 NT$ (Kinder 20 NT$), Tel: 29382300.

● MRT: TaiPei Zoo. Busse: 236, 237, ChinNan-Busse 3, 6 zur ChiNan-Universität. Vom/zum Hbf. A/B-236, A-237, 258, 282, 294, 295.

Zum ChinLongSi fährt nur die ChiNan-Linie No. 6 um 10:35, 12:00, 12:35, 13:45, 15:15, 16:05, 17:05, 17:55 Uhr. Man beachte vor dem Zoobesuch, zu welcher Zeit man zum ChinLongSi weiterfahren will.

ChinLongSi
金龍寺

Im östlichen Vorort NeiHu enden die Busse sowohl vom Hbf. als auch von MuCha kommend. Man muss nun auf der rechten Seite (bergwärts) zwischen den Häusern entlang gehen (50 m), bis man auf ein „Sackgasse"-Verkehrsschild trifft. Hier führt eine Straße links steil aufwärts zum 700 m entfernten **Goldener-Drache-Tempel,** eine kleine buddhistische Anlage mit einem Dreier-Schrein in der Haupthalle oberhalb der Straße und einer 10 m hohen KuanYin-Statue (unterhalb), die aus einer Vase ihre Mildtätigkeit verströmt. Die Anlage liegt auf dem Weg zum PiShanSi, der noch 1500 m weiter entlang der Straße oben auf dem Berg thront.

● Bus: ChihNan-Linie 6 zum/vom Zoo; zurück zum (oder direkt vom) Hbf.: I-240, K, E-247 (fährt am häufigsten), 267, H-604.

PiShan YanKai ChangSheng-Miao
碧山巖開漳聖廟

Nach wenigen hundert Metern, vom ChinLongSi der Straße folgend, sieht man oben auf dem Hügel den taoistischen PiShanSi (der gebräuchliche Name des Klosters), und es scheint unglaublich, dass Menschen dort oben auf dem PiShan (grüner Berg) ein so gewaltiges Bauwerk errichten konnten. Angenehmer ist der Waldweg, der 100 m hinter dem ChinLongSi beginnt: links durch das rote Tor hält man sich immer bergan (an allen Abzweigungen rechts), vorbei an einer CKS-Statue und einer kleinen Pagode bis zum PiShanSi auf 320 m Höhe. Der **Tempel** selbst ist taoistisch, hat allerdings auch einige Elemente der Yin-Yang-Schule integriert, zu erkennen an dem Kreis mit zwei identischen, aneinanderliegenden Nierenbögen.

Die Anlage an sich ist sehenswert, der eigentliche Höhepunkt aber ist die **Aussicht auf Gesamt-TaiPei.** Wer möchte, kann gegen eine Spende im Tempel nächtigen und gute Nachtaufnahmen von TaiPei machen. Zahlreiche Rund- und Wanderwege um den Tempel haben das Gebäude zu einer Art Wanderheim werden lassen. PiShanSi ist nicht zuletzt wegen seiner Lage einer der Höhepunkte TaiPeis.

●Man geht die Strecke zwischen der NeiHu-Haltestelle zu den beiden Tempeln am besten zu Fuß. Von unten fährt die ChihNan-Linie 6 zum Zoo, die Stadtbusse E-247 (beste Linie, fährt über den Märtyrerschrein), I-240, 267, H-604 vom/zum Hbf.

Tour C2: Hbf. – ChiNan-Tempel – MuCha-Tee-Park – Mucha- Zoo – Hbf.

ChihNanKung
指南宮

Diese interessante Anlage im Süden TaiPeis ist ein sehr gutes Beispiel für die Verträglichkeit verschiedener Glaubensrichtungen in einem Komplex. Es handelt sich hier um zwei **Tempelanlagen:** am Ende der Treppe trifft man zuerst auf einen kleinen taoistischen Schrein, 100 m dahinter liegt das buddhistische ChihNan-Kloster (ZhǐNánGōng, Tempel der Unsterblichen). Die Anlage, wegen der langen Treppe auch „Tempel der tausend Stufen" genannt, wurde vor über einhundert Jahren begonnen, wird aber nie fertiggestellt werden. Im Tempelbereich werden Ziegelsteine und Dachziegel (symbolisch) verkauft, der Käufer schreibt seinen Namen darauf, dann werden sie eingebaut – irgendein Flügel ist laufend in Erweiterung. Die buddhistische Zentralhalle wird von einer seltenen Kuppel überdacht, in deren Nischen außen Boddhisatvas stehen. Der Schrein besteht aus zwei „Etagen", unten Buddha, flankiert von zwei Boddhisatvas auf den buddhistischen Symboltieren Löwe und Elefant, oben drei Darstellungen Buddhas mit Perle, Pagode und Kelch in den Händen. Die Terrasse des Tempels überblickt die umgebenden Hügel und die Stadt. Entlang der langen Treppe und am Eingang bieten zahlreiche fliegende Händler Spezialitäten wie getrocknetes Obst, Süßigkeiten, Räucherstäbchen und kleine Mahlzeiten an. Daneben liegt ein kleiner Teich, in dem Hunderte von Schildkröten (Symboltier Chinas für langes Leben) schwimmen.

●Busse: Von TaiPei direkt zum/vom Tempel mit der ChiNan KeYun (blaue Busse) No 1, 2 (in TaiPei ab NanKing East Rd., besser No. 2 um 8:00 oder 11:00 Uhr ab „L" bzw. „Manka-Haltestelle" in der ChungHuaLu), 35 NT$. Vom/zum Hbf.: A/B-236, A, A-237 nur zur ChiNan-Universität (von dort muss man eine gute halbe Stunde zu Fuß weiter: 100 m zurück zur Abzweigung, dort engl. Schild, immer der Straße folgen; kostet so nur 15 NT$).

TaiPei

Wird stetig erweitert: der ChihNanKung

Vom/zum MuCha-Zoo: Stadtbusse A/B-236, A-237, 282 und ChiNan-Busse 3, 6 (jeweils ab/bis Uni). Vom/zum MuCha-Teepark Minibusse 10, 11 (ab Uni, andere Straßenseite).

MuCha-Teepark
木柵茶園

Es mag Kenner überraschen, aber hier in den relativ niedrig gelegenen Hügeln um TaiPei wird in bescheidenen Maßen (qualitativ umstrittener) Tee angebaut. Der MuCha KuangKuang ChaYuan lädt denn auch primär zu Spaziergängen durch die Hügel und zur Rast in einem der vielen Teehäuser ein. Hier werden zahlreiche **Spezialitäten zum Thema Tee** angeboten. Neben dem Getränk kann man Tee-Eier (stundenlang in Tee hartgekochte Eier), Tee-Huhn (in Teeblättern gesottenes oder gebratenes Hühnerfleisch), Tee-Suppe, Tee-Sülze und vieles mehr kosten. Einige der Rundwege führen bis hinauf auf die höchsten Hügel, von denen man un-

gestört die Aussicht genießen kann. Bestaunenswert ist vielfach die alpine Ausrüstung der Städter, die die Treppen des Parks mit schweren Rucksäcken, Bergstiefeln und Spitzstöcken bezwingen.
● Busse zum/vom Hbf.: vom Park zuerst Minibusse 10, 11 zur ChiNan-Universität. Dort mit 236, 237, ChihNan-Linie 3, 6 weiter zum Zoo oder mit der A/B-236, A-237 direkt zum Hbf.

MuCha-Zoo
木柵動物園

(Zoo ♪ Tour C1)
● Busse: direkt vom/zum Hbf.: A/B-236, A-237, 258, 282, 294, 295. Vom/zum ChiNanKung: bis zur ChiNan-Uni mit ChiNan-Bussen 3, 6 oder Stadtbussen 236, 237 (alle Busse gegenüberliegende Straßenseite vom Zoo). MRT: TaiPei-Zoo. Vom/zum ChinLungSi (♪ Tour C1).

Tour D: Hbf. – Zentrum für Wissenschaft & Erziehung – Nationale Kunstgalerie – Historisches Museum – Botanischer Garten – ManKaChu – ChingNian KungYuan – Hbf.

National TaiWan Science Education Center
科學館

Besser kann das Zentrum gar nicht liegen, genau links (großer runder Bau) vom historischen Museum und der Kunstgalerie; beide sind, wie in Europa nicht anders, für Kinder eher eine Strafe. Daher bringe man die Kleinen einfach zum Zentrum für Wissenschaft und Erziehung. Hier werden sehr einfach Technik, Umweltproblematik, Mechanik, Biologie und andere Naturwissenschaften vermittelt, vielfach mit auf Knopfdruck laufenden Modellen. Erklärungen gibt es zwar nur auf chinesisch, vieles erklärt sich aber von selbst. Auch „große Kinder" werden hier manches Interessante entdecken!
● 41 NanHaiLu, Eintritt 10 NT$ (Automat außen vor dem Eingang rechts). MRT: CKS Memorial Hall, Busse 1, 204, 242, 259

Nationale Kunstgalerie
文化館

Direkt neben dem Science Education Center; hier werden überwiegend moderne, in gelegentlichen Wanderausstellungen auch klassische Kunstwerke TaiWans (vorrangig Malerei) ausgestellt. Kataloge, Nachschlagewerke, aber auch Lehrbücher (engl.) zum Thema „chinesische Malerei" werden hier angeboten.
● Geöffnet tgl. 8:00–18:00 Uhr, Eintritt frei.

Historisches Museum
1 歷史博物館

Links vom Science Education Center (im großen, traditionellen Gebäude mit grünem Dach, das helle ist die Kunstgalerie) liegt das historische Museum TaiPeis. Im Gegensatz zum Nationalpalast-Museum werden hier weniger bekannte Stücke ausgestellt, und so entsteht auf kleinerem Raum ein guter Eindruck von chinesischer Kunstgeschichte. In einigen Hallen befinden sich Wanderausstellungen, andere sind Dauereinrichtungen. Die geschichtliche Darstellung von der Frühgeschichte der Menschheit bis zur Moderne

TaiPei

wird teilweise durch Nachbildungen steinzeitlicher Szenen, Höhlen, Jagdtrophäen usw. aus Pappmaché untermalt. Wer sehr wenig Zeit für TaiPei mitbringt und auf das National Palace Museum verzichten möchte, sollte zumindest im Historischen Museum gewesen sein.

Ⓜ 36 (Seite 188); Geöffnet 10:00–18:00 Uhr täglich außer montags, Eintritt 20 NT$.

Botanischer Garten
植物園

Zwischen den Eingängen von Historischem Museum und Science Education Center geht es geradeaus zu einem chinesischen Tor mit Digitalanzeige. Hier ist das „National Institute for Education and Research" untergebracht, Besucher haben zu diesem allerdings keinen Zutritt. Links vor dem Tor führt eine Drehtür in den Botanischen Garten, der einen Eindruck von der in und um TaiPei wachsenden Flora vermittelt; die Beschriftungen sind leider nur auf chinesisch. Am kleinen Teich kann man der altbekannten Frage, wann ein Teich bei sich täglich verdoppelnden Lotusblüten gänzlich zugedeckt sein wird, praktisch auf den Grund gehen. Eintritt frei.

廣州街

●Von hier aus nimmt man am besten einen der nördlichen Ausgänge zur ΦKuangChouChie. Dieser folgt man nach links über die große ChungHua, die KangTing- und KunMing-Straße hinweg zum LungShan-Tempel im ManKa-Viertel (10–15 Gehminuten).

ManKaChu (ManKa-Viertel)
龍山寺

Neben TaTaoCheng ist ManKaChu das einzige, zumindest teilweise noch ursprüngliche Viertel TaiPeis und beherbergt u.a. zwei der großen touristischen Attraktionen der Stadt – die sogenannte „Snake Alley" und den Φ**LungShan-Tempel** (211 KuangChou-Chie), um den sich eine kleine Geschichte rankt: Vor etwa 300 Jahren ließ ein Bewohner von ManKa sein Amulett mit einer kleinen KuanYin-Figur (Boddhisattva der Barmherzigkeit) an einem Baum hängen. In der Dunkelheit begann die Figur seltsam zu leuchten, so dass sich keiner der Anwohner (meist Einwanderer aus der Provinz FuKien) mehr getraute, das Amulett zu entfernen. Im Laufe der Zeit bemerkten sie, dass das Amulett Wünsche erfüllen konnte – so errichteten sie 1738 um den Baum herum den LungShan-Tempel. Viele der Fukienesen hatten grob gearbeitete Steine als Ballast für die Schiffe auf der Überfahrt mitgebracht – diese wurden für die Pflasterung des Hofes verwendet. Das dreigeteilte Haupttor ist verschlossen und wird nur an besonderen Feiertagen geöffnet, man betritt den Tempel durch die Seitenflügel-Tore. In den Haupthallen sind zahlreiche Gottheiten zu sehen, der Hauptschrein zeigt eine KuanYin-Statue, die während eines Bombenangriffes im Zweiten Weltkrieg unversehrt blieb, während die gesamte Halle mit Inventar zerstört wurde. Dieser bei den Einheimischen beliebteste Tempel TaiPeis ist stets gut besucht, hier kann man lebendigen Tempelalltag erfahren. ♠ 31 (Seite188). MRT: LungShan Temple.

Löwe vor dem LungShan-Tempel

桂林路。。華西街

Am Tempelausgang folgt man nun ein kurzes Stück der Hsi-ChangHsing nach links. Hier liegt das Zentrum der chinesischen Medizin TaiWans (man gehe einfach der Nase nach) – Ginseng, eingelegte Reptilien, Wurzeln, Kräuter, Akupunktur- und Akupressurspezialisten, Handleser und viele kleine chinesische Apotheken bieten ihre Dienste an. An der nächsten Kreuzung (⌘KueiLinLu) biegt man links ab bis zur ⌘HuaHsiChie, zu erkennen an einer Stiftungsinschrift (engl.) an den Marmorplatten der Torsäulen. Hier befindet man sich inmitten der **Snake-Alley,** weltberühmter Horrortrip für westliche Touristen, kulinarisches Paradies für Anhänger „außergewöhnlicher" chinesischer Speisen und Getränke. Die Gasse, vollgestopft mit aneinandergereihten Ständen und Garküchen, wurde noch vor wenigen Jahren als touristisches Highlight propagiert. Nachdem Tierschützer und westliche Touristen mit dem Eindruck von „barbarischen, tierquälenden, allesfressenden Chinesen" abgereist waren, hält man sich von offizieller Seite heute eher zurück. Dass man in Asien im Allgemeinen und in China im Besonderen mancherlei zu sich nimmt und auf besondere Arten zubereitet, was man im Westen als barbarisch bezeichnen würde, hat kulturelle und historische Gründe: die chinesische Medizin auf der einen Seite (Knochen als Heilmittel) und das warme Klima auf der anderen (keine Kühlschränke bedingten früher stets frische Schlachtung). Hier in der Snake-Alley findet man Affenschrumpfköpfe und Bärenknochen (werden pulverisiert, Aphrodisiaka), eingelegte Schlangen und Reptilien (Medizin und Kräftigung), frisch vor den Augen der Kunden zubereitete Getränke aus Schlangeninnereien (lebend entnommen, die Schlange zappelt derweil weiter), selbiges von Schildkröten (Kraft- und Potenzgetränke), schließlich können die Tierchen auch frisch gebraten vor Ort verzehrt werden – alles nichts für schwache Nerven. Ein Besuch lohnt sich übrigens erst ab dem frühen Abend, vorher ist nahezu alles geschlossen. ★ 30 (Seite188). MRT: LungShan Temple

靑山宮

貴陽街

Am nördlichen Ende der HuaHsiChie gelangt man wieder auf die KueiYangChie, auf der man wenige Meter nach rechts bei No 218 auf den ⌘**ChingShanTang-Tempel** trifft. Auch zu diesem gibt es eine schöne Geschichte: Fischer brachten die Statue der Gottheit ChingShan Mitte des 19. Jh. nach ManKa in die ⌘KueiYangChie, wo sie plötzlich stehenbleiben mussten. Da keiner wusste warum, warfen sie die *KuWen* (Orakelknochen) und erfuhren dadurch, dass die ChingShan-Statue genau hier bleiben wolle. Also stellte man sie hier an der Straße ab; zur gleichen Zeit wütete eine Krankheitsepidemie in Nord-TaiWan, ManKa blieb seit Eintreffen der Statue von weiteren Krankheitsfällen verschont. Man schrieb dieses Wunder ChingShan zu und sammelte Geld, um einen Tempel zu errichten – dieser entstand 1854 und blieb in seiner ursprünglichen Form erhalten. Neben dem Hauptschrein befinden sich rechts und links je drei Glasvitrinen; hinten rechts stehen vis à vis die Generäle *HsiePiAn* und *FanWuTi* (klein und rundlich bzw.

TaiPei

Garküche in der Snake Alley

lang und dünn, mit heraushängender Zunge als Zeichen für Selbstmord ♫ Taoismus). Beide waren früher angeblich in der Nacht kettenrasselnd in den Straßen zu hören – es habe hier daher kaum Diebe gegeben. In den beiden Vierer-Vitrinen sind die acht Unsterblichen dargestellt.

Vom ChingShan-Tempel geht man weiter die KueiYang-Straße entlang, an deren Ende rechts und links **LiaoTienWu (ChiHsin-Markt)** liegt. Dies ist die alte Einkaufs- und Handelsstraße von ManKa; von den alten Ziegelsteingebäuden mit den Rundbögen sind nur noch hier am Ende der Straße einige erhalten. Fukienesische Snacks, Obst und getrocknete Lebensmittel werden hier vertrieben, im Gegensatz zur Snake-Alley verirrt sich hierher kaum ein Tourist. Schließlich kommt man zur KangTingLu, in der Mitte des Halbkreises der Straße liegt der Eingang zum **ChingShuiKung**

八十一康定路

(Φ 81 KangTingLu). Der Hauptgott des Tempels, PengLai, hat die Augen halb geschlossen; dies soll seine Konzentrationsfähigkeit symbolisieren: er soll Naturkatastrophen vorhersagen können, und zwar so, dass der Statue bei drohendem Unheil die Nase abfällt, die erst dann wieder anwächst, wenn die Katastrophe bereinigt ist. Der Tempel entstand 1787 und gilt als typisch für den Baustil der mittleren Ching-Epoche.

♣ 29 (Seite 188); aus dem Tempel kommend biegt man scharf rechts ab zur ChungHuaLu, wo gleich links die Haltestelle für die Linien 0 und 253 zum ChingNian KungYuan (s.u.) liegen. Wer zurück zu den günstigen Hotels beim Nordtor möchte, kann (aus dem Tempel scharf links) die 24 zum Pei-Men nehmen. (Direkt vom/zum Hbf. fahren: 24, 25, 38, C-49, 65, 234.)

**ChingNian
KungYuan**
青念公園

Der Park liegt am Ufer des TanShui-Flusses und dient als größtes **städtisches Erholungsgebiet.** Er bietet einige Schwimmbäder, Rollschuhbahnen und sogar Tennisplätze; an Wochenenden kann man hier sehr viele Einheimische und westliche Schüler beim Tai-ChiChuan beobachten.

● Busse vom Hbf.: D-31, D-253, A-249. Zurück dieselben und 223, 250.

TaiPei

Tour E: Hbf. – HsingTien-Tempel – LinAnTai – Museum der schönen Künste – Kindererholungszentrum – PaoAn-Tempel – Konfuziustempel – Hbf.

Diese Tour legt den Schwerpunkt auf Kunst und Kultur, ein voller Tag sollte hierfür angesetzt werden. Die drei Tempel unterscheiden sich stark voneinander, so dass – gemeinsam mit dem klassischen LinAnTai-Wohnkomplex – ein recht umfassender Eindruck von religiöser und weltlicher klassischer Baukunst entsteht.

HsingTienKung
行天宮

Viele Touristen bevorzugen den ♪ LungShan-Tempel im ♪ ManKa-Viertel; Grund genug, den klassisch-taoistischen HsingTienKung auch einmal – am besten morgens – zu besuchen. Hier werden die alten taoistischen Rituale spürbar ernst genommen, schon optisch an den blauen (traditionelle taoistische Farbe) Kitteln der in Gebete versunkenen Tempeldienerinnen erkennbar. Der **Tempelkomplex** ist von einer Mauer, an der Räucherstäbchen, Opfergeld und die duftenden weißen Lotusblüten an Pilger verkauft werden, umgeben, erst dann betritt man den eigentlichen Tempel. Das Haupttheiligtum stellt den Kriegsgott KuanKung (HsingTien) dar, eine wichtige, aggressive Figur des Taoismus. Die zahlreichen Opfertische sind stets reichlich gedeckt, an der Frontseite befinden sich die Gebetstische mit klassischen Schriften. Der Tempel entstand im 19. Jh. im Stil der späten Ching-Dynastie als Hort der konservativen Richtung des Taoismus.

Gebete im HsingTienKung

Ferner kann man vom Tempel aus den 300 m entfernten (gleiche Straßenseite der MinChuanLu, vorbei an der Leichenhalle) *ChungHsing-Park* besuchen (das geschmückte Gebäude dazwischen ist das städtische Krematorium), eine größere, sehr gepflegte Grünanlage mit Bambus, einem kleinen Teich und vielen kleinen Blumenbeeten.

♣ 10 (Seite188); 261 MinChuanTungLu, vom Hbf. fahren C-49, C-502 (hält direkt gegenüber vom Tempel, fährt weiter zum nationalen Flughafen) und I-283 sowie 0, 41, 54, 63, 72, 214, 222, 225, 226, 277, 280, 283, 286, 505. Man steige gleich nach der Ecke SungChiang/MinChuan aus. Für den Tourvorschlag geht es (an der SungChiangLu) mit den No 33, 72, 222 weiter zum LinAnTai-Haus.

LinAnTai KuTsuo
ChianChie
林安泰古厝簡介

Das LinAnTai ist ein *klassisches chinesisches Wohnhaus* im Ching-Stil und eines der am besten konservierten Beispiele chinesischer Privatbau-Architektur des 18. und 19. Jh., gekennzeichnet durch zahlreiche Stein- und Holzschnitzarbeiten. Auch wenn TaiWan seinerzeit noch nicht so dicht besiedelt war wie heute, entspricht die weitläufige Anlage nicht dem Wohnstil der Durchschnittsbürger. LinAnTai zeigt den Wohn- und Lebensstil der Oberklasse, traditionelle Gartengestaltung und Großzügigkeit des Areals machen deutlich, wie die obere Beamtenschicht zu wohnen pflegte. Die Wohnräume entstanden um 1740, ursprünglich in kleinerem Umfang und in einem anderen Stadtteil. Sie wurden mit zunehmender Familienmitgliederzahl erweitert und vergrößert, in seiner jetzigen Form wurde das Gebäude erst um 1823 fertiggestellt und sollte in den siebziger Jahren einer Straßenerweiterung zum Opfer fallen. Taiwanesische Historiker kämpften für eine Verlegung Stein für Stein an den jetzigen Standort.

Privatgebäude wurden früher (häufig auch noch heute) nicht nach unseren Maßstäben (Lage, Anzahl der Räume etc.) errichtet, vielmehr spielte das klassische *FengShui* eine zentrale Rolle: *FengShui* (Geomantik) bezeichnet die unsichtbaren Kräfte, welche über Glück oder Unglück eines Gebäudes entscheiden. Eine der Grundregeln des *FengShui* (wörtlich: Wind und Wasser) besagte, dass der Eingang stets nach Südwesten ausgerichtet sein muss. Der Baumeister spielte eine geringere Rolle als der Schamane, der mit Gewichten und Wünschelruten störende Felder und Geister am Grundstück aufspürte. Auch heute wirkt sich das *FengShui* oftmals stärker auf Immobilienpreise aus als die „Lage" nach unserem Verständnis.

★ 9 (Seite188); Eintritt frei, geöffnet tgl. außer montags von 9.00–17.00 Uhr. Vom HsingTienKung kommend nimmt man die No 33, 72, 222 und steigt sofort aus, wenn man auf die Kreuzung zur MinTsuLu zufährt (oder geht den knappen km zu Fuß). Direkt zum LinAnTai fahren keine Busse, an der Kreuzung links biegt der HsinSheng-Park. Diesen muss man ganz durchqueren, auf der anderen Seite des Parks (Mitte, nicht zu verwechseln mit dem Tempel an der Nordwestecke) liegt das Gelände.

TaiPei

● Am LinAnTai gibt es, wie gesagt, keinerlei Busse, Taxis kommen nur gelegentlich hierher in die Sackgasse. Laut Plan würde man nun zurück zur MinTzuLu, rechts zur ChungShanPeiLu, wieder rechts bis zum Museum der Schönen Künste gehen (20 Minuten). Ein gerade einmal fünf Minuten dauernder Schleichweg führt aus dem LinAnTai rechts, vorbei am kleinen Tempel links am Parkende, unter der Brücke durch, dann halbrechts der schmutzigen, alten Straße 250 m folgend zum hinteren Aufgang des Museums (an der Parkplatzeinfahrt innen rechts).

**Museum der
schönen Künste
(MeiShuKuan)**
林安泰古厝簡介

Das Museum der schönen Künste ist das größte Museum Tai-Wans, welches mit teilweise fester und teilweise wechselnder Thematik die **moderne nationale und internationale Kunst** zeigt. Europa im Allgemeinen und Deutschland im Besonderen scheinen überdurchschnittlich oft mit Ausstellungsthemen vertreten zu sein, so beispielsweise im Sommer 1995 durch eine mehrmonatige Ausstellung Nordrhein-Westfalens zum Thema „Die Generation der 90er Jahre – moderne deutsche Kunst". Kunstwerke einheimischer Künstler fehlen nicht, im Erdgeschoss können eine Reihe chinesischer Souvenirs erworben werden.

Im Museum gilt ein generelles Fotografierverbot, welches streng überwacht wird.

Ⓜ 7 (Seite 188); Eintritt 30 NT$, geöffnet tgl. außer montags. Vom/zum Hbf. fahren A-47, E-287, K-216, K-217, K-218, K-220, K-224, K-260, K-287.

**ErTong YuLe
ChungHsin**
兒童育樂中心

Die schönen Künste sind für viele Kinder nicht allzu erbaulich; während die Eltern das Museum besuchen, amüsieren sich die Kleinen lieber im **Kindererholungszentrum.** Gegenüber vom Museum steht ein altes Gebäude; rechts um die Ecke ist der Eingang zum Park. Der Park, in dem früher der TaiPei-Zoo untergebracht war, besteht aus drei zusammenhängenden, größeren Abteilungen: einem Rummelplatz mit Fahrtgeschäften, einer „Welt von Morgen" und der „Welt von Gestern". Letztere ist neben dem „Space-Theatre" die vielleicht größte Attraktion; bestehend aus einer Art Freilichtmuseum mit vielen Gebäuden früherer chinesischer Epochen, in denen jeweils diverse Utensilien ausgestellt sind und den Kindern Schritt für Schritt die chinesische Geschichte nähergebracht wird. Von der nachgebauten Stadtmauer und der Aussichtsplattform kann man ganz TaiPei überblicken. Die Welt von morgen bewegt sich thematisch in die entgegengesetzte Richtung, im großen „Space-Theatre" (120 NT$) finden in unregelmäßigen Abständen besondere Veranstaltungen mit 3-D-Effekten, 360 Grad-Filmvorführungen usw. statt.

★ 6 (Seite 188); Eintritt in den Park 30 NT$, Kinder 15 NT$; montags geschlossen. Als Ausgang nimmt man nicht den Haupteingang, sondern den großen Nebeneingang an der Westseite beim Rummelplatz in die Φ Tun-HuangLu, die nach 50 m an einer Fußgängerüberführung die Φ ChengTeLu kreuzt. Hier geht man geradeaus über die Kreuzung hinweg, passiert

敦煌路
承德路

大龍街

ein buddhistisches Kloster auf der linken Seite und biegt etwa 150 m dahinter links ab (die Autostraße führt hier nach oben) in die Φ TaLungChie, wo
man den nächsten Punkt bereits erblicken kann.

PaoAnKung
保安宮

Dieser gigantische, sich über die Straße hinweg erstreckende
Tempelkomplex (61 HaMiChie) entstand im ausgehenden 18.,
frühen 19. Jh. als Schutztempel fukienesischer Einwanderer. Der
Baustil gleicht dem ihrer Heimat auf dem chinesischen Festland,
typisch sind die Galerien unter den doppelten Dächern. Der Komplex besteht aus Vorhalle, Haupthalle und rückwärtiger Halle, wobei in letzterer die Vermischung der verschiedenen Glaubensrichtungen Chinas zu sehen ist: die zweite Etage hier ist rein buddhistisch, während die Anlage an sich taoistische Merkmale (Dra-
chenverzierung der Dächer usw.) aufweist. Die hier verehrten
Hauptgottheiten sind *PaoSheng* (Gott der Medizin), *RuLaiFo* (Gott
des Glücks) und *ChuSheng NiangNiang* (Göttin der Fruchtbarkeit).
   Von hier aus sieht man bereits die Gartenmauer des Konfuzius-
Tempels 50 m weiter auf der linken Seite. Interessanterweise liegen sich die Zentren der beiden geistigen „Rivalen" *Konfuzius* und
LaoTzu (sofern man in der chinesischen Philosophie von Rivalen
sprechen kann) praktisch gegenüber. ♣ 4 (Seite 188)

KungTziMiao
孔子廟

364 Tage im Jahr wird man den **Konfuzius-Tempel** (275 Ta-
LungChie) als einen sehr ruhigen Park genießen können. Die Anlage gehört zu den drei größten Schreinen in Angedenken an den
Meister (neben TaiNan und KaoHsiung), mit Leben erfüllt wird sie
nur am 28. September, dem Geburtstag von *Konfuzius*. Dieser Tag
wird als **Tag des Lehrers** gefeiert, Schüler machen überall im
Lande ihren Lehrern kleine Geschenke, in den Tempeln spielen
sich großartige, farbenfrohe Zeremonien ab, unterstützt von zahlreichen Rhythmusinstrumenten, die während des Jahres in der
Haupthalle aufbewahrt werden. Die Anlage zeigt den typischen
Aufbau aller Konfuzius-Tempel (alle wurden nach dem Vorbild des
Tempels von ChuFu in der VR China, dem Heimatort des *Konfuzius* errichtet): eine große Mauer umgibt einen Garten, der eigentliche Tempel wird wiederum von einer Mauer mit Seitengängen
rundum umgeben. Durch das Hauptportal betritt man den Innenhof, in dessen Mitte die eigentliche Haupthalle steht. Der Schrein
selbst ist außerordentlich schmucklos und besteht lediglich aus einer großen Kalligraphie, umsäumt von den unterschiedlichsten
Instrumenten.

酒泉街

♣ 5 (Seite 188); am Ausgang wendet man sich nach links zur Φ ChiuChuan-
Chie. Gleich rechts vor der Mauer der PaoAn-Anlage fahren die 288 und
246, auf der anderen (!) Straßenseite die 2 zum Hbf. MRT: YuanShan

TaiPei

„Der Gütige hilft auch dem Tiger" (PaoAn-Tempel)

An-/Abreise

Luftweg

TaiPei ist, auch wenn es oftmals missverständlich dargestellt wird, nicht direkt an das internationale Flugnetz angebunden. Interkontinentalflüge starten und landen vom **CKS-Airport bei TaoYuan,** etwa 50 km südwestlich der Stadt, TaiPei muss, wie jeder andere Ort der Insel auch, per Bus oder Taxi angefahren werden – und das kann je nach Verkehrslage 1,5–2 Stunden dauern. Es gibt keine Flugverbindung vom CKS-Airport zum TaiPei-Airport (∅ Praktische Reisetipps, An- und Rückreise).

Alle TaiWan anfliegenden Fluggesellschaften haben **Buchungs- und Rückbestätigungsschalter in TaiPei.** Mindestens 72 Stunden vor dem gebuchten Rückflug muss die Reiseabsicht nochmals telefonisch oder persönlich der Gesellschaft mitgeteilt werden, sonst wird der Platz möglicherweise als „frei" erneut verkauft.

Um Streit mit Peking zu vermeiden (wie bei den diplomatischen Beziehungen dürfen viele Gesellschaften entweder TaiWan oder die Volksrepublik anfliegen, nicht beides), haben einige **internationale Fluggesellschaften** eine eigene Tochtergesellschaft gegründet, die ausschließlich TaiWan anfliegt. Teilweise wurde der Name um den Zusatz „Asia" ergänzt oder leicht abgewandelt.

1 3 1 南景東路二段	●**China Airlines (TaiWan),** Φ131 NanKing TungLu, Sec. 3, Tel: (02)-27151122, 27151212.
1 0 1 南景東路二段	●**Australia-Asia Airlines,** Φ101 NanKing TungLu, Sec. 2, 3. St., Tel: (02)-25221001.
9 8 南景東路二段	●**British Asia Airlines,** Φ98 NanKing TungLu, Sec. 2, 5. St., Tel: (02)-25418080.
1 2 9 長春路	●**Royal Brunei Airlines,** Φ129 ChangChun Tel: (02)-25116188.
9 0 建國北路二段	●**Canadian Airlines International,** Φ90 ChienKuo PeiLu, Sec. 2, Tel: (02)-25034111.
1 2 9 民生東路三段	●**Cathay Pacific Airways,** Φ129 MinSheng TungLu, Sec. 3, Tel: (02)-27152333.
1 6 7 復興北路	●**Continental Airlines,** Φ167 FuHsing PeiLu, Tel: (02)-27195947.
1 5 4 南景東路	●**Delta Air Lines,** Φ154 NanKing TungLu, Sec. 2, Tel: (02)-25513656.
1 6 7 復興北路	●**Air France,** Φ167 FuHsing PeiLu, Tel: (02)-27148906.
6 6 松江路	●**Garuda Indonesia,** Φ66 SungChiangLu, Tel: (02)-25612311.
2 敦化南路一段	●**Japan Asia Airways,** Φ2 TunHua NanLu, Sec. 1, Tel: (02)-27765151.
2 敦化南路一段	●**KLM Royal Dutch Airlines,** Φ2 TunHua NanLu Tel: (02)-27111455.
9 8 建國北路一段	●**Lufthansa German Airlines,** Φ98 ChienKuo PeiLu, Sec. 2, Tel: (02)-25034114.
1 0 2 敦化北路	●**Malaysia Airlines,** Φ102 TunHua PeiLu, Tel: (02)-25147888.
9 8 南景東路二段	●**Air New Zealand,** Φ98 NanKing TungLu, Sec. 2, Tel: (02)-25313980.
1 3 1 松江路	●**Philippine Airlines,** Φ131 SungChiangLu, 11. St. Tel: (02)-25067383.
1 0 1 南景東路二段	●**Qantas Airlines,** Φ101 NanKing TungLu, Sec. 2, Tel: (02)-25221001.
1 8 1 復興北路	●**Russian Airlines,** Φ181 FuHsing PeiLu, Tel: (02)-27189311.

TaiPei

1 7 4 忠孝東路三段
1 4 8 松江路
2 0 5 敦化北路

1 5 2 復興北路
2 仁愛路四段
5 9 松江路

- *Sempati Air,* Φ174 ChungHsiao TungLu, Sec. 3, Tel: (02)-23966910.
- *Singapore Airlines,* Φ148 SungChiangLu, Tel: (02)-25516655.
- *South African Airways,* Φ205 TunHua PeiLu, Zi. 1203, Tel: (02)-27136363.
- *Thai Airways Intl.,* Φ152 FuHsing PeiLu, Tel: (02)-27175200.
- *United Airlines,* Φ2 JenAiLu, Sec. 4, Tel: (02)-27037600.
- *Viet Air,* Φ59 SungChiangLu, Tel: 25177177.

National

Der nationale **SungShan-Flughafen** (der eigentliche „TaiPei-Airport") liegt sehr günstig am nördlichen Stadtrand (C-502 pendelt zwischen Hbf und Airport) und verbindet TaiPei mit nahezu jedem an den Luftweg angebundenen Ziel auf TaiWan.

Außen neben dem Haupteingang befindet sich ein *Tourist Information Center* mit elektronischer Info-Säule (engl.; geöffnet 8:00–20:00 Uhr), 100 m rechts (aus dem Flughafen kommend) die Pendelbusse TaiPei – CKS-Flughafen (international, 116 NT$). Die Stadtbusse halten gegenüber vom Haupteingang. Das Personal spricht in der Regel gut englisch, Buchungen und Reservierungen können jederzeit problemlos vorgenommen werden.

Einige **Preisbeispiele** (einfache Strecke):

ChiaYi	1272 NT$	HuaLien	1111 NT$	KaoHsiung	1409 NT$
KinMen	1629 NT$	LanYu	2345 NT$	MaKung	1252 NT$
TaiChung	1023 NT$	TaiNan	1325 NT$	TaiTung	1407 NT$

Hauptbahnhof

臺北火車站

Bahn

Das gigantische Bahnhofsgebäude dient dem Reisenden auch als zentraler Orientierungspunkt. Größe und Interieur des ΦHbf können es mit manchem europäischen Flughafen aufnehmen. Man erreicht den Hbf am besten über die Überführung, die über die achtspurige ChungHsiaoLu zum rechten Eingang führt.

Ein Traveller Service Center ist an der linken Seite untergebracht, bietet aber keine wesentliche Hilfe. Besser sind die *Informationsschalter* rechts (TaiWan Tourism Office) und links (TaiPei-Hbf-Information).

Über den *Fahrkartenschaltern* befindet sich ein riesiges Rollboard mit Abfahrtszeiten und Endstation der Züge, auch in lateinischer Schrift. Ticketschalter 1–20 verkaufen Tickets für denselben Tag, die Schalter 21–40 für Folgetage (da TaiPei meist Ausgangspunkt der Züge ist, können hier Reservierungen für zwei bis drei Tage im voraus vorgenommen werden). So weit, so gut, es gibt nur noch ein kleines Problem: welcher Schalter verkauft genau das gewünschte Ticket. Über den einzelnen Schaltern befindet sich eine chinesische Digitalanzeige, die diese Frage beantwortet. Als Unkundiger wendet man sich am besten an einen der beiden Informationsschalter und schreibt das gewünschte Ziel in lateinischen Buchstaben auf (die Angestellten sprechen nur wenig Englisch) mit dem Zusatz Φ*ChinTienTePiao* (Fahrkarte für heute),

今天的票

明天的票
後天的票

差不多

上午
下午

臺灣火車
時刻手冊

Φ*MingTienTePiao* (für morgen) oder Φ*HouTienTePiao* (für übermorgen). Die Angestellten schreiben dann die Schalternummer und das Fahrtziel auf. Nicht vergessen sollte man eine ungefähre Zeitangabe bei einer Reservierung, z.B. Φ*ChaPuTuo* (gegen 8 Uhr). Achtung: in TaiWan werden die arabischen Zeitangaben in Schriftform zwar verstanden, allerdings meist nur die amerikanische Zählweise bis 12. Man muss „a.m." oder „p.m.", besser Φ*ShangWu* (morgens) oder Φ*HsiaWu* (nachmittags) ergänzen. Obwohl die großen Digitalanzeigen bis 24 zählen, kann es zu Missverständnissen kommen. Eine Reservierung ist eigentlich immer empfehlenswert (1–2 Tage im Voraus), um auch einen Sitzplatz zu bekommen; außerdem ist es sehr beruhigend, sein Ticket vor der Abreise schon in der Tasche zu haben.

In der Haupthalle befinden sich eine **Post** sowie **Münzschließfächer** (zeitlich unbegrenzt, es gibt keine Gepäckaufbewahrung), im Obergeschoss findet man eine Reihe **Snackrestaurants** und Shops, u.a. einen **Buchladen,** der auch chinesische Landkarten verkauft. An den Zeitungs- und Snackständen unten wird ein chinesisches **Kursbuch** (Φ*SiKuChiao)* für 25 NT$ verkauft, ein Faltblatt mit den wichtigsten Auszügen kostet 15 NT$.

Überflüssig zu erwähnen, dass von hier aus alle denkbaren Ziele in kurzen Abständen angesteuert werden können. Dass auch die (längere) Ostroute u.a. nach KaoHsiung angeboten wird, ist durchaus nicht unsinnig, man kann die Reise z.B. in TaiTung unterbrechen und später den Weg fortsetzen. In diesen Fällen behält man sein Ticket und gibt es nicht am Ausgang ab. Tickets – wie auch in den Bussen – müssen immer aufbewahrt werden, bis man zur Abgabe aufgefordert wird!

Generell ist es nicht immer einfach zu sagen, **Bahn oder Bus** seien für diesen oder jenen Ort besser; für TaiPei allerdings scheint die pünktliche Bahn trotz höherer Preise (Express) gegenüber den oft im Stau stehenden Bussen den Vorzug zu verdienen.

Einige **Preisbeispiele** (je nach Zugart, Pendelzug bis Express, unterschiedlich teuer):

Von TeiPei nach:		
ChiaYi 316-608 NT$	KeeLung 35-66 NT$	ErShui 258-400 NT$
FengShan 450-697 NT$	KaoHsiung 443-853 NT$ (935-1162 NT$ via Ostroute)	
TaiChung 199-384 NT$	PingTung 468-725 NT$	ChiPen 956-1189 NT$
SuAo 161-310 NT$	FuLung 68-132 NT$	YiLan 116-223 NT$
RuiShui 306-590 NT$	HsinCheng 212-409 NT$	HuaLien 229-445 NT$
TaiTung 422-815 NT$	YuLi 330-516 NT$	ChiShang 414-696 NT$
	ChiPen 545-856 NT$	TaoYuan 31-66 NT$

MRT (Mass Rapid Transit)

Nach endlosen Schwierigkeiten (Bodenbeschaffenheit, Verteuerungen, technische Probleme) konnte das weitläufige Kernstück einer umfassenden und **modernen Metro** in TaiPei und seinen wichtigsten Vororten fertiggestellt werden (♫ Umschlag-Innenseite vorne). Die wichtigsten innerstädtischen Sehenswürdigkeiten

TaiPei

wie auch interessante Außenbezirke (TamShui, PanChiao, MuCha-Zoo) sind nun in wenigen Minuten erreichbar. Insbesondere Sprachunkundigen wird das Reisen erheblich erleichtert: sechs *farbig markierte Linien* verkehren im 4–7 Minuten-Takt täglich von 6–23 Uhr. Eine einfache Fahrt kostet je nach Ziel zwischen 20 und 70 NT\$. Karten mit Magnet-Lesestreifen sind an den Automaten (auch englische Menuführung) jeder Station erhältlich, für intensive Stadtbesichtigungen lohnt sich durchaus das *unlimitierte Tagesticket* für 150 NT\$.

Wichtigste Station ist der Hauptbahnhof *„Main Station"*, wo sich drei Linien kreuzen und auch die meisten Stadtbusse schnell zu finden sind.

Wer länger in TaiPei lebt, sollte sich eine im Menu als „Stored-Value-Ticket" bezeichnete Karte zulegen; sie wird an den speziellen Fahrkartenautomaten zu 800 NT\$ mit einem Wert von 1.000 NT\$ gekauft, für die Fahrten wird dann der normale Preis abgezogen (man hat somit 20% Rabatt). An diesen Automaten sind auch die Bus-Magnetkarten erhältlich (♫ Bus).

Drei wichtige Hinweise:

1. Die MRT-Karte ist *nicht* mit den Bus-Magnetkarten kompatibel, d.h. sie kann bei falscher Benutzung (Bus-Lesegerät) unbrauchbar werden.

Wenn einer eine Reise tut ... (ErShui-ShuiLi-Linie)

2. Ferner darf in der MRT weder geraucht, noch gegessen oder getrunken werden – hohe Strafen nach Singapurer Vorbild sollen für Sauberkeit und Ordnung sorgen.

3. Schließlich gilt für kombinierte MRT-Busfahrten das so genannte Free-Bus-Ride-System: vor Verlassen der MRT-Sperrzone schiebt man (sofern vorhanden, ♫ Bus) seine Bus-Magnetkarte in eigens aufgestellte Automaten und kann dann eine Busfahrt innerhalb der nächsten 2 Stunden kostenlos genießen (Buskarte dennoch in den Entwerter beim Bus stecken, an der Karte wird nichts abgezogen).

Bus

TaiPei als Herz TaiWans ist an nahezu jeden größeren Ort der Insel per Bus angebunden. Allerdings gibt es eine ganze Reihe verschiedener Busbahnhöfe, die wichtigsten unmittelbar am Hauptbahnhof. Steht man oben auf der Fußgängerüberführung am Hauptbahnhof, liegen beide Langstreckenbusbahnhöfe/Überland im Blickfeld. Generell ist zu überlegen, ob man aus TaiPei heraus nicht besser die Bahn nimmt; für Busse ist die beste Abfahrtszeit aus der Stadt der Sonntag vormittag, wenn ausnahmsweise fast freie Bahn herrscht. Ansonsten muss man u.U. mit ein bis zwei Stunden Fahrt rechnen, ehe man den Stadtrand erreicht.

Langstrecken-Bbhf/Nord
(4 ChengTeLu)
臺灣客運北站

🚌 20 (Seite 183); hier fahren überwiegend Busse nach Nordosten (Bereich KeeLung – YiLan/SuAo) und entlang der Westseite der Insel (bis Sonne-Mond-See); nur drei Busse tgl. nach **TanShui** (besser ab ♫ PeiMen-Bbhf „L" fahren). **LungMen** (115 NT$), **Yi-Lan** (205 NT$), **TouCheng** (190 NT$), **KeeLung** (45 NT$), **Fu-Lung** (117 NT$), etwa alle 40 Minuten via Küstenroute. Auf der Inlandsroute kosten **SuAo** 206 NT$, **YiLan** 163 NT$. **TaiChung** 255 NT$, **RiYuehTan** (Sonne-Mond-See) 358 NT$, **PuLi** 340 NT$. **CKS-Airport** 116 NT$ (Bussteig 12, selten, besser den Bus vom Airport-Bbhf nehmen, s. unten). Informationsschalter und Münzschließfächer (30 NT$ pro Öffnung des Faches, zeitlich unbegrenzt) in der Halle. Tickets sind an Automaten zu kaufen, nur wenige Schalter verkaufen Tickets direkt, überwiegend wechseln sie nur Scheine in Münzen.

Langstrecken-Bbhf/West u. Ost
(173 ChungHsiao-HsiLu)
臺灣客運西站

🚌 42 (Seite 182); hier fahren die Busse zum **ALiShan** (nur ein Bus tgl. um 8:30 Uhr für 460 NT$), **ChiaYi** (alle 30 Minuten, 369 NT$), **TaiNan** (etwa alle 45 Minuten, 445 NT$), **PingTung** (etwa alle 50 Minuten, 530 NT$), **KaoHsiung** (rund um die Uhr alle halbe Stunde, 510 NT$), **TaiTung, KenTing/HengChun, ShuiLi** (alle 30–40 Minuten).

Die Endstationen sind an den Bussteigen auch in lateinischen Lettern angeschrieben; in der Halle gibt es Münzschließfächer.

An-/Abreise

Airport-Bbhf
國際機場車站

Ⓑ 41 (Seite 183); zwischen dem Langstreckenbhf/West u. Ost sowie dem Hbf liegt in einem kleineren, unscheinbaren Gebäude der Busbahnhof des *CKS-Zubringers.* Dieser fährt hier von 6:45–0:30 Uhr alle 15–20 Minuten für 116 NT$. Wer einen Flug erreichen muss, sollte spätestens vier Stunden vor dem geplanten Abflug im Bus sitzen (klüger ist die Abreise aber ab ⌀ ChungLi).

Außerdem verkehrt hier ein Pendelbus nach *KeeLung* für 45 NT$ (alle 6 Minuten).

Eine weitere Buslinie verkehrt alle 15 Minuten zwischen dem nationalen SungShan Flughafen und dem internationalen CKS-Flughafen für ebenfalls 116 NT$ (7:10 – 23:50 Uhr).

PeiMenChan
北門站

Zu einigen näheren Orten im Umland von TaiPei und dem Norden fahren an der Haltestelle „L" (PeiMen, Nordtor) einige Busse, auf die beim jeweiligen Ort gesondert hingewiesen wird. Wichtig sind hier die HsinTien KeYun-Linie nach *TanShui* sowie die ChihNan-Linie 2 um 8:00 und 11:00 Uhr zum *ChihNan-Tempel.*

ChungLungChan
中崙站

Ⓑ 47 (Seite 189); von Bedeutung ist schließlich die Haltestelle in der PaTeLu/Ecke FuHsingLu, von der Busse nach *ChinShan-Beach, YeLiu* und anderen Orten der *Nordküste* via *YangMingShan* fahren. Leider liegt diese Station ein gutes Stück außerhalb des Zentrums und muss mit Stadtbussen 57, 205, 276 angefahren werden. Die Busse fahren alle 30–45 Minuten, die Ziele an der Nordküste kosten rund 110 NT$.

Stadtbusse

Trotz MRT sind einige wichtige Punkte in der Stadt nach wie vor nur per Bus zu erreichen. Informationsmaterialien über die Sehenswürdigkeiten TaiPeis werden reihenweise herausgegeben. Dabei sind teilweise die Nummern der Busse vermerkt, die „vom Hauptbahnhof zu den Sights" führen. Wer jedoch anhand dieser Angaben als Sprachunkundiger die einzelnen Orte anzusteuern versucht, wird vermutlich verzweifeln. „Vom Hauptbahnhof" bedeutet nämlich in der Praxis „irgendwo in einem Radius von etwa 500 Metern rund um die 10-spurige ChungHsiaoLu beim Hauptbahnhof", und nicht etwa von einem zentralen Stadtbusbahnhof.

Jedes Haltestellenschild (direkt an der Straße) gilt für 2–3 der darauf (arabisch) genannten Linien. Auch wenn man mit viel Glück eine richtige Haltestelle erwischt, heißt das noch lange nicht, dass der Bus auch direkt zum Ziel fährt. Manche Busse fahren lediglich ein, zwei Blöcke weiter, wer nicht Chinesisch lesen kann, ist verloren. Dann stellt sich die Frage: Wo aussteigen? Manche Schriften der Tourist-Information empfehlen hierzu, man solle für diese oder jene Sehenswürdigkeit „an der NanHua-Haltestelle aussteigen, dann sind es noch fünf Minuten zu Fuß" – großartig. Welcher Tourist aber weiß in einem Dschungel von Schriftzeichen, welches die NanHua-Haltestelle ist? Das steht zwar an den kleinen Haltestellenschildern (der Zielhaltestelle!), aber selbst mit Adleraugen könnte man in einem vollen, dahinrasenden Stadtbus die Haltestellenschilder nicht rechtzeitig lesen.

Es ist also notwendig, den Dschungel etwas zu lichten: Rund um den Hbf befinden sich mehrere größere Ansammlungen von Haltestellenschildern, Jede „Ansammlung" wird *(nur hier im Buch, nicht an den Bussen!)* mit großen römischen Buchstaben belegt. Jede genannte Linie bekommt dann diesen (für den Leser hilfreichen) Zusatzbuchstaben, um den richtigen Platz sofort auf der Karte DOWNTOWN zu lokalisieren (dieses System gilt nur für den Bereich um den Hbf, genannte Linien zwischen Sehenswürdigkeiten benötigen diese Unterscheidung nicht). Dadurch verringert sich zwar die Anzahl der theoretisch „möglichen, in die Nähe des Ziels" führenden Linien erheblich, die genannten sind dann aber sicher. Die übrigen Verbindungen (ohne Buchstaben, also ohne Haltestelle an den eingezeichneten Punkten A–X) kann man jederzeit vom Zielort zurück zum Hauptbahnhof nehmen oder auch zum Ziel hin, wenn zufällig eine solche Linie am Ausgangspunkt hält.

Ein kleines Beispiel zeigt, wie einfach dieses System funktioniert: Angenommen, man möchte einen Nachmittag per Bus im Zoo verbringen. Theoretisch fahren (laut Prospekten und Auskünften der TI) die Nummern 236, 237, 258, 282, 294, 295 ab Hbf. Im beschreibenden Teil der Sehenswürdigkeiten TaiPeis findet der Leser vor den Linien 236 und 237 den Großbuchstaben „A". Ein Blick auf die Zentrumskarte und er weiß, wo genau der Bus abfährt.

Hat man die Haltestelle gefunden, muss man den entsprechenden **Bus herbeiwinken** (sonst hält er u.U. nicht). Dies geschieht wie bei Taxis mit auf- und abwedelnder, nach vorne zur Straße ausgestreckter Hand.

Dann besteigt man den Bus – was nun? Man achte zum einen auf die anderen Fahrgäste, zum anderen (falls man alleine oder als erster zusteigt) auf ein Leuchtschild hinter dem Fahrer oben unter der Decke. Am ersten Schriftzeichen erkennt man, ob beim Einsteigen (Φ *Shang*) oder beim Aussteigen (Φ *Hsia*) gezahlt wird (bei langen Strecken/Zonenüberschreitung auch – nacheinander – beides). Dieses ebenso einfache wie raffinierte System bedeutet folgendes: in allen anderen Städten bezahlt man pauschal 12–15 NT$ beim Einsteigen, diese Summe wurde als ausreichend für alle Ziele dort angenommen. TaiPei ist gigantisch, die einfache Strecke vieler Busse ist 10 oder mehr Kilometer lang. Für weite Strecken gilt nicht der Preis von 15 (Studenten 12, Rentner und Kinder 8), sondern von 30/24/16 NT$, in seltenen Ausnahmefällen 45/36/24 NT$. Bezahlt man beim Einsteigen, schaltet der Fahrer ab einem bestimmten Punkt auf „Bezahlen beim Aussteigen" um – somit ist gewährleistet, dass der richtige Betrag beim Einund/oder Aussteigen gezahlt wird; man sollte sich daher die Zeichen Shang und Hsia merken, sonst muss man u.U., wenn man

上車買票
下車買票

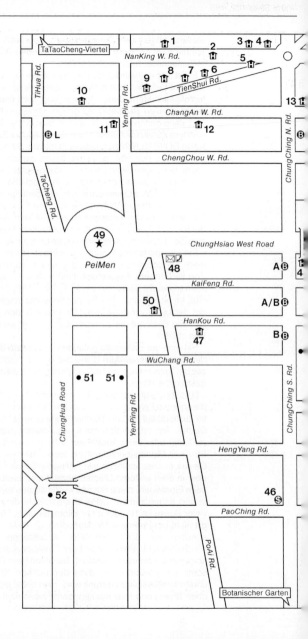

TaiPei, Downtown

⛨	1	Fortune-Hotel	⛨ 30	YWCA
⛨	2	ChiaChun-Hotel	❶ 31	Bonanza Buffet & Steakhaus
⛨	3	PinWang-Hotel (King Plaza)	Ⓑ 32	WuLai-Busse
⛨	4	HuaTa-Hotel	● 32a	Ministry of Foreign Affairs
⛨	5	YuanHuan-Hotel		(Arbeitserlaubnis, Visaänderung)
⛨	6	TiYi-Hotel	● 33	chin. Kunsthandwerk (Verkauf)
⛨	7	TungYa-Hotel	➕ 34	Uni-Klinik (TaiTa YiYuan)
⛨	8	FengKu-Hotel	★ 35	Präsidenten-Gebäude
⛨	9	HuangMei-Hotel	Ⓜ 36	Taiwan Provincial Museum
⛨	10	HsinHu-Hotel	⛨ 37	Paradise-Hotel
⛨	11	ChinPin-Hotel	⛨ 38	Royal-Hotel
⛨	12	PeiNan-Hotel	⛨ 39	YanHung-Hotel
⛨	13	PeiMen-Hotel	⛨ 40	Keanman's-Hotel
Ⓑ	14	HuangHou-Hotel (Queen)	Ⓑ 41	CKS-Airport & KeeLung-Busse
⛨	15	MeiShan-Hotel	Ⓑ 42	Überlandbusbahnhof/Ost-West
⛨	16	LungYuan-Hotel	⛨ 43	HuaMei-Hotel (Mayflower)
⛨	17	HoChieChang & YingPin-Hotels	⛨ 44	Hotel Flowers
⛨	18	ShiCheng-Hotel	● 45	Bäckerei (Schwarzbrot)
⛨	19	HsinChou-Hotel	Ⓢ 46	Bank of Taiwan
Ⓑ	20	Überlandbusbahnhof/Nord	⛨ 47	Pan American-Hotel
●	21	Reinigung	✉ 48	Hauptpost/Paketamt/
Ⓑ	22	Priv. Langstrecken-		Telefongesellschaft
		busgesellschaft	★ 49	PeiMen/Nordtor
⛨	23	Happy Family-Hostel II	⛨ 50	TungFang-Hotel (Orient)
⛨	24	Happy Family-Hostel I	● 51	Ausländerpolizei/
⛨	25	Cosmos-Hotel		Visaangelegenheiten
⛨	26	Hilton-Hotel	● 52	Kaufhäuser & Shops
●	27	Asiaworld-Kaufhaus		
★	28	Mitsukoshi-Tower	A-M	Stadtbus-Sammelhaltestellen
⛨	29	YMCA	L	hier auch ChihNan-Linie 2
				(8:00 u. 11:00)

voreilig sein Geld in den Kasten geworfen hat, beim Ausstieg einer Kurzstrecke nochmals zahlen, auch wenn unkundigen Touristen dies oft nachgesehen wird.

Bezahlt wird entweder bar, besser aber mit einer (an den Zeitungskiosken bei den Haltestellen erwerblichen) Magnetkarte zu 300, 600 oder 900 NT\$ – ein Lesegerät zieht den entsprechenden Betrag ab – also auch hier aufpassen, wann man seine Karte auf das Lesegerät legen muss. Bus- und MRT-Karten sind nicht kompatibel!

Im Bus sollte man sich unbedingt so setzen oder stellen, dass man einigermaßen freien Blick nach vorne hat und die großen Straßen (lateinisch für Autofahrer angeschrieben) erkennen kann. Ist man dann der Meinung, dicht vor dem Ziel zu sein, muss man klingeln (die Busse halten nicht, wenn niemand klingelt und an der

Haltestelle niemand winkt). Dafür gibt es entweder unter der Decke entlanglaufende Schnüre oder Zierleisten, bei modernen Bussen auch Klingelknöpfe.

Dies ist ein Weg zum Ziel, eine andere Methode ist es, sich das Ziel aufschreiben zu lassen und im Bus jemanden zu bitten, einen darauf aufmerksam zu machen, wenn man da ist. Einige Busse haben vorne eine digitale Anzeige mit dem nächsten Stop, hilfreich ist die aber nur für Einheimische, die mithin die Namen „ihrer" Haltestellen kennen. Die Ausgangshaltestelle ist oft am Schild dünn rot umrahmt; kennt man den Namen der Zielhaltestelle, kann man auch die Anzahl der Stops zählen.

Die Stadtbusse fahren in unterschiedlicher Frequenz, abhängig auch vom Verkehr; meist wartet man **nicht länger als 10 Minuten**. Es ist zu beachten, dass die Stadtbusse in TaiPei auf ihrer Tour bei Hin- und Rückfahrt nicht unbedingt dieselbe Strecke fahren.

臺北車站

Merken sollte man sich Φ *TaiPeiCheChan* und diese vier Zeichen auf den Haltestellenschildern suchen (von oben nach unten), wenn man irgendeine Linie **zum Hauptbahnhof** nehmen will.

TaiPei

Unterkunft

Man sollte meinen, in der Metropole mit den höchsten Besucherzahlen in TaiWan (überwiegend Geschäftsreisende) seien die Preise im Unterkunftsbereich deutlich höher als in anderen Regionen – mitnichten. Selbstverständlich bietet TaiPei auch Hotelzimmer zu Höchstpreisen, aber eben nicht nur. Tatsächlich kann man pauschal sagen, dass es ebenso viele einfachste und einfache Unterkünfte gibt wie Komfortsuiten und die Preisskala je nach den individuellen Anforderungen von 300 NT$/DZ bis 30.000 NT$ oder mehr reicht.

Als Individualtourist kommt man mit Bus oder Bahn in unmittelbarer **Nähe vom Hbf** im Zentrum an. Dieser dient als ausgezeichneter Orientierungspunkt, von dem aus man sich auf die nach einer geeigneten Unterkunft machen kann. Anders als in den meisten anderen Städten auf TaiWan liegen die günstigen Unterkünfte 10–15 Gehminuten vom Hbf entfernt. Sehr zu empfehlen ist für Ortsunkundige das Straßendreieck YenPing – TienShui – NanChing HsiLu. Hier befinden sich rund ein Dutzend einfacher, aber ordentlicher Hotels auf engem Raum. Auch die noch näher zum Hbf gelegene TaiYuanLu/ChangAnLu bietet ein halbes Dutzend Hotels auf engem Raum. Beide Straßenzüge sind ruhiger und angenehmer als die Gegend südlich des Hbf.

Es sei nochmals dringend geraten, den (kostenlosen) **Reservierungsservice im CKS-Flughafen** in Anspruch zu nehmen, einen freien Platz zu buchen und sich die genaue Anschrift in chinesisch von den Damen am Schalter aufschreiben zu lassen (gilt dann im Hotel als Beweis, wer wann wo reserviert hat). Außerdem wird die beste Anfahrtsmöglichkeit genannt, wenn man eine Unterkunft außerhalb der Bahnhofsnähe wünscht. Man verfügt am Flughafen nur über einen Katalog mit teuren Unterkünften, die dem Touristen gerne mit dem Hinweis, andere Hotels als jene seien illegal, untergejubelt werden. Man verweise höflich aber bestimmt auf die unten genannten Adressen – es handelt sich

中華民國旅舘簡介 ausschließlich um in TaiWan offiziell im Φ*ChungHua MinKuo Lü-Hsing ChianChie* registrierte Unterkünfte!

* (günstig)

東亞旅社	Φ**TungYa LüShe,** 25 TienShuiLu, 2-3 St., Tel: (02)-25412933. DZ 350 NT$, sehr einfach.
世昌旅社	Φ**ShiChang LüShe,** 5 TaiYuanLu, 23 Kang, Tel: (02)-25554726, 25512134. Gleicher Preis.
北門大旅社	Φ**PeiMen TaLüShe,** 25 ChangAn HsiLu, 145 Kang, Tel: (02)-25317798. Ebenfalls 380-400 NT$/DZ.
台南旅社	Φ**TaiNan LüShe,** 272 ChangAn HsiLu, Tel: (02)-25414238. Zi ab 350 NT$ bis 500 NT$. 25 Zi, o.k.

Die genannten Hotels haben keine englischen Schilder angebracht und sind überwiegend auf einheimische Reisende eingestellt und sehr einfach ausgestattet, bieten aber die Möglichkeit, außerhalb von bekannten Travellertreffs unterzukommen. Die nachfolgenden sind dagegen auf westliche Individualtouristen ausgerichtet und bieten Schlafsaalbetten (200–250 NT$/Person) oder einfache Zimmer zu ca. 350–450 NT$. Es gibt hier ferner Gemeinschaftsräume mit Waschmaschine oder Wäschereiservice, Kochgelegenheit und TV. Sie sind oft ausgebucht, auch hier ist telefonische Voranmeldung/Reservierung am Flughafen anzuraten.

2 3 5 吉林路三樓 ● ***Amigo-Hostel,*** Φ 235 ChiLinLu, 4. St., Tel: (02)-25710612.

5 0 忠孝西路十二樓 ● ***Asiaworld Youth Hostel,*** Φ 50 ChungHsiao HsiLu, 12.-14. St., Tel: (02)-23318361, 23316427.

1 6 北平西路四樓 ● ***Happy Family Hostel I,*** Φ 16 PeiPing HsiLu, 4. St., Tel: (02)-23753443, Nähe Hbf, Travellertreff.

2 中山北路一段二樓 ● ***Happy Family Hostel II,*** Φ 2 ChungShan PeiLu, Sec. 1, 56 Hsiang, 2.-3. St., Tel: (02)-25621735. Klein und sauber.

1 6 中山北路二段 1 ● ***Formosa Hostel I,*** Φ 16 ChungShan PeiLu, Sec. 2, 16 Hsiang, 3. St., Tel: (02)-25622035.

5 中山北路二段6 2 ● ***Formosa Hostel II,*** Φ 5 ChungShan PeiLu, Sec. 2, 62 Hsiang, 2. St., Tel: (02)-25116744.

9 6 新生南路三段四 ● ***Roosevelt Hostel,*** Φ 96 HsinSheng NanLu, Sec. 3, 4. St., Tel: (02)-23638943.

1 1 林森北路五巷六 ● ***TaiPei Hostel,*** Φ 11 LinSen PeiLu, 5 Hsiang, 6. St., Tel: (02)-23952950. DZ 600 NT$, Internetnutzung 50 NT$, www.taipei-hostel.com

Für in TaiWan Studierende (Ausweis, sonst kein Zugang) gibt es die Möglichkeit, in einer der staatlichen Jugend- und Studentenherbergen wochen- oder monatsweise unterzukommen. Diese Möglichkeit nutzen meist Wohnungssuchende in den ersten Wochen. Die sehr ordentlichen Schlafsaalbetten kosten 300–400 NT$, DZ 1000–1300 NT$, Ermäßigungen um die 25% bei Wochenmieten sind die Regel.

臺北國際活動中心 Φ ***TaiPei KuoChi HuoTung ChungHsin,*** 30 HsinHaiLu, Sec. 3, Tel: (02)-23621770.

建潭活動中心 Φ ***ChienTan HuoTung ChungHsin,*** 16 ChungShan PeiLu, Sec. 4, Tel: (02)-25962151.

臺北學院 Φ ***TaiPei HsueYuan,*** 2 HsinSheng PeiLu, Sec. 2, 101 Chie, Tel: (02)-255119300.

勞工休假中心 Φ ***LaoKung XiuChia ChungHsin,*** 133 TunHua PeiLu, Tel: (02)-27133371.

** (600 NT$)

南國大飯店 Φ ***YuanHuan TaLüShe,*** 1 TienShuiLu, Tel: (02)-25417115, DZ 500 NT$.

華美大飯店 Φ ***TiYi LüShe,*** 19 TienShuiLu, 2.-4. St., Tel: (02)-25417766, DZ 550–600 NT$.

泉家歡賓館 Φ ***HuangMei PinKuan,*** 39 TienShuiLu, 2.-4. St., Tel: (02)-25414478, DZ 700 NT$.

信洲大飯店 Φ ***YingPin LüShe,*** 23 TaiYuanLu, 11 Kang, 2.-3. St., Tel: (02)-255119170, DZ 500–600 NT$.

銀寶賓館六樓 Φ ***MeiGan LüShe,*** 64 TaiYuanLu, Tel: (02)-25634142, DZ 550–600 NT$. Braunes „Hotel"-Schild.

龍園大飯店 Φ ***TaoYuan TaFanTian,*** 4 TaiYuanLu, Kang 97, Tel: (02)-25587151, DZ 700–800 NT$, „Hotel"-Schild.

風谷旅社 Φ ***FengKu TaFanTian,*** 39 TienShuiLu, 2-4 St., Tel: (02)-25557755, DZ 650 NT$

TaiPei

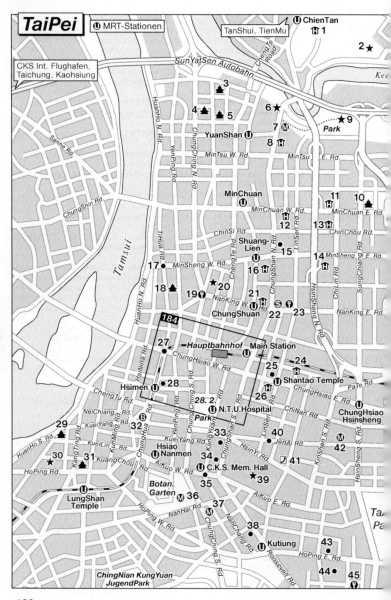

TaiPei

Ⓤ MRT-Stationen

ⓊＣhienTan

🏠 1

TanShui, TienMu

2 ★

CKS Int. Flughafen,
Taichung, Kaohsiung

SunYatSen Autobahn

Kee

ChengTe Road

3 🏠

4 🏠 🏠 5

6 ★

7 Ⓜ   ★ 9   *Park*

YuanShan Ⓤ

8 🏠

Sanhe Rd.

HuanHo N. Rd.

YenPing Rd.

ChungChing N. Rd.

ChungShin Rd.

MinTsu W. Rd.

MinTsu   E. Rd.

MinChuan
Ⓤ

11 🏠 10 🏠

MinChuan W. Rd.

MinChuan E. Rd.

12 🏠

13 🏠

ChinShi Rd.

ChinChou Rd.

LinSen Rd.

Tamsui

TiHua Rd.

ChengTe Rd.

Shuang-
Lien
Ⓤ

15 ●

14 🏠 MinSheng E. Rd.

17 ● MinSheng W. Rd.

16 ●

18 🏠

★ 20

19 Ⓤ   NanKing W. Rd.

21 ●

ChungShan N. Rd.

ChungShuan

Ⓤ 🏠

22 Ⓢ Ⓤ 23

NanKing E. Rd.

HuanHo N. Rd.

HsinMing Rd.

184

27 ●

Hauptbahnhof — Main Station

ChungHsiao W. Rd.

Ⓤ

25

24

HsinSheng N. Rd.

Hsimen Ⓤ

28 ●

ChungHsiao S. Rd.

YenPing S. Rd.

HsinNing Rd.

26

Ⓤ Shantao Temple

ChungHsiao

PaTe Rd.

ChengTu Rd.

NeiChiang Rd.

KueiYang Rd.

ChungHua Rd.

28. 2.
Park

Ⓤ N.T.U.Hospital

ChiNan Rd.

ChungHsiao
Hsinsheng

HsinSheng S. Rd.

29 🏠

Ⓑ

32 ●

KueiYang Rd.

Hsiao Ⓤ
Nanmen

33 ●

KangYuan Rd.

ChungShan S. Rd.

LinSen Rd.

40 ●

JenAi Rd.

KinShan S. Rd.

42 Ⓜ

30 ★

31 🏠

KuangChou Rd.

34 ●

AiKuo W. Rd.

HsinYi Rd.

HoPing Rd.

KueiLin Rd.

KangTing Rd.

Ⓤ C.K.S. Mem. Hall

35 ●

★ 39

⬚ 41

Ⓤ
LungShan
Temple

*Botan.
Garten*

Ⓜ 36

NanHai Rd.

37 ●

AiKuo E. Rd.

*Ta
Pa*

HoPing W. Rd.

ChungChing S. Rd.

NanChang Rd.

38 ●

Ⓤ Kutiung

43 ●

Roosevelt Rd.

HoPing E. Rd.

44 ● 45

Ⓤ

*ChingNian KungYuan
JugendPark*

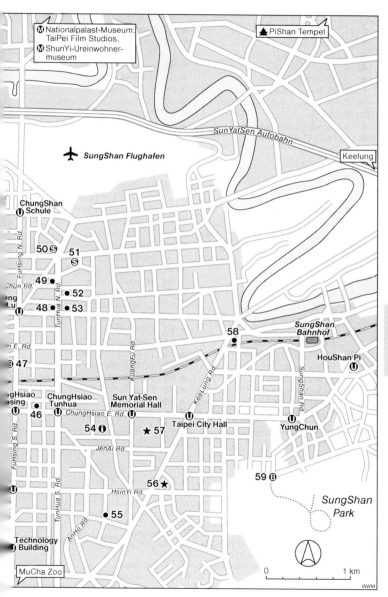

Ⓜ Nationalpalast-Museum,
TaiPei Film Studios,
Ⓜ ShunYi-Ureinwohner-
museum

▲ PiShan Tempel

SunYatSen Autobahn

✈ *SungShan Flughafen*

Keelung

ChungShan
Ⓤ Schule

FuHsing N. Rd.

50 Ⓢ   51
              Ⓢ

Shun Rd.
49 ●

*ng
Lu* Ⓤ   ● 52

48 ● ● 53

TunHua N. Rd.

n E. Rd.

58
●

*SungShan
Bahnhof*

TaiPei

HouShan Pi
Ⓤ

Ⓤ 47

GuangFu Rd.

KeeLung Rd.

SungShan Rd.

gHsiao
sing Ⓤ

ChungHsiao
Ⓤ Tunhua

46 ●   *ChungHsiao E. Rd.* Ⓤ

FuHsing S. Rd.

Sun Yat-Sen
Memorial Hall

Ⓤ

Taipei City Hall

YungChun
Ⓤ

54 ❶   ★ 57

JenAi Rd.

TunHua S. Rd.

Ⓤ

56 ★

HsinYi Rd.

59 Ⓑ

*SungShan
Park*

● 55

AnHo Rd.

Technology
Ⓤ Building

MuCha Zoo

0   1 km

IAWM

189

🏨	1	Grand Hotel	♠ 31	LungShan-Tempel
★	2	Märtyrerschrein	Ⓑ 32	ManKa Busse & ChihNan Linie 2
♠	3	buddh. Kloster		(8:10 u. 11:10 Uhr)
♠	4	PaoAn-Tempel	● 33	Außenministerium
♠	5	Konfuzius-Tempel	● 34	Nationalbibliothek
★	6	Kindererholungszentrum	● 35	Südtor (NanMen)
Ⓜ	7	Museum d. schönen Künste	Ⓜ 36	Hist. Museum, Kunstmuseum
🏨	8	Rainbow-Hotel	Ⓜ 37	Postmuseum
★	9	LinAnTai hist. Siedlung	● 38	Mandarin Daily News
♠	10	HsingTien-Tempel	★ 39	ChiangKaiShek-Gedächtnishalle
🏨	11	Ritz-Hotel	● 40	Altes Osttor (TungMen)
🏨	12	ShanShui Hotel	▨ 41	Nat. Telefongesellschaft
🏨	13	Amigo-Hostel	Ⓜ 42	Chang-Gründungsmuseum
🏨	14	TaiPei Arbeitnehmer-	● 43	Mandarin Training Centre,
		Erholungshotel		Buch- u. Fotoladen
●	15	Caves-Buchladen	● 44	ShihTa Taiwan Normal University
🏨	16	Formosa Hostel II	❶ 45	ShiTa Abend- & Essmarkt
●	17	TaTaoCheng TiHua Straßenmarkt	● 46	TingHao Markt
♠	18	HsiaHai-Tempel des Stadtgottes	Ⓑ 47	ChungLun Busse (nach Yang-
❶	19	TaTaoCheng-Essmarkt (Kreisel)		MingShan & ChinShan-Strand)
★	20	ChenTeHsing-Schrein	● 48	Asiaworld Plaza Kaufhaus
🏨	21	Formosa Hostel I	● 49	Malaysia Airlines
🏧	22	ICBC-Bank	🏧 50	American Express
❶	23	ShuiChiao-Essstände	🏧 51	Citibank of TaiPei
🏨	24	TaiPei-Hostel	● 52	chin. Akrobatik & Oper
●	25	Provinzialpolizei /	● 53	KLM-Airlines
		Berggenehmigungen	❶ 54	Tourist Information Zentrale
🏨	26	LaiLai Sheraton-Hotel	● 55	TungHua-Nachtmarkt
●	27	PeiMen / Nordtor	★ 56	World Trade Centre
●	28	Ausländerpolizei /	★ 57	SunYatSen Gedächtnishalle
		Visaverlängerung	● 58	ChaoHe Nachtmarkt
♠	29	ChingShan & ChingShui-Tempel	● 59	Schule &
★	30	HuaHsi-Nachtmarkt ("Snake Alley")	Ⓑ	SungShan Busendstation

家春大旅社	Φ *ChiaChun TaLüShe,* 165 NanKing HsiLu, 3. St., Tel: (02)-25643344, DZ 600 NT$.
獅成大飯店	Φ *ShiCheng TaFanTian,* 179 HuaYunChie, 3.-5. St., Tel: (02)-25641229, DZ 700 NT$. Gegenüber Kindon-Kaufhaus.
皇家大飯店	Φ *HuangChia TaFanTian,* 5 HuaiNingChie, Tel: (02)-23111668, DZ von 600-800 NT$.
永豐賓館	Φ *YongFeng PinKuan,* 10 HuaiNingChie, 2.-6. St., Tel: (02)-23611906, DZ 600-750 NT$.
皇洉賓館	Φ *HuangHou PinKuan,* 226 ChangAn HsiLu, Tel: (02)-25590489, DZ ab 600 NT$, die meisten 700 NT$.

*** (900 NT$)

南國大飯店	Φ*NanKuo TaFanTian (Paradise),* 7 HuaiNingChie, Tel: (02)-23313311, DZ 750–1000 NT$.
華美大飯店	Φ*HuaMei TaFanTian,* 1 ChungChing NanLu, Sec. 1, Tel: (02)-23617581, DZ um 1000 NT$.
泉家歡賓館	Φ*ChuanChiaHuan PinKuan,* 6 HuaiNingChie, 6. St., Tel: (02)-23814755, DZ 900–1000 NT$.
信洲大飯店	Φ*Hsin Chou TaFanTian,* 83 ChangAn HsiLu, 2.-6. St., Tel: (02)-25116511, DZ von 900 bis 1100 NT$.
銀寶賓館六樓	Φ*YinPao PinKuan,* 251 ChangAn HsiLu, 6. St., Tel: (02)-25551130, DZ 980 NT$.
龍園大飯店	Φ*LongYuan TaFanTian,* 57 TaiYuanLu, Tel: (02)-25417576, DZ ab 850 bis 1200 NT$, sehr hübsch.
華大旅社六樓	Φ*Hua TaLüShe,* 121 NanKing HsiLu, 6. St., Tel: (02)-25312468, DZ 900 NT$.
賓王大旅社	Φ*PinWang TaLüShe (King Plaza),* 163 NanKing HsiLu, 3.-4. St., Tel: (02)-25621233, DZ von 900–1250 NT$.

In den höheren Klassen wird zumeist gutes Englisch gesprochen, auch sind diese Hotels mit englischsprachigen Namen versehen worden. Alle Zimmer sind sehr sauber und weisen eigenes Bad, TV und A/C, teilweise auch eigenen Kühlschrank auf.

***** (1500 NT$)

基督教青年會賓館	Φ*YMCA,* 19 HsuChangLu, Tel: (02)-23113201, DZ um 1400 NT$, gutes Restaurant auch für Nicht-Gäste.
柯達大飯店	Φ*Kodak (KeTa TaFanTian),* 1 ChungShan PeiLu, Sec. 2, 11 Hsiang, 2.-7. St., Tel: (02)-25422221.
懷寧大飯店	Φ*Keyman's (HuaiNing LüTian),* 1 HuaiNingChie, Tel: (02)-23114811.
金星大飯店	Φ*Golden Star, (ChinHsing TaFanTian),* 9 ChungShan PeiLu, Sec. 2, 72 Chie, Tel: (02)-25519266.
彩虹招待所	Φ*Rainbow (TsaiHong ChaoTaiSuo),* 91 ChungShan PeiLu, Sec. 3, Tel: (02)-25965515.
孟成大飯店	Φ*MengCheng (MengCheng TaFanTian),* 56 HsinSheng PeiLu, Sec. 3, 14 Hsiang, Tel: (02)-25943901.
88漢口街一段	Φ*Pan American,* 88 HanKouChie, Sec. 1, Tel: (02)-23147359.
明星大飯店	Φ*Star (MingHsing TaFanTian),* 11 HoPing HsiLu, Sec. 1, Tel: (02)-23943121.
	●Wer nicht auf den letzten NT$ achten muss und auf einen deutschsprachigen (!) Hotelier wie auch eine gepflegte Unterkunft wert legt, dem sei das
山水閣大飯店	Φ*ShanShui* („Landschaft") *Hotel* in der 181 ChungShanPeiLu, Sec 2 (Ecke MinChuanLu), Tel: (02)-25971281 empfohlen. DZ ab 1500 NT$, Reinigungs- und Tour-/Ticketservice werden ebenfalls angeboten. Allerdings mit Gepäck nur per Bus (42, 47, 216, 218, 268, 277, 279, 287, 291, 308, 310 und 603) errichbar. Nach Mr. Chen fragen.

****** (2000 NT$)

177南京西路	●*Fortune,* Φ 177 NanKing HsiLu, Tel: (02)-25551016.
43忠孝西路三段	●*Cosmos,* Φ43 ChungHsiao HsiLu, Sec. 3, Tel: (02)-23617856.
15中山北路一段	●*Merlin Court,* Φ 15 ChungShan PeiLu, Sec. 1, Tel: (02)-25210222.
85漢口路一段	●*Orient,* Φ85 HanKouLu, Sec. 1, Tel: (02)-233117211.
108新生北路二段	●*Unic,* Φ108 HsinSheng PeiLu, Sec. 2, Tel: (02)-25662135.
103康定路	●*Kilin,* Φ 103 KangTingLu, Tel: (02)-23149222.
135大安路	●*King,* Φ 135 TaAnLu, Sec. 1, Tel: (02)-27760760.
中國大飯店	●*China,* Φ14 KuanChienLu, Tel: (02)-233119521.

TaiPei

1 6 8 長春路	●*Leofoo,* Φ168 ChangChunLu, Tel: (02)-25073211. Bietet auch eigenen Transport zum Leofoo-Park bei ChungLi.
2 4 西寧南路	●*Paradise (YiLeYuan TaFanTian),* Φ24 HsiNing NanLu, Tel: (02)-23142122.
1 3 9 中山北路二段	●*New Asia,* Φ139 ChungShan PeiLu, Sec. 2, Tel: (02)-25117181.
1 9 漢口路一段	●*Flowers,* Φ19 HanKouLu, Sec. 1, Tel: (02)-23123811.
1 4 德會路	●*Empress,* Φ14 TeHuiLu, Tel: (02)-25913261.
6 3 南京東路二段	●*First,* Φ63 NanKing TungLu, Sec. 2, Tel: (02)-25418234.

******** (3000 NT$)

2 0 0 光復路	●*United,* Φ200 KuangFuLu, Tel: (02)-27731515.
1 2 2 中山路	●*Fortuna,* Φ122 ChungShan PeiLu, Sec. 2, Tel: (02)-25631111.
1 8 6 松江路	●*Gala,* Φ186 SungChiangLu, Tel: (02)-25415511.

*********(Tophotels)

	TaiPei bietet reihenweise Tophotels zu entsprechenden Preisen; die folgenden sind – bei entsprechendem Geldbeutel – ganz besonders zu empfehlen:
6 3 中山北路	●*Ambassador,* Φ63 ChungShan PeiLu, Sec. 2, Tel: (02)-25551111.
1 0 0 敦化北路	●*Asiaworld Plaza,* Φ100 TunHua PeiLu, Tel: (02)-27150077.
1 中山北路四段	●*Grand Hotel,* Φ1 ChungShan PeiLu, Sec. 4, Tel: (02)-25965565. Das Hotel TaiWans schlechthin. Nach dem Brand vom Juli 1995 wurde das stilvolle Dach restauriert, im Obergeschoss soll zukünftig möglicherweise eine der politischen Kammern ihren Sitz nehmen.
1 2 忠孝東路一段	●*Lai Lai Sheraton,* Φ12 ChungHsiao TungLu, Sec. 1, Tel: (02)-23215511.
4 1 民權東京二段	●*Ritz,* Φ41 MinChuan TungLu, Sec. 2, Tel: (02)-25971234.

Verpflegung

TaiPei wird unter Kennern als ein Eldorado für Anhänger der chinesischen Küche bezeichnet, da auf sehr engem Raum durch die 1949 nach TaiPei gekommenen Festlandschinesen alle Provinzküchen vertreten sind. Für die Zehntausenden von Büroangestellten im administrativen und wirtschaftlichen Herz der Insel, die in den Mittagspausen oder nach Feierabend einen Snack zu sich nehmen wollen, entstanden zahllose Schnellküchen und Imbissstände, so dass auch der Tourist in allen Preisklassen etwas finden kann.

Preiswerte Küche

Chinesische Schnellimbissrestaurants (wo man seine Speisen selbst zusammenstellt, 70–100 NT$), Raviolıküchen (ShuiJiao, 60–80 NT$) und Nudelgerichte (85–140 NT$) gibt es konzentriert *in den Einkaufsstraßen des Zentrums,* überwiegend im Viertel gegenüber vom Hbf. Dabei ist zu beachten, dass es um so günstiger wird, je mehr man sich in Seiten- und Nebenstraßen bewegt. Zur Mittags- und Abendzeit (11:30–13:00 bzw. 17:00–19:00 Uhr) gibt es die größte Auswahl, manche Shops sind außerhalb dieser Stoßzeiten sogar ganz geschlossen.

Günstig sind auch die Snack-Restaurants in den **Kaufhäusern** (ganz unten oder ganz oben), die kleine Frühlingsrollen, Hühnerkeulen und andere Kleinigkeiten für ca. 15 NT$/Stück anbieten. Eine breite Auswahl an Snacks und kleinen, preiswerten Gerichten bieten auch die **Nachtmärkte** (⊘ Unterhaltung). Besonders günstig liegt das kleine YuanHuan-Rondell an der ChungChing PeiLu/NanKing HsiLu, in dessen unmittelbarer Nähe sich auch ein Dutzend preiswerter Unterkünfte befinden. „Seltsames" (Schlange, Schildkröte usw.) bietet der HuaHsi-Nachtmarkt (⊘ ManKa-Tour).

TaiPei

Garküche für den schnellen Imbiss

Auch wenn die Preise hier an Touristen orientiert sind, ist die „Snake Alley" nach wie vor sehenswert.

Sehr günstig sind auch die kleinen Lokale und Stände nahe der **Universitäten.** Etwas höher in Auswahl und Preisen (je nach Gericht zwischen 80 und 200 NT$) liegt die **Yoshinoya-Kette:** ursprünglich wurde japanisches Fast-Food angeboten, mittlerweile wurde für den heimischen Markt die chinesische Küche integriert. Sie hat außen bebilderte Preisliste/Speisekarte für günstige östliche Komplettmenüs. Kennfarbe: orange. In den zahlreichen **Bäckereien** der Innenstadt gibt es köstliche süße und herzhafte Teilchen oder Sandwiches. Die Geschäfte der **YiMei-Kette** (rosafarbenes Logo) bieten günstig japanische Sushi-Snackpakete an.

Noch vor wenigen Jahren war **westliches Fast-Food** in TaiPei zwar vertreten, kostete aber unverhältnismäßig viel. Es galt als schick, sich hier aufzuhalten und stundenlang an einer Cola zu schlürfen. Da den Verantwortlichen der Umsatz zu gering war, sind die Preise durch die große Konkurrenz weit günstiger als in Europa. Vertreten sind die großen amerikanischen Ketten, überwiegend im Zentrum südlich vom Hbf.

Besonders erwähnenswert ist das **Ponderosa** wenige Meter vom YWCA in der ChingTao HsiLu, eigentlich ein Steakhaus, welches ein sehr gutes Salat-, Nudel-, Obst- und Snackbuffet („salad bar") anbietet (Selbstbedienung, soviel man will, incl. aller Softdrinks 250 NT$, außerhalb der Stoßzeiten 220 NT$).

Gehobene Küche

In TaiPei als dem wirtschaftlichen, politischen und kulturellen Herz TaiWans sind nicht nur zahlreiche chinesische, sondern auch internationale Küchen vertreten. Die asiatischen Gerichte sind in der Regel qualitativ besser, preislich liegen sie nicht unter europäischen Restaurants. In manchen (insbesondere japanischen Restaurants) kann man leicht 100 US$ pro Nase lassen. Günstig und gut sind dagegen die mongolischen Barbecues, die bei Festpreisen „eat as much as you can" anbieten. Die Anzeigen in den englischsprachigen Tageszeitungen informieren, welches Lokal gerade zu welchen Festpreisen interessante Angebote macht.

Peking-Küche

3 4 1 忠孝東路四段
1 南京西路
9 0 中華路一段
5 0 6 仁愛路四段
4 5 忠孝東路一段

● **Bonanza,** 中341 ChungHsiao TungLu, Sec. 4, Tel: (02)-27812466.
● **Celestial,** 中1 NanKing HsiLu, Tel: (02)-25632380.
● **HuiBinLou,** 中90 ChungHuaLu, Sec. 1, Tel: (02)-23312555.
● **Peking TuYiChu,** 中506 JenAiLu, Sec. 4, Tel: (02)-27297853.
● **YuehBinLou,** 中45 ChungHsiao TungLu, Sec. 1, Tel: (02)-23212801.

SiChuan-Küche

9 南京東路三段
2 瑞安路 2 3 街
4 5 吉林路
2 1 6 南昌路二段
2 8 9 忠孝東路四段

● **FengLinTu,** 中9 NanKing TungLu, Sec. 3, Tel: (02)-25096991.
● **Hot Palace,** 中2 JuiAnLu, 23 Chie, Tel: (02)-27001515.
● **RongHsing,** 中45 ChiLinLu, Tel: (02)-25215341.
● **TingHsingLou,** 中216 NanChangLu, Sec. 2, Tel: (02)-23941101.
● **YuHoYuan,** 中289 ChungHsiao TungLu, Sec. 4, Tel: (02)-27528936.

HuNan-Küche

1 6 南東路三段   ●***Charming Garden,*** Φ 16 NanKing TungLu, Sec. 3, Tel: (02)-25110916.
3 8 0 林森北路   ●***PengYuan,*** Φ 380 LinSen PeiLu, Tel: (02)-25519157.
1 3 6 南東路三段   ●***Special Shans Kitchen,*** Φ 136 NanKing TungLu, Sec. 3,
           Tel: (02)-27815858.
2 0 6 南東路二段   ●***The Grand,*** Φ 206 NanKing TungLu, Sec. 2, Tel: (02)-25068676.
1 5 2 松江路   ●***Treasure House,*** Φ 152 SungChiangLu, Tel: (02)-25819151.

ShangHai-Küche

仁愛路四段   ●***Hsiang Garden,*** Φ 6 JenAiLu Sec. 4, 27 Hsie, Tel: (02)-27712277.
信義路四段   ●***JungJung Garden,*** Φ HsinYiLu, Sec. 4, Tel: (02)-27038822.
6 6 3 敦化南路   ●***Stone House,*** Φ 663 TunHua NanLu, Tel: (02)-27044878.
5 7 中山北路二段   ●***TauTau,*** Φ 57 ChunShan PeiLu, Sec. 2, Tel: (02)-25461277.
3 1 松江路 2 2 1 街   ●***YiHsiang Garden,*** Φ 31 SungChiangLu, 221 Chie, Tel: (02)-25059565.

TaiWan-Küche

8 八德路三段 1 2 街   ●***FengTir,*** Φ 8 PaTehLu, Sec. 3, 12 Chie, 16 Kang, Tel: (02)-27771866.
8 7 忠孝東路四段   ●***Green Leaf,*** Φ 87 ChungHsiao TungLu, Sec. 4, Tel: (02)-27524652.
3 4 雙成路   ●***HsingYeh,*** Φ 34 ShuangChengLu, Tel: (02)-25963255.
2 0 7 敦化北路   ●***KangHsi Garden,*** Φ 207 TunHua PeiLu, Tel: (02)-27175668.
3 1 華西街   ●***TaiNan TanTzuMien,*** Φ 31 HuaHsiChie, Tel: (02)-23081123.

Kantonesisch

2 3 2 敦化北路   ●***AnLo Yuan,*** Φ 232 TunHua PeiLu, Tel: (02)-27154929.
3 6 9 復北路   ●***Forum Chinese Cuisine,*** Φ 369 FuHsing BeiLu, Tel: (02)-27192743.
7 4 民權東路三段   ●***Golden Island,*** Φ 74 MinChuan TungLu, Sec. 3, Tel: (02)-25006878.
1 興成街   ●***Marquee,*** Φ 1 ChingChengChie, Tel: (02)-27173886.
2 8 6 光復納路   ●***Noble House,*** Φ 286 KuangFu NanLu, Tel: (02)-27730095.
5 9 2 敦化南路   ●***SungTungLok,*** Φ 592 TunHua NanLu, Tel: (02)-27001818.

Mongolisch

3 9 中山北路三段   ●***TienKeh Khan Bar-BQ,*** Φ 39 ChungShan PeiLu, Sec. 3,
           Tel: (02)-25973550, 11:30-14:00 (280 NT$), 17:30-21:00 (350 NT$).
5 9 2 民生東路   ●***DaiGoBee,*** Φ 592 MinSheng TungLu, Tel: (02)-27172333.
1 0 5 天母西路   ●***Fauchon Barbeque,*** Φ 105 TienMu HsiLu, Tel: (02)-28712000.
1 7 6 南京東路三段   ●***Genghis Khan,*** Φ 176 NanKing TungLu, Sec. 3, Tel: (02)-27114412.
8 敦化南路 4 6 0 街   ●***Ploughman Inn,*** Φ 8 TunHua NanLu, 460 Chie, Tel: (02)-27733268.
2 8 3 松江路   ●***TangKung,*** Φ 283 SungChiangLu, Tel: (02)-25026762.

Vegetarisch

1 1 1 林森北路   ●***ChuanShing,*** Φ 111 LinSen PeiLu, Tel: (02)-25419075.
1 3 2 民權東路三段   ●***FaHua,*** Φ 132 MinChuan TungLu, Sec. 3, Tel: (02)-27175305.
2 9 民權東路二段   ●***KuanShihYin,*** Φ 29 MinChuan TungLu, Sec. 2, Tel: (02)-25955557.
1 4 北平東路   ●***MeiLin,*** Φ 14 PeiPing TungLu, Tel: (02)-23980833.
5 1 南京東路二段   ●***SuiYuanChiu,*** Φ 51 NanKing TungLu, Sec. 2, Tel: (02)-27818055.

Französisch

2 0 敦化南路 3 5 1   ●***Elysee French,*** Φ 20 TunHua NanLu, 351 Chie, 33 Kang,
           Tel: (02)-27814270.
3 1 中山北路七段   ●***Hugo,*** Φ 31 ChungShan PeiLu, Sec. 7, Tel: (02)-28719974.
7 中山北路七段   ●***La Lune Vague,*** Φ 7 ChungShan PeiLu, Sec. 6, 7 Chie, 7 Hsiang,
           Tel: (02)-28372214.
1 4 民權東路三段 1   ●***La Seine,*** Φ 14 MinChuan TungLu, Sec. 3, 106 Chie,
           Tel: (02)-27176450.
1 5 星義路天田   ●***Windsor,*** Φ 15 HsingYiLu, TienMu, Tel: (02)-28372216.
1 3 6 信義路四段   ●***Rhine European,*** Φ 136 HsinYiLu, Sec. 4, Tel: (02)-27000725.

TaiPei

Zentraleuropäisch

4 0 北寧路 ● **Wienerhaus,** Φ40 PeiNingLu, Tel: (02)-27218464.
5 5 林森北路１１９街 ● **Zum Faß,** Φ55 LinSen PeiLu, 119 Chie, Tel: (02)-25313815.
4 7 南京東路四段 ● **Chalet Suisse,** Φ47 NanKing TungLu, Sec. 4, Tel: (02)-27152702.
3 0 5 南景東路 ● **Ploughman's Cottage,** Φ305 NanKing TungLu, Tel: (02)-27124965.

Indisch

3 0 中山北路三段 ● **Taj Palace,** Φ30 ChungShan PeiLu, Sec. 3, Tel: (02)-25982984.
1 0 河江路７３街 ● **Tandoor,** Φ10 HoChiangLu, 73 Chie, Tel: (02)-25099853.
Mittagsbuffet für 300 NT$.
4 8 忠義路 ● **Lanka,** Φ48 ChungYiLu, ShiLin, Tel: (02)-28320153.
8 4 仁愛路三段 ● **Dazzle Curry,** Φ84 JenAiLu, Sec. 3, Tel: (02)-27069504.

Italienisch

6 2 8 林森北路 ● **CasaMia,** Φ628 LinSen PeiLu, Tel: (02)-25964636.
8 信義路二段１９８巷 ● **La Cucina,** Φ8 HsinYiLu, Sec. 2, Hsiang 198, Tel: (02)-23974176.
7 4 忠山北路七段 ● **Da Antonio,** Φ74 ChungShan PeiLu, Sec. 7, Tel: (02)-28731027.
1 5 雙成路２５街 ● **Ruffino Restaurante,** Φ15 ShuangChengLu, 25 Chie,
Tel: (02)-25923355.

Japanisch

1 5 2 中山北路一段 ● **Juraku,** Φ152 ChungShan PeiLu, Sec. 1, Tel: (02)-25613883.
8 中山北路一段５３街 ● **Tsu Ten Kaku,** Φ8 ChungShan PeiLu, Sec. 1, 53 Chie,
Tel: (02)-25117372.
3 信義路四段１９９街 ● **Natori,** Φ3 HsinYiLu Sec. 4, 199 Chie, Tel: (02)-27052288.

Vietnamesisch

● Die Kette „**Madame Jill's**" hat sieben Filialen in TaiPei, einigermaßen gut
liegen:
1 6 忠孝東路三段１０巷 Φ16 ChungHsiao TungLu, Sec. 3, Hsiang10, Tel: (02)-27215110,
2 0 新生南路三段 Φ20 HsinSheng NanLu, Sec. 3, Tel: (02)-23625005,
1 2 羅斯福路四段２４巷 Φ12 Roosevelt Lu, Sec. 4, Hsiang 24, Tel: 23670978.

Koreanisch

1 9 1 西寧南路 ● **Korean Garden,** Φ191 HsiNing NanLu, Tel: (02)-23313281.
1 4 敦化南路４８２街 ● **Long Life,** Φ14 TunHua NanLu, 482 Chie, Tel: (02)-27816639.
4 中山北路一段３３街 ● **Seoul,** Φ4 ChungShan PeiLu, Sec. 1, 33 Chie, Tel: (02)-25112326.

Steakhäuser

3 0 1 南景東路一段 ● **Full House,** Φ301 NanKing TungLu, Sec. 1, Tel: (02)-27176897.
1 2 1 民生東路三段 ● **Kevin,** Φ121 MinSheng TungLu, Sec. 3, Tel: (02)-27121733.
4 9 中山北路三段 ● **YY's Kitchen,** Φ49 ChungShan Pei Lu, Sec. 3, Tel: (02)-25922869.

Thai

1 0 忠孝東路三段２１６ ● **Ban Thai,** Φ10 ChungHsiao TungLu, Sec. 3, 216 Chie, 3 Hsiang,
Tel: (02)-27524616.
4 9 仁愛路二段 ● **Royal,** Φ49 JenAiLu, Sec. 2, Tel: (02)-23510960.
1 1 師大路４９巷 ● **Golden Triangle,** Φ11 ShiTaLu, 49 Hsiang, Tel: (02)-23632281.

Amerikanisch/
Australisch

● **Jake's Country Kitchen,**
7 0 5 中山北路六段 Φ705 ChungShan PeiLu, Sec. 6, Tel: (02)-28715289.
7 3 仁愛路四段 ● **Jimmy's Kitchen,** Φ73 JenAiLu, Sec. 4, Tel: (02)-27113793.
3 1 4 民生西路 ● **Bolero,** Φ314 MinSheng HsiLu, Tel: (02)-25410521.
1 0 8 金山北路二段 ● **Citizen,** Φ108 ChinShan PeiLu, Sec. 2, Tel: (02)-23971371.
9 雙成路２５街 ● **Downunder,** Φ9 ShuangCheng Lu, 25 Chie, Tel: (02)-25928228,
komplette Mittagsmenus für 200-260 NT$.

Information

2 8 0 忠孝東路四段

Die Zentrale des *R.o.C. Tourism Bureau* liegt in der Nähe der SunYatSen-Gedächtnishalle in der Φ280 ChungHsiao TungLu, Sec. 4, 9. Stock (Tel: 23491500); ❶ 54 (Seite 189). Allerdings wird hier das Material erstellt, man ist nicht unbedingt so gut sortiert wie die Außenstellen. Ein Besuch hier ist nur in Verbindung mit der SunYatSen-Halle zu empfehlen. Sehr gut (und per Bus ausgezeichnet zu erreichen) ist die TI am nationalen ♫ *SungShan-Flughafen,* die täglich ab 8:00 Uhr geöffnet ist, alle erhältlichen touristischen Publikationen und Karten anbietet und über gut Englisch sprechendes Personal verfügt. Eine weitere Zweigstelle befindet sich im *Hbf,* hier ist die Auswahl allerdings wesentlich kleiner.

Ein ausgezeichneter Service für Touristen ist die *Tourist Hotline* (27173737) von 8:00-20:00 Uhr, deren englischsprachiges Personal Auskünfte und Hilfestellungen aller Art (Veranstaltungen, Busverbindungen, Fahrpläne, Hilfevermittlung in Notfällen usw.) anbietet.

Bei längeren Aufenthalten informieren die *schwarzen Bretter* in den Eingangshallen der Universitäten über freiwerdende Zimmer, zu verkaufende Mopeds, Fahrräder, Lehrmaterial und ähnliches.

Unterhaltung

Kunstgalerien

Kunst- und Antiquitätensammler oder einfach nur Bewunderer der schönen Künste finden in den folgenden Ausstellungen und Galerien westliche und östliche Werke und Antiquitäten. Echtheitszertifikate werden beim Kauf (sofern möglich) auf Wunsch ausgestellt.

1 3 8 忠孝東路一段
- ● *CAVES Art Center,* Φ138 ChungHsiao TungLu, Sec. 1, Tel: (02)-23961864.

2 4 9 敦化南路一段
- ● *ChengPin Gallery,* Φ249 TunHua NanLu, Sec. 1, Tel: (02)-27755977.

5 0 5 仁愛路四段
- ● *ChungShan Gallery,* Φ505 JenAiLu, Sec. 4, Tel: (02)-27022411.

6 5 敦化北路二段
- ● *Contemporary Gallery,* Φ65 TunHua PeiLu, Sec. 2, 14. St., Tel: (02)-23255477.

5 0 敦化北路1 2 0 巷
- ● *Crown Art Center,* Φ50 TunHua PeiLu, 120 Hsiang, Tel: (02)-27168888.

2 0 5 敦化南路四段
- ● *Hsiung Shih Gallery,* Φ205 TunHua NanLu, Sec. 4, 10. St., Tel: (02)-27721158.

1 5 3 忠孝東路四段9 巷
- ● *Impression Art Gallery,* Φ153 ChungHsiao TungLu, Sec. 4, 9. St., Tel: (02)-27522838. 31 PaTeLu, Sec. 2, Tel: (02)-27219011.

4 3 1 八德路二段
- ● *Kander Arts & Antiquities Gallery,* Φ230 ChungHsiao TungLu, Sec. 4, 4.-5. St., Tel: (02)-27765858.

2 3 0 忠孝東路四段4 街
- ● *LungMen Art Gallery,* Φ218 ChungHsiao TungLu, Sec. 4,
2 1 8 忠孝東路四段
Tel: (02)-27813979.

2 相映路
- ● *Municipal Museum,* Φ2 HsiangYangLu, Tel: (02)-23117959.

4 7 南海路
- ● *National TaiWan Art Education Center,* Φ47 NanHaiLu, Tel: (02)-23117550.

TaiPei

Kinos
(TianYingYuan)

Wie auch bei uns werden die aktuellen Kinoprogramme englischsprachiger Filme in den englischsprachigen Tageszeitungen China Post und China News abgedruckt. Ein Unterschied besteht allerdings schon: Die Adressen werden nicht genannt, daher hier die Anschriften jener Lichtspielhäuser, die (wenn auch nicht ausschließlich) amerikanische Filme im Original zeigen.

8 8 成都路
- **Ambassador,** ☯88 ChengTuLu, Tel: (02)-23611222.

2 1 9 長安東路二段
- **Capital,** ☯219 ChangAn TungLu, Sec. 2, Tel: (02)-27415991.

3 2 5 羅斯福路二段
- **Century,** ☯325 Roosevelt Lu, Sec. 2, Tel: (02)-23633909.

1 7 2 長春路
- **ChangChun,** ☯172 ChangChunLu, Tel: (02)-25074141.

1 2 7 西寧南路
- **China,** ☯127 HsiNing NanLu, Tel: (02)-2338517.

5 2 漢中街
- **Cosmopolitan,** ☯52 HanChungChie, Tel: (02)-23312162.

3 3 7 南京東路三段
- **FuHsing,** ☯337 NanKing TungLu, Sec. 3, Tel: (02)-27153777.

3 6 西寧南路
- **Golden Lion,** ☯36 HsiNing NanLu, Tel: (02)-23142214.

9 1 武昌街
- **Hoover,** ☯91 WuChangChie, Sec. 2, Tel: (02)-23311597.

2 4 7 林森北路
- **HsinHsin,** ☯247 LinSen PeiLu, Tel: (02)-25212211.

8 3 武昌街
- **Lux,** ☯83 WuChangChie, Tel: (02)-23118628.

1 1 6 漢中街
- **Majestic,** ☯116 HanChungChie, Tel: (02)-23312270.

6 3 和平東三段
- **MeiHua,** ☯63 HoPing TungLu, Sec. 3, Tel: (02)-27372295.

1 9 0 民生東路五段
- **MinSheng,** ☯190 MinSheng TungLu, Sec. 5, Tel: (02)-27644972.

1 1 5 峨眉路
- **New Oscar,** ☯115 OMeiLu, Tel: (02)-23611691.

1 3 成都路
- **New World,** ☯13 ChengTuLu, Tel: (02)-23312752.

2 1 5 長安東路
- **Oscar,** ☯215 ChangAn TungLu, Tel: (02)-27118298.

1 5 和平西路一段
- **Star,** ☯15 HoPing HsiLu, Sec. 1, Tel: (02)-23941763.

8 7 武昌路二段
- **Sun,** ☯87 WuChangLu, Sec. 2, Tel: (02)-23315256.

8 7 武昌路二段
- **TaShin,** ☯87 WuChangLu, Sec. 2, Tel: (02)-23319975.

2 0 1 忠孝東路斯段
- **Tonlin,** ☯201 ChungHsiao TungLu, Sec. 4, Tel: (02)-27515515.

8 8 成都路
- **Treasure Lion,** ☯88 ChengTuLu, Tel: (02)-23142214.

3 羅斯福路斯段
- **TungNanYa,** ☯3 Roosevelt Lu, Sec. 4, 136 Chie, Tel: (02)-23416839.

Schwimmbäder

Schwimmen ist eine herrliche Erfrischung im heißen TaiPei – und daher ein ziemlicher Luxus! Einige Fitness-Clubs mit angeschlossenem Freibad verlangen um die 10.000 NT$ Beitrittsgebühr zuzüglich 2000 NT$ Monatsbeitrag, teilweise noch wesentlich mehr. Einige Schwimmbäder sind der breiten Allgemeinheit zugänglich und kosten zwischen 160 und 240 NT$ Eintritt. In der Regel sind die Bäder montags wegen Wasserwechsels geschlossen, sonst täglich in drei Schichten geöffnet (ein Eintrittsgeld gilt nur für einen Abschnitt): 8:00-11:30, 13:00-16:30 und 18:00-21:00 Uhr. Weitere Informationen zu einzelnen Bädern oder Clubs gibt Mr. Pan (spricht Englisch) unter (02)-23815132.

5 8 建國路
- **HsinTien,** ☯58 ChienKuoLu.

1 9 南京西路6 3 街
- **ChienCheng,** ☯19 NanKing HsiLu, 63 Chie.
Sauberstes und angenehmstes Bad der Stadt. Tel: 25515790.

1 6 中山北路斯段
- **ChienTan,** ☯16 ChungShan PeiLu, Sec. 4.

6 中山北路五段三街
- Nicht nur Schwimmbecken, sondern eine ganze Palette von Freizeitmöglichkeiten bietet das **YuanShan PaoLing ChiKuan,** ☯6 ChungShan PeiLu, Sec. 5, 3. St. Hier gibt es Videospiele, Rollschuhbahn, Karaoke, Kegelbahn und Restaurant.

TaiPei

Warnende Wandmalerei als Kindererziehung

**Akrobatik/
Chinesische
Oper**

Dienstags und donnerstags findet von 11:00-12:30 Uhr an der *FuHsing-Akademie* ein 90-minütiges Informationsprogramm zur Chinesischen Oper statt. Geboten werden eine Videoeinführung, eine 20-minütige Kurzvorführung sowie ein Besuch der Ausbildungsklassen und Schminkräume (wo man sich auch selbst maskieren lassen kann), Gespräche mit Darstellern sowie der Besuch des akademieeigenen Museums. Die FuHsing-Akademie liegt in

１７７內湖路二段

der Φ177 NeiHuLu, Sec. 2 (Tel: 27962666, Anmeldung bei Ms. Chiang) und ist mit den Stadtbussen E-247 und K-287 (24 NT$) zu erreichen. Gebühr 300 NT$.

Wechselnde Programme bietet das YouShi YiWen ZhongHsin

１３３敦化北路

(Forum der Nachwuchskünstler), Φ133 TunHua PeiLu, gegenüber vom Asiaworld-Plaza. Sehr zu empfehlen sind die oft angebotenen Kombi-Vorstellungen chinesischer Akrobatik (vom Feinsten!), chinesischer klassischer Musik und zweier kurzer Akte aus einer chinesischen Oper. Das Programm dauert ca. zwei Stunden, kostet 120 NT$ (Kinder/Studenten die Hälfte) und beginnt mittwochs und samstags um 19:30 Uhr. Programme und Zeiten wechseln allerdings, eine Anfrage bei der „Hotline" (27173737) oder einer der TI-Stellen empfiehlt sich, da an der Kasse nur chinesisch gesprochen wird. Busse D-23, E-262 oder C-502 (bei letzteren an der nächsten Haltestelle nach dem SungShan-Flughafen aussteigen und Rest des Weges geradeaus laufen).

Gehobene Unterhaltung (klassische Konzerte, Chinesische Oper) wird im *Nationaltheater* (an der CKS-Halle) geboten. Programme und Karten im Vorverkauf sind in den Buchläden der Stadt sowie mit Hilfe der TI-Stellen zu bekommen. Auch internationale Künstler der klassischen Muse und folkloristischer Unterhaltung treten hier auf.

Nachtmärkte

Ursprünglich waren die Nachtmärkte eine Ansammlung von Ständen fliegender Händler für die Bewohner der jeweiligen Viertel nach Feierabend bis spät in die Nacht. Mittlerweile haben sich einige von ihnen zu Essstraßen und Schaufenstern verschiedenster Kleinwaren für Einheimische und Touristen gewandelt. Ein Besuch der Nachtmärkte TaiPeis gehört sicherlich zu den billigsten und gleichzeitig kulturell interessantesten Abendaktivitäten.

Berühmt-berüchtigt ist der *HuaHsi-Nachtmarkt* im ManKa-Viertel, vor allem wegen der weltbekannten „Snake Alley", wo es kulinarische Köstlichkeiten wie Schlange und Vogelnestsuppe, Potenzmittel in Form geriebener Affenköpfe oder Bärenknochen und zu gleichem Zweck frisch zubereitete Getränke aus Schlangengalle oder Schildkrötenblut zu bestaunen gibt. Vor Einbruch der Dunkelheit ist der Markt tot, es lohnt sich daher, einen Besuch der großen Tempel des ManKa-Viertels (♪ ManKa-Tour) auf den Spätnachmittag mit anschließendem Besuch der Snake Alley zu legen.

Mindestens eben so beliebt (bei Studenten und Nachtmarkt-Begeisterten sogar *der Tipp*) ist der ShiLin-Nachtmarkt direkt an der MRT-Station ChienTan.

Etwas ruhiger und weniger exotisch geht es auf dem *Abendmarkt des ShiTa-Viertels* (in der ShiTaLu gegenüber der Fußgängerunterführung an der ShiTa Universität, an der Gabelung links) zu. Hier gibt es kleine und günstige Snacks und Bierkneipen, aber auch Geschäfte und Obststände.

Eine Fundgrube für Gewürze, Tee und Süßwaren (phantastische Gerüche) ist der *Abendmarkt in der TiHuaLu* (✐ TaTaoCheng-Viertel, unweit des „Unterkunftsdreiecks" NanKing/YenPing/TienShuiLu).

公關夜市

Wer am Abend Boutiquen und Shops mit Produkten aller Art „made in TaiWan", aber auch ständig wechselnde fliegende Händler sucht, geht auf den vor allem bei jüngerem Publikum favorisierten ⌾ KungKuan YeShi, einfach *KungKuan* genannt (Roosevelt Lu Sec. 4). Die Geschäfte erstrecken sich hier auf beiden Straßenseiten über rund einen Kilometer, beginnend ein Stück südlich der Abzweigung zur HsinHaiLu (beim Deutschen Kulturzentrum). Busse A/B-236, A/B251, I-52, E-275, E-0/Nan, A-252, A-291.

MTV/KTV

Im *MTV* bucht man einen Film (rund 250 NT$/Person incl. Softdrink) und bekommt ihn dann je nach Gruppengröße in kleinen Privaträumen vorgeführt. Vielfach nutzten auch junge Pärchen die Möglichkeit, mal ungestört ein paar ruhige Stunden zu verbringen – vielleicht hat dies zu einigen der Schließungsanordnungen durch den TaiPei Municipal Council beigetragen.

Anders die allgegenwärtigen *Karaoke-Bars* (KTV), von denen es beinahe in jeder Straße eine zu geben scheint. Kaum eine Unterhaltungsidee hat in TaiWan so eingeschlagen wie das eigene Singen zu Musikvideos mehr oder weniger bekannter nationaler und internationaler Musikstars. Auf Leinwand oder TV läuft ein Musikclip, bei dem der Gesang ausgeblendet wurde, also nur die instrumentale Musik zu hören ist. Die Gäste wählen einen Clip aus und lassen dazu per Mikrofon ihre eigene Stimme einspielen – ein Heidenspaß für alle Beteiligten! Die Kosten sind je nach Lokalität verschieden, meist sind sie in leicht höheren Getränkepreisen enthalten.

TaiPei

Teehäuser und Cafés

Man sollte meinen, im Mutterland des Tees sei der Genuss einer frisch zubereiteten Tasse ein preiswertes, allgegenwärtiges Vergnügen. Dem ist mitnichten so, da im schnellebigen TaiPei westlichem Fast-Food immer mehr der Vorzug gegeben wird. Die verbliebenen traditionellen Teestuben sind daher inzwischen vergleichbar mit Wiener Kaffeehäusern, in denen stilvoll parliert, diskutiert und Zeitung gelesen wird. Leider reisst dieses Vergnügen aber auch große Löcher in den Geldbeutel.

● Eines der bestgelegenen und stilvollsten Teehäuser liegt neben dem Museum *im Vorort PeiTou* (ShenYuan, 32 YouYaLu, Tel: 28947185, ♫ PeiTou) und wurde früher von den Japanern als Offizierscasino genutzt.

● Kein echtes Teehaus, aber ein breites Angebot an Sorten zu erschwinglichen Preisen bietet der *Traditional Chinese Tearoom* im 4. Stock des Nationalpalastmuseums.

2 4 敦化北路
1 5 5 街 6 6 巷

● Näher im Stadtzentrum liegt das *YuanYuan,* ⊕24 TunHuaPeiLu, 155 Chie, 66 Hsiang (Tel: 27135640), welches am ehesten den Flair einer traditionellen Teestube verbreitet.

6 3 博愛路　*weg*

● In der Nähe des Hbf in der ⊕63 PoAiLu liegt das *LuoTuoLun KaFeiTien,* eines der günstigsten Cafés in TaiPei.

1 3 6 信義路斯段
weg

● Ein echtes Schnäppchen kann man von 14:30-17:30 Uhr im *Rhine European Restaurant,* ⊕136 HsinYiLu, Sec. 4, Tel: (02)-27000725 machen. Tee, Kaffee und Gebäck in unbegrenzter Menge für 160 NT$ / Person. Ansonsten wird hier französische Küche vom Feinsten serviert (bis Mitte 1999 wegen Komplettumbau geschlossen).

黑森林

● Wer mal wieder Lust auf etwas Heimisches hat: ⊕*Schwarzwald,* 20 WenChou Hsie (nahe ShiTa-Essmarkt, Karte S. 188 Nr. 45, Richtung TaAnPark, Tel. 23693785) bietet Brote, Kuchen und Hausmannskost…

Bierkneipen

Preislich und von der Atmosphäre her sind folgende Kneipen empfehlenswert:

1 3 6 安和路
1 3 3 安和路
9 5 安和路
2 1 1 安和路

● *FanTanKo Beer House,* ⊕ 136 AnHoLu, Tel: (02)-27017540.
● *YinChia ChiuChang,* ⊕ 133 AnHoLu, Tel: (02)-27075653.
● *WuKeHsing,* ⊕95 AnHoLu, Tel: (02)-27017642.
● *EZ 5,* ⊕211 AnHoLu, Sec. 2, Tel: (02)-27383995, die etwas andere Bierkneipe (z.B. Live-Musik).

2 雙成路 3 2 街

● *Sam's Place,* ⊕2 ShuangChengLu, 32 Chie, Tel: (02)-25942402, bietet außerdem ausgezeichnete Snacks.

1 9 6 八德路二段

● *YinTiAn,* ⊕196 PaTeLu, Sec. 2, Tel: (02)-27410550, steht von der Einrichtung, Gestaltung bis zur Dienstkleidung der Kellner im Zeichen des Dinosauriers! Trotzdem irgendwie urgemütlich.

4 1 復興南路二段

● *Dynastie Lounge,* ⊕41 FuHsing NanLu, Sec. 2, Tel: (02)-27081221, hat ein gutes, aber etwas teureres Restaurant im Obergeschoss, unten werden nur Getränke ausgeschenkt – zu Happy-hour-Preisen von 17:00-19:00 Uhr.

1 雙成路 1 8 街

● *VAT 69,* ⊕1 ShuangChengLu, 18 Chie, Tel: (02)-25940433, bietet auch indische Küche.

3 5 3 長春路

● *BS 1 Fun Pub,* ⊕353 ChangChunLu, Tel: (02)-27187323, Verlosungen und Sonderaktionen.

3 雙成路 3 2 巷

● *My Place,* ⊕3 ShuangChengLu, 32 Hsiang, Tel: (02)-25914269.

Bars und Discotheken

In der ShuangChengChie zwischen ChungShan PeiLu und LinSen NanLu liegen die besseren Bars und Nobeldiscos der Stadt. Die lokale Schickeria kommt hierher, um zu sehen und gesehen zu werden, dementsprechend ist aber auch das Preisniveau. Gepflegte Atmosphäre zu noch erträglichen Preisen findet man an folgenden Plätzen:

1 7 敦化南路一段
2 3 6 巷

● *Layout,* ⊕ 17 TunHua NanLu, Sec. 1, 236 Hsiang, 17. Stock, Tel: (02)-27112518. Italienisches Interieur.

9 2 大安路義段
●*Bazzar,* Φ92 TaAnLu, Sec. 1, Tel: (02)-27512955, Szene-Bar.

6 5 辛亥路三段
●*Whiskey a GoGo,* Φ65 HsinHaiLu Sec. 3, Tel: (02)-27375773, beliebter Treff von Studenten und Travellern.

●Nahezu legendär in TaiWan ist die *„Pig&Whistle"-Kette,* deren schönste

7 8 天田東路
Filiale in der Φ78 TienMu TungLu, Tel: (02)-28731380 liegt. Neben britischer Atmosphäre findet man hier dezente Live-Musik.

5 仁愛路斯段9 1 巷
●*Malibu,* Φ5 JenAiLu, Sec. 4, 91 Hsiang, Tel: (02)-27764963. Happy Hour von 18:00-20:00 Uhr, Darts, Pool-Billard.

4 3 2 基龍路義段
●*Atlanta Cafe,* Φ432 KeeLungLu, Sec. 1 (gegenüber World Trade Center), von 20:30-22:30 Uhr ein Freigetränk für Frauen.

2 4 9 復興南路一段
●*TU Jazz Blues,* Φ249 FuHsing NanLu, Sec. 1, Tel: (02)-27047290, Jazz Live Musik & Disco.

7 新生路8 6 巷
●*„86",* Φ7 HsinShengLu, Hsiang 86, Tel: (02)-23671523, günstige Preise, abends Discobetrieb, bei Studenten beliebt.

1 0 和平東路
1 0 4 巷
●Ähnlich gut und günstig ist das *„Enjoy",* Φ10 HoPing TungLu, Hsiang 104, Tel: (02)-23629257. Bietet europäisches Flair, Snacks und englischsprachige Zeitungen sowie gelegentlich Live-Musik.

1 0 2 溫林路
●*NBM Music Kitchen,* Φ102 WenLinLu, ShiLin, Tel: (02)-28818101, bis 05:00 Uhr geöffnet.

4 7 光復南路
●*Gorgon Discoland,* Φ47 KuangFu NanLu, Tel: (02)-27534992, 250 NT$ an Wochenenden, sonst 100 NT$; reine Disco.

Institutionen und Adressen

Post/Telefon

郵局
電話

✉ 48 (Seite 182); die Φ*Hauptpost* liegt an der Ecke ChungHsiao-HsiLu/PoAiLu. Rechts davon befindet sich das Paketzentrum zum Verschicken von Päckchen und Paketen (auch Kartons und Bandumwickelmaschinen, sehr preiswert und professionell), links um die Ecke werden Telefonkarten verkauft. Internationale Direkttelefonate sind mit Karte an den ISD-Apparaten (International Self Dialling) im Hbf möglich.

Für das Legen eines eigenen Telefonanschlusses, internationale Gespräche (statt am ISD-phone), internationale Telegramme, Telefaxe usw. ist das *DianHsinJu* *(Telegrafenamt)* zuständig:

2 8 杭州南路一段
Φ28 HangChouNanLu, Sec. 1, Tel: (02)-23443781, 24h täglich geöffnet (Zentrale).

2 3 中山北路二段
Φ23 ChungShanPeiLu, Sec. 2, Tel: (02)-25414340, geöffnet werktags 8:00-22:00 Uhr.

松山飛機場
ΦSungShan-Stadtflughafen, Tel: (02)-27126112, geöffnet werktags 8:00-21:00 Uhr.

1 1 8 忠孝西路一段
Φ118 ChungHsiaoHsiLu, Sec. 1, Tel: (02)-23443785, geöffnet werktags 8:00-22:00 Uhr.

Polizei

外使警察

● 51 (Seite 182); Φ*Foreign Affairs Police,* 96 YenPingLu (Haupteingang), Eingang auch auf der ChungHuaLu. Geöffnet 8:30-12:00 und 13.00-17:00 Uhr. Zur *Visumverlängerung* sind keine Fotos, aber gute Begründungen mitzubringen. Es empfiehlt sich, gleich um 8:30 Uhr zu erscheinen, da im Laufe des Vormittages die Schlange immer länger wird und Wartezeiten von einigen Stunden dann nicht auszuschließen sind. Ansonsten dauert die kostenfreie Prozedur etwa 15 Minuten.

TaiPei

7 忠孝東路一段

In der ф7 ChungHsiao TungLu, Sec. 1 (gegenüber des markanten LaiLai-Sheraton-Hotels) liegt die *TaiWan Provincial Police Administration, Foreign Affairs Office.* Hier können *Berggenehmigungen* des Typs A beantragt werden. Der Schein kostet nur 35 NT\$, Voraussetzung ist allerdings der Nachweis eines einheimischen Führers sowie ein Empfehlungsschreiben des Bergvereins TaiWans (damit wird verhindert, dass sich irgend jemand als Führer ausgibt). Vor dem Antrag muss man sich daher mit der

1 8 6 中山北路二段十樓 *R.o.C. Alpine Association,* ф186 ChungShan PeiLu, Sec. 2, 10. Stock, Tel: 25942108 in Verbindung setzen.

Finanzamt

錢糧局

Wer eine Beschäftigung ausübt und längerfristig im Lande lebt, muss eine *Steuererklärung* abgeben. Alle Informationen hierüber, Anträge und Hilfestellungen gibt es bei der *National Tax Administration, Foreign Affairs*

2 忠化路一段
Section, ф2 ChungHuaLu, Sec. 1, Tel: (02)-116118 (v. auswärts) bzw. 23113711.

Banken

Geldwechsel (Bargeld und gängige Reiseschecks) ist bei folgenden Geldinstituten möglich:

1 2 0 中景南路一 ● *Bank of TaiWan,* ф120 ChungChing NanLu, Sec. 1, Tel: 23147377,
2 4 8 中山北路六段 ф248 ChungShan PeiLu, Sec. 6, Tel: 28367080,
1 5 0 中山北路一段 ф150 ChungShan PeiLu, Sec. 1, Tel: 25423434,
5 6 0 忠孝東路四段 ф560 ChungHsiao TungLu, Sec. 4, Tel: 27073111.
● *International Bank of China,*
6 忠孝西路一段 ф6 ChungHsiao HsiLu, Sec. 1, Tel: 23118298,
1 9 3 中山北路七段 ф193 ChungShan PeiLu, Sec. 7, Tel: 28714125,
1 5 中山北路二段 ф15 ChungShan PeiLu, Sec. 2, Tel: 25119231,
1 2 6 中山北路六段 ф126 ChungShan PeiLu, Sec. 6, Tel: 28345225,
1 9 8 南京東路三段 ф198 NanKing TungLu, Sec. 3, Tel: 27516041,
2 3 3 忠孝東路四段 ф233 ChungHsiao TungLu, Sec. 4, Tel: 27711877.
2 6 1 南京東路三段 ● *City Bank of TaiPei,* ф261 NanKing TungLu, Sec. 3, Tel: 27172803,
2 0 1 敦化北路 ф201 TunHua PeiLu, Tel: 27131660,
1 6 2 中山北路二段 ф162 ChungShan PeiLu, Sec. 2, Tel: 25963171,
3 6 場安路一段 ф36 ChangAn TungLu, Sec. 1, Tel: 25216437.

Die Kurse für Bargeldtausch sind nahezu identisch, bei Reiseschecks werden unterschiedliche Gebühren erhoben, so dass Schecks der jeweiligen Institute besser bei den folgenden Stellen (i.d.R. gebührenfrei) eingewechselt werden:

2 1 4 敦化北路四段 ● *American Express:* ф214 TunHua PeiLu (2. Stock für Umtausch); geöffnet Mo-Fr 9:00-15:30, Sa bis 12:00 Uhr, Tel: 27151581.
5 2 民生東路四段 ● *Citibank,* ф52 MinSheng TungLu, Sec. 4, Tel: 27155931.
4 9 民生東路三段 ● *Hollandsche Bank Unie,* ф49-51 MinSheng TungLu, Sec. 3, 2. Stock, Tel: 25037888.
2 0 5 敦化北路 ● *Barclays Bank,* ф205 TunHua PeiLu, 14. Stock, Tel: 27185918.
2 1 4 敦化北路 ● *Banque Nationale de Paris,* ф214 TunHua PeiLu, 7. Stock, Tel: 27161167.
1 3 1 民生東路 ● *Credit Suisse TaiPei,* ф131 MinSheng TungLu, 9. Stock, Tel: 27170174.
1 9 6 仁愛路四段 ● *Deutsche Bank,* ф196 JenAiLu, Sec. 4, 10. Stock, Tel: 27553838.
3 0 中景南路一段 ● *Dresdner Bank,* ф30 ChungChing NanLu, Sec. 1, 19. Stock, Tel: 23619191.
1 0 9 民生東路三段 ● *Societe Generale,* ф109 MinSheng TungLu, Sec. 3, 7. Stock, Tel: 27155050.
1 0 9 民生東路三段 ● *Union Bank of Switzerland,* ф109 MinSheng TungLu, Sec. 3, 13. Stock, Tel: 27186999.

Handelskammern

Wichtige Ansprechpartner für Geschäftsleute, aber auch Studierende (gelegentlich Nebenjobs) sind die Handelskammern vor Ort. Die Fachleute vor Ort erteilen zu allen Rechts-, Investitions- und Handelsfragen Auskunft.

● *American Chamber of Commerce,*

9 6 中山北路二段 Φ96 ChungShan PeiLu, Sec. 2, Raum 1012, Tel: 25512515.

● *Euro-Asia Trade Organization,*

9 羅斯福路二段 Φ9 Roosevelt Lu, Sec. 2, 3. Stock, Tel: 23932115.

● *French Chamber of Commerce and Industry,*

信義路五段 Φ5 HsinYiLu, Sec. 5, 7B-01, Tel: 27232740.

● *German Trade Office,*

4 民生東路三段 Φ4 MinSheng TungLu, Sec. 3, 4. Stock, Tel: 25069028.

● *Hannover, State of Lower Saxony, Germany,*

5 信義路五段 Φ5 HsinYiLu, Sec. 5, 7C-04, Tel: 27251187.

● *Sino-German Cultural & Economical Association,*

3 8 辛亥路一段 Φ38 HsinHaiLu, Sec. 1, 2. Stock, Tel: 23631960.

(Quasi-) Diplomatische Vertretungen

Nur einige wenige Staaten unterhalten formelle diplomatische Beziehungen mit TaiWan, beispielsweise Weltmächte wie Guinea-Bissau oder der Vatikan. Alle für den Touristen gegebenenfalls notwendigen Hilfestellungen (Papiere, Beglaubigungen, Passersatz im Verlustfall usw.) werden von sogenannten „Kulturbüros" oder „Handelsdelegationen" wahrgenommen, die in der Praxis nichts anderes sind als Konsulate.

Für den Touristen sind diese Kulturinstitute auch deshalb interessant, da sie über *Leseräume* mit neueren Zeitungen und Zeitschriften aus den Heimatländern verfügen und (so zum Beispiel im Deutschen Kulturzentrum) kostenlos Filmabende anbieten.

● *American Institute in TaiWan,*

7 信義路三段 Φ7 HsinYiLu, Sec. 3, 134 Chie, Tel: 27092000.

1 3 4 街

● *Austrian Trade Delegation,*

1 6 4 復興北路 Φ 164 FuHsing PeiLu, 5. Stock, Tel: 27128597.

● *Belgian Trade Association,*

1 3 1 民生東路三段 Φ131 MinSheng TungLu, Sec. 3, Zi. 901, Tel: 27151215.

● *French Institute in TaiPei (Institute Francais de TaiPei),*

9 9 仁愛路二段 Φ99 RenAiLu, Sec. 2, Tel: 23940850.

● *Deutsches Kulturzentrum,*

2 4 辛亥路一段 Φ24 HsinHaiLu, Sec. 1, 11. Stock, Tel: 23657294.

● *Netherlands Trade & Investment Office,*

1 3 3 民生東路三段 Φ 133 MinSheng TungLu, Sec. 3, 5. Stock, Tel: 27135760.

● *Swiss Industries Trade Office,*

3 3 3 基龍路一段 Φ333 KeeLungLu, Sec. 1, Zi. 1614, Tel: 27201001.

Sofern bei der Weiterreise in andere asiatische Länder notwendig, werden Visa bei folgenden Stellen erteilt:

1 5 0 復興北路 ● *Thai Airways Intl. Ltd. (!),* Φ 150 FuHsing PeiLu, 6. Stock, Tel: 27121882.

● *Australian Commerce & Industry,*

3 3 3 基龍路一段 Φ333 KeeLungLu, Sec. 1, Zi. 2605, Tel: 27202833.

● *Indonesian Chamber of Commerce,*

4 6 中正路二段 Φ46 ChungChengLu, Sec. 2, 3. Stock, Tel: 28310451.

TaiPei

Mopeds beim Ampelschnellstart

１０２敦化北路二段
●*Malaysian Friendship & Trade Center,*
Φ102 TunHua PeiLu, Sec. 2, 8. Stock, Tel: 27167075.

４７中山北路三段
●*Manila Economic & Cultural Office,*
Φ47 ChungShan PeiLu, Sec. 3, Zi. 803, Tel: 25851125.

３３３基隆路一段
●*New Zealand Commerce & Industry Office,*
Φ333 KeeLung Lu, Sec. 1, Zi. 812, Tel: 27577060.

２４３復興南路一段
８５仁愛路四段
●*Representative Office of Papua New Guinea,*
Φ243 FuHsing NanLu, Sec. 1, 7. Stock, Tel: 27035252.
●*Singapore Trade Office,* Φ85 JenAiLu, Sec. 4, 9. Stock,
Tel: 27721940.

４３齊南路二段
●*Japan Interchange Association,* Φ43 ChiNanLu, Sec. 2, Tel: 23517250.

Visa für andere Länder der Region (Korea, Indochina) und natürlich für die VR China sind auf TaiWan nicht erhältlich und müssen
entweder vorab im Heimatland oder während eines Zwischen-
stopps (z.B. in HongKong) beantragt werden.

Krankenhäuser

In TaiPei gibt es eine ganze Anzahl von guten Krankenhäusern, die
im Notfall alle erdenklichen Hilfsmaßnahmen einleiten. Der medizinische und hygienische Standard ist generell als sehr gut zu bezeichnen. Da alle Behandlungen vom Patienten selbst zu zahlen
sind, ist eine Auslandskrankenversicherung (erstattet nach der
Rückkehr auf Antrag die angefallenen Kosten, ♪ Versicherungen)
dringend anzuraten. In TaiPei kann man in **Notfällen** die
23119940 (englischsprachige Polizei) oder 27216315 (Ambulanz,
meist nur chinesischsprachig) anrufen. Auch die englischsprachige „Tourist Hotline" (27173737) hilft im Notfall weiter und ruft einen
Krankenwagen.

４２４八德路二段
❖ 34 (Seite 182); *TaiAn YiYuan (Adventist Hospital),* Φ424 PaTeLu,
Sec. 2, Tel: 27718151. Englischsprachig, bestes und teuerstes Spital auf
TaiWan.

７中山北路
●*National TaiWan University Hospital,* Φ7 ChungShan NanLu,
Tel: 23123456.

３羅斯福路二段
８１街
●*Roosevelt Dental Clinic,* Φ3 Roosevelt Lu, Sec. 2, 81 Chie,
Tel: 23923829. (Reine Zahnklinik).

**Bücher und
Zeitschriften**

２４辛亥路一段
Auf die kostenlosen Lesegelegenheiten deutschsprachiger Zeitungen und Zeitschriften im **Deutschen Kulturzentrum** (Φ24
HsinHaiLu, Sec. 1, 11. Stock) wurde bereits hingewiesen.
　Die taiwanesischen englischsprachigen Tageszeitungen, einige
ausländische Zeitungen und Periodika (auch der *Spiegel),* eine
Auswahl englischsprachiger Taschenbücher und Literatur, Ansichtskarten sowie Lehrbücher (Englisch – Chinesisch) sind teilweise sehr preisgünstig in den **Buchläden** zu kaufen.
　Gute **Landkarten** (in lateinischer Umschrift) sind leider Mangel-
ware, chinesische Karten zu einer Stadt oder Region kosten etwa
70 NT$. Bei Reisenden und Studenten sind folgende Buchge-
schäfte am beliebtesten:

火車站書店
Φ*CheChan ShuTien,* im Obergeschoss des Hbf bietet Landkarten, Post-
karten und eine begrenzte Auswahl englischsprachiger Taschenbücher und
Zeitschriften.

TaiPei

1 2 9 和平東路一段　●*Lucky Bookstore,* Φ 129 HoPing TungLu, Sec. 1, Tel: 23927111 (an der ShiTa Universität), Busse B-18, B-3, B-15 254 vom/zum Hbf. Nebenan liegt ein gutes Fotogeschäft für Entwicklungen und Fotokopien.

1 0 3 中山北路二段　●*Caves Books,* Φ 103 ChungShan PeiLu, Sec. 2, Tel: 25371666, hat die größte Auswahl an englischsprachiger Literatur auf TaiWan überhaupt. Hier werden auch Karten für Konzerte, Opern usw. vertrieben. Busse C-502 (Hbf – SungShan Flughafen) und C-49 fahren durch die ChungShan PeiLu.

2 5 9 敦化南路一段　●*HsinHsueYou ShuJu,* Φ 259 TunHua NanLu, Sec. 1, Tel: 27007000 ist die größte Zweigstelle einer Buchgeschäftkette, die sich auf Taschenbuchausgaben englisch- und chinesischsprachiger Literatur spezialisiert hat. Karten für kulturelle Veranstaltungen sind hier ebenfalls erhältlich. Das Geschäft liegt ein gutes Stück vom Stadtzentrum entfernt an der Kreuzung von JenAiLu und TunHuaLu. Mit dem Bus fährt man am besten mit der 274 die JenAiLu entlang, bis sie die TunHuaLu (Kreisel) kreuzt.

3 3 7 敦化南路一段　●Computerfreaks werden im EDV-Eldorado TaiWan auch bei *Computerliteratur* fündig: im *SongKang TianNao ShuTian,* Φ 337 TunHua NanLu, Sec. 1, einen Block südlich vom HsinHsueYou ShuJu nahe der Kreuzung zur HsinYiLu. Hier hat man sich auf englischsprachige Computerliteratur spezialisiert – sonst im Land sehr schwer erhältlich.

Öffentliche
Bibliotheken

Wer sich zum Studium in TaiWan aufhält, wird gelegentlich Literatur in deutscher oder englischer Sprache benötigen. Aber auch Geschäftsreisende können bei den folgenden Institutionen Einblick in für sie eventuell wichtige Unterlagen nehmen.

2 4 辛亥路一段　●Eine kleine deutschsprachige Bibliothek gibt es im *Deutschen Kulturzentrum,* Φ 24 HsinHaiLu, Sec. 1, 11. Stock, Tel: (02)-23657294.

3 6 5 復査北路　●Ähnliches auf Englisch bietet das *American Cultural Center,* Φ 365 FuHsing PeiLu, Tel: (02)-27155625, dessen Bibliothek allerdings nur von 10:00-17:00 Uhr geöffnet ist.

3 3 3 齊龍路三段　●Adressbücher, Statistiken und Unterlagen, die mit dem taiwanesischen und internationalen Handel in Verbindung stehen, findet man im *China External Trade Development Council (CETRA)* in der Φ 333 KeeLungLu, Sec. 3, 4. St., Tel: (02)-27255960. Unter dieser Nummer können auch generell Informationen zu Wirtschaft und Handel angefragt werden.

1 2 8 烟酒路二段　●Rein wissenschaftlichen Zwecken dient die Bibliothek der *Academia Sinica,* Φ 128 YenChiuLu, Sec. 2, NanKang, Tel: (02)-27899326.

●Um einiges kleiner, überwiegend chinesischsprachig und hauptsächlich mit politischen Themen bestückt ist die *Bibliothek der CKS-Gedächtnishalle,* alle Wissensgebiete deckt dagegen die *National Central Library*

2 1 中山南路　gleich gegenüber (Φ 21 ChungShan NanLu, Tel: 02-23619132) ab.

Reisebüros

Stadtrundfahrten und mehrtägige Rundreisen werden von jedem größeren Hotel vermittelt, können aber auch problemlos selbst über Agenturen gebucht werden. Tagesausflüge finden oft schon bei einer Beteiligung von mindestens zwei Personen statt.

3 6 南京東路二段　●*HuiFong Travel Service,* Φ 36 NanKingTungLu Sec. 2, 8. Stock, Tel: (02)-25515805, (02)-25373224.

●*„Gray Line" China Express Transportation Corporation,*
7 0 中山北路二段　Φ 70 ChungShanPeiLu Sec. 2, Tel: (02)-25416466.
1 9 0 松江路　●*Edison Travel Service,* Φ 190 SungChiangLu, 4.Stock, Tel: (02)-25635313.

●*Southeast Travel,* 60 ChungShan Peilu Sec.2, Tel: (02)-25713001

Maskentanz

Es empfiehlt sich grundsätzlich, das Rückflugticket bereits in Europa zu kaufen. Auch wenn nicht mehr die hohen Preise der Vergangenheit zu zahlen sind, sind echte Billigflüge eine Seltenheit. Neben dem oben genannten Southeast-Travel haben sich noch folgende Reisebüros als preiswert und zuverlässig erwiesen:

７９仁愛路四段　　●*Wing On Travel,* ✆79 JenAiLu, Sec. 4, Tel: (02)-27722998.

２７中山北路三段　●*Jenny Su Travel,* ✆27 ChungShan PeiLu, Sec. 3, 10. Stock, Tel: (02)-25947733.

１５２忠孝東路一段　●*Country Club Travel,* ✆152 ChungHsiao TungLu, Sec. 1, 5. Stock, Tel: (02)-23567003.

  Sonderangebote und weitere Anschriften werden in den englischsprachigen Tageszeitungen gelegentlich abgedruckt.

TaiPei

Warntafel zum TiYuKu

Tagesziele rund um TaiPei

陽明山

YángMíngShān (YangMing-Berg)

Keine 20 km nördlich der Metropole TaiPei liegt der mit 11.500 ha **kleinste Nationalpark TaiWans.** Von den bis auf 1100 m ansteigenden Gipfeln hat man die Stadt im Blick, und es ist kaum vorstellbar, dass der lärmende und stickige Koloss so nahe sein soll. Die Region weist zahlreiche (kommerziell genutzte) heiße Quellen auf und stellt die Gegend mit der größten vulkanischen Tätigkeit TaiWans dar. So sind denn auch heiße Quellen und Schwefelbecken, aber auch Wasserfälle, unberührte Natur und rund 70 km Wanderwege die Hauptattraktionen des Parks, der sich über 900 Höhenmeter (von ca. 200–1120 m) erstreckt. Ursprünglich hieß die Region *TsaoShan* (Grasberg), wurde aber nach 1949 in Angedenken an den Ming-Philosophen *WangYangMing* umbenannt.

Seit 1985 ist das Gebiet ein Naturpark, die Schwefelgewinnung wurde eingestellt und durch **Blumenzucht** abgelöst. Von März bis Juni ist der Park in ein leuchtendes Farbenmeer der verschiedensten Blüten getaucht, besonders beliebt sind die in TaiWan nicht allzu häufigen Kirschblüten. Sehr selten fällt auf den obersten Gipfeln des Parks im Winter etwas Schnee – dann gilt gleiches wie für die Gipfel der Zentralberge: eine westliche Rock-Gruppe könnte kaum mehr Bewunderer anlocken, an unbeschwertes Umherwandern ist dann nicht zu denken.

YangMingShan ist leicht von TaiPei aus zu erreichen, die Tagesausflügler an den Wochenenden machen denn auch den Löwenanteil der Besucher aus. Das Hauptproblem für Individualtouristen ist, dass es mit öffentlichen Verkehrsmitteln im Park nur Haltepunkte an der Hauptstraße ChinShan-Beach–TaiPei gibt und man ein eigenes **Transportmittel für eine Erkundung** innerhalb eines Tages haben oder sich auf einen kleinen Abschnitt beschränken muss. In TaiPei gibt es zahlreiche Autovermietungen, keine Leihmopeds. In Frage kommt einzig der Mopedverleih in TanShui (♪), man fährt dann am Besten über PeiTou in den Park. Ansonsten muss man, wenn man nicht nur das Einfahrtsgebiet sehen will, ziemlich weit laufen. Ein weiterer Nachteil ist, dass nur chinesische Wegweiser existieren, englischsprachige Karten für Touristen somit nur von begrenztem Nutzen sind. Selbst zur Parkverwaltung/Information kommt man nur, wenn man den Weg von der Endstation der 260 genau kennt oder aber die teurere ChinShan-Beach-Linie zur Parkverwaltung nimmt. Der Park ist täglich geöffnet, die Information nicht an Montagen. Hier die wichtigsten Punkte, die man bequem **ohne Leihfahrzeug** besuchen kann:

Parkverwaltung/ Information

Wer mit dem ChinShan-Bus über die Hauptstraße kommt, kann direkt an der Verwaltung aussteigen; etwas schwieriger ist es mit demStadtbus 260 (30 NT$). Unterhalb des Busplatzes führt ein

TaiPei

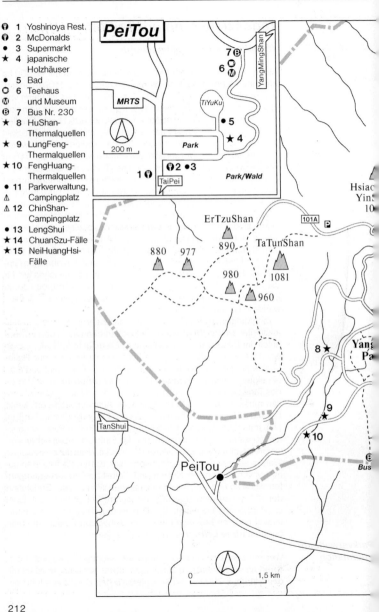

- ❶ 1 Yoshinoya Rest.
- ❶ 2 McDonalds
- ● 3 Supermarkt
- ★ 4 japanische Holzhäuser
- ● 5 Bad
- ◐ 6 Teehaus
- Ⓜ und Museum
- Ⓑ 7 Bus Nr. 230
- ★ 8 HuShan-Thermalquellen
- ★ 9 LungFeng-Thermalquellen
- ★ 10 FengHuang-Thermalquellen
- ● 11 Parkverwaltung,
- ⚐ Campingplatz
- ⚐ 12 ChinShan-Campingplatz
- ● 13 LengShui
- ★ 14 ChuanSzu-Fälle
- ★ 15 NeiHuangHsi-Fälle

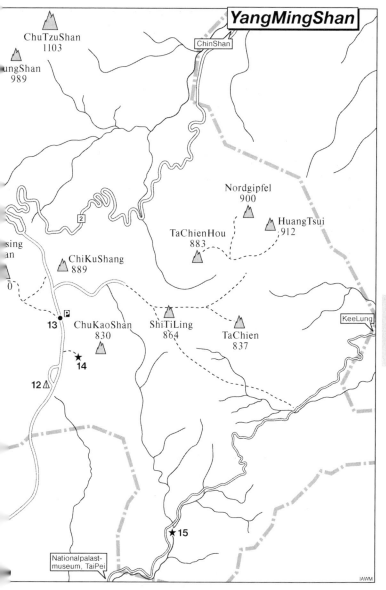

YangMingShan

ChuTzuShan
1103

...ungShan
989

ChinShan

Nordgipfel
900

HuangTsui
912

TaChienHou
883

...sing
...an

...0

ChiKuShang
889

KeeLung

TaiPei

13

ChuKaoShan
830

ShiTiLing
864

TaChien
837

14

12

15

Nationalpalast-
museum, TaiPei

IAWM

Fußweg zu einem kleinen halbkreisförmigen Freilufttheater (so sieht es jedenfalls aus), in dessen Mitte ein Tunnel durch den Berg führt. Am Ende der Treppe folgt man der Straße etwa 1 km bergan (ein Fußweg in der Mitte der Strecke kürzt ab) bis zum 2. Parkplatz (links). Gegenüber liegen einige Gebäude, das rechte ist die Information (keine engl. Hinweise). Hier gibt es gute Karten und aktuelle Informationen, außerdem ist es für Sprachunkundige sinnvoll, sich anhand dieser Karte (die es auch bei den TIs in TaiPei gibt) einen Rundweg zusammenzustellen und die entsprechenden Zeichen notieren zu lassen. Ansonsten ist es schwierig, die gewünschten Wege auch zu finden. Es gibt einige gebührenpflichtige Campingplätze im Park, über sonstige gute Plätze zum kostenlosen Campen informiert die Verwaltung ebenfalls.

ChiHsingShan (QiXingShan, sieben Sterne Berg)
七星山

Glücklicherweise liegt der mit 1120 m *höchste Berg* des Yang-MingShan-Parks in unmittelbarer Nähe der Parkverwaltung. Ein guter Weg führt 200 m entlang der Straße aufwärts ab Verwaltung rechts (chinesische Wegweiser) hinauf, der Gipfel ist nach 2 km erreicht. Ein weiterer Weg führt oberhalb der nächsten Straßenabzweigung (dort rechts, dann noch ca. 500 m bis zu einer Treppe) über einen kleinen buddhistischen Tempel, an dem man sich mit Tee und Suppe stärken kann, zum Gipfel. Die Aussicht von hier oben ist phantastisch.

YangMingShan KungYuan
陽明山公園

Der hübsche *Park* hat zahlreiche einfache Spazierwege und ist eines der Hauptziele, das von Pauschaltouristen angefahren wird. Eine Vielzahl von Bambushainen, Sträuchern, subtropischen Baumarten und Blumenbeeten säumen die Wege. Vor dem Park (unterer Zugang) befinden sich ein Restaurant und das berühmte YangMingShan-Postkartenmotiv, die im Durchmesser etwa 10 m messende Blumenbeet-Uhr. Der Park ist von der 260er-Haltestelle einfach zu erreichen, indem man dem Fußweg am unteren Teil des Busplatzes bis zum Ende (nicht durch den Tunnel zur Parkverwaltung, s.o.) folgt. Vom ChiHsingShan nimmt man den Weg über das Kloster, 50 m dahinter die Treppe links abwärts zur Straße. Hier geht man links zur Gabelung und folgt dort der rechten Nebenstraße abwärts bis der Park linkerhand beginnt.

TaTunShan-Region
大屯山

Das *TaTun-Reservat* am Fuß des TaTunShan (1081m) ist von Bergen umgeben und wurde wegen seines Reichtums an Gräsern, Insekten und Amphibien zur „Erziehungszone" für Schüler und Studenten erklärt. Ein natürlicher See mit zahlreichen Fisch- und Froscharten hat einige Einheimische animiert, hier zusätzliche Arten auszusetzen, und Stechmücken gibt es im Sommer auch genug. An das Reservat schließt sich der *Schmetterlings-Korridor* an, ein kleines Tal, bekannt für zahlreiche wildblühende Blumenarten, die von Juni bis September Unmengen von Schmetterlinger anziehen. Insgesamt wurden hier 150 verschiedene Arten beo bachtet. Ferner liegt hier ein *Vogellehrpfad,* ein sehr hübscher Wanderweg bis zum ErTzuShan (890 m), in dessen Bäumen eine Vielzahl an Vogelarten leben. Auffälligste Arten sind Mullers Barbet und die Blaue Elster.

七星站

Man erreicht das Reservat mit dem ChinShan-Bus (Haltestelle ♨ChiHsingChan aussteigen) und folgt der „101-A" in östliche Richtung knapp zwei km; der Trail beginnt dann linker Hand.

Heiße Quellen

溫泉

YangMingShan hat eine ganze Reihe von Baderessorts, die allerdings überwiegend kommerziell genutzt werden, also am besten über die Hotels in PeiTou zugänglich sind. Am bekanntesten sind **HuShan WenChuan**, **FengHuang WenChuan** und **LungFeng WenChuan;** ★ 8–10 (Seite 212). Für 100 NT$ kann man die Badewannen der Hotels benutzen, ohne dort auch übernachten zu müssen. Interessanter ist das **LiuHiuKu** (Sulfat-Tal), welches einer unwirtlichen, gelbweißen Mondlandschaft gleicht und zahlreiche kleinere Quellen umschließt.

An-/Abreise

北投文物館

Von/nach TaiPei: Stadtbusse K-260, 301 zur Haltestelle vor dem Park oder ChinShan-Bus zur Parkverwaltung. Von/nach PeiTou Stadtbus 230. Wer von YangMingShan nach PeiTou fährt, steigt am besten oben beim PeiTou-Museum aus (steile S-Kurve, von der links eine Straße nach unten führt, Bus hält genau in der Kurve; „♨BeiTouWenWuGuan").

Von/nach ChinShan-Beach: ChinShan-Bus zwischen TaiPei und ChinShan-Beach (∅6.3., Der Norden) an der Parkverwaltung oder einer der Haltestellen an der Hauptstraße.

...auschige Plätzchen im YangMingShan-Park

TaiPei

Unterkunft

Weil der Einsamkeit und Ruhe suchende Individualtourist eher die Ausnahme, der Wochenend-Gruppenreisende dagegen die Regel ist, gibt es im Parkgebiet lediglich einige wenige organisierte Campingplätze nahe der Parkverwaltung. Die Frage nach einer Zelterlaubnis in abgelegeneren Gebieten des Parks löst zwar (gemäß chinesischer Vorstellung kann die fremde Natur nur in Gruppen erlebt werden) Erstaunen aus, wird aber bereitwillig beantwortet. Hotels gibt es im Park keine.

Verpflegung

An der 260er-Bushaltestelle befinden sich einige Snackstände; am YangMingShanKungYuan befindet sich auch ein teureres Restaurant. Getränke und Souvenirs gibt es gegenüber der Parkverwaltung (am Parkplatz). Für längere Wanderungen empfiehlt es sich, reichlich Wasser mitzunehmen!

Information

Die Wegweiser selbst zur Parkinformation sind nur auf chinesisch; Karten und Auskünfte bei der Parkverwaltung.

北投

PeiTou (BěiTóu, Nordeingang)

Das **Kurbad** PeiTou, nur 15 km nördlich vom Zentrum TaiPeis gelegen, ist seit der japanischen Ära auf TaiWan beliebtester Erholungsort für Anhänger heißer Quellenbäder. Die Japaner erkannten früh den Wert der Lage PeiTous an den Ausläufern des YangMinShan und errichteten eine Reihe von Bädern, die den japanischen Verwaltern aus TaiPei eine willkommene Abwechslung zum Alltag boten. Es entstanden außerdem eine Reihe von Freudenhäusern mit jungen Chinesinnen, die auf ihre „Aufgaben" in Chiao-Hsi im Nordosten TaiWans eingehend vorbereitet wurden. Diese Epoche gehört zwar der Vergangenheit an, dennoch gilt PeiTou auch heute noch als eine Hochburg der sogenannten „wilden Blumen". Geschäftsleute aus aller Welt werden oftmals von ihren taiwanesischen Geschäftspartnern eingeladen, „die heißen Quellen von PeiTou zu genießen". Nicht wenige Millionen-Dollar-Geschäfte werden hier in den Bädern und Etablissements, und nicht in den Büros von TaiPei abgeschlossen.

Der **japanische Einfluss** ist gelegentlich noch in der Architektur zu erkennen, man achte in den kleinen Gassen einmal auf hölzerne Tore mit dahinterliegenden flachen Privathäusern, ★ 2 (Seite 212); das PeiTouWenWuKuan (Folk Art Museum) ist dem Stil eines großen japanischen Privathauses nachempfunden.

Auf dem Hügel oberhalb PeiTous im YangMingShan-Park errichteten die Japaner nach der Übernahme TaiWans eine wissenschaftliche Untersuchungsstation, die sich ausschließlich mit Giftschlangen beschäftigte. Bei ihrem Abzug 1945 ließen sie angeblich alle Schlangen frei – hierauf basieren die Gerüchte, in der YangMingShan-Region gebe es besonders viele Giftschlangen

TiYuKu
地獄谷

Mit dem Rundgang beginnt man am besten am Stadtpark, nach 250 m liegt links vom Park das TiYuKu **(Erde-Kerker-Tal)**, zu erkennen an mehreren Verkaufsständen und einem kleinen chinesischen Tor. Schon durch den weithin vernehmbaren Geruch nach faulen Eiern riecht man, was einen hier erwartet: kochendheißes Schwefelwasser sprudelt hier aus der Erde, so dass selbst im heißesten Sommer ein waschküchenartiger Nebel über dem kleinen Tal liegt. Der Boden des kleines Teiches weist die typischen gelblichen Schwefelrückstände auf. Rechts vor dem Tor liegt ein öffentliches Badehaus (100 NT$), wo man auch ohne teures Hotel direkt „an der Quelle" das heiße Wasser genießen kann.

PeiTouWuKuan
北投文物館

50 m weiter an der Straße sieht man linker Hand eines jener alten sino-japanischen Privathäuschen. Dahinter folgt man der Hauptstraße weiter (links), bis man nach 500 steilen Metern zum PeiTouWenWuKuan kommt (die meisten Schilder weisen auf Hotels hin, man orientiere sich an den Zeichen für YangMingShan, meist braune Schilder). Dieses ***Heimatmuseum*** beherbergt eine kleine aber vorzügliche Sammlung originaler Gegenstände der Ureinwohner, eine Ausstellung zur Geschichte des Umlandes sowie zum Thema Schwefelgewinnung. Das Gebäude ist in typisch japanischem Baustil gehalten, auffallendstes Merkmal ist das luftige Obergeschoss mit unzähligen Fenstern. Das Gebäude diente früher als japanisches Offizierserholungsheim, später als Unterkunft für Staatsgäste der R.o.C; seit 1984 ist hier das Museum untergebracht. Geöffnet Dienstag–Sonntag 9:00–17:00 Uhr, Eintritt 100 NT$, Studenten 50 NT$. Ⓜ 6 (Seite 212)

Im nebenanliegenden ***Shen-Garten*** (Tel: 02-28911218) bietet ein nettes Teehaus ein „mongolisches Barbecue" für 370 NT$/ Person an.

TaiPei

Japanische Lauben in PeiTou

An-/Abreise

Die **Stadtbusse** K-216, K-217, K-218, I-223, 302 fahren zwischen TaiPei und PeiTou. Leider merkt man nicht, wann man aus TaiPei heraus beziehungsweise in PeiTou ist. Man achte nach 40–45 Minuten Fahrt auf folgende Merkmale: rechts McDonald's, links Yoshinoya-Restaurant, rechts Hotelschilder (mit Heiße-Quellen-Zeichen) und Stadtpark, grünes Straßenschild (lat.: ChungShan rechts, TaYeh links) sowie der **MRT-Station** links hinter der Kreuzung. Einfacher und schneller ist die MRT TamShui-Linie bis Station HsinPeiTou. Dort umsteigen nach Hsin PeiTou. Ausgangspunkt für Spaziergänge im Ort sind die beiden Straßen rechts und links des PeiTou-KungYuan (PeiTou-Stadtpark) bei McDonald's.

100 m oberhalb vom Museum kann man die 230 zum **YangMingShan-Park** nehmen. (⌀ Karte YangMingShan)

Unterkunft

PeiTou kann leicht als Tagesausflug von TaiPei aus in Verbindung mit Yang-MingShan oder TanShui besucht werden. Ein Übernachtungsstopp kommt für den Individualreisenden weniger in Betracht. Die meisten Heiße-Quellen-Hotels im Ort und entlang der Straße vom TiYuKu zum Museum gehören der oberen Preisklasse an; hier die Anschriften einiger Hotels der gemäßigten Preiskategorien:

月光莊旅社   Φ **YuehKuangChuang LuShe,** 115 KuangMingLu,
Tel: (02)-28914478, DZ 600 NT$.

賓成旅社   Φ **BinCheng LuShe,** 7 WenChuanLu Weg 21,
Tel: (02)-28914171, DZ 700 NT$.

第一閣旅社   Φ **TiYiKe LuShe,** 17 WenChuanLu, Tel: (02)-28912222, DZ 900 NT$.
新秀閣大飯   Φ **HsinHsiuKe TaLuShe,** 238 KuangMingLu,
Tel: (02)-28912166, DZ 1100 NT$.

大屯旅舘   Φ **TaTun LuKuan,** WenChuanLu, Tel: (02)-28924121, DZ 1800 NT$.

天田   **TienMu (TiānMǔ, Himmelsmutter)**

Nach einigen Wochen des Reisens in Asien verspürt manch ein Traveller einen Heißhunger auf: Kartoffeln. Nun ist das nördlich vom Grand-Hotel gelegene Viertel TienMu keineswegs eine Agro-Hochburg, sondern ein Nobelviertel TaiPeis. Die Gegend wirkt schon optisch wesentlich sauberer, die Fußwege sind nicht von Mopeds verstellt und daher frei begehbar, eine Erholung verglichen mit dem Kampf um Gehfläche anderswo. Seit Jahrzehnten leben hier überwiegend ausländische Arbeitnehmer, Delegierte und wohlhabende Taiwaner. Dementsprechend andersartig sind hier auch die Einkaufsmöglichkeiten, von der Dosensuppe bis zum Kartoffelrösti sind westliche Produkte vertreten, aber auch Sushi und roher Frühstücksfisch haben durch die Vielzahl japanischer Manager und Techniker Einzug gehalten. TienMu ist ein Einkaufsparadies für länger im Lande Lebende, die wieder einmal etwas Heimisches auf den Tisch zaubern möchten.

An-/Abreise

Stadtbusse K-220, K-224, K-268, 267, 601, 603 fahren vom Hbf. nach TienMu, die Nummern 223 und 601 fahren von TienMu zum TsingJenMiao die 223 außerdem nach PeiTou.

Die Lin-Gärten als Beispiel chinesischer Gartenarchitektur

情人廟

TsingJenMiau (QíngRénMiào, Tempel der Verliebten)

Dieser hübsche Tempel zwischen TienMu und PeiTou war ursprünglich ein buddhistischer Schrein zu Ehren des Boddhisatva
KuanYin und wurde von vielen Pärchen als **Verlobungsort** aufgesucht, was ihm den Namen Tempel der Verliebten eintrug. Trotz
dieser optimistisch stimmenden Tatsache mangelte es dem Tempel an Einkünften, die jungen Besucher spendeten wenig, ältere,
wohlhabende Besucher blieben aus. So wurde der Tempel an die
Taoisten der Gegend verkauft, die ihn in seine heutige Bezeichnung ChaoMingSi umtauften. Die Dachverzierungen wurden
nachträglich abgebracht, die ursprüngliche Form ist praktisch
nicht mehr erkennbar. Mit den Taoisten ging auch die „gesellschaftliche" Funktion des Tempels verloren, im Volksmund wird er
aber immer noch als TsingJenMiao, Tempel der Verliebten, bezeichnet.

An-/Abreise

von TianMu Stadtbusse 223 und 601, von/nach PeiTou 223, vom/zum
Hbf. in TaiPei I-223, K-224, 207, 601.

板橋
中和

PanChiao und ChungHo (BǎnQiáo und ZhōngHé)

Beide Vororte von TaiPei liegen etwa 20 km südwestlich des Zentrums und markieren den Beginn des westlichen Industriegürtels.
Mit meist über „100" weisen diese Stadtteile auch den größten

TaiPei

Luftverschmutzungsgrad des Großraumes TaiPei auf (ab 50 beginnt „gemäßigt", ab 100 „ungesund"). Reisende sind denn auch selten anzutreffen, obgleich es hinreichend sehenswerte Punkte für einen Ausflug von TaiPei aus gibt.

**LinChia HuaYuan
(Lin-Gärten)**
林家花園

Hier liegt der berühmteste, **klassische chinesische Garten** einer Privatfamilie auf ganz TaiWan. Die Familie Lin kam im 18. Jh. nach TaiWan und begann mit dem Bau des Familiensitzes in PanChiao 1853. Die Vollendung des Meisterwerkes zog sich bis 1890 hin, der seinerzeitige Zustand ist in den folgenden Jahrzehnten aber leider nicht mehr aufrechterhalten worden.

1984 übernahm die Stadt das Gelände und restaurierte die Anlage mit erheblichem finanziellen Aufwand (über 150 Millionen NT$). In den Lin-Gärten sieht man neben zahlreichen Wohn- und Zeremonialgebäuden im traditionellen chinesischen Baustil einen langen Fußweg durch die verwinkelte Anlage, immer wieder unterbrochen durch überraschende Spielereien wie eine Überführung oder einen Weg durch kleine Felsen und mehrere kleine Teiche. Als Außenstehender ist man fast geneigt, die Anlage für die Filmkulisse einer klassischen chinesischen Residenz zu halten.

●Der Garten ist für die Öffentlichkeit täglich außer montags und auf Nationalfeiertage folgende Tage von 9:00–17:00 Uhr geöffnet; Eintritt 60 NT$. Der Eingang liegt von der Bushaltestelle kommend ein Stück der Mauer entlang (rechts) um die Ecke (42-65 HsiMenChie).

KuanYinMiao
觀音廟

Hinter dem LinChia HuaYuan (vom Eingang der Lin-Gärten folgt man nach links dem Bogen der Straße bis zur Kreuzung) liegt ein recht interessanter, wenn auch nicht allzu großer **Tempel,** der von einer hohen Mauer umgeben ist. In diese Mauer sind zahlreiche goldene Buddha-Platten und Svastikas (buddhistische Hakenkreuze) eingelassen, so dass es sich auf den ersten Blick um eine buddhistische Anlage zu handeln scheint. Der Tempel im Innenhof dagegen trägt mit seinen bunten Drachenverzierungen am Dach, den zahlreichen Figuren sowie den Drachen- und Tigermotiven überwiegend taoistische Züge, einzig eine Svastika hinter der KuanYin-Hauptfigur weist auf einen buddhistischen Hintergrund hin. Dieser Tempel ist ein Musterbeispiel für die friedliche Koexistenz verschiedener Glaubensrichtungen unter einem Dach. Der Tempel liegt in der 69 HsiMenJie (Westtorstraße).

YuanTongSi
圓桶寺

Der YuanTongSi ist ein großes **buddhistisches Kloster** am Fuße der Hügel von ChungHo. Viele westliche Bewohner von TaiPei loben die auch für Besucher offene vegetarische Küche des Klosters (keine Anmeldung notwendig). Tatsächlich ist die Klosterküche auch der vorrangige Grund für einen Besuch in ChungHo die Aussicht ist am YangMingShan oder am PiShanSi besser.

An-/Abreise

An der Haltestelle nahe der Lin-Gärten in PanChiao fährt die H-307 vor /nach TaiPei (vom Garten kommend rechte Straßenseite, fährt über Chung-

Ho). Vom Hbf./TaiPei fährt außerdem die H-260 (nicht zu verwechseln mit K-260/YangMingShan) nach PanChiao. Unbedingt den Fahrer oder Einheimische nach den „LinYuan" fragen, sonst verpasst man leicht den Ausstieg. Einziger Orientierungspunkt ist eine große Fußgänger-Überquerung kurz vor den Gärten.

Auf der linken Seite (von den Gärten kommend) fahren Busse nach San-Hsia (dort Umstieg nach TaoYuan, ChungLi oder TzuHu möglich, ↗ Kapitel Nordwesten), zu erkennen an den drei Strichen (drei für „san" in der Zielortangabe des Busses (keine Nummern).

Die Fahrt mit den Stadtbussen kostet 30 NT\$. PanChiao hat außerdem Bahnanschluss und ist an das MRT-System angeschlossen: PanChiao

Zum YuanTungSi fährt man ab Lin-Gärten zunächst mit der 307 bis Chung-Ho und steigt dort in die 243 um, die ab hier auch direkt vom/zum Hbf. fährt. Der Tempel liegt links von der Hauptstraße; auf dieser Seite fährt der Bus zurück ins Zentrum.

烏來

WuLai (WūLái, Krähen kommen)

Wulai ist neben YangMingShan eines der beliebtesten und schönsten Ziele in der näheren Umgebung von TaiPei. WuLai bietet sich für den Individualtouristen vor allem deswegen an, weil mehrere Attraktionen dicht zusammenliegen.

Schon die **Anfahrt** ist interessant und gliedert sich in zwei markante Abschnitte: die erste halbe Stunde fährt man ausschließlich durch die Stadt, anschließend steigt die Straße ab **PiTan** steil an und führt durch sattes Grün über den Kesselrand des Molochs TaiPei, dessen Smogglocke man von hier aus deutlich erkennen kann.

烏來溫泉

Das 30 km südlich der Stadt liegende WuLai zerfällt in drei Ortsteile. Der Bus hält in Φ **WuLaiWenQuan,** einem kleinen Thermalbad-Resort, dessen heiße Quellen allerdings nur in den Hotels entlang der kleinen Hauptstraße zu genießen sind. Eine Reihe teurer Restaurants und Souvenirshops ergänzen das Dorf.

Über eine Brücke (50 NT\$ Überquerungsgebühr!) kommt man zur Straße, die nach **WuLai** führt (links, 3 km). Zum Ort kommt man aber auch über die Treppe an der Straße hinauf mit einer kleinen Schmalspurbahn (zusätzlich 50 NT\$ einfach), die alle paar Minuten den Hang hinauf zur Siedlung fährt. WuLai selbst ist berühmt wegen seiner etwa 50 m senkrecht fallenden WuLai Pu-Bu **(WuLai-Wasserfälle)** – eines der bekanntesten Fotomotive TaiWans; ★ 8 (S. 222).

Genau gegenüber der Fälle führt eine Treppe hinauf zur Theaterhalle der **Atayal-Ureinwohner,** in der diese eine einstündige Vorstellung ihrer Kultur mit Theater und Spielen darbieten; ● 7 (S. 222).

雲仙樂園

Rechts daneben ist die Talstation der Seilbahn ins Φ **YunHsin LeYuan,** genannt **Dreamland** (Seilbahnrückfahrkarte incl. Eintritt 220 NT\$) liegt. Die Aussicht während der Fahrt über den Wasserfall ist phantastisch, ebenso von oben hinunter ins Tal. Das Dreamland, konzipiert vor allem für Kinder, ist eine Art Rummelplatz mit Autoscootern, Schiffsschaukel, Fahrgeschäften usw.;

TaiPei

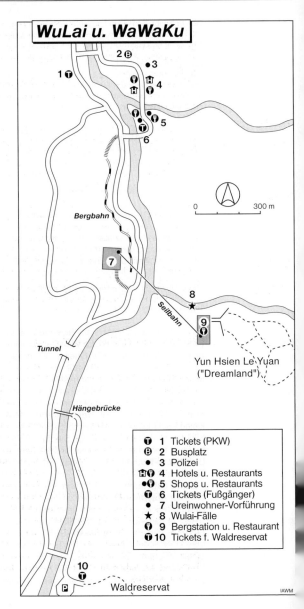

WuLai u. WaWaKu

0 — 300 m

Bergbahn

Seilbahn

7

8

9

Yun Hsien Le Yuan
("Dreamland")

Tunnel

Hängebrücke

☎	1	Tickets (PKW)
Ⓑ	2	Busplatz
●	3	Polizei
🏠☎	4	Hotels u. Restaurants
●☎	5	Shops u. Restaurants
☎	6	Tickets (Fußgänger)
●	7	Ureinwohner-Vorführung
★	8	Wulai-Fälle
☎	9	Bergstation u. Restaurant
☎	10	Tickets f. Waldreservat

10

🅿 Waldreservat

IAWM

interessant ist hier vor allem die Lage im Berg. Am oberen Ende befindet sich eine Art Trimm-Dich-Pfad, bestehend aus Brücken und Schaukeln über Schluchten, auf dem man die früheren Transportmethoden der Ureinwohner nachvollziehen kann – ein Heidenspaß für Jung und Alt.

Von einem Besuch von WuLai an **Wochenenden** und Feiertagen ist abzuraten, unter der Woche dagegen hat man die Gegend für sich allein.

An-/Abreise

靑島西路

Die private Busgesellschaft *HsinTien KeYun* fährt alle 15 Minuten ab der ChingTaoHsiLu Φ(QīngDàoXīLù) für 70 NT$ zur Endstation WuLai. Das Haltestellenschild in TaiPei befindet sich bei Hausnummer 3, 50 m neben dem YWCA und dem Ponderosa-Steakhouse; am Schild sind oben rechts nur die Zeichen „TaiPei-WuLai" zu sehen, keine Nummern. Alternativ MRT bis HsinTien, dort Bus (33 NT$).

Unterkunft

Für den Touristen besteht eigentlich keine Veranlassung, mehrere Tage in WuLai zu verbringen, vor allem da öffentliche Verkehrsmittel ohnehin nur von/nach TaiPei verkehren und von WuLai aus keine anderen Ziele per Bus erreichbar sind. Der heißen Quellen wegen wurden einige Hotels gebaut, allerdings zählen sie nicht unbedingt zur Kategorie „preiswert".

碧山閣飯店
秀山山莊

● **Green Hill Hotel,** Tel: (02)-26616342, DZ ab 1500 NT$.
Φ **SuShan Hotel,** Tel: (02)-26616789, DZ 2300 NT$,
beide an der Hauptstraße in WuLai WenQuan.

烏來山莊

Φ **WuLai ShanChuang Hotel,** Tel: (02)-26616204, DZ 1500 NT$, über die gebührenpflichtige Brücke, rechts, nächste Straße links, etwa 2 km ab Bushaltestelle.

娃娃谷

WaWaKu (WáWáGǔ, Tal der Puppen)

Wer wenig Zeit hat und keine Bergziele wie Taroko, YuShan oder ALiShan plant, kann hier einen kleinen Eindruck von der Bergwelt TaiWans bekommen. Das WaWaKu ist ein *ruhiges, kleines Tal* entlang eines herrlich erfrischenden Gebirgsbaches, in den man an mehreren Stellen eintauchen kann. Ausgangspunkt ist WuLai, wo sich die Straße hinter der Siedlung teilt: rechts verläuft die Straße hinauf über den Hügel bis zum WuLaiShanChuang Hotel und zur Bushaltestelle, links geht es in das Tal.

Nach etwa 1 km erreicht man eine **Hängebrücke,** die man überquert, um dann 2 km entlang kleinerer Wasserfälle oberhalb des Baches bis zur kleinen Siedlung der Atayal-Ureinwohner (♂ Exkurs) zu folgen. Zum Bach führen mehrere versteckte Pfade hinunter, man achte besonders an den (engl.) Warnschildern auf steile Pfade abwärts zu den natürlichen Pools.

Hinter der Siedlung trifft man rechts über die Brücke wieder auf die Straße nach WuLai, links kommt man zu einem kleinen **Naturpark** mit Grill- und Zeltmöglichkeit, wo man einem 3 km langen Rundweg zu mehreren schönen Aussichtspunkten folgen kann (Eintritt 50 NT$).

TaiPei

Für WaWaKu gilt wie schon für WuLai: an Wochenenden und Feiertagen gleicht das Tal einem Volkswandertag. WuLai und WaWaKu sind leicht binnen eines Tages zu sehen.

An-/Abreise

Per Bus bis WuLai (⟳), von dort aus zu Fuß oder per Taxi (fährt aber nur die Straße, nicht den ruhigen Weg über die Hängebrücke) durch das Tal.

碧潭

PiTan (BìTán, blaugrüner Tempel)

Wer noch genügend Zeit und Energie mitbringt, kann auf dem Weg von WuLai nach TaiPei in HsinTien auf halber Strecke halten und den kleinen See umwandern oder sich mit einem Ruderboot sportlich betätigen. Auf der anderen Seite liegt ein kleines buddhistisches Kloster mit einer 15 m hohen, weißen KuanYin-Statue. Der Gang durchs WaWaKu ist allerdings einem Stop am See vorzuziehen. HsinTien markiert gleichzeitig auffallend den Stadtrand von TaiPei.

An-/Abreise

Die HsinTienKeYun fährt ab ChingTaoHsiLu (⟳ WuLai) von/nach TaiPei, 30 NT$.

Hängebrücke im „Dreamland!" (WuLai)

Die Atayal

Mit etwa 80.000 Mitgliedern stellt die Gruppe der Atayal die zweitgrößte Ureinwohner-Gemeinschaft auf TaiWan dar. Der Name bedeutet wörtlich „Aufrichtige" und stand ursprünglich nur für eine Untergruppe der Atayal und wurde erst später zum Sammelbegriff für den ganzen Stamm.

Der Lebensraum der Atayal erstreckte sich von TanShui im Nordwesten quer über das nördliche Hügelland bis an die Ostküste und reichte im Süden bis zum Zentralbergland; es hat damit von allen Ureinwohnerstämmen auf TaiWan die größte Verbreitung. Bevorzugte Siedlungsgebiete waren dabei die fruchtbaren Täler. Aus der Größe des Siedlungsraumes ergab sich der Bau vieler Verbindungswege, von denen u.a. der TsaoLing-Trail (TaLi FuLung, ⟋ Nord-TaiWan) oder der berüchtigte HeHuan-Trail (⟋ Zentralbergland Nord) dem Wanderer noch heute ausgezeichnete Einblicke in die frühen Transportwege gewähren.

Der Überfluss an Boden hatte den Vorteil, dass die Atayal weit weniger Ernteverluste als andere Stämme zu verzeichnen hatten. Daher spielt bei ihnen die Tradition des Erntetanzes als Bitte an die Götter um reichlich Nahrung praktisch keine Rolle. Der einzige Tanz war der Tanz der Jünglinge, die um ihre Bräute warben. Auch eine allgemeine, einheitliche Religion liegt nicht vor; um rituelle Angelegenheiten kümmerte sich ausschließlich ein Zeremonialrat, die einfache Bevölkerung befasste sich nur zu besonderen Anlässen mit Gebeten, Ritualen und Tänzen. Eine der gemeinsamen Grundvorstellungen besagte, dass Blut der Träger allen Lebens sei, was sich auch in der bevorzugten Farbe der traditionellen Kleidung der Atayal, nämlich Rot, äußert. Die Kleidung wurde von den Frauen gewebt, die hierzu eine einmalige, in ihrer Schwierigkeit an den indonesischen „Doppel-Ikat" erinnernde Technik verwendeten. Die Atayal am LiWo-Fluss (⟋ Zentralbergland Nord) weisen eine Sonderentwicklung auf: sie besiedelten diese Region erst seit dem späten 17. Jh. und tragen als bevorzugte Grundfarbe Weiß.

Die Atayal lebten hauptsächlich von Ackerbau und Jagd (die Kunst des Bogenschießens ist ein Hauptmerkmal des Stammes) und waren auch als Kopfjäger gefürchtet. Die handwerklichen Fähigkeiten (Holz- und Bambusverarbeitung, Knüpferei) suchten landesweit ihresgleichen. Andere Stammessitten waren das Feilen der Eckzähne (ähnlich den Balinesen, um dem Menschen das Raubtierelement zu nehmen) sowie diverse Gesichtstätowierungen.

Heute sind die meisten Atayal in der modernen taiwanesischen Gesellschaft aufgegangen, nur wenige Dörfer folgen noch der traditionellen Lebensweise. Die besten Eindrücke vom früheren Leben der Atayal gewinnt der Reisende in WuLai sowie in PuLoWan und entlang dem alten HeHuan-Trail (⟋ Taroko).

Der Norden

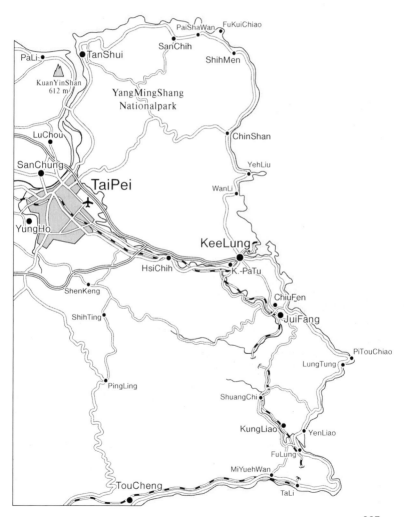

Rund um die Nordspitze

淡水

TanShui (DànShuǐ, frisches Wasser)

An der Mündung des TanShui-Flusses gelegen, hatte TanShui seit
jeher eine besondere Rolle als Hafenstadt gespielt und zahlreiche
Seefahrernationen angezogen. Die bis in die heutige Zeit sichtbaren **Relikte der kolonialen Epoche** TanShuis lohnen daher
einen Besuch im äußersten Nordwesten TaiWans. Die große
Sehenswürdigkeit im Ort ist ohne Zweifel das HongMaoCheng
(Fort der Rothaare), dem zur Kolonialzeit wichtigsten Hafen Tai-
Wans kommt dagegen heute weder touristische noch kommerzi-
elle Bedeutung zu.

KuanTuKung
關渡宮

Auf dem Weg zum Fort San Domingo lohnt ein Halt am **KuanTu-
Kung** (MRT: KuanTu, aus der Station kommend rechts und immer
geradeaus bis zum Tempel). Es handelt sich hier um die bedeutendste Tempelanlage der Meeresgöttin MaTzu (Haupthalle) mit
weiteren Schreinen der PaHsien (8 Unsterbliche), der hundertarmigen KuanYin (Boddhisatva der Barmherzigkeit) und einer Grot-
te, deren Durchwandeln Reichtum verspricht. Das angrenzende
Naturschutzgebiet mit Schlammspringern und zahlreichen Vogelarten verspricht viel Ruhe und kostet keinen Eintritt.

HungMaoCheng
紅毛成

HungMaoCheng oder **Fort San Domingo** ist eine der größten
historischen Sehenswürdigkeiten auf TaiWan, die mit den europäischen Kolonialmächten in Verbindung steht.

1626, während der Endphase der chinesischen Dynastie der
Ming (1368–1644), übernahmen die Spanier TanShui von den
Portugiesen. Sie errichteten hier 1629 das Fort San Domingo zur
Verteidigung ihrer Errungenschaften in Nord-TaiWan gegen chinesische und holländische Übergriffe und zur Kontrolle des Ha-
fens. Das Fort wurde aus lokalen Materialien gebaut, anschließend zunächst weiß verputzt. Nachdem die Holländer nur wenige
Jahre später (1641) die Spanier vertrieben hatten, strichen sie es
in hellroter Farbe an. 1661 verloren aber auch sie ihre Stützpunk-
te im Kampf gegen den Ming-Getreuen *KoHsingKa,* der auf TaiWan
eine Bastion gegen die Mandschu-Qing-Dynastie errichten wollte.
San Domingo erhielt zu diesem Zeitpunkt seinen chinesischen Namen HongMaoCheng, **Festung der Rothaare** (wegen der Haar-
farbe der Holländer). Im Laufe der Kämpfe wurde das Fort schwer
beschädigt und bis 1681 von *KoHsingKas* Erben wieder funktions-
fähig gemacht. Zwei Jahre später wurden die Nachfahren *Ko-
HsingKas* von den Mandschu überrannt, das teilweise zerstörte
Fort von den Ching-Truppen bis 1724 erneut restauriert. Im Zuge
der „ungleichen Verträge" zwischen Britannien und China fiel
1861 auch das Fort an das Empire. Die Engländer errichteten

1891 hinter dem Fort das aus roten Ziegeln im typisch englischen Kolonialstil gebaute Konsulat, in welchem sie bis 1972 residierten.

Heute zeigen die **Ausstellungen** in diesem Gebäude die Wohnräume im unveränderten Zustand des viktorianischen Zeitalters. Das Fort wäre eigentlich (wie HongKong) eben wegen der britisch-chinesischen Verträge nach den Opiumkriegen auf Dauer britisch. 1972 wurde es von Großbritannien zunächst an Australien, später an die USA verpachtet. Im Juni 1980 verzichtete *Queen Elizabeth II.* auf das koloniale Erbe und übereignete die Festung mitsamt dem Konsulat TaiWan. Heute ist das Gelände ein Museum (seit 1984) und als Hintergrundmotiv für Hochzeitsfotos bei den Einheimischen sehr beliebt. Eintritt 30 NT$.

An-/Abreise

●**Bus:** von/nach **TaiPei:** alle 20–30 Minuten von der HsinTien-Haltestelle (50 m vom Langstrecken-Bbhf weiter in die ChungChengLu) für 48 NT$. Langstreckenbusse nach TaiPei fahren nur 3 x tgl. um 8:00, 8:30, 13:30; von/nach **TaiChung:** 9:00, 13:30, 14:00 (250 NT$); von/nach **KeeLung:** alle 30 Minuten (124 NT$); von/nach **NiaoShanTou** (Richtung BaLi, 38 NT$, ♫ KuanYinShan) von der HsinTien-Nahverkehrsbusstation. Diese Linie hat ebenfalls eine Haltestelle an der Tankstelle, hier fährt alle 20 Minuten ein Bus die Küstenroute/Nordost entlang Richtung **PaiShaWan** und **ChinShan.**
●**Fähre:** Richtung KuanYinShan setzt die Fähre alle 15–20 Minuten über (12–21 NT$).
●**Moped:** ein Mopedverleih in TanShui befindet sich in der 51 ChungChengLu auf der linken Seite vom Bbhf kommend, 500 NT$/Tag. Per Roller kann man so binnen einen Tages z.B. KuanYinShan, die Strände der Nordwestküste und das Fort sehen.
●**MRT:** (♫ TaiPei); TanShui-Linie bis Endstation. Von/nach TaiPei 60 NT$.

Der Norden

Fort San Domingo – Relikt der Europäer auf TaiWan

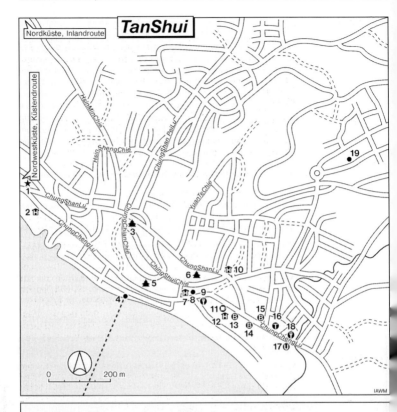

★	1	HongMaoCheng/Ft. San Domingo	⑧	15	Nahverkehrsbusse (nach SW)
🏠	2	HsiangTing-Hotel	ⓣ	16	Tankstelle,
▲	3	ChinFu-Tempel	🏠		dahinter Hotel Solar
●	4	Fähre (Richtung KuanYinShan)	ⓤ	17	MRT-Endstation
▲	5	FuYou-Tempel	ⓞ	18	McDonald's
▲	6	LungShan-Tempel	●	19	TanChiang-Universität
🏠	7	HsiangLai-Hotel			
●	8	Mopedverleih			
ⓞ	9	Seafood-Restaurant (No. 17)			
🏠	10	TungFeng-Hotel			
ⓞ	11	Café La Coupoule			
🏠	12	TanShui-Hotel			
⑧	13	Stadtbusse nach TaiPei/PeiMen			
⑧	14	Überlandbusse (KeeLung, TaiPei)			

Unterkunft

TanShui wird meist nur als Tagesausflug von TaiPei aus besucht. Man kann aber ebensogut einen frühen Bus von TaiPei nehmen, das Fort besichtigen (eventuell per Leihmoped zum KuanYinShan und/oder den Stränden fahren), hier übernachten und eine Rundreise über KeeLung fortsetzen. Unterkünfte sind allerdings rar:

淡水旅社   Φ *TanShui LuShe**, 11 ChungChengLu Tel: (02)-26212530, DZ 400 NT\$.Vor dem Café Coupoule links in die Gasse.

東豐旅社   Φ *TungFeng LuShe**, 62 ChungShanLu, Tel: (02)-26212569, DZ ab 500 NT\$. Leicht zu finden an der Hauptstraße.

享來大旅社   Φ *HsiangLai TaLuShe***, 22 ChungShanLu Weg 129, Tel: (02)-26228661, Dorm 250 NT\$, DZ ab 600 NT\$, bessere Zi. bis 1000 NT\$.

享亭休閒旅館   Φ *HsiangTing HsiuChian LuKuan*****, 105 MinChuanLu, Tel: (02)-28097777. Gegenüber Ft. San Domingo, DZ 1200–1900 NT\$.

萬喜飯店   Φ *WanHsi FanTian (Hotel Solar)*****, 35 ChungChengTungLu, Tel: (02)-26215281. Gegenüber der MRT-Station, DZ 1250–2100 NT\$.

觀音山   ### KuanYinShan (GuānYīnShān, Berg des GuanYin-Boddhisatva)

Mit nur 612 m ist der Berg nicht allzu hoch, aber, da man direkt von Meereshöhe kommt, recht anstrengend zu besteigen. Am Gipfel steht ein *buddhistischer Tempel* zu Ehren von *Kuan Yin* (Gottheit der Gnade), die Aussicht über die Nordwestküste und nach TanShui ist phantastisch, sofern das Wetter mitspielt. Selbst bei strahlender Sonne am Vormittag regnet es im Sommer nahezu jeden Nachmittag. Als „Hausberg" von TaiPei wird der Berg genügend oft mit öffentlichen Verkehrsmitteln angefahren, ein Besuch ist aber auch von TanShui aus möglich. Unmittelbar bei PaLi liegt der *Wasserrutschen-Vergnügungspark* PaHsien LeYüan (BaXian LeYuan) – ein Riesenspaß für Jung und Alt; Eintritt 350 NT\$, Tel. 26105200.

An-/Abreise

● *Bus:* von/nach *TaiPei:* von der Überlandhaltestelle der SanChong KeYun (♫ TaiPei/PeiMen); von/nach *TanShui:* Eine Linie pendelt zwischen Tan-Shui und PaLi alle 25–30 Minuten; von der Bushaltestelle NiaoShanTou (liegt TanShui genau gegenüber) geht man 300 m zurück und nimmt die erste Straße rechts. 4 km, rund 1,5 Stunden aufwärts.

● *Boot:* Von TanShui fährt eine kleine Fähre alle 15 Minuten direkt nach NiaoShanTou am Fuße des Berges, 12–21 NT\$ einfach, ein Moped kostet ein paar NT\$ extra.

白沙萬海水浴場   ### PaiShaWan HaiShui YuChang (Weiss-Sand-Bucht-Meereswasser-Badeplatz)

Diese schöne *Sandstrandbucht* ist weniger besucht als Chin-Shan-Beach und liegt im äußersten Norden TaiWans; am rechten Ende der Bucht (etwa 30 Minuten zu Fuß) liegt der *Leuchtturm FuKuiChiao,* der nördlichste Punkt der Insel. Der Zutritt zum Strand kostet 100 NT\$. Vor dem Ortseingang liegen ein paar Fußwege mit einem Aussichtspavillon über die Nordspitze. Sicher einer der besten Strände des Nordwestens.

An-/Abreise

● *Bus:* Nach *TanShui* 39 NT\$, *KeeLung* 85 NT\$ mit der TanShui-KeeLung Linie alle 25 Minuten. Von/nach *TaiPei* fährt man (mit jeweiligem Umsteigen) entweder über TanShui oder ChinShan-Beach.

Der Norden

金山海水浴場

ChinShan HaiShui YuChang
(Goldberg-Meereswasser-Badeplatz)

Etwa 2 km westlich von YehLiu liegt die große Sandstrandbucht, die TaiPei am nächsten liegt und dementsprechend gut besucht ist. Hier kann man den Städtern zusehen, die sich todesmutig in 60 cm tiefes Wasser wagen. Davon abgesehen ist PaiShaWan-Beach netter. Der Eintritt zum Strand kostet wieder einmal 40 NT$. Eine Unterkunftsmöglichkeit ist gegeben, TaiWan hat aber bessere Strände, die eine Übernachtung eher lohnen würden.

Unterkunft
金山活動中心

Φ **ChinShan HuoTung ChungHsin,** direkt am Strand, Tel: (02)-24981190, Bungalow 3500, 10er Bungalow 3000, 4er Bungalow 2500 NT$.

An-/Abreise

● **Bus:** von/nach **TaiPei:** die Route über die N-2 (zweigt hier ins Inland ab) führt über YangMingShan direkt nach TaiPei. In TaiPei muss man den Bus von der TaiPei ChungLunChan (♫ TaiPei) nehmen, einfacher ist es, per Bahn nach KeeLung oder per Bus nach TanShui zu fahren, und den Besuch des Strandes mit einem anderen Ziel zu verbinden; von/nach **TanShui** 77 NT$, Direktverbindung ChinShan-TanShui oder KeeLung-TanShui Linie, alle 25 Minuten; von/nach **KeeLung:** Direktbusse von/nach KeeLung wie auch Busse der KeeLung-TanShui Linie, 47 NT$.

野柳

YehLiu (YěLiŭ, Offenes Feld für den Blick)

Von KeeLung kommend passiert man zunächst „Green-Bay", ein modernes Yacht-Zentrum mit Sportboothafen im Schloss-Look (dessen Vorbild vermutlich in Lübeck zu suchen ist) und „Green-Land", das Nobelwohnresort der Reichen. Die hier früher noch öffentliche, sehr schöne Sandstrandbucht FeiTsuiWan wurde dem Resort zugeschlagen und privatisiert. Hinter dem nächsten Hügel liegt YehLiu, ein kleiner **Fischereihafen** mit einer der größten Attraktionen der Nordküste: die aus Meeresauswaschungen entstandenen Gesteinsformationen des **YeLiu-Coast-Parks:** 7 km Rundwege führen entlang zahlreicher vom Meer geformter Felsen, denen Namen wie „geschnittene TouFu-Stücke", „Pilzfeld" oder „Nofretete" (einer der Felsen hat aus einem bestimmten Winkel tatsächlich eine gewisse Ähnlichkeit mit der berühmten ägyptischen Büste) gegeben wurden. Vom Aussichtspavillon oben an der Klippe blickt man die Küste bis PiTouChiao entlang, das Wasser hier ist glasklar. Eintritt 100 NT$. Neben dem Eingang befindet sich ein **Ocean-Park** mit diversen Wassershows (2 x tgl., an Sonn- und Feiertagen 3 x tgl.).

An-/Abreise

● **Per Bus** von **TanShui** (90 NT$) oder **KeeLung** (34 NT$); Busse in beide Richtungen verkehren etwa alle 20 Minuten. Die Busse halten in YehLiu direkt am Tor zum Park. Eigene Fahrzeuge müssen eine Parkgebühr entrichten.

九份

ChiuFen

Das von steilen Treppen und zahlreichen traditionellen Gebäuden geprägte Dörfchen ChiuFen war schon unter den Japanern als Quelle für einen begehrten Stoff bekannt, der auch später unter der KuoMinTang-Ära den Ort gegenüber einer breiten Öffentlichkeit abschirmte: **Gold.** Insbesondere der großangelegte Abbau der Japaner ließ die Minen jedoch bald erschöpfen, und ChiuFen geriet nahezu in Vergessenheit. Erst seit wenigen Jahren bemüht sich die Lokalverwaltung, durch umfassende Restaurierungsprojekte, ein Goldminenmuseum, Teehäuser und Restaurants das Interesse der Fremden wiederzubeleben – diesmal nicht um Gold zu finden, sondern Bares im Ort zu lassen.

Besonders beachtenswert sind das **Museum** (täglich 10:00–17:00 Uhr, 50 NT$), der **FuShan-Tempel** („Glücksberg") sowie der dem Kriegsgott *KuanKung* gewidmete **ShengMing-Tempel.**

An-/Abreise

●**Bus:** am besten **ab KeeLung** (Nahverkehrs-Busbahnhof, Richtung ChinKuaShih, 36 NT$. Von/nach **TaiPei** per Bahn bis JuiFang, dort per Bus ca. 5 km Richtung ChinKuaShih; Taxis von JuiFang bis ChiuFen kosten etwa 270 NT$.

Unterkunft

民宿

Hotels oder ähnliches gibt es vor Ort nicht, die Einheimischen verdienen sich aber gerne ein Zubrot (250–300 NT$ pro Person), indem sie **Privatunterkünfte** anbieten – in den Hauptgassen wird mit entsprechenden Schildern ⊕„*zhong*" geworben.

基龍

KeeLung (JīLóng, tiefes Fundament)

Wenn man aus dem Bahnhof kommt oder aus dem Bus steigt und über den direkt am Hafen gelegenen weiten Vorplatz blickt, spürt man sofort – diese Stadt hat Flair. Die nördlichste Großstadt TaiWans (350.000 Einwohner) und neben KaoHsiung wichtigster Hafen des Landes unterscheidet sich in mancherlei Hinsicht von anderen Städten TaiWans, die sich ansonsten mehr oder weniger gleichen.

Es mag daran liegen, dass der **Hafen** praktisch mitten in der Stadt liegt und damit räumlich ein großzügiger Eindruck entsteht. Darüber hinaus aber zeugt die Architektur von ständiger Beeinflussung durch ausländische Nationen, keine andere Stadt wurde aufgrund ihrer strategischen Schlüsselstellung so oft belagert oder besetzt. Die großen Gebäude am Hafen, emsiger Handel bis in die Hinterhöfe, Bars, Restaurants, Märkte, ein einmaliger Nachtmarkt, die grünen Hügel rund um die Stadt und der ChungCheng-Park auf der anderen Hafenseite verleihen KeeLung eine Stimmung, die mit „ein wenig ShangHai, ein wenig HongKong" am ehesten zu umschreiben ist.

Der Norden

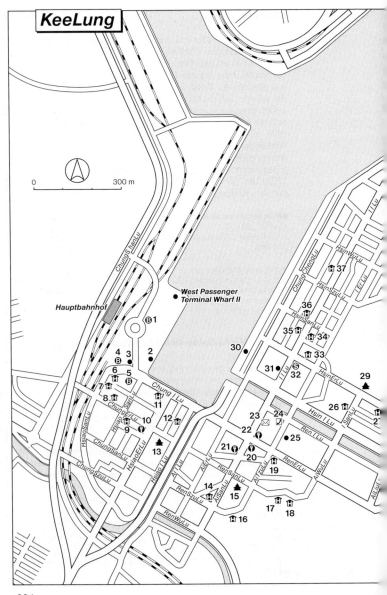

KeeLung

0 — 300 m

Hauptbahnhof

West Passenger Terminal Wharf II

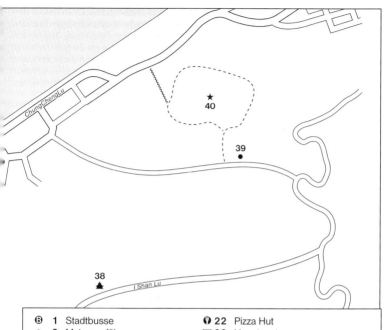

ⓑ	1	Stadtbusse	
●	2	Matrosenfähren	
●	3	Polizei / Visaangelegenheiten	
ⓑ	4	Überlandbusse	
ⓑ	5	Busse Nahverkehr Ost/West und Buchladen	
🏨	6	YongChi-Hotel	
🏨	7	LungFa-Hotel	
🏨	8	ChingTungHsing-Hotel	
🏨	9	ChieLienHua-Hotel	
🍴	10	Kentucky Fried Chicken	
🏨	11	HuaShuai-Hotel	
🏨	12	HuaHsing-Hotel	
♣	13	ChingAn-Tempel	
🏨	14	HuaKuo-Hotel	
♣	15	Taoistentempel	
🏨	16	ChinChungTai-Hotel	
🏨	17	LuWen-Hotel	
🏨	18	OuFeng-Hotel	
🏨	19	OuHsiang-Hotel	
🍴	20	McDonald's	
🍴	21	Ark-Restaurant	
🍴	22	Pizza Hut	
✉	23	Hauptpost	
☑	24	Nat. Telefongesellschaft	
●	25	Hess-Buchladen	
🏨	26	HsinHai-Hotel	
🏨	27	TungNan-Hotel	
●	28	Abenteuerspielplatz	
♣	29	buddh. Nonnenkloster	
●	30	East Passenger Terminal/ Haupthafen	
●	31	Kulturzentrum	
⑤	32	Bank of TaiWan	
🏨	33	Hotel Aloha	
🏨	34	Dream Palace-Hotel	
🏨	35	Hotel Kodak	
🏨	36	LanMei-Hotel und	
🍴		chin. Steakhaus	
🏨	37	LaoYe-Hotel	
♣	38	KuanYin-Statue & Tempel	
●	39	Hinweistafel zum Fort & Denkmal	
★	40	HaiMen-TienHsien-Ruinen (Fort)	

Der Norden

Die Besonderheiten KeeLungs zeigen sich auch in der für den Reisenden nicht unwichtigen **Straßenbezeichnung:** manche Hauptstraßen haben keinen zwei- oder dreisilbigen Namen mit dem Zusatz *Lu* für Straße, sondern lediglich ein Zeichen mit einer Zahl plus *Lu.* So gibt es also eine „Yi1Lu", ganz woanders dann eine „Yi2Lu" usw. – diese Art der Nummerierung ist besonders hier im äußersten Norden ein Relikt der japanischen Herrschaft auf TaiWan.

Neben seiner Funktion als Containerhafen dient der Hafen Kee-Lungs auch als nationaler und internationaler **Passagierhafen** und ist somit auch als Ausgangs-/Endpunkt einer Reise durch den Norden für den Individualtouristen von Bedeutung. Von KeeLung aus lässt sich die Nordwestküste bis TanShui und zurück binnen eines Tages erkunden, entlang der Nordostküste bieten sich Fu-Lung oder YiLan als nächste Haltepunkte an.

ChungCheng KungYuan
(ChiangKaiShek-Park)
中正公園

Die exponierte Lage des ChungCheng-Stadtparks ist allein schon einen Besuch wert. In den Hügeln befindet sich ein halbes Dutzend Tempel und die Ruinen einer alten chinesischen Festung von besonderer geschichtlicher Bedeutung.

Folgt man der Straße vom Zentrum aus kommend den Berg hinauf, so liegt zunächst am Parkeingang links um den Hügel herum ein großer **Kinderspielplatz** (● 28) mit allerlei Spielgeräten. Weiter den Berg hinauf folgen ein kleines buddhistisches Kloster linker Hand sowie der von der Stadt aus sichtbare **ShiChianYin-Tempel,** in dessen Seitenflügel und Pavillons laufend größere Ahnenfeiern, Opferzeremonien u.Ä. abgehalten werden. Er wurde 1965 mit großzügigen Spenden aus dem ganzen Lande errichtet und ist für taiwanesische Touristen ein Hauptziel in KeeLung.

Weiter bergauf liegt der buddhistische **KuanYin-Tempel,** der von einer 22 m hohen KuanYin-Statue (Boddhisatva der Barmherzigkeit) überragt wird. Die Statue ist innen hohl und über Treppen begehbar. Zwei weiße Elefanten säumen den Zugang zum Tempel, begrüßt wird der Besucher ferner von der Statue des immer freundlichen *MiLoFu,* der zweithöchsten Gottheit des Buddhismus. Im Tempel selbst wird KuanYin als eine hundertarmige (Zeichen der Allmacht) Reinkarnation dargestellt. ♣ 38

Weiter aufwärts der Straße entlang (an der Abzweigung links) gelangt man zum **HaiMenTienHsien** (auch **ErShaWan-Fort** genannt, nach dem engl. Hinweisschild blaues chinesisches Schild/ Abzweigung Fußweg rechts beachten) . Die Festung wurde 1840, also kurz vor Ausbruch des ersten britisch-chinesischen Opiumkrieges unter dem Qing-Magistrat YaoYing errichtet. Sie trug ausschlaggebend dazu bei, die britischen Angriffe auf KeeLung abzuschlagen (August 1841 bis 1843). Die Franzosen waren in ihren Angriffsbemühungen „erfolgreicher", zerstörten im Jahre 1884 die Festung, rückten aber nach Einigung mit dem Mandschu-Hof über Indochina wieder ab. Die Stadt KeeLung restaurierte 1979 und

Hafengebäude in KeeLung

1988 Teile dieses historischen Monumentes. Von oben hat man einen großartigen Blick auf den Hafen. Am Ende des Rundweges führen Stufen abwärts zur Straße, auf der man links wieder zum Zentrum gelangt. ★ 40

● Der **Stadtbus** 201 fährt alle 10–15 Minuten ab Stadtbusbahnhof, allerdings nur in die Hsin2Lu. Aussteigen, wenn man rechts ein großes rotes Ziegelsteingebäude sieht (Bus hält ca. 150 m dahinter). Gegenüber vom Eingang dieses Gebäudes führt eine kleine, leicht zu verfehlende Straße den Berg hinauf. Auch **Taxis** verkehren zum und im Park.

FuHsiao TuShuKuan und Nonnenkloster
佛教圖書館

Am oberen Ende der Yi3Lu liegt ein ganz modernes, erst 1995 fertiggestelltes, aus Marmor errichtetes **buddhistisches Nonnenkloster** mit einer Bibliothek. An der Treppe begrüßt der rundliche *MiLoFu* den Besucher, die Türen der Haupthalle sind mit kupfernen Boddhisatva-Reliefs und am Mitteltor mit Reliefs des heiligen Banyan-Baumes Buddhas beschlagen. Das Innere der Haupthalle besteht aus reinem Marmor und Teakholz, der Hauptschrein zeigt einen Buddha aus weißem Marmor, flankiert von zwei ebenfalls marmornen Boddhisatvas. Die Seitenwände sind großflächig mit buddhistischen Szenen bemalt, farbige Kacheln zieren die Decke – diese neue Anlage gehört sicherlich mit zu den prunkvollsten auf TaiWan. ▲ 29

Nachtmarkt
夜市

Erst am Abend erwacht die Yi2Lu sowie die angrenzenden Sträßchen jenseits des Kanals zu Leben: im unteren Teil werden Kleidung und Souvenirs gehandelt, der obere Teil rund um den kleinen taoistischen Tempel birst vor Essensständen. Dieser Nachtmarkt beherbergt die wohl größte Konzentration an Imbissständen TaiWans. Bis in die 1970er Jahre soll man hier von Ratte über Schlange bis Hund alle chinesischen Köstlichkeiten zubereitet haben, heute gibt es nur noch „normale" Snacks und Gerichte.

Der Norden

An-/Abfahrt

● *Bahn:* Wer keinen Direktzug nimmt (mit KeeLung als Endstation), muss in **PaTu,** 4 km vor dem Sackbahnhof KeeLung in den Pendelzug PaTu-Kee-Lung umsteigen (einzige Möglichkeit auf TaiWan, sich mit der Bahn zu verfahren, da TaiPei-HuaLien Züge nicht über KeeLung fahren, sondern nur in PaTu halten)! Anbindung nach TaiPei besteht mindestens alle halbe Stunde (von 5:10–23:20 ca. 60 Züge), nach Südosten (von 5:04–23:20 ca. 35 Züge) sind die günstigsten Verbindungen: 8:52 bis HuaLien, 9:08 TaiTung, 9:24 HuaLien, 9:55 TaiTung.

Preisbeispiele: TaiPei 35-66 NT$, TaiNan 431-853 NT$, KaoHsiung 577-1113 NT$ (via Südost-) 477-919 NT$ (via Nordwestroute), TouCheng 83-139 NT$, YiLan 91-174 NT$, HuaLien 206-396 NT$, TaiTung 397-756 NT$.

● *Bus:* In KeeLung gibt es drei Busbahnhöfe, vom Hbf. kommend links fahren die Stadtbusse, rechts die Langstreckenbusse in nordwestliche Richtung (z.B. TanShui) und 50 m dahinter an der rechten Straßenseite der Hauptstraße Richtung Zentrum die Überlandbusse/Nahverkehr in östliche Richtung (FuLung) und zusätzlich auch bis ChiShan (Nordwest, halbe Strecke bis TanShui).

Zum **Langstreckenbusbahnhof** noch einige Hinweise: für Busfahrten müssen Tickets am Automaten (mit englischer Anleitung, aber nur chinesischen Ortsangaben) gelöst werden (Φ YehLiu unten links 3 hoch, 3 rechts; Φ TanShui rechts oben 2 hoch, 2 links). An den Bussteigen in der Haupthalle (wo auch der Ticketautomat steht) fahren nur die Busse nach TaiPei und anderen Großstädten. Die Haltestellen für kürzere „Langstrecken" (z.B. TanShui via YehLiu, ChinShan-Beach, PaiShaWan-Beach) liegen rechts außen hinter Bussteig 1.

野柳
淡水

Nach **KaoHsiung:** 8:00, 9:30, 11:10, 15:00, 16:30, 18:10; nach **TaiChung:** 6:50, 8:10, 9:00, 9:45, 12:00, 14:10, 15:10, 15:50, 17:00, 20:00; **TaiPei:** 5:00–23:00 alle 5 bis 8 min.; **TanShui:** 6:20–23:00 alle 20-30 min., **FuLung:** 6:00–22:10 20 x tgl. Küstenroute plus Inlandsrouten.

Stadtbusse kosten 15 NT$, Überlandbusse z.B. 34 NT$ bis YehLiu, 47 NT$ bis ChinShan-Beach, 86 NT$ bis PaiShaWan-Beach, 125 NT$ bis TanShui.

● *Schiff:* vom Hbf. kommend befindet sich links nach 150 m der „Passenger Terminal West" (Wharf II) für die nationale Linie nach ⊘ **KinMen** und ⊘ **MaTzu.** Die Strecke wird nach Öffnung der Insel wieder häufiger angefahren, die aktuellen Zeiten und Frequenzen sind dort (linker Eingang) einzusehen. Vorgesehen ist mittelfristig eine Anbindung täglich.

Die kleine Anlegestelle direkt gegenüber vom Hbf. trägt zwar innen englische Beschriftung, hat aber für Touristen keine Bedeutung: von hier werden lediglich die Matrosen zu den Handelsschiffen gefahren.

Der Haupthafen (Wharf I) liegt auf der anderen Seite des Hafenbeckens Richtung Zentrum und wickelt sowohl die nationale Passagierlinie nach **KaoHsiung** wie auch die internationale Passagierlinie nach **Okinawa**

KeeLung – Hafenstadt für Fracht und Passagiere

(Japan, ♪ internationale „An-/Abreise") ab. Die Abfahrten sind immer abends zwischen 18:00 und 23:00 Uhr. Der Hafen hat außer dem Ticket-Office im dritten Stock auch einen *allgemeinen Informationsschalter* (alles engl. ausgeschildert).

Unterkunft

Es gehört zu den Besonderheiten KeeLungs, dass es eine Reihe leicht zu findender Mittelklassehotel gibt, aber nur wenige, manchmal geradezu versteckte Billighotels. Außerdem liegen fast alle Unterkünfte mindestens 10 Gehminuten vom Bahnhof entfernt. Zu den weiteren Besonderheiten der Stadt zählt auch die überwiegende Benennung der Straßen mit Zahlen. Wer die chinesischen Zahlen (bis fünf) kennt, kann sich daher leicht orientieren. Einige „auffindbare" Unterkünfte sind:

*(günstigste Möglichkeiten)

協和旅社
Φ*HsieHe LuShe,* 22 Hsiao4Lu, Tel: (02)-24621236, 2232648, DZ 650 NT$, hinter dem Langstreckenbusbhf (gegenüber der Abfahrt Richtung TanShui, s.o.).

綠文綠燈
Φ*LuWen LuShe,* 28 Ren3Lu, Tel: (02)-24224224, DZ 500 NT$, (neben dem OuFeng-Hotel), zu erkennen an einer Treppe und den blauen Schriftzeichen darüber.

老工朋友活動中心
●Weit ab vom Zentrum liegt das Φ*LaoKung PengYou HuoTung Chung-Hsin,* 22 AnYiLu, Weg 370 mit einfachen DZ zu 550 NT$. Das „Arbeitnehmer Erholungszentrum" liegt am Hang Richtung YeLiu. Jeder Bus Richtung YeLiu/ChinShan-Beach/TanShui fährt direkt daran vorbei, man zeigt dann am besten dem Fahrer die Zeichen – er hält dann ausnahmsweise hier (keine Haltestelle).

**(„600er-Klasse")

金中泰賓館
Φ*ChinChungTai PinKuan,* 13 Ren5Lu, Tel: (02)-24289186, DZ 650 NT$, o.k., aber schwer zu finden: an der Fußgängerüberführung zwei Häuser in die Ren-5-Lu, links in die „Halle" hinein, dort rote Schriftzeichen nach links.

龍發旅社
Φ*LongFaLuShe,* 23 Hsiao4Lu, Tel: (02)-24224059, 24232131, DZ 500 NT$, erträglich, aber laut, neben dem HieHe LuShe (s.o.).

***(„900er-Klasse")

國際旅社
Φ*KuoChi LuShe,* 39 Cheng1Lu, Tel: (02)-24232165.

藍美大旅社
Φ*LanMei TaLuShe,* 20 Hsin3Lu, Tel: (02)-24226238.

夢殿大旅社
Φ*MengTian TaFanTian,* 22 Yi1Lu, Tel: (02)-24223939, ab 880 NT$.

蝶戀花旅社
Φ*TieLienHua LuShe,* 81 Hsiao3Lu, Tel: (02)-24201145, haben auch einfache Zi. ab 500 NT$.

東南大旅社
Φ*TungNan TaLuShe,* 275 Hsin2Lu, Tel: (02)-24224157.

永吉旅社
Φ*YungChi LuShe,* 31 Chung1Lu, Tel: (02)-24223570, hier auch günstige Zi. ab 700 NT$.

****(„1200er-Klasse")

阿樂合大飯店
Φ*ALeHa TaFanTian,* 292 Hsin2Lu, Tel: (02)-24227321.

歐香旅社
Φ*OuHsiang TaFanTian,* 215 Ron2Lu, Tel: (02)-24201166.

華國大飯店
Φ*HuaKuo TaFanTian,* 18 Ai3Lu, Weg 49, Tel: (02)-24267101.

欣海大飯店
Φ*HsinHai TaFanTian,* 6 Yi3Lu, Tel: (02)-24254688.

*****(„1500er-Klasse")

柯達達飯店
Φ*KeTa TaFanTian,* 7 Yi1Lu, Tel: (02)-24230111.

老爺達飯店
Φ*LaoYe TaLuShe,* 71 Yi1Lu, Tel: (02)-24224141.

歐風賓館
Φ*OuFeng BinKuan,* 24 Ren3Lu, Tel: (02)-24241176.

華師旅社
Φ*HuaShuai LuShe,* 108 Hsiao2Lu, Tel: (02)-24223131, 1200-1600 NT$.

Der Norden

Verpflegung

8 3 義一路

Ein gutes *chinesisches Steakhaus* liegt in der Φ83 YiYiLu/Ecke Hsin-SanLu. Westliches Fastfood ist mit *Pizza-Hut, KFC* und *McDonald's* (mit einer Liberty-Statue auf dem Dach) vertreten. In KeeLung sollte man die zahlreichen *Stände am Nachtmarkt* probieren – hier gibt es preiswert verschiedenste Kleinigkeiten von Suppen über Backfisch bis zu Fruchtsäften und Obst.

Information

● 30; im Haupthafen, 3. Stock, befindet sich ein Informationsschalter für Schiffsreisen und allgemeine Fragen zum Ort.

Institutionen

醫院
警察

銀行
郵局

● *Krankenhaus:* Φ267 Hsin2Lu, Tel: (02)-24242688.
● 3; *Polizei:* Φ1 ChungYiLu (neben dem Überland-Bbhf); Visaverlängerung hier möglich.
🏦 32; *Bank:* Bank of TaiWan, Φ16 Yi1Lu, Tel: (02)-24283171.
✉ 23; *Post:* Φ130 Yi1Lu.

Westliche Einflüsse auf TaiWan (KeeLung)

Die Nordostküste

Östlich von KeeLung Richtung YiLan erstreckt sich die Nordostküste, die zwar nicht an die malerische Ostküste heranreicht, aber
dennoch einige hübsche Flecken aufweist, die einen zumindest
kurzen Halt empfehlenswert machen. Ein echtes Problem ist die
Tatsache, das nur verhältnismäßig wenige Busse die Küstenroute
fahren und „sight-hopping" mit öffentlichen Verkehrsmitteln von Pi-
TouChiao bis YenLiao unmöglich ist. Erst bei FuLung fährt der Bus
die Küstenroute nach YiLan, auch Züge von KeeLung treffen erst
in FuLung auf die Küste. Wer nicht per Moped unterwegs ist (der
nächste Verleih befindet sich in YiLan) und überall halten kann,
sollte sich auf den Strand von FuLung und den nahegelegenen
historischen TsaoLing-Trail beschränken.

鼻頭角　　　**PiTouChiao (BiTóoJiǎo, Nase-Kopf-Horn)**

Der nordöstlichste Zipfel TaiWans, PiTouChiao, hat mehrere Aussichtspunkte zu bieten. Von KeeLung kommend liegen vor dem
Tunnel linker Hand ein Pavillon und ein kleiner Tempel am Berg,
kurz dahinter führt ein Asphaltweg hinauf zum ***PiTouChiao-Park,***
von wo aus man die Nordküste bis KeeLung und die Nordostküste
bis FuLung überblicken kann.

An-/Abreise

Zwischen KeeLung und YiLan besteht noch eine Busanbindung 20 x tgl.,
die Küstenroute soll aber bis auf jeweils drei Busse täglich schrumpfen. Für
einen kurzen Halt in PiTouChiao ist ein Ausflug von YiLan aus per Moped
empfehlenswerter.

龍洞　　　**LungTung (LóngDòng)**

Kurz hinter PiTouChiao liegt der **LungTung-Coast-Park** mit künstlich angelegten Seewasser-Schwimmbädern und Holzfußwegen
entlang der Küste. Der mit viel Beton gebaute Park gleicht daher
eher einem Hafen denn einem Küstenerholungsgebiet. Der Eintritt
beträgt 100 NT$. Schöner ist der kostenlose **LungTung-Park**
oben an den Klippen, wo man einem steilen Fußweg bis nach unten an die schroffen Felsen folgen kann. Hier wird von Einheimischen gerne Seefisch geangelt oder entlang der Küste gewandert;
die Aussicht ist auf jeden Fall bemerkenswert.

An-/Abreise

Der (seltene Küsten-)Bus aus Richtung KeeLung oder YiLan hält direkt am
LungTung-Coast-Park; zu den Klippen folgt man der Straße etwa 200 m
(Richtung KeeLung) bis vor den Tunnel, dort führt ein Weg hinauf zum Park-
platz und Aussichtspavillon des LungTung-Parks.

金沙彎　　　**KinShaWan-Beach (Goldsandbucht)**

Es ist schon manchmal erstaunlich: dieser Strand würde wenig
Aufmerksamkeit bei westlichen Reisenden erregen: er ist winzig,

Der Norden

ohne jede Attraktion, direkt an der Hauptstraße gelegen, bei Einheimischen sehr beliebt und somit oft überfüllt. Busse halten hier nicht. Immerhin steht hier ein netter Kinderspielplatz und auf der anderen Straßenseite das KinShaWan-Hotel (JinShaWan TaFanTien, DZ 1800 NT$).

鹽療

YenLiao-Park

Der gesamte Küstenstreifen von hier bis hinunter nach FuLung (ca. 3 km) besteht aus purem, sauberem Sandstrand mit besten Möglichkeiten zum Schwimmen und Bodysurfen (Surfen mit dem eigenen Körper). Dieser **schönste Strand der Nordostküste** kostet normalerweise 100 NT$ Eintritt, allerdings nur dann, wenn zahlreiche Besucher erwartet werden – an Wochenenden und Feiertagen vor allem. Bei mäßigem Wetter sind Kasse und Snackbars nicht geöffnet, wohl aber kassiert der Parkplatzwächter je nach Fahrzeug zwischen 20 und 50 NT$). Im Park ist außer den Rundwegen zum Strand auch das Denkmal für die im Widerstand gegen die japanische Besatzung gefallenen Taiwaner von Interesse. Geöffnet werktags von 8:00 bis 18:00, an Sonn- und Feiertagen von 8:30 bis 17:30 Uhr.

An-/Abreise

Normalerweise halten am YenLiao-Park keine Busse, man muss dem Fahrer bedeuten, dass man aussteigen will. Natürlich kann man auch von FuLung die etwa drei km zum Parkeingang laufen.

福隆海水浴場

FuLung HaiShui YuChang (Glück-grossartig-Meereswasser-Badeplatz)

Ein weiterer sehr schöner Strand der Nordostküste liegt in FuLung. Einige Übernachtungsmöglichkeiten und der nahegelegene TsaoLing-Trail können durchaus einen längeren Halt lohnen. Direkt an der Bushaltestelle führt ein Teerweg zur **Parkverwaltung** und dem Eingang zum **FuLung Beach Park.** Normalerweise kostet der Park 80 NT$ Eintritt, hat eine Reihe von Restaurants und das Park-Hostel. Bei meinem letzten Besuch war der Zugang kostenlos, das Hostel und die Restaurants jedoch waren geschlossen beziehungsweise zerstört. Nur der Strand war zugänglich, die Anlage soll generalüberholt werden.

Von der Bushaltestelle ein Stück der Hauptstraße entlang nordwärts (300 m) liegt der LungMen-Park. Er verfügt über einen modernen **Campingplatz** am Ufer eines kleinen Flusses. Hier werden auch alle Arten von Wassersportausrüstung (Surfbretter, Schnorchel usw.) vermietet. Der Eintritt zum Terrain kostet 100 NT$, Zelten kostet extra.

Genau zwischen den beiden Zufahrten der Strandanlagen führt ein geteerter Weg zum **Strand,** ideal zum kostenlosen Campen und um den Strand in Ruhe zu genießen. Ein weiterer (kleiner) kostenloser Strand liegt am südlichen Ortsende von FuLung.

Der Ort selbst ist winzig und besteht nur aus der Hauptstraße, die einzige Seitenstraße im Ort führt zum Bahnhof. Anders als im südlichen KenTing gibt es kein Strandnachtleben – Stimmung muss selbst mitgebracht werden.

An-/Abreise

●*Bahn:* Expresszüge halten nicht in FuLung, sondern nur die Nahverkehrszüge (von YiLan oder KeeLung), ca. 25 x tgl. nach Norden, ca. 20. x tgl. nach Süden, davon aber nur die folgenden durchgehend bis HuaLien: 7:23, 10:32 13:22, 18:45. Nach TaiTung durchgehend um 9:13, 10:16, 11:17, 14:43, 17:00, alle übrigen enden in SuAo.

●*Bus:* alle Busse der Küstenlinie (⌂YiLan, KeeLung) stoppen direkt beim Coast Park Management Office.

●*Zu Fuß/TsaoLing-Trail:* Anstatt der Küste per Bus zu folgen, bietet sich der lohnenswerte TsaoLing-Trail (⌂TaLi) über die Hügel bis TaLi an. Vom Park-Management Office folgt man zunächst der Hauptstraße in Richtung Norden bis zur Tankstelle (1km), dann links der Straße 1500 m bis zum Start des Trails (engl. beschildert). Der Weg ist zunächst geteert bis zu einer Brücke (2000 m), hier rechts weiter gehen (750 m) bis links die Stufen über die Hügel beginnen. Für die gesamte Strecke benötigt man etwa 4 bis 5 Stunden, Getränke muss man ausreichend mitnehmen.

Unterkunft
龍門園

Φ*LungMen-Park* mit modernem Campingplatz, kostet je nach Camper-/ Mietzelt ab 400 NT$ pro Person. Wer sein eigenes Zelt mitbringt, zahlt immer noch 250 NT$. 250 m an der Hauptstraße nach dem Coast Park Management Office weitergehen, dann rechter Hand.

福隆海水浴場園

Φ Im *FuLung-Beach-Park* (108 Räume) werden Bungalows (bis 12.000 NT$) und Zimmer (ab 3.500 NT$) vermietet (Tel: 02-24991211 bis 6). Eingang am Coast Park Management Office Richtung Strand. Camping 300 NT$, Zelte sind vorhanden.

福隆旅社

Φ*FuLung LuShe,* Tel: (02)-24991362, DZ 500 NT$, vom Bhf aus rechts die Hauptstraße 100 m entlang, auf der gegenüberliegenden Straßenseite. Von der Bushaltestelle auf der selben Straßenseite Richtung YiLan/Süd 300 m. Kleine Räume, aber für eine Nacht o.k.

心理大飯店

Φ*HsinLi TaFanTian* (am Hbf.), Tel: (02)-24991539. DZ 700–850 NT$.

大溪
蜜月彎

TaLi / TsaoLing-Trail

TaLi selbst ist nur ein sehr kleines Straßendorf, hat aber zwei lohnende Ziele von historischer Bedeutung.

Zur Zeit des Ching-Kaisers *HungLi* (genannt *ChienLung,* 1711– 1799), der von 1736 bis 1796 regierte, entwickelten sich die nördlichen Großsiedlungen TanShui und TaiPei sehr rasch. Als Folge hiervon wurde das Ackerland knapp, zumal sich zusätzlich vom Festland immer mehr Menschen in diesem Gebiet ansiedelten. Die Region um YiLan war dagegen kaum besiedelt und lag landwirtschaftlich nahezu brach. Die Siedler sollten sich also an der Ostküste niederlassen, wozu es (wegen der aufwändigen Seeroute und der langen Küstenroute ganz um den Norden herum) eines Weges bedurfte. So entstand auf der Basis winziger von Ureinwohnern genutzter Pfade um 1807 der **TsaoLing-Weg** von TanShui bis YiLan. Dieser Fußweg war weit über 100 Jahre lang die Hauptverbindung von Nordwest nach Nordost. Mit zunehmender

Der Norden

Blick auf die malerische Nordostküste (PeiKuan)

Motorisierung wurden große Teile des Trails nach und nach ausgebaut und schließlich von modernen Straßen verschluckt. Ein etwa 9 km langes Teilstück ist allerdings erhalten geblieben und zählt zu den interessantesten Fußmärschen Nord-TaiWans durch sehr ursprüngliches Hügelland, kleine Reiserassen und entlang Gebirgsbächen.

Man kann den Trail von zwei Seiten angehen, entweder hier von TaLi im kleinen Garten hinter dem Tempel des Jadekaisers oder von FuLung aus startend. Wer ohnehin in FuLung stoppt, sollte unbedingt den Trail bis TaLi gehen und erst von dort per Bus weiterfahren.

In TaLi endet der Trail am **Tempel des Jadekaisers.** Dieser dreistöckig versetzte Tempel ist im unteren Bereich mit einem Schrein für den Himmelskaiser verziert, der obere zweistöckige Bereich zeigt als Hauptfigur den Jadekaiser mit den acht Unsterblichen. Vom Obergeschoss aus hat man eine interessante Perspektive auf den Jadekaiser (desselben Schreins wie unten), architektonisch äußerst interessant und sehr selten zu sehen.

Bei den **Essständen** am Tempel kann man sich vor dem Tsao-Ling-Trail mit günstigem Seafood stärken: leckere Shrimp-Nudelomelettes für 50 NT$ und Bratfisch für 70–80 NT$. Am oberen Tempelbereich führt rechts der Weg zum kleinen Tempelgarten und dem Trail.

An-/Abreise

Da TaLi über Bahn- und Busanschluss verfügt, kommt man gut hierher und wieder weiter. Sehr empfehlenswert ist der Fußmarsch über den TsaoLing-Trail nach FuLung in nördliche (oder umgekehrt in südliche) Richtung.
● **Bus:** alle Küstenbusse zwischen YiLan und FuLung (rund 20 täglich) halten direkt am Tempel.
● **Bahn:** Nur Nahverkehrszüge halten in TaLi, Anbindungen siehe YiLan/KeeLung.

大溪
蜜月灣

MiYuehWan

Gleich hinter dem Ortsende von **TaHsi** liegt die „Flitterwochen-Bucht", ein sehr beliebter **Badestrand.** Man erreicht den Strand per Nahverkehrszug oder Bus bis TaHsi, dann etwa 10 Gehminuten in südlicher Richtung die Straße entlang.

北舘

PeiKuan (BěiGuǎn)

Am Aussichtspunkt PeiKuan führt ein hübscher Rundweg die Klippen entlang; beachtenswert die lebensgroße KuanYin-Statue in den Felsen. Greifbar nahe liegt die kleine Insel KueiShanTao, benannt nach ihrer Form, die einer Schildkröte ähnelt. PeiKuan ist von Süden kommend erster lohnenswerter Stop, wenn man per Leihmoped aus YiLan unterwegs ist. Öffentliche Verkehrsmittel halten hier nicht.

Der Norden

WuFengChi-Wasserfälle in ChiaoChi

Der Nordosten

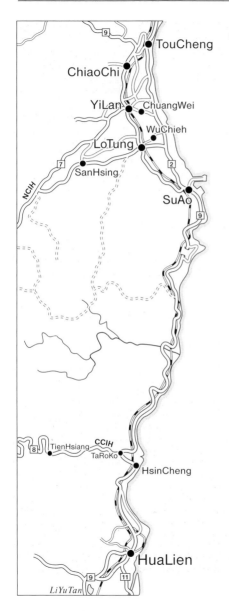

247

Überblick

Während der Norden mit den lebhaften Metropolen TaiPei und KeeLung wie auch der Westen überbesiedelt wirken, beginnt hier an der Nordostküste der lange Zeit unzugängliche und rückständige Teil der Insel. Von der Bezirkshauptstadt YiLan (Ilan) aus kann man per Leihmoped sehr gut sowohl Teile der Nordküste wie auch die spektakuläre Küstenstraße von SuAo nach HuaLien bereisen. Von HuaLien aus, der beschaulichen Metropole des Ostens, bieten sich phantastische Wandermöglichkeiten durch den nahegelegenen Taroko-Nationalpark und das nördliche Bergland oder eine Weiterreise entlang der schönen Ostküste nach Süden an.

Nördlich von YiLan

頭成

TouCheng (Kopf-Stadt)

TouCheng ist ein kleiner **Verkehrsknotenpunkt.** Von YiLan kommend zweigt kurz vor TouCheng die N-9 nach TaiPei (Inlandsstraße) nach links ab (grünes Schild, mit lateinischen Buchstaben), Selbstfahrer zur Nordostküste (FuLung) folgen hier der halbrechten Abzweigung (N-2, nur chinesisch) zur Küste.

Entlang der Hauptstraße gibt es eine Reihe guter **Seafood-Restaurants,** ansonsten ist ein längerer Halt hier wenig sinnvoll.

礁溪

ChiaoChi (Klippe-Bach)

10 km nördlich von YiLan, an der Hauptstraße Richtung TaiPei, liegt der **Kurort** ChiaoChi. Die hier besonders mineralienhaltigen heißen Quellen werden kommerziell genutzt und haben das kleine Straßendorf rasch wachsen lassen. Zahlreiche große Hotels, auch international, prägen das Ortsbild, die Quellen selbst kann man heute nicht mehr als große Attraktion preisen.

Vor und während der japanischen Besatzungszeit wurden hier Mädchen aus ganz TaiWan für „besondere Dienste" ausgebildet um anschließend nach ⊘ PeiTou bei TaiPei geschickt zu werden. ChiaoChi erlangte daher einen etwas obskuren Ruf, der heute allerdings kaum mehr gerechtfertigt ist.

WuFengChiPuPu
五峰旗瀑布

Die für den Reisenden größte Attraktion sind die **Wasserfälle der fünf Gipfel,** die sich westlich der Stadt erheben. Vor dem Fußweg zu den Fällen werden regionale Spezialitäten wie *MuEr* („Holzohren", eine getrocknete Pilzart), Kosmetika, Kräuter und eine auf Stein wachsende Pflanze verkauft, der eine wundersame Heilkraft nachgesagt wird. Die Pflanze wird nach dem Aussehen „goldenes Hundehaar" genannt und soll Blutungen unverzüglich stoppen.

Der Fußweg führt steil bergan zum Hauptwasserfall, der etwa 30 m tief den Felsen hinabstürzt. Ein weiterer Weg zweigt kurz vor dem Fall links ab und führt zu einem schönen Aussichtspavillon (800 m). Die Quellen-Hotels und die Wasserfälle liegen kurz vor dem südlichen Ortsende Richtung Berge, ein braunes Hinweisschild (man achte auf Φ *Wu* für die Zahl 5) weist den Weg, von hier aus sind es noch etwa 15 Minuten Fußweg zu den Fällen.

五.

Unterkunft

Als traditioneller Kurort verfügt ChiaoChi über eine Reihe (teurer) Hotels, für Individualtouristen besteht keinerlei Grund, hier zu übernachten. Die großen Hotels liegen an der Hauptstraße und der Straße zu den heißen Quellen, zusätzlich seien einige günstigere Unterkünfte, an der zum Hbf. führenden TeChangLu gelegen, genannt:

家園大飯店

Φ *ChiaYuan TaFanTian,* 10 WenQuanLu,
Tel: (03)-9882171, DZ 650 NT$.

潟月莊大飯店

Φ *HongYuehChuang TaFanTian,* 12 WenQuanLu,
Tel: (03)-9882024, DZ 750 NT$.

錄星大飯店

Φ *LuChing TaFanTian,* 38 WenChuanLu,
Tel: (03)-9881566, DZ 750 NT$.

東園旅社
義一大飯店
富紳大飯店
福星大飯店

An den Quellen finden sich u.a. die folgenden Hotels:
Φ *TungYuan LuShe,* 27 TeChangLu, Tel: (03)-9882111, DZ 950 NT$.
Φ *YiYi TaFanTian,* 16 TeChangLu, Tel: (03)-9881211, DZ 1250 NT$.
Φ *FuShen TaFanTian,* 10 TeChangLu, Tel: (03)-9883085, DZ 1800 NT$.
Φ *FuHsing TaFanTian,* 24 TeChangLu/Weg 8,
Tel: (03)-9881110, DZ 2300 NT$.

An-/Abreise

●*Bus:* alle Linien TaiPei/KeeLung – HuaLien/YiLan stoppen in ChiaoChi. Am einfachsten erreicht man den Ort von YiLan aus, siehe die dortigen Anbindungen Richtung Norden.
●*Bahn:* ChiaoChi ist mit je ca. 35 Zügen in beide Richtungen täglich ausgezeichnet ans Schienennetz angebunden; spätestens alle 60 Minuten kommt man per Bahn weiter.
●*Moped:* Man folge in YiLan der ChungShanLu nach Norden Richtung TaiPei, kurz nach dem Ortseingang von ChiaoChi zweigt links die Straße zu den Quellen und den Fällen ab.

宜蘭

YiLan (YíLán, angenehm-Orchidee)

Die Hauptstadt des gleichnamigen Bezirks YiLan fungiert als wichtiger Transitknotenpunkt zwischen TaiPei, der Nordküste, der nördlichen Gebirgsregion und der Ostküste. Hier gibt es zahlreiche Bahn- wie auch Busverbindungen in die genannten Gebiete, per Leihmoped kann an einem Tag die Nordostküste besichtigt werden, so dass man nicht auf die teuren Luxusressorts dort angewiesen ist. Auch nach Süden ist YiLan eine wichtige Station. Man kann, von Norden kommend, direkt bis ♫ SuAo fahren und dort den einzigen Bus entlang der phantastischen Küstenstrasse nach HuaLien nehmen. Es ist aber ebensogut möglich, wenn nicht sogar besser, in YiLan zu stoppen (wo mehr unternommen werden

Der Nordosten

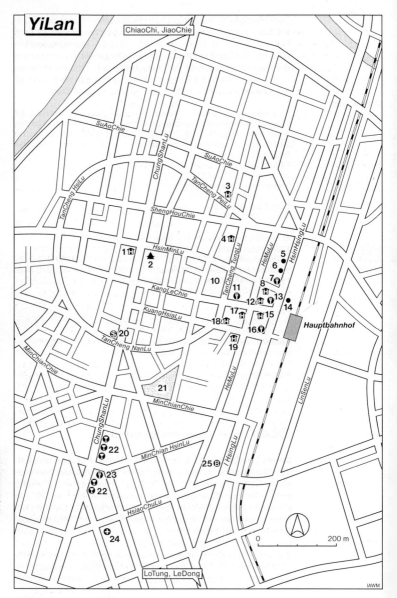

🏨	1	TaiPingYang-Hotel	🏨 15	TienCheng-Hotel
⛰	2	MaTzu-Tempel	⦿ 16	chin. Enten- & Hühnerrestaurant
🏨	3	KeChi-Hotel	🏨 17	WangTzi-Hotel
🏨	4	SanHe-Hotel	🏨 18	TungYa-Hotel
●	5	Supermarkt	🏨 19	ChungHua, YinHsin
●	6	Europe Entertainment Tower		und TiHou-Hotels
⦿	7	McDonald's	⑤ 20	Bank of Taiwan
🏨	8	HsiangShe- und TaCheng-Hotels	21	ChungShan-Park
	10	Markt	⦿ 22	Studentenkneipen
⦿	11	Alex' Restaurant	⦿ 23	Pizzeria
🏨	12	ChinHeCheng-Hotel	✚ 24	Krankenhaus
⦿	13	Seafood-Restaurant	Ⓑ 25	Überlandbusse
●	14	Mopedverleih		

kann, falls man den einen Bus in SuAo verpasst) und von hier aus am nächsten Tag die knappe halbe Stunde nach SuAo zu fahren und dann den 14:30-Küstenbus nach HuaLien zu nehmen.

Europe Entertainment Tower

歐洲樂樓

In diesem schlossähnlichen Gebäude befindet sich eine riesige **Spielhölle.** Computerspiele und Spielautomaten aller Art über zwei Etagen verursachen einen Höllenlärm. Bei manchen Spielen kann man mehr oder weniger attraktive Preise von Plüschtieren bis zum De-Luxe-Haushaltsmixer gewinnen. Wer sehen will, was die taiwanesische Jugend unter Europa versteht, sollte hier vorbeischauen. Der Europe Entertainment Tower befindet sich rechts vom Hbf., im Parterre links außen hielt *McDonald's* Einzug. ● 6

ChungShan KungYuan

中山公園

Der kleine **Stadtpark** ist so ziemlich der einzige Ort der Stadt, an dem man ein wenig im Grünen sitzen kann. Häufig treffen sich hier ältere Einheimische zum Kartenspiel, an Sonntagen zum Vogelsingen. Hierzu bringt man die Vögel in den Park und hängt sie in den Käfigen an die Bäume. Dann erfreut man sich am gemeinsamen Gesang der gefiederten Freunde und begutachtet die prächtigsten Exemplare – sehr zum Stolz ihrer Besitzer.

MaTzuTang

媽祖堂

Der kleine MaTzuTang gegenüber vom TaiPingYang-Hotel ist ein ruhiger, taoistischer Tempel, in dem man sehr gut beobachten kann, wie die „Ahnenopfer" verkauft, geopfert, anschließend von den Tempeldienern eingesammelt und erneut verkauft werden. Es gibt nämlich keine Seitengänge mit versteckten Lagerräumen wie in vielen anderen Tempeln, hier stehen alle Lebensmittel und Opfer direkt in der Zentralhalle. ⛰ 2

Unterkunft

YiLan ist völlig untouristisch und hat dementsprechend keine Jugendherbergen o.Ä., günstige DZ gibt es aber eine ganze Reihe.

Der Nordosten

251

Europe Entertainment Tower/YiLan

天成旅社	Φ *TianCheng LuShe**,* 9 KangLeLu, Tel: (03)-9322619, DZ 580 NT$.
東亞旅社	Φ *TungYa LuShe**,* 40 KuangHsiaLu, Tel: (03)-9322570, EZ ab 450 NT$.
三和大旅社	Φ *SanHe TaLuShe**,* 59 TanChengTungLu, Tel: (03)-9322259, wenige Zi. ab 300 NT$, sonst 650–800 NT$.
香師旅社	Φ *HsiangShi LuShe**,* 19 HsinMinLu, Tel: (03)-9354718. DZ 750 NT$.
帝洰大旅社	Φ *TiHou TaLuShe**,* 39 KuangHsiaLu, Tel: (03)-9355565, DZ ab 700 bis 800 NT$.
新風旅社	Φ *HsinHsin LuShe**,* 25 KuangHsiaLu, Tel: (03)-9322337, DZ 600 NT$.
五洲大旅社	Φ *WuChou TaLuShe***,* 34 KuangHsiaLu, Tel: (03)-9322526, Zi. ab 700 NT$ bis 1500 NT$, zu teuer, wirkt etwas abgewirtschaftet.
中華旅社	Φ *ChungHua LuShe***,* 33 KuangHsiaLu, Tel: (03)-9322338, haben auch EZ ab 600 NT$.
金和成大飯店	Φ *ChinHeCheng TaLuShe***,* 30 KangLeLu, Tel: (03)-9354722.
大成大飯店	Φ *TaCheng TaFanTian****,* 31-35 HsinMinLu, Tel: (03)-9322952.
王子大飯店	Φ *WangTzi TaFanTian****,* 27 HeMuLu, Tel: (03)-9322358.
太平洋大飯店	Φ *TaiPingYang TaFanTian (Hotel Pazifik)****,* 87 ChungShanLu, Tel: (03)-9323966.

Essen und Trinken

5 1 新星街	● Ein gutes *Seafood Restaurant* liegt in der Φ 51 HsinHsingLu, Tel: 9353838.
1 8 康樂街	● Exquisite internationale Küche mit Rokoko-Ambiente bei *„Alex-Restaurant"*, Φ 18 KangLeLu, Tel: 9352277, Höchstpreise.
	● Im winzigen Studentenviertel, 10 Minuten zu Fuß von Downtown, liegen eine Reihe gemütlicher und preiswerter *Bierkneipen* sowie eine brauch-

bare **Pizzeria** (s. Karte), den weltweit geschmacksgleichen BigMac gibt es am **Europe Entertainment Tower.**

● Sehr gut und – verglichen mit anderen Städten in TaiWan – sehr günstig ist der **Supermarkt** daneben (mit Theke für warme Snacks).

Institutionen

銀行
警察
醫院

🛇 20; **Bank:** Bank of TaiWan, Φ 1 ChungShanLu, Tel: (03)-93221515.

● **Polizei:** Φ 23 TanChengNanLu (hier Visaverlängerung).

🛇 24; **Krankenhaus:** Φ 3 HsiaoChuLu, Tel: (03)-9322362.

● **Information:** 23 TanChengNanLu, geöffnet 8:00–12:00 und 13:30 bis 17:30 Uhr, kein englischsprachiges Personal.

An-/Abreise

● **Bahn:** Alle Züge stoppen in YiLan, Züge in beide Richtungen (HuaLien und TaiPei) fahren mindestens stündlich, in den Stoßzeiten von/nach TaiPei sogar alle 20 Minuten. Züge bis HuaLien verkehren halbstündig, durchgehend bis TaiTung 6x täglich. Preisbeispiele: TaiPei 116–223 NT$, ChiaYi 430–830 NT$, KaoHsiung 557–1072 NT$, TaiChung 314–606 NT$, ChengKung 326–422 NT$, HuaLien 110–226 NT$, FengLin 155–298 NT$, RuiSui 191–369 NT$, YuLi 216–416 NT$, FuLi 241–466 NT$, TaiTung 307–593 NT$, TaiMuLi 327–630 NT$.

● **Bus:** Der Bbhf. liegt 500 Meter vom Bhf links in der YiHsingLu; 🛇 25. Nach **TaiPei** besteht ca. alle 45 Minuten Anbindung, nach **TaiChung** nur 7:30 und 12:50 Uhr. Abfahrt zum **TaiPingShan** um 9:30., nach **LiShan** 7:00 und 12:10 Uhr; nach **SuAo/NanFangAo** alle 15 Minuten; nach **Tou-Cheng** fahren zwischen 6:30 und 18:10 Uhr 8 Busse tgl., drei davon weiter über TaHsi und FuLung bis **KeeLung.**

Preisbeispiele: TaiPei 226 NT$ (kürzere Inlandsroute 177 NT$), TaiPei/Stadtteil ChingMei 162 NT$, TaiChung 441 NT$, LiShan 242 NT$, TaiPingShan 161 NT$, RenTzu 118 NT$, SuAo 44–62 NT$, HsinCheng 38–45 NT$, TouCheng 35 NT$, TaHsi 47–57 NT$, FuLung 86–103 NT$, KeeLung 207 NT$.

Die YiLan – KeeLung Linie fährt bis FuLung an der Küste entlang, anschließend im Landesinneren via KungLiao und JuiFeng bis KeeLung. Für die weitere Fahrt entlang der Nordküste muss man in FuLung Richtung PiTouChiao umsteigen.

● **Moped:** Schräg gegenüber der Tankstelle (rechts vom Hbf.) in der HsinHsingLu gibt es einen Mopedverleih, pro Tag ca. 450 NT$/Moped; damit ist es ein Leichtes, insbesondere die mit Bussen etwas schwer erreichbaren Punkte (vor allem die kleinen Strände) der Nordküste zu besuchen.

Zwischen YiLan und HuaLien

Der Nordosten

LoTung (LuóDōng, Netz-Osten)

羅東

LoTung kommt als alternativer Ankunftsort (statt YiLan) aus 🚴 LiShan/WuLing-Farm in Betracht . Von hier aus kann man entweder den Pendelbus nach YiLan nehmen oder per Bahn direkt bis TaiPei oder HuaLien fahren; alle Züge in Nord- und Südrichtung stoppen hier. LoTung ist mit YiLan beinahe zusammengewachsen und wird von einigen Busgesellschaften öfter angesteuert als YiLan selbst. Busse und Züge pendeln viertelstündig zwischen beiden Orten.

蘇澳

SūAò (Erwachen-Ankerplatz)

SuAo ist ein wichtiger Transitpunkt für Busreisende in Nord-Süd-Richtung. Es gibt keine direkten Busverbindung zwischen HuaLien und TaiPei, alle Linien enden hier. Erschwerend kommt hinzu, dass nur ein Bus täglich um 14:30 Uhr nach HuaLien fährt, der rund 4 Stunden für die Route benötigt. Die meisten Reisenden fahren heute per Bahn, insbesondere wer aus TaiPei anreist. Wer die reizvolle Küstenstraße nach Süden per Bus erleben will, muss also in SuAo stoppen. Kommt man mit einem frühen Zug, so kann man auch ohne Übernachtung direkt per Bus weiterfahren. Achtung: Die Züge halten nicht in SuAo, sondern **HsinSuAo,** dem neuen Bahnhof. Hier verkehren Pendelbusse nach SuAo, gut 10 Minuten Fahrt. Man muss dies berücksichtigen, um den einzigen Bus nach HuaLien zu erreichen. In der Stadt gibt es außer dem taoistischen Tempel HsienKungMiao in der ChungShanLu nichts Besonderes zu besichtigen.

Unterkunft
自家園旅社

興華旅社
海天大旅社

華國大旅社
東方大旅社
集東旅社
金都大旅社

蘇澳大飯店
An-/Abreise

Φ**TzuChiaYuan LuShe*,** 6 LinShenLu, Tel: (03)-9962367, DZ 400 NT\$, etwas abgewirtschaftet.
Φ**HsingHua LuShe*,** 13 SuNanLu, Tel: (03)-9962581, DZ 500 NT\$, o.k.
Φ**HaiTian TaLuShe**,** 96 ChungShanLu, Tel: (03)-9962576, sehr sauber und empfehlenswert.
Φ**HuaKuo TaLuShe**,** 25 HePingLu, Tel: (03)-9562091.
Φ**TungFang TaLuShe**,** 109 HePingLu, Tel: (03)-9542906.
Φ**ChiTung LuShe**,** 7 TungAoLu, Tel: (03)-9986164.
Φ**ChinTou TaLuShe***,** 6 TaiPingLu, Tel: (03)-9962586, zu teuer für das Gebotene.
Φ**SuAo TaFanTian***,** 7 SuTungLu, Tel: (03)-9965181, sehr gutes Hotel.

●**Bus:** nach HuaLien 1 x tgl. um 14:30 für 232 NT\$, nach/von TaiPei: etwa stündlich Busse (über YiLan).
●**Bahn:** Vom Bbhf. SuAo muss man zunächst den Pendelbus nach **Hsin-SuAo** nehmen; Züge in beide Richtungen (TaiPei, HuaLien) fahren nahezu alle Stunde, Expresszüge halten nicht.

南方澳

NánFāngAò (Süd-Himmelsrichtung-Erwachen)

Während SuAo als eine der größten Marinebasen des Nordens dient, blieb der kleine **Fischereihafen** NanFangAo, ein eigen ständiger Stadtteil 2 km südlich des Zentrums, sehr ursprünglich Hier kann man zahllose alte Fischerkähne bewundern und den Ge ruch getrockneten und frischen Fisches einatmen. In NanFangA liegt auch eine alte, nach wie vor aktive Werft für Fischerfangboote
●Von SuAo/Zentrum folge man der ChungShanLu bis über die Brücke dann rechts Richtung HuaLien, nach 250 Metern links in die SuNanKungL einbiegen, von hier aus sind es noch 1,5 km. Insgesamt dauert de Spaziergang von SuAo bis NanFangAo eine knappe halbe Stunde.

蘇花公路

SuHua KungLu

Eine der größten Attraktionen des Nordostens ist die SuHua Kung-
Lu, die **Küstenstraße** von SuAo nach HuaLien. Sie wurde in den
zwanziger Jahren von den Japanern begonnen, aber nie für den
öffentlichen Verkehr fertiggestellt. Immer wieder wurde die Verbindung zwischen Nordosten und Osten durch Bergrutsche unterbrochen, besonders die Gegend der **ChingShui-Klippe** galt
als unbezwingbar. Die Ausläufer der Zentralgebirgskette/Nord
fallen hier Hunderte von Metern nahezu senkrecht zum Meer ab.
Bis in die achtziger Jahre wurde HuaLien fast ausschließlich per
Frachter aus KeeLung versorgt. Dies änderte sich mit dem Bau der
SuHua KungLu und der Bahnlinie. Wie hinter vorgehaltener Hand
erzählt wird, wurden angeblich 30.000 Rotchinesen als Billig-
arbeiter für diese gefährliche Arbeit vom Festland „eingekauft",
von denen 20.000 ihr Leben verloren haben sollen. Die Strecke
war und ist gefährlich zu befahren. Die Einheimischen glauben,
das käme daher, dass die Seelen der umgekommenen Rotchinesen entlang der Straße nach Sühne schreien. Häufig wehen gelbe
Fähnchen an der Strecke, welche die toten Seelen beschwichti-
gen sollen. Die Strecke ist wirklich nur per Bus spektakulär (↗ Hua-
Lien, SuAo), die Bahnlinie dagegen führt durch zahlreiche Tunnel, ist
dafür freilich wesentlich schneller.

新成

HsinCheng (XīnChéng, Neue Stadt)

„Neustadt" ist eine kleine Arbeitersiedlung bei einem riesigen Zementwerk kurz vor ↗ Taroko. Für Individualtouristen ist nur wichtig,
dass die Züge TaiPei – HuaLien hier halten. Wer also **in den Taroko-Nationalpark** möchte, ohne in HuaLien über Nacht Station
zu machen (Busse ab HuaLien brauchen etwa 50 Minuten bis Taroko), steigt am besten hier aus. Aus dem Bahnhof kommend,
wendet man sich nach links, an der Hauptstraße wieder links und
geht (das große Zementwerk liegt direkt linker Hand) ca. 2 km bis
zum Eingang des Taroko-Nationalparks. Taxis vom Bhf. bis dorthin
kosten ca. 150 NT$.

Umgekehrt, von der Schlucht kommend, nimmt man die Hua-
Lien-TienHsiang/Taroko Busse bis HsinCheng, wenn man per
Bahn weiterfahren will (TaiPei oder TaiTung). Dem Fahrer muss
man dann bedeuten anzuhalten, wenn man über die kleine Eisen-
bahnbrücke hinter dem Zementwerk angelangt ist; erstes
Sträßchen rechts zum Bahnhof gehen (liegt etwas außerhalb der
eigentlichen Stadt).

Der Nordosten

花蓮

HuaLien (HuāLián, Blume Lotus)

HuaLien, mit ca. 200.000 Einwohnern sechstgrößte Stadt Tai-Wans und damit größte der gesamten Ostküste, hat sich zum Ausgangspunkt für Fahrten entlang der Ostküste oder in die nördliche Bergregion entwickelt. Zement und Marmor sind die Hauptindustriezweige der Region, überall in der Stadt wird man auf Marmorfiguren und chinesische Stempel aus Marmor stoßen. HuaLien liegt am Ende der spektakulären SuAo-HuaLien-Küstenstraße und war bis zu deren Fertigstellung nur per Boot (vor allem von KeeLung aus) zu erreichen. Die traditionelle Altstadt befindet sich daher nahe am Meer, die neueren Stadtteile entwickelten sich erst in den letzten Jahrzehnten mit der Straßen- und Schienenanbindung.

Die meisten Reisenden kommen direkt aus TaiPei und werden erst einmal im wahrsten Sinne des Wortes aufatmen: verhältnismäßig wenig Verkehr, gute Luft und ein die Stadt umgebendes spektakuläres Panorama zwischen Meer und Bergen. Von hier aus lassen sich gut organisierte oder mit öffentlichen Verkehrsmitteln durchgeführte Tagestouren in den Taroko-Nationalpark unternehmen, auch die Stadt selbst hat ein paar interessante Sehenswürdigkeiten zu bieten.

Sehenswertes

Tung ChiaSi
東家寺

Die kleine **buddhistische Anlage** in der Altstadt ist vermutlich die schönste religiöse Stätte der Stadt. Zwei Treppen um einen kleinen Teich führen durch den Vorgarten hinauf zum Hauptgebäude, vor dem drei goldene Buddhas auf einer Lotusblüte sitzen. Dahinter verbergen sich in schmalen Gängen Urnennischen mit Bildern Verstorbener. Das linke Gebäude dient den Mönchen als Unterkunft, rechts führt eine Treppe zur siebenstöckigen Pagode von der aus man einen sehr guten Blick auf die Altstadt mit den Bergen im Hintergrund hat. Auch in der Pagode selbst befinden sich wieder drei goldene Buddhas sowie zahllose Urnennischen mit der Asche feuerbestatteter Buddhisten.
▲ 55; 48 WuHuanChie.

FuTianTang
福天堂

Der außen bunt verzierte, innen aber recht karge taoistische **Glück-und-Himmelstempel** zeigt im Erdgeschoss einen Schrein, der dem Himmelskaiser gewidmet ist, im Obergeschoss steht ein Schrein für die drei Erhabenen *Yao, Shun* und *Yu* (legendäre Urgestalten am Anfang der chinesischen Geschichte).
▲ 56; 69 PeiPinLu, der Tempel ist leicht zu verfehlen, man achte auf der dem Meer abgewandten Straßenseite auf ein rotes Metalltor.

ChungCheng KungYuan
中正公園

Der **Park** ist sehr kinderfreundlich angelegt, der untere Teil besteht aus einem weitläufigen Spielplatz mit vielen Pavillons, der Mittelteil aus Spazierwegen und Badminton-Plätzen. Der Park liegt am Meer

HuaLien – Schlüssel zum Bergland im Osten

Der Nordosten

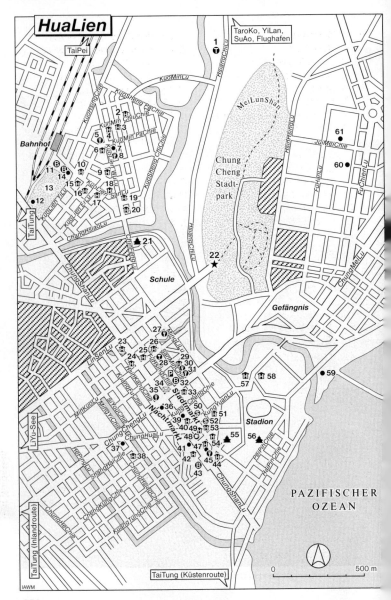

⊖	1	Tankstelle
⛨	2	Royal Hotel
⛨	3	TungChing Hotel
⛨	4	Seaview Hotel
❶	5	Milch- & Yoghurtbar
⛨	6	KeHuan Hotel
•	7	Amusement World/Spielhallen
❶	8	Fast-food-Rest.
⛨	9	FuKuo Hotel
⛨	10	ChingYe Hotel
⊖	11	HuaLien KeYun Bbhf (Kurzstrecken)
•	12	Schwimmbad
	13	ChungShan KungYuan-Stadtpark
•	14	Mopedverleih und
⊖		Langstreckenbusse
⛨	15	FuTa und ChanTai Hotels
⛨	16	Hotel No. 65
⛨	17	HaiYang Hotel
⛨	18	ChinMing & HuaPin Hotels
⛨	19	HuaKe Hotel
⛨	20	KaoAn & LungHai Hotels
♠	21	Tempel der 1000 Lichter
★	22	Märtyrer-Schrein
⛨	23	Northward Hotel
⛨	24	TaiYi Hotel
⛨	25	HsingPin Hotel
⛨	26	HuaTong Hotel
❶	27	Bistro/Snackbar
❷	28	Biergarten
⛨	29	ToYo Hotel
❶	30	WanHsi-Spezialitäten-Restaurant
❶	31	McDonald's
⊖	32	Langstreckenbushaltestelle
⛨	33	Hong Hotel
⊠	34	Hauptpost
❶	35	chin. Hähnchengrill
•	36	Buchladen
•	37	YuanTung-Kaufhaus
⛨	38	YiHua Hotel

•	39	HungTung Travel Service
⛨	40	HuaSheng Hotel, Steakhaus und ChunChun Rest.
•	41	HuaLien Travel Service
⛨	42	TaHsin Hotel
⊖	43	HuaLien KeYun Bbhf.
⛨	44	ChinRi Hotel
❶	45	SB & Fast-food-Restaurants
•	46	FAT Airlines
⛨	47	WuChou, ChungChou, HaiTun, HaoHua u. ShuangFeng Hotels
○	48	Leo's Café
⛨	49	YuanTung und TienRen Hotels
⑤	50	Bank of Taiwan
⛨	51	Marshal Hotel
⑤	52	ICBC Bank
⛨	53	HongShan & TaShan Hotels
⛨	54	Kingdom Hotel
♠	55	TungChia Tempel
♠	56	FuTian Tempel
⛨	57	KuoChun YingHsiung Hotel
⛨	58	HuaLien HsueYuan Hotel
•	59	Pavillon
•	60	Sitz d. Provinzregierung
•	61	Polizei & Visaangelegenheiten

 Sperrgebiet

nota bene:
YiLu/YiChie = erste Straße
ErLu/ErChie = zweite Straße
SanLu/SanChie = dritte Straße usw., da die meisten Straßen im Stadtteil Neustadt (am Hbf) durchnummeriert sind.

Der Nordosten

LunShan, der mit 162 m höchsten Erhebung der Stadt. Der Marsch hierher ist nicht sonderlich anstrengend: man folge der kleinen Straße bis zur Militärsperre, kurz vorher führt ein Fußweg links hinauf zum Berg. Von den Aussichtspunkten des Parks und vom MeiLunShan hat man schöne Rundblicke auf die Stadt und die steilen Ausläufer des Zentralberglandes.

Märtyrerschrein
忠烈祠

In Analogie zum Schrein von TaiPei hat auch HuaLien ein Denkmal für die gefallenen Nationalisten errichtet. Leider sind die eigentlichen Haupthallen meist geschlossen.

★ 22 (Seite 258); An der HsiangChiLu, man erreicht den Märtyrerschrein entweder über die LinShenLu-Brücke, die Alt-, Neu- und Oberstadt verbindet, oder über Fußwege vom ChungCheng KungYuan her.

TiChunTang (ChinFengChie)
地春堂

Dieser taoistische, außerordentlich belebte **Tempel** könnte auch „Tempel der 1000 Kerzen" genannt weren. Es brennen Hunderte von großen Kerzen und Räucherstäbchen, den MaTzu-Schrein und die Decke kann man vor lauter Ruß kaum erkennen.

▲ 21 (Seite 258); der Tempel liegt an der ChinFengLu zwischen Alt- und Neustadt gegenüber einer Kaserne.

Fehlt in keiner größeren Stadt – der Märtyrerschrein

Die Ami

Der Besucher auf TaiWan wird von allen Ureinwohnern vermutlich am ehesten auf Mitglieder der Ami-Ureinwohner treffen. Zum einen sind sie mit 130.000 Angehörigen die größte Ureinwohnergruppe auf Tai-Wan, zum anderen leben sie in den touristischen Hochburgen der Ostküste, insbesondere HuaLien und der Zufahrt zur Taroko-Schlucht, aber auch in zwei Enklaven im Paiwan-Gebiet an der Südwestspitze TaiWans. Aufgrund der weiten territorialen Verbreitung haben sich die Ami im Laufe der Zeit in fünf Untergruppen auseinanderentwickelt. Allen gemeinsam ist die matriarchalische Organisation des Heimes. So zieht der Mann nach der Heirat in das Haus der Frau, alle Alltagsfragen wie Finanzen und Haushalt regelt allein die Frau. Wichtige, etwa eine Verheiratung der Kinder oder das ganze Dorf betreffende Fragen werden von den Männern mitbestimmt bzw. im Männerrat der Alten entschieden. Ein beliebtes Foto- und Postkartenmotiv sind die Erntetänze der Ami, die nicht nur rituellen, sondern auch unterhaltenden Charakter für die Ami selbst besitzen. Ihre Aufführungen sind am sehenswertesten in HuaLien oder im „Aboriginal Culture Village" am Sonne-Mond-See (⌂). Obgleich letzterer eigentlich zum Einzugsgebiet der Atayal und Bunun zu zählen ist, nutzen die geschäftstüchtigen Ami aber auch dieses wichtigste Urlaubsziel der Taiwaner für ihre Darbietungen.

ChungShan KungYuan
中山公園

Der kleine **Stadtpark** der Neustadt wird meist von Jugendlichen besucht. Die traditionellen chinesischen Freizeitbeschäftigungen wie Karten-, Mahjong-Spiel oder TaiChiChuan wird man aufgrund der Altersstruktur der Neustadt nur selten erleben. Interessant für Reisende mag das öffentliche Schwimmbad am Südende des Parks sein. ● 13 (Seite 258)

Ami-Aufführungen
可美文化村

Die Ebene um HuaLien ist die Heimat des größten Ureinwohner-Stammes TaiWans. Sie nutzen die heutige Beliebtheit der Stadt, um ihre Kultur den Touristen vorzustellen. Es gibt zwei Bühnen, die von HuaLien aus besucht werden können, eine bei HsinCheng, die andere im Ami-Kulturdorf, 5 km außerhalb des Zentrums Richtung TaiTung (N-9). Die Tänze sind zwar sehr touristisch aufgemacht, aber dennoch vermitteln sie einen guten Eindruck von den ursprünglichen Tanzkulturen der Ami. Wer noch andere Ureinwohner-Stätten besucht, wird die Unterschiede zu den Darbietungen anderer Stämme durchaus erkennen können. Am interessantesten ist ein Besuch im August, wenn die Erntetänze der Ami beginnen.

● Leider gibt es keine öffentlichen Verkehrsmittel (Taxi 200 NT$ einfach), so dass sich eine organisierte Tour anbietet. Besonders beliebt ist das Abendprogramm (Abfahrt 19:45 Uhr, Vorstellung 20:20 Uhr) für 350 NT$, Fahrt incl. Eintritt (der alleine 250 NT$ ausmacht); ⌂ auch organisierte Touren weiter unten.

Der Nordosten

Unterkunft

HuaLien ist aufgrund seiner Lage nahe des Taroko-Nationalparkes und als Ausgangspunkt für Fahrten entlang der Ostküste in südliche Richtung ein beliebter Touristenort. Dementsprechend gibt es zahlreiche Unterkünfte, bei deren Auswahl die Einteilung der Stadt in drei Teile zu beachten ist: die Altstadt nahe am Meer, die Neustadt, entstanden nach Fertigstellung der Bahnlinie, sowie die Oberstadt nordöstlich des MeiLun-Flusses am MeiLun-Berg. Letztere ist von Kasernen, einem Gefängnis und Verwaltungsgebäuden geprägt und von keinerlei touristischem Interesse, vom ChungCheng-Park, dem Märtyrerschrein und einigen Luxushotels abgesehen. Die Neustadt am Bahnhof hat eine Reihe von – allerdings neueren und etwas teureren – Hotels. Bahnreisende, die in Gehnähe zum Bahnhof unterkommen möchten, finden hier auf jeden Fall etwas. Die Altstadt in Meeresnähe bietet all das, was man von taiwanesischen Städten kennt: günstige Unterkünfte, Märkte, Läden über Läden ... Da alle Langstreckenbusse (mit Ausnahme des Busses von/nach TaiTung) nur am Hauptbahnhof halten, muss man die 2,5 km zur Altstadt zu Fuß gehen oder am Nahverkehrsbusbahnhof den halbstündig zwischen Alt- und Neustadt pendelnden 105er-Bus nehmen.

Altstadt

花蓮學圓   Φ *HuaLien HsueYuan (Studenten-Jugendherberge)*,* 40/11 KungYuanLu, Tel: (03)-8324124. Dorm 200 NT$.

國軍英雄館   Φ *KuoJun YingHsiungKuan*,* 60/1 ChungHsiaoLu, Tel: (03)-8324161. 4-Bett Zi. 800 NT$.

雙風大旅社   Φ *ShuangFeng TaLuShe**,* 5 FuHsingChie, Tel: (03)-8324181, DZ 550 NT$.

五洲大旅社   Φ *WuZhou TaLuShe*,* 84 ChungShanLu, Tel: (03)-8324132, DZ 600 NT$, etwas heruntergekommen.

紅旅社   Φ *HongLuShe**,* 582 ChungChengLu, Tel: (03)-8324176, DZ 550 NT$. Sehr laut in den vorderen Zimmern, aber direkt am Stop der Busse aus TaiTung.

大山旅社   Φ *TaShanLuShe**,* 21 FuHsingChie, Tel: (03)-8323177, DZ 650 NT$. Gut.

天人大飯店   Φ *TianRen TaFanTian**,* 20 FuHsingChie, Tel: (03)-8323173, DZ ab 650, Dorm. 200 NT$ (immer voll, probieren).

金龍大旅社   Φ *JinLong TaLuShe**,* 77 ChungShanLu, Tel: (03)-8323126, DZ 650 NT$.

大新大旅社   Φ *TaHsin TaLuShe**,* 101 ChungShanLu, Tel: (03)-8322125, bei 600–800 NT$, besser.

華聲大旅社   Φ *HuaSheng TaLuShe**,* 154 ChungShanLu, Tel: (03)-8351121, ab 450 NT$, beste Zi. 850 NT$.

大子旅社   Φ *TaZi LuShe**,* 365 ChungShanLu, Tel: (03)-8336161, 700 NT$.
中洲大飯店   Φ *ChungChou TaFanTian***,* 512 FuChienChie, Tel: (03)-8322132.
豪華大飯店   Φ *HaoHua TaFanTian***,* 516 FuChienChie, Tel: (03)-8321111, beide gut und zentral nahe Bbhf.

鴻山別館   Φ *HongShan BieGuan***,* 29 FuHsingChie, Tel: (03)-8323119, haben auch einfachere Zi. ab 500 NT$.

湖北大飯店   Φ *HuPei TaFanTian***,* 361 ChungShanLu, Tel: (03)-8325182. Heißt auch „*Northward-Hotel*" und ist mit Gruppenreisenden häufig ausgebucht.

益華旅社   Φ *YiHua LuShe,* 85 MingYi Chie, Tel: (03)-8350106. DZ ab 900 NT$.
今日大飯店   Φ *JinRi TaFanTian****,* 8 HsuanYuanLu, Tel: (03)-8325180, ab 800 NT$, beste Zi. 1600 NT$.

華王大飯店   Φ *HuaWang TaFanTian (Kingdom)****,* 18 HsuanYuanLu, Tel: (03)-8323195.

遠東大飯店
海頓大飯店
棨怡大飯店

東央大飯店

華東大飯店
３６公園路

Φ *YuanTung TaFanTian*****,* 26 FuHsingChie, Tel: (03)-8323136.
Φ *HaiTun TaFanTian*****,* 514 FuChienChie, Tel: (03)-8330136.
Φ *TaYi TaFanTian*****,* 341 ChungShanLu, Tel: (03)-8358181,
zu teuer für das Gebotene.
Φ *TongYang TaFanTian (ToYo Hotel)*******,* 50 SanMinLu,
Tel: (03)-8326151.
Φ *HuaTung TaFanTian*******,* 165 MinKuoLu, Tel: (03)-8569146.
● *Marshal-Hotel*********,* Φ 36 KungYuanLu, Tel: (03)-8326123,
DZ 2200–3500. Einziges Top-Hotel mit Innenstadtlage.

Oberstadt

Diese Top-Hotels sind weit ab, haben alle denkbaren Annehmlichkeiten (Schwimmbad, Sportanlagen …), man hat hier mit HuaLien wenig zu tun.

１民權六路

● *Astar-Hotel,* Φ 1 MinChuanLu Sec 6,
Tel: (03)-8326111. EZ ab 2000 NT$, Suiten 40.000 NT$.

１嶺圓路

● *Parkview Hotel:* Φ 1 LingYuanLu Sec 1, Tel: (02)-27817131 (Reservierungen nur unter der TaiPei-Nr.), DZ ab 4200 NT$, 343 Zimmer!

２永興路

● *Chinatrust,* Φ 2 YungHsingLu, Tel: (038)-221171, DZ ab 3200 NT$.

Neustadt (Bahnhofsviertel)

Die ersten drei der folgenden Hotels liegen zwischen 800 und 1000 NT$, sind sauber und modern.

２國聯五路
２４國聯五路
２１２國聲一路
５１國民九路
８３國聯一路

● *KaoAn TaFanDian***,* Φ 2 KuoLienLu Sec 5, Tel: (03)-8324141.
● *LungLai TaFanTian***,* Φ 24 KuoLienLu Sec 5, Tel: (03)-8330177.
● *TungChing BinGuan***,* Φ 212 KuoShengLu Sec 1, Tel: (03)-8356151.
● *LaoYe BinGuan (Royal)****,* Φ 51 KuoMinLu Sec. 9, Tel: (03)-8362952.
● *ChanTai TaFanTian****,* Φ 83/1 KuoLianLu Sec. 1, Tel: (03)-8330121,
direkt beim Bahnhof. hat wenige zu 500 NT$

８３國聯一路

● *ChingYe TaFanTian****,* Φ 83 KuoLianLu Sec 1,
Tel: (03)-8330186, genau andere Straßenseite.

１５國聯二路
７３國聯三路
７９國聯三路

● *FuKuo TaFanTian*****,* Φ 15 KuoLienLu Sec 2, Tel: (03)-8351151.
● *ChinMing TaFanTian*****,* Φ 73 KuoLianLu Sec 3, Tel: (03)-8356571.
● *HuaPin TaLuShe*****,* Φ 79 KuoLianLu Sec 3, Tel: (03)-8356178,
haben auch einfachere Zi. ab 850 NT$.

１９２國聯五路
１０５國聯五路

● *HaiPin TaFanTian*****,* Φ 192 KuoLienLu Sec 5, Tel: (03)-8342101.
● *HoHuan TaFanTian*******,* Φ 105 KuoLianLu Sec 5,
Tel: (03)-8342101, EZ ab 1500 NT$, DZ bis 5000 NT$,
bestes Haus der Neustadt mit sehr gutem Restaurant.

Verpflegung

萬喜飯館

２２復興路

Φ Das *WanHsi* („10.000 Freuden"), neben dem ToYo-Hotel, serviert erstklassige chinesische Küche zu Höchstpreisen.

● Japanisches wird in *HeBa RiPen LiaoLi* serviert (Φ 22 FuHsingLu), allerdings zu entsprechenden Preisen.

● Gutes und preisgünstiges chinesisches Essen findet man neben den zahlreichen *SB-Restaurants* bei der chinesischen Mc Donald's-Version (KuoLien 5/Ecke KuoLien 4), der von jugendlichem Publikum besuchten Snackbar TaTungLu/Ecke MingLiLu (hier kann man zu sehr günstigen Preisen verschiedene Kleinigkeiten ausprobieren) oder der *Hähnchenbraterei* ChungShanLu/Ecke ChungChengLu.

● In *Leo's Café* (ChungShanLu, ohne Hausnummer, neben Coop-Bank) werden gute, „westliche", belegte Brötchen serviert, der siebte Stock im *YuanTung-Kaufhaus* hat gleich mehrere günstige Snack-Restaurants.

Der Nordosten

Gefahr für den Luftverkehr: die Berge bei HuaLien

民國路

●Besonders empfehlenswert (insbesondere aus bayerischer Sicht) ist natürlich TaiWans bester, dabei aber keineswegs teurer **Biergarten** (!) in der ⌖MinKuoLu (schräg gegenüber HuaTungHotel Richtung MingLiLu).

●Für Fertigsuppen und Getränke ist der **Supermarkt** im Untergeschoss des YuanTung-Kaufhauses erste Adresse der Stadt.

Institutionen

銀行２６公園路
銀行３公園路
郵局

警察

$\otimes$ 52; **Banken:** *ICBC,* ⌖26 KungYuanLu, Tel: (03)-8350191 und
$\otimes$ 50; *Bank of TaiWan,* 3 KungYuanLu, Tel: (03)-8322151, genau gegenüber.
$\boxtimes$ 34; **Post:** Die Hauptpost befindet sich im großen Block an der ChungChengLu/Ecke ChungShanLu.
● 61; **Polizei/Visaverlängerung:** ⌖15 JuiMeiLu, Tel: (03)-8224023. 3 km von Altstadt und Neustadt entfernt in der Oberstadt.

An-/Abreise

3 1 8 中山路
4 0 8 中山路

●**Luftweg:** HuaLien wird von TaiPei (1111 NT$), KaoHsiung (1554 NT$) und TaiChung (2080 NT$) aus von drei Gesellschaften angeflogen, ihre Anschriften in HuaLien lauten:
FAT (YuanTung HangKong), ⌖318 ChungShanLu,
Tel: (03)-8326191, hat eine Filiale gegenüber vom Altstadt-Bbhf.
Trans Asia (FuHsing HangKong), ⌖408 ChungShanLu,
Tel: (03)-8321995.
Formosa (YongHsing HangKong), am Airport, Tel: (03)-8263989.
   Der Flughafen liegt am Nordende der Stadt an der Küstenseite der Hauptstraße HuaLien-TaiTung und ist per Taxi (250 NT$ vom Airport, von der Stadt aus etwa 150 NT$ mit Taxametertaxis) oder per Bus (25 NT$) zu erreichen.
$\oplus$ 14; **Busse: Langstreckenbusse** nach **KaoHsiung** 4 x tgl. (7:50, 10:40, 13:30, 14:50 Uhr, 8 Std.); **TaiChung** (7:30, 10:00, 11:30 Uhr); **TaiTung** (9:20 Uhr). **SuAo** (6:30 Uhr, nur einer tägl., fährt 14:30 Uhr ab SuAo zurück). Keine Direktanbindung nach TaiPei, nur bis SuAo (⤸). **LiShan** (11:50 Uhr, ebenfalls nur einmal tägl.).
   Preisbeispiele: Inlandsroute/Süd: RuiSui (135/164 NT$, zwei versch. Linien, nur der 14:50 nach KaoHsiung ist der Teure), YuLi (184/224), FuLi (215/281), ChiShang (24/299), KueiShan (269/326), TaiTung (360/440), KaoHsiung 899 NT$. Küstenroute/Süd: TaiTung 364 NT$, TungHo 292 NT$, ChengKung 255NT$, ChangPin 196 NT$, FengPin 122 NT$. **CCIH:** HsinCheng 44 NT$, Taroko 51 NT$, TianHsiang 93 NT$, TaYuLing 219 NT$, LiShan 283 NT$, TeChi 390 NT$, KuKuan 465 NT$, TaiChung 528 NT$. **SuAo-Linie:** Taroko 53 NT$, HePing 115 NT$, SuAo 232 NT$ (umsteigen nach TaiPei, KeeLung, YiLan).
$\oplus$ 11; **Bbhf./Neustadt (am Hbf.): Taroko** (6:20, 8:10, 12:30, 13:50, 17:10, 20:30 Uhr); nach Taroko kann man auch die Busse nach ChungTe (3km ab Taroko Richtung SuAo) nehmen (7:20, 12:30, 15:40, 16:40, 18:10 Uhr). **TienHsiang** (8:10, 10:05, 13:05 Uhr); **YuLi** (6:10, 7:00, 8:10 usw. etwa stündlich) und **FuLi** (6:40, 7:40 stündlich) via N9 Inlandsroute. **ChengKung** via N11 Küstenroute 5:30, 8:50, 10:20, 12:00, 14:20 Uhr.
$\oplus$ 43; **Bbhf./Altstadt (ChungShanLu):** Wechselweise stündlich von/nach **FuLi** und **YuLi** (Busse kommen vom Hbf.). Nach **Taroko** 7:30, 9:10, 11:10, 15:00, 16:20. Nach **TienHsiang** 8:00, 10:00, 13:00 (Busse fahren zum Hbf.).
   Stadtbus: Es gibt nur eine Linie (105), die alle halbe Stunde zwischen Bbhf./Altstadt und Bbhf./Neustadt pendelt (15 NT$).
●**Bahn:** Die Bahnverbindungen in beide Richtungen sind gut, wenn auch nicht so häufig wie im Norden und Westen, da die Bahnstrecke an der Ostküste überwiegend eingleisig verläuft.

Der Nordosten

Nach **TaiPei** über **SuAo** (6:35, 7:18, 9:08, 10:08, 15:05, 20:05 Uhr), **KaoHsiung** (01:00, 14:23, 18:25 Uhr), YuLi (06:50, 12:40, 22:27 Uhr), **TaiTung** (06:15, 07:15, 09:45, 10:10, 11:54, 12:55, 13:53, 16:25 Uhr).

Ein Informationsschalter (nur chinesisch) befindet sich am Eingang links (geöffnet 08:40–16:30).

Preisbeispiele: KaoHsiung (681-1298 NT$), TaiChung (430-818 NT$), YiLan (118-226 NT$), Hsin Cheng (20-38 NT$), TaiPei (231-445 NT$), ErShui (488-757 NT$), ChiaYi (546-1043 NT$), TaiNan (618-1191 NT$), YuLi (101-193 NT$), FuLi (126-244 NT$), ChiShang (132-256 NT$), KueiShan (173-287 NT$), PingTung (540-670 NT$), TaiTung (192-371 NT$).

● **Mopeds:** An der Kreuzung KuoLienLu Sec 1/ KuoLienLu Sec 3 vor dem Hbf. liegen zahlreiche Verleihstellen; ein 50 ccm Roller kostet um die 400 NT$/Tag. Eine Anmietung ist sinnvoll für die Erkundung der Ostküste südwärts oder die SuAo-HuaLien-Küstenstraße nordwärts, da die öffentlichen Busse zu selten fahren.

● **Organisierte Touren:** Ob „Taroko in-a-day", Abendtouren zu den Tänzen der Ami-Ureinwohner oder Rafting-Touren am HsiuKuLuan-Fluss (sehr empfehlenswert), in HuaLien findet sich alles. Die meisten Hotels, gerade kleinere, sind per *KuanHsi* (Beziehungen) mit dem einen oder anderen Reisebüro liiert, so dass man eine Reihe möglicher Touren direkt und zum gleichen Preis im Hotel buchen kann. Natürlich ist es auch möglich, selbst eines der folgenden Büros aufzusuchen:

1 5 6 中山路   **HungTung Travel Service,** ф 156 ChungShanLu
(direkt neben dem Steak-House).

1 3 7 中山路   **HuaLien Travel Service,** ф 137 ChungShanLu, Tel: (03)-8325108.
1 4 8 建國路   **Southeast Travel Service,** ф 148 ChienKuoLu, Tel: (03)-8338121 bis 5.

Preisbeispiele: Abendtour zu den Ami-Shows 300 NT$, Tagestour Taroko-TienHsiang und Ami-Tänze 750 NT$, Taroko-TienHsiang-TaYuLing-Li-

Der Karpfensee – beliebtes Ausflugsziel bei HuaLien

Shan-TaiChung (One-way-Tour) 1200 NT$, Rafting-Tour mit mehreren weiteren Stops 1300 NT$.

Wer sich besonders für **Wildwasserfahrten** interessiert, sollte den *Adventure Kayak Club* in TaiPei, Fax: 00886-2-25425702, Mr. Lee Schondorf, vor Reiseantritt kontaktieren. Hier werden mehrtägige Ausflüge und Kayak-Kurse (zu ca. 5000 NT$) angeboten.

Sehenswertes in der Umgebung

TungFang HsiaWeil LoYuan
東方夏威夷樂園

1 建國路

Der **Ost-Hawaii-Vergnügungspark** ist eines der neueren Freizeitvergnügungen in der Nordostregion. Kein schlechter Freizeitpark, aber für Wasserrutschen, Schwimmbäder, Autoscooter und Rasenski wird kaum ein westlicher Tourist nach TaiWan gekommen sein. Ferner gibt es als Hawaiianer verkleidete Chinesen, die „echte" hawaiianische Tänze aufführen, der ganz große Renner bei den Einheimischen. Das Parkrestaurant bietet erstklassige „original hawaiianische" Gerichte, allerdings kommt man hier nicht unter 1000 NT$/Person weg.

1 建國路

●Der Park liegt in der Φ 1 ChienKouLu, Tel: 03-8355041, – etwa 3,5 km außerhalb des Zentrums – und hat täglich von 8:00 bis 19:00 Uhr geöffnet (Eintritt 300 NT$). Zu Fuß sind es etwa 45 Gehminuten, ein Taxi kostet rund 200 NT$.

LiYuTan
鯉魚潭

Der **Karpfen-See** hat, von weitem betrachtet, die Form eines Fisches und entstand durch die Errichtung eines kleinen Staudammes an der Ostseite. Es gibt hier im See natürlich auch Karpfen, so sind denn auch Angeln und Bootfahren beliebte Freizeitaktivitäten am See. Boote kann man mieten, Angelausrüstungen leider nicht. Man kann den See in einer guten Stunde umwandern oder an der Südostseite (genau entgegengesetzt von der Zufahrt) an der „Green Shower Area" einen Rundwanderweg zum Aussichtspavillon (2 Stunden) nehmen bzw. nochmals 2 Stunden weiter auf den LiYuShan (601m) steigen. Ein Detailplan hängt am Anfang des Pfades. Von oben kann man einen herrlichen Blick auf das Tal genießen. Marschverpflegung ist mitzubringen, da es unterwegs keine Essensstände gibt.

●**Selbstfahrer:** In HuaLien (ChungChengLu) zunächst englisch ausgeschildert (braun, 18 km), Richtung Ortsausgang nur noch chinesisch (grün, die beiden ersten Zeichen mit je 4 Strichen darunter merken). Man folge der N-9 (Inland) Richtung TaiTung, dann dem erwähnten chinesischen Schild. Die Zufahrt erkennt man am Metall-„denkmal" mit einem Fisch auf der Spitze.

●**Bus:** Nur von/nach HuaLien (Bbhf. Altstadt und Neustadt) ca. alle 90 Minuten. An der großen Fischskulptur kurz vor dem See muss man den Bus herbeiwinken bzw. wenn man aussteigen will, dies dem Fahrer bedeuten.

Der Nordosten

Holzstege zu den Eremiten am PaHsienTung

Der Südosten

Überblick

Der Südosten – jener schmale Küstenstreifen zwischen HuaLien bis südlich von TaWu – ist anders als der hochindustrialisierte Westen und Norden TaiWans. Hier gehen die Uhren langsamer, der Verkehr ist wesentlich geringer und die Küstenlandschaft von einmaliger Schönheit. Bis zur Fertigstellung der Küstenstraße N11 und der Inlandsstraße N9 galt der Südosten als rückständig, hinterwäldlerisch und vom Fortschritt abgeschnitten. Auch heute noch zeigt sich beispielsweise am Fehlen westlicher Fastfood oder Supermarktketten, dass im Südosten das ursprüngliche TaiWan (von den Bergen abgesehen) am ehesten entdeckt werden kann.

Von den Philippinen heranrauschende Taifune fegen häufig über diesen Teil der Insel hinweg. Der karge Boden tut ein Übriges, um der Region etwas Unwirtliches zu verleihen. Die gesamte Küste ab HuaLien bis TaiTung steht als „Scenic East Coast" unter Naturschutz, Industrie gibt es (auch wegen der vielen Unwetter) nicht; die Bewohner der Region leben von Fischfang, Tourismus oder Kleinhandel.

Malerische Ostküste zwischen HuaLien und TaiTung

Die Küstenroute

Man kann die Strecke HuaLien – TaiTung entweder auf der N9 (Inlandsstrecke), oder der reizvolleren Küstenstraße zurücklegen. Letztere bietet eine wesentlich interessantere Szenerie.

Die schönen Punkte der Ostküste haben den Nachteil, dass sie außerhalb größerer Orte liegen und nicht leicht erreichbar sind. Für alle folgenden Ziele entlang der Küste gilt, dass sie nur mit dem *Überlandbus* zu erreichen sind, der nur zwei mal pro Tag fährt. Wer ausschließlich per Bus/Bahn reist, muss sich genau überlegen, wo und ob er stoppt. Die Busse halten zwar nicht planmäßig an den Sehenswürdigkeiten (dort wohnt ja niemand), dennoch halten die Fahrer auf Wunsch. Später winkt man den nächsten Bus heran, die Fahrer kennen das.

Sehr schön und empfehlenswert ist die Fahrt mit einem gemieteten *Moped* (⌀ TaiTung oder HuaLien); man kann dann entweder TaiTung – Küstenstraße – JuiSui – YuLi – TaiTung an einem Tag fahren oder HuaLien – TaiTung mit einer Zwischenübernachtung und am folgenden Tag die Inlandsstrecke zurückfahren.

Die Ostküste ist auch die bevorzugte *Radlergegend.* Für diejenigen, die mit dem Drahtesel unterwegs schwitzen, werden im Folgenden – soweit wie möglich – alle Orte mit Übernachtungsmöglichkeiten genannt.

加路蘭

ChiaLuLan

Hinter dem südlichen Stadtrand von HuaLien windet sich die Küstenstraße N11 kurz nach dem HuaLien Travel Center, wo man Informationsmaterial zur Ostküste kaufen kann, einige Kilometer in die Hügel hinauf zum *Aussichtspunkt* HsiuLuKan, dem höchsten Punkt der Küstenstraße zwischen HuaLien und TaiTung mit Blick in eine Schlucht und das Plateau auf der anderen Straßenseite.

氣氣海水浴場

ChiChi-Beach

Der *Strand* von ChiChi, eine riesige Schwarzsandbucht vulkanischen Ursprungs, kann nicht verfehlt werden. Er ist ideal zum Bodysurfen und Schwimmen und sicher der schönste Strand der Ostküste. Einheimische Touristen schwimmen hier wegen der hohen Wellen kaum; daher gibt es hier noch keine Hotels, lediglich ein Restaurant mit Parkplatz.

豐賓

FengPin (üppiges Gestade)

Der kleine Ort FengPin wird hauptsächlich von Nachfahren der Ami-Ureinwohner besiedelt. Nach den touristischen Vorführungen in HuaLien mit Tänzen, farbenfrohen Kostümen und Holzwerkzeu-

Der Südosten

gen barfüßiger Ureinwohner erwartet man hier vielleicht Ähnliches. Aber der Alltag der Ureinwohner sieht völlig anders aus, und man muss schon sehr genau hinsehen um zu erkennen, dass es sich hier nicht um Chinesen handelt. Das Städtchen ist für Radwanderer ein willkommener Stop.

Unterkunft
國賓旅社

Φ*KuoPin LuShe**, 30 SanMinLu,
Tel: (03)-8791135, Zimmer ab 450 NT\$. Empfehlenswert.

龍宮客店

Φ*LungTang KeChan***, 120 SanMinLu,
Tel: (03)-8791116, 900 NT\$ für gute DZ, einfache (Fan) 500 NT\$.

石梯坪

ShihTiPing

Viele Traveller empfehlen ShiTiPing als besonders gelungenen *Aussichtspunkt.* Wenn er auch meiner Meinung nach nicht so interessant wie die ♪ „Höhlen der acht Unsterblichen" ist, sehenswert ist er auf jeden Fall, da bei klarem Wetter Sicht bis TaiTung und HuaLien herrschen kann.

Kurz hinter (südlich) ShiTiPing zweigt am nördlichen Ufer des HsiuLuKuan-Flusses die atemberaubende Bergstraße nach ♪ JuiSui ab. 6 km südlich weist eine weiße Säule auf den *Wendekreis des Krebses* hin.

八仙洞

PaHsienTung (BāXiānDòng)

Zu den sehenswertesten Punkten genau in der Mitte zwischen HuaLien und TaiTung zählen die *Höhlen der acht Unsterblichen.* Hierbei handelt es sich eigentlich weniger um Höhlen, als vielmehr um Grotten oder Felsvorsprünge, die – so die Legende – den acht Unsterblichen als Unterkunfts- und Meditationsstätte dienten. Später lebten hier zahlreiche taoistische Einsiedler, in den oberen Höhlen auch heute noch (allerdings sehr fortschrittlich mit TV). Von und nach TaiTung fährt viermal am Tag ein Bus.

Die gesamte Anlage ist heute eine buddhistische Reliquie und sehenswert vor allem wegen der ersten Haupthöhle. Den Zugang ziert der dickbäuchige *MiLoFu,* die vom Rang zweithöchste Figur des Buddhismus. Hinter dem Schrein in der ersten Höhle sprudelt eine Heilquelle aus dem Felsen über einen Kuan-Yin Boddhisatva.

Der Fußweg (überwiegend Holztreppen) zu den insgesamt zwölf Grotten ist recht anstrengend und führt auf beachtliche 145 m Höhe. Eine großartige Aussicht über ♪ SanHsienTai bis auf die Insel ♪ LuTao lohnt aber die Mühe. Man sollte eine gute (schweißtreibende) Stunde für PaHsienTung einkalkulieren. Gute Schuhe sind ratsam, da eine Stelle des Weges zumindest nach Regenfällen unangenehm werden kann.

長賓

ChangPin

Eine Übernachtung in ChangPin ist für Radler oder Busreisende interessant, die ein paar Stunden am 1,5 km nördlich gelegenen „schwarzen Strand" verbringen und die Höhlen der acht Unsterblichen (9 km nördlich von ChangPin) besuchen wollen. An der Hauptstraße liegen zwei Unterkünfte:

Unterkunft
長永旅社
建華旅社

Φ*ChangYong LuShe,* 95 ChangPinLu, Tel: (08)-9831088, 500 NT$.
Φ*ChianHua LuShe,* 69 ChangPinLu, Tel: (08)-9831012, 900 NT$.

祝湖海水浴場
太子堂

ChuHu Beach/TaiTzuTang

Dieser **Strand** wird nur selten von Einheimischen besucht: Wegen des vulkanischen dunklen Sandes wird es einem bei Sonne schnell „brenzlig" unter den Füßen. Am nördlichen Ende der Bucht zweigt landeinwärts eine Haarnadelkurve (Tor) zum TaiTzuTang, einem kleinen taoistischen **MaTzu-Tempel,** ab.

三仙臺

SanHsienTai (Drei-Unsterbliche-Terrasse, SānXiānTái)

5 km nördlich von ChengKung bzw. 27 km südlich von ChangPin liegen die **Korallenfelsen** der „drei Unsterblichen". Der Aussichtspunkt mit der kleinen, durch eine Bogenbrücke verbundenen Insel ist ein beliebtes Motiv für Kunststudenten, die hier stundenlang sitzen und malen. Einer chinesischen Legende zufolge rasteten drei der acht Unsterblichen hier auf der Insel auf ihrem Weg zur pazifischen Zauberinsel PengLai. Durch den Park führt eine Reihe befestigter Fußwege, gesäumt von zahlreichen Rast- und Aussichtspavillons.

成功

ChengKung (Erfolg)

Ebenfalls ein netter Stop mit Übernachtungsmöglichkeit ist der kleine **Fischerhafen** ChengKung, 17 km nördlich von TungHo. In der Nähe des Busbahnhofes in der ChungHuaLu gibt es ein paar Unterkünfte, eine Post und daneben ein kleines Restaurant mit köstlichen, getoasteten Snacks. Von hier aus kann man in einstündigem Fußmarsch SanHsienTai erreichen.

Orientierung

Aus Richtung TaiTung kommend fährt man auf der Hauptstraße (Chung-HuaLu) bis durch eine S-Kurve. An deren Ende liegt rechts der Bbhf. 100 m weiter befindet sich rechts eine Bäckerei, links die Post und ein Snack-Restaurant. Nach weiteren 100 m folgt eine Kreuzung mit Schild Richtung HuaLien nach links, diese Straße ist die ChungShanLu, rechts liegt die ChungChengLu.

Der Südosten

Unterkunft

新港旅社   Φ *HsinKang LuShe*,* 20 ChungHuaLu, Tel: (08)-9852679, 300 NT$.
睦福旅社   Φ *ChengFu LuShe*,* 149 ChungHuaLu, Tel: (08)-9851010,
    mit 350 NT$ unwesentlich teurer, aber besser.
洞海旅社   Φ *TungHai LuShe*,* 24 MinZuLu, Tel: (08)-9851037.
    Die besten DZ kosten 550 NT$.
十中正路大旅社   Φ *TuPin TaLuShe**,* 10 ChungChengLu, Tel: (08)-9851103, haben DZ zu
    750 NT$, aber auch einfachste Zi. ab 400 NT$. Vom Bus zur ChungShan-
    Lu; dort, wo ein Wegweiser in lateinischer Umschrift links Richtung HuaLien
    weist, geht es rechts hinunter.
慎王子大旅社   Φ *ChenWangTzu TaLuShe***,* 56 ChungShanLu, Tel: (08)-9851612 mit
    Zimmern von 750–900 NT$. Schräg gegenüber der Tankstelle am Orts-
    ausgang/Nord.

東和

TungHo (DōngHè)

Das ruhige und idyllische Örtchen TungHo bietet sich als Stop für
Radler an, die nicht mehr die ca. 40 km bis TaiTung kommen.
Unten am Meer sieht man einen Teil der uralten Küstenstrecke, am
nördlichen Ortsende steht noch die alte **TungHo-Brücke,** die zum
Zeitpunkt ihrer Errichtung (1957) als Meisterwerk taiwanesischer
Brückenbautechnik gepriesen wurde. Am Südende der Brücke
führen eine Treppe und ein Pfad (besser zu begehen) in die
Schlucht hinab. An der Brücke zweigt auch die N23 ins Inland
nach FuLi (64km) ab.

Unterkunft

泰新旅社   Φ *TaiHsin LuShe*,* 55 TaiYingCun, Tel: (08)-9891016,
    ab 250 NT$ für Verschläge, bis 650 NT$.
南泰旅社   Φ *NanTai LuShe*,* 91 TouKuanCun, Tel: (08)-9531257,
    winzig, nur 4 Zi. um 450 NT$, sehr privat.
華山旅社   Φ *HuaShan LuShe*,* 16 PenTouLa, Tel: (08)-9891335,
    450 NT$, noch erträglich.
泰順旅社   Φ *TaiShun LuShe**,* 77 PenTouLa, Tel: (08)-9891010,
    DZ 700 NT$, haben auch einige einfache Zi. ab 350 NT$.
桃源山莊   Φ *TaoYuan ShanChuang**,* 17-8 PenTouLa,
    Tel: (08)-9891317, ab 750 NT$.

Aufwärts fließendes Wasser

(engl. Hinweistafel: „Water flowing up" zum Parkplatz) Hier über-
rascht eine gelungene **optische Täuschung** jeden, der vor der
Besichtigung unter Berufung auf im Physikunterricht Gelerntes
„unmöglich" sagt. Das „Wunder" befindet sich auf der gegenüberliegenden Straßenseite des Parkplatzes – ansehen und sich ver-
blüffen lassen!

杉原

ShanYuan Beach (Spießtanne-Flachland)

14 km nördlich von TaiTung findet man einen schönen **Strand** in
relativer Stadtnähe. Die große Bucht ist sehr sauber, und nur
selten gehen Einheimische zum schwimmen an den Strand, die

meisten halten nur für das obligatorische Erinnerungsfoto. Von hier hat man die Insel LuTao im Blick; der Strand ist sehr zu empfehlen, vor allem wenn man mit eigenem Transportmittel unterwegs ist.

小野柳

HsiaoYehLiu (klein-Freiland-Weide, XiǎoYěLiǔ)

Der kleine **Park am Meer** bei FuKang, ca. 12 km nördlich von TaiTung, bietet einen malerischen Blick aufs Meer sowie auf die Insel LuTao, die hier gute 30 km vor dem taiwanesischen Festland liegt. Außerdem gibt es einige „spektakuläre" Felsformationen zu sehen. Wer keine weiteren Punkte der Ostküste anläuft, sollte von TaiTung aus zumindest hier einen Stop machen.

父港
臺東港

FuKang (TaiTungKang, Vater-Hafen)

Der Hafen FuKang (10 km nördlich von TaiTung) dient als Abfahrtsort der **(Personen-) Frachter nach LuTao und LanYu.** Tickets sind bei den in TaiTung genannten Agenturen zu kaufen, nicht in FuKang. Die Frachter beladen ab Mitternacht und starten gegen 6:00 Uhr, häufig aber auch früher. Übernachtungsmöglichkeiten gibt es in FuKang nicht, auch besteht am frühen Morgen keine Busverbindung von/nach TaiTung (⌀ TaiTung, An-/Abreise).

Busse fahren vom Überlandbbhf/Nord in TaiTung, gehalten wird nur auf Verlangen. Dementsprechend muss ein Bus herangewunken werden, wenn man nach TaiTung oder HuaLien zusteigen will.

Die Inlandsroute

瑞穗

JuiSui (glücksbringende Ähre, RùiSùi)

Die kleine, gewundene Straße von der Mündung des HsiuKuLuan-Flusses hinauf bis JuiSui (22 km) ist absolut empfehlenswert – sofern man über ein eigenes Gefährt verfügt. Der Beifahrer wird entweder begeistert sein oder einem Herzinfarkt erliegen, während der Fahrer die großartige Szenerie entlang der Schlucht nicht sieht – volle Konzentration auf die Strecke ist erforderlich.

Von hier aus kann man auch die **Wildwasser-Schlauchboote** beobachten, noch besser: selbst daran teilnehmen. Touren werden in ⌀ HuaLien (ca. 1000 NT$ für Ganztagestour incl. Lunchbox) und beim Rafting Center in JuiSui (700 NT$) angeboten. Die Angelegenheit ist naturgemäß sehr feucht – trockene Ersatzkleidung kann man im Bus oder im Center deponieren.

紅葉溫泉

Bei JuiSui (6 km entfernt; im Ort engl. ausgeschildert) befinden sich die ⌀**HongYe WenQuan** (heiße Quellen) – leider, wie so oft, nur als Hotelbadewasser zu genießen. Es besteht keine öffentliche Verkehrsanbindung zum Kurzentrum

Der Südosten

Unterkunft

高賓旅社９０中正路   Φ **KaoPin LuShe***, 90 ChungChengPeiLu,
Tel: (03)-8872224, DZ 600 NT$, haben zwei Zi. zu 350 NT$.

進癸旅社５中山路   Φ **ChinKui LuShe****, 5 ChungShanLu Sec. 1,
Tel: (03)-8872229, DZ um 700 NT$, unter der Woche 400 NT$.

華榮旅社２８中山路   Φ **HuaRung LuShe****, 28 ChungChengPeiLu Sec. 1, Tel: (03)-8872214.
Direkt gegenüber vom Bahnhof an der Hauptstraße, DZ 650 NT$.

紅葉溫泉旅社   Φ **HongYueh WenChuan LuShe****, Tel: (03)-8872176, DZ ab 600 NT$,
Dorm 250 NT$. Bei den heißen Quellen, Zimmer werden auch stunden-
weise zur Benutzung des Quellwassers für 300 NT$ vermietet.

秀山園旅社１３中正   Φ **HsiuShanYuan LuShe*****, 13 ChungChengLu Sec. 1,
Tel: (03)-8872211.

An-/Abreise

● Der **Überlandbus** HuaLien – TaiTung hält direkt am Bahnhof von JuiSui,
Fahrzeit 2 Std. bis TaiTung, 1,5 Std. bis HuaLien.

● **Züge** verkehren etwa alle 90 Minuten, sind aber langsamer als die Busse.

● **Preisbeispiele:** TaiPei (300–548 NT$), HuaLien (117–195 NT$), Tai-
Tung (181–225 NT$), je nach Zugart. Der Bus nach HuaLien kostet 135
NT$ (einer kostet 164 NT$, Express), nach TaiTung 225 NT$.

Der HsiuKuLuan – Eldorado für Rafting-Sportler

玉里

YuLi (Jade Heimat, YùLĭ)

Einen guten Übernachtungsstopp kann man als Radler in YuLi einlegen, etwa auf halber Strecke zwischen HuaLien und TaiTung.
Von hier aus sind es 10 km bis zur Zufahrt zum YuShan-National-
park/Ostseite (ausgeschildert), 11 km zu den heißen (Hotel-) Quel-
安通溫泉 len von ΦAnTung (Frieden umfassen), beide Ziele sind nicht mit
öffentlichen Verkehrsmitteln erreichbar.

福鉎大旅社 Φ*FuShi TaLuShe,* 91 ChungShanLu, Tel: (03)-8883156,
Zi. ab 500 NT$, haben auch bessere Zi. bis 900 NT$.
新新旅社 Φ*HsinHsin LuShe,* 226 TaKeLu, Tel: (03)-8883103,
ab 500 NT$, komfortablere (A/C, TV) kosten 750 NT$.
新高旅社 Φ*HsinKao LuShe,* 214 TaKeLu, Tel: (03)-8883106, 800 NT$.
玉麒麟 Φ*YuChiLin LuShe* („Gasthof zum jadenen Einhorn"), 210 TaKeLu,
Tel: (03)-8883113, Dorm 450 NT$, DZ 1600 NT$.
東亞旅社 Φ*TungYa LuShe,* 205 ChungShanLu Sec.1, Tel: (03)-8882021,
Dorm 250 NT$, DZ 550 NT$.
圓環旅社 Φ*YuanHuan LuShe,* 209 ChungShanLu Sec.1, Tel: (03)-8883111,
Dorm 260 NT$, DZ 750 NT$.

in AnTung (heiße Quellen):
安通溫泉大旅社 Φ*AnTung WenChuan TaLuShe,* Tel: (03)-8886108, 700 NT$ für 3er-,
600 NT$ für 2er-Zimmer (Tatami-Matten, keine Betten). Westliche DZ ab
An-/Abreise 1000 NT$. Hübsch nach japanischem Vorbild gemacht.

●*Busse* verkehren nur als Überlandbuslinie TaiTung – HuaLien, Anbindung
besteht etwa alle 2 Stunden. Die Busse halten direkt am Bhf.
●*Züge* gehen durchschnittlich alle 90 Minuten in beide Richtungen. Wer
flexibel in der Wahl des Transportmittels ist, kommt mit Bus oder Bahn nach
spätestens einer Stunde in der gewünschten Richtung weiter. Auch Expresszüge halten in YuLi, so dass sogar direkt bis TaiPei durchgefahren
werden kann.

池上

ChihShang

Selbstfahrer, die den spektakulären Trip über den hier endenden
Southern Cross Island Highway hinter sich haben (vor allem per
Rad), finden hier erstmals wieder Unterkünfte, die meisten entlang
der Hauptstraße.

Unterkunft
庠芳旅社 Φ*YangFang LuShe*,* 10 ChungTungSanLu,
Tel: (089)-862818, 300 NT$, sehr einfach.
光明旅社 Φ*KuangMing LuShe*,* 4 TaKeLu,
Tel: (089)-862036, nicht viel besser bei allerdings schon 400 NT$.
廣樂大旅社 Φ*ShouLe TaFanTian*,* 227 ChungShanLu,
Tel: (089)-862007, ist etwas besser (fan), 550 NT$.
成安旅社 Φ*ChengAn LuShe**,* 263 ChungShanLu,
Tel: (089)-862076, DZ 650 NT$.
池上大飯店 Φ*ChiShang TaFanTian**,* 308 ChungShanLu,
Tel: (089)-861066, ist bei 700 NT$ empfehlenswert.

Der Südosten

An-/Abfahrt

●*Busse und Züge* halten in ChihShang wie auch in YuLi und JuiSui. Einige Beispiele: JuiSui 59–114, HuaLien 133–168, TaiTung 59–116, TaiNan 300–564, HsinCheng 1154–295, TaiPei 360–702 NT$, je nach Zugart.

關山

KuanShan

Auch KuanShan, 14 km südlich von ChiShang bzw. 35 km vor TaiTung gelegen, kann als Zwischenstopp- oder Übernachtungsmöglichkeit genutzt werden. Dies gilt insbesondere für Radfahrer, Bus- und Bahnreisende können gleich bis TaiTung durchfahren. Wer Richtung SCIH (♪ Zentralbergland Süd) per Rad unterwegs ist, kann hier noch einmal Proviant einkaufen.

Unterkunft

嘉賓旅社

Φ*ChiaPin LuShe**, 2 ChungShanLu, Tel: (089)-811015, winzige Kammern zwischen 250 und 500 NT$.

新生旅社

Φ*HsinSheng LuShe**, 49 ChungShanLu, Tel: (089)-811051, bietet ähnliches zu gleichen Preisen.

金玉旅社

Φ*ChinYu LuShe****, 38 ChungShanLu, Tel: (089)-811007, einfache Zi. ab 650 NT$, die besseren 1200 NT$.

An-/Abfahrt

●In KuanShan fährt um 9:30 Uhr der einzige *Verbindungsbus* zwischen ♪TaiTung und ♪TienChih im südlichen Bergland. In TienChih muss umgestiegen werden in den Bus von/nach TaiNan.

臺東

TaiTung (TáiDōng, Terrasse-Ost)

Ruhig und für taiwanesische Verhältnisse rückständig ist die Hauptstadt der gleichnamigen Provinz des Südostens, TaiTung.

Die Gegend um die Stadt wurde archäologischen Ausgrabungen zufolge schon vor 5000 Jahren von den PeiNan, einem frühen Jäger- und Bauernvolk besiedelt und gilt als frühestes menschliches Siedlungsgebiet auf TaiWan. Im rund 5 km nördlich von TaiTung gelegenen und nach diesem Stamm benannten Vorort PeiNan wurden Töpferwaren, Skelette und Särge dieser Epoche entdeckt. Es soll dort ein *archäologisches Freilichtmuseum* eröffnet werden, in dem dann diese frühe Kultur nachgestellt wird.

Bis heute leben in der Provinz TaiTung überdurchschnittlich viele Nachfahren der Ureinwohner, was ebenfalls als Hinweis für das erste Kulturzentrum auf TaiWan gewertet wird. Ähnlich wie HuaLien war auch TaiTung lange Zeit verkehrstechnisch relativ isoliert und konnte bis in die siebziger Jahre nur auf dem Seeweg erreicht werden. Die Auswirkungen dieser Isolation sind bis heute sichtbar. TaiTung hat sich noch nicht von der Konsumsucht und Amerikagläubigkeit anderer Städte auf TaiWan anstecken lassen. Fastfood-Restaurants, die übliche Auswahl englischsprachiger Zeitungen oder Fremdsprachenkinos sucht der Reisende vergebens.

TaiTung – Zentrum des Südostens

Mit der malerischen Ostküste im Norden, den Inseln LuTao und LanYu im Osten, und der spektakulären südlichen Ost-West-Verbindungsstraße (SCIH) im Nordwesten hat sich TaiTung zum beliebten Ausgangspunkt entwickelt und bietet Luft-, See-, Schienen- und Straßenverbindungen zu nahen und fernen Zielen. Die Sehenswürdigkeiten der Stadt sind alle gut zu Fuß erreichbar.

Sehenswertes

TaiTung-Strand
臺東海水㴾場

Nur wenige Gehminuten entlang der TaTungLu Richtung Osten liegt der Hausstrand der Stadt. Er ist in aller Regel fast menschenleer, da der Meeresboden schon nach wenigen Metern steil abfällt und die Einheimischen den Wellen nicht trauen. Nichtsdestotrotz ist es ein netter Strand, einer der ganz wenigen auf TaiWan, die man zu Fuß von einer Stadt aus erreichen kann.

**LungFeng
FoKung**
龍鳳佛宮

Am buddhistischen ***Drache-und-Phoenix-Tempel*** treffen sich die Einheimischen, um unter den Bäumen vor dem Tempel Karten und MahJong zu spielen oder früh am Morgen TaiChiChuan zu üben. Der Tempel selbst besteht aus zwei Stockwerken. Im unteren steht zentral die Figur des *TaoLin* (einer der legendären Fürsten zur Zeit der drei Reiche) inmitten von fünf in prächtigen Rüstungen posierenden Statuen. Im oberen Stock steht Buddha auf einer Lotusblüte, umsäumt von zwei Boddhisatvas. Die Innenwände zeigen Szenen aus dem Leben des historischen Buddha; ▲ 2 (S. 280). Neben dem Tempel wurde eine 9stöckige Pagode erbaut, von der aus man einen weiten Blick über TaiTung auf das rapide ansteigende Bergland sowie aufs Meer hat; ▲ 3 (S. 280).

Der Südosten

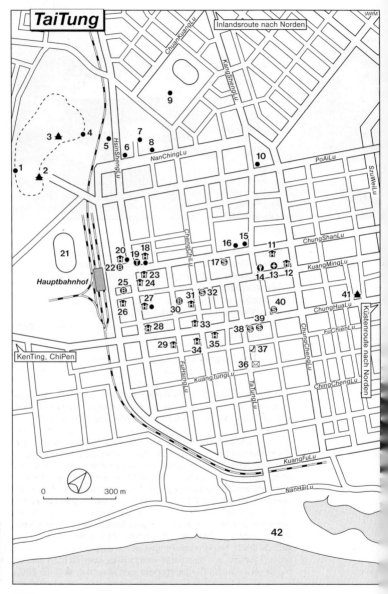

•	1	Flaggenhügel	⊟ 22	Nahverkehrsbusse/Nord
▲	2	LungFeng - Tempel	⊞ 23	HsinHsin und HsinFuChih Hotels
▲	3	Pagode	⊞ 24	TungYi Hotel und
•	4	Pavillon und Höhenweg	•	LanYu Travel Service
•	5	Supermarkt	⊟ 25	Busbahnhof/Überland
•	6	MaKung Airlines und	⊞ 26	LenYa und RenAi Hotels
⊞		Air Park Hotel	⊞•27	ChinAn Hotel und Taiwan Airlines
•	7	KungChiao HuiKuan	⊞ 28	ChuanCheng und TungPing Hotels
•	8	Schwimmbad	⊞ 29	MingChu Hotel
•	9	Universität	⊟ 30	Nahverkehrsbusse/Süd
•	10	LanYu - Schifffahrtsgesellschaft	⊞ 31	KuoTai Hotel
⊞	11	ChenFang Hotel	⑤ 32	1st Commercial Bank
⊞	12	YangChou Hotel	⊞ 33	KuoChi Hotel
✛	13	Spital	⊞ 34	NanRung Hotel
•	15	Polizei (Visastelle)	⊞ 35	ShanTaWang und FuKuo Hotels
•	16	Stadthalle u. TI	⊠ 36	Hauptpost
⑤	17	Bank of Taiwan	☑ 37	Nat. Telefongesellschaft
⊞	18	TungChihLe Hotel und	⑤ 38	Taiwan 1st Bank
•		MaKung Airlines	⑤ 39	Taiwan Land Bank
☎	19	Tankstelle	⑤ 40	Taiwan Coop. Bank
⊞•20		Zeus Hotel und FAT Airlines	▲ 41	TienHou Tempel
•	21	Stadion		42	städt. Strand

Auf den **Berg** hinter dem Tempel führt rechts neben der Pagode ein Fußweg am Pavillon vorbei steil aufwärts. Von oben aus kann man bei klarer Sicht die Insel LuTao ausmachen. Der Weg führt weiter auf dem Grat entlang hinunter zur anderen Seite des Tempelparks (ca. 45 Minuten); • 4.

TienHouKung

天泻宫

Ein Besuch des kleinen **taoistischen Tempels** wird nach Einbruch der Dämmerung mit seinem davorliegenden Nachtmarkt und den Scharen von Besuchern besonders interessant. Dann nämlich werden taoistische „Läuterungen" und Rituale vollzogen. Der Komplex selbst besteht aus einem kleinen Hauptgebäude sowie rechts und links den traditionellen Glocken- und Trommeltürmchen. Die MaTzu-Hauptfigur am Altar hinter dem kleinen Innenhof ist leider durch die trübe Glasscheibe kaum zu sehen. An den Wänden sind eine Reihe von rosafarbenen Namensschildchen angebracht – alles verstorbene Taoisten der Nachbarschaft; ▲ 41.

Jnterkunft

東賓大旅社

全成旅社

Rund um das Zentrum liegen eine ganze Reihe brauchbarer Unterkünfte, alle befinden sich in Gehnähe zum Hauptbahnhof.
Φ**TungPin LuShe****, 536 ChungHuaLu, Tel: (089)-322222, 600–700 NT$.
ΦDas **ChuanCheng LuShe****, 52 HsinShengLu, Tel: (089)-322611, bietet insgesamt 13 Zimmer mit Preisen von 550–700 NT$.

Der Südosten

振芳旅社   Φ*ChenFang LuShe**, 281 ChungShanLu, Tel: (089)-322251,
kleine Zimmer ab 450 NT$.

山大王別館   ●Etwas teurer, aber bedeutend komfortabler (a/c, Bad, TV, Kühlschrank)
mit Zimmerpreisen ab 550 NT$ ist das Φ*ShanTaWang BieGuan**, 435
ChungHuaLu, Tel: (089)-324233. Sauber und gut.

統一大旅社   Φ*TungYi TaLuShe***, 120 HsinChengLu,
Tel: (089)-322176, DZ ab 600 NT$.

金安大旅社   Φ*ChinAn TaLuShe***, 96 HsinShengLu,
Tel: (089)-311168, DZ 750 NT$, haben auch bessere Zi. zu 1400 NT$.

洋洲大飯店   Φ*YangChou TaLuShe***, 90 KuangMingLu, Tel: (089)-322230,
sehr großer Komplex mit Preisen zwischen 600 und 900 NT$.
Liegt genau an der Ecke zur ChungChengLu.

南榮旅社   Φ*NanRung LuShe***, 147 ChengChiLu, Tel: (089)-322270,
DZ in unterschiedlicher Ausstattung von 500–900 NT$.

國際大飯店   Φ*KuoChi TaFanTian****, 464 ChungHuaLu, Tel: (089)-322362.
新福治大飯店   Φ*HsinFuZhi TaFanTian****, 417 ChungShanLu, Tel: (089)-331101.
新新大飯店   Φ*HsinHsin TaFanTian****, 429 ChungShanLu, Tel: (089)-324185.
國泰大旅社   Φ*KuoTai TaLuShe****, 217 ChengChiLu, Tel: (089)-322890,
hat mehrere unterschiedliche Zimmer von 700 bis 1400 NT$.

公教會館   Φ*KungChiao HuiKuan****, 19 NanChingLu, Tel: (089)-310142,
bietet gute DZ zu 1000 NT$, für Lehrer auf TaiWan (Ausweis) zu 700 NT$.

興東園大飯店   Φ*HsinTungYuan TaFanTian (Hotel Zeus)*****, 404 ChungShanLu,
Tel: (089)-325101.

聯亞大飯店   Φ*LianYa TaFanTian*****, 296 TieHuaLu, Tel: (089)-332135.
明玉大飯店   Φ*MingYu TaFanTian******, 145 FuHsingLu, Tel: (089)-322100.
航空花園賓館   Φ*HangKong HuaYuan PinKuan******, 268 HsinShengLu,
Tel: (089)-346422.

東之鄉飯館   Φ*TungChe Hsiang PinKuan********, 374 ChungShanLu, Tel: (089)-310171.
富國大飯店   Φ*FuKuo TaFanDian********, 441 ChungHuaLu, Tel: (089)-324345.

Essen und Trinken

Wer sich auf keine Experimente einlassen möchte, findet links vom Hauptbahnhof eine **McDonald's** Filiale. Neben den allgegenwärtigen Imbissständen und Nudelsuppenshops bietet sich für kleinere Gerichte das *chi-*

4 3 9 中華路   *nesische SB-Restaurant* (Φ439 ChungHuaLu) an. Der *TungNung Supermarkt*

新生路＼南京路   (Φ*HsinShengLu/Ecke NanChingLu*) hat eine große Auswahl an Fertigsuppen sowie ein Regal mit warmen Snacks zum Mitnehmen.

Auf dem *Abendmarkt* vor dem TienHou-Tempel werden preisgünstige, kleine chinesische Gerichte feilgeboten, am *Stadtmarkt* (d.h. überal

中山路＼中華路   rechts der ΦChungShanLu bis zur ΦChungHuaLu) gibt es vor allem reichlich Obst und Textilien.

Information

2 7 6 中山路   Die lokale Information in der Φ276 ChungShanLu (Tel: (089)-322423,
glänzt zwar nicht durch übermäßig viel Informationsmaterial, bietet abe
einen kostenlosen Hotelreservierungsservice sowie eine chinesischspra
chige elektronische Info-Säule (z.B. Flugmöglichkeiten etc.). Geöffne
8:00–12:00, 13:30–17:00 Uhr, Sa. nachm. und So. geschlossen; hilfsbe
reites, englischsprachiges Personal.

Institutionen
銀行
3 1 3 中山路
中華路＼大同路
3 6 9 中華路
3 8 8 中華路

●*Banken:*
Bank of TaiWan, Φ313 ChungShanLu (direkt gegenüber vom TI).
TaiWan 1st Bank, ΦChungHuaLu/Ecke TaTungLu.
TaiWan Land Bank, Φ369 ChungHuaLu, kurz hinter der 1st Bank.
TaiWan Cooperative Bank, Φ388 ChungHuaLu.

郵局１１０大同路
公安局，
２６８中山路
醫院

☒ 36; **Post:** ✆ 110 TaTungLu, geöffnet 8:00–17:00 Uhr.
● 15; **Polizei:** für Ausländerangelegenheiten (auch Visa) ist die Dienststelle in der ✆ 268 ChungShanLu, Tel: (038)-334756 zuständig (neben der TI).
● **Krankenhaus:** ShengWei TaiTung YiYuan (Provinzialkrankenhaus), 1 WuChuanLu, Tel: (089)-324112.

１３２光明路
游泳池

✚ 13; **Erste Hilfe:** ✆ 132 KuangMingLu; kein englischsprachiges Personal.
● **YouYongChi:** Das städtische **Schwimmbad** ist ausgesprochen angenehm, herrlich erfrischend und liegt zentral in der NanJingLu, zu erkennen am Schwimmersymbol an der Außenwand. Eintritt 60 NT$.

An-/Abreise

● **Luftweg:** Von TaiTung bestehen regelmäßige Luftverbindungen nach TaiPei (1407 NT$), KaoHsiung (1184 NT$), TaiNan (gleicher Preis), LanYu (1154 NT$) und LuTao (644 NT$, Preise jeweils für die einfache Flugstrecke). Die wichtigste Verbindung – zu den beiden letztgenannten Inseln – wird halbstündig von MaKung und Formosa Airlines bedient.

２６８新生路
３８０中山路

● **MaKung Airlines,** ✆ 268 HsinShengLu, Tel: (089)-346422.
● **Formosa Airlines,** ✆ 380 ChungShanLu, Tel: (089)-326677.
● **TaiWan Airlines,** Flugplatz, Tel: (089)-327061.

２４１新生路

● **Far Eastern (FAT),** ✆ 241 HsinShengLu, Tel: (089)-326107.

Im Flughafen steht eine elektronische Multimedia-Informationssäule, jedoch leider nur auf chinesisch: Hier werden alle sehenswerten Punkte auf Landkarten und Bildern dargestellt und mit Hintergrundinformationen ergänzt. Der Flughafen liegt etwa 5 km nordwestlich, außerhalb vom Stadtzentrum. Taxis nach TaiTung kosten 200 NT$, von der City zum Flughafen (mit Taxameter) reichen i.d.R. 180 NT$.
● **Seeweg:** TaiTung selbst verfügt über keine Anlegemöglichkeit; der Hafen von TaiTung liegt 11 km außerhalb in der Ortschaft FuKang (,TaiTung-Kang). Unbedingt zu beachten ist, dass Tickets für das Schiff nach LanYu oder LuTao vorab in TaiTung bei einer der folgenden Reedereien gebucht werden müssen, da dies in FuKang nicht möglich ist:

５８２四維路
７９中成路
長安輪船
２５５新生路
３０６破愛路
２２２新生路
３７８中山路

● **Deluxe Dragon LongHao KeLun,** ✆ 582 SzuWeiLu, Tel: (089)-330756.
● **HsinFa HangYun,** ✆ 79 ChungChengLu, Tel: (089)-351931.
✆ **ChangAn LunChuan,** Tel: (089)-325338.
● **ZhanAn LunChuan,** ✆ 255 HsinShengLu, Tel: (089)-320413.
● **TaiTung HsienLun ChuanKuan LiChu,** ✆ 306 PoAiLu, Tel: (089)-310815.
● **ShanChiu ChuanKuan KungSi,** ✆ 222 HsinShengLu, Tel: (089)-351814.
● **HengLiang ChuanKuan KungSi,** ✆ 378 ChungShanLu, Tel: (089)-325338.

Die Schiffe sind Frachter und verkehren höchst unregelmäßig, da sie erst bei einigermaßen gefülltem Laderaum ablegen. Meist stechen sie gegen 5:00 Uhr morgens in See, um via LuTao (1 Stunde Fahrt, dort entladen) nach LanYu (weitere 3 Stunden, wieder entladen) und dann zurück nach FuKang zu fahren. Man kann fast überall auf TaiWan morgens um 5:00 Uhr einen Regionalbus bekommen – nur nicht nach FuKang. Taxis verlangen zu dieser Morgenstunde ca. 200 NT$. Der einfache Fahrpreis nach LanYu kostet ca. 660 NT$, nach LuTao rund 350 NT$. Wer Glück hat, kann auch von einer Insel zur anderen für 450 NT$ (einfach) mitgenommen werden.
● **Bahn:** 1991, mit der Fertigstellung der Bahnstrecke im Süden zwischen TaiTung und PingTung, wurde das Schienenoval um TaiWan geschlossen und so die Bahnstrecke TaiTung – KaoHsiung wesentlich verkürzt. An der Ostküste sind die Verbindungen allerdings nicht ganz so häufig wie an der Westküste, da der Schienenweg hier überwiegend einspurig verläuft.

台東事，舊火車占

Achtung: Zug nach ✆ TaiTungShi, JiuHuoCheZhan nehmen – einige Züge halten nur am neuen Bahnhof (5 km außerhalb!).

Der Südosten

Nach **Norden:** 6:15 (TaiPei), 6:45 (HuaLien), 6:52 (TaiPei), dann ca. stündlich Nah- und Fernverkehrszüge. Nach **Süden:** 7:15, 9:00, 11:18, 13:50, 15:53, 19:15 bis KaoHsiung

Preisbeispiele: KuanShan 44–84 NT$, ChuLi 94–180 NT$, HuaLien 192–372 NT$, HsinCheng 211–408 NT$, TaiPei 561–817 NT$, TaiChung 804–962 NT$, KaoHsiung 172–377 NT$. Im Bahnhofsgebäude befindet sich ein englischsprachiger Informationsschalter.

●**Bus: Langstreckenbusse:** Nach TaiChung (9:00, 12:30, 14:30 und 23:00), KaoHsiung (ab 8:00 stdl.), HuaLien Inland via N-9 (ab 6:40 und 7:20, danach etwa alle 2 Std.; der Bus hält u.a. in KuanShan, ChihShang, YuLi, JuiSui). Einige Preisbeispiele: TaiChung 645–793 NT$ (versch. Busarten/Strecken), PingTung 352 NT$, FengShan 383 NT$, ChiaYi 538 NT$, TaiNan 468 NT$, KaoHsiung 430 NT$, HuaLien 360 NT$. Der Busbahnhof liegt aus dem Bhf. kommend rechts an den Vorplatz angrenzend; ☯ 25.

☯ 22; **Nahverkehr-Überland/Nord:** Die Kartenschalter liegen verdeckt durch Tourbusse direkt neben dem Zeus-Hotel am Bahnhofsvorplatz links (aus Richtung Hbf.). Hier wird hauptsächlich TaiTung-HuaLien (nur zweimal tgl. 7:30 und 14:30 Uhr) und TaiTung-ChengLi entlang der reizvollen Ostküstenstraße sowie TianChi am Southern Cross Island Highway (SCIH, 8:00 Uhr) angefahren. Die Küstenlinie per Bus zu fahren, empfiehlt sich nur dann, wenn man auf dem Weg von/nach HuaLian nur einen Punkt der Ostküste per Bus besichtigen will.

Um zum Hafen von FuKang zu gelangen, von wo aus die Schiffe nach LanYu und LuTao ablegen, könnte man ebenfalls einen der beiden Küstenbusse nehmen. Dies ergibt allerdings keinen Sinn, da das Schiff spätestens um 6:00 Uhr ablegt und in FuKang auch keine Übernachtungsmöglichkeit besteht.

☯ 22; **Nahverkehr Überland/Süd:** In der FuHsingLu, fünf Gehminuten vom Hbf., fahren etwa stündlich Busse nach Süden bis TaiMaLi und TaWu über ChiPen (38 NT$).

●**Eigener Transport:** Für Abstecher entlang der Ostküste oder wenn man mehrere Punkte ohne Zwischenübernachtung von TaiTung aus sehen möchte, bietet sich die Anmietung eines **Mopeds** an. Rund um das Zeus-Hotel und in der HsinShengLu beim Langstrecken-Busbahnhof gibt es einige Verleihstellen für 400–500 NT$/Tag. Wenn man zu zweit reist, ist ein Moped letztlich sogar günstiger und schneller, als einzelne Punkte nacheinander per Bus anzufahren.

Verglichen mit der Westküste ist der Verkehr auf der Ostseite TaiWans gering und stellt auch für weniger geübte Fahrer/-innen kein Problem dar. **Radler** müssen ein eigenes Gefährt mitführen, Leihmöglichkeiten bestehen derzeit keine.

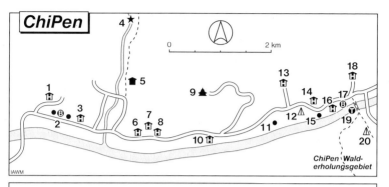

🏚	1	ChinShuai, LungYun und HsiuShan Hotels	
Ⓑ	2	Bushaltestelle und Geschäfte	
🏚	3	ChiPen Hotel	
★	4	PaiYi Fälle	
🏠	5	Holzhäuschen	
🏚	6	KuiYi Hotel	
🏚	7	YiMui Hotel	
🏚	8	FangHsin Hotel	
🌲	9	ChingChue Tempel	
🏚	10	TungChuan Hotel	
●	11	Schwimmbad
△	12	Campingplatz
🏚	13	HungChuan Hotel
🏚	14	TungTai Hotel
●	15	Schwimmbad
🏚	16	LungChuan Hotel
Ⓑ	17	Busparkplatz
🏚	18	MingChuan Hotel
ⓣ	19	Hängebrücke und Tickets
△	20	Campingplatz

Die Südroute

知本溫泉

ChihPen (ZhīBěn WēnQuán, Weisheit-Ursprung-Heißquellen)

ChihPen, genauer gesagt das 3 km entfernt liegende ChihPen WenQuan, zählt bei den Taiwanern zu einem der beliebtesten Kurorte. Über die Attraktivität des Ortes klaffen die Meinungen westlicher Reisender sehr weit auseinander:

Ursprünglich entsprangen aus den Felswänden mehrere kleinere, heiße Schwefelquellen, denen eine besondere Heil- und Entspannungswirkung nachgesagt wurde und die daher bald regen Anklang bei Besuchern fanden. Findige Geschäftsleute kamen auf die Idee, es den Besuchern „einfach" zu machen und bauten ein Hotel nach dem anderen um die Quellen, die somit nur noch den Hotelgästen zugänglich sind. Das Wasser wird direkt in die Badewannen der Zimmer geleitet – perfekt für diejenigen, der ein paar Tage dort wohnen und sich kurieren möchte. Die Kehrseite der Medaille liegt auf der Hand: die Quellen bringen dem Kurzzeitbesucher nur wenig Nutzen und das einstmals stille, beschauliche Tal von ChiPen WenChuan ist auch nicht mehr das, was es einmal war. Erfreuliche Ausnahme: Das Quellwasser-Schwimmbad beim Campingplatz ist gegen Eintritt für jeden zugänglich.

Der Südosten

Der Individualtourist, der den Abstecher nach ChihPen Wen-Quan von TaiTung aus macht und nicht in einem der teuren Hotels wohnen will, muss sich also darüber im klaren sein, dass er nicht der Quellen wegen hierher kommt, sondern vorrangig wegen des ChiPen-Parks und des buddhistischen Klosters.

**WenQuan
(heiße Quellen)**
溫泉

Als geradezu legendär gelten die Becken des ChihPen-Hotels, zu erkennen an den vier Säulen vor dem weißen Kachelbau. Die drei Becken (sehr heiß, heiß und kalt) liegen im Freien direkt neben dem ChihPenTaFanTian und können gegen 90 NT$ Eintritt auch von nicht im Hotel wohnenden Besuchern genutzt werden; 🏠 3.

PaiYu PuPu
白玉瀑布

Auf eine kleine Oase der Ruhe stößt man, sofern man den überwucherten Fußweg zum **Weiße-Jade-Wasserfall** findet. Heute ist der Fall mit vielen Rohren durchzogen, um die Hotels mit Frischwasser zu versorgen.

Die Fälle liegen rund 1 km ab Bushaltestelle die Straße entlang auf der anderen Seite der kleinen Brücke links, vorbei an den Holzhütten, dann immer am Bach entlang. Nach wenigen Metern endet die Asphaltierung, nur ein allmählich mehr und mehr überwucherter Fußweg führt weiter; ★ 4.

Pfad zu den Weiße-Jade-Wasserfällen

ChingChuehSi

清學寺

Neben dem großzügig angelegten Royal ChiPen Hotel liegt das von weitem unscheinbare *Kloster* ChingChuehSi (Kloster des hellen Erwachens). Linker Hand liegen Klosterbibliothek und Unterkünfte, die eigentliche Attraktion befindet sich unübersehbar rechter Hand: Der Klostertempel wird von zwei lebensgroßen, weißen Elefanten am Fuße der Treppe flankiert – ein eindeutiges Zeichen für eine buddhistische Anlage. Der Hauptschrein besteht aus zwei Buddhafiguren: einem drei Meter hohen und fünf Tonnen schweren, angeblich massiv goldenen Buddha aus Thailand sowie einem ebenso hohen Buddha aus blassweißem Marmor, ein Geschenk Burmas an das Kloster.

Die älteren Mönche erzählen immer wieder gerne die spektakuläre Geschichte von der Anlieferung der Statuen die steile Straße hinauf, wonach erst drei kleinere LKW aneinandergehängt gemeinsam in der Lage gewesen seien, den thailändischen Buddha den Berg hinaufzuziehen. Vor dem Hauptaltar stehen mehrere kleinere Figuren, die auffälligste ist die 100-armige KuanYin-Statue mit mehreren Gesichtern. An den Wänden hängen zahlreiche Darstellungen zum Leben und Werk Buddhas, untertitelt in mittelindischem Pali (Ausgangssprache für Burmesisch und Thai). Fotografieren ist erlaubt, die Schuhe müssen vor dem Tempel ausgezogen werden; ▲ 9.

Schwimmbad

Genau gegenüber vom TungTai-Hotel liegt ein hübsch gestaltetes öffentliches Quellwasser-Schwimmbad, in dem kuriorserweise auch Badehosen und Bikinis verliehen werden. An Wochenenden ist allerdings bestenfalls ein Stehplatz im Wasser zu ergattern. Eintritt: 150 NT$

Die Puyuma

Die in den Ebenen bei TaiTung lebende Gruppe der Puyuma zählt zwar nur etwa 8000 Mitglieder, nimmt aber dennoch eine besondere Stellung in der Geschichte TaiWans ein. Die Puyuma sind von nicht weniger als vier Stämmen (Ami, Bunun, Rukai und Paiwan) umgeben und drohten oft kulturell und ethnisch in diesen Stämmen aufzugehen, blieben aber trotz einer Auseinanderentwicklung in acht Untergruppen eine geschlossene eigenständige Gruppe. Die männlichen Stammesmitglieder waren als furchtlose Krieger berüchtigt, unter dem Ching-Kaiser *KangHsi* schlugen sie mit Regierungstruppen einen Aufstand auf TaiWan nieder. Der Stammesführer wurde daher vom Kaiser mit dem Ehrentitel „König der Puyuma" bedacht, die Krieger mit einer Art Uniform. Letzteres führte zu einer allmählichen Aufgabe der eigenen, traditionellen Bekleidung. Die Familie oblag den Frauen, auch in der Erbfolge stand stets die älteste Tochter an der Spitze. Eine besondere Klasse der Frauen waren eine Art Priesterinnen, die ihr Wissen nur an eigene Töchter weitergaben und für Rituale, Medizin und Zauberei zuständig waren. Die Männer unterlagen traditionell einer strengen Ordnung, die im Alter von etwa 12 Jahren mit dem Eintritt in die Versammlungshalle begann, wo die Knaben auf ihre zukünftigen Aufgaben (vorwiegend als Krieger) vorbereitet wurden.

Der Südosten

**ChihPen LinShen
YouLeChu**
知本林森游樂區

An der unübersehbaren roten Hängebrücke hinter dem Buspark-platz beginnt der **ChihPen-Waldpark** mit einigen netten Rund-wanderwegen entlang des Flusses und durch den Wald. Der emp-fehlenswerte längere Rundgang führt zunächst am Fluss entlang und anschließend durch das Waldgebiet (dauert ca. zwei Stunden). Angenehm ist ein Bad im kühlen ChihShui-Fluss, der nur selten mehr als einen Meter tief ist. Im Park befinden sich auch ein Cam-pingplatz sowie ein Zeltverleih. Der Eintritt zum Park beträgt 50 NT$.

Unterkunft

Von den zwei **Campingplätzen** abgesehen, gibt es keine günstige Unter-kunftsmöglichkeit. Alle Hotels haben sich die heißen Quellen zu Nutze ge-macht und liegen im teuren Bereich. Während der Woche kann man ab 800 NT$ eine kleine **Hütte** mit A/C und TV (Tel: (089)-380665, 510610) direkt am Fußweg zum weißen Jadewasserfall mieten, am Wochenende kosten diese bis zu 2000 NT$.

Die Ressorthotels liegen alle entlang der Straße zwischen Bushaltestelle und ChihPen-Waldpark.

秀山園別館
金師大飯店
龍雲大飯店
東台大飯店
泓泉大飯店
明泉旅游山莊
知本大飯店
汸信大飯店

逸軋大飯店
宄宜大飯店

老爺大酒店

Φ **HsiuShanYuan PieKuan******, Tel: (089)-512508.
Φ **JinShui TaFanTian******, Tel: (089)-512150.
Φ **LongYun Zhuang TaLuShe******, Tel: (089)-512627.
Φ **TungTai TaFanTian*******, Tel: (089)- 512290, 512621.
Φ **HongChuan TaFanTian********, Tel: (089)-510150.
Φ **MingChuan LuYou ShanChuang********, Tel: (089)-513996.
Φ **ChihPen TaFanTian*********, Tel: (089)-512220.
Φ **FangHsin TaFanTian*********, Tel: (089)-514666,
Zi zwischen 2200 und 5000 NT$.
Φ **YiKui TaFanTian*********, Tel: (089)-510198.
Φ **KuiYi TaFanTian*********, Tel: (089)-514008, Zi. ab 3300 NT$,
Suiten bis 5000 NT$.
Φ **LaoYe TaChiuTian (Royal ChiPen)***********, Tel: (089)-510666,
bestes Haus vor Ort.

An-/Abreise

● **Bahn:** Der Bahnhof von ChihPen liegt äußerst ungünstig 2 km außerhalb des Ortes und 5 km von der eigentlichen ChiPen-WenQuan-Region ent-fernt. Am Bahnhof ist man auf Taxis angewiesen, die es vom Lebendigen nehmen (250 NT$ Minimum). Die Züge zwischen KaoHsiung und TaiTung halten hier in etwa zweistündigem Abstand.
● **Bus:** Eine öffentliche Busverbindung besteht etwa alle halbe Stunde nach ⌀ TaiTung. Der Bus hält sowohl kurz nach dem Tor an den unteren Hotels wie auch oben kurz vor dem Park. Die 25-Minuten-Fahrt kostet 38 NT$.
● Im Ressort verkehren eine Reihe von **Taxis,** eine Fahrt vom Tor bis hinauf zum Park kostet etwa 140 NT$.

TaiMaLi

In der 5.000 Einwohner zählenden Gemeinde ca. 30 km südlich von TaiTung gibt es außer dem Meeresblick nicht viel zu genießen, Touristen stoppen hier praktisch nie. Wer die Südostküste ge-mächlich per Bus oder Fahrrad erkundet und übernachten will, fin-det einige preiswerte Unterkünfte, alle entlang der Hauptstraße

Unterkunft

連成旅社   Φ***LianCheng LuShe*,*** 40 TaiMaLiHsing, Tel: (089)-783480,
Zimmerchen um 400 NT$.

東食旅社   Φ***TungCheng LuShe*,*** 73 TaiMaLiHsing, Tel: (089)-781127,
Zi. ab 350 NT$, bessere DZ 650 NT$.

嘉信旅社   Φ***ChiaHsin LuShe**,*** 26 TaiMaLiChie, Tel: (089)-781122. Zi ab 600 NT$.
狀元大旅社 Φ***ChuangYuanLou TaLuShe***,*** 74 TaiMaLiChie, Tel: (089)-781346,
von 650–950 NT$.

東方別館   Φ***TungFang PieKuan******,*** 25 TaiMaLiLu, Tel: (089)-781123.

An-/Abreise

● Von/nach TaiTung verkehren **Nahverkehrsbusse** direkt bis TaiMaLi, auch
Busse nach TaWu halten hier.
● Zum **Bahnanschluss** gilt dasselbe wie bei TaWu (♫).

大武   **TaWu (Großer Schritt)**

Die am häufigsten benutzte Reiseroute über TaiTung führt entweder über den SCIH nach TaiNan/KaoHsiung im Südwesten oder
via PingTung direkt nach ♫ HengChun/KenTing im Süden (N-24).
Übersehen wird meist die sehr interessante Strecke von TaiTung
über TaWu nach FengKang/HengChun (N-9). Die Straße steigt
von TaWu aus steil an und führt über die südlichen Berge bis zur
Westküste, von wo aus entweder KaoHsiung/PingTung oder Ken-
Ting erreicht werden kann. Mit dem Bus dauert die Fahrt ca. 5
Stunden, eine letzte Nacht an der Ostküste mag, vor allem wenn
man per Rad unterwegs ist, ratsam erscheinen. TaWu bietet jenen
Individualtouristen, die langsam und mit öffentlichen Verkehrsmitteln reisen, die Ursprünglichkeit einer entlegenen Kleinstadt sowie
eine Reihe von Billigunterkünften.
   Die Gegend um TaWu Richtung Westküste ist eine Imker-Hoch-
burg, an der N-9 wird **Honig** in Gläsern und Kanistern angeboten.
   Selbstfahrer müssen beachten, dass sie der 8 km südlich von Ta-
Wu landeinwärts verlaufenden N-9 folgen, nicht der scheinbar
schöneren, weiter parallel zur Küste gebauten N-24. Letztere führt
in ein wenige km später gesperrtes Militärgebiet.

Unterkunft

華園旅社   Φ***HuaYuan LuShe*,*** 51 KeChuangLu, Tel: (089)-791006. 400–550 NT$.
金利旅社   Φ***ChinLi LuShe*,*** 176 KeChuangLu, Tel: (089)-791007. 350–500 NT$.
東大旅社   Φ***TungTa LuShe*,*** 208 KeChuangLu, Tel: (089)-791038, Preise um
500 NT$ für brauchbare DZ.

集英旅社   Φ***ChiYing LuShe**,*** 155 FuHsingLu, Tel: (089)-791370,
DZ 700 NT$, hat auch einfache Kabuffs für 300 NT$.

輔都旅社   Φ***FuTou LuShe**,*** 132 FuHsingLu, Tel: (089)-791035,
mit DZ ab 550 bis 1000 NT$ bestes Haus am Ort.

An-/Abreise

● **Bahn:** Nicht alle Züge halten hier, so dass nur alle 2–3 Stunden (während
der Hauptverkehrszeiten öfter) Anbindung nach TaiTung oder KaoHsiung
besteht.
● **Bus:** Die Nahverkehrsbusse nach TaiTung fahren relativ häufig (ca. 7–8
mal/Tag), außerdem ist vom Bus aus mehr von der Küstenstrecke zu sehen
als von der Bahn aus. Preis: 120 NT$. Nach Süden (KenTing) gibt es keine
direkte Anbindung, man fahre bis FengKang und steige dort in die Busse
aus KaoHsiung/PingTung um.

Der Südosten

Taoistische Rituale zum Geistermonat (KenTing)

Der Süden

Überblick

Im Süden TaiWans findet man die schönsten Strände der Insel, das lebendigste Nachtleben und intensive Besucherströme von Freitag bis Sonntag. Wer die Zeit hat, sollte als Wasser- und Strandfreak die Mühe der Fahrt hierher nicht scheuen, es lohnt sich. Die Südregion umfasst im wesentlichen den „KenTing-Nationalpark", benannt nach dem gleichnamigen Ort an der Südküste, mit einer Vielzahl sehenswerter Punkte. KenTing wurde zu einem Sammelbegriff für die gesamte Südregion, seit 1984 der Nationalpark eröffnet wurde. Innerhalb dieses Gebietes befinden sich mehrere kleinere Parks und Schutzgebiete, die teilweise nur mit Sondergenehmigung betreten werden können. Das Klima hier im Sommer ist – ähnlich wie auf PengHu – tropisch heiß, entsprechend werden im näheren Umland eine Vielzahl von tropischen Früchten angebaut, die überall auf der Straße verkauft werden. Bis in die Nachkriegsjahre war der Haupterwerbszweig für die meisten Einwohner des Südens der Anbau von Sisal. Mit der Erfindung der Kunststofffaser wurde der Sisalanbau immer unwirtschaftlicher, so dass heute Tourismus und Viehzucht die größten Einnahmequellen sind.

Allgemein gilt auch hier die Empfehlung, einen Aufenthalt in KenTing auf Wochentage zu legen – Hotelpreise können sich an Wochenenden oder Feiertagen leicht verdoppeln, viele Hotels werden auch gänzlich ausgebucht sein.

Nördlich von KenTing

恒春

HengChun (beständig-Frühling, HéngChūn)

Die kleine Stadt 12 km nördlich von KenTing dient sehr oft als eine Art Auffanglager für diejenigen, die am Wochenende keine Unterkunft in KenTing finden oder spät am Abend per Bus hier ankommen und keine Verbindung mehr nach KenTing bekommen.

Wer etwas abseits des Trubels in und um KenTing unterkommen möchte, ist hier sicher nicht schlecht beraten. Sehenswert sind die vier Stadttore in HengChun. Interessant ist insbesondere die Tatsache, dass in keiner anderen Stadt TaiWans alle ursprünglichen Stadttore erhalten geblieben sind.

Unterkunft

Wer hier „strandet", findet eine Reihe von Unterkünften in der Nähe des Busbahnhofs:

龍德大旅社
    Φ*LungTe TaLuShe**, 143 ChungChengLu, Tel: (08)-8892701, ab 500 NT\$, haben auch Luxuszimmer für 1000 NT\$.

富大旅社
    Φ*FuTa LuShe**, 80 ChungChengLu, Tel: (08)-8892081, Dorm ab 150 NT\$, Kabuffs für 450 NT\$, nur im Notfall empfehlenswert. Das Gebäude soll in Kürze neu renoviert und als FuTa TaFanTian in der 1500er-Klasse wiedereröffnet werden.

榮南大旅社   Φ*RungNan TaLuShe**, 10 ChungChengLu, Tel: (08)-8892001, mit 400–600 NT$ günstigste Lösung.

賓成大旅社   Φ*PinCheng TaLuShe**, 67 ChungChengLu, Tel: (08)-8892501, hat Zimmer ab 700 NT$, bessere Zi. steigen bis 1200 NT$.

明人大飯店   Φ*MingRen TaFanTian (Hotel Major)***, 68 HsinHsingLu, Tel: (08)-8892903, mit 900 NT$ zu teuer für Zimmer ohne Fan oder A/C.

亞洲大飯店   Φ*YaChouTaFanTian*****, 110 ChungChengLu, neu renoviert, empfehlenswertes Mittelklassehotel. Die Preise liegen zwischen 1100–1500 NT$.

恒春大旅社   Φ*HengChun TaLuShe******, 41 ChungShanLu, Tel: (08)-8892101, liegt sehr ruhig.

王妃大飯店   Φ*WangFue TaFanTian******, 152 ChungChengLu, Tel: (08)-8892801, im Ort das beste mit Preisen von 800–2200 NT$.

太子大飯店   Φ*TaiZi TaFanTian******, 158 ChungChengLu, Tel: (08)-8892401, direkt nebenan, bei nahezu gleicher Ausstattung etwas günstiger (700–1800 NT$).

Der Süden

An-/Abreise

● Da es keinen Bahnanschluss gibt, kann der Süden *nur per Bus* erreicht werden. Von *KaoHsiung* fahren die meisten Busse über HengChun, selten direkt bis KenTing. Für die Rückfahrt muss besonders auf die Abfahrtszeiten geachtet werden – nur je zwei Busse fahren ab HengChun (gegen 10:30 und 14:30 Uhr) nach KaoHsiung – sonst sitzt man unnötig fest.

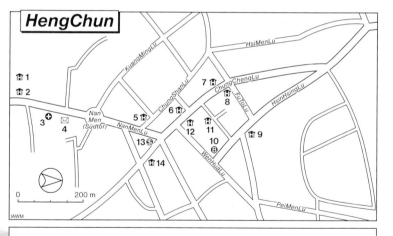

🏠	1	FuYan-Hotel	🏠 8	WangFu & TaTzi-Hotels
🏠	2	YingWang-Hotel	🏠 9	MingRen-Hotel (Major)
✚	3	Spital	Ⓑ 10	Überland- und KenTing-Busse
✉	4	Post	🏠 11	YaChou-Hotel (Asia)
🏠	5	HengChun-Hotel	🏠 12	FuTa-Hotel
🏠	6	PinCheng-Hotel	Ⓢ 13	1st Commercial Bank
🏠	7	LungTe-Hotel	🏠 14	RungNan-Hotel

● Von/nach *TaiTung* besteht lediglich eine indirekte Verbindung über *Feng-Kang* (umsteigen) im Südwesten. Alle Busse nach PingTung, KaoHsiung und TaiNan halten dort. Reisende nach TaiTung müssen in FengKang umsteigen, eine andere Verbindung entlang der Südostküste besteht nicht (die dort verlaufende N-24 führt durch militärisches Sperrgebiet und ist für den Privatverkehr nicht passierbar).

Von HengChun nach KenTing besteht ein Pendelverkehr in 30- bis 50-minütigen Abständen (21 NT$) von der gleichen Bushaltestelle.

四重溪   ### SzuChungChi (vier-Sorten-Bach)

Die *heißen Quellen* von SzuChungHsi liegen nicht mehr im Parkgebiet, sind aber, wenn man einmal den typisch asiatischen Blitztourismus (aussteigen, Foto, weiter) in Reinkultur erleben möchte, am ehesten über HengChun zu erreichen (nur per Leihmoped, keine öffentlichen Busse). Die Quellen selbst bestehen heute aus einer Leitung ins SzuChungHsi-Guest House, in dem man sich als Gast in den heißen Quellen aalen kann. Von den Quellen ist sonst wenig bis gar nichts zu sehen. Warum der Ort so bekannt ist? Er war während der japanischen Ära der größte Kurort im Süden (neben KuanTzuLing im Westen und PeiTou im Norden), für östliche Touristen ein Muss, für westliche eine Enttäuschung.

小墾丁旅夜圖家村   ### KenTingTon-Resort (Hsiao KenTing LuYeh TuChiaTsun)

Die jüngste Attraktion im Süden, in der taiwanesischen Presse gelegentlich auch als „Kensington" bezeichnet, liegt nahe der kleinen Ortschaft ManChou an der Inlandsstraße 200 zwischen Heng-Chun und OLuanPi. Auf 120 Hektar wüstenähnlichem Terrain kommen Anhänger des zwei- oder vierrädrigen off-road Vergnügens auf ihre Kosten: Mit Jeeps werden die Besucher rund 30 Minuten über Stock, Stein und Wasserhindernisse geschaukelt. Vor Antritt der Fahrt werden die Besucher gefragt, ob sie die feuchte oder trockene Variante wünschen. In Vorbereitung sind auch Fahrradwege durch das Gelände, Räder können schon jetzt für 80 NT$/Tag gemietet werden. Das Ressort bietet außerdem eine Reihe von Freizeitaktivitäten wie Schwimmen, Sauna, Basketball, Bowling und Fitness-Raum. Abends finden sogenannte „Massullah-Nächte" statt, Tanz- und Kulturvorführungen der Paiwan-Ureinwohner, die noch heute in dieser Region leben.

An-/Abreise

● Von *KaoHsiung* (Überland/Langstreckenbusbhf. links neben Hbf.) fahren täglich zwei *ressorteigene Busse* (10:20 und 15:10 Uhr), ebenfalls zwei ab KaoHsiung-Flughafen um 9:40 und 14:30 Uhr für jeweils 350 NT$, Kinder 250 NT$. Kostenlose Platzreservierung ist unter Tel: (08)-889777 möglich.
● Eine öffentliche Verkehrsanbindung besteht nicht, von der nächstgelegenen Kleinstadt *HengChun* sind es noch etwa 15 km per *Taxi* (300 NT$).

**Unterkunft/
Verpflegung**

Die komfortablen Blockhütten des KenTingTon-Ressorts kosten ab ca. 4000 bis zu ca. 20.000 NT$ für sechs Personen. Das Restaurant bietet chinesische und westliche Gerichte der gehobeneren Preisklasse an.

Information

Im zweiten Stock des Hauptgebäudes ist ein kleines Informationszentrum untergebracht, in dem Einzelheiten über Veranstaltungen, Ausflüge, Sonderprogramme usw. zu erfahren sind, Tel: (08)-8861601, Fax (08)-2519292.

墾丁

KenTing
(KěnDīng GuóJiā-GōngYuán, Pflugbauern-Nationalpark)

Das knapp 18.000 ha große Gelände an der Südspitze TaiWans rund um das Dorf KenTing wurde im Januar 1984 zum Nationalpark erklärt – dem ersten auf TaiWan überhaupt. Über 200 Vogel-, 240 Schmetterlings-, 45 Reptilien- sowie rund 2200 Pflanzenarten leben in der subtropisch-tropischen Klimazone im Süden.

Der Name weist noch auf die erste Besiedlung hin: erst um 1880 ließen die Mandschu-Ching die Region erstmals urbar machen und rekrutierten dafür eine Reihe von Bauern. Die Landwirtschaft ist heute in den Hintergrund getreten, KenTing mit seinen Stränden, Lokalen und der extrem trockenen Luft wurde zum beliebtesten Strand-Erholungsgebiet. Es bietet sich an, mit Leihfahrrad/-moped das Umland zu erkunden. Zu Fuß sind von KenTing aus folgende Punkte gut erreichbar:

TaChienShan
大尖山

Groß und mächtig thront ein *steiler Felskegel* (DàJiànShān) unmittelbar nördlich von KenTing mit einer Höhe von 318 m über der Region. Er sieht von weitem unbesteigbar aus, man muss aber keinesfalls einen Hubschrauber mieten, um die Aussicht vom Gipfel zu genießen. Ganz einfach gestaltet sich die Angelegenheit allerdings nicht: der Weg hinauf ist steil, sehr steil. Gutes, festes Schuhwerk, gute Kondition (das letzte Stück geht es fast senkrecht an dort hängenden Seilen hinauf), mitgeführtes Trinkwasser und richtige Wetterbedingungen sind notwendig. Bei Regen – Finger davon lassen, der Anstieg ist so schon rutschig genug. Der Pfad selbst ist einfach zu finden: 500 m nach dem Parktor (●●11, Seite 296) zweigt ein geteerter Weg nach links ab; weitere 350 m diesem folgend steht rechter Hand (am Fuße des Berges) ein Holzschild an einem Weidetor – hier entlang und aufwärts, aufwärts, aufwärts. Nicht aufgeben, der Blick entschädigt für alles!

KenTing-Beach

Der *„Hausstrand"* von KenTing ist nicht der schönste, liegt aber in unmittelbarer Nähe der Unterkünfte. 100 m hinter dem BeiJing-Hotel rechts der Straße zum Meer folgen. Scooter, Schwimm- und Schnorchelverleih befinden sich direkt am Strand. ●38 (S. 296)

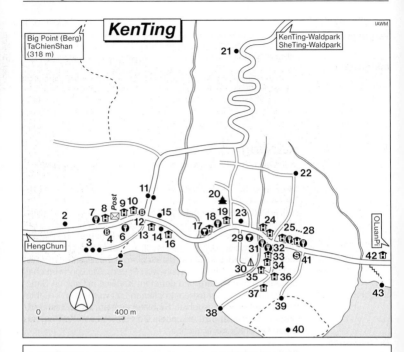

- **2** Tankstelle
- **3** Strandhäuser
- ⊕ **4** Bushaltestelle
- **5** "Nepp Beach" (Eintritt)
- ❶ **6** KenTing PinKuan Restaurant
- ❶ **7** McDonald's
- 🏠 **8** KuangTung Hotel
- 🏠 **9** HsinTaoFang Hotel
- 🏠 **10** TiaoTao Hotel
- ●● **11** Tor (Kostenlos)
- ⊕ **12** Bushaltestelle
- 🏠 **13** KaoShanChing Hotel
- **14** Moped + Jeep Verleih
- **15** Polizeistation
- 🏠 **16** Kung House Hotel u. Restaurant
- ❶ **17** Golden Beach Bar, KFC und
- 🏠 AGong Hotel
- ❶ **18** Warung Didi
- 🏠 **19** KenTing Hotel
- ▲ **20** Tempel
- **21** KenTing PinKuan
- **22** KenTing-Ranch

- **23** Fishermans Wharf
- 🏠 **24** HongPin, MeiHsie, FuLe
  und PeiPing Hotels
- 🏠 **25** Heng Chang Hotel
- ❶ **26** Warung Didi II
- 🏠 **27** KenTing TaFanTian Hotel
- ❶ **28** Pizza Castle
- ❶ **29** KuaiFang Bar
- ⚠ **30** Campingplatz
- ❶ **31** HeLong Restaurant
- ❶ **32** Pizzeria
- 🏠 **33** TienChu Hostel (Katholisch)
- 🏠 **34** UNNO Hotel
- 🏠 **35** TaWan Hotel
- 🏠 **36** JiaoShi HuiKuan (Teachers House)
- 🏠 **37** KenTing Hotel
- **38** Hausstrand
- **39** Youth Activity Centre
- **40** Froschfelsen und Uferweg
- ⓢ **41** Schule
- 🏠 **42** Caeser Park Hotel
- **43** Little Bay Beach

Youth Activity Center – ganz im traditionellen Stil

Little Bay-Beach

Bietet gleiches wie KenTing Beach, ist aber sauberer. Vom Parkplatz führt eine Treppe hinunter, Gäste des Caesar-Park-Hotels haben einen eigenen Zugang. ●43

„Nepp"-Beach

hat keinen Namen, da aber 20 NT$ „Strandbenutzungsgebühr" zu zahlen sind, ist die Bezeichnung ganz angebracht; auch nicht viel besser als die anderen Strände am Ort. Er liegt recht günstig hinter dem Busparkplatz gegenüber vom Parktor. ●5

KenTing-Ranch
墾丁牧場

Die Ranch bezeichnet sich als Lifestock Research Institute. Wer mal wieder „Landluft" schnuppern möchte oder Kühe aus nächster Nähe sehen will, sollte hier vorbeischauen. ●22

QingWaShi
青蛙石

Am Ortsausgang Richtung OLuanPi liegt links das „Pizza Castle" (Sea View Park), gegenüber führt der Weg zum KenTing Youth Activity Center. Davor stehend geht links ein Weg in den Park rund um den **Froschfelsen** (●40; warum er so heißt, sieht man am besten vom KenTing-Park aus), von wo aus man einen guten Überblick über die Bucht von KenTing bis zum Leuchtturm von OLuanPi genießen kann. Die Wege führen teilweise direkt am Meer entlang (und bieten Gleiches wie ♫ChiaLeShui, nur eben kostenlos). Dem Frosch selbst kann man nach einigen Unfällen nicht mehr auf die Nase steigen, unten am Meer ist noch der überwucherte Pfad (Holzsteg) zum Felsen erkennbar. Eintritt: 30 NT$

Auch das am Rundweg gelegene *Youth Activity Center* verdient Beachtung: es wurde im traditionell-chinesischen Stil der südlichen Ming (fukienesisch) errichtet und gleicht eher einem Freilichtmuseum denn einem Hotel (Besucher können nach Belieben umherspazieren). Die Unterkünfte liegen in den kleinen, quadratischen, von Mauern umgebenen Höfen; Zentralgebäude, Verwaltung, Lesesaal, Kantine usw. befinden sich in tempelähnlichen Hauptgebäuden. Von einigen der Wohneinheiten führen Tore direkt in den Park – insgesamt eine der originellsten Unterkünfte auf TaiWan. •39

An-/Abreise

●Nur per *Bus* über den Transitpunkt ⚲ *HengChun* (21 NT$).
●Zwischen KenTing und *OLuanPi* verkehrt der HengChun-OLuanPi-Bus, so dass die Punkte auf dieser Strecke mit öffentlichem Verkehrsmittel erreichbar sind. Ebenfalls erreichbar ist der *KenTing-Park,* der etwa alle 90 Minuten (vom Parktor in KenTing) von der HengChun-KenTing-KungYuan-Linie angefahren wird.
●Für die Rundreise vor Ort bietet sich ein *Moped* an, zu leihen überall im Ort. 24 Stunden kosten 600 NT$, 8 Stunden 500 NT$, 6 Stunden 400 NT$, 4 Stunden 300 NT$, 1 Stunde 100 NT$, überziehen bis zu einer Stunde bleibt ohne Folgen. Sechs oder acht Stunden genügen, aber auch 24 Stunden sind nicht uninteressant, um tagsüber die Küstenstreifen und in der Nacht das nachtblühende Barringtonia Indiae im tropischen Küstenwald zu sehen. *Fahrräder* (Tandems) kosten zwischen 300 und 350 NT$ pro Tag, auch *Jeeps* sind erhältlich (1500 NT$ pro Tag).
●Wer im Caesar-Park Hotel oder OK Hill Hotel wohnen will, kann den Exklusivbus der jeweiligen Hotels von/nach KaoHsiung in Anspruch nehmen.

Unterkunft

Es gibt in KenTing praktisch nur die Hauptstraße (KenTingLu) und ein, zwei Nebenstraßen; Hausnummern wird man vergebens suchen. Daher die folgenden Angaben ohne Straßenangabe.

⌂30; *Camping:* der Platz in KenTing kostet 200 NT$ pro Zelt; Verschwendung, da man außerhalb überall gut zelten kann.

教師會館
Φ*Teachers Hostel*,* Tel: (08)-8861241, Dorm 250 NT$, DZ 800 NT$, nur für Studenten mit chinesischem Studentenausweis zugänglich.

天主活中心
Φ*Catholic Hostel*,* Tel: (08)- 8861540; DZ 800 NT$, Dorm für Einzelpersonen nicht zugänglich.

青年活動中心
Φ*KenTing Youth Activity Center*,* Tel: (08)-8861221, DZ ab 2800 NT$ (m. Kühlschr.), Dorm (verschiedene Sechs- bis Achtbettzimmer) kostet 500 NT$, ist aber Einzelpersonen nicht zugänglich. Wie beim Catholic Hostel gibt es nur zwei Möglichkeiten, ins Dorm zu kommen: von außerhalb reservieren oder sich direkt vor Ort einer der vielen kleinen Jugendgruppen anschließen – fragen kostet nichts. Das Center ist zwar teurer als andere Jugendherbergen – aber jeden NT$ wert. Wer sich zu zweit oder zu viert mal etwas Schönes leisten will, komme hierher.

美協別館
福樂別館
Φ*MeiHsie PieKuan**,* Tel: (08)-8861176, EZ 500, DZ 700 NT$.
Φ*FuLe PieKuan (Foremost-Hotel)**,* Tel: (08)-8861007), EZ 500–600, DZ ab 800 NT$.

鴻賓別館
Φ*HongPin LuShe**,* Tel:(08)-8861003, EZ 600, DZ 800 NT$.
Alle drei liegen direkt nebeneinander und haben Spielhallen im Erdgeschoss. Die Zimmer gleichen sich alle: einfach, fensterlos, mit Bad, TV und A/C. An Wochenenden und Feiertagen doppelter Preis in allen Hotels (ab MeiHsie).

恒昌別館	Φ*HengChang PieKuan**,* Tel: (08)-8861531, sauber und neuerer Bauart mit DZ 600–850 NT$.
大彎山狀	Φ*TaWan ShanChuang**,* Tel: (08)-8861059, sehr hübsch, mit 850 NT$ für DZ.
心陶芳大飯店	Φ*HsinTaoFang TaFanTien**,* Tel: (08)-8861021, etwas laute Zimmer (schlecht isoliert) durch den gegenüberliegenden Busparkplatz und das McDonald´s nebenan. DZ 700 NT$.
廣東大飯店	Φ*KuangTung TaFanTian***,* Tel: (08)-8861032, war mal sehr gut, aber seit McDonald's gibt's keine Ruhe mehr.
墾丁大飯店	Φ*KenTing TaFanTian***,* Tel: (08)-8861501, nicht zu verwechseln mit dem gleichnamigen Hotel gegenüber der Elementary School. ● Zwei Häuser rechts davon steht das hübsche *Lucky-Hotel***,* Tel: (08)-8861089), geräumige DZ mit Balkon.
亞客吃家	Φ*YaKe ChiChia****,* Gong-House, Tel: (08)-8861270, zentral neben dem KaoShan-Hotel am Parktor gelegen, mit großem Restaurantbetrieb.
海野大飯店	Φ*UNNO-TaFanTien****,* Tel: (08)-8861426, strandnah und relativ neu.
墾丁別館	Φ*KenTing PieKuan*****,* Tel: (08)-8861370, bietet eine herrlich ruhige Unterkunft mit schicker Aussicht, da im Park gelegen.
喬鼉大飯店	Φ*TiaoTao TaFanTien*****,* neues Hotel gleich neben dem Parkeingang, Tel: (08)-8866868.
墾丁大飯店	Φ*KenTing TaFanTien*****,* Tel: (08)-8861188, zentral zu allen guten Restaurants gelegen, gegenüber der Elementary School. Schöne Zimmer.
北平大飯店	Φ*PeiPing TaFanTien******,* Tel: (08)-8861027; gleichzeitig bekanntestes (und teuerstes) Seafood-Restaurant.
高山青大飯店	Φ*KaoShan ChingPieKuan******,* Tel: (08)-8861527, direkt gegenüber vom Parktor, viele Gruppenreisende.
凱撒大飯店	● Das Super-de-luxe-Haus von KenTing heißt Φ*Caesar Park Hotel (KaiSa TaFanTian)********,* Tel: (08)-8861888; DZ ab 5500 NT$, Suiten bis 40.000 NT$.
雅客之家	Φ*A Gong Resort Hotel,* Tel: (08)-8861272, DZ (inklusive Frühstück) ab 2750 NT$.

Verpflegung

Jedes dritte Gebäude in KenTing hat etwas mit Essen zu tun. Neben dem mehrfach erwähnten amerikanischen Schnellimbiss sind vor allem eine Vielzahl von (teuren) Seafood-Restaurants und Pizzerien vertreten. Hervorzuheben ist die vom Briten Neil und seiner taiwanesischen Frau Amy betriebene „*Spaghetteria & Pizzeria Amy's Cucina*" schräg gegenüber vom PeiPing-Hotel. Neil arrangiert auch Bootstouren mit seinem Catamaran (im Lokal nachfragen). Auch die Südostasien-Stimmung weckenden *Warung Didi* und *Warung Didi II* sind sehr empfehlenswert. Der malayische Koch zaubert malayische, philippinische, indonesische und thailändische Köstlichkeiten zu moderaten Preisen. Zu einem Traveller-Treff hat sich „*Fisherman's Wharf*" mit westlichem Frühstück und englischsprachiger Speisekarte entwickelt.

Information

Leider liegt das *Visitor's Center* etwa 2 km außerhalb von KenTing beim Park Police Headquarter (Tel: 08-8861321), außerdem kosten die englischsprachigen Broschüren 20 NT$. Die Ausstellungshalle im Center gibt einen kleinen Einblick in Geologie, Geschichte, Flora und Fauna der Region. Geöffnet täglich 8:30–12:00 und 13:00–17:00 Uhr, Eintritt frei.

Institutionen
郵局
警察

● *Post:* an der Hauptstraße, neben McDonald's.
● 15; *Polizei:* rechts vom Tor, Zugang an der Hauptstraße (Tel: 08-8861331).

醫院

●*Erste Hilfe:* Es gibt kein Krankenhaus in KenTing, bei ernsten Erkrankungen und Badeunfällen muss Hilfe von außen herbeigeholt werden. Man wende sich im Notfall an die Polizei, das Krankenhaus von OLuanPi (Tel: 8851210) oder die Notaufnahme in HengChun (Tel: 08-8892704).
●*Geld:* Wechsel von US$ ist nur in HengChun möglich. Geldautomat im Caesar Park Hotel.

Die Ostseite

Der Besuch der meisten Sehenswürdigkeiten bedarf eines eigenen Transportmittels (Fahrrad, Moped, Jeep). Entlang der Südspitze bis OLuanPi verkehrt der HengChun-OLuanPi-Regionalbus, dem man in KenTing zusteigen kann. Die Orte, Straßen und Punkte sind gut beschildert (engl.), so dass man sich als Selbstfahrer praktisch nicht verfahren kann. Wer wenig Zeit hat, sollte den Besuchsschwerpunkt auf die Ostseite legen.

墾頂森林游樂區

KenTing-Park (KenTing ShenLin YouLoChu)

Das heutige Parkgebiet war über viele Jahrhunderte hinweg Heimat eines Stammes der Paiwan-Ureinwohner, deren Kultur hier allerdings nicht mehr erhalten ist (♫ Zentralbergland/Süd). In den 20erjahren pflanzten die Japaner hier über 500 Arten tropischer Pflanzen an und nannten das Gebiet *KenTing tropischer botanischer Garten.* 1967 wurde die Parkregion dem Ministerium für Forstangelegenheiten unterstellt und zum Erholungsgebiet erklärt. Auf einer Höhe von 230–300 m gelegen, umfasst der gesamte Park ca. 435 ha, von denen 26 ha der Öffentlichkeit zugänglich sind. In der Jungsteinzeit vor ca. 10.000 Jahren lag das Gebiet unter Wasser, so dass die Steinformationen im Park überwiegend aus Meeressedimenten und Korallenfelsen bestehen.

Ein kompletter Rundgang im englisch ausgeschilderten Park dauert etwa eineinhalb Stunden. Interessanteste Punkte sind *Aussichtsturm* (observation tower), *Feenhöhle* (fairy cave) und *Regenschirm-Turm* (umbrella tower). Der Eintritt beträgt 120 NT$ (Studenten 60 NT$; hier zu zahlen, nicht in KenTing), der Park ist täglich von 8:00 bis 18:00 Uhr geöffnet (Tel: 8861211).

Etwa alle 90 min. verkehrt zwar ein öffentlicher Bus zwischen dem Tor in KenTing und Park; will man aber auch den nahegelegenen ShiTing-Park besuchen, ist man auf ein eigenes Transportmittel oder Schusters Rappen angewiesen. Es sind 4,5 km vom Parktor (KenTing) bis zum Park (exakt 1 Stunde Fußmarsch), dann 2 km zum ShihTing-Park (30 min.), dann 45 min. hinunter zum Segelboot-Felsen, von dem aus man den Bus nach KenTing zurücknehmen kann.

社頂公園

ShiTing-Park

An der Küstenstraße kurz vor dem ChuanFanShih zweigt an einer Ampel landeinwärts eine steile Straße ab, an der nach 3 km rechts der ShiTing-Park liegt. Die Aussicht von der Straße selbst wie auch von den Aussichtsplattformen ist phantastisch, kleine Wanderpfade führen durch sattes Grün zu Felsgrotten, Tropfsteinhöhlen und allen Aussichtspunkten des Parks. Für die Zukunft ist die Anlage eines Rotwildgeheges an der Ostseite geplant. Der Eintritt ist frei.

船帆石

ChuanFanShih

Der **Felsen** im Meer stellt wahrlich nichts Besonderes dar, wären da nicht die phantasievollen chinesischen Bezeichnungen für ihn. Eine Legende besagt, ein kurzsichtiger Einheimischer habe einst geglaubt, ein Segelschiff (Dschunke) läge vor der Küste – so bekam der Felsen den Namen „Segelbootfelsen". Noch interessanter ist die moderne Version (muss wohl während des Vietnam-Krieges entstanden sein): im Seitenprofil sähe der Felsen aus wie ein Kopf, und zwar der des ehemaligen US-Präsidenten *Richard Nixon,* dem das Wasser bis zum Hals steht! Die angrenzende kleine **Bucht** ist ideal zum Baden.

Unterkunft

金華大飯店

O。K。山狀

am Felsen

Φ**ChinHua TaFanTien***,** Tel: (08)-8851340,
liegt direkt gegenüber vom Felsen. DZ 900–1400 NT$, ordentlich.

Φ**OK Hill Hotel******,** Tel: (08)-8861601. Das internationale Spitzenhotel mit allem Komfort liegt sehr schön am Hang Richtung KenTing. DZ ab 4500 NT$ aufwärts. Das Hotel betreibt einen eigenen Pendelbus von/nach KaoHsiung.

ngeblich das Profil von Nixon: der ChuanFanShih

Tropischer Küstenwald

Zwischen dem Segelbootfelsen und ShaoTaWan ist ein etwa 2 km langer Streifen des ursprünglich 500 ha großen tropischen Waldgebietes erhalten. Viele der tropischen Pflanzen TaiWans stammen aus Indonesien und den Philippinen, von wo aus die Samen mit der Meeresströmung angeschwemmt wurden. Hier wachsen noch ca. 180 verschiedene Pflanzenarten, zu deren berühmtesten die nachtblühende Barringtonia Indiae zählt. Viele Touristen sind hier auf der Suche nach diesem seltenen Naturschauspiel und treten sich nachts auf die Füße.

沙島灣

ShaTaoWan

Kurz vor OLuanPi liegt eine kleine *Bucht* mit unglaublich blauem Wasser. Der Sand dieser Bucht, ein hochwertiger Quarzsand, wurde über Jahrzehnte hinweg nach Hawaii und Japan zur Schmuckherstellung exportiert. Mittlerweile steht dieser Strand unter Naturschutz.

鵝鑾鼻

OLuanPi (Gans-Glöckchen-Nase)

OLuanPi, südlichster Punkt der Insel, ist schon von weitem durch den markanten, weißen *Leuchtturm* auszumachen. Er dient der Schifffahrt durch die Straße von TaiWan als wichtiger Wegweiser und ist mit seinem hübschen Park auch für Touristen von Interesse. Ein Rundgang durch den *Park* und das kleine *Museum* am Leuchtturm nimmt mindestens eine Stunde in Anspruch. Eintritt 30 NT$ (+ 10 NT$ Parkplatz).

1,5 km weiter entlang der Ostküstenstraße kommt man zum *OLuanPi Recreation Center,* in dem gelegentlich Live-Vorführungen und kulturelle Veranstaltungen stattfinden. Die (geteerten) Wege über die Hügel, auf denen Heu für die KenTing-Farm gemacht wird, erinnern ein wenig an ländliche Gegenden in Europa.

Unterkunft

Die Unterkünfte in OLuanPi sind nicht billig, es gibt auch wesentlich weniger Verpflegungs- und Unterhaltungsmöglichkeiten als in KenTing.

鵝鑾鼻休假別術
Φ *OLuanPi HsiuChia PieShu*****,* Tel: (08)-8851261, zentral zum Leuchtturm-Park gelegen.

鵝鑾鼻活動中心
Φ *OLuanPi HuoTung ChungHsin, OLuanPi Recreation Center****** Tel: (08)-8851210, knapp 2 km außerhalb und absolut ruhig.

南央大飯店
Φ *NanYang TaFanTian*******,* Tel: 8851088, Luxushotel.

Informationen
鵝鑾鼻醫院

● Beim Recreation Center von OLuanPi befindet sich auch ein kleines *Krankenhaus,* das einzige an der Südküste, welches für alle Notfälle zuständig ist (Tel: 08-8851210).

佳樂水

ChiaLoShui (außerordentliche-Fröhlichkeit-Bach, JiāLèShuǐ)

Die Strecke entlang der Ostküste von OLuanPi bis ChiaLoShui ist famos. Entlang steiler Klippen und unzähliger, kleiner, ruhiger Sandbuchten führt die Straße nach ChiaLoShui, das vor allem wegen seiner bizarren **Felsformationen** bekannt wurde. Der 2 km lange, künstlich angelegte Fußweg dort mit einem Aussichtspavillon auf das eine oder andere Schiffswrack ist zwar ganz nett, aber keine 80 NT$ Eintritt wert, schließlich handelt es sich um eine natürliche Küstenformation in freier Natur. Jüngste Bauarbeiten lassen darauf schließen, dass bald eine Autobahn zu den Schiffswracks an den Felsen vorbei führen wird, bei dann doppeltem Eintritt, versteht sich!

南人山

NanJenShan (NanRenShan, Süd-Mensch-Berg)

An der Ostküste endet die Straße in ChiaLoShui; der Weg nach Norden kann nur im Inland über die „200" bis NanRen fortgesetzt werden.

Die Gegend ist aus mehreren Gründen **unter Naturschutz** gestellt worden und nur mit A-permit zu besuchen. Es ist zwar denkbar, dass im Rahmen der Parkentwicklung auch dieser Teil der Öffentlichkeit freigegeben wird, aber ehrlich gesagt: besser wäre es, wenn es nicht so weit käme. Für Botaniker und Archäologen ist die Gegend rund um den NanRenShan von herausragender Bedeutung. Die Westseite liegt in einem geschützten Tal und ist von tro-

Brücke bei ChiaLoShui

pischem Regenwald bedeckt, die den Meereswinden zugewandte Ostseite von Monsunwald. An der Vegetationsgrenze beider Waldgebiete wurden in den vergangenen Jahren mehrere Pflanzenarten entdeckt, die man für ausgestorben hielt. Ferner wurden die einzigartigen, sehr kleinen Schlafhäuser der Ureinwohner in diesem Gebiet entdeckt. Schließlich stellt der nahegelegene Φ NanRenHu (See der Südmenschen) ein unberührtes Paradies für Zugvögel dar. Ernsthaft interessierte Historiker und Botaniker wenden sich an die Hauptverwaltung in KenTing/Visitor-Center (Tel: 8861321), um Informationen über Gebiet und Genehmigungsprozedere zu erfahren.

南人湖

Die Westseite

Freilandmuseum der Sisalindustrie

Der Sisalpflanze kam in dieser Region lange Zeit eine Schlüsselbedeutung zu. 1901 aus Mexiko ins Land gebracht, entwickelte sich hier klimabedingt das Zentrum des Sisalanbaus und damit einhergehend auch die Weiterverarbeitung. Die starken, trockenen Winde und die gleißende Sonne ließen eine besonders strapazierfähige Faser wachsen, die den daraus hergestellten Produkten, vor allem den in der Schifffahrt verwendeten Seilen, eine besondere Güte verlieh. Die Sisalpflanze wächst 8–10 Jahre, treibt dann Blüten und stirbt im Jahr darauf ab.

Das kleine Freilandmuseum, eine ehemalige Faktorei, liegt 300 m entfernt vom Aussichtspunkt auf dem Weg zum LungLuanTan und ist von 8:40–17:00 Uhr tgl. geöffnet; der Eintritt ist frei. Hier wird die Verarbeitung der Sisalpflanze an den verschiedenen Maschinen bis zum Endprodukt gezeigt, erklärende Hinweisschilder gibt es leider nur auf chinesisch.

龍鑾潭

LungLuanTan (Drache-Glöckchen-Teich)

Ursprünglich wurde das Gebiet des heutigen Sees landwirtschaftlich genutzt, tropische Regenfälle führten in diesem tief gelegenen Gebiet immer wieder zu verheerenden Überschwemmungen. So wurde in den 50er Jahren ein Reservoir gebaut, an dessen Nordende das Wasser kontrolliert in den PaoLi-Fluss fließt. Der See ist im Durchschnitt 3–4 m tief und dient mit seinen sumpfigen Ufern Wasser- und Zugvögeln als Unterschlupf. Von Oktober bis Mai können hier Schnepfen, Regenpfeifer, Wildgänse und zahlreiche Entenarten aus Sibirien, China und Japan beobachtet werden. Zu erreichen ist der LungLuanTan, in taiwanesischen Publikationen auch als „LungLun-Marsh" wiedergegeben, von KenTing aus Richtung NanWan (Westen), an der ersten Ampel links abbiegen, vorbei an Aussichtspunkt und Sisal-Freilandmuseum, ab dann ist es ausgeschildert.

關山

KuanShan

Vom 152 m hohen **Berg** KuanShan hat man freie Sicht sowohl nach Westen (Küste) als auch nach Osten (OLuanPi, NanWan, LungLuanTan). Am Gipfel können der **FuTeKung-Tempel,** ein taoistischer Tempel zur Besänftigung der Korallenriffe für die Fischer, und **FeiLaiShih,** der „herbeigeflogene Felsen" besichtigt werden. Von letzterem (der wegen seiner Form mit dem Schildkrötenhügel (⌀ unten), verwechselt werden kann) glauben die Einheimischen, dass der bewachsene, gefährlich schräg stehende Felsen nur von einem TaiFun von den Philippinen hierhergeweht worden sein könne. Zum Tempel und zum Felsen folgt man vom ersten Parkplatz aus dem geteerten Weg weiter bis oben, wo mehrere Aussichtspunkte zum Verweilen einladen.

龜山

KueiShan

Im äußersten Nordwesten des Parkgebietes liegt 72 m ü.N.N. der KueiShan oder **Schildkrötenhügel,** von dem aus ein kleines Naturschauspiel zu beobachten ist (allerdings dauert es einige Monate). Die Flüsschen SuChung und PaoLi werden im Winter an der Mündung mit Meeressand zugeschwemmt, während dieser trockenen Monate hat das wenige nachfließende Wasser nicht die Kraft, die Sandmassen fortzuspülen. Im Sommer dagegen sehen die Flüsse und deren Mündungen völlig „normal" aus.

Die **Tunnel** im Hügel stammen noch aus der japanischen Besatzungszeit, sie dienten als Munitionsdepot.

後彎

HouWan

Die **Bucht** von HouWan ist ruhig, denn kaum ein Tourist fährt dorthin. Das kann sich aber schon in den nächsten Jahren ändern, wenn hier – wie derzeit erwogen wird – ein Tourist Service Center, Ausstellungshalle, Video-Lounge etc. entstehen.

In der Gegend zwischen HouWan und HsunKuangTsui werden größtenteils noch **Sisalpflanzen** angebaut. Es lohnt sich, die langen, schlanken Blätter, die aus einer „am Boden stehenden Ananas" wachsen, einmal aus der Nähe zu betrachten. Dann erkennt man nämlich, dass es sich um keine Ananas, sondern vertrocknete Blätterreste der Sisalpflanze handelt.

萬里桐

HsunKuangTsui

Die Küste um HsunKuangTsui ist vor allem zum **Schnorcheln und Tauchen** interessant. Die intakte Unterwasserwelt, Korallen und die Vielzahl tropischer Fische haben die Behörden veranlasst, hier ein Marinemuseum, Aussichtsplattformen und Glasbodenboot-Touren beim nahegelegenen Dorf WonLiTon zu planen (noch ist davon nichts zu sehen).

白沙灣

PaiShaWan

Die nette kleine Bucht von PaiSha ist ideal zum **Baden und Schnorcheln.** Wasserscooter und andere Ausrüstung werden vor Ort verliehen. Hier existiert kein englischsprachiges Hinweisschild zum Strand, man muss – von Norden (HsunKuangTsui) kommend – in der Senke rechts in einen kleinen geteerten Weg einbiegen. PaiShaWan liegt günstig, geschützt auch vor dem (Winter-) Nordostmonsun, so dass hier ganzjährig geschwommen werden kann.

貓鼻頭

MaoPiTou (Katze-Nase-Kopf, MāoBíTóu)

MaoPiTou ist der westliche Zipfel der Südspitze TaiWans. Das Dorf selbst ist ein ruhiges, verschlafenes Nest. Größte Attraktion ist das ca. 1 km Richtung KenTing liegende **Aussichtsplateau** (30 NT$ Eintritt/Person, 20 NT$/Moped), wo die Korallenfelsen rund um die Südspitze bewundert werden können. Besonders in den trockenen Wintermonaten erzeugen hier Rot-, Braun- und Grünalgen im „blauen" Meer bizarre Farbspiele.

後壁湖

HouPiHu

Der größte **Fischereihafen** im Süden kann bis zu 500 Fischerboote aufnehmen. Direkt neben dem Hafen (zu erkennen an den zwei langen, befahrbaren Mauern) werden Tauch- und Schnorchelkurse abgehalten – wenn wenige Schwimmer unterwegs sind, kann man hier rechts um die Felsen herum prima schnorcheln.

南彎

NanWan

NanWan wäre der größte, lebhafteste und vielleicht auch interessanteste Strand für Touristen. Scooter, Wellenreiten, Bodysurfen Imbissstände, Busanbindung nach HengChun und KenTing – alles da und trotzdem nicht überlaufen. Wenn da nicht die Bemerkung in taiwanesischen Publikationen stünde „die Nähe zum Atomkraftwerk erforderte die Absperrung eines Teils der Strandregion, die andere ist absolut sicher". Optisch ist der Strand einwandfrei.

高雄   *KaoHsiung* (groß und stark)

Überblick

KaoHsiung liegt im Südwesten TaiWans und nimmt eine strategisch wichtige Position an den Seewegen zwischen Nordostasien und dem Indischen Ozean ein. Während der japanischen Besatzungszeit (1895-1945) wurde der Ort mit seinerzeit 60.000 Einwohnern erstmals in den Rang einer Stadt erhoben und hat sich seitdem zur zweitgrößten Stadt und südlichen Metropole TaiWans mit rund 1,6 Mio. Einwohnern entwickelt. 1979 erhielt KaoHsiung den (neben TaiPei einmaligen) Status eines administrativen Sondergebietes, untersteht damit keiner Distriktverwaltung und ist einer Provinz gleichgestellt. Das Gesicht der Stadt wurde in der Folgezeit durch moderne Gebäude verändert. Heute rangiert KaoHsiung unter den zehn weltgrößten Häfen und steht an vierter Stelle im Frachtcontainer-Umschlag. Daher wird der Eindruck des Reisenden auch vorrangig von emsiger Geschäftigkeit und „business" geprägt. Ein moderner, internationaler Flughafen ergänzt die gute Infrastruktur der Stadt.

Für den Touristen ist KaoHsiung insbesondere als Ausgangspunkt zu Attraktionen der näheren Umgebung und als wichtigster südlicher Transitpunkt von Bedeutung. Doch auch KaoHsiung selbst hat einige beachtenswerte Sehenswürdigkeiten vorzuweisen und bietet sich als Einkaufsstopp mit großen Kaufhäusern und einem reichhaltigen Angebot nahezu aller in TaiWan hergestellten Produkte an.

Sehenswertes

Sehenswürdigkeiten in Gehentfernung vom Zentrum

SanFengTang
三鳳堂

Die riesige **Tempelanlage** stammt aus dem Jahre 1673 und stand ursprünglich in einem anderen Stadtteil, bis sie 1972 an der jetzigen Stelle wieder aufgebaut wurde. Gewidmet ist der Tempel dem Prinzen und Marschall *NaCha* (auch unter *NouTsou* und *TaiTzuYe* bekannt), der vor 300 Jahren sein Leben für das seiner Eltern geopfert haben soll. Der Prinz ist als gekrönte Zentralfigur im Erdgeschoss zu sehen. Der Tempel zeigt sehr schön die Vermischung von Buddhismus, Taoismus und Götterkult: die Wände sind mit taoistischen Szenen bemalt, im Obergeschoss wird dagegen einem der Verbreiter des Buddhismus, *Shakimuni* (Mitte), einem der höchsten Götter des Taoismus, *YuWangTaTi* (links), sowie *KuanYin*, dem Boddhisatva der Barmherzigkeit (rechts) gehuldigt. Die oberen Etagen der Glocken- (rechts) und Trommeltürme (links) sind an den Wänden mit kleinen leuchtenden Gedenkkästchen bedeckt.

 18 (Seite 310); HoPeiLu/Ecke ChungHuaLu Sec. 3, vom Bahnhof aus die ChungShanLu nehmen, vor dem kleinen Kanal rechts, dann immer geradeaus.

ChungShanLu – Hauptverkehrsader KaoHsiungs

**MinChuan
KungYuan**
民生公園

In diesem **Park** finden private Musikvorstellungen auf klassischen chinesischen Instrumenten statt, nach Feierabend spielen hier insbesondere ältere Bürger Karten oder MahJong. Im Park befinden sich unter anderem eine Sporthalle, ein öffentliches Schwimmbad (45 NT\$, Öffnungszeiten: 7:30-9:30, 13:30-16:30 und 19:30-21:30 Uhr) sowie eine Reihe von Tennisplätzen, wobei man als Mitteleuropäer schon beim Zusehen angesichts der drückenden Hitze ins Schwitzen geraten kann.

● ChungShanLu/Ecke MinShengLu.

KaoHsiung, Zentrum

0   1000 m

KaShenLu

ChunHuaLu Sec. 2

ChienKuoLu Sec 3

HoPeiLu

HoNanLu

ChiHsienLu

LiuHo

WanShoushan
Park

SYS-Universität,
HsiTzuWan-Strand

★
2

HoChungLu

13   14 🏛15
Ⓢ ChungCheng

Ⓢ12

11 🏛

🏛
5

6🏛

7

WuFuLu Sec. 4

8 C 🏛9

10

KungYuenLu

4

3

Fort, Strand,
Universität

♠	1	YuanHeng Kloster & Tempel
★	2	Märtyrerschrein & Zoo
●	3	ChiChinTao-Fähren
●	4	PengHu Passagierhafen
🏨	5	Kingship Hotel
🏨	6	Major & Chinatrust Hotels
●	7	Caves Buchladen
◉	8	Cafe Doutor
🏨	9	Kingdom Hotel
●	10	Sportartikel-Kaufhaus
🏨	11	Ambassador Hotel
🏦	12	ICBC
🏦	13	Bank of Taiwan
●	14	Polizei/Visaangelegenheiten
🏨	15	Holiday Garden Hotel
●	16	Lufthansa, TI, ICBC
🏨	17	IYHF Hostel I
♠	18	SanFengTang-Tempel
🏨	19	ChiaoLun & ChienKuo Hotels
🏨	20	RuiCheng Hotel
🏨	21	ChuYou & WeiTou LiYa Hotels
🏨	22	TianAn Hotel
🏨	23	MingShi & HsienTai Hotels
🏨	24	YihTa Hotel
🏨	25	ChiuRu & Summit Hotels
ⓜ	26	Museum der Wissenschaft und Technik
🏨	27	LongTa Hotel
ⓑ	28	TaiWan KeYun Bbhf/Ost,Süd
ⓑ	29	TaiWan KeYun Bbhf/Nord
ⓑ	30	Stadtbusse
🏨	31	ChinShan Hotel
🍴	32	McDonald's
🏨	33	Union, KuoPao & HsinYuan Hotels
🏨	34	HuaPin, KaoChien, PaiHsing, KuoHsin, HuaChung & MinKuan Hotels
🏨	35	FangPin, HsingFei & HuaLing Hotels
🏨	36	ICBC & Hotel Himalaya
●	37	Wendy's, KFC, ChinTi Hotel
🏨		& Hotel Great China
☒	38	nat. Telefongesellschaft
ⓑ	39	KaoHsiung KeYun Busse (FoKuangShan)
🏨	40	Kind Hotel & chin. SB-Rest.
●	41	Snackmarkt
🍴	42	FoKuang buddh. Rest. (No. 202)
●	43	WenShaBao Sauna
🏨	44	LiuHo Hotel
●	45	LiuHo Nachtmarkt
🏨	46	First Hotel (TiYi)
●	47	Glückskuchenbäcker
🏨	48	HeKung Hotel
●	49	HsinHsing Markt
✉	50	Hauptpost
🍴	51	Chin. Fast-Food
◉	52	Teestube
🍴	53	Chin. Fast-Food
🏦	54	American Express
◉	55	Red Cafe
●	56	Malaysia & Japan Asia Airlines
●	57	Hsiao LiuChiu-Touren
●	58	Bekleidungskaufhaus
🏨	59	YMCA
●	60	Wasserwelt/Schwimmbäder
●	61	Kulturzentrum
🍴	62	Norman's Pizza (No. 59)
♠	63	ChueMin-Tempel
✚	64	Spital
●	65	China Airlines, FAT u.a.
🍴	66	New Int. Rest & Eiscafe
🍴	67	Pizza Hut
●	68	President Kaufhaus
🍴	69	McDonald's
🍴	70	Wendy's
🏨	71	IYHF Hostel II
●	72	Pig & Whistle Pub
🏨	73	KaoHsiung Hostel
●	74	Kinos
●	75	Kaufhaus
●	76	YuanTung-Kaufhaus
●	77	Jurassic Park Disco

KuKuTang
鼓鼓堂

Unter der Woche steht dieser **Tempel** nahezu leer, nur an Wochenenden und Feiertagen finden hier taoistische Rituale, Feuerwerke
und Prozessionen statt. Der KuKuTang berherbergt einige interessante Schreine, die nicht die sonst gängigen Hauptgötter der Taoisten zeigen. Der linke Schrein ist *ChengTeFu* gewidmet, der mittlere Hauptschrein *TianShang SzuMu,* der rechte der Nebengöttin *Li-
angLiangNi.* Der Schrein im Obergeschoss beherbergt eine kunstvolle Statue der Nebengottheit *WenChang.*
●(ChungShanLu/Ecke MinShengYiLu).

ChungCheng Wen-
Hua ChungHsin
中正文化中心

Im **Kulturzentrum** von KaoHsiung finden nahezu täglich klassische westliche Konzerte, Opern, Musicals, chinesische Opern
und Theaterstücke statt. Das aktuelle Programm ist telefonisch ab-
rufbar oder direkt vor Ort (ganztägig) in Informationsblättern (englisch) einzusehen. Im Areal befindet sich ferner eine kleine Galerie,
in welcher überwiegend die Werke heimischer Künstler zu sehen
sind.
● 61 (Seite 310); WuFuLu Sec 1/Ecke HoPingLu Sec 1, Tel: 2015141,
Stadtbusse 76 direkt, 36 zur Ecke SzuWei/HoPing.

Wasserwelt
游泳池

Das schönste **Freibad** der Stadt verfügt über eine ganze Reihe
diverser Wasserrutschen und bietet eine angenehme Erfrischung
von der Hitze draußen.
● 60 (Seite 310); WuFuLu Ecke HePingLu, Eintritt 200 NT$ (Kinder 150
NT$), geöffnet äglich 6:00-12:00, 14:00-17:30 und 19:00-22:00 Uhr. Ein
nicht ganz billiges Vergnügen, dafür aber hat man das Schwimmbecken nahezu für sich alleine.

Museum für
Wissenschaft
科學公議博物館

Knapp 2 km nordöstlich vom Hbf. in der 720 ChiuJuLu Sec. 1 liegt
das neue Museum für Wissenschaft und Technik. Dieses lebendi-
ge und interessante Museum ist mehr eine Mischform aus 3D-
Theater, wissenschaftlicher Ausstellung und „Museum zum anfas-
sen" denn ein klassisches Museum.
Ⓜ 26 (Seite 310); geöffnet täglich außer montags von 9:00-18:00 Uhr, Eintritt 100 NT$. Busse 73 und 60 vom/zum Hbf.

Ziele, die mit dem Stadtbus zu erreichen sind

Wie kommt man möglichst kombiniert mit den Bussen zu den einzelnen Punkten?
    Antwort: Erst mit der 5 zum Lotussee, von dort mit der 19 zum
YuanHengSi-Kloster/Zoo, von dort mit 19,45 in die TaKungLu (über
die kleine Brücke/Schienen, erste Haltestelle nach der ersten kleinen Kreuzung), dort entweder mit der 45, 1 zurück zum Bahnhof
(gleiche Straßenseite) oder in die andere Richtung mit der 1 zur
Stadtfähre. Von dort muss man zum britischen Konsulat laufen, immer an der Uferstraße entlang. Vom Konsulat fährt die 99 in die Ta-
KungLu, von wo aus die Busse 1 und 45 zum Hbf. zurückfahren.

Das ehemalige britische Konsulat in KaoHsiung

HsiTzuWan
西子彎海水浴場

清代國

Gelegen an der Küste südwestlich des ShouShan-Parks, hat sich HsiTzuWan zum wichtigsten Badestrand KaoHsiungs entwickelt und ist vor allem bei den Jüngeren sehr beliebt. In der südlichen Bucht wird überwiegend geangelt, in der nördlichen geplanscht.

Interessantester Punkt der Bucht ist dabei das alte, ehemalige **britische Konsulat** (Φ ChingTaKuo) oben am Hügel (18 LieHaiLu), welches in seiner Architektur dem Fort San Domingo (⌀ TanShui) sehr ähnelt. Die Aussicht von hier oben ist aber bei weitem beeindruckender. Das Gebäude stammt aus dem Jahre 1866 und wurde von den Engländern errichtet, nachdem sie durch den Vertrag von TienHsin das kaiserliche China zur Öffnung von Freihäfen, unter anderen auch KaoHsiung, gezwungen hatten. Während der japanischen Besatzung (1895-1945) verließen sie das Konsulat, nach dem Zweiten Weltkrieg wurde das Gebäude als Wetterstation genutzt. Heute gilt es als bedeutendes historisches Monument der „Fremdmächte" auf TaiWan. Das Innere birgt eine Ausstellungshalle mit Modellen, Bildern und Gegenständen des alten TaKuo, wie KaoHsiung früher hieß.

● 5 (Seite 316); Eintritt 20 NT\$, geöffnet tgl. 9:00-18:00 Uhr. Am einfachsten kommt man vom Hbf. zum Fort und der Bucht mit Bus No. 1 zum Fährpier (Fähren nach ChiChin) und läuft knapp die 10 Minuten um das Hafenbecken herum zur Uferpromenade. Bus 99 fährt direkt ab Fort, aber nicht zum Hbf. Hier müsste man in der TaTungLu einmal umsteigen (1 oder 45 ab/zum Hbf. in die TaTungLu, dort umsteigen in die 99, zurück umgekehrt)

YuanHengSi

元亨寺

Die Anlage liegt unübersehbar linker Hand am Berg. Dieses **buddhistische Kloster** ist das gewaltigste und nach FoKuangShan vielleicht reichste in TaiWan. Beste Besuchszeit dürfte der Sonntag sein, da dann zusammen mit vielen Gläubigen – eine buddhistische Messe von 9:00 bis etwa 10:00 Uhr erlebt werden kann. Die Haupthalle – ein riesiger Tempel aus Marmor und Stein – beherbergt im Zentrum drei große Buddhas mit zwei Boddhisatvas (außen). Die Decke weist die typischen Holzkacheln mit der buddhistischen Svastika (Sonnenrad) auf. Ferner stehen an den Wänden nicht weniger als 5000 vergoldete Buddhas, was dem Schrein zusätzlichen Glanz verleiht. Um das Gebäude herum sind große Kupfertafeln mit Szenen aus dem Leben des Gautama Buddha angebracht. Das linke Gebäude dient als Unterkunft für die Mönche, das erste rechte Gebäude (von der Haupthalle aus gesehen) ist die Bibliothek, das äußere rechte ein Ahnenschrein, wo die Urnen der feuerbestatteten Ahnen stehen.

🔺 1 (Seite 310); Bus Nr. 45 vom Hbf. zur KuShanLu.

TongWuYuan

動物園

Der **Tierpark** KaoHsiungs ist in keiner Weise mit TaiPeis Superzoo zu vergleichen. Er ist aber zu empfehlen, um die einheimischen Kinder zu fotografieren, die sich an den Tieren erfreuen.

★ 2 (Seite 310); Eintritt 30 NT$, geöffnet tägl. außer montags 9:00-18:00 Uhr; die Straße am YuanHeng-Kloster weiter bergauf, an der Gabelung links.

TongMenCheng

東門成

Im Jahre 1722 wurde eine ca. 2,5 km lange und 4 m hohe Mauer mit vier nach den Himmelsrichtungen benannten Stadttoren als Verteidigungswall errichtet und bis 1844 auf eine Gesamtlänge von ca. 3,8 km ausgebaut. Bedingt durch das rapide Wachstum der Stadt wurde mehr und mehr von der alten Mauer abgetragen; heute stehen noch wenige hundert Meter der Anlage rechts und links vom **Osttor.**

● Entlang der KuiShanLu, Stadtbusse 5,19 Richtung TsoYing/Lotussee, am NanMen (Südtor) aussteigen (ist nicht zu übersehen), nach rechts in die KueiShanLu bis zum DongMen gehen.

左營
蓮潭

TsoYing und Lotussee

Der Lotussee im Stadtteil TsoYing galt schon unter den Qing (1644-1911) als eine Oase der Entspannung, so dass hier zahlreiche Tempel und Pavillons errichtet wurden. Die bedeutendsten und schönsten Bauwerke sind Tiger- und Drachenpagoden, Frühlings- und Herbstpavillon, QinShihHuangTi-Statue und der Konfuziustempel.

● Mit den Stadtbussen 5, 45 erreicht man TsoYing, den nördlichen Stadtbusbahnhof (linke Straßenseite). Genau an der gegenüberliegenden Seite der TsoYingTaLu führt ein schmales Sträßchen durch ein älteres Wohnviertel, am Ende links bis zum Markt, dort rechts ab zum Konfuziustempel, dem ersten Punkt am See. Wer im Anschluss von der Bushaltestelle aus zum YuanHengSi-Kloster möchte, nehme Bus No. 19.

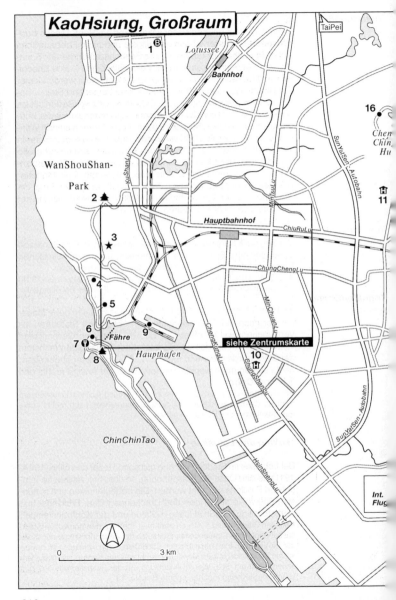

KaoHsiung, Großraum

1 B

Lotussee

Bahnhof

TaiPei

16

Chen
Chin
Hu

WanShouShan-
Park

11

2

Hauptbahnhof

ChiuRuLu

3

ChungChengLu

4

5

MinChuanLu

9

ChenKingLu

siehe Zentrumskarte

6
7
Fähre

8 Haupthafen

10

ChungShanLu

SunYatSen-Autobahn

ChinChinTao

HsinShengLu

Int.
Flug

0   3 km

IAWM

PingTung

TsoYing Bushaltestelle
YuanHeng-Tempel
Zoo und Märtyrer-
schrein
SunYatSen-Universität
Britisches Konsulat
Leuchtturm
Restaurant
Tempel
PengHu Passagier-
schiffe
Arbeitererholungsheim
Grand Hotel
Haupteingang
McDonald's
ChangKung Spital
Youth Activity Centre
Ausgang
Industriegebiet

Ting, LinYuan, TungKang

KaoHsiung

KungTzuMiao

孔子廟

Das Areal und die Gebäude sind eine exakte Nachbildung des **Konfuzius-Tempels** in ChuFu, der Heimatstadt von *Konfuzius* in der Provinz ShanTung, VRC. Die Anlage in ChuFu ist ein Muster für den Aufbau aller Tempel zu Ehren des Meisters. Ein dreigeteiltes Tor führt über einen mit hohen Mauern (Kolonnaden) umgebenen Vorhof zum eigentlichen Schrein. Die Treppe zeigt eine (im Original marmorne) Steinplatte mit einem ungehörnten Drachen. Der Hauptschrein besteht lediglich aus einer goldfarbenen, mit Blumen umsäumten Kalligraphie. Die Decke zeigt die typischen Holzkacheln mit kreisrundem Drachenmuster. Rechts und links hinter dem Schrein sind Utensilien zu sehen, die am Geburtstag des *Konfuzius* (28. September) zum Einsatz kommen. Zu den einzelnen Gebäuden hängen Fotos mit englischsprachigen Erklärungen aus. Geöffnet von 9:00-12:00 und 13:30-17:00 Uhr. Vom Tempel aus sind es nur noch wenige Meter bis zum Seeufer.

Tian ChenGong (dem Himmel untergeordneter Tempel)

天禩宮

Auf der linken Straßenseite kurz nach dem Konfuziustempel weisen kupferne Löwen, deren Tatzen auf großen Perlen ruhen, auf einen sehenswerten **taoistischen Tempel** hin. Über eine mit einer Drachendarstellung auf der Mittelplatte versehenen Treppe kommt man zur Haupthalle. Die Innenwände weisen bis zur Decke hinauf kunstvolle taoistische Darstellungen auf. Das Gebäude entstand im frühen 19. Jh. und ist somit ein „echter" Altbau am Lotussee.

ChinShihHuang-Ti-Pavillon

秦塔

Nicht zu übersehen ist die 20 m hohe, farbige Figur des *Chin- Shih-HuangTi*. Jener erreichte im Jahre 221 v.Ch. die Einheit der zerstrittenen Einzelstaaten Chinas, begründete die kurzlebige Chin (Qin)-Dynastie (221-206 v.Ch.) und nahm erstmalig in der chinesischen Geschichte den Titel *HuangTi* (Kaiser) an. Unter seiner Regentschaft wurden die alten Einzelstaaten abgeschafft, u.a. Maße, Gewichte, Schrift und Währung auf Dauer vereinheitlicht und die ersten Teile der großen chinesischen Mauer zum Schutz gegen nördliche Eindringlinge errichtet. Seine Regentschaft, an der sein führender Minister *LiSzu* maßgeblich beteiligt war, wurde geprägt vom Streben nach der Abschaffung alles Alten auf der Basis der Philosophie der Legalisten, welche das Leben strikten Regeln und Normen unterwarfen. Die Opposition, hier insbesondere die traditionellen Konfuzianer, wurden durch die berühmte Bücherverbrennung des *LiSzu* kaltgestellt, die darauf zielte, die Verbreitung der auf den alten Zeiten basierenden Lehre des Konfuzianismus zu unterbinden. Nicht nur die Macht der nachfolgenden Han-Dynastie (206 v.Ch.-220 n.Ch.) fußte wieder auf dem Erhalt eines Zentralstaates, selbst *MaoTzuTung* wird ein Hang zum Schwärmen für die rigorose Innenpolitik des *ChinShiHuangTi* nachgesagt (*"ChinShihHuangTi"* hat 4000 Schriftsteller geköpft – na und? Ich 40.000!").

Auf der Brücke rechts und links werden historische Generäle der Regentschaft des Chin-Kaisers dargestellt.

Tiger- und Drachenpagoden
虎龍塔

Hier wurde den wichtigsten Figuren des chinesischen Kalenders ein Denkmal gesetzt. Neben den Tierfiguren ragen zwei siebenstöckige Pagoden in den See hinein. Beide Anlagen sind ohne historischen Hintergrund und neueren Datums.

ChunChiuKe (QunQiuGe)
春秋閣

Im Frühlings und Herbstpavillon am Südende des Lotussees werden nicht etwa die Jahreszeiten verehrt, sondern der Name weist auf eine bedeutende Phase der chinesischen Geschichte hin: 722 – 481 v.Ch. war das Chinesische Reich in Einzelstaaten mit regionalen Machthabern zerfallen und von jahrhundertelangen Machtkämpfen um die Vorherrschaft geprägt. Auch eines der fünf klassischen konfuzianischen Werke wurde nach dieser Phase "ChunChiu" genannt und beschreibt die Zustände dieser Epoche. Von den beiden dreistöckigen Pagoden führt eine Brücke zu einem kleinen Pavillon im See, der einen netten Rundblick bietet.

ChiChinTao
旗津島

Wenn man Asienkenner fragt, welche chinesische Hafenstadt am Meer und auf einer *mit pendelnden Fähren verbundenen Insel* liegt, von deren Anhöhen aus man einen feinen Blick auf die Stadt hat, lautet die Antwort natürlich: HongKong. Doch auch KaoHsiung liegt teilweise auf einer (wie HongKong-Island per Autotunnel verbundenen) Insel, die zusätzlich ständig mit einer kurzen Fährfahrt angelaufen werden kann. Auch in KaoHsiung hat man vom kleinen "Peak" am Leuchtturm einen sehr guten Überblick über die Stadt bis zu den Hügeln des Hinterlandes. Der Südteil der Insel wird von Industrieanlagen geprägt, doch der Nordteil bildet ein lohnenswertes Ziel. Man kann sich ab der Fähre von einer Fahrradrikscha quer durch die Insel fahren lassen, die sehenswerten Punkte sind aber auch leicht zu Fuß (in jeweils 5-10 Gehminuten) zu erreichen.

Der *Strand* ist zweigeteilt, der gepflegte und umzäunte Teil kostet 45 NT$ Eintritt, gleich links daneben liegt der kostenlose und ungepflegte Teil.

天泩宮

Dem gegenüber befindet sich der große taoistische Φ *TienHouKung-Tempel,* hier am Meer wie so oft der Meeresgöttin *MaTzu* gewidmet. Die kleine Hauptstraße zwischen Tempel und Fähre wird von zahllosen Seafood-Restaurants gesäumt, allerdings ist es hier nicht gerade billig.

Ganz im Norden ChiChins dient ein **Leuchtturm** der Seefahrt als Orientierungspunkt, der kleine, zum Turm gehörende Ausstellungsraum zeigt einige Daten und Bilder zur Geschichte des Turmes. Von hier aus hat man die beste Aussicht auf KaoHsiung.

● Zwar besteht auch eine Busverbindung zur Insel durch den Tunnel, doch empfiehlt es sich, mit Bus No. 1 vom Hbf. zum Pier zu fahren (sobald man am Kai entlangfährt, klingeln; die Fährstation liegt rechts am Ende vor der Kurve). Dann für 15 NT$ mit der **Fähre** übersetzen, die hier alle 10 Minuten ablegt.

KaoHsiung

Praktische Hinweise

An/-Abreise

Luftweg

Der Flughafen von KaoHsiung ist der einzige *internationale Flughafen* neben dem ChiangKaiShek-Airport bei TaoYuan. Diese Tatsache ist nicht ohne Belang, da man nun nicht mehr über den CKS-Airport einreisen muss, wenn man in den Süden TaiWans möchte und im CKS-Airport einen Transitanschluss nach KaoHsiung nehmen kann (muss vorher gebucht sein, kein Ticketschalter im Transitbereich des CKS-Airport). Ebenso werden viele asiatische Ziele wie HongKong oder Saigon direkt von KaoHsiung aus angeflogen.

Bei CKS-International gilt: Für alle nationalen Ziele außer KaoHsiung muss man nach wie vor zunächst mit Gepäck zum nationalen SungShan-Airport in TaiPei und dort erneut einchecken. Auch umgekehrt kann man ab KaoHsiung, das Gepäck durchchecken und direkt über den CKS-Airport in den Interkontinentalflug umsteigen. Leider hat ChinaAirlines die Zubringerflüge KaoHsiung-CKS-Airport schlecht aufeinander abgestimmt, so dass man im Flughafen von KaoHsiung selbst nach einer besseren Zubringermöglichkeit suchen sollte. Andere Gesellschaften als China Airlines lassen sich bislang nicht vorab buchen, vor Ort kostet ein Ticket um die 1200 NT\$ (Flugplan ↗ internationale An-/Abreise).

Internationale Verbindungen: Mittlerweile bestehen zwischen KaoHsiung und einer Reihe asiatischer Metropolen regelmäßige Flugverbindungen, z.B. nach Saigon, Manila oder HongKong. Es besteht außerdem die Möglichkeit, KaoHsiung auch von Europa aus via CKS-Airport mit China Airlines anzufliegen, ohne den mühsamen Weg durch Downtown TaiPei zum nationalen Flughafen nehmen zu müssen. Bei internationalen Abflügen wird eine *Flughafensteuer* von 300 NT\$ (zahlbar nur in NT\$) fällig.

Einige Anschriften wichtiger *Airlines in KaoHsiung* lauten:

２３５中華路四段   ●*Lufthansa,* Φ235 ChungChengLu Sec.4, Tel: (07)-2511403.

   ●*Thai-Airways (TaiKuo HangKung),*
２８２中華路四段   Φ282 ChungHuaLu Sec. 4, Tel: 2155871.

   ●*China Airlines (ChungKuo HangKung),*
８１中華路三段   Φ81 ChungHuaLu Sec. 3, Tel: 2315181.

   ●*Cathay Pacific (KuoTai HangKung),*
２１中華路三段   Φ21 ChungHuaLu Sec. 3, Tel: 2827479.

   ●*Philippine Airlines (FeiLuBin HangKung),*
２３５中正路一段   Φ235 ChungChengLu Sec. 1, Tel: 2512315

   ●*Singapore Airlines (HsinChiaPo HangKung),*
２８２中華路四段   Φ282 ChungHuaLu Sec. 4, Tel: 2260868.
２０６廣華路   ●*KLM (HeLan HangKung),* Φ206 KungHuaLu Sec. 1, Tel: 2264210.

   ●*Aeroflot, LTU, Air Lanka, Air Europe, Royal Nepal* und *Dragonair*
９７中華路三段   werden in der Φ97 ChungHuaLu Sec 3 vertreten.

Nationale Verbindungen: Neben den anderen großen Städten wie TaiPei, TaiTung, HuaLien usw. werden von KaoHsiung aus insbesondere „exotische" Ziele wie ChiMei und WangAn (↗ PengHu) oder sogar ↗ KinMen angeflogen. Preisbeispiele (einfach): TaiPei 1323 NT\$, KinMen 1326 NT\$ MaKung (PengHu) 821NT\$, HuaLien 1428 NT\$.

Hier einige Vertretungen von Inlandsgesellschaften:

   ●*Great China (TaHua HangKung),* Airport, Tel: 8017608.

   ●*Far Eastern Air Transport (YuanTung HangKung),*
１０１中華路三   Φ101 ChangHuaLu Sec. 3, Tel: 2411181.

1 3 1 中正路一段

- **Formosa Airlines (YongHsing HangKung),**
Φ 131 ChungChengLu Sec. 1, Tel: 3320608, 7134685.
- **Makung Airlines (MaKung HangKung),**
Airport, Tel: 2211175, 8010869.
- **TaiWan Airlines (TaiWan HangKung),** Airport, Tel: 8013793.
- **Trans Asia Airlines (FuHsing HangKung),**

1 4 8 忠華路三段

Φ 148 ChungHuaLu Sec. 3, Tel: (080)-066880.

Die Zahl der Flüge ist unglaublich hoch. *MaKung* fliegt die Strecke Kao-Hsiung – MaKung 10 mal täglich (7:30 bis 18:10 Uhr), nach TaiPei sogar 17mal. *Far Eastern* bietet 30 Flüge im Halbstunden-Rhythmus zwischen Kao-Hsiung und TaiPei. *Formosa* fliegt 1mal tgl. nach LanYu (1607 NT\$, einf.).

Vom/zum Flughafen pendelt **Stadtbus** Nr. 12 zwischen Airport und Hbf. in 20minütigem Abstand. 12 NT\$, dauert etwa 30 Minuten. **Airport-Taxis** verlangen 300 NT\$. Achtung: der Bus hält direkt vor dem Ausgang, wenn man Richtung Stadtmitte fahren will. Umgekehrt, vom Hbf. zum Flughafen, hält er nur auf der gegenüberliegenden Straßenseite des Flughafengebäudes, da die Linie nicht hier endet sondern noch einige Stationen weiterfährt, ehe sie auf dem Rückweg zur Stadt dann wieder direkt am Flughafengebäude hält.

Seeweg

- Von/nach **HsiaoLiuChiu** (♫ Inseln): Von KaoHsiung aus besteht keine Fährverbindung, sondern nur von den nahegelegenen Häfen TungKang und LinYuan aus. Es gibt allerdings eine Gesellschaft in der Stadt, die eine kombinierte Bus/Fährtour (via LinYuan) für 450 NT\$ (retour) anbietet: *ChanAn LinChuan KungSi*, Φ65 MinTzuLu Sec. 2, Tel: 2222123. Hier werden mehrere Fahrten täglich angeboten und erlauben einen stressfreien Tagesausflug auf die Insel.

6 5 民族路二段

- Von/nach **PengHu:** täglich um 9:00 Uhr verkehrt ein Fährschiff nach Ma-Kung (je nach Klasse ab 450 bis 1000 NT\$ einfach).Tickets können direkt am Pier gekauft werden (oder vorab beim *Southeast Travel Service,* Φ106 ChungChengLu Sec. 4, Tel: 2312181, bestellt werden). Rückfahrt ab Ma-Kung täglich 15:30 Uhr. Bus No. 1 ab Hbf. fährt am kleinen Pier der Stadtfähre nach ChiChinTao vorbei, danach aussteigen, 250 m geradeaus zur Hafenverwaltung (immer rechts halten), am Verwaltungsgebäude links um die Ecke, Haus No. 5 ist die Ticket- und Wartehalle.

1 0 6 中正路四段

- Von/nach **KeeLung** und **KinMen:** Lange Zeit bestand eine Passagierverbindung zwischen KaoHsiung und KeeLung, mangels Nachfrage wurde sie aber inzwischen unterbrochen. Mit der Öffnung KinMens (♫) und der in den nächsten Jahren ebenfalls möglichen Anbindung MaTzus an den Seeweg könnte auch die Linie nach KeeLung wiederbelebt werden.

Bahn

KaoHsiung ist **Endstation** für die meisten Züge von Norden nach Süden und von Südwesten nach Osten. In nördliche Richtung starten hier zwischen 5:15 und 23:40 Uhr rund 55 Züge, meist mit Endstation TaiPei oder KeeLung, einige nur bis TaiChung. Etwas seltener verkehren Züge Richtung Osten (zwischen 5:50 und 23:41 Uhr), viele enden in PingTung (38 NT\$, dort umsteigen Richtung TaiTung).

Vom Südeingang in die Bahnhofshalle kommend befindet sich links ein **Informationsschalter** (englisch).

Preisbeispiele: KeeLung 618-919 NT\$, TaiPei 574-853 NT\$, TaoYuan 553-787 NT\$, ChungLi 514-765 NT\$, HsinChu 455-677 NT\$, TaiChung 316-470 NT\$, TouLiu 214-318 NT\$, ChiaYi 167-249 NT\$, TaiNan 56-107 NT\$ (in TaiNan ist keine Platzreservierung für die umgekehrte Strecke möglich), TaiTung 202-363 NT\$, YiLan 721-1092 NT\$, HuaLien 873-1298 NT\$.

KaoHsiung

Der Bahnhof hat **zwei Ausgänge,** Nord und Süd. Das Stadtzentrum, wichtige Busstationen wie auch die meisten Hotels liegen am Bahnhofsvorplatz/Süd. Jede Unterquerung der Schienen (einzige Möglichkeit, zur anderen Seite zu kommen) kostet eine am Informationsschalter erhältliche Bahnsteigkarte (5 NT$).

Bus

Die **Busbahnhöfe** KaoHsiungs liegen sehr günstig, es gilt lediglich, darauf zu achten, welcher für welche Strecke zuständig ist.

Geschäftstüchtige Damen suchen an den Unterführungen am Hbf. oft Reisende nach KenTing für **Privatbusse.** Es ist kein Fehler, hier auch einmal die Preise (mit dem der öffentlichen Linie, 247 NT$) zu vergleichen, insbesondere, wenn die öffentlichen ausgebucht sind oder man die Vormittagsbusse verpasst hat. Diese Privatlinien sind allerdings meist etwas teurer und fahren nicht unbedingt nach einem festen Fahrplan (auch wenn es anders behauptet wird).

🚍 29 (Seite 310); **TaiWanKeYun (Nord):** Gleich am Bahnhofsvorplatz/Süd liegt der Haupt-Überlandbusbahnhof mit zahllosen Bussen nach **TaiPei** alle 20 Minuten (463-572 NT$), **KeeLung** 8:00, 9:30, 14:00, 15:00, 16:30, 17:10 Uhr (599 NT$), **CKS Airport** (6:30 und 13:50 Uhr, 581 NT$), **TaoYuan** (nahe CKS-Airport) zu jeder vollen Stunde von 7:00-20:00 Uhr (557 NT$), **PuLi** 9:20 und 14:35 Uhr (395 NT$), **TaHsien** (am SCIH) 7:20, 10:30, 18:50 Uhr (346 NT$) und **PaoLai** (ebenfalls am SCIH, 6:10, 7:10, 9:30, 11:50, 14:10 Uhr; hier kann man dann in die Linie TaiNan-TienChih zusteigen), **ALIShan** 8:10 Uhr, samstags zusätzlich um 9:40 Uhr, an Feiertagen auch um 13:40 Uhr, **TaiNan** 6:37-22:22 Uhr 50 Busse täglich (75 NT$), **TaiChung** (290-343 NT$, alle TaiPei-Busse), **ChungLi** (516 NT$, alle TaiPei-Busse), **ChiaYi** 6:30-21:45 Uhr etwa alle 25 Minuten).

Der Schalter ganz links bietet (englisch) einen **Traveller-Service.**

In der Station können auch Tickets nach **PingTung** (ca. 25x tgl., 45 NT$) gekauft werden, Abfahrt dieser Linie außen rechts vor der Toilette (nicht an den vorderen Bussteigen). Fahrtzeit 45 Minuten.

🚍 28 (Seite 310); **TaiWanKeYun (Süd&Ost):** Der Schalter für Busse in den Süden und Osten TaiWans liegt nahe der Station/Nord. (nur den Busplatz schräg nach rechts überqueren). **HuaLien** 0:30, 9:40, 11:40 Uhr (841-866 NT$), **TaiTung** (450-484 NT$) rund um die Uhr etwa 20 mal täglich, **KenTing** (247 NT$) zu jeder vollen Stunde zwischen 8:00 und 21:00 Uhr, die Linie wird gelegentlich auf 5 Busse täglich zwischen 06:50 und 12:30 Uhr reduziert, dann kann man zumindest nach **HengChun** (248 NT$) im Süden einer der 25 Busse zwischen 5:50 und 22:30 Uhr nehmen. Einige der Busse nach Süden fahren über **TungKang,** wo eine Fährverbindung nach **HsiaoLiuChiu** besteht, oder die **TaPeng-Bay** besucht werden kann.

● Auf der gegenüberliegenden Straßenseite fährt eine **Privatgesellschaft** 15 mal täglich direkt nach **PeiKang, TaiChung** und **TaiPei.**

🚍 30 (Seite 310); **Stadtbusse:** (weiße Grundfarbe) Aus dem Hbf. (Südausgang) kommend halbrechts liegen die Stadtbusse. Air-Con 12 NT$, sonst 10 NT$ (nur noch selten zu sehen). Für die meisten Sehenswürdigkeiten in KaoHsiung sind Busfahrten unumgänglich. Wichtigste Linien sind die 1 (Hbf.-Fährhafen/britisches Konsulat), 60 (Hbf.-ChengChingHu), 12 (Hbf.-Flughafen) und 1, 2, 45, 60, 88, die in die ChungChengLu Sektion 4 fahren (zu verwenden für Lufthansa, Bank of TaiWan, Tourist Information – zweiter Halt nach Einbiegen auf die ChungChengLu, China Airlines – erster Halt).

An allen größeren Haltestellen stehen zweisprachige (chin./engl.) **Infosäulen** (für Sprachunkundige eine wirklich gute Hilfe), die auf Knopfdruck die Busnummer zum gewünschten Ziel anzeigen.

Ⓑ 39 (Seite 310); *KaoHsiung KeYun:* (beigefarben mit roten Streifen bei der Stadtbushaltestelle vor Kentucky Fried Chicken/ChungShanLu Sec 1). Hier wird das Umland von KaoHsiung (KaoHsiung-County) angefahren. Die wichtigsten Verbindungen sind die No. 116, 150 zum *FoKuangShan,* 101 nach *LinYuan* (Fährhafen für die Insel HsiaoLiuChiu), 115 nach *ChiaHsien,* 116, 314, 301, 302, 303 nach *LiuKuei,* 314 bis *TienChih* (dort umsteigen nach TaiTung oder Fußmarsch ♪ SCIH).

Taxi

Die unübersehbaren gelben Taxis sind zu jeder Tages- und Nachtzeit zuhauf auf der Straße. Das Herbeiwinken geschieht wie überall mit nach vorne ausgestreckter Hand. Einige Preisbeispiele vom Hbf.: zum Lotussee 210 NT$, zur ChiChin-Insel 230 NT$, zum Flughafen 200 NT$ (auch hier ist der Weg zum Airport billiger als retour, da die Flughafentaxis i.d.R. lange Standzeiten haben und von dort in die Stadt ohne Taxameter fahren bzw. Fixpreise verlangen).

Unterkunft

Als Industriestandort, Seehafen, Metropole des Südens und Ausgangspunkt zu den umliegenden touristischen Attraktionen verfügt KaoHsiung über ein entsprechend breites Angebot für jeden Geldbeutel. Allerdings ist man hier weniger auf Touristen als auf internationale Geschäftsbesucher und Seeleute eingestellt. Die meisten günstigen Unterkünfte sind – wie in so vielen anderen Städten mit Schienenanschluss auch – in unmittelbarer Bahnhofsnähe zu finden. Die ChienKuoLu Sec.1 (vor dem Bahnhof) und die ChungShan Lu Sec.1 sind das „Revier" für einfache Hotels. Die etwas besseren Unterkünfte haben ein englisches Hinweisschild, aber unübersehbar sind die vielen chinesischen Minihotels, die oft nur ein, zwei Etagen eines Hochhauses belegen. Diese Minihotels sind häufig Stundenhotels, die deutlich an außen angebrachten Preisschildern erkennbar sind: 200 NT$ pro Stunde, 600 NT$ pro Nacht. Auf der gegenüberliegenden Seite des Busbahnhofs (z.B. NanHuaLu) gibt es ein reiches Angebot dieser Etablissements. Als reine Unterkünfte sind sie deshalb aber nicht schlechter als andere auch, hier herrscht nur eben manchmal allzu reger „Verkehr". Günstige Dorm-Unterkünfte liegen leider etwas außerhalb des Zentrums.

Man sollte in KaoHsiung darauf achten, in Nähe des (Bus-)Bahnhofs zu bleiben, da es nur wenig in der Stadt selbst zu sehen gibt und daher Transportmöglichkeiten für den Reisenden wichtig sind. Ehe man den Bahnhof verlässt, muss man sich entscheiden, ob man vor oder hinter dem Hbf. unterkommen möchte; jede „Unterquerung" des Bahnhofs ist nur mit einer Bahnsteigkarte, erhältlich am Informationsschalter für 5 NT$, möglich (über die nächstmögliche Straße dauert der Fußweg rund 20 Minuten!).

* (günstig)
老工休假中心

Φ*LaoKung XiuChia ChongHsin (Erholungsheim für ältere Arbeitnehmer),* 132 ChungShanLu 3. Sec. (Tel: 3329110), bietet 3-Bett-Zimmer für 600 NT$ (man kann auch nur ein Bett nehmen), einige Einzelzimmerchen für 450 NT$ stehen auch zur Verfügung. Nichts Besonderes aber o.k. Hat einen kleinen Vorpark und sieht nach einem offiziellen Gebäude aus. Vom Airport fährt Bus No. 12 vorbei, vom Bahnhof die Linien 7, 12, 25, 26, 30.

１２０溫武街一段

●*IYHF 1 (International Youth Hostel Federation),* Φ 120 WenWuLu Sec. 1 (Tel: 2012477), hat Betten in kleineren Dorms (4-6 Bettzimmer) für 320-380 NT$. Fernsehraum und Kochgelegenheit haben es zu einem Traveller-Treffpunkt werden lassen. Der Andrang ist so groß, dass schon 1993 ein

42苻雅路 ●*IYHF 2,* Φ42 LingYaLu 2. Sec. (Tel: 3391533) eröffnet wurde mit ähnlichen Gegebenheiten. Wer die Wahl hat, sollte gleich zum neueren gehen, es ist nicht so „abgewohnt" und liegt im Zentrum, hat aber auch kein Flair.

芳濱大旅社 Φ*FangPin TaLuShe,* 2 HuPeiLu, Tel: (07)-2914181, sehr einfache DZ schon zu 350 NT$, nahe Hbf.

星妃大旅社 Φ*HsingFei TaLuShe,* 20 HuPeiLu, Tel: (07)-2410116, DZ zu 400 NT$.
●Das ziemlich abgewirtschaftete Φ*KaoHsiung LuShe,* 39 TzuChiangLu 3. Sec./Ecke HsinChengLu (Tel: 3355414) nimmt 180-200 NT$ für ein Bett im Dorm; nicht empfehlenswert, soll aber renoviert werden.

高淨大旅社 Φ*KaoChian TaLuShe,* 225 NanHuaLu, Tel: (07)-2317101, bei 300 NT$/DZ eine billige und akzeptable Lösung.

巧倫別關 Φ*TiaoLun PinKuan,* 42 ChienKuoLu Sec 3, 2.-4. Stock, Tel: (07)-2618241, 400 NT$, sehr kleiner Familienbetrieb.

基督教青年會舘 Φ*YMCA,* 26 MinTzuLu Sec 2, Tel: (07)-2516496, gehört nicht zu den Billigunterkünften und verlangt 300 NT$ für ein Bett im Schlafsaal; Ausländer werden nicht immer eingelassen (man meint, es sei zu schlecht für Ausländer).

** (600 NT$)
瑞成別館 Φ*RuiCheng PieKuan,* 40 ChienKuoLu Sec 3, Tel: (07)-2725761, mit 600 NT$ günstigste Lösung dieser Preisklasse; Zimmer akzeptabel.

台彎大飯店 Φ*TaiWan TaFanTian,* 285 ChungShanLu Sec. 1, Tel: 2216081, mit DZ ab 650 NT$. Die besseren Zimmer kosten bis zu 1100 NT$.

极好大飯店 Φ*Famous Hotel,* LinShenLu 267, Tel: 2151307, jenseits des kleinen Kanals rechts an der Ecke.

國衆大飯店 Φ*KuoTzung TaFanTian,* 268ChienKuoLu Sec 2, Tel: (07)-2828111, hat nette und günstige Zimmer zwischen 600 und 900 NT$.

天安大飯店 Φ*TianAn TaFanTian,* 1PoAiLu Sec. 1, Tel: 3122131, vom Vorplatz/Nord über die ChiuJuLu links an der Ecke bietet annehmbare Zi., ab 700 NT$.

國新大飯店 Φ*KuoHsin TaFanTian,* 237 NanHuaLu, Tel: (07)-2718121, DZ ab 700 NT$.
現代大飯店 Φ*HsianTai TaFanTian,* 332 ChiuJuLu Sec. 2, Tel: 3218111, liegt an der Ecke schräg rechts gegenüber vom Vorplatz/Nord. Einfach und nett.

中華大飯店 Φ*ChungHua TaFanTian,* 289 ChungShan Sec.1, Tel: 2219941, ist mit DZ ab 650 NT$ recht ordentlich.

華濱大旅社 Φ*HuaPin TaLuShe,* 221 NanHuaLu, Tel: (07)-2218800, DZ 600 NT$.
華仏大飯店 Φ*HuaChung TaFanTian,* 243 ChienKuoLu Sec 2, Tel: (07)-2725523-7, DZ ab 750 NT$, beste Wahl dieser Klasse.

*** (900 NT$)
鶴宮別舘 Φ*HeKung PieKuan,* 41 ChungChengLu Sec 4, Tel: (07)-2213356. DZ schon ab 750 NT$. Sehr klein (18 Zi), zentral gelegen.

國堡大飯店 Φ*KuoPao TaFanTian,* 224 NanHuaLu, Tel: (07)-2914121, DZ zwischen 750 und 900 NT$.
●Gleich nebenan liegt das Φ*HsinYuan TaLuShe,* 226 NanHuaLu, Tel: (07)-2117711mit DZ zu 900-1000 NT$.

新園大旅社 ●In unmittelbarer Nähe liegt das recht ordentliche Φ*PaiHsing TaFanTian (Hotel White Star),* 231 NanHuaLu, Tel: (07)-2319131 mit gleichen Preisen.

白星大飯店 Φ*MingKuan TaKeChan,* 255 ChienKuoLu, Tel: (07)-2211489, DZ ca. 850 NT$ wenn man gut handelt.

名舘大客棧 Φ*KaoShan TaFanTian,* 316 ChungShanLu Sec.1, Tel: 2516602, Bahnhofsseite/Süd bietet den Luxus einer Sauna (!) und ist an entsprechender Bildern am Eingang zu erkennen, um 900 NT$.

高山大飯店

金帝大飯店 Φ*ChinTi TaFanTian,* 392 PaTeLu/Ecke ChungShanLu Sec. 1, Tel: 2013071 bietet hübsche Zimmer, deren Interieur auf gelegentliche Fremdverwendung schließen lässt. Liegt 100 m weiter als das KaoShan auf derselben Seite.

名什大飯店   Φ *MingShi TaFanTian,* 2 PoAiLu Sec.1, Tel: 3118477, sehr hübsch.
六合大飯店   Φ *LiuKe TaFanTian,* 30 LiuKeLu Sec. 2, Tel: 2317161, mit Sauna.
建國大飯店   Φ *ChienKuo TaFanTian,* 44 ChienKuoLu Sec 3, Tel: (07)-2712139,
                 120 Zimmer zwischen 900 und 1200 NT$.
中華大飯店   Φ *ChungHua TaFanTian,* 389 PaTeLu/Ecke ChungShanLu Sec. 1
                 (gegenüber ChinTi-Hotel), (Tel: 2219941).
主友大飯店   Φ *ChuYou TaFanTian,* 387 AnTingChieh Tel: (07)-3122181, etwas älter.
金山大飯店   Φ *ChinShan TaFanTian,* 51 HePeiLu Sec 2, Tel: (07)-2218861-5.

KaoHsiung

****(1200 NT$)

３０六合路二段   Φ *LiuHe TaFanTian,* 30 LiuHeLu Sec 2, Tel: (07)-2317161,
                 DZ zwischen 900 und 1400 NT$, ordentlich.
２３３林森路一段   Φ *Duke-Hotel,* 233 LinShenLu Sec.1, Tel: 2312111,
                 sehr gute Zimmer für die Preisklasse.
１７２九如路   Φ *YiDa TaFanTian,* 172 ChiuRuLu, Tel: (07)-3116186,
                 älteres Hotel hinter dem Hbf.
３３９九如路   Φ *LongTa TaFanTian,* 339 ChiuRuLu, Tel: (07)-3121155, 100 m rechts
                 vom rückwärtigen Bahnhofsvorplatz/Nord, mit guten, sauberen Zimmern.
２５河北路二段   Φ *HuaLing TaFanTian,* 25 HePeiLu Sec 2, Tel: (07)-2618161.
２８３建國路二段   Φ *ChienHua TaFanTian,* 283 ChienKuoLu Sec 2,
                 Tel: (07)-2722172, 2314654.

*****(1500 NT$)

２１大公路   Φ *Queen-Hotel,* 21 TaKungLu, Tel: 5212211,
                 mit Restaurant, Kaffee, Buchungsschalter und Wäschrei-Service.
９２六合路   Φ *SanHua TaFanTian,* 92 LiuHoLu Sec. 1, Tel: 2262222,
                 bietet Wäscherei- und Buchungsservice.
６中正路   Φ *TiYi TaFanTian (1st Hotel),* 6 ChungChengLu Sec 4,
                 Tel: (07)-2218881.

******(1800 NT$)

２９５建國路   Φ *Union Hotel,* 295 ChienKuoLu Sec.2, Tel: 2410101,
                 liegt sehr günstig gegenüber vom Busbahnhof. Moderne Zimmer.
１４５文物路   Φ *Katherine Plaza Hotel,* 145 WenWuLu Sec.3, Tel: 2152158,
                 mit Airport-Transport, Restaurant, Bar, Cafeteria.
４５４安寧街   Φ *WeiTouLiYa TaFanTian,* 454 AnNingChieh, Tel: (07)-32311031,
                 gleich links vom hinteren Bahnhofsausgang.

*******(3000 NT$)

４２大仁路   Φ *China-Trust Hotel,* 42 TaJenLu, Tel: 5217111, Suiten der Oberklasse von
                 4000-20.000 NT$. Guter Blick aus allen Zimmern.
９８七賢路   Φ *Kingship Hotel,* 98 ChiHsienLu Sec.3, Tel: 5313131, ahmt an der
                 Außenfassade unten einen Rokoko-Stil nach, die Rückseite sieht nicht so
                 toll aus. Die Zimmer sind ausgezeichnet; Stadtbus 1 fährt hier vorbei.
７大仁路   Φ *Major Hotel,* 7 TaRenKu, Tel: 5212266, liegt ein gutes Stück außerhalb
                 des Zentrums Richtung Airport Nähe Hafen, wird von Geschäftsreisenden
                 gerne gewählt.
４２６九如路   Φ *Summit Hotel,* 426 JiuRuLu, Tel. 3845526,
                 liegt zwischen Airport und ChengChingHu.
３９４七賢路   Φ *Buckingham Hotel,* 394 ChiHsienLu Sec. 2, Tel: 2822151,
                 das Duke in der LinShenLu bietet bei halbem Preis mehr.
３２９七賢路   Φ *KingWang,* 329 ChiHsienLu Sec. 2, Tel: 2814141

********(4000 NT$)

２１９合平路   Φ *Evergreen-Hotel,* 219 HePingLu Sec.1, Tel: 2232251,
                 hat auch Suiten für 40000 NT$.
２７９六合路   Φ *Holiday Garden Hotel,* 279 LiuHoLu Sec. 2, Tel: 2410121,
                 Zimmer von gehobenem Standard, großartiger Swimming-pool und Sauna.

Leckeres am Straßenrand

4 2 五福路   ⊕*Kingdom Hotel,* 42 WuFuLu Sec.4, Tel: 5518211, auf halber Strecke zwischen Flughafen und Zentrum. Bei gleichem Preis ist das Holiday Garden vorzuziehen.

*********(5000NT$)

2 0 2 民生路二段   ⊕*Ambassador,* 202 MinShengLu Sec. 2, Tel: 2112511, Nr. 1 in KaoHsiung mit Suiten bis 40.000 NT$. Modernes Gebäude, direkt am Fluss gelegen.

Essen und Trinken

●Zwei Häuser hinter dem Kentucky Fried Chicken befindet sich ein *kleiner Pub* (Holzinventar), drei Häuser weiter gibt es *Chinese Fastfood* (15-45 NT$).

中山路＼七賢路   ●Ein teurer 24-Stunden *Coffee Shop* mit europäischem Flair liegt in der ⊕ChungShanLu Ecke ChiHsianLu.

中山路＼中正路   ●Am Straßenknoten ⊕ChungShan/Ecke ChungSheng liegen vom Bhf. kommend im Uhrzeigersinn links *Chinese-Fastfood,* ein *Pizza-House* (geöffnet von 12:00-02:00 Uhr), rechts die *1st Commercial Bank* und eine *Bäckerei.*

中正路四段

●In der Φ ChungChengLu Sec.4 (von der ChungShan Lu kommend) liegen auf der rechten Seite unzählige **Glückskuchenbäcker** (No 50 ff.) sowie ein **Café** und eine **Eisdiele.**

●Im achten Stock des President Department Store gibt es **westliche, japanische, taiwanesische und kantonesische Snacks und Speisen.**

6 3 中華路三

●Das **New International** (Φ 63 ChungHuaLu Sec 3 / Ecke MinTzuLu) bietet Speisen der gehobenen Mittelklasse; dem Restaurant ist ein Eiscafé angeschlossen.

6 3 中華路三

Φ 202 ChungHuaLu: **FoKuang FanTian,** ausgezeichnete vegetarische Küche der mittleren Preisklasse.

自立街

●In der Φ ZuWeiChie zwischen ChiHsienLu und LiuHeLu reihen sich **kleine Straßenlokale** mit Kleinigkeiten und Snacks aneinander.

6 3 五福路三段

●Gepflegtes kalifornisch-italienisches Büffet gibt es in der Φ 63 WuFu 3Lu, 1.&2. Stock, Tel: (07)-2820330.

●Beliebt für Snacks und Allerlei ist der **Nachtmarkt** in der LinHoLu Sec. 2.

KaoHsiung

Information

2 3 5 中正路四段

TI, KaoHsiung Branch, Φ 235 ChungChengLu Sec. 4 , 5. Stock (Tel: (07)-2811513). Orientierungspunkt ist das Gebäude der Imperial-Bank, linke Straßenseite. Vor dem Gebäude stehend geht man rechts um die Ecke zu einem Lichthof, dort führen links die Türen zu den Aufzügen. Das Office wird praktisch als Ein-Mann-Betrieb geführt und hat sich als das fähigste und hilfsbereiteste (englischsprachig!) auf ganz TaiWan erwiesen. Busse der Linien 1 und 45 halten in der ChungChengLu.

Institutionen

郵局＼中山路一段

✉ 50 (Seite 310); **Post:** Φ ChungShanLu Sec 1/Ecke ChungChengLu Sec 3; geöffnet 8:00-17:00 Uhr (außer Sonntag). Achtung: hier werden keine **Telefonkarten** verkauft, viele 7/11-Supermärkte haben 100 NT\$-Karten auf Vorrat. Außen am Gebäude befindet sich eines der wenigen ISD-Kartentelefone der Stadt.

5 中正路三段

☎ 54 (Seite 310); **Banken:** Wichtigste Adresse für Reisende mit American Express Schecks ist die **American Express Bank,** (MeiKuo YunTong Yin-Hang) Φ 5 ChungChengLu Sec.3, Tel: 2263116, wo Schecks ohne Gebühr eingelöst werden.

2 5 3 中正路四段

☎ 12 (Seite 310); die sonst gängige Wechselbank **ICBC,** hat u.a. Filialen in der Φ 253 ChungChengLu Sec. 4 (Tel: 2510141), direkt ein Haus weiter vom Tourist-Information Center, sowie in der Φ 308 ChungShanLu Sec. 1 (Tel: 2013001), nahe am Hbf. (neben Hotel ChinTi).

2 6 4 中正路四段
醫院
1 0 1 五福路三段

☎ 13 (Seite 310); ein interessantes Gebäude hat die **Bank of TaiWan,** Φ 264 ChungChengLu, im traditionell chinesischen Stil errichtet.

●**Krankenhäuser:** Bei ernsthaften Erkrankungen und Verletzungen ist **Adventist Clinic,** Φ 101 WuFuLu Sec. 3 (Tel: 2010148) zu empfehlen. In Notfällen hilft auch das **KaoHsiungShih PingYuan** (KaoHsiung City-Hospital),

Für Kleinigkeiten (Erkältung, Sonnenbrand, Schmerzmittel) befinden sich **Apotheken** und chinesische Medizin an nahezu jedem Sraßenzug.

高雄大學段

●**Universität:** Φ KaoHsiung ShiTa TaHsueh, HePingLu Sec 1, (gegenüber Kulturzentrum).

警察＼中正路四段

● 14 (Seite 310); **Polizei (Visaverlängerung):** Φ ChungChengLu, Sec.4 (gegenüber TI), Tel: (07)-2154342.

6 6 四維路三段

●*Finanzbehörde (für Resident-Visa-Inhaber vor der Ausreise):* Φ66 SzuWeiLu Sec.3 (Tel: 3340111).

Unterhaltung

6 2 自強三路
1 4 中山路一段

成功一路\三多四路

1 9 9 自維四路

1 5 4 民生一路

中華路／四維路

1 5 1 中華路三段

●Auslandsstudenten, aber auch Traveller treffen sich in der *Kiss-Disco,* Φ62 TzuChiangLu Sec.3.
●Für Filmfreunde sind zwei Punkte sehr zu empfehlen: *Kiss MTV I* (Φ14 ChungShanLu Sec1, 3.Stock) und *Kiss MTV II* (Φ4 ChungShanLu Sec1, 9.Stock) mit frei auswählbaren Laserdisc-Filmen in kleinen Räumen für 180 NT\$/Person sowie das größte Kino der Stadt, *SanTuo HsiYuan (SanDuo XiYuan),* in der ΦChengKungLu Sec.1/ Ecke SanTuoLu Sec.4.
●An kleinen Kneipen (mit und ohne Speisen) gibt es keinen Mangel, für Nachtschwärmer sei die auch hier vertretene Kette *„Pig & Whistle"* (Φ199 SzuWeiLu Sec.4, Tel: 3301006) hervorgehoben, die bis in die frühen Morgenstunden geöffnet ist und allabendlich Live-Musik bietet.
●Jazz-Liebhaber treffen sich im *New Orleans,* Φ154 MinSheng 1Lu, Tel: (07)-2273899. Geöffnet bis 03:00 Uhr, nach Mitternacht zwei Getränke zum Preis von einem.
●Discofreaks finden die derzeitige „in"-Disco der Stadt, *Jurassic Park,* in der ΦSzuWeiLu Sec. 4/Ecke ChungHuaLu (Tel: 3359779), Eintritt 500 NT\$.
●An feuchtkühlen Winterabenden lockt die *WenShaBao-Sauna,* Φ151 ChungHuaLu, Sec. 3, 6. Stock (Tel: 2614977), Eintritt 500 NT\$.

Einkäufe

大統白貨

好時場運動白貨廣場

Eine breite Angebotspalette taiwanesischer Qualitätsprodukte findet man in den Kaufhäusern.
●Der Φ*President Department Store* (ChungShanLu, gegenüber vom Park, Stadtbusse 75 und 12 ab Hbf.) hat im Untergeschoss einen Supermarkt sowie auf dem Dach einen kleinen Rummelplatz untergebracht.
●Die ChungShanLu entlang liegen zahlreiche Boutiquen und *Kleidershops* für Schnäppchenjäger, Computerfreaks (Soft- und Hardware) werden in den zahlreichen *Computershops* in der ChienKuoLu (links aus dem Hbf. kommend) fündig.
●Wer noch Traveller-Ausrüstung benötigt, sollte sich im Φ*Good Time Sporting Goods Department Store,* No 2 WuFuLu, Sec.4 umsehen.
●Die Buchhandlungskette *Cave Books* ist in KaoHsiung mit einer Filiale in der 76 WuFuLu Sec. 4 vertreten.

Der Südwesten

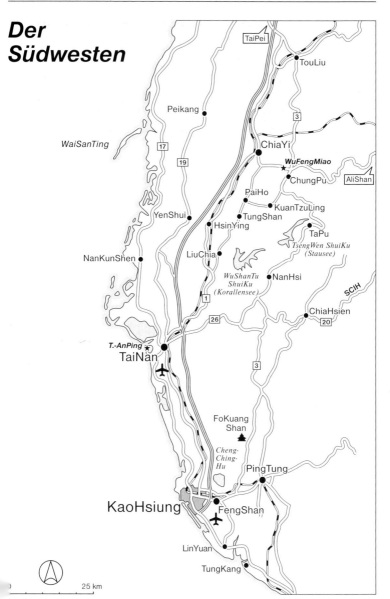

TaiPei

TouLiu

Peikang

WaiSanTing

17

19

ChiaYi

WuFengMiao

ChungPu

AliShan

PaiHo

KuanTzuLing

YenShui

TungShan

HsinYing

TaPu

TsengWen ShuiKu (Stausee)

LiuChia

NanKunShen

WuShanTu ShuiKu (Korallensee)

NanHsi

SCIH

1

26

ChiaHsien

20

T.-AnPing

TaiNan

3

FoKuang Shan

Cheng-Ching-Hu

PingTung

KaoHsiung

FengShan

LinYuan

TungKang

25 km

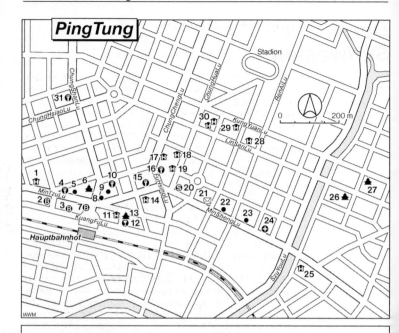

🏠	**1**	MinTzu Hotel	🏠 **17**	HsinSheng Hotel
Ⓑ	**2**	KenTing Busse	🏠 **18**	YiMei Hotel
Ⓑ	**3**	Nahverkehrs-Bbhf.	🏠 **19**	PingTung TiYi (1st) Hotel
🔹	**4**	Pizzeria	Ⓢ **20**	1st Commercial Bank
●	**5**	Supermarkt & Bäckerei	✉ **21**	Post
▲	**6**	MaTzuMiao-Tempel	● **22**	Kino
Ⓑ	**7**	Überland-Bbhf./Langstr.	● **23**	Teegeschäfte
●	**8**	KFC	✚ **24**	Spital
●	**9**	Kaufhaus	🏠 **25**	YiPin Hotel
🔹	**10**	Pizza House	▲ **26**	NanChingKung-Tempel
🏠	**11**	TaiLun Hotel	▲ **27**	HsinAnFo-Tempel
🔹	**12**	Kneipe	🏠 **28**	WanKuo Hotel
▲	**13**	Taoist. Straßentempel	🏠 **29**	FuKuang Hotel
🏠	**14**	ChinCheng Hotel	🏠 **30**	KuenYuan und ChinLung Hotels
🔹	**15**	McDonald's	🔹 **31**	Golden Bay Rest.
🔹	**16**	Texas Fried Chicken		

Rund um KaoHsiung

屏東

PingTung (PíngDōng, Wandschirm-Osten)

PingTung, die Hauptstadt des gleichnamigen Bezirks, liegt etwa 30 km östlich von KaoHsiung am Fuße des südlichen Berglandes und wird nur sehr selten von Touristen und Individualreisenden besucht. Dabei eignet sich PingTung ganz hervorragend als Basis für Ausflüge in die Berge sowie zum Buddhistenzentrum Nr. 1 in Tai-Wan, FoKuangShan. Die Stadt ist wesentlich gemütlicher, ruhiger und sauberer als das industrielle KaoHsiung, und es besteht kein Grund PingTung zu meiden, nur weil es nicht von offizieller Seite als „touristisch von Interesse" eingestuft wird. Die innerstädtischen Sehenswürdigkeiten sind gut zu Fuß erreichbar.

NanChingKung
南景宮

In PingTung muss man den **indo-buddhistischen Tempel** (Lin-ShenLu/Ecke ZiYouLu) gesehen haben, eines der wenigen Beispiele auf TaiWan, wo der indische Ursprung des Buddhismus eindeutig sichtbar und mit der chinesischen Architektur verschmolzen ist. Schon das Äußere erinnert mit seinen blattförmigen Fensteraussparungen, vor allem aber wegen des Stupa-Aufsatzes auf dem chinesischen Dach eher an ein indisches denn an ein chinesisches Bauwerk. Der Innenraum ist ringsum mit kleinen Nischen ausgekleidet, in denen Porzellanbuddhas bis unter die Decke stehen. Der Hauptschrein zeigt eine sieben Meter hohe Figur des Prinzen Buddha mit zwei Schülern, allesamt stark indisch geprägt; ▲ 26.

Der Südwesten

Bietet prächtige Blicke auf das Bergland: HsinAnFo

HsinAnFo
心安佛

Ganz in der Nähe liegt der dreistöckige *Tempel* HsinAnFo (Min-TzuLu/Ecke KungYuanTungLu). Der Schrein im Erdgeschoss ist *KuanYin* (Zentralfigur, Boddhisatva der Barmherzigkeit) gewidmet, das Mittelgeschoss diversen taoistischen Weisen, das Oberge-schoss Buddha. Vom Balkon hat man einen guten Blick auf den Süden des Berglandes. Im Vorgarten steht ein großer, mit farbigen Kacheln verzierter Ofen für die Verbrennung von Briefen und Sym-bolgeld an die Ahnen; ▲ 27.

MaTzuMiao
天后宮

Bedeutendster *Tempel* in der Innenstadt ist der 1995 renovierte MaTzuMiao (ChungShanLu/Ecke MinTzuLu) gegenüber der Lang-strecken-Busstation. Schon die Raumaufteilung ist interessant: Im Erdgeschoss befinden sich hintereinanderliegend zwei größere, reichlich mit Gemälden und Schnitzereien verzierte Hallen; die vordere dient taoistischen Zeremonien und beherbergt einen prächtigen MaTzu-Schrein (Göttin des Meeres), in der hinteren befindet sich ein Boddhisatva mit zwei Dienern und einem Kind. Die oberen Stockwerke sind versetzt; der erste Stock liegt über der buddhistischen Halle (hier sitzt Buddha, vor ihm der dickbäu-chige *MiLoFu,* an den Seitenwänden die wichtigsten Boddhisat-vas), der zweite liegt über dem MaTzu-Saal, der dritte Stock mit dem Jadekaiser, einem der legendären chinesischen Urkaiser im Zentrum, wieder über der buddhistischen Halle. Von oben kann man die hübsch verzierte Dachkonstruktion aus der Nähe bewun-dern; ▲ 6.

**ChungShan
KungYuan**
中山公園
An-/Abreise

Ein wenig abschalten kann man im mit mehreren Teichen nett angelegten *Stadtpark* von PingTung in der KungYuanLu.

PingTung dient vorwiegend als Transitpunkt für (Bus-)Fahrten in das südliche Zentralbergland sowie den Süden TaiWans. Die Busverbindungen spielen hier demzufolge eine wesentlich größere Rolle als die Bahn.
● *Bahn:* Pendlerzüge zwischen PingTung und dem 30 km westlich gelege-nen KaoHsiung (38 NT$) verkehren insbesondere in den Stoßzeiten alle 10-20 Minuten und sind den Bussen (zeitlich) vorzuziehen; zur Weiterfahrt in nördliche Richtung in *KaoHsiung* umsteigen. Die Anbindung nach Süd-osten *(TaiTung)* wird nicht so oft befahren wie die Nordlinie, lediglich 6-7 Züge täglich fahren nach TaiTung (164-325 NT$).
● *Bus:* gleich vor dem Hbf. liegt der Langstrecken-Busbahnhof mit Anbin-dung u.a. nach *KaoHsiung* (45 NT$), *TaiPei* (Stadtmitte/Hbf.), *TaiPei-Air-port* (je 494 NT$), *TaiNan* (145 NT$), *TaiTung* (167 NT$), *TaiChung* (307 NT$), *HuaLien* (285 NT$) und andere wichtige Ziele in nördlicher Richtung.
Vom Bahnhof aus 100 m nach links befinden sich die Kurzstreckenbus-se. Hier werden u.a. *KaoShu, SanTiMen* (halbstündig, 45-53 NT$), *Mao-Lin/TaChin* (79 NT$), *LiKang, FoKuangShan* u.a. angefahren.
Reisende von/nach *KenTing* bzw. *HengChun* müssen den dritten Busbahnhof von PingTung in der MinTzuLu aufsuchen (ca. 5 Gehminuten vom Hbf. einen Block nach links, dann rechts zur Hauptstraße, dort direkt linker Hand). Fahrpreis nach KenTing: 182 NT$, Busse verkehren ca. alle 2 Stunden.

Unterkunft

PingTung bietet zwar nicht die Auswahl des naheliegenden KaoHsiung, trotzdem findet sich etwas für jede Reisekasse.

一品大旅社   Φ*YiPinTaLuShe*,* 179 MinShengLu, Tel: (08)-7228178, sieht von außen schlimmer aus als von innen, Zimmer von 400-500 NT$. Über die Brücke, dann gleich rechts in das Sträßchen am Kanal gehen.

倚美旅社   Φ*YiMeiLuShe*,* 68 ChungHuaLu, Tel: (08)-7324221, ist mit 450 NT$/DZ sehr günstig und nicht das Schlechteste.

新生旅社   Φ*HsinSheng LuShe*,* 20 ChungChengLu, Tel: (08)-7323521, hat nur 10 Zimmer und ist oft voll; 350-450 NT$.

金龍大旅社   Φ*ChinLong TaLuShe,* 116 LinShenLu, Tel: (08)-7324245, 400-450 NT$, kleine Zimmerchen , 10 Gehminuten vom Bhf.

萬國旅社   Φ*WanKuoLuShe**,* 68 LinShenLu, Tel: (08)-7322657, mit überwiegend netten Zimmern. EZ beginnen bei 600 NT$, DZ bis zu 900 NT$. 15 min. vom Bhf.

臺輪大旅社   Φ*TaiLun TaFanTien***,* 159 MinZuLu, Tel: (08)-7322108, liegt mit 750-1000 NT$ am unteren Preisende dieser Klasse. Liegt sehr günstig.

民族大飯店   Φ*MinZu TaFanTien***,* 134 MinTzuLu, Tel: (08)-7325121.

屏東第一大飯店   Φ*PingTung TiYi TaFanTien****,* 20 ChungChengLu, Tel: (08)-7339933, direkt im Zentrum und ganz nett, aber die unteren Zimmer sind zu dunkel für die Preisklasse.

富光大飯店   Φ*FuKuangTaFanTien*****,* 19 KungYuanLu, Tel: (08)-7326169, 7345656, mit Preisen zwischen 1200 und 2500 NT$ das Beste in PingTung, direkt am Stadtpark.

坤園大旅社   Φ*KuenYuan TaFanTien*****,* 41HangChouChie, Tel: (08)-7331300, 7324237, direkt um die Ecke vom FuKuang bei gleichen Preisen nicht so schön zum Park gelegen.

Essen und Trinken

●Wer aus den Bergen kommt, möchte eventuell mal wieder westliches *Fast-food* probieren: in der FengChiaLu gibt es reichlich Auswahl.

●Kleine und günstige *chinesische Snacks* und Gerichte gibt es überall im Zentrum, hervorzuheben sei die gemütliche chinesische Kneipe in der kleinen ShangHaiLu (aus Hbf., rechts), direkt neben dem kleinen taoistischen Straßentempel.

●Gehobenere Küche (chinesisch & international) bietet das *Golden Bay Restaurant* in der 234 ChungShanLu.

●Direkt am Flüsschen in der TzuWeiLu 202 am rechten Ufer zwischen den beiden Tempeln gelegen gibt es *Seafood,* allerdings teurer als an der Küste.

●Recht gute und einigermaßen günstige Pizzen findet man bei *Double Hey* in der 130 MinTzuLu (Tel: 7553366) oder im *Pizza* in der YongFuLu neben dem Kaufhaus.

Information

Ein Büro der lokalen Tourismusbehörde befindet sich in der TzuYouLu Nr. 527 und liegt damit sehr ungünstig 3 km vom Hbf. entfernt (nur chinesischsprachige Mitarbeiter).

Institutionen

台華銀行   🕘 20; *Bank:* An der Ecke MinShengLu/ChungHuaLu befinden sich Filialen der Bank of TaiWan sowie die 1st Commercial Bank.

郵局   ✉ 21; *Post:* 64 FengChiaLu (linke Seite), geöffnet 8:00-18:00 Uhr.

醫院   ✚ 24; *Krankenhaus:* 42 FengChiaLu, einen Block neben der Post.

Der Südwesten

333

Unterhaltung

Neben den allgegenwärtigen KTV, MTV und Spielautomaten gibt es ein brauchbares *Kino* in der FengChiaLu (zwischen Post und Krankenhaus). Beste *Einkaufsmöglichkeiten* bieten die zahllosen Boutiquen und Shops im Zentrum sowie der Markt.

東港

TungKang (Ost-Hafen)

Das Hafenstädtchen im Distrikt PingTung beherbergt TaiWans jüngstes und modernstes Multi-Erholungszentrum, die *TaPeng Bay.* Es handelt sich dabei um ein ehrgeiziges, noch im Aufbau begriffenes Projekt eines harmonisch in die Küstenregion eingebundenen Erholungskomplexes mit Golfplatz, Wasserrutschen, Marina, weitläufigen ökologischen Erholungsarealen, Badestrand… – es fehlt an nichts.

TungKang ist mehrmals täglich an das Bussystem/KaoHsiung angebunden und dient auch als Transithafen für die Insel ♪ Hsiao LiuChiu (derzeit 3-5 Schnellboote tgl., Rückfahrkarte 250 NT$).

林園

LinYuan (Baum-Garten)

Eines der petrochemischen Zentren TaiWans liegt 25 km südlich von KaoHsiung in der Kleinstadt LinYuan. Man könnte die 30.000 Einwohner zählende Gemeinde durchaus mit Frankfurt-Hoechst vergleichen, nicht unbedingt eine Touristenattraktion also. Für Individualtouristen ist daher auch nur der kleine Fährhafen von Belang, von dem aus die TaiWan vorgelagerte *Insel HsiaoLiuChiu* angesteuert wird. Der Hafen liegt – von KaoHsiung kommend – am Ende der ersten Straße rechts nach dem Ortsschild.

An-/Abfahrt

●Von/nach *KaoHsiung:* Die Linie 101 der *KaoHsiung KeYun* (beigefarben), pendelt etwa stündlich zwischen KaoHsiung und LinYuan, es ist allerdings ratsam, mit der *ChanAn LunChuan GongSi,* 65 MinTzuLu Sec. 2 in KaoHsiung (Tel: 2222123) zu fahren, da sie Fährticket und Anfahrt zum Hafen (auch für eine Person) kombiniert anbietet.
●Von/nach *HsiaoLiuChiu:* 3 Boote täglich (zwei zusätzlich an Sonn- und Feiertagen; Zeiten ♪ HsiaoLiuChiu)

澄清湖

Brücke über den ChengChingHu

ChengChingHu (durchsichtig-klarer See)

Der kleine See liegt nur etwa 8 km vom Hbf. KaoHsiungs entfernt und ist mit öffentlichen Verkehrsmitteln nur von dort aus zu erreichen. Die Attraktion ist sicher weniger der See selbst, sondern der nett angelegte **Park** am Süd- und Westufer mit zahlreichen Pavillons, Grillplätzen und einem Aquarium. Vorrangig besuchen die Städter den See, um frische Luft zu tanken und vom Lärm der Stadt ein wenig Abstand zu gewinnen. Für Traveller bietet sich der Ausflug hierher als Lückenfüller an, wenn man in KaoHsiung noch einen halben Tag übrig hat; sehr interessant ist die Anlage sicherlich für Kinder. Direkt hinter dem Eingang liegen das Süßwasseraquarium und der „Vogelpark", dann folgt man dem Weg links vom Aquarium hinunter über die Neun-Ecken-Brücke am Ufer entlang; abzweigend immer wieder kleinere Attraktionen, Pavillons, Pagoden, Ruderbootverleih, Ponyreiten usw. Eintritt 80 NT$, Kinder die Hälfte.

An-/Abreise

● Stadtbus Nr. 60 von/nach KaoHsiung Hbf.-Stadtbusstation (12 NT$). Aussteigen am Krankenhaus (rechte Straßenseite) kurz hinter McDonald's (links, dort auch Eingang).

Unterkunft

澄清湖青年活動中心

✛**ChengQingHu ChingNian HuoTung ChungHsin*** (ChengQing-See, Youth Activity Center, Tel: 3717181), bietet 4er-Zi. für 1800 NT$, DZ ab 1500 NT$ je nach Saison, auf Wunsch auch Verpflegung (an der Rezeption nachfragen). Abgesehen von der Tatsache, dass hier eine Übernachtung für Individualtouristen aus reisetaktischen Gründen wahrlich nicht ratsam ist, muss man von der Haltestelle am Krankenhaus etwa 30 Minuten weiter (nicht Richtung Eingang) immer am See entlang marschieren (zu erkennen an einer Holzpalisade mit goldfarbenen Schriftzeichen rechts).

圓山大飯店

✛**YuanShan DaFanDian****** (Grand Hotel),** am ChengChing-See, Tel: (08)-3835911, 4000-5500 NT$; ist dem Grand Hotel TaiPei nachempfunden, nur einige Nummern kleiner. Auch hier gilt: nur wegen des Sees lohnt sich eine Übernachtung nicht.

弗光山

FoKuangShan (Buddha-Glanz-Berg)

Das Kloster „Berg des Buddhaglanzes" ist die wichtigste und interessanteste buddhistische Anlage in TaiWan und zählt zu den zehn wichtigsten Zentren des Buddhismus der Erde. Die größte, weithin sichtbare, 30 m hohe, goldene **Buddhastatue** stellt für viele die größte Attraktion des FoKuangShan dar. Es sind jedoch eine ganze Reihe weiterer interessanter und sehenswerter Einzelheiten, die eine Reise hierher lohnenswert machen.

Am Eingangstor stehend führt rechts eine Sackgasse zu einer Vielzahl bläulicher **Stupas,** Gedenkstätten für die Verstorbenen aus dem Umland, die sich ein solches Monument leisten konnten. Geradeaus führt die kleine Straße zunächst zur **Halle des Gelübdes** (Great vow hall), mit einer Statue des *KuanYin-Boddhisatva.*

Der Südwesten

FuKuangShan Berg der 10000 Buddhas

Weiter bergan, umsäumt von Hunderten von gespendeten gol denen Buddhastatuen (an einem Kupferschild sind Name und Or der Spender jeweils verzeichnet) führt das Sträßchen zur großer Statue, in deren Sockel ein Rondell mit Kacheln eingelassen ist Diese Kacheln zeigen Buddha in verschiedenen Haltungen (un tertitelt in altindischem Sanskrit) und Boddhisatvas (untertitelt i mittelindischem Pali, aus dem sich die Thai- und burmesisch Schrift entwickelt haben). Eine Treppe führt hinunter zum *buc dhistischen Museum* (Eintritt 50 NT$), eine Fundgrube für In teressenten der diversen Darstellungsformen der Buddhas un Boddhisatvas.

Am Ausgang des Museums führt die breite Treppe zur **Travellers Lodge,** in der man preiswert und gut vegetarisch essen kann.

Hinter dieser Lodge befindet sich der eigentliche Hauptschrein, genannt **Wertvoller Saal großer Helden.** Hier stehen zehntausend Buddhas in verschiedenen Größen an den Wänden, am Hauptaltar prangen drei große Buddhas in verschiedenen Positionen. Rechts in der Ecke sollte man nicht den Glockenturm (links Trommelturm) mit Außenklöppel übersehen, der in dieser Halle ausnahmsweise innen angebracht ist.

●Rechterhand von der Haupthalle befinden sich die **Bibliotheken,** bestehend aus drei Einzelgebäuden: rechts und links ein kleinerer Turm mit weißen bzw. goldenen Buddhastatuen anstatt Fenstern umsäumt, in der Mitte die Zentralbibliothek, in deren 4. Stock sich eine Vortragshalle (kinoähnlich) befindet, wo – sofern einige hundert Besucher angemeldet sind – Lichtbildvorträge und Einführungen zum Buddhismus gehalten werden.

●Auf der linken Seite des Areals ist noch die natürliche **Höhle** sehenswert, die allerdings auf vielfachen Wunsch (und aus geschäftlichen Gründen) mit beweglichen Figuren versehen wurde – hart an der Grenze zum Kitsch.

Alle Punkte am FoKuangShan sind auch in englischer Sprache ausgeschildert, für den Besuch (einschließlich Museum) sollte man mindestens drei Stunden zuzüglich Anfahrt einkalkulieren.

Wichtig

Der Tempelbezirk ist derzeit **nicht ohne Anmeldung** (über die TI/KaoHsiung oder die Klosterverwaltung TaiPei, Tel. 02-27620112) zum Besuch freigegeben. Für wirklich Interessierte – und die Anlage lohnt wahrlich – sollte dies jedoch kein Hindernis sein.

An-/Abreise

●**Selbstfahrer:** bis FengShan auf der N-1, dort links (nördliche Richtung) auf die N-179.

●**Bus:** von/nach **KaoHsiung:** FoKuangShan erreicht man am besten von KaoHsiung aus, entweder mit den **Außenbezirkslinien** (beigefarbene Busse) Nr. 116, 150, die etwa alle halbe Stunde für 65 NT$ von der Stadt- und Überlandbushaltestelle ChungShanLu Sec. 1 (neben Kentucky Fried Chicken, gegenüber Hotel „Kind") hierher fahren, oder mit den ebenfalls beigen Linien 151/152. Zurück kann man auch andere Linien nehmen, die Haltestellen liegen dann aber nicht so nahe beim Hbf. Von/nach **PingTung:** die Kurzstreckenstation in PingTung liegt 100 m links aus dem Hbf. kommend; es verkehren zwar wesentlich weniger Busse als von KaoHsiung aus, doch ist die Frequenz (6-10 x tgl., 47NT$) vollkommen hinreichend.

Unterkunft & Verpflegung

Die Anlage umfasst die englisch ausgeschilderte „Pilgrims Lodge", wo preiswerte und schmackhafte vegetarische Gerichte unten im großen Speisesaal erhältlich sind. Auch die Übernachtung im Dorm ist möglich gegen eine „Spende" von etwa 350 NT$ incl. Verpflegung.

Der Südwesten

臺南

TaiNan
(TáiNán, Terrasse-Süd)

Mit 725.000 Einwohnern (Vororte nicht gerechnet) bei 175 qkm Fläche ist TaiNan die viertgrößte Stadt TaiWans. Die ehemalige Hauptstadt liegt 60 km nördlich von KaoHsiung und ist neben Tai-Pei die kulturell und historisch interessanteste Großstadt der Insel.

Bis zur Ankunft der Holländer (1624) war TaiWan staatlich praktisch nicht organisiert, gehörte auch lange Zeit nicht zu China. Da die Portugiesen im von ihnen kontrollierten Norden ihren Sitz nahmen, wählten die Holländer TaiNan und errichteten hier zwei befestigte Forts, Fort Providentia (oft auch Fort Provintia genannt) im heutigen Zentrum der Stadt und Fort Zeelandia in Meeresnähe.

Ming-Anhänger *KoHsingKa (ChengZhengGong),* der 1662 die Holländer besiegte und vertrieb, gilt als Volksheld – besonders hier in TaiNan, wo er seinen Amtssitz nahm und TaiNan zur ersten Hauptstadt (1663-1885) der Insel machte. Dadurch erfuhr das kulturelle und religiöse Leben der Stadt einen besonderen Aufschwung, so dass TaiNan nicht umsonst „Stadt der Tempel" genannt wird. Historisch und religiös Interessierte wird TaiNan daher besonders ansprechen.

Das heutige Stadtbild ist von modernen Hochhäusern und den für den gesamten asiatischen Kulturkreis typischen „unten arbeiten, oben wohnen"-Gebäuden geprägt, dennoch ist der erste Eindruck ein anderer als in den Metropolen TaiPei und KaoHsiung. In TaiNan geht es beschaulicher zu, die Verkehrsdichte ist geringer, und im ChungShan-Park sitzt man keine fünf Minuten, ohne dass man als Ausländer nicht von Neugierigen angesprochen wird. Viele Sehenswürdigkeiten sind vom Bahnhof aus gut zu Fuß zu erreichen, und auch für das leibliche Wohl bietet TaiNan dem Reisenden eine ganze Menge. Ein kleines Relikt der Kolonialzeit sind die verhältnismäßig vielen christlichen Kirchen – immerhin etwa 10 % der Bevölkerung bekennen sich zum Christentum.

Die Stadtplaner gaben in TaiNan der Kultur und der Bildung (Universität) den Vorrang, so dass TaiNan heute nicht nur für Kulturinteressierte, sondern auch bei Studenten als Geheimtip (neben TaiChung) gilt, um der Hektik von TaiPei zu entkommen. Durch die hier zugelassenen Leichtindustriezweige konnten Umweltbelastungen und Beeinträchtigungen der Lebensqualität in den vergangenen Jahrzehnten weitgehend vermieden werden.

Zu Fuß zu erreichende Sehenswürdigkeiten im Zentrum

**ChungShan
KungYuan**
中山公園

Dieser kleine **Stadtpark** liegt rechter Hand vom Hauptbahnhof an der PeiMenLu auf Höhe der HsiaoTungLu. Ein kleiner See mit Pavillon und zahlreiche Bäume bieten Schatten, Ruhe und Beschaulichkeit. Frühmorgens ist hier das immer noch weitverbreitete

"Schattenboxen" (TaiChiChuan) zu beobachten, Sonntagvormittags auch das beliebte "Bird-Singing". Dazu bringen die meist älteren Männer ihre Lieblinge samt Vogelkäfig mit und lassen sie gemeinsam mit den Hausgenossen der anderen Vogelfreunde den Sonntagvormittag verbringen. Die Käfige werden an Bäumen oder Masten aufgehängt, die Vögel feuern sich untereinander zu immer lauterem Gesang an. Auch das chinesische Kartenspiel (dünne Streifen statt Karten) kann hier fast rund um die Uhr beobachtet werden, aber auch chinesisches Schach oder ErHu-Spieler (einsaitiges Instrument) sind hier zu sehen und zu hören.

Am See ist ein Gebäude zu sehen, welches einem Schiff ähnelt. Es handelt sich dabei um eine Kopie des **Marmorbootes der Kaiserinwitwe** *TzuHsi (ZiXi)* im Sommerpalast bei Peking, die einen ganzen Marine-Jahresetat hierfür einsetzte – als Folge dieser "Investition in die Kunst" war die kaiserliche Marine den Japanern im Krieg von 1894 hoffnungslos unterlegen. Ein historisches Monument ist das ChungTaoChung WenFang, **Tor des Respekts vor Tugend und Literatur.** Es wurde 1815 in Gedenken an den Ching-Gelehrten *LinChaoYing* errichtet, der einen Großteil seines Vermögens für den Bau von Schulen auf dem Lande und in kleineren Gemeinden aufgewendet hatte. Er war auch derjenige, der alle notwendigen finanziellen Mittel zur Restaurierung des Konfuzius-Tempels von TaiNan bereitgestellt hatte.

●Der Park ist durchgehend geöffnet und keine 5 Gehminuten vom Hbf. entfernt, die Stadtbusse 0, 1, 2, 6, 10, 11, 17, 18, 25 fahren ebenfalls hier vorbei.

YuLiKung
玉禮宮

Unweit des KungYuan (111 ShihMinChie) trifft man in einer Seitengasse (zu erkennen an einem roten Metalltor an der KungYuanLu) auf eine große **taoistische Tempelanlage,** die eher an eine kleine Siedlung erinnert, so verwinkelt und verzweigt ist sie. Der Tempel wird hauptsächlich von Einheimischen besucht, die sich hier (nicht nur an Feiertagen) taoistischen Ritualen unterwerfen. Eine ganze Reihe von Schreinen verziert den Tempel. Der Altar hinter dem Vorhof im Erdgeschoss ist den drei Erhabenen gewidmet, im linken Seitenflügel weilen weitere taoistische Gottheiten in einem sechsfach unterteilten Schrein. Der Zentralschrein im Obergeschoss beherbergt *YuHuang,* den Jadekaiser, der rechte Seitenflügel birgt u.a. *ChangTianShih* und die *SanChing* (drei taoistische Weise). Der linke Flügel dagegen gehört einem Buddha-Dreigestirn (je einer für Glück, langes Leben und Wohlstand). Ganz außen links steht eine weitere kleine Halle mit einer kleinen, hundertarmigen KuanYin-Darstellung, umgeben von einem ganzen Heer kleiner taoistischer Figuren; ♠ 24.

ChiKanLou
赤坎樓

Das 1653 von den Holländern erbaute **Fort Providentia** (bisweilen auch als "Fort Provintia" zu lesen) diente ihnen nur wenige Jahre, denn schon 1661 unterlagen sie dem Ming-Anhänger

TaiNan, Zentrum

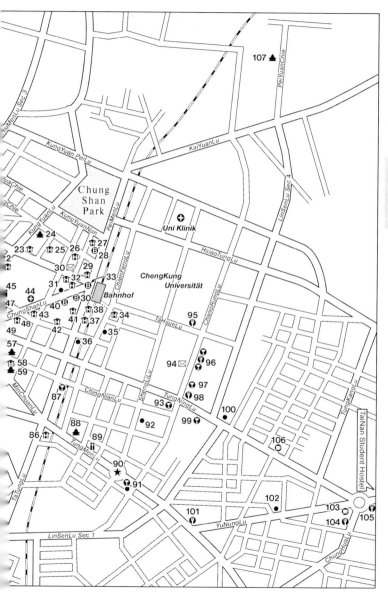

Der Südwesten

- 1 Supermarkt
- ⑬ 2 TaiNan KeYun-Busse
- ⑬ 3 HsingNan KeYun Busse
- ⊙ 4 McDonald's & KFC
- 🏛 5 HuaChou Hotel
- 🏛 6 YueChiu Hotel
- 🏛 7 NanKuang Hotel
- 🏛 8 YungTa Hotel
- 🏛 9 WenLung Hotel
- 🏛 10 NanHua Hotel
- 🏛 11 HuaLung, FuHsing und NanTou Hotels
- ★ 12 ChiKanLou (Ft. Providentia)
- ▲ 13 KuangKung & MaTzu Tempel
- • 14 ChianMei Theater
- Ⓜ 15 New Space Museum
- ⊙ 16 Fischsuppen-Garküche
- ⊙ 17 Pizzeria (No. 184)
- • 18 Spezialitätenbäckerei
- ⊙ 19 Mr. Taylors' Hamburgers
- ⊙ 20 Chippolo Fast-Food
- ▲ 21 ShenTe Tempel
- 🏛 22 Akira Top Hotel
- 🏛 23 Redhill Hotel
- ▲ 24 YuLi Tempel
- 🏛 25 Premier Hotel
- 🏛 26 FuTi Hotel
- 🏛 27 RungPin Hotel
- ⑬ 28 Privatbusgesellschaft (TaiPei 420 NT$)
- 🏛 29 YiLe, TungHai & ShangPin Hotels
- ⊠ 30 Hauptpost
- • 31 Buchladen (engl. Ztg.)
- 🏛 32 HanTang und TaiNan Hotels & KFC
- ⑬ 33 Stadtbusse
- 🏛 34 Unique Tower- und AiLiSi Hotels
- • 35 Fahrrad- & Mopedverleih
- • 36 Computer Shops
- 🏛 37 YiLe Hotel
- 🏛 38 ChengKuang Hotel
- ⑬ 39 HsingNan Busse
- ⑬ 40 TaiNan, HeYun Busse
- 🏛 41 KuangHua Hotel
- 🏛 42 LungTai Hotel
- 🏛 43 NanChun Hotel
- ✛ 44 Spital
- ⅱ 45 True Jesus Church
- • 46 Far Eastern (YuanTung) Kaufhaus
- 🏛 47 Holiday Inn und YuYiLin Hotels
- 🏛 48 Asia Hotel
- ⑤ 49 Int. Commercial Bank of China
- ⊙ 50 Studentenkneipe (No. 103)
- ▲ 51 PeiChi-Tempel
- ▲ 52 TianTan-Tempel
- ⊙ 53 vegetarisches Rest. (No. 7)
- ⊙ 54 Piano Pub

- ▲ 55 KaiTang-Tempel
- ❶ 56 Touristeninformation
- ▲ 57 ChengHuang-Tempel
- 🏛 58 FuPin Hotel und
- ▲ 59 TungYue (Ostberg)-Tempel
- • 60 Bäckerei
- • 61 Polizei & Visaangelegenheiten
- ▲ 62 Konfuziustempel
- ▲ 63 MaKung-Tempel
- • 64 Supermarkt & Coffee-Shop
- ⑤ 65 Bank of TaiWan
- • 66 7/11 Markt
- ★ 67 TaNanMen (gr. Südtor)
- • 68 Gärtnerei
- • 69 Asia Bakery
- ❶ 70 NanMen- & Iris Royal Restaurants
- • 71 VW & Teegeschäft
- ❶ 72 japan. Restaurant
- • 73 Wäscherei
- ○ 74 Coffee-Shop & Bäckerei
- ▲ 75 WuFei-Tempel
- 🏛 76 Arbeitnehmer Erholungshotel
- 🏛 77 LaoKung-Pensionärshotel
- ❶ 78 Snack-Restaurants
- ▲ 79 ChuHsi buddh. Kloster
- ❶ 80 chin. Restaurant
- • 81 Bäckerei
- ❶ 82 Royal Kitchen Restaurant
- • 83 Ford-Autohaus
- ▲ 84 FaHua-Tempel
- Ⓜ 85 KoHsingKa-Museum
- 🏛 86 YMCA
- ❶ 87 Fruchtsaft-Bar
- ▲ 88 MiTo-Tempel
- ⅱ 89 christl. Kirche
- ★ 90 TungMen (Osttor)
- ❶ 91 Piano Pub & •China Airlines
- • 92 New Life Kunstgallerie
- ❶ 93 Macanna Beer House
- ⊠ 94 Post
- ❶ 95 McDonald's & 89 Burgers
- ❶ 96 Pubs & ⊙ SB-Restaurants
- ❶ 97 Cotton Silk Pub
- ❶ 98 chin. SB-Restaurant
- ❶ 99 Beer Home Pub
- • 100 Computer-Software
- ❶ 101 Japanisches Restaurant
- • 102 Sun City Kaufhaus
- ○ 103 Teehaus
- ❶ 104 chin. SB-Restaurant
- ❶ 105 My Home Steakhaus
- ○ 106 Coffe-shop
- ▲ 107 KaiYuan-Tempel

ZhengChengGong (KoHsingKa). *KoHsingKa* wählte das Hong-MaoCheng, „Rothaarigenfort" – so von den Einheimischen genannt – in TanShui als Amtssitz. Ursprünglich wurde die Anlage von einer roten Ziegelmauer umgeben (ähnlich wie St. Domingo im Norden in TanShui). 1862 von einem Erdbeben zerstört, wurden 1879 auf den alten Fundamenten die *WenChang-Halle* (Halle der Bildung), der *HaiShen-Tempel* (Tempel des Meeresgottes) und der *WuTzu-Pavillon* (Pavillon des Literaturgottes) errichtet. Letzterer fiel während der japanischen Besatzungszeit (1885-1945) ein und wurde nicht wieder restauriert. Die beiden anderen Gebäude wurden mehrfach renoviert (zuletzt 1966) und gelten als bedeutsames Beispiel chinesischer Architektur. Die ursprünglichen (holländischen) Fundamente sind nur noch an einer Stelle zu sehen (Hinweisschild). Der heutige Name ChiKanLou ist jüngeren Datums und wurde vom dortigen Stadtteil ChiKan abgeleitet.

Vom Eingangstor her durchschreitet man zunächst den Vorpark bis zu einer kleinen Brücke und geht links an den Hallen vorbei zu den Aufgängen. In der linken Halle sind historische Relikte über *KoHsingKa,* in der rechten u.a. historische **Schiffsmodelle** Chinas ausgestellt.

An dem kleinen Wassergraben stehen 3 x 1,5 m große *Marmorplatten* auf Schildkröten. Die Inschriften erinnern an den Aufstand der Taiwaner von 1788 und den Rebellenführer *Lin-ShangWen.* Ursprünglich stammen diese Platten aus einer Gedächtnishalle für den taiwanesischen Helden *FuKangAn* in der NanMenLu und wurden nach dem Zusammenfall jener Halle zunächst ins große Südtor (TaTungMen) ausgelagert und erst 1960 hierher überführt. Ein paar Schritte weiter dokumentieren lebensgroße Statuen auf einer Plattform die Niederlage der Holländer gegenüber *KoHsingKa.*

★ 12; das Fort liegt an der rechten Straßenseite der MinTzuLu, No. 212, 5 Gehminuten vom Hotel Asia oder mit den Stadtbussen 1, 20, 25. Eintritt: 30 NT$.

SzuTian WuMiao
祀典武廟

Dieser *Tempel* wurde Mitte des 17. Jh. errichtet und spiegelt trotz zahlreicher Renovierungen noch immer die Architektur der frühen Qing-Dynastie wider. Seit 1727 dient der Tempel als offizielle Opferstätte für besondere Anlässe (SzuTian, etwa: dem Himmel geben). Gegliedert ist die Anlage in eine Haupthalle, einen Gebetshof, eine zweite konfuzianistische Halle mit Kalligraphien für die SanTai (3 Dynastien), sowie eine seitlich angebaute, buddhistische, rückwärtige Halle mit einer prunkvoll gewandeten KuanYin-Statue. Da in der Haupthalle eine KuangKung-Statue (Gott der Kriegskunst) steht, wird der Tempel bei Einheimischen oft auch **KuangTiMiao** genannt.

▲ 13; SzuTian WuMiao liegt direkt gegenüber vom Fort Provintia (☞ oben), der Eingang befindet sich allerdings (vom Fort gesehen) auf der Rückseite. Nach der Straßenbezeichnung YungFuLu 229 braucht man daher gar nicht lange zu suchen.

Der Südwesten

TianHouKung
天後宮

Das Areal des **Tempels** hat eine kleine Vorgeschichte: Der Ming-Prinz *NingChing (NingJing)* floh vor der Mandschu-Ching-Dynastie zu *ZhengChengKung (KoHsingKa)* nach TaiNan und errichtete auf diesem Gelände seine Residenz (1663). 1683 gewannen die Ching-Truppen eine entscheidende Seeschlacht und beendeten die Regentschaft des KoHsingKa-Clans auf TaiWan. Da sie sich von der Meeresgöttin *MaTzu* unterstützt glaubten, wandelten sie die Residenz von NingChing in einen Schrein zu Ehren MaTzus um, nannten ihn aber offiziell TianHouKung (Tempel der Königin des Himmels).

Die Haupthalle beherbergt die größte hölzerne **MaTzu-Statue** TaiWans, während in der rückwärtigen Halle noch das Prinzenpaar thront. In der linken Seitenhalle steht ein großer Holztopf mit großen, ca. 80 cm langen Stäbchen mit Schriftzeichen; dies sind Orakelstäbchen, die an die Tradition der Orakelknochen *(KuWen)* anschließen. Sie werden zu zeremoniellen Anlässen gemischt und geschüttelt, bis eines herausfällt. Der abgebildete Text wird dann als Gebet gelesen.

Dach und Hallenarchitektur gelten – wie schon beim benachbarten SzuTianWuMiao – als beispielhaft für die frühe Ching-Zeit. Bei einem Brand während des Herbstfestes am 10.09.1995 brannte die Inneneinrichtung durch Feuerwerkskörper nahezu völlig aus, lediglich die MaTzu-Statue blieb wie durch ein Wunder völlig unversehrt … Dies ist keine Legende, ich sah den Tempel mit eigenen Augen kurz vor wie auch am Tag nach dem Brand.

♣ 13; der Tempel ist durch eine kleine Gasse (aus dem SzuTian WuMiao rechts) zu erreichen, nach 20 m liegt rechts der Seiteneingang zur rückwärtigen Halle, 50 m weiter geradeaus befindet sich der Haupteingang. Zu den Busverbindungen siehe ShiKanLou.

TungMen
東門

Das **Ost-Tor** ist ein Relikt der alten Stadtumrandung. Traditionell wurden bedeutende Städte von einer Mauer mit vier Stadttoren in den vier Himmelsrichtungen umgeben. TaiNan war eine der wenigen Städte, die über acht solcher Zugänge zur Stadt verfügte. Die Stadtmauer wie auch die anderen Tore sind – im Zuge der Stadtentwicklung – verschwunden. Das TungMen selbst ist dagegen sehr gut erhalten und wird laufend renoviert. Es vermittelt einen Einblick in die trutzburgartige Anlage, die früher ein Nadelöhr für Reisende von und nach Osten darstellte. Es wurde gemeinsam mit den anderen Toren und der Stadtmauer 1723-1736 unter der Ching-Dynastie errichtet, um gelegentlich vorgekommene Rebellionen der Bevölkerung in Zukunft besser kontrollieren zu können.

★ 90; das Osttor steht inmitten der gleichnamigen TungMenLu und ist etwa 5 Gehminuten vom MiTo-Tempel entfernt. Die Buslinien 0, 7, 17, 18 und 20 fahren dort vorbei.

**MiTo-Tempel
(MiTuoSi)**
彌陀寺

Am Eingang dieses von Ausländern eher selten besuchten Tempels müssen rechts die Schuhe gegen Pantoffeln getauscht werden. Hinter dem Tor befindet sich rechts ein großer ***Ofen,*** in dem den Ahnen Briefe und Symbolgeld geopfert werden. Verwandelt in Feuer steigen Geld und Nachrichten zu den Vorfahren durch den langen Schlot auf. Rechts und links der Haupthalle stehen zwei Wohntürme der Nonnen.

Hinter dem Eingangstor befindet sich eine erste Vorhalle mit goldenem Buddha, die auch als Lesehalle dient. An den dahinter liegenden, über zwei symbolische Lotusbrücken zu erreichenden Innenhof schließen sich kleine Schreine und die Treppe zu den oberen Stockwerken an. Hier ist die eigentliche Besonderheit dieser Tempelanlage zu bewundern, die **hundertarmige Halbgöttin KuanYin** (Boddhisatva der Barmherzigkeit), die auf einer Lotusblüte thront. Ihre vielen Arme halten diverse Werkzeuge und Symbole, welche ihre Macht demonstrieren sollen. Auf ihrem Kopf sitzen ein Buddha (zeigt, dass sie auf dem Wege zum Buddha ist) und als Zeichen der Weisheit sechs Boddisatvas. Gegenüber dieses Schreins befindet sich eine weitere große Lese- und Studierhalle mit drei lebensgroßen Buddhas, die Glück, langes Leben und Wohlstand symbolisieren.

Die 1718 errichtete Anlage wird sehr gut gepflegt und ist ein beliebtes Ziel einheimischer Touristen.

⛰ 88; dieser Tempel liegt an der TungMenLu No. 135 und ist in fünf Minuten vom TungMen kommend oder in 15 Minuten vom Hbf. zu erreichen (PeiMenLu bis zum Kreisverkehr, dort nach links in die TungMenLu. Fußgänger Achtung: wo der Kreisel von der PeiMenLu links in die TungMenLu einmündet, führt rechts und links der Hauptstraße eine Gasse abwärts zur Unterführung, von der TungMenLu kommend nur links). Stadtbusse 0, 7, 17, 18, 20.

ChengHuangMiao
成隍廟

Dieser kleine ***taoistische Tempel*** ist gewissermaßen ein Haustempel der ansässigen Hakka-Nachfahren, also jener chinesischen Bevölkerungsgruppe, die als erste den Sprung nach TaiWan wagten und heute noch etwa sechs Prozent der Gesamtbevölkerung ausmachen. Der Tempel ist in eine Vorhalle und einen rückwärtigen Hof gegliedert; im vorderen Teil werden auf langen Tischen Obst, Gemüse und andere Speisen geopfert, die Seitenwände sind mit kleineren Heiligenfiguren verziert. Im rückwärtigen Teil werden exorzistische Rituale (aber ganz unspektakulär) vorgenommen: ein Besucher wendet sich mit seinem Problem oder Leiden (z.B. einem Hausgeist) an den Vorsteher, der eine bestimmte Melodie vor dem Hauptschrein mit dem Stadtgott *ChengHuang* singt und damit die Leiden oder Geister vertreibt. Der Stadtgott wird flankiert von den Generälen *Fan* und *Hsie,* die Seitenwände weisen auch in diesem Tempel taoistische Figuren auf. Von den zahlreichen angebrachten Symbolgegenständen sind vor allem die zwei großen Abakusse (Rechengeräte mit beweglichen Kugeln) von 1,4 m Breite bemerkenswert.

Der Südwesten

Das *Eingangstor,* zu erreichen über die kurze, von zwei steinernen Löwen bewachte Treppe, ist von grauen Steindrachen-Säulen gestützt und dreifach unterteilt, der Mittelteil symbolisch kniehoch abgeschottet. Auch hier wird die grundlegende asiatische Auffassung, Geister könnten nur geradeaus gehen, nicht jedoch abbiegen, ansatzweise deutlich.

Der ChengHuang-Tempel weist eine weitere Besonderheit auf: die *Decke* ist lackiert (nicht wie üblich bemalt) und dann gemustert worden.

♠ 57; ChingNienLu 133; Öffnungszeiten sind täglich von 6:00 bis 23:00 Uhr. Der Tempel liegt mitten im Zentrum, eine Busfahrt ist überflüssig.

TungYueTian (Ost-Gipfel-Tempel)
東嶽殿

An diesem taoistischen Tempel (mit buddhistischem Teil) fällt zunächst auf, dass das Mitteltor von stilisierten Schnecken flankiert wird (Löwen sitzen zusätzlich außen an der Treppe). Gleich hinter dem Tor wachen rechts und links je zwei Tempelwächter und je eine Geistergestalt über das Anwesen. Der Schrein stellt *LaoTzu* mit zwei Schülern dar. Dahinter folgt eine zweite Halle mit einem Opfertisch, zwei Pagoden mit Goldbuddhas und dem Zentralschrein (Buddha nebst zwei kleineren); rechts und links an den Seitenwänden befinden sich Glasvitrinen mit taoistischen Heiligen. Erst dann betritt man durch einen Rundbogen den eigentlichen Hauptraum, in dem die Wände rechts und links mit großen Steinabreibungen verziert sind. Opfertisch, taoistische Figuren vor und in der großen Vitrine vervollständigen das Heiligtum. Auch die Generäle *Hsie* und *Fan* fehlen nicht. Auch im TungYue-Tempel werden oft exorzistische Rituale abgehalten, er wird häufiger frequentiert als der überwiegend von den Hakka besuchte Cheng-Huang-Tempel. Die Haupthalle ist mit kunstvollen Schnitzereien versehen, die allerdings durch Räucherstäbchen teilweise geschwärzt sind. Im Seitengang rechts finden sich mehrere Öfen, in denen Symbolgeld und Briefe für die Ahnen verbrannt werden. Am oberen Ende dieses Ganges befindet sich ein Zeremonialraum, in dem die Rituale vorbereitet und Anliegen von Gläubigen vorgebracht werden.

♠ 59; MinChuanLu 110, der Tempel ist täglich von 6:00 bis 23:00 Uhr geöffnet und besonders an Sonn- und Feiertagen sehenswert.

YanPing JunWangCi, KoHsingKa-Museum
延平郡王祠

KoHsingKa lebte von ca. 1600 bis 1662 und war der erste, der auf TaiWan die territoriale Einheit herstellte. Als überzeugter Anhänger der Ming-Dynastie auf dem Festland zog er nach dem Vormarsch der mandschurischen Ching (Qing)-Dynastie mit großem Gefolge 1644 nach Süden. Er verlegte seine Basis auf Inseln der TaiWan-Straße und arrangierte sich zunächst mit den auf TaiWan bereits angesiedelten Holländern, um gemeinsam einer eventuellen Vertreibung durch die Ching zu trotzen. 1662 vertrieb er die europäischen Kolonialisten von TaiWan und sorgte anschließend mit seinen Reformen der Landwirtschaft für einen starken Auf-schwung. *KoHsingKa* starb schon 1663, seine Nachkommen muss-ten sich 1682 den Ching-Truppen geschlagen geben. Er gilt als ei-ne der ganz großen taiwanesischen historischen Persönlichkeiten. Der hier stehende Schrein ist allerdings nicht etwa jüngerer Bau-art, sondern wurde von den mandschurischen Qing (!) 1875 er-richtet, vorrangig aus politischen Motiven, um durch einen ge-meinsamen Helden ein Nationalgefühl zu schaffen und damit Ab-spaltungsversuche zu unterbinden.

Die Anlage liegt in einem kleinen Park, rechts befindet sich der eigentliche Schrein, geradeaus trifft man auf ein kleines **Museum** (modernerer Bauart). Hier sind im Untergeschoss eine vorge-schichtliche Abteilung, im Parterre Bilder und Zeichnungen des mittelalterlichen TaiNan, im Obergeschoss Münzen, Gemälde, Möbel und Kleidung aus der Zeit von *KoHsingKa* untergebracht. Die Erklärungen sind leider meist nur auf chinesisch.

Der **KoHsingKa-Schrein** ist in der klassischen chinesischen Hofform gebaut; nach dem Eingangsportal sieht man links und rechts Kolonnaden mit roten Tischen und Gedenktafeln für die 114 Offiziere, die ihrem Fürsten nach TaiWan gefolgt waren. Der Hauptschrein in der Mitte ist eine nüchterne Halle ohne großen Schmuck; *KoHsingKa* sitzt lebensgroß auf einem steinernen Thron, umsäumt lediglich von einem orangefarbenen Vorhang. Die Decke besteht aus Holztafeln mit Drachen auf blauem runden Grund, das Dach aus den typischen grünen, halbrunden Röhren-ziegeln.

Ⓜ 85; KaiShanLu 152; Busse 17 und 18 halten in der Nähe der Anlage, die täglich von 9:00 bis 17:00 Uhr geöffnet ist. Eintritt: 40 NT$.

WuFeiMiao

五妃廟

Die Geschichte des unscheinbaren **Fünf-Konkubinen-Tempels** ist eng mit der des TianHouKung (gegenüber von Fort Provintia) verknüpft. Der Ming-Prinz *NingChing* floh 1644 vor den herannah-henden Ching-Truppen zu *KoHsingKa* nach TaiWan und errichtete 1663 seinen Sitz auf dem Gelände des TianHouKung. Als die Mandschu-Ching 1683 TaiWan eroberten, nahm sich der Prinz das Leben, seine Konkubinen *Yuan, Wang, HsiKu, Mei* und *He* hängten sich daraufhin ebenfalls auf und wurden an dieser Stelle gleich hinter dem Tempel begraben. Erst 1746 beauftragte ein Ching-Beamter, beeindruckt von dieser gemeinsamen Solidarität, vor dem Grab einen Tempel zu errichten. Das Tempelgebäude be-steht aus rotem Stein mit einem hölzernen Portal, über dem die Zeichen WuFeiMiao angeschrieben stehen. Der kleinen Vorhalle schließt sich direkt der Hauptaltar an, auf dem in Puppengröße Figuren der fünf Konkubinen stehen.

⚓ 75; WuFeiChie No. 201, auf der NanMenLu nach Süden bis zur Wu-FeiChie, dort links und nach 30 m auf der rechten Seite. Stadtbus Nr. 5, 25 und 100 halten in der NanMenLu.

Der Südwesten

347

ChuHsiSu (ZhuXiSi)
竹溪寺

Das ChuHsiSu ist eine gigantische **buddhistische Klosteranlage,** die in dem modernen Sportareal deplaziert scheint. Die erste Treppe wird von Löwen mit Perle bewacht, dann gelangt man durch das Haupttor (flankiert von Torwächtern) in den Vorhof mit zwei großen weißen Elefanten. Das Mittelgebäude beherbergt die Gebetshallen, die Türme rechts und links sind die Unterkunftsgebäude der Klosterangehörigen. Das Mittelgebäude ist in mehrere Hallen unterteilt, die erste, eine Aufenthaltshalle, die zweite mit einem Buddha-Dreigestirn sowie die dritte mit einem kleinen Schrein an der rückwärtigen Wand der zweiten (barköpfiger Buddha auf Löwe) und einem Hauptaltar mit vergoldetem Buddha-Dreigestirn. Die Decke ist schmucklos, nur über dem Hauptaltar finden sich Holztafelverzierungen. Rechts vom Kloster steht eine kleine, siebenstöckige Pagode, auf dem Weg dorthin passiert man einen Teich mit einem riesigen steinernen Goldfisch (Symbol für Wohlstand und Farbe des Buddhismus). Die Anlage gilt als eine der größten in ganz TaiWan, wird aber nur selten von Touristen besucht.

▲ 79; ChienKangLu (QianGangLu), mitten im „Athletic Park". Von der Nan-MenLu kommend links, vom WuFei-Tempel rechts an dessen Mauer entlang. Der Athletic Park hat zwei Zufahrten: ein großes, farbiges Tor und ein steinernes, einfarbiges (weiter links an der ChienKangLu), letzteres nehmen. Am unteren Ende führt links eine Treppe durch ein Tor hinab zur Anlage. Mit den Stadtbussen Nr. 5, 1, 100 und 25 kommt man bis zur ChienKangLu, von dort sind es noch fünf Gehminuten.

FaHuaSi
嬀公壇

Der **FaHua-Tempel** entstand Mitte des 17. Jh., noch vor der Ching-Dynastie (ab 1644). Die mittlere Halle beherbergt den dickbäuchigen *MiLoFu,* daneben links und links je einen Tempelwächter. Durch eine kleine Durchgangshalle kommt man zum eigentlichen Schrein, drei blauhaarigen Buddhas mit leuchtendem Stigma auf der Stirn. Die Naturholzdecke ruht auf kunstvoll bemalten Querstreben. Wandmalereien mit Szenen aus dem Mahayana verzieren die Wände. Auch die Seitenflügel sind sehenswert: schwarzbärtige aufgemalte Türwächter bewachen die Portale zu den Nebenschreinen (links der Herrscher des Südhimmels, im rechten Flügel die relativ seltene gemalte Darstellung eines Drachen mit kleinen Figuren davor). Hinter dem rechten Flügel befindet sich der tempeleigene Brunnen und eine siebenstöckige Pagode. Hinter der Haupthalle befindet sich ein rückwärtiger Schrein mit der vielarmigen *KuanYin* (Boddhisatva der Barmherzigkeit). Heute leben noch ca. 50 Mönche und Nonnen auf dem Gelände, das mit zahlreichen Banyan-Bäumen *(ficus religiosa)* bepflanzt ist

▲ 84; **vom ChuHsiSi** kommend geht man auf der linken Straßenseite der ChienKangLu entlang bis zum Ford-Autohaus und biegt kurz dahinter in die FaHuaChie (Nebenstraße) ein. Geradeaus, die WuFeiChie-Straße gerade überqueren, nach 250 m liegt der Tempel linker Hand. Wer vom **KoHsing Ka-Schrein** kommt, geht von dort rechts die KaiShanLu bis zur großen Ta TungLu (DaDongLu) hinunter; an dieser Kreuzung geht schräg rechts die kleine FaHuaChie ab, dann noch ca. 300 m.

ChuHsiSu - größte buddhistische Anlage

MaKungTan
(MaGongTan)
媽公壇

Einer jener kleineren, unscheinbaren und von Touristen selten besuchten **Tempel,** die überwiegend von Anwohnern täglich aufgesucht werden. Von der Form her erinnert MaKungTan an ein winziges Kloster (kleine Wohntürme rechts und links vom Haupttempel). Das grüne Ziegeldach ruht auf Säulen, besonders auffällig sind die zwei grauen Drachensäulen am Eingang; auf dem First sitzt Buddha auf einer Perle. Der Hauptschrein dieses buddhistischen Tempels besteht aus einem Altar mit einem Dreigestirn: der Urkaiser *Yao, Shun* und *Yu.*

⚲ 63; No 122 KaiShanLu, der nette kleine Tempel liegt zentral auf dem Weg zum KoHsingKa-Schrein (Stadtbusse 17, 18, 100).

KungTzuMiao
孔子廟

Dieser älteste **Konfuzius-Tempel** TaiWans wurde 1665 unter *KoHsingKas* Sohn *ChengCheng (ZhengCheng)* und dessen oberstem Verwalter *Chen YungHua* errichtet und ab 1715 viele Jahrzehnte als Schule genutzt (daher auch der alte Name „erste Schule TaiWans"). Er gilt als ein Bauwerk im ureigenen Ming-Stil, wie es auf TaiWan selten anzutreffen ist. In einem kleinen Park gelegen, der bis in die Vormittagsstunden als Übungsplatz für das Schattenboxen (TaiChiChuan) dient, betritt man den von einer hohen Mauer umgebenen Tempel durch das typische dreigeteilte Tor. Die drei anderen äußeren Seiten bestehen aus Kolonnaden mit Gedenktafeln. Der Zentraltempel, „Saal des großen Erfolgs" genannt, ist innen beinahe schmucklos, lediglich eine vergoldete Steinstele steht für den Meister. Die Kalligraphien auf den farbigen Tafeln darüber sind Inschriften verschiedener Ching-Kaiser, die damit Konfuzius ihre Aufwartung machen wollten. Alle Dachfirste sind klassisch geschwungen, auf dem Dach der Haupthalle ist eine 9-stöckige kleine Pagode zu sehen. Rot ist der vorherrschende Farbton der gesamten Tempelanlage. Im Komplex befinden sich ferner Musikinstrumente und Kultgegenstände, die am 28. September, dem Geburtstag des *Konfuzius,* zum Einsatz kommen. An diesem Tage finden hier in TaiNan die größten Festivitäten TaiWans statt, allerdings muss man dann zum Besuch des Konfuzius-Tempels ein Ticket kaufen – und das ist fast ein Ding der Unmöglichkeit.

Auf der gegenüberliegenden Straßenseite liegt das **PanKung-Fan-Steintor,** welches vermutlich 1683 während der Restaurierung des Konfuziustempels errichtet wurde. Der Name des Tores ist identisch mit dem des ersten Vorhofes nach Betreten der Tempelanlage, dennoch ist unbekannt, von wem und aus welchem Grunde dieses Tor gebaut wurde, da kein anderer Konfuzius-Tempel auf TaiWan ein solches aufweist.

▲ 62; No. 2 NanMenLu, vom Kreisverkehr kommend etwa 50 m schräg gegenüber der Polizeistation. Busse 17, 18, 100 fahren durch die NanMenLu, No 1 hält direkt vor dem Tempeleingang.

TaNanMen
大南門

Das große **Südtor,** 1623-1736 errichtet, unterscheidet sich von den anderen Toren durch seinen ovalen Grundriss und einen auf TaiWan einmaligen äußeren und inneren Zugang. Das äußere Tor war mit der Stadtmauer verbunden und führte auf einen kleinen Innenhof, der mit Kanonen bestückt war; erst dann folgte das innere Tor in die Stadt. Das Südtor ist das am besten erhaltene Stadttor und wurde zuletzt 1977 renoviert. Das heutige Portal entspricht nicht mehr dem Original, welches ein Steintor mit Eisenbeschlägen war. Auch seine Lage in einem kleinen Park hat nichts mehr mit der ursprünglichen Funktion als Stadttor zu tun.

★ 67; das große Südtor liegt in der NanMenLu und ist zu Fuß leicht zu erreichen. Busse 5 und 100 fahren ebenfalls die NanMenLu herab.

**YuHuangTan
(Tempel des
Jadekaisers)**
天壇

Der offizielle Name dieses Tempels lautet **TienTan** oder auch **TienKung** (Himmelstempel). Er wurde 1853 zu Ehren des Jadekaisers gebaut, an den lediglich Kalligraphien anstatt einer in taoistischen Tempeln üblichen Statue erinnern. Der Jadekaiser, *Yu,* ist einer der drei legendären Urkaiser Chinas aus vorhistorischer Zeit, der vor mindestens 5000 Jahren gelebt haben soll.

Dieser Tempel ist deshalb ganz besonders interessant, da hier fast immer irgendwelche taoistischen Rituale vollzogen werden. Dem dreigeteilten Eingangstor schließt sich eine Vorhalle mit kunstvoll gemaltem Drachenrelief an. Es folgt ein Innenhof mit einem kleinen Altar, auf dem den Ahnen zahllose Opfer gebracht werden. Dann folgt ein Raum mit wundervollen Verzierungen aus Holz, der dritte der drei Holzaltäre reicht mit seinen Schnitzereien fast bis zu

Decke. Unter der Decke sind diese Schnitzereien nicht einfach goldfarben gestrichen, sondern vollständig mit Blattgold überzogen. Schließlich führen die Seitenbögen zur Haupthalle, in der dem Jadekaiser gehuldigt wird. Die steinernen Seitenpaneele symbolisieren „unsterbliche" Taoisten. Berühmt ist auch die Rekonstruktion eines klassischen Gemäldes, welches den sogenannten „Vernichter der Han-Dynastie" (221 n.C.), *TsaoTsao*, gelassen beim Brettspiel zeigt, während der taoistische Arzt *HuaTou* ihn am Arm operiert. Das Original stammt aus dem dritten Jahrhundert und zählt zu den frühesten Belegen chinesischer Chirurgie. In der hinteren Halle ist eine Statue der hundertarmigen *KuanYin* zu sehen, ein ganz besonderes Kleinod ist ferner eine kleine, aus purem Gold gegossenen KuanYin-Statue im Lotussitz.

Beim Ritual der **Geisteraustreibung** betet ein Medium mit rotem Kopftuch und hölzernem Kopfschmuck am mit Opfergaben gefüllten Tisch vor, während die Gepeinigten kniend und mit Räucherstäbchen in den gefalteten Händen nachsprechen.

Rechts eine Treppe zum Tempel zum **Seitenturm**, in dem ebenfalls laufend Gebete, Orakelknochenwerfen u.Ä. vollzogen werden. Außerdem kann man von hier oben sehr gut das reich verzierte Dach bewundern; die steinernen, bunten Tiere sind häufig mit farbigem Papier verziert und wirken dadurch realistischer und lebendiger. Dem Dachfirst ist eine siebenstöckige Pagode aufgesetzt.

♨ 52; der Tempel des Jadekaisers in der 90 ChungYiLu, Section 2. Vom großen Kreisverkehr aus auf der MinShengLu bis zur ZhongYiLu gehen, rechts abbiegen bis zu einer kleinen Seitenstraße (an der Hauswand steht auf einem grünen Schild 89 ZhongYiLu 2 Sec), hier 30 m rechts hinein (Stadtbus 106 fährt durch die ChungYiLu).

PeiChiTien
北極殿

Praktisch um die Ecke vom TienTan liegt der PeiChi-Tempel, gebaut 1672 von *KoHsingKas* Sohn *ChengCheng*. Die Hauptgottheit hier ist der ansonsten seltener zu sehende *PeiChiTaTi* (auch *HsuenTienShangTi* genannt), ein Patron des Hauses Ming. Bei seiner Anlandung auf TaiWan brachte *KoHsingKa*, selbst loyaler Ming-Anhänger, unter anderem eine große Statue des Gottes mit nach TaiWan, um die Tradition des PeiChi-Kultes hier fortzusetzen.
♨ 51; 89 MinChuanLu.

KaiTang
開當

Auch dieser kleine „Lokaltempel" mit der typischen Aufteilung Vorhalle – Haupthalle – Zentralhalle zeigt einige sehenswerte Besonderheiten: die Wandmalereien hinter dem Eingang sind teilweise plastisch gestaltet. Der erste Schrein ist von silbernen Pagoden in Glaszylindern verziert; dahinter stehen zwei luftdicht abgeschlossene Holzsärge, in denen die Tempelgründer ruhen sollen. Die Altarfiguren des ersten Hauptraumes selbst sind prunkvoll gekleidet und tragen auf ihren goldenen Kronen große, orangefarbene Kugeln, welche das Licht Buddhas symbolisieren. In der Zentralhalle (zu erreichen nur durch den Seitenflügel) befindet sich ein Altar mit Drachengemälde und einer großen Figur in gleicher Aufmachung wie die in der ersten Halle. Auch die Dachträger sind sehr fein verziert, man sollte KaiTang nicht auslassen, gerade auch weil er gut zu erreichen und überschaubar ist.

🔺 55 (Seite 340); ChungShanLu No 79, liegt zentral und kann vom Hbf. Richtung Konfuziustempel leicht zu Fuß besucht werden.

HsinShengTai YiShu HuanChing
新生態藝術環境

In der **Galerie der neuzeitlichen Künste** werden moderne taiwanesische und internationale Kunstausstellungen veranstaltet, aber auch Rockkonzerte einheimischer und ausländischer Bands gegeben. Restaurant (2. Etage) und Café entsprechen dem modernen Flair.

● 92 (Seite 340); die Kunstgalerie ist täglich von 11:00 bis 21:00 Uhr geöffnet, das Café bis gegen Mitternacht. 138 YungFuLu (Tel: 2267899), 10 Gehminuten vom Fort Providentia (ChiKanLou).

HsinHsin Sheng-Huo YiShuKuan
新心生活藝術館

Im **„Modernes-Leben-Hof"** wird überwiegend moderne taiwanesische Malerei, aber auch klassische Kunst verkauft. Diese kleine Galerie (Eintritt frei) ist an Wochenenden ein „sehen und gesehen werden"-Treffpunkt der lokalen High-Society. Für Kunstinteressierte unbedingt empfehlenswert.

Ⓜ 15 (Seite 340); 67 ShengLiLu, ca. 5 Gehminuten vom TungMen.

Sehenswertes außerhalb des Zentrums

KaiYuanSi
開元寺

1680 ließ *ChenChing,* der Sohn *KoHsingKas,* hier für seine Mutter einen Alterssitz im taoistischen Stil errichten (heute erinnert nur noch das Eingangsportal an die ursprüngliche Bauweise). 1683 errangen die Mandschu (Ching-Dynastie) die Oberhand auf TaiWan und wandelten den Ort 1690 in einen buddhistischen Tempel um. Sie nannten ihn nach dem Vorbild vieler buddhistischer Anlagen auf dem chinesischen Festland **Tempel des Lobgesanges** (KaiYuanSi). Die eigentliche Anlage liegt hinter einem Vorhof und wird durch ein dreigeteiltes, von übergroßen Tempelwächtern symbolisch geschütztes Portal betreten. Links und rechts davon liegen Glocken- und Trommelturm, von denen Seitengänge abführen, in denen heute Verwaltung und Unterkünfte liegen. Die Haupthalle ist dem dickbäuchigen *MiLoFu,* flankiert von vier Tempelwächtern, gewidmet. Hinter einem weiteren Hof liegt die mittlere Halle mit Buddha, flankiert von zwei Boddhisatvas und *KuanYin* davor. Sehenswert ist die goldene KuanYin-Statue an der Rückwand der Halle. Dahinter liegen die von den Mönchen bewirtschafteten Gärten des Klosters, in denen auch drei kleine Pagoden zu sehen sind. Hier im Garten wächst eine besondere Bambusart, der „Sieben-Streifen-Bambus", gelblich mit meist sieben kräftig-grünen Streifen. Angeblich stammt er aus der Provinz HuPei auf dem chinesischen Festland. Vor dem linken Seitengang befindet sich ein länglicher Flügel ganz aus Holz, eines der ältesten Originalteile des Tempels; heute dient er als Abstellraum.

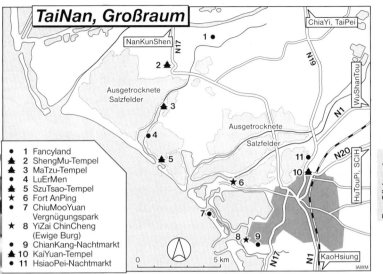

♣ 10; 89 PeiYuanChie; es ist zwar möglich, den Tempel vom Zentrum aus zu Fuß zu erreichen, da aber keine weiteren Sehenswürdigkeiten auf dem Weg liegen, empfiehlt sich die Anfahrt per Stadtbus. Die Nummern 17 (am besten), 5 und 18 fahren in die KaiYuanLu (Haltestelle „KaiYuan", Rückfahrt genau gegenüber), 50 Meter weiter führt links eine kleine Straße zum Tempel. Direkt vor dem Tempel liegt ein Pflegeheim in traditioneller Bauweise mit einer weißen KuanYin-Statue, welches man auf den ersten Blick leicht mit dem KaiYuan-Tempel verwechseln kann.

WenHuaChungHsin
文化中心

In TaiNan als Stadt der Kultur darf natürlich ein *Kulturzentrum* nicht fehlen. Hier werden klassische Konzerte aufgeführt und Kunstausstellungen abgehalten.

●Über das aktuelle Programm informiert die TI oder das Kulturzentrum direkt (Tel: 2692864); im Westen der Stadt in der 375 ChungHuaLu am Fluss gelegen. Stadtbus No. 18 ab Hbf.

AnPing KuPao
安平古堡

AnPing, eine der Randgemeinden TaiNans, ist vor allem wegen des alten niederländischen *Fort Zeelandia* bekannt. Das Fort entstand 1624, im Jahr der niederländischen Kolonialisierung Tai-Wans. Die erste Konstruktion bestand aus einer mit Sand verstärkten Holzpallisade, erst 1630 wurden Ziegelsteine aus Niederländisch-Indonesien importiert und die Festung schrittweise ausgebaut. Nach Beendigung der Bauarbeiten 1634 maß die neun Meter hohe Festungsmauer 843 m im Umfang. *KoHsingKa,* der seinen Angriff gegen die Holländer von MaTzu vor der festlän-

Fort Zeelandia – Relikt und Waterloo der Holländer

dischen FuKien-Provinz startete, landete 1661 im nahegelegenen LuErMen und drang, ohne auf nennenswerten Widerstand zu stoßen, in die Region TaiNan ein. Während die Holländer ihren Bündnispartnern wider den gemeinsamen Gegner, die Mandschu-Ching-Dynastie, vertrauten, erklärte *KoHsingKa* TaiWan kurzerhand für chinesisch (was bislang nicht der Fall war) und die Anwesenheit der Holländer für überflüssig. Diese weigerten sich selbstverständlich, TaiWan zu verlassen, woraufhin *KoHsingKas* Truppen die Verbindung zwischen Fort Provintia (TaiNan) und Fort Zeelandia unterbrachen. Während Fort Provintia schnell aufgeben musste, dauerte die Belagerung hier in AnPing neun Monate, ehe die Holländer kapitulierten. Die Aufgabezeremonie ist in Bildern und Stichen festgehalten, welche im Innenraum des Forts zu sehen sind. Die bei den Einheimischen seinerzeit „TaiWan-Fort" (die Gegend um TaiNan hieß damals TaiWan) genannte Festung wurde ein Jahr später, nach dem Tode *KoHsingKas* (1663), in „Königskastell" umbenannt. Ein Großteil der heutigen Anlage stammt aus der japanischen Besatzungszeit, in der die Japaner historische Stätten restaurierten.

Ein größerer Abschnitt der ursprünglichen Mauer liegt dem Fort gegenüber. Hier befindet sich auch ein kleines **Museum** mit einer

Ausstellung von Kleidung und Alltagsgegenständen aus der Zeit des 17. Jh.

Vor dem Fort liegt ein sehr hübscher, reich verzierter **Taoisten-tempel** (AnPing KaiTai TienHou). Der Tempel entstand 1668, nur wenige Jahre nach dem Sieg *KoHsingKas.* Bemerkenswert sind hier neben dem Hauptaltar mit der original MaTzu-Statue, welche *KoHsingKa* auf der Überfahrt 1661 mitführte, die teilweise plastischen taoistischen Szenen an den Seitenwänden. Ein beliebtes Thema zeigt *TaiTzu* auf den Feuerrädern und dem Ring der Allmacht im Kampf gegen das Böse. Die Schreine neben dem Hauptaltar zeigen die fünf Urkaiser (rechts) sowie fünf untere Meeresgottheiten (links).

★ 6; das Fort ist täglich von 8:30 bis 17:30 Uhr geöffnet, Eintritt 40 NT$ für Fort und Museum. Stadtbusse 15 und 24 fahren direkt zum Tempel und dem dahinter liegenden Fort. Genau gegenüber liegt die Haltestelle zur Rückfahrt, auf der Fortseite geht es mit Bus No. 15 weiter zum **Strand,** der mit seinem feinen Sand, sowie einer Vielzahl an Wassersport-, Picknick- und Campingmöglichkeiten zu den besten Stränden der Westküste zählt. Bus No. 24 fährt zurück zwar ins Zentrum, aber nicht direkt zum Hbf.

YiTsai ChinCheng
(ewiges Schloss)
億載金成

Dieses jüngste Fort westlicher Kolonialmächte in TaiNan entstand 1875 auf einer Fläche von 11.000 qm und wurde von französischen Festungsbauern auf Anweisung des Marinebeauftragten der FuKien-Provinz, Admiral *ShenPaoCheng,* errichtet. Es wurde mit ca. 100 Kanonen bestückt, von denen noch 12 zu sehen sind. Das Fort hatte die Aufgabe, die TaiWan-Straße zu beobachten und vor allem die Region TaiNan vor Piratenüberfällen zu schützen; durch die Absenkung des Meeresspiegels liegt YiTsai ChinCheng mittlerweile allerdings ein gutes Stück von der Küste entfernt.

★ 8; vom Zentrum gibt es keine günstige Busanbindung, am einfachsten nimmt man ein Taxi vom Fort Zeelandia (80 NT$). Alternativ den seltenen Bus 33 (30 NT$) nehmen.

LuErMen
琵耳門

LuErMen (● 4; Hirschohrtor), nahe der Anlandestelle *KoHsingKas,* war lange Zeit eine Art natürlicher Hafen für Süd-TaiWan. Während seines Kampfes gegen die Holländer schien die See zunächst gegen einen Erfolg *KoHsingKas* zu sprechen. Doch nach Gebeten an die Meeresgöttin *MaTzu* ebbte der Seegang ab und seine Truppen konnten mit kleinen Booten anlanden. Zum Dank an die Göttin ließ *KoHsingKa* 1662 hier den **LuErMen MaTzuMiao** (▲ 3) errichten, der später unter der Ching-Dynastie ausgebaut und in **TianHou-Kung** umbenannt wurde. Der **Tempel** liegt in der 236 HsienTsao-Lu, Stadtbus No. 28 hält am Tempel.

In der 360 HsienTsaoLu liegt der beinahe ebenso überwältigende **SuChauTan** (▲ 5; *SiZhaoTan*), ein **taoistisch-schamanistischer Tempel,** dessen Hauptschrein dem General *ChengHai,* der rechten Hand *KoHsingKas* gewidmet ist. Der Tempel wurde posthum von den (feindlichen) Ching errichtet, die den vorbildlichen Soldaten und getreuen Gefolgsmann *KoHsingKas* ebenfalls achteten.

Der Südwesten

● Nur Stadtbus No. 28 fährt alle 60-90 Minuten beide Tempel an. Die Routen der früher hier ebenfalls verkehrenden 27 und 29 wurden verkürzt, beide Linien sind nicht mehr verwendbar. Das TI-Büro nimmt dies offensichtlich nicht zur Kenntnis, dort wird weiterhin „27, 28, 29 nach LuErMen" angegeben – aufpassen! Einheimische sagen manchmal, die *HsingNan-KeYun-Busgesellschaft* würde auch nach LuErMen fahren. Dies beruht auf dem Irrtum, der Tourist wolle nur den größten Außenbezirkstempel von TuCheng (♫, dorthin fährt die *HsingNan* tatsächlich) sehen und nicht die beiden taoistischen Tempel von LuErMen, teilweise werden LuErMen und TuCheng auch einfach in einen Topf geworfen.

TuCheng
土成

元宝樂園

唔智樂園

聖田廟

Diese Randgemeinde von TaiNan beheimatet gleich mehrere interessante Sehenswürdigkeiten. Drei km außerhalb des Ortes (der Bus fährt direkt daran vorbei) liegt Φ *YuanPao LeYuan* (● 1; „Fancyland", Tel: 06-2870040), einer der **Vergnügungsparks** TaiNans mit Fahrtgeschäften, Wasserrutsche und Imbissbuden, insgesamt mehr ein Rummelplatz denn eine Wasserwelt. Interessanter und günstiger gelegen (bei ähnlichen Preisen von 350 NT$ für ein Komplett-Ticket) dürfte Φ *WuZhi LeYuan* („Woozland", geöffnet 9:30-20:00 Uhr, Tel: 06-2573811, gleich neben dem ShengMuMiao) sein. An dem Park ist neben den Fahrtgeschäften vor allem das Schwimmbad mit mehreren großen Wasserrutschen sowie eine aus den USA stammende Lasershow-Halle erwähnenswert. Die Gebäude des Parks mit ihren Strohdächern verbreiten eine angenehme Südsee-Stimmung.

Der eigentliche Höhepunkt von TouCheng ist allerdings der schon mehrere Kilometer vor dem Ort sichtbare Φ *ShengMuMiao* (▲ 2; Tempel der heiligen Mutter), die vielleicht größte und imposanteste (trotz der buddhistisch wirkenden Dachkonstruktion überwiegend taoistische) **Tempelanlage** TaiWans, die NanKunShen (♫) in nichts nachsteht. Hinter dem Vorhof liegen rechts Glocken- und links Trommelturm, in den daran sich anschließenden Seitenflügeln ist die Verwaltung und der Unterkunftsbereich untergebracht. Die schwere gusseiserne Glocke steht übrigens unten, da der ursprüngliche, hölzerne Turm das Gewicht nicht tragen konnte. Die erste Halle zeigt einen sechsfach unterteilten Schrein, der zentrale mittlere ist fünf halbhistorischen Königen gewidmet. An der linken Wand steht eine fünf mal fünf Meter große Dschunke, ein häufiges Nebenthema in taoistischen MaTzu-Tempeln am Meer. Als Tempelwächter des Altars sind hier die Generäle *Fan* und *Hsie* zu sehen. Das rechte Wandgemälde neben dem Hauptschrein zeigt den Kampf Gut gegen Böse, symbolisiert durch *TaiTzu* mit dem Ring des Guten und dem Feuerrad, rechts die acht Unsterblichen auf ihrer Wanderung. Der Schrein der zweiten Halle ist ebenfalls sechsfach unterteilt, der mittlere ist *MaTzu,* der Göttin des Meeres und Hauptfigur dieses Tempels gewidmet. Die Wandmalerei rechts stellt die Überfahrt *KoHsingKas* nach TaiWan unter dem Schutz der Göttin *MaTzu* dar. *KoHsingKa* landete im nahegelegenen LuErMen und nachdem er 1662 die Holländer besiegt hatte, schrieb er seine Erfolge *MaTzu* zu und errichtete an dieser Stelle den heutigen Tempelkomplex. Die dritte Halle ist rein buddhistisch und in drei Etagen unterteilt. Im Erdgeschoss sitzt auf den ersten Blick ein Buddha-Dreigestirn. Tatsächlich aber handelt es sich um Buddha (zentral) sowie die zwei Boddhisatvas *WenChu* (rechts, erkennbar am Symbolschwert) und *FuHsien* (links, erkennbar an der Blume). Der zweite Stock ist ganz *KuanYin,* dem weiblichen Boddhisatva der Barmherzigkeit, der dritte dem Dreigestirn des Jadekaisers gewidmet. Auch dieser Tempel stellt insgesamt eine Vermischung verschiedener chinesischer Glaubensrichtungen dar, Buddhismus, Taoismus und Schamanismus *(MaTzu* war ursprünglich eine eigenständige Kultfigur, ist aber heute praktisch mit dem Taoismus verschmolzen).

● Man erreicht TouCheng ausschließlich von TaiNan aus mit der *HsingNanKeYun-Gesellschaft* am HsiMenChan, 30 NT\$, alle 50 Minuten). Die Haltestelle in TouCheng liegt gleich rechts um die Ecke hinter „Woozland". Es ist möglich, von hier aus (in-)direkt nach LuErMen zu fahren. Hierzu fährt man mit dem Bus zurück bis in die AnChungLu (etwa 10 Minuten ab Woozland bis man Stadtbushaltestellenschilder an der Straße sieht, gegenüberliegende Straßenseite) und nimmt dort den Stadtbus Nr. 28 zu einem der Tempel von LuErMen (✍).

HuTouPei (Tiger-Kopf-Gedenktafel)

虎頭埤

Das 12 km östlich von TaiNan gelegene Naherholungsgebiet von HuTouPei zählt nach alten Erzählungen zu den zwölf schönsten Gegenden TaiWans. Der 4 km lange See mit seinen Pavillons, Restaurants und der Hängebrücke zu einer kleinen Insel dient den Bewohnern TaiNans heute als Wochenend-Ausflugsziel. Angeln, Rudern (Bootsverleih) und Spaziergänge rund um den See sind die beliebtesten Freizeitaktiväten; Eintritt: 80 NT\$.

● Die *HsingNan KeYun-Busgesellschaft* fährt von der HsiMenChan nach HuTouPei (8:50, 9:30, 13:50, 17:30, 19:15 Uhr für 30 NT\$).

Information

Eine Zweigstelle des **TaiWan Tourism Bureau** liegt im 10. Stock der 243 MinChuanLu, Tel: (06)-2265681. Das Personal spricht teilweise gut Englisch und ist sehr hilfsbereit. Die ausgegebenen praktischen Informationen zu TaiNan, insbesondere angegebene Busverbindungen, sind mit größter Vorsicht zu genießen. Die aktuellsten Informationen zum Stadtbusnetz erfährt man an der **Stadtbushaltestelle** am Hbf. selbst, dort befindet sich ein Informationsgerät (auch mit lateinischer Umschrift), welches die derzeit gültigen Busverbindungen zum gewünschten Ziel anzeigt.

Unterkunft

Als großes kulturelles Zentrum verfügt TaiNan über eine breite Palette an Unterkünften, wenn auch eine kleine Besonderheit zu beachten ist. Normalerweise liegen die meisten Hotels in der Nähe des Hauptbahnhofs; in TaiNan ist dies nicht der Fall, was sich aus der Tatsache erklärt, dass das frühere Zentrum rund um die holländische Garnison Fort Providenzia lag. Der Schienenweg ist für TaiNan eine sehr junge Erscheinung, demzufolge liegen die kleineren, günstigeren Hotels traditionell in der Nähe des Forts. Andere Hotels kamen erst im Laufe der Zeit hinzu und liegen weit verstreut über die Stadt. Wer etwas ausgesprochen Günstiges sucht, nimmt am besten einen Stadtbus vom Hbf. zum Fort Providenzia (zu Fuß etwa 10 bis 15 Minuten) und geht von dort noch etwa 150 m in die HsinMeiChie, wo die meisten Billigunterkünfte liegen.

● Einzelreisende finden in TaiNan drei Unterkünfte mit Schlafsaal, zu zweit kann man zu dem Preis für zwei Betten auch schon kleine Zimmer bekommen.

臺南學苑
Φ *TaiNan HsueYuan* (Studentenhotel),* 1 FuNungLu, Sec. 1, Hsiang 300, Tel: (06)-2670526 oder 2689018 hat Dorm-Unterkünfte zu 300 NT$. Absolut sauber und sehr angenehm, leider aber ziemlich weit vom Zentrum entfernt (35 Minuten zu Fuß ab Hbf.) und schwierig zu finden. Busse 7 und 19 passieren den nahegelegenen Kreisverkehr, dort geht man aus weiter (Orientierungspunkt My Home Steak rechts) bis zur ersten Ampel, rechts rund 300 m bis zu einer kleinen Leuchtreklame mit Christenkreuz, hinter dem Laden links in die kleine Straße, nach 40 m erneut links. DZ mit Kühlschrank, TV und Air-Con sind auch erhältlich, kosten aber 900 NT$. Bitte beachten: um 22 Uhr ist Sperrstunde!

勞工休假中心
Φ *LaoKung HsiuChia ChungHsin*,* 261 NanMenLu, Tel: (06)-2630174, 4er-Zi 1400 NT$, DZ 550 NT$ und

松柏育樂中心
Φ *SungPo YuLe ChungHsin** (genau gegenüber), Tel: (06)-2646974, Dorm. 280 NT$, bietet auch DZ zu 700-750 NT$ an. Allerdings sind auch diese beiden 30 Minuten vom Hbf. entfernt (Bus No 25) und entsprachen nicht so ganz den Vorstellungen einiger Reisender. Westler haben hierüber mehr oder weniger lautstark ihren Unmut geäußert, so dass gelegentlich Ausländer nicht zugelassen werden.

復興旅社
Φ *FuHsing LuShe*,* 190 HsinMeiChie, Tel: (06)-2226051, gleich nebenan, ist sauberer mit DZ für 500-550 NT$.

南華旅社
Φ *NanHua LuShe**,* 223 HsinMeiChie, DZ zu 600 NT$, Zimmer o.k.

南都旅社
Φ *NanTou LuShe**,* 192 HsinMeiChie, Tel: (06)-2223846, bietet gleiches bei geichem Preis. Der Sohn ist Student, hilft oft mit und spricht einigermaßen gut Englisch.

玉麟大旅社
Φ *YuYiLin TaLuShe**,* 117 ChungShanLu, Tel: (06)-2220185, gute DZ von 700-750 NT$.

燕賓大旅社
Φ *YanPin TaLuShe**,* 13 KungYuanNanLu, Gang 37, Tel: (06)-2210203, brauchbare DZ zu 800 NT$, nahe am Park.

成光賓館
Φ *ChengKuang PinKuan**,* 294 PeiMenLu Sec 1, Tel: (06)-2221188, nimmt ebenfalls 800 NT$.

上賓別舘
Φ *ShangPin PieKuan**,* 35 PeiMenLu Sec 2, Tel: (06)-2216097, neben dem TungHai-Hotel, DZ 750 NT$.

龍　大旅社
Φ *LungTai TaLuShe**,* 34 MinTzuLu Sec 2, Tel: (06)-2210222 und 2210123, DZ 700 NT$.

華倫大旅社
Φ *HuaLun TaLuShe**,* 41 ChiKanChie, Tel: (06)-2220146, hinter dem Fort Providenzia. Sehr gute DZ zu 850-900 NT$.

光華大旅社
Φ *KuangHua TaFanTian***,* 151 PeiMenLu Sec 1, Tel: (06)-2263171, ir Bahnhofsnähe empfehlenswertestes Hotel dieser Kategorie, DZ zu 780 NT$

漢宮大飯店
Φ *HanKung TaFanTian***,* 199 ChungShanLu, Tel: (06)-2269115, gegenüber der HsingNan KeYun Station, DZ 800 NT$.

愛麗思賓舘
Φ *AiLiSi PinKuan***,* 200 TienFengLu, Tel: (06)-2350807, gleich auf de Bahnhofsrückseite rechts gegenüber. DZ kosten 800-1000 NT$. Liegt seh günstig, auch zu den Fahrrad- und Mopedverleihstellen nebenan.

銀屋賓舘
Φ *YinWu PinKuan***,* 2 ChengLiLu 3. Stock, Tel: (06)-2219622, liegt ir dem dunklen Gebäude gegenüber vom Hbf.

南春賓舘
Φ *NanChun PieKuan***,* 60 MinTzuLu Sec 1, Tel: (06)-2221206, meist 900 NT$, einige wenige zu 750 NT$.

一樂大飯店
Φ *YiLe TaFanTian***,* 21-23 PeiMenLu Sec 2, Tel: (06)-2269191. Gleich rechts gegenüber vom Hbf., 950 NT$.

東海賓舘
Φ *TungHai PinKuan***,* 31 PeiMenLu Sec 2, Tel: (06)-2265756, nur wenige Türen nebenan.

月球大飯店
Φ *YuehChiu TaFanTian***,* 21-23 HsinMeiChie, Tel: (06)-2280141,

feine DZ bis 950 NT$, dazu gehört auch der Piano-Pub mit gelegentlicher Live-Musik.

8 8 公園路
●*LiRen TaFanTian**** (Akira Top),* Φ88 KungYuanLu,
Tel: (06)-2265261-7. Sehr zentral und empfehlenswert.

1 8 1 民生路
●*HuaChou TaFanTian****,* Φ81 MinShengLu Sec 1,
Tel: (06)-2283151, DZ ab 1100 NT$, die besten 1800 NT$.

1 0 0 中山路
●*TungYa TaFanTian****,* Φ100 ChungShanLu, Tel: (06)-2226171-80,
eine Renovierung wäre bei dem Preis (1000-1600 NT$) eigentlich überfällig.

1 3 0 民族路
●*TaLi TaFanTian****,* Φ130 MinTzuLu Sec 2, Tel: (06)-2204611,
liegt sehr günstig im absoluten Zentrum, nahe dem Fort Providenzia.

7 1 新美街
●*NanKuang TaLuShe****,* Φ71 HsinMeiChie,
Tel: (06)-2216267, Preise zwischen 800 und 1500 NT$.

2 0 西華街
●*FuTi TaFanTian*****,* Φ20 HsiHuaChie, Tel: (06)-2110011-8

1 1 6 青年街
●*FuPin LuShe*****,* Φ116 ChingNianLu, Tel: (06)-2222171,
ein als LuShe getarntes gutes Mittelklassehotel.

1 4 3 民族路
●*HuaKuang TaFanTian***** (Oriental),* Φ143 MinTzuLu,
Tel: (06)-2221131, DZ ab 900 bis 1550 NT$, ausgezeichnet.

2 成功路 1 2 樓
●*LaiYin PinKuan******,* Φ2 ChengKungLu, 12. Stock,
Tel: (06)-2207769 und

2 成功路 1 4 樓
●*ChiaLe PinKuan******,* gleiche Anschrift, Φ14. Stock,
Tel: (06)-2271767. Beide liegen in dem hässlichen Bau gegenüber vom Hbf.

4 6 成功路
●*Redhill*******,* Φ46 ChengKungLu, Tel: (06)-2258121.

1 成功路
2 0 2 成功路
●*TaiNan*******,* Φ1 ChengKungLu, Tel: (06)-2289101, 2800 NT$.

1 2 8 公園路
●*La Plaza*******,* Φ202 ChengKungLu, Tel: (06)-2290271.
●*ShouHsiang TaFanTian********* (Premier),* Φ 128 KungYuanLu,
Tel: (06)-2252141.

7 7 大學路
●*Unique-Tower*********,* Φ77 TaHsueLu, Tel: (06)-2366789, modernstes Hochhaus der Stadt gleich hinter dem Hbf. mit rotierendem Restaurant.

Verpflegung

TaiNan bietet nicht nur kulturell und historisch eine ganze Reihe lohnenswerter Anlaufpunkte, auch kulinarisch hat die Stadt mindestens ebensoviel zu bieten wie die Metropolen KaoHsiung und TaiPei. Neben den zahllosen Snack- und Fastfood-Restaurants (s. Karte) seien hier einige Spezialitäten der Region besonders erwähnt:

3 6 保安路
2 9 保安路 2 9 巷
1 6 保安路
●Am und rund um den *PaoAn-Markt* gibt es *YaRou* (mit Bambussprossen und Kohl gekochte Ente, ΦPaoAnLu No.36), *YüTang* (Fischsuppe, ΦPaoAnLu No. 29, Kang 110), *ChuRouFan* (geschmortes Schweinefleisch mit Reis, ΦPaoAnLu No. 16).

1 1 8 開山路
●In der MinTzuLu am Westtor (HsiMen) werden am kleinen **ShiChinChou-Markt** günstige Muschelpfannkuchen gebacken. In der ΦKaiShanLu 118 (gegenüber vom KaiShan-Polizeirevier) werden *RouYuan* (Reistaschen mit Fleischfüllung und Soße), eine Spezialität TaiNans, angeboten. Aal süßsauer gibt es am Φ**Kreisverkehr No. 48 TungMenYuan.** Alle genannten Gerichte liegen preislich im unteren bis mittleren Bereich und sind daher mindestens ebenso zu empfehlen wie das taiwanesische **Fast-food-Lokal** (sehr breite Auswahl, aber nicht immer beste Qualitatiät) am Stadtbusbahnhof gegenüber vom Hbf.

4 8 東門園
●In der Universitätsstraße (beginnend auf der rückwärtigen Seite des Hbf., ca. 300 m) liegen eine Reihe von *Teelokalen* und *Burgerfabriken,* aber auch (in einer Studentenecke überraschend) *teure Restaurants.* Wer speziell vegetarische Küche sucht, ist mit dem Φ*TianRan SuShiGuan* (TaHsueLu, neben Mc Donald's) gut beraten.

大學路

龍門西餐廳

●In der gehobenen Kategorie bietet das Φ*LongMen HsiTsanTing*, 215 Fu-ChienLu, 2. Stock, westliche Küche der Extraklasse (für taiwanesische Verhältnisse), hervorragende taiwanesische Küche wird im *ChinChuanTsai TsanTing*, 62 ChungChengLu zubereitet.

遠東百貨
小茂屋冰園

●Getränke, Snacks und Dosenmenüs findet der Reisende in jedem Welcome oder 7/11 Supermarkt, die reichhaltigste Auswahl bietet das Φ *Yuan-Tung (Fernost-) Kaufhaus* in der MinTzuLu. Wer sich speziell nach Eiscreme sehnt, dem sei das Φ*HsiaoMaoWu PingYuan*, 40 ChangJungLu Sec. 3, besonders empfohlen – allerdings sind die Preise eher gehoben.

Unterhaltung

●Kaum ein Reisender wird neuester amerikanischer Filme wegen nach TaiNan kommen, doch vom Interieur und von der Ausstattung her ist das *TaiNan Kiss-MTV* absolut sehenswert. Für 180 NT\$/Person können die allerneuesten Streifen im Separé auf Laserscheibe genossen werden, eine hübsche Bar komplettiert das Haus in der 118 MinChuanLu Sec. 2 – eines der schönsten MTV's auf TaiWan.

●TaiNan bietet eine Reihe traditioneller *Kinos,* keines ist allerdings ausschließlich auf englischsprachige Filme spezialisiert. Günstig zu Fuß erreich-

國華系院
燕平系院
王子系院
民族系院

bar sind das Φ*KuoHua HsiYuan* in der MinChuanLu 118 Sec. 2 3. Stock, das Φ*YanPing HsiYuan* (HsiMenLu Sec. 2 No.128) und das Φ*WangTzu HsiYuan* in der ChungChengLu No. 323. Mindestens einmal wöchentlich zeigt das Φ*MinTzu HsiYuan* (MinTzuLu Sec. 2 No. 249) einen amerikanischen Film im Original.

6 6 2西門路 1 段

●*Disco-Fans* finden in der Φ HsiMenLu Sec. 1 No. 662 gleich zwei verschiedene Etablissements: wegen der besseren Musik empfehlenswerter ist das *Penthouse* im 6. Stock (Eintritt frei außer Samstag, 220 NT\$ incl. Getränkecoupon), jüngeres Publikum bevorzugt die Diskothek im Erdgeschoss (150 NT\$).

2 2興華街

●Westler empfehlen für gepflegte Atmosphäre das *„Africa"* (Φ HsingHuaLu No. 22), Studenten bevorzugen das *MaiKanNa PiChiuChia (Macanna*

1 6 3長容路 2 段
1 1 7生麗路
1 8 1金華路 2 段

Beer-House) mit zwei Filialen in der Φ ChangChungLu Sec. 2 No. 163 und in der Φ ShengLiLu No. 117. Ein attraktives Lokal mit Live-Musik im Country Stil ist der *Pioneer-Pub* in der Φ ChinHuaLu Sec. 2 No. 181. Hier werden auch kleine Gerichte und Snacks angeboten (etwas teurer, dafür kein Eintritt)
●Ein günstiges, beliebtes und typisches Vergnügen ist der Besuch einer der zahlreichen *Nachtmärkte* der Stadt. An der Haltestelle der Stadtbusse sind die wichtigsten in der elektronischen Linienhilfe (s. „Stadtbusse") enthalten, denn die meisten sind für einen Spaziergang zu weit vom Zentrum entfernt. Am empfehlenswertesten sind hier der *PaoAn-Nachtmarkt,* der *HsiaoPei-Nachtmarkt* sowie *ChianKang TianHsinCheng.* Am vielseitigsten (insbesondere kulinarisch) ist sicherlich der HsiaoPei-Nachtmarkt, auf dem als einmalige Spezialität *TinPianTsou,* eine Art Frühlingsrolle aus Reismehl mit Muscheln, Fisch, Sojabohnenkeimlingen und Bambussprossen angeboten wird. Auf den Nachtmärkten beginnt die Geschäftstätigkeit gegen 17:00 Uhr und endet um Mitternacht. Neben dem Bestaunen einer Vielzahl von Kuriositäten kann man auch so manches Souvenirschnäppchen machen.

Institutionen
6 成功路
9 0中山路
1 2 9附前路
1 開山路

✉ 32; *Post:* Schräg gegenüber vom Hbf. in der Φ 6ChengKungLu.
●*Banken:* *ICBC* (Φ 90 ChungShanLu; ⑤ 51) und *Bank of TaiWan* (Φ 129 Fu-ChienLu; ⑤ 66) sind die gängigen, günstig gelegenen Geldwechselstellen.
● 62; *Polizei:* Φ 1 KuaiShanLu, direkt am Kreisverkehr gelegen. Hier auch Visa-Verlängerung möglich.

大學醫院

●***Krankenhaus:*** Das Φ *ChengKung TaHsue YiYuan* (Universitätsklinik) in der ShengLiLu/Ecke HsiaoTungLu (Tel: 2353535) genießt einen ausgezeichneten Ruf und sollte in Süd-TaiWan nach Möglichkeit bei ernsthaften Erkrankungen immer aufgesucht werden.

An-/Abfahrt

●***Luftweg:*** Der Flughafen von TaiNan ist verhältnismäßig klein und bedient nur inländische Reiseziele. Neben TaiPei (etwa alle Stunde, 1239 NT$) bestehen die wichtigsten Verbindungen nach MaKung/Pescadoren (Great China fünfmal, Trans Asia dreimal täglich für 779 NT$) sowie HuaLien (Far Eastern, 1450 NT$). Tickets können entweder bei den Gesellschaften in TaiNan oder direkt am Flughafen gebucht werden.
Trans Asia Airlines, 55 MingTzuLu, Sec. 2 Tel: (080)-066880
Far Eastern Airlines, 116 YungFuLu, Sec. 2, Tel: (06)-2258111
Great China Airlines, 55 MingTzuLu, Sec. 2, Tel: (06)-2602811
China Airlines, 358 TungMenLu Sec. 1, Tel: (06)-2357861
EVA-Air, TaiNan Flugplatz, Tel: (06)-2225678
   Der Stadtbus No. 1 pendelt zwischen Hbf. und Airport etwa alle 40 Minuten, ein Taxi aus der Stadt kostet etwa 180 NT$, ab Flughafen rund 220 NT$.
●***Bahn:*** nach Norden von 5:15 bis 0:35 Uhr zirka 60 Züge täglich, überwiegend in TaiPei endend, nur wenige fahren durch bis KeeLung. Nach Süden ebenfalls rund 60 Züge täglich, überwiegend in KaoHsiung endend. Im Bahnhof gibt es eine Information (Schalter 10-13), bei der man sich über die aktuell für Reservierungen zuständigen Schalter (1-9) erkundigen kann.
   Preisbeispiele: KeeLung 421-813 NT$, TaiPei 388-756 NT$, TaoYuan 350-681 NT$, ChungLi 343-660 NT$, HsinChu 295-570 NT$, ErShui 131-252 NT$, ChiaYi 73-142 NT$, TouLiu 110-211 NT$, KaoHsiung 56-107 NT$, PingTung 80-155 NT$, TaiTung 251-484 NT$, YiLan 501-970 NT$, TaiChung 190-366 NT$.
●***Bus:*** In TaiNan gibt es nur zwei Haltestellen-Bereiche, den Hbf. (TaiNan CheChan) für Stadt- und Langstreckenbusse sowie HsiMenChan (HsiMenLu), von dem Außen- und naheliegende Überlandgebiete angefahren werden. Beide Bereiche wiederum umfassen allerdings mehrere nahe beieinander liegende Gesellschaften.
   TaiNan CheChan (Hbf-Bereich): *TaWan KeYun* (nationale Langstreckengesellschaft): von/nach ChiaYi: 06:00 bis 22:00 Uhr alle 30-40 Minuten; von/nach KaoHsiung von 05:55-22:15 Uhr alle 20-25Minuten, zum ALiShan 09:05 und 10:30 Uhr (267 NT$); PingTung 05:55-20:40 Uhr alle 30-40 Minuten (via KaoHsiung, 80 NT$); HengChun 08:30 und 15:00 Uhr (298 NT$); TaiPei (493 NT$, via ChiaYi, 118-137 NT$ und TaiChung, 207-266 NT$) 06:00-02:30 Uhr alle 45 Minuten; CKS-Flugplatz 07:50 Uhr, indirekt (bis TaoYuan, 387 NT$) um 14:00 Uhr (496 NT$); HsinChu 9:50, 12:30, 15:30, 17:30 Uhr (331 NT$).
   HsingNan KeYun TaiNanChan: nach NanKunShen etwa alle 30-40 Minuten von 6:00 bis 22:00 Uhr für 92 NT$ sowie nach TienChih (Zentralbergland/Süd, SCIH, ♪) für 285 NT$ um 7:30, 10:30, 14:30 und 17:30 Uhr (nach TaHsien, auf halber Strecke nach TienChi nahe LiuKuei am SCIH gelegen etwa alle 20 Minuten). Achtung: es gibt keine direkte Busverbindung nach TaiTung (in TienChih umsteigen bzw. zu Fuß am SCIH wandern, ♪). Ferner ist zu bedenken, dass diese Privatgesellschaft nicht mit leeren Bussen die Fahrt nach TienChih antritt, es kann durchaus auch einmal einer ausfallen. Nach HuTouPei 9:00, 9:40, 14:00, 17:40 und 19:25 Uhr.
   TaiNan KeYun: Ein Bus täglich um 7:30 nach TienChih.
   TaiNan verfügt über ein sehr gutes ***Stadtbussystem,*** gut vor allem deshalb, weil ein elektronisches Info-System in lateinischer Umschrift an der

Der Südwesten

Haupthaltestelle beim Hbf. installiert wurde. Man sucht sein Ziel, drückt die Taste und es werden die möglichen Linien angezeigt. Dennoch sollte man den Fahrer in sein Fahrtziel „einweihen", so dass er einen auf die Ausstiegshaltestelle aufmerksam macht. Die beiden optischen „Viertelkreise" der Bushaltestelle nennen sich „Nord" und „Süd", wenn man ein Ziel nicht findet, muss man es bei der anderen probieren. Die Fahrt mit dem Stadtbus kostet in TaiNan 15 NT$. In TaiNan liegen viele Tempel und Sehenswürdigkeiten in Gehnähe zum Zentrum, die Busse sind vor allem für die Außenbezirke, die Fahrt zum Flughafen (Bus 1) sowie den Transfer zur HsingNan KeYun-Busgesellschaft/HsiMenChan (HsiMenLu Sec 1, Busse 34, 106) wichtig.

HsiMenChan: Stadtbusse 2, 5, 7, 11, 14, 17, 18, 26, 34 ab Hbf. fahren hierher. Man bedeute dem Fahrer, dass man zur HsingNanKeYun HsiMenChan (HsiMenLu Sec 1) will, die noch etwas davon entfernt liegt. An dieser Stelle fahren die Busse der Gesellschaften TaiNan KeYun, HsingNan, KeYun und der Stadtbusse 28 (andere Straßenseite) nach LuErMen.

HsingNanKeYun: (gelbweiße Busse), fährt hier nach ChiaHsien (SCIH), TuCheng/ShengMuMiao (alle 50 Minuten, 34 NT$), SzuTsao/TaChongMiao (alle 45 Minuten für 34 NT$), TsengWenShuiKu (82 NT$, alle 20 Minuten), HsinYing (nächste Möglichkeit für YanShui, ↗), HuTouPi 8:50, 9:30, 13:50, 17:30, 19:15 für 34 NT$, NanKunShen (etwa alle 30 Minuten, fährt auch von der Hbf.-Haltestelle der HsingNan)

TaiNan ChiChe KeYun (blauweiß, gegenüber der HsingNan): alle 25 Minuten nach WuShanTou ShuiKu für 68 NT$.

KoHsingKas MaTzu-Statue von 1661

Zwischen TaiNan und ChiaYi

南。鯤。魚身

*NanKunShen (NánKūnShēn, Süd-Kun-Makrele;
Kun = Sagenfisch, der zum Vogel Rock wurde)*

Ähnlich wie YenShui sollte man NanKunShen, genauer gesagt den **TaiTianFu-Tempel,** ausschließlich an einem Feiertag, zumindest aber an einem Sonntag besuchen. Der taoistische Tempelkomplex aus dem 17. Jh., mittlerweile zigfach renoviert und erweitert, ist wohl das taoistische Zentrum TaiWans schlechthin. Er umfasst einige umliegende Parks und Gärten, der Haupttempel selbst ist verhältnismäßig unattraktiv im Vergleich zu anderen Taoistentempeln in TaiWan. Die Schreine, *MaTzu* in der Haupthalle sowie u.a. in der geteilten hinteren Halle *MiLoFu* (zentral) und Jadekaiser (rechts), machen sich eher bescheiden aus. Die eigentliche Attraktion sind die hier an Sonn- und Feiertagen stattfindenden **Prozessionen,** während derer Tonnen von Feuerwerkskörpern abgebrannt werden und zahlreiche Selbstgeißelungen von Gläubigen zu sehen sind. Echtes Blut fließt reichlich, und es ist erstaunlich, dass in dem sonst so technisierten und modern scheinenden Land die althergebrachten Traditionen immer noch so lebendig sind und so inbrünstig befolgt werden.

Aufgrund der günstigen Verbindung nach TaiNan empfiehlt es sich, einen Besuch von NanKunShen einzuplanen, wenn man zufällig an einem Sonntag in TaiNan weilt.

„Geistersänfte" in NanKunShen

Der Südwesten

Verpflegung

Rund um den Tempel werden Snacks verkauft, lokale Spezialität hier in Meeresnähe sind Tüten mit pikant gekochten kleinen Muscheln, die warm und kalt hervorragend schmecken.

An-/Abreise

Es besteht alle 40 Minuten zwischen 6:00 und 22:00 Uhr für 92 NT$ ab der HsingNan-KeYun-Haltestelle/TaiNan eine Busverbindung. Die Fahrt dauert ca. 80 Minuten bis zur Endstation, von hier aus sieht (und hört) man den Tempelkomplex bereits.

Es bestand früher auch eine Verbindung nach KaoHsiung zweimal täglich für 168 NT$, die mangels Nachfrage 1995 stillgelegt wurde. Nach Protesten von Pilgern wurde eine Wiederaufnahme zumindest an großen Feiertagen in Aussicht gestellt. Definitive Zusagen gibt es allerdings noch nicht, so dass Interessierte gut beraten sind, den Trip von TaiNan aus zu planen.

烏山頭水庫　　**WuShanTou ShuiKu (WūShānTóu ShuǐKù, Rabe-Berg-Kopf-Wasser-Speicher)**

Auf der Fahrt zum Staudamm passiert man rechter Hand den an einem kleinen See gelegenen **Tempel LungHuMiao.** Das buddhistische Kloster mit taoistischem Einschlag ist ein netter Platz für eine Rast. In der Haupthalle sind *MiLoFu,* die zweithöchste Figur des Buddhismus nach Buddha sowie *KuanYin,* der weibliche Boddhisatva der Barmherzigkeit zu sehen. Die mittlere Halle zeigt drei Buddhas in verschiedenen Haltungen, in der hinteren – taoistischen – Halle steht ein Schrein, der dem Jadekaiser gewidmet ist. Die häufigste Darstellungsform ist die mit der Schrifttafel in den vor dem Gesicht gehaltenen Händen. Hinter dem Schrein, durch die Glasplatte kaum zu erkennen, befindet sich eine KuanYin-Statue, hier als die von den Taoisten bevorzugte 100armige Reinkarnation dargestellt.

Der **WuShanTou-Damm** ist der technisch ausgereifteste Damm TaiWans, und der aufgestaute **See** ebenso wie seine Pendants ShiMen und TsengWen ein beliebtes Naherholungsgebiet für TaiNan geworden. Angeln, Segeln, Wasserski und Rudern sind beliebte Freizeitaktivitäten. Von der umliegenden Landschaft her kann WuShanTou allerdings nicht mit TsengWen (⌀ unten) mithalten. Wegen seiner Form, die aus der Vogelperspektive an einen Korallenstock erinnert, wird der Stausee auch **Korallensee** genannt. Eintritt 60 NT$.

An-/Abreise

● Von/nach **ChiaYi:** Es besteht keine öffentliche Busverbindung zum WuShanTou-Damm; fährt man per Moped vom WuShan-Pass herunter, hält man sich in der Ortschaft immer geradeaus bis zum Ende der Straße, dort links bis zum Tempel und zum Damm. Anschließend fährt man die nächstmögliche kleine Straße rechts durch die Felder zurück zum Ort. Die angenehmere Strecke von hier aus zurück nach ChiaYi führt über LiuChia, TungShan und PaiHo, die schnellere Hauptstraße über HsinYing.
● Von/nach **TaiNan:** HsingNan Busbahnhof, TaiNan

嘉義農場
曾文水庫

ChiaYi NungChang und TsengWen ShuiKu
(Zēng Wén ShuǐKù, einstige-Kultur-Wasserspeicher)

ChiaYi-Farm ist keinesfalls ein der Stadt ChiaYi vorgelagertes landwirtschaftliches Anwesen, sondern wird lediglich aufgrund der Lage im ChiaYi-Distrikt so bezeichnet. Die Farm und der Staudamm liegen auf rund 650 Höhenmetern in den westlichen Ausläufern des zentralen Berglandes, etwa gleich weit von TaiNan und ChiaYi entfernt. ChiaYi-Farm war ursprünglich als landwirtschaftliche Produktionsstätte geplant, zog aber schon bald wegen der Lage am Stausee viele Besucher an, so dass heute Picknick- und Grillplätze, Camping und Wassersportgelegenheiten angeboten werden. Aufgrund der roten Dachziegel und eines Ansatzes von Fachwerkarchitektur bei den Gebäuden soll der Baustil europäisch sein – der Besucher mag selbst urteilen.

Die eigentliche Sehenswürdigkeit ist aber nicht die Farm, sondern der **TsengWen-Stausee** selbst, die Lage inmitten der umgebenden Berge macht ihn zum sehenswertesten Stausee TaiWans. Von offizieller Seite wird der ShiMen-See im Nordwesten als größere Attraktion empfohlen, aber landschaftlich kommt TsengWen – ohne Vergnügungspark und Rundfahrt-Boote – dem Geschmack des nach Ruhe und Landschaft trachtenden Individualreisenden vermutlich näher, auch wenn der Damm selbst historisch oder ökonomisch nicht so bedeutsam ist wie ShiMen. Das Reservoir entstand 1967-1973 und nimmt eine Wasseroberfläche von knapp 500 qkm ein; die Staumauer ist 400 m lang und 133 m hoch. Hintergrundinformationen zum Damm und der Region werden in der Ausstellungshalle (von ChiaYi-Farm kommend links oben am Hügel nach der Zahlstelle) angeboten. Eintritt zur Farm und zum Damm jeweils 100 NT$ plus gegebenenfalls 10 NT$ Straßenbenutzungsgebühr für ein Moped.

Zwei km hinter der Ausfahrt aus dem Damm-Gebiet Richtung TaiNan liegt ein sehr hübscher **Gartenpark** im fukienesischen Stil mit Wanderpfaden, kleinen Brücken, Teichen und Rastpavillons sowie einem überdimensionierten Wikingerboot mit KuanYin-Statue – die 200 NT$ Eintritt scheinen etwas übertrieben. Der TaiNan-TsengWen-Bus hält hier.

Der Südwesten

Unterkunft

嘉義農場國民賓館

Für Berufstätige aus ChiaYi oder TaiNan kann ein Wochenendausflug mit Übernachtung am Damm in Frage kommen, für Individualreisende lohnt sich ein Besuch von TsengWen eher als Tagesausflug per Moped ab ChiaYi.

● In ChiaYi-Farm werden im Φ**ChiaYi NungChang KuoMin PinKuan** (Tel: 05-2521710) Zimmer ab 1200 NT$, Vierbettzimmer zu 1400 NT$ usw. vermietet – allerdings nur an Gruppen, es sei denn, man hat Glück und wird auch als Einzelperson (unter der Woche bestehen gute Chancen) eingelassen (300 NT$ im Schlafsaal).

● Ein **Zeltplatz** ist ebenfalls vorhanden, ein Zelt- und Ausrüstungsverleih ist vorhanden, ein Zwei-Personen-Zelt kostet 100 NT$, ein Sechs-Personen-Zelt 200 NT$.

●Am anderen Ende des Reservoirs, innerhalb der „Eintrittsgrenze", liegt das **ChingNian HuoTung ChungHsin** (Youth Activity Center, Tel: 06-5753431), in denen Dorm 200 NT$ und DZ ab 800 NT$ kosten.
●Der **TungKou-Campingplatz** vermietet Zelte und Ausrüstung ähnlich wie in ChiaYi-Farm.

An-/Abreise

●**Bus:** von/nach **ChiaYi:** Busse fahren zweimal täglich zwischen ChiaYi und TaPu (13:00 und 16:40 Uhr, 104 NT$). Von TaPu sind es noch 3 km zu Fuß weiter bis zur ChiaYi NungChang. Um das Reservoir besteht keine Busverbindung.Von/nach **TaiNan:** Am anderen Ende des Dammes kann man vom Youth Activity Center den Bus nach TaiNan (♫) nehmen (81 NT$, etwa halbstündig; ab TaiNan mit der HsingNanKeYun/HsiMenChan).
●**Moped:** Wesentlich flexibler, angenehmer und – zumindest zu zweit – auch günstiger ist die Anmietung eines Mopeds in ChiaYi. Die Fahrt führt in ChiaYi auf der WuFengLu zur Stadt hinaus, zunächst Richtung ALiShan bis zur Abzweigung (rechts) der Straße N-3 zum Damm und ChiaYi NungChang. Die Strecke ist kurvenreich, teilweise atemberaubend und geht über Höhen bis 1000 m.

Möglich ist nun entweder die Rückfahrt auf demselben Weg oder die Fortsetzung der Fahrt über den WuShanTou-Pass hinunter zum WuShanTou-Damm. Nach wenigen km erreicht man eine Gabelung, wo es links nach TaiNan, rechts nach WuShanTou geht. Eine Tankstelle liegt 4 km in Richtung TaiNan an der Hauptstraße des Ortes NanHsi.

鹽水

YenShui (YánShuǐ, Salz-Wasser)

Es gibt einige wenige Orte in TaiWan, die man ausschließlich zu bestimmten Feiertagen aufsuchen sollte, einer davon ist YenShui, etwa mittig zwischen TaiNan und ChiaYi gelegen. So wie den „Doppelzehner" (10.10.) in TaiPei, den 23. Tag des dritten Mondmonates (Geburtstag *MaTzus)* in PeiKang oder das Neujahrsfest in NanKunShen, sollte man das **Laternenfest** (ab Dämmerung am 15. Tag des ersten Mondmonates) hier zu verbringen versuchen. Die farbenprächtigen Umzüge, Tänze und den ganzen Abend andauernden Feuerwerke, begleitet von ununterbrochener musikalischer Untermalung mit allen denkbaren Rhythmusinstrumenten sind landesweit berühmt und suchen ihresgleichen. Die Zeremonien werden sogar im Fernsehen gesendet, „Karneval in Rio" verblasst dagegen. Ausgangspunkt der Festivitäten, die sich über das gesamte Dorf erstrecken, ist der kleine Taoistentempel in der Ortsmitte.

Der Ort ist ansonsten wenig attraktiv, einzige Sehenswürdigkeit ist eben der zwei km südlich an der Straße Richtung HsiaYing (173) gelegene **TaiTzuMiao,** ein gigantischer Tempel zu Ehren des „Begründers" des Nationalpalast-Museums (♫ TaiPei). Das mehrstöckige taoistische Kloster wird täglich von Hunderten von Durchreisenden besucht und ist mit seinen eleganten Verzierungen, dem reich geschmückten Hauptaltar und einer 10 m hoher Statue auf dem Dachfirst eines der feinsten seiner Art.

Der Südwesten

TaiTzu-Tempel bei YenShui

An-/Abreise

Die Fahrt nach YenShui ist verhältnismäßig zeitraubend und nur wirklich zu empfehlen, wenn gerade das Laternenfest stattfindet. Zum TaiTzuMiao kommt man nur zu Fuß oder mit eigenem Fahrzeug.

● Von/nach **ChiaYi** (⏎) sowie von/nach **TaiNan** (⏎): In beiden Fällen nehme man einen Zug nach HsinYing. Hier steigt man um in den lokalen Überlandbus nach YenShui (25 NT$), alle 35-40 Minuten.

關子嶺

KuanTzuLing (GuānZǐLǐng, Bergpass-Amt-Bergkette)

Wie bei den meisten anderen Heilbädern in TaiWan erkannten die Japaner auch hier den erfrischenden und heilenden Effekt der Schwefelquellen und bauten KuanTzuLing während der Besatzungszeit zu einem **Kurort** mit Hotels im japanischen Stil aus. Die Japaner sind verschwunden, ihre hübschen Gebäude auch, heute nehmen verhältnismäßig unattraktive Standardbauten chinesischer Betonarchitektur ihren Platz ein. Offene Quellen gibt es hier nicht mehr, interessant ist für den Touristen vor allem die Landschaft und die Feuer-Wasser-Spalte, eine offene heiße Quelle mit brennenden Gasen.

Der Ort KuanTzuLing selbst ist leider vollkommen kommerzialisiert, lohnend ist aber ein **Rundweg durch das Hügelland** am Westrand des zentralen Berglandes, der sehr gut zu begehen ist und neben der Feuer-Wasser-Spalte auch einige interessante Tempel umfasst. Die Vegetation am Weg wird hier (auf nur 280

Höhenmetern) durch Laubwald, Zypressen und Betelnusspalmen geprägt. Die Strecke ist etwa 10 km lang (plus 4 km mit Abstecher zum HsienKungMiao) und dauert zu Fuß komplett etwa 5 Stunden von KuanTzuLing bis HsienTsaoPu.

**HungShan
KungYuan**

Gleich neben dem RuiYi LuShe-Hotel beginnt die steil ansteigende Treppe zum HungShan KungYuan (HongShan GongYuan, Rot-Berg-öffentlicher-Park), einer Art kleinem **Kurpark,** durchzogen von Spazierwegen und einem kleinen Spielplatz. Von der Anhöhe bietet sich dem Besucher eine lohnende Aussicht aufs Dorf und die umliegenden Ausläufer des Zentralgebirges. Der Rundweg durch den Park dauert etwa 15-20 Minuten.

HsiengKungMiao

Hinter dem FangKu TaFanTian kürzt eine sehr steile Treppe die Straße ein Stück ab und führt an den oberen Hotels vorbei 2 km bis zu einer Gabelung. Links geht es durch zwei „Dreihausdörfer" (ab drei Häusern gibt es ein großes Ortsschild) 2 km weit zum HsienKungMiao (XianGongMiao), einem kleinen **Taoistenschrein** mit einer hundertarmigen KuanYin-Darstellung vor einer MaTzu-Statue sowie einem sehr hübschen Deckengemälde, welches einen Drachen, das Symboltier der Taoisten, darstellt; ♣ 7.

ShweiHuoTung

An der genannten Abzweigung geradeaus geht es zunächst nochmals etwa 2 km weiter hart bergan, ehe man den höchsten Punkt der Strecke erreicht hat und nach wenigen hundert Metern abwärts zur ShweiHuoTung (Shui HuoDong), der **Feuer-Wasser-Spalte** kommt. Man achte auf eine Reihe von Souvenir-, Getränke- und Imbissshops, die hier eingelegte Chilis und andere Mixed-Pickles verkaufen, die Spalte selbst ist von der Straße aus nicht zu sehen. Links führen Treppen hinunter zu einer heißen Quelle, aus welcher gleichzeitig kochendes Wasser sowie abflammendes Gas austreten und ein seltenes Naturschauspiel bieten; ★ 6.

**PiYunSzu
und San PiaoTian**

Ein weiteres Stückchen bergab der Straße folgend erreicht man auf der rechten Straßenseite **zwei Tempel.** Der vordere ist der kleine taoistische PiYunSzu (BiYunSi, Blaue-Wolke-Tempel), gewidmet dem Jadekaiser (mit Schrifttafel in Händen). Dahinter liegt ein größerer buddhistischer Komplex (SanPaoTian), dessen Haupthalle (ganz oben) innen ganz mit Marmor ausgelegt ist und ein Buddha-Dreigestirn als Hauptschrein beinhaltet. Die farbigen Wandmalereien stellen Szenen aus dem Leben des historischen Buddha dar. Unterhalb der Haupthalle liegt ein kleiner Rastpavillon mit einer KuanYin-Statue und mehreren Boddhisatvas an einer Felswand. Die vordere Halle (ganz unten) gehörte früher zum taoistischen Tempel nebenan, wurde aber 1988 an die Buddhisten abgetreten. Von außen ist dieser Teil nicht als buddhistisch erkennbar, innen aber befindet sich eine KuanYin-Statue, die auf wundersame Weise Licht ausstrahlen soll; ♣ 4+5.

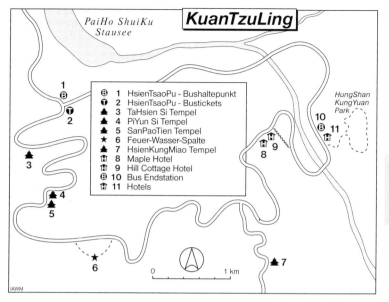

TaHsienSi

4 km weiter die Straße abwärts kommt man schließlich zu einem phantastischen **buddhistischen Kloster,** dem TaHsienSi, dessen große sieben- und neunstöckige Pagoden schon vom PiYunSi (links im Tal) erkennbar sind. Die kleinen Gärten rund ums Kloster werden von den Mönchen selbst bewirtschaftet. Die großen Gebäude rechts und links der Haupthalle dienen als Unterkünfte und Verwaltungsräume. Die Haupthalle (vorne, das älteste Gebäude des Komplexes) war einst taoistisch und zeigt eine große Buddha-Statue sowie *KuanYin,* die mittlere Halle ist ausschließlich *KuanYin* gewidmet, die hintere birgt ein Buddha-Dreigestirn, davor der dickbäuchige *MiLoFu.* Im Vorgarten befinden sich eine kleine fünfgeschossige Pagode aus dem 18. Jh., zwei große begehbare Pagoden sowie ein Teich mit Rastpavillon. Vor dem Kloster bieten einige Händler Snacks und Konserven mit lokalen Erzeugnissen an. Von hier aus sind es noch fünf Gehminuten zur Straßenkreuzung in TienHsiaoPu, an der man den Bus zurück nach ChiAyi nehmen kann; ♠ 3.

Unterkunft

Im unteren Abschnitt von KuanTzuLing, in unmittelbarer Nähe des Bbhf., liegen eine Reihe von Hotels mit Anschluss an die heißen Quellen. Jeder Hausbesitzer kauft sich eine Badewanne, mauert sie ein und legt eine Leitung zu den Schwefelquellen – fertig ist der Grundstock für das „Hotel". Hier eine Auswahl der Unterkünfte, die unisono 1400 NT$ pro DZ nehmen und für eine Gebühr von ca. 600 NT$ ein heißes Bad gestatten. Sie liegen unmittelbar beim Bbhf. bzw. gegenüber:

洗心館大旅社   ⏚ *HsienHsinKuan TaFanTian,* Tel: (06)-6822302,
1400 NT$ pro DZ, völlig überteuert.

嶺一旅社   ⏚ *LingYi LuShe,* Tel: (06)-6822313,
gleicher Preis, hat immerhin zwei Zimmer zu vermieten.

關子嶺大旅社   ⏚ *KuanTzuLing TaLuShe,* Tel: (06)-6822321, mit 51 Zimmern
größtes Hotel des Ortes. 1400 NT$, Zimmer sind sehr unterschiedlich.

清秀旅社   ⏚ *ChingHsiu LuShe,* Tel: (06)-6822322,
gleicher Preis, aber nettere Zimmer.

芳谷大旅社   ⏚ *FengKu TaLuShe,* Tel: (06)-6822222,
liegt in der ersten Haarnadelkurve aufwärts, ebenfalls 1200 NT$.

紅茶山莊   ● 1800 NT$ kosten Zimmer im *Maple-Hotel* (⏚ *HongCha ShanChuang),*
Tel: (06)-6822822, die Straße weiter aufwärts, hinter dem Hill-Cottage.

景大山莊   ●Das beste Hotel am Ort ist das *Hill-Cottage* (⏚ *JingTa ShanChuang),*
Tel: (06)-6822500, 11 exzellente Zimmer zwischen 2400 und 3300 NT$.

An-/Abreise

● *Bus:* von/nach *ChiaYi:* Busse ab ChiaYi (ChungShanLu-Bbhf.) fahren zu jeder vollen Stunde für 58 NT$ nach KuanTzuLing. Dann muss man die große Runde zu Fuß laufen, ehe man in HsienTsaoPu wieder an die Hauptstraße kommt. Hier liegt gleich rechts an der Ecke ein kleiner Laden, der auch als Bushaltestelle/Ticketverkauf fungiert. Die Rückfahrt nach ChiaYi kostet 50 NT$, Busse fahren stündlich zur halben Stunde (gegenüberliegende Straßenseite). Die Busse halten auf der Hin- und Rückfahrt einige Minuten in PaiHo, man braucht dort aber nicht umsteigen, auch wenn der Bus leer sein sollte oder der Fahrer den Bus für ein Päuschen verlässt.

● *Moped:* Die Sehenswürdigkeiten um KuanTzuLing können auch gut mit dem Moped angefahren werden, insbesondere wenn man ohnehin zum TsengWen-Damm und WuShanTou-Damm per Moped unterwegs ist. Dies spart eine Menge Zeit und Geld (man rechne einmal die einzelnen Buspreise zusammen, außerdem benötigt man per Bus mindestens zwei Tage), KuanTzuLing liegt dann praktisch auf dem Rückweg. Ab TsengWen folge man zunächst der Route Richtung WuShanTou und biege nach wenigen km bei einer Gabelung rechts ab (Zeichen vergleichen, KuanTzuLing ist dort nur chinesisch ausgeschildert). Wer bis WuShanTou (✍) fährt, folgt dann der N-162 Richtung PaiHo, anschließend ebenfalls rechts ab (auch nur chinesisch ausgeschildert).

吳鳳廟   **WuFengMiao (WúFèngMiào, Wu-Wind-Tempel)**

Nur etwa 11 km südöstlich von ChiaYi auf dem Weg zum ALiShan ist einer der interessantesten **konfuzianistisch-taoistischen Tempel** TaiWans, der WuFengMiao, zu sehen. In der Vorhalle steht ein taoistischer Schrein zu Ehren *WuFengs* (✍ Exkurs), dahinter ein Portrait von ihm. In den Seitengängen ist ein kleines Museum mit zweisprachigen (etwas heroisierenden) Erläuterungen zur Biographie *WuFengs* untergebracht. Die rückwärtige Halle erinnert mit einer Kalligraphie im konfuzianischen Stil an den sowohl von Chinesen als auch von den Ureinwohnern hochgeschätzten Märtyrer.

Der Südwesten

**WuFeng
(1699–1770):**

1699 wurde *WuFeng* in PingHu, FuKien (heute VR China) als Sohn eines Arztes und Händlers geboren und kam, nur wenige Jahre alt, mit den Eltern nach TaiWan. Sein Vater, der wie so viele Chinesen vom Süden des Festlandes sein Glück auf der Insel machen wollte, handelte mit den Ureinwohnern des Berglandes und stellte Arzneien her. Auf seinen vielen Reisen nahm er *WuFeng* mit, der so in Kontakt zur Urbevölkerung kam und sich zunehmend für deren Sprache, Kultur und Probleme interessierte.

Die in den fruchtbaren Ebenen lebenden Chinesen versuchten, die Ureinwohner beim Handel und dem steten Ringen um mehr fruchtbares Ackerland zu übervorteilen. *WuFeng* und sein Vater vermittelten in den aufkommenden Konflikten, beide waren als neutrale Schiedsrichter akzeptiert. Die eingesetzten Beamten missbrauchten oftmals ihre Position zum eigenen Nutzen, so dass kein dauerhaftes, friedliches Miteinander zustande kam. Ferner folgten die Ureinwohner seinerzeit dem Brauch, die Köpfe ihrer Feinde den Göttern zu opfern, was zu weiteren Konflikten führte.

Im Alter von 24 Jahren (1723) wurde *WuFeng*, auch auf Verlangen der Ureinwohner, die großes Vertauen zu ihm gewonnen hatten, als Übersetzer zwischen den Parteien eingesetzt. Es gelang ihm, den Brauch der Kopfjagd für 48 Jahre (bis 1770) zu unterbrechen – soweit die historisch gesicherten Angaben, danach ranken sich Legenden um sein weiteres Leben und Sterben: Nach chinesischer Darstellung brach 1770 eine Epidemie aus, was die Ureinwohner dazu bewog, erneut die Köpfe der Chinesen den Göttern zu opfern, um diese zu besänftigen. *WuFeng* habe daraufhin den Ureinwohnern erklärt, „am nächsten Morgen werde ein schrecklicher roter Reiter die Hügel hinaufreiten, dessen Kopf man nehmen solle, dann sei die Epidemie beendet". Einige Krieger der Ureinwohner warteten im Morgengrauen des folgenden Tages in den Hügeln, und tatsächlich erschien ein gänzlich in rot vermummter Reiter. Sie schlugen ihm den Kopf ab, um ihn den Göttern zu opfern und stellten fest, dass sie niemanden anderen als *WuFeng* selbst getötet hatten. Entsetzt über das Geschehene beriefen sie eine Versammlung der 48 Häuptlinge ein, die daraufhin beschloss, ab sofort die Kopfjagd zu beenden.

Soweit die offizielle Version; die Variante der Ureinwohner sieht etwas anders aus: *WuFeng* sei in der Tat durch tragischen Irrtum ums Leben gekommen, aber dahinter hätten skrupellose chinesische Spekulanten gestanden, die Ureinwohner zur Kopfjagd aufhetzen wollten, um die chinesischen Siedler aus der Ebene zu vergraulen und dann billig an Ackerland zu kommen (Ackerland wurde mit zunehmenden Übersiedlerzahlen im 17. und 18. Jh. immer knapper). Die Kopfjagd sei zu diesem Zeitpunkt längst Legende gewesen und habe nur noch in der Erinnerung bestanden, wurde aber als Legende gepflegt, um Gegner zu beeindrucken. Welche Version auch stimmen mag und was auch immer dahintergesteckt haben mag: Tatsache ist, dass *WuFeng* bei den chinesischen Siedlern wie auch bei den Ureinwohnern eine beliebte Respektsperson war und ist.

Direkt neben dem WuFengMiao befindet sich die ***ALiShan-Fantasy-World***, ein großer Vergnügungspark mit modernen Fahrtgeschäften im fukienesischen Stil. Eine Ausstellungshalle zeigt traditionell-taiwanesische Handwerkserzeugnisse; bei Dunkelheit sorgen farbige Wasserspiele für bizarre Lichteffekte. Der Park ist täglich von 8:30 bis 17:00 Uhr (So./Fe. 8:00-17:30 Uhr) geöffnet und kostet stolze 250 NT$ Eintritt. Ab 17:00 Uhr müssen gesonderte Tickets für die Lichtershow gekauft werden.

An-/Abreise

●***Bus:*** Eine Busverbindung besteht etwa stündlich zwischen ChiaYi und HsingLung; die Busse halten direkt am gelben Torbogen, durch welchen der Weg zum Tempel und zur ALiShan-Fantasy-World führt.

●***Moped:*** Da der WuFeng-Tempel sowohl auf dem Weg zum ALiShan, nach KuanTzuLing als auch zum TsengWen-Damm liegt und insbesondere zu letzteren beiden eine Mopedtour ab ChiaYi (billiger und schneller als per Bus, vor allem zu zweit) zu empfehlen ist, bietet sich hier ein Stop geradezu an. Auf der LinShenLu am Hbf. fahre man in östliche Richtung, bis ein braunes zweisprachiges Schild in die WuFengLu weist. Dieser folgt man stadtauswärts, immer Richtung ALiShan und TsengWen-Damm. In ChungPu zweigt die Straße rechts (N-3) zum Damm ab, halblinks geht es auf der N-18 zum ALiShan und zum WuFeng-Tempel, in HsingLung achte man auf der linken Seite auf einen gelben Torbogen, der den Zugang markiert. Zum ALiShan (FenChiHu/ShiZhuo) fährt man dann geradeaus weiter, zum TsengWen-Damm ein Stück zurück, bis links die N-3 abzweigt.

ChiaYi – Tor zum ALiShan

嘉義

ChiaYi *(JiāYi, vornehm-rechtschaffen)*

ChiaYi mit TaiNan gleichzusetzen wäre übertrieben, doch stand die Stadt zweifelsohne ebenso wie die ehemalige Hauptstadt weiter südlich deutlich spürbar unter dem Einfluss der Kolonialisten sowie der nahen Kulturstadt TaiNan. Eine ganze Palette interessanter Tempel gibt es zu besichtigen, darunter zwei der bedeutendsten Anlagen überhaupt, der WuFeng-Tempel sowie der ChaoTianKung in PeiKang. Von der praktischen Seite her bietet sich ChiaYi auch als Ausgangspunkt zum ALiShan an, einem der drei wichtigsten Touristenziele auf TaiWan (neben Taroko und Sonne-Mond-See). Hier startet die traditionelle ChiaYi-ALiShan-Schmalspurbahn, die aus der subtropischen Ebene hinauf auf 2000 Höhenmeter führt. Aber auch zahlreiche andere Punkte des Südwestens lassen sich sehr gut von hier aus anfahren. Die Stadt ist überraschend ruhig und beschaulich, Verkehrschaos und -lärm sind die absolute Ausnahme. Die Spaziergänge durch die engen Straßen zu Tempeln und Märkten sind hier noch ein echtes Vergnügen.

ChiuHuaShanKung
九華山宮

Dieser große **Tempelkomplex** ist *TiChungHuang* (zu erkennen an dem Stab), einem wichtigen buddhistischen Boddhisatva gewidmet. Auf der Haupthalle ist ein fünfstöckiger Wohn- und Bibliothekskomplex aufgebaut, gegenüber des Tempels steht ein Freilufttheater. Der Tempel beinhaltet zwar buddhistische Figuren, weist allerdings auch taoistische Elemente wie Orakelknochen auf. ▲ 51; 255 MinChuanLu.

TianShihKung
天石宮

Dieser unscheinbare **Taoistentempel** ist außerordentlich prunkvoll und gut gepflegt. Der Schrein der Haupthalle im Erdgeschoss ist *MaTzu*, der Meeresgöttin, gewidmet, umgeben von zahlreichen vergoldeten Holzschnitzereien. Die hintere Halle birgt drei kleinere Schreine, rechts drei verschiedene KuanYin-Darstellungen, mittig der *TiChungHuang-Boddhisatva* (interessanterweise beides buddhistische Figuren) und links den Kriegsgott *YuehFei*. Von hier aus gelangt man zum Obergeschoss mit einem Jadekaiser-Schrein, der wie so oft mit einer Schrifttafel in beiden Händen vor dem Gesicht dargestellt wird; ▲ 50.

TungAnKung
東安宮

Der kleine **taoistische Tempel** scheint zwar weniger lebendig und interessant als die anderen Tempel ChiaYis, allerdings hat er eine Besonderheit aufzuweisen: Er brennt etwa alle zwei Jahre aus unerfindlichen Gründen ab. Die Einheimischen bezeichnen es als ein „Wunder *MaTzus*", dass die direkt angebauten Privathäuser bislang jedesmal von den Flammen verschont blieben; ▲ 52.

Der Südwesten

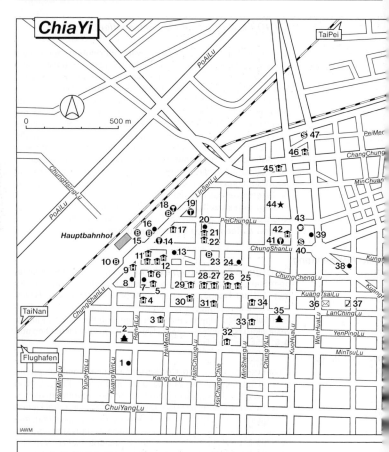

- **1** Park n' Shop Supermarkt
- ▲ **2** YouTian-Tempel
- 🏠 **3** WangTzu Hotel
- 🏠 **4** PengLai Hotel
- 🏠 **5** Country Hotel
- 🏠 **6** PoShi, Yi Tung und ChiaHsin Hotels
- **7** Mopedverleih
- **8** Kino und Passage
- 🏠 **9** PaiKung Hotel
- Ⓑ **10** ChiaYi KeYun-Busse
- 🏠 **11** HsinKao, YiHsing, WuChou und ChiaHsing Hotels
- 🏠 **12** YuanTung, YungHsing und TungYi Hotels
- **13** Stadtpolizei
- Ⓞ **14** LaoTang Nudelbrater
- Ⓑ **15** TaiWan KeYun Überlandbusse
- Ⓑ **16** priv. Non-Stop Busse,
- **Mopedverleih**

🏠 17 ChiaChi Hotel
🎧 18 Alexander-Pub,
Ⓑ priv. Non-Stop Busse
🚏 19 Tankstelle
● 20 Kaufhaus
🏠 21 HsingChue Hotel
🏠 22 ChinTou Hotel
Ⓑ 23 ChiaYi KeYun-Busse (PeiKang)
● 24 Kinos
🏠 25 ChinYuan Hotel
🏠 26 ChungYang Hotel
🏠 27 KuangTsai Hotel
🏠 28 WenTou Hotel
🏠 29 ChiaYi Hotel
🏠 30 PinTao Hotel
🏠 31 HuaNan Hotel
🏠 32 WanTai Hotel
🏠 33 HsinTou Hotel
🏠 34 ChinLung Hotels
▲ 35 ChaoTian Tempel
✉ 36 Post
▨ 37 Telefongesellschaft
● 38 Bezirkspolizei/Visa
● 39 Nachtmarkt
Ⓢ 40 Bank of TaiWan
🎧 41 McDonald's
🏠 42 KuoHua Hotel
◯ 43 Bardons Café
★ 44 Kulturpark
🏠 45 ChiaChou Hotel
🏠 46 HuaNan (Gallant) Hotel
Ⓢ 47 ICBC Bank
🏠 48 TungShan Hotel
▦ 49 PeiMenChan/ALiShan-Bhf.
▲ 50 TianShih Tempel
▲ 51 ChiuHuaShan Tempel
▲ 52 TungAn Tempel
ⅱ 53 True Jesus Church
▲ 54 HsieHan Tempel
▲ 55 Tempel des Stadtgottes
▲ 56 NanYuTian & YuLiKung Tempel
▲ 57 TaTien (WuKuWang) Tempel

Der Südwesten

True Jesus Church

1 3 8 和平路

Der Südwesten TaiWans stand besonders unter dem Einfluss christlicher Missionare (Holländer), neben TaiNan ist auch ChiaYi eine Hochburg des Christentums, etwa 10% der Bevölkerung bekennen sich hier zum Christentum. Eine der **christlichen Kirchen** liegt auf dem Weg vom TungAnKung zum HsieHanMiao.
ii 53; ⊕138 HoPingLu

HsieAnKung und ChengHuangMiao

協安宮
成隍廟

In diesem winzigen **MaTzu-Tempel** befindet sich eine der ältesten erhaltenen Glocken TaiWans mit Innen- und Außenklöppel; ♠ 54.

Der Tempel ist ein guter Anlaufpunkt, um einen der größten **Straßenmärkte** TaiWans, der sich von hier aus mehrere Straßenblöcke nach Süden erstreckt, zu besuchen. Von Fisch über Obst, blauen Hühnern bis zu Kleidung und Snacks gibt es hier alles, was das Herz begehrt.

Inmitten des Marktes, eingehüllt in Fischgeruch, liegt der kleine, dem Stadtgott von ChiaYi (ChengKung) gewidmete **taoistische Tempel** ChengKungMiao; ♠ 55. Als Tempelwächter fungieren hier in mehrfacher Ausführung die bekannten Generäle *Fan* und *Hsie*.

NanYuTian

南嶽殿

In diesem **Tempel** stellt der Besucher eine völlige Vermischung buddhistischer und taoistischer Elemente fest. Das Gebäude scheint äußerlich buddhistisch zu sein (keine Dachverzierungen; Svastikas), innen dagegen begrüßen den Besucher die Generäle *Fan* und *Hsie* (taoistisch), auch Orakelknochenwerfen wird hier praktiziert (ebenfalls taoistisch). Der Schrein ist wiederum dem Boddhisatva *TiChungHuang* gewidmet, der hier im Südwesten häufig anzutreffen ist (in zigfacher Ausführung auf dem FoKuangShan bei KaoHsiung). Gleich nebenan entsteht ein Neubau eines taoistischen Tempels (YuLiKung).
♠ 56; 64 NanHoChie.

TaTianKung

大天宮

In diesem farbenprächtigen **taoistisch-buddhistischen Tempel** (taoistische Elemente überwiegen) sind vor allem die Deckengemälde der Vorhalle interessant, u.a. *KuanYin* (indischer Stil), auf einer Schildkröte des Bösen stehend (Zeichen für ihre Macht). Auf dem Hauptaltar stehen u.a. die schamanistischen Götter der Landwirtschaft *(ShenNung, FuHsi* und *YouTsao), MiLoFu* (zweithöchste Figur des Buddhismus) sowie der taoistische Weise *YouHong*. An den Seitenwänden neben dem Hauptschrein sind zwei Grotten mit Boddhisatvas angebracht; ♠ 57.

Kulturpark (WenHua KungYuan)

文化公園

Hier entstand 1996 eine Kulturhalle in einem kleinen Park, der zum Erraten historischer Persönlichkeiten aus Kunst und Kultur einlädt: Rund 30 Büsten zeigen zum Beispiel *Menzius (MengZi) Shakespeare, Gandhi* und viele andere; ★ 44.

YouTianKung

遊天宮

Hier ist im Erdgeschoss des **Tempels** ein prächtiger MaTzu-Schrein mit einer halbplastischen, durch die beleuchteten Augen dämonisch wirkenden Drachenmaske zu sehen. Die Deckenmalereien, vor allem im Obergeschoss, zeigen *TaiTzu* auf dem brennenden Rad mit dem goldenen Ring der Kraft des Guten im Kampf gegen die Übel auf Erden.
♣ 2; 750 MinTzuLu.

Unterkunft

Als Ausgangs- und Transitpunkt zum ALiShan sowie weiteren Punkten des mittleren Zentralberglandes verfügt ChiaYi über ein breites Angebot an Unterkünften in jeder Preisklasse.

蓬萊大旅社   Φ **PengLai TaLuShe***, 244 RenAiLu,
Tel: (05)-2272366, bietet Kammern zu 350 NT$.

光彩大旅社   Φ **KuangTsai TaLuShe***, 588 KuangTsaiChie,
Tel: (05)-2224592, ist mit 400 NT$ unwesentlich teurer, aber sauberer.

華南旅社   Φ **HuaNan LuShe***, 163 HsiRungChie,
Tel: (05)-2223440, bietet gute Zi. zu ebenfalls 400 NT$.

遠東旅社   Φ **YuanTung LuShe***, 207 HsiMenChie,
Tel: (05)-2223004, 500 NT$, bestes Billigsthotel.

中央大飯店   Φ **ChungYang TaFanTian***, 572 KuangTsaiChie,
Tel: (05)-2281152, 450-500 NT$, hat bessere Tage gesehen.

東山旅社   Φ **TungShan LuShe***, 344 KungHeChie, Tel: (05)-2783857, DZ 500 NT$, nicht schlecht, liegt aber rund 15 Gehminuten vom Hbf. entfernt.

嘉新大飯店   Φ **ChiaHsin TaFanTian****, 687 ChungChengLu,
Tel: (05)-2222280, DZ zu 600-1000 NT$, alle sehr gut.

永興大旅社   Φ **YungHsing TaFanTian****, 710 ChungChengLu,
Tel: (05)-2278246, DZ 600 NT$, ebenfalls o.k.

五洲旅社   Φ **WuChou LuShe****, 718 ChungChengLu, Tel: (05)-222634, 600 NT$, etwas kleiner als die beiden erstgenannten dieser Klasse, aber nicht schlechter.

星都旅社   Φ **HsingTou LuShe****, 132 ShengPeiLu, Tel: (05)-2274456,
DZ 700 NT$, etwas weit ab von den Busbahnhöfen,
im Vergleich zu den anderen, aber gute Zimmer.

文都大旅社   Φ **WenTou TaLuShe****, 525 KuangTsaiChie,
Tel: (05)-2222380, 550-650 NT$.

宝島大旅社   Φ **PaoTao TaLuShe****, 533 KuangTsaiChie,
Tel: (05)-2246135, 40 Zimmer zu 650 NT$.

嘉義大飯店   Φ **ChiaYi TaFanTian****, 622 KuangTsaiChie,
Tel: (05)-2271347, identisch in Preis und Leistung (650 NT$).

嘉興旅社   Φ **ChiaHsing LüKuan,** 730 ChengChungLu, Tel: (05)-2279344,
DZ zu 580-630 NT$

百宮大飯店   Φ **PaiKung TaFanTian,** 621 ChungShanLu, Tel: (05)-2278046,
DZ ab 700 NT$ – neu und ordentlich

新高旅社   Φ **HsinKao LuShe*****, 581 ChungShanLu,
Tel: (05)-2272252, 850-1000 NT$.

一同大旅社   Φ **YiTung TaLuShe*****, 695 ChungChengLu, Tel: (05)-2272250,
sehr kleines, aber ordentliches Mittelklassehotel bei gleichen Preisen.

統一大飯店   Φ **TungYi TaFanTian*****, Tel: (05)-2279252, günstiger, aber etwas ungepflegter, 700 NT$.

義興旅社   Φ **YiHsing LuShe*****, 730 ChungChengLu,
Tel: (05)-2297344. DZ schon ab 760 bis 920 NT$.

Der Südwesten

金龍大飯店	Φ**ChinLung TaFanTian*****, 142 MinShengLu, Tel: (05)-2236388, sieht nach einem sehr teuren Hotel aus, liegt aber bei nur 900 NT$ für ein DZ; liegt etwas weiter weg von den Busbahnhöfen als andere Hotels, aber recht günstig zum Hbf. (10 Minuten).
金遠大飯店	Φ**ChinYuan TaFanTian*****, 562 KuangTsaiChie, Tel: (05)-2229727, ebenfalls 900-1000 NT$. 26 Zi., gut in Schuss.
王子大飯店	Φ**WangTzu TaFanTian*****, 101 HsiMenChie, Tel: (05)-2234437, gleiche Preisklasse, aber größer.
白宮大飯店	Φ**PaiKung TaFanTian******, 621 ChungShanLu, Tel: (05)-2278046, gegenüber vom Hbf., haben schon Zi. ab 850 NT$ bis 1200 NT$ für sehr gute Zimmer.
波士大飯店	Φ**PoShi******, 673 ChungChengLu, Tel: (05)-2289977, kleines, aber sehr gepflegtes Hotel.
假期大飯店	Φ**ChiaChi TaFanTian,** 293 LinShenHsiLu, 3. Etage, Tel: (05)-2224328.
星爵大飯店	Φ**HsingChue TaFanTian******* („King"), 234 HsinRungLu, Tel: (05)-2233411-9.
國遠大飯店	Φ**KuoYuan TaFanTian******** („Country"), 678 KuangTsaiChie, Tel: (05)-2236336, hat 70 Zi. zwischen 1000 und 3200 NT$.

Verpflegung

● ChiaYi ist zwar eine – im Vergleich zu anderen Städten dieser Größe – sehr ruhige Stadt, westliche **Fast-food-Ketten** haben den Markt aber bereits erschlossen.

● Ein guter **Supermarkt** (Park'n'Shop) liegt in der MinTzuLu/Ecke RenAiLu, **Bäckereien** und **Snack-Bratereien** gibt es überall in der Stadt.

● In der LinSenLu, ChungShanLu und der RenAiLu liegen eine Reihe **günstiger, kleiner Restaurants,** von denen das LaoTung NiuRou Mian, 504 ChungShanLu mit vorzüglichem ShuiChiao (typische Nudelspeise aus gekochten Ravioli) und anderen Nudelgerichten hervorzuheben ist.

● Snacks und Frischwaren kauft man üblicherweise frisch zubereitet auf dem **Markt** rund um den HsieHanMiao.

Institutionen

● **Polizei:** ● 13; 565 ChungShanLu und ● 38; HsingChungLu/Ecke KuangChungLu (Visaverlängerung).

● **Spital:** 228 WenHuaLu, Tel: (05)-2234840.

● **Bank:** Bank of TaiWan, ⑤ 40; 306 ChungShanLu und ICBC, ⑤ 47; 259 WenHuaLu.

✉ 36; **Post:** WenHuaLu/Ecke LanChingLu, geöffnet 8:00-17:30 Uhr, Sa bis 12:30 Uhr.

An-/Abreise

● **Bahn:** Alle Züge von Nord nach Süd bzw. umgekehrt halten auch in ChiaYi, so dass laufender Anschluss gewährleistet ist. Im Bahnhof befinde sich eine Information, leider nur chinesischsprachig. Schalter No. 1 ist für Reservierungen, No. 2-5 für Verkauf für den gleichen Tag zuständig. 55 Züge gehen von 0:40-23:50 Uhr nach Norden bis TaiPei, teilweise durchgehend bis KeeLung, ebenso 55 Züge nach Süden, meist in KaoHsiung endend.

Preisbeispiele: TaiPei 421-609 NT$, TaoYuan 365-542 NT$, KeeLung 427-804 NT$, ChungLi 349-520 NT$, HsinChu 292-432 NT$, ChangHua 123-185 NT$, ErShui 76-90 NT$, TouLiu 49-73 NT$, TaiNan 95-142 NT$, KaoHsiung 167-248 NT$, TaiChung 151-236 NT$, PingTung 199-295 NT$, HuaLien 642-962 NT$, TaiTung 409-608 NT$, YiLan 557-828 NT$ ▭ 49; **ChiaYi-ALiShan-Schmalspurbahn:** Vom Hbf. in ChiaYi (30 Meter ü.N.N.) führt ein Nebengleis zum 2216 m hohen ALiShan, einer der großen Touristenattraktionen auf TaiWan, zumindest für Einheimische. 1910 begannen die Japaner mit dem Bau dieser Bahn, weniger um Touristen anzulocken, als vielmehr um den Abtransport von Nutzhölzern für die Forst wirtschaft in den Bergen zu erleichtern. Die zu diesem Zweck entworfene Schmalspurbahn (fertiggestellt 1917) überwindet dabei Steigungen von bis zu 6,25% und nimmt Kurven in einem Radius von nur 40 Metern (normale Bahnstrecken benötigen einen Kurvenradius von mindestens 200 Metern). Auf der knapp 60 km langen Strecke werden 55 Tunnels durchfahren, 77 Brücken überquert und der TuLiShan, ein dem ALiShan vorgelagerter Berg, drei mal spiralförmig ansteigend umfahren, ehe der Höhenunterschied von 2186 Metern überwunden ist. Auch wenn die traditionellen, holzbetriebenen Dampflokomotiven in den 60er Jahren durch Diesellokomotiven ersetzt wurden, hat die Bahnfahrt durch die spektakuläre Bergwelt nichts von ihrem Reiz eingebüßt. Wer die Zeit (und das Geld) hat, sollte zumindest eine Strecke per Schmalspurbahn zurücklegen (zu empfehlen ist der Hinweg, da sich einige feine Fußmärsche vom ALiShan abwärts anbieten).

So nett die Fahrt mit der ALiShan-Bahn auch sein mag, für den Reisenden ist es meist ein Lotteriespiel, ob und wann sie fährt. Häufige Erdrutsche auf der einen, zunehmende Motorisierung auf der anderen Seite sowie damit einhergehende Preissteigerungen haben die Anzahl der Fahrten mittlerweile drastisch reduziert. Momentan fahren nur noch zwei Züge täglich – Änderungen bis hin zur kompletten Streichung sind daher jederzeit kurzfristig möglich. Die Bahn fährt einmal täglich ab ChiaYi Hbf. sowie einmal ab ChiaYi PeiMen, dem zweiten Bahnhof im Osten der Stadt:

ChiaYi (13:30) – PeiMen (13:37) – FenChiHu (15:37) – ALiShan (17:00) sowie PeiMen (12:35) – FenChiHu (14:26) – ALiShan (15:40) für 430 NT$ (einfach).

●*Bus:* Drei Busstationen in ChiaYi sind von Bedeutung: ***ChiaYi KeYun*** (Ⓑ 23; Überland/Ost, rechts aus dem Hbf. kommend): von/nach PeiKang: zwischen 6:00 und 22:00 Uhr alle 20-30 Minuten, 49 NT$. Von/nach ALiShan: drei Busse täglich, ab ChiaYi 7:00, 10:00 und 13:00 Uhr für 150 NT$. An So./Fe. zusätzlich um 8:30 und 15:00. Diese Busse fahren über den WuFeng-Tempel. Von/nach RuiLi: zwei Busse tgl. (10:30 und 15:45 Uhr), 118 NT$. Von/nach FenChiHu: ebenfalls zwei Busse täglich (6:30 und 15:00 Uhr), 96 NT$. Von/nach TaPu (kurz vor ChiaYi NungChang): zwei Busse täglich um 13:00 und 16:40 Uhr für 105 NT$. Einige Busse fahren gegenüber vom Kaufhaus (● 20) ab.

Ⓑ 10; ***ChiaYi KeYun*** (Überland/West), 501 ChungShanLu (gut 5 Gehminuten ab Hbf.): von/nach PeiKang: alle 20-30 Minuten für 49 NT$. Von/nach TaiChung: alle 20-40 Minuten, 138 NT$. Von/nach KuanTzuLing: alle volle Stunde für 60 NT$.

Ⓑ 15; ***TaiWan KeYun*** (links aus dem Hbf. kommend): von/nach TaiPei: 6:00-22:00 Uhr alle 30 Minuten (369 NT$) via ChungLi (309 NT$). Von/nach TaiChung: 6:10 bis 22:00 Uhr alle 20 Minuten (136-210 NT$ je nach Route) via ChangHua (169 NT$). TaoYuan: 7:40, 9:30, 13:30, 15:30 Uhr (330 NT$). Von/nach KaoHsiung: 6:10-21:30 Uhr alle 30 Minuten für 162-233 NT$ je nach Route. TaiNan: 6:20-20:20 alle 15-30 Minuten (118-137 NT$) PingTung: 7:00, 11:00, 15:00, 18:45 Uhr (226 NT$), oder jeder Bus nach KaoHsiung, dort per Bahn weiter (geht schneller). Von/nach ShanLinHsi: nur ein Direktbus täglich, 7:30 Uhr, der fährt von ShanLinHsi (228 NT$) bereits um 11:00 Uhr zurück (über ChuShan 106 NT$ und HsiTou 158 NT$). Man kommt zwar ab ChiaYi direkt hin, es ist aber nicht möglich, ohne Umsteigen in TouLiu von ShanLinHsi nach ChiaYi zurückzufahren. Von/nach TouLiu: 70 NT$, alle TaiChung-Busse.

●*Moped:* ChiaYi verfügt über mehrere Mopedverleihstellen (s. Karte) in der LinShenLu und RenAiLu. Die Preise variieren je nach Saison und Nachfrage zwischen 400 und 600 NT$/Tag für die kleinsten Maschinen. Der Verkehr in und um ChiaYi ist verhältnismäßig harmlos, Ziele der näheren Umgebung können leicht besucht werden. Sich anbietende Mopedziele ab ChiaYi sind KuanTzuLing, WuShanTou-Damm sowie ChiaYi-Farm.

Der Südwesten

Nördlich von ChiaYi

北港

PeiKang (BěiKǎng, Nord-Hafen)

25 km nordwestlich von ChiaYi liegt die kleine Stadt PeiKang, die bislang von größeren Besucherströmen verschont blieb – mit zwei Ausnahmen jährlich: Am 23. Tag des dritten Mondmonates, dem **Geburtstag der Meeresgöttin MaTzu,** pilgern Zigtausende taiwanesischer Taoisten zum ChaoTianKung („Tempel gegenüber dem Himmel gelegen"), dem ältesten und bedeutendsten MaTzu-Tempel TaiWans; ebenso am 15. Tag des ersten Mondes (im Februar) zum **Laternenfest.** An diesen Tagen gehört PeiKang zu den „großen drei" neben NanKunShen und YenShui, kein Bett, kein Transportmittel, eigentlich kein Fleckchen Platz überhaupt sind an diesen Tagen zu haben.

ChaoTianKung

Der **MaTzu-Tempel** wird rundum von steinernen Löwen bewacht, am Haupttor zusätzlich von vier der acht Unsterblichen. Im Vorhof werden Opfer auf den bereitstehenden Tischen dargebracht, rechts und links führen zwei Seitenschreine ab, gewidmet dem Gott der Westmeere sowie den legendären drei Erhabenen. In der Zentralhalle sind Glocke und Trommel innen angebracht, dahinter der Hauptschrein mit der MaTzu-Statue, hier mit bis zu den Augen reichender Perlenkrone dargestellt. Durch die Seitengänge der Haupthalle erreicht man die buddhistische rückwärtige Halle, an deren Seitenwänden 18 Boddhisatvas und am Hauptschrein *KuanYin* (sowohl im Glaskasten wie auch als lebensgroße Steinstatue rechts vor dem Altar) zu sehen sind – wieder ein Zeichen für mehrere Glaubensrichtungen innerhalb eines Tempels. Das Dach ist sehr aufwändig mit bunten Drachenmotiven und zahllosen Keramikfiguren verziert.

Das Entstehungsdatum des Tempels ist umstritten, der heutige Komplex ist das Ergebnis zahlloser Renovierungen und Erneuerungen. Ein erster Schrein hat hier bereits im 14. Jh. gestanden von dem allerdings, abgesehen von Statuen im Tempel, nichts mehr übrig blieb. Inoffiziellen Schätzungen zufolge werden dem ChaoTianKung jährlich von Pilgern 10 Millionen NT$ gespendet, was ihn zu einem der wohlhabendsten Taoistentempel TaiWans macht.

Gegenüber vom Haupteingang beginnt der **Markt,** auf dem Fisch und Gemüse feilgeboten werden.

An-/Abreise

Ohne eigenes Fahrzeug nimmt man einen Bus in ChiaYi (✍), der etwa alle 20 Minuten fährt (49 NT$). Vom Bbhf. in PeiKang geht man 250 m nach rechts zum kleinen Kreisverkehr, dort links immer den Lampions nach zur Tempel, der auf einer Verkehrsinsel steht.

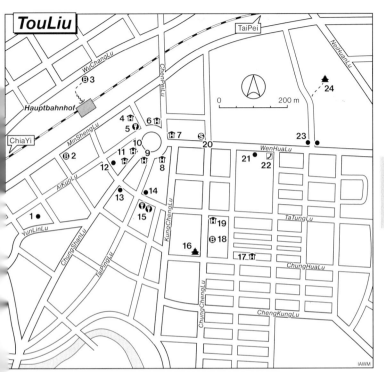

●	1	Markt	●	13	KFC
Ⓑ	2	TaiWan KeYun-Busse	●	14	Bäckerei
Ⓑ	3	YunLinKeYun-Busse	♀	15	Restaurants
▯	4	WenTiSha Hotel	▲	16	HsinHsingKung-Tempel
♀	5	Hähnchenbraterei	▯	17	YunShan Herberge
▯	6	KuiPin Hotel	Ⓑ	18	TsaoLing-Busgesellschaft
▯	7	YuanHuan Hotel	▯	19	HuaShih Hotel
▯	8	TaiHsin Hotel	Ⓢ	20	Bank of TaiWan
▯	9	ChinCheng Hotel	●	21	Polizei
▯	10	Fortune Hotel	▧	22	Telefongesellschaft
▯	11	KaiFeng Hotel ("K.D.")	●●	23	Torbogen
●	12	1-2-3 Supermarkt	▲	24	ShanHsiu Tempel

斗六

TouLiu (Dǒu Liù, Wetteifern-sechs)

Die beschauliche Kleinstadt TouLiu, 35 km nördlich von ChiaYi gelegen, dient als einziger Transitpunkt für Reisen nach TsaoLing, einem der schönsten Wandergebiete des zentralen Berglandes; aber auch HsiTou oder ShanLinHsi können von TouLiu aus erreicht werden. Die Wartezeit auf den nächsten Anschluss kann genutzt werden, um einen der interessantesten Tempel TaiWans, den Shan-ShiuKung zu besuchen. Alle Sehenswürdigkeiten liegen innerhalb einer Gehentfernung von nicht einmal 10 Minuten vom Hbf.

HsinHsingKung
新興宮

Der hübsche **taoistische Tempel** ist der Meeresgöttin *MaTzu* gewidmet, bemerkenswert sind insbesondere die seitlichen Stein-malereien im Vorhof, welche die Allmacht der Gottheit in verschiedenen Szenen plastisch darstellen.
▲ 16; ChungChengLu/Ecke ChungHuaLu.

ShanShiuKung/
KungTzuMiao
善修宮
孔子廟

Dieser **große Tempelkomplex** ist ein Paradebeispiel für verschiedene chinesische Glaubensrichtungen unter einem Dach. Ursprünglich, wie an den älteren Teilen der Dachkonstruktion noch zu erkennen ist, zählte die gesamte Anlage einst zu den taoistischen Tempeln. Bedingt durch zu große finanzielle Belastungen konnten die Gebäude nicht mehr gehalten werden und drohten zu zerfallen. So wurden einzelne Teile an verschiedene andere Gemeinschaften vergeben, die nun ihrerseits für die Pflege der einzelnen Teilgebäude aufkommen.

Das erst Ende 1995 bis auf das Dach völlig restaurierte **Gebäude ganz links** wird von Buddhisten genutzt und beherbergt einen KuanYin-Schrein in der Haupthalle sowie mehrere verschiedene Darstellungen Buddhas (die Unterschiede bei den Darstellungen Buddhas liegen in den Sitzpositionen und Handgesten).

Der ehemalige **Haupttempel** liegt auf der rechten Seite der Anlage. Die traditionellen Glocken- und Trommeltürme wurden direkt auf das große, fünftorige Eingangsportal gebaut. Hinter dem Vorhof liegt die Haupthalle mit dem Kriegsgott *KuanYu,* zu erkennen an der markanten roten Gesichtsmaske.

Der **Schrein ganz rechts außen** ist der Sternformation des Großen Wagen gewidmet. Dieser Teil ist schamanistisch, aber dennoch sehr stark taoistisch beeinflusst. So tragen die Tempeldiener hier blaue (=Symbolfarbe der Taoisten) Gewänder, auch das Orakelknochenwerfen wird hier in taoistischer Tradition fortgesetzt.

Durch die Seitengänge gelangt man in den rückwärtigen Teil, dessen Halle heute einen **Konfuziusschrein,** also die übliche Kalligraphie anstatt einer Figur, enthält. An den hinteren Wänden rechts und links befinden sich Wandgemälde, auf denen *Konfuzius* im Gespräch mit dem *Herzog von Liu* zu sehen ist. Der ShanShiu-Kung ist in dieser Zusammensetzung wohl einmalig auf TaiWan.

ShanShiu-Tempel/TouLiu

Der Südwesten

♠ 24; man erreicht den Tempel über die WenHuaLu, 100 m hinter der Polizei liegt links ein verziertes rotes Tor, welches zur Anlage führt.

Unterkunft

Auf der dem Hbf. gegenüberliegenden Straßenseite der MinShengLu
herrscht rege Bautätigkeit, auch ein oder zwei neue Hotels sollen dort zumindest auf einigen Etagen errichtet werden. Andere Hotels stehen kurz vor
der Fertigstellung, offenbar wird TouLiu als Ausgangspunkt zu den nahegelegenen Erholungsgebieten TsaoLing und HsiTou/ShanLinHsi immer beliebter, wenn auch superbillige Angebote fehlen.

雲山旅社

●Das günstigste LuShe liegt unweit der TsaoLing-Busgesellschaft und
nennt sich Φ *YunShan LuShe*,* 167 ChungHuaLu, Tel: (05)-5322442. DZ
gibt es hier schon zu 400 NT$. Sehr einfach, aber nicht so schlecht, wie es
der Preis eventuell vermuten lässt.

桂賓大旅社

Φ *KuiPin TaLuShe*,* 1 ChenPeiLu, Tel: (05)-5324138, DZ schon ab
480 NT$, allerdings muss man bei der Sauberkeit Abstriche machen.

園環大旅社

Φ *YuanHuan TaLuShe**,* 1 WenHuaLu, Tel: (05)-5322637,
DZ 650 NT$, trotz des alten Gebäudes sehr ordentlich.

金成大旅社

Φ *ChinCheng TaLuShe**,* 2 TaiPingLu, Tel: (05)-5323954,
DZ zu 600 NT$, beste Billigunterkunft der Stadt.

華士大飯店

Φ *HuaShi TaFanTian***,* 112 TaTungLu, Tel: (05)-5322728,
einige Zi. auch schon zu 650-800 NT$.
Liegt neben dem Büro der TsaoLing-Busgesellschaft.

復神大飯店

Φ *FuShen TaFanTian****,* 6 ChungShanLu,
Tel: (05)-5341666, haben auch Zi. zu 800, sonst 1100 NT$.

凱登大飯店

Φ *KaiDeng TaFanTian****,* 12 ChungShanLu 4. Etage,
Tel: (05)-5330929, sehr feines Hotel mit 34
unterschiedlichen Zimmern zwischen 1200 und 3000 NT$.

文蒂沙賓館
太信大飯店

Φ *WenTi PinKuan*****,* 1 HsingHuaChie, Tel: (05)-5328767.
●Am Kreisverkehr im Zentrum liegt das Φ *TaiHsin TaFanTian******,*
Tel: (05)-5352889, 2800-3800 NT$, sicher das beste Hotel der Stadt,
2800-3800 NT$.

Verpflegung

- Einige sehr gemütliche und preiswerte kleine **Restaurants** liegen in der TaTungLu zwischen TaiPingLu und ChungChengLu. Hier gibt es Suppen, Ravioli und Tellergerichte von 50 bis 90 NT$. Gebratene Hühnerteile bieten das Chicken-House sowie Kentucky Fried Chicken an.
- Kleinigkeiten schmecken frisch zubereitet auf dem **Markt** in der YuanLin-Lu am besten, das „1,2,3 Shopping Center" hat einen guten **Supermarkt** mit Warme-Speisen-Theke im Erdgeschoss.

Institutionen
7 文化路
3 0 文化路

- ⑤ 20; **Bank:** Bank of TaiWan, Φ7 WenHuaLu.
- 21; **Polizei:** Φ30 WenHuaLu, Tel: 5329033.

An-/Abfahrt

- **Bahn:** Täglich etwa 50 Züge zu den Städten im Süden zwischen 3:16 und 23:19 Uhr, die meisten enden in KaoHsiung. Nach Norden laufen rund 65 Züge zwischen 0:30 und 22:40 Uhr, davon einige auch durchgehend bis KeeLung.
  Preisbeispiele: TaiTung 701-1086 NT$, HuaLien 509-667 NT$, TaiChung 80-155 NT$, KeeLung 312-601 NT$, TaiPei 280-538 NT$, ChungLi 234-450 NT$, HsinChu 186-359 NT$, TaoYuan 245-473 NT$, ChangHua 50-114 NT$, ChiaYi 38-73 NT$, TaiNan 110-211 NT$, KaoHsiung 166-318 NT$, PingTung 190-366 NT$.
- **Bus:** Die Transitfunktion TouLius erkennt man auch daran, dass mehrere Busgesellschaften von hier aus die Ziele im Umland anfahren.
  TaiWan KeYun: von/nach ChiaYi (70 NT$): 6:20-20:40 Uhr alle 20 (Berufsverkehr) bis 50 Minuten. Von/nach TaiPei (336-413 NT$): 7:40, 9:10, 10:20, 12:20, 14:00, 15:20, 16:00 und 18:00 Uhr. Von/nach KaoHsiung: 6:20, 9:10, 11:40, 13:40, 17:10 Uhr sowie an So./Fe. zwei Nachmittagsbusse zusätzlich für 206 NT$. Von/nach HsiTou (90 NT$) und ShanLinHs (162 NT$) nur täglich um 8:20 Uhr, zurück 11:00 Uhr. Eine indirekte, sehr häufige Verbindung besteht über ChuShan (♫ und weiter unten).
  Von/nach TsaoLing: direkt nur mit der **TsaoLing YouLan KungSi,** 49 ChungChengLu, Tel: (05)-5322388. Diese Privatgesellschaft fährt täglich um 8:30 und 16:00 für 138 NT$ nach TsaoLing, zurück um 6:30 und 14:00 Uhr. Das winzige Büro liegt zwei Häuser neben dem HuaShih-Hotel und ist an den roten Schriftzeichen, beginnend mit „TsaoLing" von oben nach unten, zu erkennen. An Wochenenden und Feiertagen werden je nach Passagieraufkommen weitere Busse eingesetzt.
  Eine häufigere, aber nur indirekte Möglichkeit, nach TsaoLing zu kommen, besteht via ChuShan, gut 20 Minuten von TouLiu per **YuanLin KeYun-Bus** (hinter TouLiu Hbf., Unterführung): von/nach ChuShan: zwischen 6:20 und 19:50 Uhr 19 mal täglich, 7:20, 8:00 und 9:00 Uhr sind die besten Verbindungen für Anschlussbusse zum Vogelpark des Zentralberglandes (♫, u.a. 10:10 Uhr ab ChuShan), HsiTou (u.a. 8:00, 8:40 und 10:00 Uhr ab ChuShan) oder TsaoLing (u.a. 9:10 und 11:00 Uhr weiter ab ChuShan). Die Fahrt TouLiu-ChuShan dauert nur 25 Minuten. Von/nach TaiChung: von 6:10 bis 19:55 Uhr für 148 NT$ 38 mal täglich.

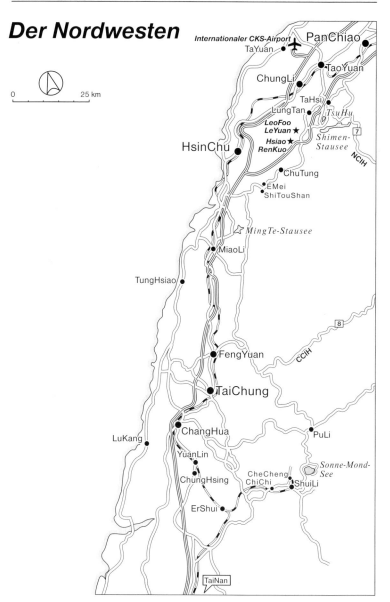

Der Nordwesten

0 ————— 25 km

PanChiao

Internationaler CKS-Airport
TaYuan

TaoYuan

ChungLi

TaHsi

LungTan   *TsuHu*

**LeoFoo
LeYuan** ★

Hsiao ★   *Shimen-*
RenKuo   *Stausee*

HsinChu   [7]   NCIH

ChuTung

EMei
ShiTouShan

MingTe-Stausee

MiaoLi

TungHsiao   [8]

CCIH

FengYuan

TaiChung

LuKang   ChangHua   PuLi

YuanLin   *Sonne-Mond-
See*

ChungHsing   CheCheng
ChiChi   ShuiLi

ErShui

TaiNan

385

Südlich von TaiChung

二水

ErShui (ÈrShuǐ, Zwei-Gewässer)

Der winzige Flecken ist unumgänglich, wenn man per Bahn den sogenannten historischen ChiChi-Trail befahren möchte. Diese zweite Nebenlinie des Schienenovals um TaiWan (neben der ALi-Shan-Bahn) stellt gleichzeitig eine der wichtigsten Verbindungen zum zentralen Bergland dar. ErShui selbst ist eines jener „Nester", in dem man unter Garantie keine Touristen antrifft; der ideale Urlaubsort für jemanden, dem auch noch am Nordpol zu viel los ist.

WanHsiKung

Außer einem kleinen taoistischen MaTzu-Tempel (ab Hbf. 300 m die Hauptstraße entlang, rechts) ist eigentlich nur der *Friedhof* sehenswert. Man folge der Hauptstraße bis zur ersten Kreuzung und gehe links bis zum Ortsausgang. Die Einwohner haben jahrelang gegen den Bau des Friedhofs rebelliert, bringen doch die „Toten Seelen" nach chinesischer Auffassung unbedingt Unheil. Links steht eine hübsche siebenstöckige Pagode, interessanter ist jedoch der Zwillingsbruder der CKS-Gedächtnishalle (♫ TaiPei) rechts der Straße – eine sehr beeindruckende Aufbahrungshalle. Die Anlage wird WanHsiKung, „Tempel der 10.000 Freuden" genannt und hat trotz der frappierenden Ähnlichkeit nichts mit der großen Gedächtnishalle für *ChiangKaiShek* in TaiPei zu tun.

Unterkunft

Es ist unwahrscheinlich, dass Individualreisende in ErShui übernachten wollen, es sei denn, man ist per Rad unterwegs oder hat den letzten Zug nach ShuiLi verpasst. Im Ort gibt es zwei Hotels, beide am Bahnhofsvorplatz.

明山旅社

Φ*MingShan LuShe,* 8 KuangWenLu, Tel: (04)-8745311, DZ 500 NT$ rechts am Vorplatz sowie gegenüber das

二水亞洲大飯店

Φ*ErShui YaChou TaFanTian,* 40 KuangWenLu, Tel: (04)-8793945, DZ zu 600 und 800 NT$.

Institutionen
７１１光文路
７４１光文路

●*Polizei:* Φ711 KuangWenLu (ab Hbf. geradeaus).
●*Post:* Φ741 KuangWenLu, geöffnet werktags 8:00-17:30 Uhr.

An-/Abreise

●*Bahn:* ErShui ist mit je ca. 40 Zügen täglich nach Norden und Süden gut an alle wichtigen Ziele West-TaiWans angebunden, Expresszüge halten hier allerdings nicht.
  Preisbeispiele: ChangHua 38-59 NT$, TaiPei 258-400 NT$, HsinChu 167-258 NT$, KeeLung 292-451 NT$, TaiNan 131-203 NT$, KaoHsiung 174-289 NT$, PingTung 211-328 NT$, TaiChung 59-91 NT$, TaiTung 679-1054 NT$.
●*Die historische ChiChi-Linie:* Eine Nebenstrecke wie die ChiChi-Linie die aus dem Schienenoval um TaiWan von ErShui ostwärts ins Bergland führt, hatte natürlich eine besondere Bedeutung. Um ShuiLi und CheCheng wurden zur Jahrhundertwende vorwiegend Bananen an- und Zinn abgebaut. Um den wichtigen Bodenschatz zügig zur Weiterverarbeitung in die Ebenen des Westens transportieren zu können, entstand von 1919 bis 1921 dieses 30 km lange Teilstück von ErShui nach ShuiLi/CheCheng. Die eigentliche Endstation ist ShuiLi; als Waggondepot und wegen der dortigen

Wasservorräte als Füllstation wurde zwei km hinter ShuiLi die Station Che-Cheng errichtet, wo 1981 der MingHu-ShuiKu (MingHu-Damm) fertiggestellt wurde, das größte unterirdisch angelegte Wasserkraftwerk in ganz Fernost.

Die ökonomische Bedeutung der ChiChi-Strecke ist heute völlig in den Hintergrund getreten, touristisch dagegen nimmt die 30-Minuten-Fahrt zwischen ErShui und ShuiLi, einem der wichtigen Transitpunkte im zentralen Bergland, eine wichtige Stellung ein. Die „ChiChi-Linie" wurde nach einer der Bahnstationen benannt und bedeutet „Zentrum", da hier eines der Zentren der Bunun-Ureinwohner entstanden war.

Die Züge nach ShuiLi fahren um 5:31, 7:45, 10:04, 12:04, 13:33, 15:45, 17:33, 19:36 und 21:45 Uhr, der Fahrtpreis beträgt 33 NT$. Die Stationen sind (wie überall) auch hier in lateinischer Umschrift beschildert. In ShuiLi können Fahrkarten auch über ErShui hinaus gekauft werden (z.B. nach TouLiu).

● *Bus:* Am Bahnhofsvorplatz halten die Busse zwischen YuanLin und ShuiLi kurz, es gibt keinen Busbahnhof oder eine besonders ausgeschilderte Haltestelle. Nach ShuiLi fahren etwa alle 20 Minuten Busse, nach TaiChung seltener, wobei einige über den Sonne-Mond-See, andere über ErShui fahren.

中興新村

ChungHsing (Zentrum-entstehen-neu-Siedlung)

Die 30 km südlich von TaiChung gelegene „neue Siedlung" ist touristisch völlig belanglos, muss aber der Vollständigkeit halber als Sitz der Provinzregierung TaiWans und somit de jure als **Hauptstadt TaiWans** erwähnt werden. Nach – noch – offizieller Darstellung ist TaiWan eine der Provinzen ganz Chinas, die Hauptstadt dieser Provinz ist ChungHsing, die Hauptstadt Chinas Nan-King (NanJing). TaiPei schließlich beherbergt nur vorübergehend (bis zur Einheit Chinas) die provisorische Regierung Gesamt-Chinas (⊿ Staat und Verwaltung).

Hier taucht nun natürlich sofort die Frage auf, warum nicht eine der alten Hauptstädte (TaiNan oder TaiChung) zur Provinzhauptstadt der Insel TaiWan erhoben wurde. Antworten auf diese Frage sind recht unterschiedlich: Es sollte keine Erinnerung an die Kaiserzeit auf administrativer Ebene entstehen, es sollte etwas Neues geschaffen werden usw. Am ehesten leuchtet die Erklärung ein, TaiNan und TaiChung seien sich uneinig gewesen, welche Stadt die Provinzregierung beherbergen solle, so dass „kurzzeitig, bis zur Einheit" zunächst das Dorf ChungHsing als Kompromiss vorgeschlagen wurde.

彰化

ChangHua (ZhāngHuà, erkennbar-aufwenden)

Die kleine Provinz ChangHua, nur wenige Kilometer südwestlich von TaiChung, ist ein Zentrum von Maschinenbau und petrochemischer Industrie. Die gleichnamige Provinzhauptstadt ChangHua ist denn auch zu wenig attraktiv, um hier einen mehrtägigen Stopp zu machen. Wer unterwegs nach LuKang (⊿) ist, sollte hier aber wenigstens für einige Stunden halten, um ein paar interessante Komplexe in Gehnähe zum Hbf. zu besichtigen.

Der Nordwesten

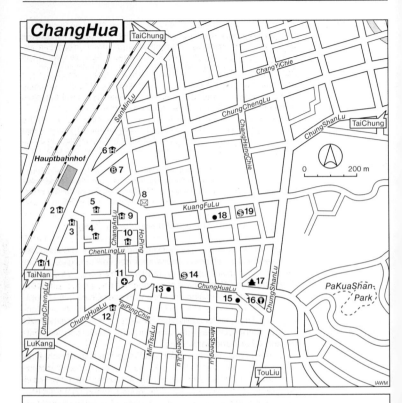

🏠	1	YungTa Hotel	
🏠	2	TaiWan Hotel	
🏠	3	TiYi Hotel	
🏠	4	SanHuo Hotel	
🏠	5	ChinCheng & YungHe Hotels	
🏠	6	YunHe Hotel	
ⓑ	7	Busbahnhof	
⊠	8	Post	
🏠	9	FuHuang (Rich Royal) Hotel	
🏠	10	YingShan Hotel	
✚	11	Spital	
🏠	12	YMCA	
●	13	KFC	
Ⓢ	14	Bank of Taiwan	
●	15	Park n' Shop	
⓿	16	McDonald's	
♠	17	Konfuziustempel	
●	18	Polizei	
Ⓢ	19	ICBC Bank	

KungTzuMiao
孔子廟

Der **Konfuziustempel** von ChangHua gilt als einer der ältesten seiner Art auf TaiWan, weicht aber in seiner Anlage von den größeren „Brüdern" in TaiNan, KaoHsiung oder TaiPei in einem Detail ab. Auch hier betritt man die Anlage von der Seite, steht dann aber unmittelbar im Innenbereich des Komplexes, ein Vorpark fehlt also völlig. Ansonsten sind auch hier die vom Haupttor wegführenden Seitengänge mit Gedenktafeln für verstorbene Konfuzianer sowie die Haupthalle mit einer Kalligraphie in Gedenken an *Konfuzius* versehen. Nur einmal im Jahr, am 28. September (Geburtstag des *Konfuzius*), findet hier eine große Zeremonie statt. Geöffnet täglich 9:00-17:00 Uhr; ♠ 17.

PaKuaShan
八卦山

Linker Hand des buddhistischen Kulturzentrums liegt der PaKua-Shan-Park oberhalb der Stadt. Der **Park** ist bekannt für seine Blumenbeete, die so angelegt wurden, dass das ganze Jahr über immer Blumen, Sträucher und Stauden blühen. Ferner gibt es im Park einen kleinen Zoo mit seltenen Tierarten, ein Kuriositäten-Museum sowie eine „Unterwasser-Welt". Spielplätze und Fahrtbetriebe sind vor allem bei jüngeren Besuchern sehr beliebt. Vom Konfuziustempel sieht man bereits die große Buddhastatue des Parks. Um dorthin zu gelangen, folge man der Hauptstraße über die große Kreuzung bis zur ersten Abzweigung nach links, von der aus eine Reihe von Fußwegen in den Park führen.

PaKuaFo WenHua ChungHsin
八卦佛文化中心

Oben im PaKuaShan steht das Wahrzeichen des **buddhistischen Kulturzentrums** und der Stadt, eine rund 15 m hohe **Statue Buddhas** auf einer Lotusblüte sitzend. Die Statue ist innen begehbar und bietet bei klarem Wetter einen großartigen Ausblick auf die Stadt. Der große Klosterkomplex wurde jüngst um eine Herberge erweitert, Gäste können nun auch die Nacht im Kloster gegen eine Spende von 800 NT$ (Vollpension) verbringen. Hinter den Hauptgebäuden befinden sich zwei Pagoden, die ebenfalls eine hervorragende Aussicht und Einblick in die Küche des Klosters bieten! Diese liegt im offenen Hinterhof der Hauptgebäude, die riesigen Woks und Mengen vegetarischer Speisen sind beeindruckend.

Unterkunft

ChangHua und LuKang ergänzen sich hervorragend zu einem Tagesausflug von TaiChung aus, eine Übernachtung hier ist aber eigentlich nur oben im Kloster (◠ PaKuaFo WenHua ChungHsin) interessant. Einige Möglichkeiten im Zentrum sind:

金成大旅社
Φ**ChinCheng LuShe,** 100 ChangAnChie Weg 1,
Tel: (04)-7225379, 400 NT$ für winzige DZ.

H 紅葉大旅社
Φ**HongYe TaLuShe,** 100 ChangAnChie, Weg 5,
Tel: (04)-7222667, 550 NT$; gleich nebenan und sichtlich besser.

櫻山大旅社
Φ**YingShan TaFanTian,** 129 ChangAnChie,
Tel: (04)-7229211, sehr ordentlich für 650 NT$, teure bis 1400 NT$.

永大大旅社
Φ**YungTa TaFanTian,** 120 ChungChengLu Sec 2,
Tel:(04)-7224666, 850 NT$.

雲河賓館
Φ**YunHo PinKuan,** 566 ChungChengLu Sec 1,
Tel: (04)-7236164, 1000 NT$.

Der Nordwesten

„Küche" des buddhistischen Kulturzentrums/ChangHua

臺灣大飯店

Verpflegung

Φ*TaiWan TaFanTian,* 48 ChungChengLu Sec 2,
Tel: (04)-7224681, 1400-3500 NT$, direkt rechts vom Bhf.

Besondere kulinarische Spezialitäten hat ChangHua im Gegensatz zum nahegelegenen LuKang nicht zu bieten. In der Stadt gibt es westliches und chinesisches Fast-food sowie zahlreiche Snackrestaurants. Eine interessante Alternative ist die vegetarische Küche des Klosters.

Information

Es gibt eine lokale TI-Dienststelle in der 39 KuangFuLu, 3. Etage, allerdings ohne englischsprachiges Personal.

Institutionen

醫院

✪ 11 (Seite 388); Φ*Krankenhaus:* 176 ChungHuaLu, schräg gegenüber vom YMCA.

郵局

✉ 8 (Seite 388); Φ*Post:* KuangFuLu/Ecke HoPingLu, geöffnet 8:30-17:00 Uhr, samstags bis 12:00 Uhr, sonntags geschlossen.

警察

● 18 (Seite 388); Φ*Polizei:* MinShengLu/Ecke KuangFuLu, Tel: (04)-7265674.

臺灣銀行

Φ*Bank:* Bank of TaiWan, ✆ 14 (Seite 388); 130 ChengLiLu; ICBC ✆ 19 (Seite 388); 39 KuangFuLu.

An-/Abreise

●*Bahn:* Es fahren etwa je 75 Züge tgl. in nördliche und südliche Richtung. Preisbeispiele: TaiPei 221-425 NT$, TaoYuan 186-359 NT$, HsinChu 128-248 NT$, ErShui 38-59 NT$, TaiNan 169-324 NT$, TaiChung 22-42 NT$, KaoHsiung 225-432 NT$.
●*Bus:* von/nach TaiChung mit der Stadtbuslinie WG (weiß-grün) 102 (✐ TaiChung) oder mit der ChangHua KeYun (43 NT$). Von/nach LuKang: gleiche Linie, 34 NT$. Der Bbhf. liegt links auf der anderen Straßenseite aus dem Hbf. kommend.

Der Nordwesten

鹿港

LuKang (LùGǎng, Hirsch-Hafen)

LuKang war während der späten Ming-Dynastie (Anfang des 17. Jh.) einer der lebendigsten Häfen der Westküste. Mit Beginn der japanischen Besatzung wurde der Hafen geschlossen und nie wieder eröffnet. Seither schwelgt man in der Erinnerung an die „gute, alte Zeit" und konzentriert sich auf den Tourismus. LuKang gilt immer noch als eine der ursprünglichsten Städte TaiWans, ein großer Unterschied im Ortsbild im Vergleich zu anderen Kleinstädten ist auf den ersten Blick allerdings kaum festzustellen. Noch genügt der Ruf, um einheimische Touristen jedes Wochenende in Scharen anzulocken. Haupterwerbsträger ist jedoch das mittelständische Handwerk; in LuKang wird nahezu alles, was nur im entferntesten für Besucher interessant sein könnte, in kleinen Hinterhof-Manufakturen hergestellt. Chinesische Teesets, traditionelle Möbel, Holzschnitzereien und viele andere mehr oder minder nützliche Dinge werden überall in den Straßen vertrieben. Für Touristen wurde ein **Arts & Crafts Center** (● 10) in der FuHsingLu eröffnet, wo alles, was die Stadt produziert, besichtigt und erworben werden kann. Sehenswert sind ferner eine Reihe traditioneller Tempel und ein informatives Heimatmuseum; ein Besuch Lu-

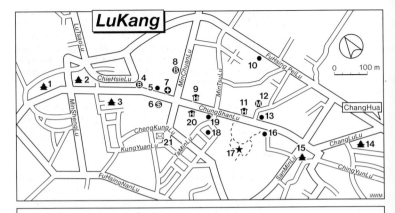

▲	1	FengTien - Tempel
▲	2	TienHou - Tempel
▲	3	HsinTsu - Tempel
Ⓑ	4	YuanLin KeYun - Busse
●	5	Polizei
Ⓢ	6	Taiwan 1st Bank
✚	7	Spital
Ⓑ	8	Busbahnhof
🏨	9	Peace Hotel
●	10	Kunsthandwerkszentrum (Verkauf)
🏨	11	ChinChung Hotel

Ⓜ	12	Volkstumsmuseum
●	13	Polizei
▲	14	WenWu - Tempel
▲	15	LungShan - Tempel
●	16	Bäckerei
★	17	historische Gassen
●	18	Markt
●	19	Bäckerei
🏨	20	MeiHua Hotel
⊠	21	Post

Kangs kann sehr leicht mit einem Trip nach ChangHua von Tai-Chung aus verbunden werden.

HsinTsuKung
新租宮

LuKang als ehemalige Hafenstadt beheimatet konsequenterweise mehrere **Tempel** zu Ehren der Meeresgöttin *MaTzu*. Einer davon ist der kleine taoistische HsinTsuKung-Tempel, wesentlich weniger besucht als die anderen, größeren Tempel der Stadt. Der Hauptschrein zeigt die Meeresgöttin mit einer Krone aus Perlenschnüren, die bis über die Augen reichen. Diese Darstellungsart ist typisch für westtaiwanesische MaTzu-Statuen. An der linken Seitenwand stehen mehrere Instrumente, die während der Prozessionen im Geistermonat zum Einsatz kommen.

▲ 3; der Tempel liegt in einer Seitengasse links der ChungShanLu, der Zugang ist an einem roten Metalltor zu erkennen.

TienHouKung
天後宮

Der größte **taoistische Tempel** LuKangs ist ebenfalls *MaTzu*, de Göttin der See, gewidmet. Der TienHouKung stammt aus de

18. Jh. und war dem Zusammenfall nahe, ehe er durch Spenden aus ganz TaiWan 1970 restauriert werden konnte. Die Geschichte und Tradition des Tempels ist auf zahlreichen Fotos dokumentiert. Der Haupthalle mit dem MaTzu-Schrein folgt ein Hof mit einem kleinen Teich, Glocken- und Trommelturm und der rückwärtigen Halle. Diese ist dem sagenhaften Urkaiser *Yu* gewidmet, aber lediglich eine Kalligraphie erinnert an ihn; ♠ 2.

FengTienKung
奉天宮

In Sichtweite zum TienHouKung liegt der ebenfalls *taoistische Tempel* FengTienKung, in dem den Ahnen gehuldigt wird. Die großen Pagoden neben dem Altar bestehen aus zahlreichen kleinen, beleuchteten Kästchen, jedes steht für einen Ahnen aus dem Ort; ♠ 1.

LungShanSi
龙山寺

Gemeinsam mit dem LungShan Tempel von TaiPei zählt dieser *Tempel* in LuKang zu den ältesten buddhistischen Anlagen TaiWans. Die Gebäude stammen aus dem späten 18. Jh. und waren, ähnlich wie der TienHouKung, vom Einsturz bedroht. Neben dem Hauptschrein mit einer Buddhastatue sind rechts und links in Glaskästen achtzehn der wichtigsten buddhistischen Figuren dargestellt, u.a. der dickbäuchige *MiLoFu, TiChungHuang* mit dem Stab und *YunAnKe* mit der Blume. Der hintere Schrein ist *KuanYin* (Bodhisatva der Barmherzigkeit, Mitte) gewidmet, flankiert von *TiChungHuang* (links) und einem weiteren Boddhisatva rechts; ♠ 15.

Historische Gassen

LuKang wird oft als Paradebeispiel für eine traditionelle chinesische Stadt genannt, in der die alte Bau- und Lebensweise besonders gut zu erkennen sei. Ein kleiner Bereich in LuKang ist speziell restauriert und als Spaziergasse für Touristen hergerichtet worden. Nun, mit sehr viel Phantasie und noch mehr gutem Willen lässt sich hier eine historische Gasse ausmachen. Da keine PKW durch die Gässchen passen, kann man immerhin in aller Ruhe spazierengehen.

★ 17; um zu den historischen Gassen zu gelangen, folgt man vom LungShanKung kommend der ChungShanLu bis zur Bäckerei, kurz dahinter biegt eine Gasse mit rotem Ziegelpflaster links ab – immer dem roten Pflaster entlang.

LuKang MinSu WenWuKuan
鹿港民俗文物馆

Das *Heimatmuseum* (Schild: „Folk Art Museum") der Stadt bietet alles, was im Umland von LuKang produziert oder im Alltag benutzt wurde. Von Keramik über Küchengeschirr und Alltagskleidung bis hin zu Möbeln ist alles vertreten.

Ⓜ 12; das Museum liegt in der 152 ChungShanLu, der Eingang befindet sich in der Seitengasse gegenüber der historischen Gassen. Eintritt 130 NT$.

Unterkunft

Mit An- und Abfahrt sind alle Sehenswürdigkeiten des Ortes innerhalb eines halben Tages zu sehen, eine Übernachtung ist daher unnötig. Auch von einheimischen Touristen wird LuKang nur kurz angefahren, es gibt daher auch nur die folgenden Hotels:

金忠旅社

和平旅社

美华旅社

Verpflegung

Φ *ChinChung LuShe,* 104 ChungShanLu,
Tel: (04)-7772640, DZ 800 NT$.
Φ *HePing LuShe,* 230 ChungShanLu,
Tel: (04)-7772600, DZ 700-1100 NT$.
Φ *MeiHua LuShe,* 253 ChungShanLu,
Tel: (04)-7772072, DZ 500-600 NT$.

LuKang ist berühmt für hervorragende *Backwaren* wie mit Sesampaste ge-
füllte Fladenbrote und ist eine Hochburg für *Meeresfrüchte.* Rund um den
TienHouKung bieten kleine Snackshops verschiedenste, preisgünstige Gerichte mit Muscheln und Fisch (eine lokale Spezialität) an.

Institutionen

邮局

警察
银行
医院

An-/Abreise

⊠ 21; *Post:* ChengKungLu/Ecke MinChuanLu,
geöffnet 8:30-17:00 Uhr, Sa. bis 12:00 Uhr.
● 13; *Polizei:* 300 ChungShanLu.
⑤ 6; *Bank:* 301 ChungShanLu (1st Bank).
✚ 7; *Krankenhaus:* 296 ChungShanLu.

● *Bus:* von/nach ChangHua: Der Bus der ChangHua KeYun fährt alle 10-15
Minuten für 30 NT$. Fahrzeit ca. 30 Minuten. Die gleiche Gesellschaft fährt
auch durchgehend von TaiChung über ChangHua nach LuKang und zurück
(69 NT$); Fahrzeit ca. 75 Minuten.

„Historische" Altstadtgassen in LuKang

台中

TaiChung *(TáiZhōng, Terasse-Mitte)*

Mit der Vertreibung der Ming-Anhänger durch die mandschurische Ching-Dynastie (1642) setzte eine Auswanderungswelle aus Südchina nach TaiWan ein. In dieser Phase wurde erstmals jenes Gebiet besiedelt, welches sich mit heute rund 800.000 Einwohnern zur **drittgrößten Stadt TaiWans** (nach TaiPei und KaoHsiung) entwickelte. Der Name TaiChungs – Terrasse der Mitte – gibt trefflich die geographische Lage in der Mitte der Westküste wieder. Ende des 19. Jahrhunderts, als die regierende Ching-Dynastie zunehmendem Druck von innen und außen ausgesetzt war, wurde die Provinzregierung von TaiNan 1887 nach TaiChung verlegt, ehe die Japaner 1894 TaiPei zur Provinzhauptstadt von TaiWan erkoren.

Rund 25 km nordwestlich der Stadt liegt der Hafen TaiChungs (TaiChungKang), eine zur Stadt gehörende Exklave, ähnlich wie Bremerhaven zu Bremen. Zwischen TaiChung und der Küste liegt eines der großen **Industriezentren** TaiWans, in welchem rund 20.000 verschiedene Hersteller ihre Produkte in den Bereichen Maschinenbau, Textilien, Metall- und Holzerzeugnisse fertigen. Mit der zentralen wirtschaftlichen Bedeutung TaiChungs wuchs auch die Stellung der Stadt als wichtiger Verkehrsknotenpunkt mit Luft-, Wasser-, Schienen- und Straßenanbindung.

Aufgrund der hervorragenden Verkehrswege wird TaiChung gerne von Touristen als Ausgangspunkt für Reisen in das nördliche und zentrale Bergland gewählt. Die Stadt selbst verfügt über einige sehr interessante Tempel, Museen und Freizeitparks und hat, bedingt durch eine Vielzahl von Schulen und Universitäten, zudem eine Reihe von Studentenkneipen und Pubs zu bieten. Ausländische Studenten und Sprachschüler kommen heute oftmals lieber nach TaiChung oder TaiNan statt nach TaiPei, um Zimmermangel, hohen Preisen und dem zeitfressenden Verkehrschaos der Metropole im Norden zu entgehen.

Sehenswertes

**WenHua
ChungHsin**
文华中心

Wie in den **Kulturzentren** anderer taiwanesischer Großstädte auch werden hier Konzerte und Ausstellungen abgehalten, Peking-Opern oder Akrobatik-Shows aufgeführt und ähnliches mehr. Die Termine einzelner Veranstaltungen werden nur in den (chinesischsprachigen) Lokalblättern abgedruckt, so dass Interessenten entweder die Hilfe der TI (☞) in Anspruch nehmen müssen oder direkt hinfahren bzw. anrufen müssen, um das aktuelle Programm zu erfahren.

● 12 (Seite 396); das TaiChung Kulturzentrum liegt in der 600 YingTsaiLu, Tel: (04)-2257311 und ist mit den Stadtbussen WR 3 und WG 20 zu erreichen (zu den Farben WG und WR ☞ Stadtbusse).

Der Nordwesten

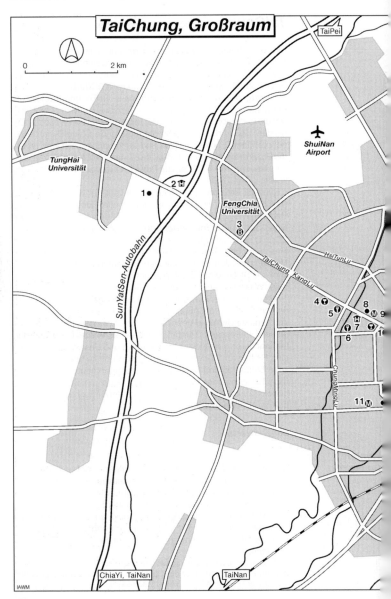

TaiChung, Großraum

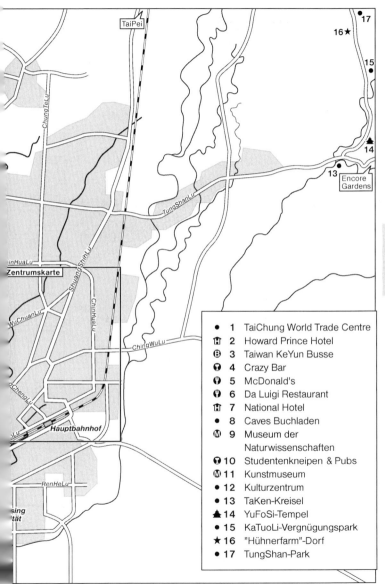

- 1 TaiChung World Trade Centre
- 2 Howard Prince Hotel
- 3 Taiwan KeYun Busse
- 4 Crazy Bar
- 5 McDonald's
- 6 Da Luigi Restaurant
- 7 National Hotel
- 8 Caves Buchladen
- 9 Museum der Naturwissenschaften
- 10 Studentenkneipen & Pubs
- 11 Kunstmuseum
- 12 Kulturzentrum
- 13 TaKen-Kreisel
- 14 YuFoSi-Tempel
- 15 KaTuoLi-Vergnügungspark
- 16 "Hühnerfarm"-Dorf
- 17 TungShan-Park

Der Nordwesten

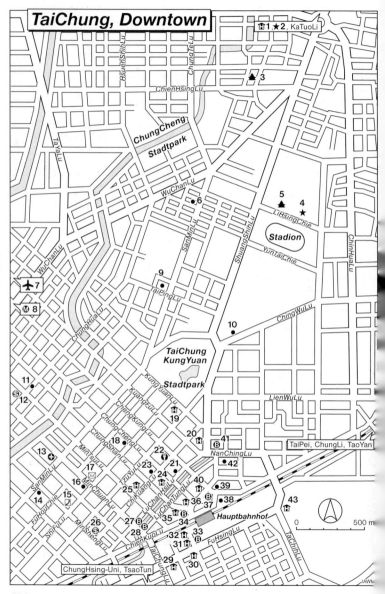

TaiChung, Downtown

🏠 1, ★ 2, KaTuoLi

ChungTeLu

HsuehShihLu

ChienHsingLu

ChungCheng
Stadtpark

TaYaLu

WuChanLu

● 6

SanMinLu

5 ▲   ★ 4
LiHsingChie

Stadion

YuntaiChie

ChinHuaLu

ShuangShihLu

✈ 7

Ⓜ 8

ChungHuaLu

9 ●
TaiPingLu

10 ●

ChingWuLu

WuChanLu

TaiChung
KungYuan
Stadtpark

LienWuLu

11 ●
Ⓢ 12

KungYuanLu

KuangFuLu

19 🏠

ChengKungLu

18 ●

13 ✚

ChungShanLu

20 🏠
41 Ⓑ

22 🏠

NanChingLu

● 42

17 🏠

23 🏠

ChungChengLu

MinShuLu

21 🏠
● 1
24 🏠

16 🏠

25 🏠

ChiKuangLu

40 🏠

39 ●

MinChuanLu

36 🏠 Ⓑ
37

● 38

43 🏠

14 ●

15 🏠

FuHsingChie

ShiFuLu

26 🏠
Ⓢ

27 🏠
28 Ⓑ

35 🏠

34 🏠 Ⓑ

33 🏠

Hauptbahnhof

0   500 m

MinSheng Lu

ChienKuoLu

32 🏠
31 🏠

30 🏠

29 🏠

TaChiaLu

FuHsingLu

TaiPei, ChungLi, TaoYan

ChungHsing-Uni, TsaoTun

IAWM

🏠	1	YMCA	🏨	24	HuaYuan Hotel
★	2	Encore Gardens	🏨	25	First Hotel & Teeladen
▲	3	PaoHsue Tempel	🟢	26	Bank of Taiwan
★	4	Märtyrerschrein	Ⓑ	27	Stadtbusse/rot
▲	5	Konfuziustempel	Ⓑ	28	Stadtbusse/grün
●	6	ChungYou-Kaufhaus	🏨	29	Akira Hotel
✈	7	Flughafen, FengChia-Uni	🏨	30	HuaHsing Hotel
Ⓜ	8	Nat. Hist. Museum, TungHai-Uni	🏨	31	NanHua Hotel
			🏨	32	YungTu Hotel
●	9	LaiLai-Kaufhaus	Ⓑ	33	ChangHua-Bushaltestelle & TaiWanKeYun Busse/Süd
●	10	Schwimmbad			
●	11	Nachtmarkt	Ⓑ	34	Überlandbusse/N-NO &
🟢	12	ICBC Bank	🏨		FuChunHotel
✚	13	Spital	🏨	35	ChiHsien & PaoTao Hotels
●	14	Polizei & Visaangelegenheiten	🏨	36	ChienCheng & ChungChou Hotels
☑	15	nation. Telefongesellschaft	Ⓑ	37	TaiWanKeYun Busse/Nord & Plaza Hotel
●	16	Stadthalle			
✉	17	Post	●	38	Gepäckaufbewahrung
●	18	Buchladen	●	39	Mopedverleih
🏨	19	McDonald's & TaiChung Parkhotel	🏨	40	Hotel Chance
			Ⓑ	41	Überlandlangstrecken-Busbahnhof
🏨	20	ShuangShi & Palmer Hotels			
●	21	Kaufhaus	●	42	ChienKuo Markt
🟠	22	Wendy's	🏨	43	Twin Star Hotel & Café
●	23	KFC			

MeiShuKuan

美術館

Keine fünf Gehminuten vom Kulturzentrum liegt das **städtische Kunstmuseum,** von dem Einheimische behaupten, es sei noch besser als das Museum der schönen Künste in TaiPei. Es kommt ganz darauf an, ob man mit den wechselnden Ausstellungen Glück hat und während eines Aufenthaltes in der Stadt gerade ein interessantes Programm ausgestellt wird. Der Schwerpunkt liegt normalerweise auf moderner Malerei, doch auch Skulpturen und Plastiken nationaler wie internationaler Künstler finden Aufnahme in das Programm.

Ⓜ 11 (Seite 396); 2 WuChuanLu, Tel: 04-3723740, geöffnet täglich außer Mo. 9-17 Uhr, Eintritt 30 NT$.

TaiChung KungYuan

臺中公園

Der nette **Park** an der KungYuanLu/Ecke TzuYuLu ist sehr hübsch angelegt, Brücken verbinden kleine Inseln in einem Lotusblütenteich. Am Nordende befindet sich ein Freilichttheater, in dem im Sommer gelegentlich bis in die Morgenstunden taiwanesische Opern aufgeführt werden.

ChungLieTzu
忠烈祠

Zu Ehren derer, die im Kampf gegen die kommunistischen Festlandschinesen ihr Leben ließen, hat auch die Stadt TaiChung einen **Märtyrer-Schrein** errichtet. Jede Gedenktafel im Inneren der ansonsten schlichten Haupthalle erinnert an einen Gefallenen und dessen Taten. Der Schrein liegt direkt neben dem Konfuziustempel, der Eingang befindet sich allerdings in der Nebenstraße davor;
★ 4 (Seite 398).

KungTzuMiao
孔子廟

Nachdem viele andere Städte des Landes einen **Konfuzius-Tempel** ihr eigen nannten, beschlossen die Stadtväter TaiChungs in den 70er Jahren, diesem Beispiel zu folgen und ließen auf Teilen eines ehemaligen Sportgeländes diesen Tempel errichten. In Größe und Ausstattung steht er den Tempeln in TaiPei und TaiNan in nichts nach, nur verfügt er nicht über deren lange Tradition. Wie alle Konfuziustempel orientiert sich auch dieser im Aufbau an dem „Muttertempel" in ChuFu (Provinz ShanTung, VRC), ist also von einer Außenmauer umgeben, hinter der zunächst ein kleiner Vorpark liegt. Daran schließt sich das Haupttor an, von dem auf den drei anderen Seiten Seitengänge wegführen. Im Hof liegt der eigentliche Tempel, in dem Rhythmusinstrumente untergebracht sind, die nur am Geburtstag des *Konfuzius,* dem 28. September, zum Einsatz kommen. Der Schrein ist sehr schlicht, lediglich eine Kalligraphie erinnert an den großen Philosophen, Staatsmann und Denker.
▲ 5 (Seite 398); geöffnet täglich von 9:00 bis 17:00 Uhr; Stadtbusse WR 10, 11, 40, 46 fahren die ShuangShiLu hinauf.

Der freundliche MiLoFu überblickt die Stadt

PaoHsueSi
宝學寺

Es handelt sich bei dieser buddhistischen Anlage sowohl um einen **Ahnenschrein** als auch um einen **Tempel,** überstrahlt von der 30 m hohen **Statue** des dickbäuchigen *MiLoFu* (Maytreya-Buddha), einer der wichtigsten Figuren des Buddhismus. Links von der Statue befindet sich ein Ahnentempel mit drei großen Boddhisatvas, links davon die Ahnenhalle mit hunderten von Urnen. Der kleine Pavillon in der Mitte des Areals ist *TiChungHuang,* dem Boddhisatva mit dem Stab gewidmet, der Pavillon ganz links dem Boddhisatva *YunAnKe,* dargestellt mit einer Blume in der Hand.

▲ 3 (Seite 398); vom Konfuziustempel folgt man der ShuangShihLu geradeaus bis zur Fußgängerüberführung und biegt hier links (nicht scharf links) in die ChienHsingLu ein zur No. 140. 300 m rechts liegt hier der buddhistische Tempelkomplex PaoChueSi. Stadtbusse WG 6, 14, 16, 17 (31, 38) fahren zurück zum Hbf.

ZuRan KeHsue PoWuKuan
自然科學博物館

Das **Museum der Naturwissenschaften** besteht aus mehreren Teilbereichen, von denen das eigentliche Museum den wichtigsten Bereich darstellt. Von der Vor- und Frühgeschichte bis zur modernen Gesellschaft werden alle wichtigen Sektoren, etwa aus Botanik, Zoologie, chinesischer Technikgeschichte, Ureinwohner, Meeresbiologie und Medizin, sehr lebendig dargestellt, immer wieder aufgelockert durch kleine Spielereien wie „Tierstimmen erraten" oder „mechanische Modelle bewegen" wird beinahe spielerisch vermittelt. Alle an den Exponaten angebrachten Erläuterungen sind nur in chinesischer Sprache vorhanden. Für englischsprachige Touristen wird ein tragbares Computertelefon (50 NT$) mit ca. zweistündigem Text angeboten. Je nachdem, wo man sich gerade befindet, drückt man die entsprechende Nummer und bekommt die englischen Erklärungen. Eintritt 100 NT$, ein kompletter Rundgang über die drei Etagen dauert mindestens eine Stunden.

An das Museum angeschlossen ist ein **Space Theatre,** in dessen Kuppelhalle Vorführungen über Planetensysteme laufen (Eintritt extra: 100 NT$), sowie eine Art 3-D-Kino mit wechselnden Effekt-Vorführungen zum Thema Naturwissenschaften (Eintritt extra 70 NT$). Alle Teile können einzelnen besucht werden. Vor allem für Familien mit Kindern ist ein Besuch äußerst empfehlenswert.

Ⓦ 6 (Seite 398); 1 KuanChienLu, Tel: 04-3226940), Stadtbus WG 106 (bester) hält kurz vor der Museums-Allee (rechts) in der TaiChungKangLu, Orientierungspunkt ist der große „Century-Tower" (Haus Nr. 201) auf der linken Straßenseite mit den goldfarbenen Fenstern. Geöffnet täglich außer montags von 9:00-17:00 Uhr. Ferner fahren WG 22, 48, 107, 135 und WR 22, 37, 38, 45, 46, 48 hierher.

KaTuoLi LeYuan
卡多里樂園

Am nordöstlichen Stadtrand am Fuße der TungShan-Hügel wurde vor wenigen Jahren ein **Vergnügungspark** mit Fahrtgeschäften und einem kleinen Zoo errichtet. Die größte Attraktion ist eine Looping-Schienenbahn, vor deren Benutzung ein gutes Frühstück angeraten sei.

Der Nordwesten

● 15 (Seite 396); 2 TungShanLu Sec 2, Tel: (04)-2391598; geöffnet 9:00-17:30 Uhr, an So./Fe. 8:30-18:00 Uhr. Eintritt 100 NT$, beste Stadtbusse sind die Linien WR 21, 31 und GW 12, 6; dies scheinen viele Busse zu sein, sie fahren aber relativ selten. Um überhaupt einen zu erwischen, stellt man sich am besten auf die Brücke der ChungChengLu, auf der Linien beider Gesellschaften nebeneinanderliegen und man somit größere Chancen hat, zügig einen Bus zu erreichen. WG fahren südlich, WR nördlich von der Brücke aus gesehen.

**ChengMinHsin
LeYuan**
成民新樂園

Direkt neben dem KaTuoLi-Park liegt ein weiterer *Vergnügungspark,* kombiniert mit einem Schwimmbad. Neben einer Wasserrutsche gibt es Schiffschaukeln, verschiedene Fahrtgeschäfte und Restaurants.

●80 TungShanLu Sec 2, Tel: (04)-2392565; geöffnet 9:00-17:30 Uhr, Eintritt 280 NT$.

**TungShan
WenChuan**
東山溫泉

Direkt gegenüber von KaTuoLi (↗ oben) liegt ein *Heiße-Quellen-Hotel* am Rande des TungShan-Berges. Die schwefelhaltigen Quellen sind aber nur im Hotel selbst zu genießen.

●Die Anschrift lautet: TienLi TaFanTian, 77 TungShanLu Sec 2, Tel: (04)-2392411, die Zimmerpreise liegen zwischen 1430 und 3080 NT$.

TungShanLeYuan
東山樂園

Von KaTuoLi knapp 2 km weiter entlang der Hauptstraße stadtauswärts liegt einer schönsten *Parks* TaiWans, der TungShan LeYuan. Er ist deshalb so empfehlenswert, weil er nicht (wie so oft) nach europäischen, sondern chinesischen Vorbildern angelegt worden ist. Die weltbekannten, malerischen Landschaften von Kui-Lin (GuiLin) und YenSi (beide auf dem Festland) werden hier auf dem TungShan nachempfunden. Hauptattraktion ist ein (in dieser Art weltweit größter) Drache, der eine Wasserfontäne speit und sich um eine 15 m hohe KuanYin-Statue windet. Zahlreiche Wanderwege über Brücken, Gewässer, und Pavillons sowie einige hübsche Fahrtgeschäfte ergänzen den Park.

● 17 (Seite 396); 151 TungShanLu Sec 2, Tel: (04)-2391435; geöffnet 8:30-17:30 Uhr, Eintritt stolze 450 NT$. WR 31 und WG 12 halten direkt am Eingang. Es empfiehlt sich, diesen Park als erstes (vor KaTuoLi) zu besuchen, da man zu Fuß leichter bergab zum KaTuoLi-Park laufen kann (20 Minuten) als umgekehrt.

YuFoSi
玉佛廟

Auf halbem Weg zwischen dem TaKen-Kreisverkehr und dem KaTuoLi-Park liegt der interessante *schamanistische Tempel* YuFoSi, eine jener recht seltenen Stätten, die nicht in einen buddhistischen oder taoistischen Tempel konvertiert wurden. Der Hauptschrein zeigt mehrere lebensgroße Krieger, im Zentrum der Kriegsgott *KuangTi.* Die Gläubigen tragen hier gelbe Gewänder (eigentlich buddhistisch), betreiben aber auch das Orakelknochenwerfen (taoistisch). Der Tempel ist besonders dann gut besucht wenn die politische Stimmung zur VRChina sich verschlechtert wie nach den Raketen-Tests nahe vor den taiwanesischen Inseln im August 1995 oder während der großen militärischen Übungen der Kommunisten im März 1996 in der TaiWan-Straße.

Prunkvoller Hauptschrein des KuangTiKung

Der Nordwesten

♠ 14 (Seite 396); die Stadtbusse WR 21, 31 halten am Fuß des Tempels, von hier aus sind es je zehn Gehminuten zum Kreisverkehr (bergab, Anschluss zum YaKe HuaYuan) beziehungsweise zum KaTuoLi-Park (bergan).

aKe HuaYuan
哥花園

Dieser Garten ist bei Einheimischen ein Renner, wird bei westlichen Touristen aber vermutlich auf weniger Interesse stoßen. Im Prinzip handelt es sich um einen großen **Schlosspark** im europäischen Stil, ohne Schloss, dafür aber mit musikalisch unterlegten Wasserfontänen-Shows, die nach Eintritt der Dämmerung zusätzlich farbig beleuchtet werden. Zum Park gehören auch ein (schon eher interessanter) *japanischer Garten* sowie ein **Vogelbeobachtungs-Garten.**

★ 2 (Seite 398); Encore Gardens, 141 ChuYenChie, Tel: (04)-2391549; Eintritt 350 NT$, abends kommen 80 NT$ „Stromzuschlag" hinzu. Stadtbus WR 2 pendelt zwischen City und Garten, WG 60 fährt von der Stadtbushaltestelle über den kleinen TaKen-Kreisverkehr hierher, so dass man hier nach dem Besuch einer der TungShan-Parks zusteigen kann. Zu Fuß von KeTuoLi zum YaKe HuaYuan sind es etwa 40 Minuten (drei km).

Unterkunft

TaiChung ist ein wichtiger verkehrstechnischer Knotenpunkt. Bei vielen Ausflügen in das taiwanesische Bergland ist es schwer möglich, die Stadt zu umgehen. Unterkünfte gibt es in allen Preis-/Güteklassen. Die meisten der aufgeführten Unterkünfte der unteren Kategorien liegen in Gehnähe zum Hbf., die besseren erfordern eine Taxifahrt vom Flughafen oder vom Bahnhof.

華興旅社	Φ*HuaHsing LuShe**, 138 FuHsingLu Weg 5, Tel: (04)-2225776, mit 250 NT$ billigste Möglichkeit, schmuddelig.
建成旅社	Φ*ChieCheng LuShe**, 10 ChienKuoLu, 125 Hsiang (links vom ChungChou LuShe), Tel: (04)-2222497, 350 NT$ ohne und 450 NT$ für DZ mit Bad.
南北大旅社	Φ*NanPei TaLuShe**, 186 ChienKuoLu, Tel: (04)-2230386, DZ 450 NT$, zentral und o.k., neben Crown-Hotel.
中洲旅社	Φ*ChungChou LuShe**, 129 ChienKuoLu, Tel: (04)-2222711, DZ 300 NT$, ziemlich heruntergekommen, aber zentral und billig.
第一旅社	Φ*TiYi LuShe**, 51 ChiKuangChie, Tel: (04)-2222205, 400-500 NT$, wesentlich besser, Traveller-Treff, aber 10 Minuten vom Hbf. entfernt.
東成旅社	Φ*TungCheng LuShe**, 14 ChungShanLu, Tel: (04)-2225001, DZ 450 NT$; mit 30 Zi. brauchbarstes Hotel der unteren Klasse.

Alle nachfolgenden Hotels bieten DZ mit A/C und TV, sind sauber und ruhig.

花園大旅社	Φ*HuaYuan TaLuShe***, 45 ChungChengLu, Tel: (04)-2225056, DZ 600 NT$.
集賢大飯店	Φ*ChiHsien TaFanTian***, 17 ChungShanLu, 7. Etage, Tel: (04)-2291171, DZ 700 NT$.
華宮大飯店	Φ*HuaKung TaFanTian*** *(Palace)*, 6 ChungShanLu, Tel: (04)-2224081, ab 550-780 NT$.
永都大飯店	Φ*YungTou TaFanTian***, 10 FuHsingLu, 149 Hsiang, Tel: (04)-2228350, direkt nach der Unterführung an der rückwärtigen Bahnhofsseite. DZ 600-850 NT$.
雙十大飯店	Φ*ShuangShi TaFanTian****, 35 ShuangShihLu, Tel: (04)-2263118.
富春大飯店	Φ*FuChun TaFanTian****, 1 ChungShanLu, Tel: (04)-2283181, angeblich Zi. ab 530 NT$, sind aber selten bis nie zu haben, normal: 900 NT$
南華大飯店	Φ*NanHua TaFanTian****, 133 FuHsingLu, Tel: (04)-2231061, 650-1000 NT$
樂俯大飯店	Φ*LoFo TaFanTian****, 89 ChienKuoLu, Tel: (04)-2297181, ab 600 bis 1200 NT$.
王冠大飯店	Φ*WangKuan TaFanTian***** *(Crown)*, 184 ChienKuoLu, Tel: (04)-2292175, ab 900-1300 NT$, sehr empfehlenswert.
達欣達飯店	Φ*TaHsin TaFanTian***** *(Plaza)*, 180 ChienKuoLu, Tel: (04)-2293191, ab 700-1700 NT$.
巧合達飯店	Φ*ChiaoHe TaFanTian***** *(Chance)*, 163 ChienKuoLu, Tel: (04)-2297161, 900-1100 NT$.
復興大飯店	Φ*FuHsing TaFanTian*****, 3 ChungShanLu, Tel: (04)-2225005.
宝島大飯店	Φ*PaoTao TaFanTian******, 27 ChungShanLu, Tel: (04)-2226701.
雙星大飯店	Φ*ShuangHsing TaFanTian,****** 158 FuHsingLu, Tel: (04)-2261811.
5 雙十路	●*Hotel Palmer********, Φ5 ShuangShihLu, Tel: (04)-2296151-60.
1 0 0 復興路	●*Arira-Hotel********, Φ100 FuHsingLu, Tel: (04)-2235838.
臺中大飯店	Φ*TaiChung**********, 152 TzuYuLu, Sec. 1, Tel: (04)-2242121.
1 7 公園路	●*Park-Hotel**********, Φ17 KungYuanLu, Tel: (04)-2205181.
6 臺中港路	●*Evergreen Laurel**********, Φ6 TaiChungKangLu, Tel: (04)-328998●
4 3 1 大亞路	●*Plaza International**********, Φ431 TaYaLu, Tel: (04)-2956789.
2 5 7 臺中港路	●*Hotel National**********, Φ257 TaiChungKangLu, Sec. 1, Tel: (04)-3213111.

Verpflegung

- Für taiwanesische – oder ganz asiatische – Verhältnisse nahezu einmalig dürfte die ChingMingLu Sec 1 sein: eine gut 100 Meter lange **Fußgängerzone** mit beinahe europäisch anmutenden Straßencafés; nicht billig, aber selten (auf Höhe des Museums der Naturwissenschaften/Hotel National 100 Meter weiter auf der ChungKang stadtauswärts, dann links in die JingCheng/JingMingLu).
- Einheimische und ausländische Studenten empfehlen das **Denver-Restaurant** (4 KuanChienLu, Tel: 327287) mit westlichen Snacks und Speisen.
- Die schnelle **einheimische Küche** befindet sich überall in den Straßen des Zentrums, **Selbstverpfleger** finden gute Supermärkte in den großen Kaufhäusern.
- Natürlich sind auch in TaiChung westliche **Fast-food-Ketten** zahlreich vertreten.
- Der umfangreichste **Nachtmarkt** findet im Bereich nördlich des Kanals zwischen KuangFuLu, ChangHuaLu und MinChuanLu statt.

Information

In der 216 MinChuanLu, 4. Etage liegt eine Filiale der nationalen TI, Tel: (04)-2270421. Es scheint niemand im Haus von deren Existenz zu wissen, Hinweisschilder gibt es auch keine. Ferner weiß man dort nichts über TaiChung, dafür sehr viel über TaiPei – eine sehr sinnvolle Einrichtung!

Institutionen
警察

- 14 (Seite 398); **Polizei:** MinShengLu/Ecke SanMinLu, hier Visaverlängerung, Tel: (04)-3273875.

郵局
醫院

- ✉ 17 (Seite 398); **Post:** MinChuanLu/Ecke ShihFuLu.
- **Krankenhäuser:** TaiChung-Hospital, ✚ 13 (Seite 398); 199 SanMinLu Sec. 1/Ecke MinChuanLu, Tel: (04)-2222506. China Medical College Hospital, 95 HsueShiLu, Tel: (04)-2052121. TaiChung Veterans General Hospital, 160 ChungKangLu, Sec. 3, Tel: (04)-3592525.

銀行

- **Banken:** Bank of TaiWan, ✪ 26 (Seite 398); 140 TzuYuLu Sec. 1 sowie ICBC, ✪ 12 (Seite 398); 216 MinChuanLu.

大學

- **Universität** (Möglichkeit zum Sprachstudium): FengChia-TaHsue, 100 WenHuaLu, Tel: (04)-2522250.

Unterhaltung und Einkäufe

- Neben dem TaiChung KungYuan liegt ein öffentliches **Schwimmbad,** welches in drei Schichten täglich (einmal vormittags, zweimal nachmittags) geöffnet ist. Während der kühleren Monate von November bis März ist es ganz geschlossen.
- **Kneipen:** Eine sehr hübsche und gemütliche, halboffene Kneipe befindet sich in der 21 ChungShanLu. Bier ist recht teuer (80 NT$), aber Softdrinks und Snacks recht günstig.

Die landesweit vertretene Kette *Pig & Whistle* im britischen Pub-Stil unterhält eine Filiale in der Φ394 YingTsaiLu, geöffnet täglich von 11:30 bis 03:00 Uhr. Sehr nett und stilvoll eingerichtet (und auch günstiger) ist die Bierkneipe in der Φ21 ChungShanLu. Für alle Anhänger der Bierkultur ist der *Frog Pub* (ChingWa) in der Φ105 HuaMei HsiLu, Sec. 2, ein Muss. Die bis 02:00 Uhr geöffnete Kneipe bietet eine nützliche Anschlagtafel mit privaten Anzeigen, Wohnungsangeboten usw., vor allem aber bayrisches Bier.

Sehr beliebt und empfehlenswert ist auch das Restaurant **Luigi,** gegründet von einem waschechten, wohlbeleibten und geschäftstüchtigen Italiener (Φ392 HuaMeiLu). Hier gibt es nicht nur erschwingliche original-italienische Pasta, im Verlauf des Abends wird auch gute Musik gespielt und Luigi greift gelegentlich selbst zur Mandoline, was die Stimmung zum Überschäumen bringt.

3 9 4 英才路

2 1 中山路
0 5 華美路

9 2 華美路

Der Nordwesten

文心路四段

In der ΦWenHsinLu, noch gut 1500 m nördlich des Konfuzius-Tempels, liegt das Rotlichtviertel TaiChungs, aber auch zahlreiche Bierstuben, die in TaiChung aus dem Boden schießen wie nirgendwo sonst. Entlang der Sec. 4 liegen Dutzende von guten Bierbars.

● Leider gibt es in TaiChung kaum klassische Nachtmärkte. Für Einkäufe sucht man am besten eines der **Kaufhäuser** (s. Stadtplan) auf.

中山路４９巷

● Computerfreaks werden in der ChungShanLu, Φ49 Hsiang ein Schnäppchen machen können; hier liegen zahlreiche **Computershops** mit günstigen Preisen in unmittelbarer Nachbarschaft.

● Auf dem **Stadtmarkt** einen Block südlich vom Überland-Busbahnhof/ Südost werden zahlreiche Alltagsgegenstände und viele kleine, nützliche Utensilien wie Wäscheleinen, Nähzeug, Werkzeug, Geschirr usw. feilgeboten.

１２５中正路
３０２臺中港路

● **Bücher und Zeitschriften** in englischer, teilweise auch deutscher Sprache findet man bei ChungYang ShuChu, Φ125 ChungChengLu oder Dun-Huang ShuChu, Φ302 TaiChungKangLu, Sec. 1 (nahe Mc Donald's).

An-/Abreise

Luftweg

TaiChung als drittgrößte Stadt TaWans und Zentrum des Westens ist gut in das **nationale Flugnetz** eingebunden. Flüge von/nach TaiPei und Kao-Hsiung gehen etwa alle halbe Stunde, ebenso nach MaKung, TaiTung und HuaLien – einer der schwierigsten Verbindungen über das zentrale Bergland hinweg. Ein Flug ist allerdings aufgrund der hervorragenden Busverbindungen (♪) nur sinnvoll, wenn man sehr wenig Zeit hat oder terminlich gebunden ist.

● Der lokale **Flughafen** liegt im nordwestlichen Stadtteil HsiTunChu und wird von der WG 36 (ab Stadtbus-Haltestelle) alle 20-30 Minuten bedient. Taxis kosten etwa 200 NT$. Der ehemalige Luftwaffenstützpunkt der US-Air Force während des Vietnam-Krieges ist auch heute noch ein wichtiger Militärflughafen der R.o.C., die hier den ersten taiwanesischen Abfangjäger testet; dementsprechend stark wird der Flughafen von Militärs frequentiert.

● Diese **nationale Gesellschaften** fliegen von/nach TaiChung:
TaiWan-Airlines, 4-2 TaiChungKangLu Sec. 2, Weg 9-11, 3.Etage, Tel: (04)-3232901.
EVA-Air, ShuiNan-Flughafen, Tel: (04)-4257630.
Formosa Airlines, 100 MinHangLu, Tel: (04)-2454236 und
Great China Airlines, ebenfalls 100 MinHangLu, Tel: (04)-4257630.

● **Preisbeispiele:** TaiPei 1023 NT$, HuaLien 1975 NT$, MaKung 109 NT$, KinMen 1420 NT$, KaoHsiung 1184 NT$. Man beachte, dass Flüge nach HuaLien trotz kürzerer Distanz ab TaiChung wesentlich teurer sind als beispielsweise nach KaoHsiung.

● **Internationale Flüge** gehen nicht direkt ab TaiChung, allerdings haben einige internationale Gesellschaften Büros für Buchungen oder Flugrückbestätigungen eingerichtet:
China Airlines, 160 TaiChungKangLu Sec. 1, Tel: (04)-3204718
Cathay Pacific, 239 MinChuanLu, 8. Etage, Tel: (04)-3212999.
Japan Asia Airlines, 393 TaiChungKangLu, Sec. 1, Tel: (04)-3217700
Delta Airlines, 185 MinChuanLu, 10. Etage, Tel: (04)-2250371.
Lufthansa, 367 ChungKangLu, Tel: (04)-3294321.

Bahn

In TaiChung stoppen alle Züge, die die Westküste entlang fahren. Einige Züge enden hier auch, so dass „lediglich" noch jeweils etwa 55 Züge nach Norden (KeeLung, TaiPei) und Süden (TaiNan, KaoHsiung) fahren.

● Einige **Preisbeispiele:** KeeLung 234-450 NT$, TaiPei 199-384 NT$, TaoYuan 166-318 NT$, ChungLi 154-295 NT$, HsinChu 104-206 NT$,

ChiaYi 118-225 NT$, TaiNan 190-366 NT$, KaoHsiung 244-430 NT$, PingTung 270-477 NT$, HuaLien 430-828 NT$, TaiTung 621-1196 NT$.
- Der **Bahnhof** ist verhältnismäßig klein und sehr stark überlaufen, lange Schlangen vor den Schaltern sind die Regel. Man sollte auf jeden Fall spätestens einen Tag vor der Abfahrt ein Ticket kaufen. Im Bhf. selbst gibt es keine Gepäckaufbewahrung, rechts außen auf der kleinen Straße zwischen Bhf. und Bbhf. befindet sich ein 24-Stunden Aufbewahrungsservice, zu erkennen an der englischen Beschriftung.

Bus

Nicht weniger als ein halbes Dutzend Überlandbusstationen und zwei Stadtbusgesellschaften lassen die Suche nach dem richtigen Bus auf den ersten Blick schwierig erscheinen. Glücklicherweise liegen alle Stationen zentral und in Gehnähe vom Hbf.
- *Langstrecke/Nord (national):* TaiPei von 5:30-23:20 Uhr alle 20 Minuten (289 NT$), KeeLung 7:30, 10:30, 11:50, 12:50, 15:40, 18:00, 19:20 und 20:30 Uhr (324 NT$), CKS-Airport ab 6:30 alle 30-40 Minuten, 16 x tgl. (256 NT$), TaoYuan 19 x tgl. alle 50-60 Minuten (203 NT$), ChungLi von 5:40-21:30 Uhr 25 x tgl. (179 NT$), HsinChu (via MiaoLi) 6:00-21:30 Uhr alle 20-30 Minuten, TanShui 9:00, 13:30, 18:10 Uhr, YiLan/LoTung (via KuKuan, LiShan, WuLing-Farm, ChiLan; umsteigen in LoTung 10 km vor Yi-Lan) 8:00 und 14:00 Uhr, RiYuehTan zwischen 8:00 und 16:30 Uhr vier Busse tgl. (wechselnde Zeiten), ShuiLi 7:05 bis 18:25 Uhr alle 40-60 Minuten, HuaLien (via KuKuan, LiShan, TaYuLing, TienHsiang) 7:00 bis 9:30 Uhr 3 x tgl. (wechselnde Zeiten). Rechts vom Hbf., blausilberne Busse.
- *Langstrecke/Süd (national):* KaoHsiung 34 x tgl. (davon acht nur an So./Fe., 289-343 NT$) zwischen 5:30 und 22:40 Uhr, TaiTung 8:20, 22:00 und 22:40 Uhr (zusätzlich 12:30 und 14:40 Uhr an So./Fe., 561-792 NT$), PingTung zwischen 6:40 und 21:30 Uhr 22 x tgl. (davon sieben nur an So./Fe., 306-377 NT$), TaiNan 6:00 bis 21:30 Uhr 40 x tgl. (davon zehn nur So/Fe, 193-267 NT$), ALiShan 8:10 und 13:00 Uhr (311 NT$), ChiaYi 6:20 bis 21:50 Uhr alle 20 Minuten (136 NT$), HengChun 8:10 und 15:30 Uhr (496 NT$). Durch die Fußgängerunterführung, hinter dem Hbf., blausilberne Busse.
- *Überland/Südwest (regional):* ChangHua (41 NT$), LuKang (69 NT$) und ChiaYi werden hier von der **ChangHua KeYun** mit weiß-blaugrauen Bussen angefahren. Hinter dem Hbf., gleich neben der nationalen Südstation (sieht wie ein Geschäft aus) und auch am nordwestlichen Ende der Stadtbushaltestelle WG (Haltestellenschild in blaugrau). Die WG 102 fährt ebenfalls bis ChangHua.
- *Überland/Südost (national & regional):* HsiTou 7:10, 8:40, 12:20, 12:40, 16:00, 16:30, 17:00 Uhr, acht zusätzlich an So./Fe. ErShui 10:20, 11:30, 16:50, 17:50 Uhr. ShanLinHsi wurde eingestellt. NanTou 6:40 bis 23:00 Uhr 22 x tgl. (69 NT$). PuLi 6:00 bis 22:40 Uhr alle 20-40 Minuten (120 NT$). ShuiLi 6:00 bis 21:20 Uhr 20 x tgl. (127 NT$). Auch RiYueTan (171 NT$) wird von hier bedient (3 x tgl. direkt plus alle ShuiLi-Busse). Dieser Busbahnhof liegt in der ShuangShihLu/Ecke NanChingLu (braunsilberne Busse, die privaten verschiedenfarbig). Die Tickets gelten nur für die Busse der jeweiligen Gesellschaften, die Preise variieren untereinander (je schneller, desto teurer).
- *Überland/Nord-Nordost (FengYuan KeYun-Gesellschaft):* MiaoLi (124 NT$, 6:20 bis 18:20 Uhr etwa alle 50-60 Minuten), FengYuan (34 NT$), KuKuan (139 NT$, 6:35 bis 18:00 Uhr 16 Busse tgl.). Vor dem FuChun Hotel gegenüber vom Hbf., weiß-gelbe Busse.
- *Stadtbusse:* In TaiChung haben zwei Busgesellschaften den Markt unter sich aufgeteilt, was leider nicht unbedingt kundenfreundlich ist. Zum einen

Der Nordwesten

sind die Stadtfahrten mit 15-18 NT$ (zu zahlen in passenden Münzen beim Einstieg) teurer als in den meisten anderen Städten (12 NT$), zum anderen fahren die Linien der beiden Gesellschaften bei gleicher Nummer völlig unterschiedliche Strecken. Das bedeutet, man muss immer Gesellschaft und Nummer kennen, um den richtigen Bus zu finden. Glücklicherweise unterscheiden sich die Busse der beiden Gesellschaften farblich voneinander. Die *TaiChung KeYun* fährt weiße Busse mit grünen Streifen, die *RenYou KeYun* weiße Busse mit roten Streifen, und – Glückes Geschick – auch die Haltestellenschilder sind in den jeweiligen Firmenfarben gehalten. Zur Vereinfachung im Text wird den Linien ein *„WG"* für „weiß-grün" und ein *„WR"* für „weiß-rot" vorangestellt. Auch hier gilt, wie in anderen Großstädten mit Stadtbussen, dass die wenigsten Linien direkt vor dem Ziel halten. Allerdings sind fast alle größeren Straßen auch mit lateinischer Umschrift beschildert, die Orientierung fällt längst nicht so schwer wie in TaiPei. Die Stadtbusse halten überwiegend beiderseits der LeChuanLu (lange Haltestelle entlang zweier Blöcke in der Straßenmitte), einige „WG"-Busse halten zusätzlich auch direkt gegenüber vom Hbf. Direkt hinter dieser Haltestelle fährt eine weitere Privatgesellschaft Non-Stop TaiPei und KaoHsiung an.

Moped

Ein Mopedverleih befindet sich schräg gegenüber der Gepäckaufbewahrung/nahe Hbf. (✍). Nur der Shop an der Ecke verleiht Mopeds, die anderen Stände bieten lediglich Parkplätze an; 500 NT$/Tag kostet der fahrbare Untersatz.

Zwischen TaiChung und TaiPei

月美育樂世界

YuehMei YuLe ShiJie (YueMei-Vergnügungspark)

15 km nördlich von TaiChung im *Örtchen HouLi* wurde von den Architekten der Disney-World TaiWans größter Freizeitpark aufgebaut, der YueMei-Vergnügungspark. Künstliche Wellenanlagen, echte amerikanische Raumschiffe und vieles mehr wird auf den 30 Hektar großen und laufend erweiterten Areal geboten; geöffnet tgl. 9:00-21:00 Uhr, Tageskarte 700 NT$, Kinder 200 NT$, unter 90cm frei.
● Am einfachsten ist die *Anfahrt per Bus* vom Überland-Bbhf. Nord/Nordost (gegenüber Hbf) in TaiChung.

苗栗

MiaoLi (Keimling-Kastanie)

Der MiaoLi-Distrikt wird von Touristen meist nur durchfahren, um die begehrten Ziele in Zentral-TaiWan zu erreichen; wer mehr Zeit zur Verfügung hat, könnte auch in MiaoLi einen Stop einlegen, um einige interessante Punkte der näheren Umgebung zu besuchen.

Shangarila-Paradies

Von offiziellen Stellen wird das sogenannte Shangarila-Paradies in *ChiaoChia,* einem der Vororte MiaoLis (zu erreichen am besten per Bahn ab MiaoLi, in ChiaoChia beschildert), häufig empfohlen. Das Projekt ist erst teilweise fertiggestellt, aber bereits zugänglich. Es handelt sich hier unter anderem um einen *europäischen Ho garten* mit „königlicher" Fontäne und einem **Hakka-Dorf,** in dem auch traditionelle Produkte dieser frühen chinesischen Siedler vertrieben werden. Für westliche Augen eine eher seltsame sino-europäische Stilmischung.

MingTeShuiKu

Eine weitere Oase der Ruhe findet man am **MingTe-Stausee** am Stadtrand. In der Umgebung des Dammes wächst der landesweit berühmte MingTeCha-Tee, die Hänge rundum sind in sattes Grün gebettet. Die MiaoLi KeYun-Buslinie fährt ab MiaoLi hierher, ein Rundgang um den See dauert allerdings einen ganzen Tag (ca. 30 km). Die Ostseite ist besonders sehenswert, da das Tal an dieser Seite noch in ursprünglichem Zustand belassen wurde.

TungHsiao

Einer der besseren **Strände** der Westküste liegt beim Dorf Tung-Hsiao, hinter dem Bahnhof. Der größte Sandstrand Zentraltaiwans lädt zum Krabbensammeln, Bodysurfen und Faulenzen ein. Die Anreise erfolgt am einfachsten von MiaoLi aus mit der Bahn.

Unterkunft

高賓大旅社

● In der Nähe des Busbahnhofes gibt es ein einfaches Hotel: Φ **KaoPin Ta-LuShe,** 116 ChungChengLu, Tel: (037)-260268, mit sehr einfachen Zi. für 400 NT$. Aus dem Bbhf. erst 100 m links, dort geht rechts die Chung-ChengLu ab.

Am Strand sowie am Stausee kann ohne weiteres gezeltet werden.

An-/Abreise

● **Bahn:** MiaoLi liegt an der Haupt-Nordsüdachse zwischen HsinChu (♪) und TaiChung (♪), rund 50 Züge gehen täglich in beide Richtungen, so dass man spätestens alle 45 Minuten in die gewünschte Richtung weiterkommt.
● **Bus:** Von/nach HsinChu fährt nur die MiaoLi KeYun (Preise und Zeiten ♪ HsinChu). Von/nach TaiChung: alle halbe Stunde Busanschluss bei der ChungHsing KeYun und der FengYuanKeYun-Busgesellschaften (direkt, via FengYuan). Der Busbahnhof beider Gesellschaften befindet sich (aus dem Hbf. blickend) geradeaus, nach knapp 100 m auf der linken Seite.

獅頭山

ShihTouShan (ShīToúShān, Löwe-Kopf-Berg)

Anfang des 20. Jh. meinte ein Reisbauer in der Ebene, der Shih-TouShan-Berg ähnele aus einem bestimmten Blickwinkel einem liegenden Löwen – seither heißt der 642 m hohe Berg „Löwenkopfberg". Mit seinen zahlreichen Klöstern auf und am Berg liegt hier eines der buddhistischen Zentren TaiWans. Doch während Fo-KuangShan bei KaoHsiung eine Art buddhistischer „Universität" darstellt, wird hier am ShihTouShan das **Klosterleben** in die Praxis umgesetzt. Einige der Gärten und Felder gehören den Klöstern und werden von den dortigen Nonnen und Mönchen bewirtschaftet. Auch Touristen stehen einige der Gebäude offen, sogar Übernachtungen mit Vollpension sind möglich.

Ein reiner Tagesausflug mit einer interessanten drei- bis vierstündigen **Wanderung** ist problemlos machbar. Der Weg beginnt an der Bus-Endstation links die steile kleine Straße hinauf zum

Der Nordwesten

3 km entfernten **Kloster YuanKuangSi** kurz unterhalb des Gipfels. Der Weg ist einfach, aber der Anstieg überbrückt etwa 400 Höhenmeter; im Sommer kann es drückend schwül und der Gang anstrengend werden. Hinter dem Kloster führt rechts eine (befahrbare) Straße hinunter, der Fußweg setzt sich geradeaus die Treppe hinunter fort. Scharf links hinter dem YuanKuangSi führt ein Pfad zum eigentlichen **Gipfel** (die beiden Tore sind nicht verschlossen). Zurück an der Gabelung (die steile Treppe hinunter) sind es rund zwei km zum Ausgangstor und dann nochmals drei km um den EMeiHu herum bis EMei, wo man dem Bus bereits wieder zusteigen kann.

Um nicht wieder zum Startpunkt zurücklaufen zu müssen, sollte man daher vor dem Aufstieg am Eingangstor geradeaus weitergehen zur **ShuiLian-Grotte,** einem hübschen in den Felsen gebauten buddhistischen Tempel, an dem ein Bach durch eine von wildwachsenden Pflanzen und Bäumen überwucherte Schlucht fließt. Die Stufen zum Tempel beginnen nach etwa 300 m entlang der Straße linker Hand (Hinkelstein).

Unterkunft

Eine der Hauptattraktionen des ShiTouShan ist die Möglichkeit, hier für eine oder mehrere Nächte in einem der Klöster zu bleiben – eine einzigartige Gelegenheit, das **Klosterleben** hautnah zu erfahren. Gäste sind jederzeit willkommen, müssen sich aber den Spielregeln anpassen. Dies bedeutet in erster Linie, dass rein vegetarisch gegessen wird, dass ab etwa 20:00 Uhr Ruhe herrscht und dass Männer und Frauen getrennt schlafen. Preistafeln gibt es keine, es wird auf „Spendenbasis" abgerechnet. Für Vollpension sollte man etwa 800 NT$ ansetzen, wer nur Abendessen und Frühstück möchte,

Liegender Buddha am Safaripark

勧化堂
元光堂
靈霞堂
Verpflegung

An-/Abreise

kann 50 NT$ abziehen. Insgesamt ein guter Preis, vor allem auch, weil die vegetarische Küche der taiwanesischen Klöster berühmt ist. Noch ein Tipp: Wer etwas vom Essen zurückgehen lässt, macht sich ernsthaft unbeliebt, da Verschwendung im Buddhismus tabu ist.

●Die Φ*ChuanHua*, Φ*YuanKuang* und Φ*LingHsia-Klöster* nehmen Reisende auf, am empfehlenswertesten ist das YuanKuang-Kloster aufgrund der höchsten Lage mit der besten Sicht.

Neben den Klosterküchen gibt es Snacks und kühle Getränke in den kleinen Läden am Weg.

●Direktverbindungen *per Bus* bestehen keine, Umsteigen in ChuTung ist unvermeidlich. Sowohl von HsinChu (♫, alle 10-15 Minuten) als auch von ChungLi (♫, alle 20-30 Minuten) ist ChuTung allerdings sehr gut zu erreichen. Von hier aus fahren tgl. um 6:20, 10:00, 12:20, 15:35 und 17:00 Uhr sowie an Sonn- und Feiertagen zusätzlich auch um 8:40 Uhr Busse zum Eingangstor am Fuß des Berges (40 NT$). Vom Tor zurück Abfahrt um 7:15, 10:55, 13:15, 16:30 und 17:55Uhr (So./Fe. zusätzlich 9:35 Uhr).

Die Fahrzeit von ChungLi nach ChuTung beträgt ca. 45 Minuten (von HsinChu ca. 30 Minuten), von ChuTung zum Tor nochmals eine gute halbe Stunde.

六福村野生動物園

LeoFoo LeYuan (LiùFúLèYuàn, Safari- und Abenteuerpark)

Dieser Tierpark ist ein *Freilandgehege* für afrikanische Großtiere wie Elefanten, Löwen, Giraffen, Zebras, aber auch indischer Tiger. Am Eingang zum Park wartet man nach Kauf der Tickets auf einen Tourbus, der rund 30 Minuten durch die einzelnen Gehege fährt; eine (chinesischsprachige) Begleitperson erläutert die Einzelheiten zum Park und zu den Lebensgewohnheiten der Tiere.

Im Eingangsbereich gegenüber der Kasse befindet sich der größte liegende *Buddha* (Nirwana-Position) TaiWans. Er misst rund 20 m und wurde durch Spenden errichtet, um den Park und seine Besucher zu schützen. Der LeoFoo-Safaripark ist täglich von 9:00 bis 16:30 Uhr geöffnet.

Direkt an den Safaripark angeschlossen liegt eine der neuesten Freilandattraktionen TaiWans, der *LeoFoo-Abenteuerpark.* Er erinnert mit seinen Baumstamm-Wasserrutschen, der nachgebauten „China-Town" und anderen Fahrtgeschäften stark an das Phantasialand bei Köln. Das Kompletticket kostet 650 NT$ Eintritt (Kinder 350 NT$), der Park ist täglich von 10:00 bis 19:00 Uhr, im Juli und August von 9:00–21:00 Uhr geöffnet.

●Zu *An- und Abreise* ♫ HsiaoRenKuo, ChungLi und TaoYuan.

小人國

HsiaoRenKuo (XiăoRénGuó, Klein-Mensch-Land)

Das „Land der kleinen Menschen" erinnert irgendwie an Swifts „Gulliver", dokumentiert aber auch die nach wie vor existierende Trauer TaiWans um den Verlust der großen Sehenswürdigkeiten und Kulturgüter Chinas. Vom Kaiserpalast in Peking über die große Mauer bis hin zur CKS-Gedächtnishalle wurden chinesische und

Der Nordwesten

Mini-Präsidentenpalast nebst Parade im HsiaoRenKuo

taiwanesische **Bauten und Landschaften im Maßstab 1:25** nachgebildet. Vor dem „Parlament" von TaiPei werden gar elektrisch angetriebene Militärparaden mit Soldaten und Fahrzeugen abgehalten, selbst der CKS-Flughafen wurde mit rollenden Flugzeugen aufgebaut. Während die anderen Nachbildungen sehr detailgetreu sind, fehlt allerdings am TienAnMen, dem Eingangstor zum Pekinger Kaiserpalast, das Portrait *MaoTzuTungs* sowie die Lobpreisungen auf die Volksrepublik und den „großen Vorsitzenden *Mao*".

Auf dem Gelände befindet sich auch eine Vorführungshalle für **Tänze und Darbietungen der Ureinwohner** (im Eintritt enthalten), wer eine solche Aufführung noch nicht anderweitig besucht hat, sollte zumindest diese nicht verpassen. Allerdings wird hier nicht ausschließlich die Kultur der Saysiat gezeigt, die in dieser Region ursprünglich beheimatet waren, auch andere Elemente (der Ami) wurden integriert.

●Der Park ist täglich von 8:30 bis 17:30 Uhr geöffnet und kostet stolze 590 NT$ Eintritt. Im Ticket sind alle kulturellen Aufführungen sowie Bonus Marken für den Verzehr in einem der Restaurants vor Ort enthalten.

An-/Abreise

Sowohl die LeoFoo-Parks als auch HsiaoRenKuo sind sehr leicht von Chung Li, TaoYuan, HsinChu und anderen Städten des Nordwestens aus per Bus zu erreichen (⌂ dortige Anbindungen). Bei Abreise aus TaiWan ab CKS-Flughafen mit einem Abendflug empfiehlt es sich, am Vorabend in ChungLi oder TaoYuan Station zu machen und am Vormittag zumindest einen der Parks zu besuchen. Die einzige Schwierigkeit besteht darin, von den LeoFoo-Park zum drei km entfernten HsiaoRenKuo zu kommen. Man kann die Strecke laufen (eine knappe Stunde), muss aber in der kleinen namenlosen Siedlung unterwegs fragen, da der Weg mehrfach abzweigt und teilweise nicht ausgeschildert ist. Wer sichergehen will, dass er sich nicht verläuft, fahre per Bus zurück (Richtung ChungLi/TaoYuan) ins nahegelegene Dorf LungTan und steige dort in einen Bus zum HsiaoRenKuo (bzw. LeoFoo) um. Die Wartezeit auf den nächsten Bus kann man dort mit einem Besuch des LungTangMiao an der Hauptstraße, einem Taoistentempel an einem See mit Spazierwegen und gelegentlichen Jahrmärkten rund um den See überbrücken.

新竹

HsinChu (XīnZhú, Neu-Bambus)

HsinChu, die Hauptstadt des HsinChu-Distrikts, liegt etwa auf halber Strecke zwischen ThaiChung und TaiPei im Industriegürtel Tai-Wans. Demzufolge sind hier in den Vororten zahlreiche größere Unternehmen angesiedelt, und hier befindet sich auch der nationale Industriepark, eine Art taiwanesische Version des Silicon-Valley, welche man rechter Hand auf der Busfahrt nach ChuTung sehen kann. Mit der örtlichen Nähe geht die enge Zusammenarbeit von Wissenschaft und Industrie einher, die beiden Universitäten (ChiaoTung TaHsue, 100 TaHsueLu und TsingHua TaHsue, 855 KuangFuLu) sind denn auch führend in Wissenschaft und Technik. Im Mai 1999 wurde übrigens die National TsingHua University vom Monatsmagazin „View" zur Universität mit dem höchsten akademischen Prestige TaiWans gekürt. Für den Reisenden bietet sich HsinChu als Ausgangspunkt zum TaPaTianShan und ShiTouShan an, auch LeoFoo und HsiaoRenKuo sowie der CKS-Airport können von hier aus erreicht werden. Die Sehenswürdigkeiten der Stadt liegen alle in Gehnähe des Zentrums.

ChengHuangMiao
成隍廟

Der **Tempelkomplex** ist nur schwerlich als solcher zu erkennen, da zahlreiche Händler hier ihre Verkaufsstände mit Reklame rund um die Tempelmauer platziert haben. Auch im Tempelbereich selbst hat der Vorhof eher Marktcharakter. Die Anlage besteht aus zwei Tempeln, ursprünglich von Taoisten errichtet, wie Dachschmuck sowie Tiger- und Drachenmotive verraten.

Der **rechte Tempel** ist allerdings rein buddhistisch, der Hauptschrein zeigt eine hübsche Buddhafigur, der Altar der Vorhalle die hundertarmige *Kuan Yin*. An den Seitenwänden stehen auf einer Art Felsen heilige Figuren des Buddhismus, alle in orangefarbenen Gewändern. Vor dem Eingang (Mitteltor) sieht man zwei Schnecken aus bräunlichem Stein; die Sockel dagegen sind aus dunklem Gestein. Hier haben früher vermutlich – wie beim linken Tempel auch – Löwen gestanden und wurden später von den Buddhisten durch Schnecken (Symbol der Langlebigkeit) ersetzt, um sich von den Taoisten zu unterscheiden.

Der **linke (taoistische) Tempel,** gewidmet dem Stadtgott *ChengHuang,* enthält neben dem Hauptaltar und dem rückwärtigen Schrein eine Reihe furchterregender Tempelwächter. Mehrfach wachen hier die bekannten Generäle *Fan* und *Hsie* über das Heil

Der Nordwesten

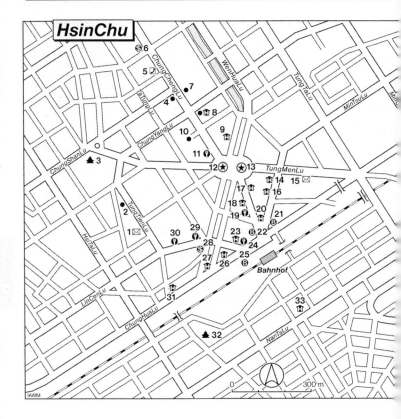

des Tempels, der kleine *Hsie* ist hier mit dunklem Kopf dargestellt.
▲ 3; ChungShanLu/Ecke TungMenLu.

KongTzuMiao

孔子廟

Dieser **Konfuzius-Tempel** gleicht denen von TaiNan und TaiPei im
Aufbau (äußere Mauer, Haupttor, Seitengänge und Haupthalle auf
dem Innenhof) sehr, allerdings ist die Haupthalle mit den Instrumenten verschlossen und wird nur zum Geburtstag des *Konfuzius* geöffnet (28. September). Ansonsten dient der kleine Vorpark älterer
Bürgern das ganze Jahr über als ruhiger Ort zum MahJong-Spiel
▲ 34; 3 Gehminuten vom ♫ Zoo.

HsinChu-Zoo

新竹動物園

Der Zoo von HsinChu ist einer jener Flecken, wo viele Tiere auf be-
mitleidenswert engem Raum gehalten werden. Der Zoo von TaiPei
MuCha ist wesentlich empfehlenswerter, allerdings kann man hier

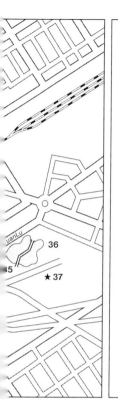

⊠	1	Hauptpost
●	2	kleiner Park
▲	3	ChengHuang Tempel
●	4	Polizei; Visa-angelegenheiten
⊠	5	nation. Telefon-gesellschaft
Ⓢ	6	ICBC Bank
●	7	Stadthalle
🏠	8	YuanTung-Kaufhaus & Chinatrust Hotel
🏠	9	TungCheng Hotel
●	10	Markt
Ⓞ	11	chin. Steakhaus
★	12	TungMen (Osttor)
★	13	CKS-Statue
🏠	14	WanTai Hotel
⊠	15	Post
🏠	16	ChinYan Hotel
🏠	17	Central Hotel
🏠	18	PinCheng Hotel
Ⓞ	19	Chinesische Snacks
🏠	20	HsinKao Hotel
Ⓑ	21	HsinChu KeYun Busbahnhof
Ⓑ	22	MiaoLi Busse
🏠	23	TungPin Hotel
Ⓞ	24	Chinese Fried Chicken

Ⓑ	25	TaiWan KeYun - Langstreckenbusse
🏠	26	ChiLan Hotel
🏠	27	ChuanTai Hotel
Ⓢ	28	Bank of Taiwan
Ⓞ	29	McDonald's & Sunrise-Kaufhaus
Ⓞ	30	Pizza Hut
🏠	31	WuLiu Hotel
▲	32	KuanYin-Tempel
🏠	33	TaKe Hotel
▲	34	Konfuziustempel
●	35	Kaserne
●	36	ChungShan-Park
★	37	Zoo

Der Nordwesten

in HsinChu bei 20 NT$ Eintritt (montags geschlossen) auch nicht mehr erwarten.

Gegenüber des Zoos liegt ein kleiner künstlicher *See* mit zahlreichen riesigen, chinesischen Goldfischen (Symbol für Wohlstand). ★ 37; 297 KungYuanLu.

KuanYinMiao
觀音廟

In diesem *Tempel* wird dem weiblichen Boddhisatva der Barmherzigkeit gehuldigt. Im Vorhof steht rechts ein Ofen zur Verbrennung von (Symbol-) Geld und Briefen an die Ahnen, Tiger und Drachenmotive außen vor dem Eingang sollen die Kraft des Taoismus verdeutlichen. *Kuan Yin* ist hier in prunkvollem Gewand dargestellt und unterscheidet sich daher von den buddhistischen Darstellungen (weiß, stehend mit angewinkelt erhobenem rechten Arm). Der morgens und abends sehr gut besuchte Tempel befindet sich in der Verlängerung der Fußgängerunterführung nach 200 m linker Hand; ▲ 32.

Gegenüber vom Tempel liegt ein kleines tempelähnliches Gebäude, ein altes **Freilichttheater** (taiwanesische Oper) mit einem winzigen Kulissenbild und zwei Türen, hinter welchen sich der Warteraum der Schauspieler befindet.

TungTianChie-Teepark
東天街茶園

Der winzige **Park** in der TungTianChie ist ein beliebter Treffpunkt von Rentnern der Stadt. Hier wird Karten gespielt und Unmengen von Tee in traditioneller Form aus winzigen Tässchen getrunken.

Unterkunft

In der unmittelbaren Nähe des Hbf. befinden sich einige Unterkünfte, Hsin-Chu wird nicht sehr oft von Touristen, wohl aber von Geschäftsreisenden besucht; die Preise sind dementsprechend entweder vergleichsweise niedrig (sehr einfache Unterkünfte), oder aber (bei guten Hotels für Geschäftsreisende) sehr hoch.

大谷旅社
Φ **TaKu LuShe***, 240 NanTaLu, Tel: (03)-5259917,-8,
DZ 400 NT\$, einziges Hotel auf der Bahnhofsrückseite.
Es ist ziemlich unbekannt, aber nicht das schlechteste.

新高旅社
Φ **HsinKao LuShe****, 6 ChungChengLu,
Tel: (03)-5243137, DZ 500 NT\$, etwas laut, aber sehr zentral.

賓成旅社
Φ **PinCheng TaFanTian****, 15 ChungChengLu,
Tel: (03)-5269255, DT 650 NT\$, teure Zi 1500 NT\$, empfehlenswert.

銀川大旅社
Φ **YinChou TaLuShe****, 5 ChungChengLu,
Tel: (03)-5224135, ab 600 NT\$, bessere Zi. bis 1500 NT\$.

中央大旅社
Φ **ChungYang TaLuShe****, 30 ChungChengLu,
Tel: (03)-5224126, DZ 550 NT\$.

萬太大旅社
Φ **WanTai TaLuShe****, 17 MinTzuLu,
Tel: (03)-5254117, DZ ab 600 bis 900 NT\$.

東賓大旅社
Φ **TungPin TaLuShe****, 14 LinShenLu,
Tel: (03)-5223161, DZ 500-600 NT\$.

東成大旅社
Φ **TungCheng TaLuShe*****, 5 FuHouChie,
Tel: (03)-522648, DZ 800-900 NT\$.

金燕大飯店
Φ **ChinYan TaFanTian*****, 13 MinTzuLu,
Tel: (03)-5227151, EZ ab 700 NT\$, DZ bis 1500 NT\$.

芝蘭賓館
Φ **ChiLan PinKuan******, 480 ChungHuaLu Sec. 2, Tel: (03)-5254166.

全泰大飯店
Φ **ChuanTai TaFanTian******, 502 ChungHuaLu Sec. 2,
Tel: (03)-5266012.

五六賓館
Φ **WuLiu PieKuan*******, 560 ChungHuaLu Sec. 2, Tel: (03)-5212856.

中信飯店
Φ **ChungHsin TaFanTian*********** *(Hotel Chinatrust)*, 106 ChungYang-Lu, Tel: (03)-5263181, DZ 2600 NT\$, Suiten bis 10.000 NT\$.

Verpflegung

Neben einer Reihe westlicher Fast-food-Restaurants und chinesischer Plagiate (Chicken House, Steak House) gibt es eine Theke mit warmen Snacks im Supermarkt des Sunrise-Kaufhauses sowie zahlreiche Nudelsuppen- und Snackshops überall im Zentrum. Frische Waren gibt es auf dem Markt in der ChungChengLu.

Information

In der 120 ChungChengLu (3. Etage), Tel: (03)-5233473 bietet eine lokale TI ihre Dienste an, allerdings vorwiegend für das heimische Publikum.

Institutionen

郵局

銀行

警察

- **Post:** ShiChangChie/Ecke WenChangChie, geöffnet 8:30-17:00, Sa. bis 12:00 Uhr.
- **Bank:** Bank of TaiWan, 29 LinSheLu, Tel: (03)-5266161 und ICBC, 129 ChungChengLu, Tel: (03)-5217171.
- **Polizei:** Die Stadtpolizei befindet sich am TungMen-Kreisel, die Distriktpolizei (Visa) in der ChungChengLu/Ecke ChungShanLu,Tel: 03)-5242103.

An-/Abreise

- **Bahn:** Wie alle größeren Orte der Westküste ist auch HsinChu hervorragend an das Bahnnetz angebunden. Nach Norden (TaiPei, teilweise durchgehend bis KeeLung) 3:41-22:45 Uhr und nach Süden 0:01-22:20 Uhr jeweils etwa 70 Züge.

  Preisbeispiele: KeeLung 120-243 NT$, TaiPei 90-180 NT$, TaoYuan 55-114 NT$, ChungLi 48-91 NT$, ChingShui (Westküste) 102-195 NT$, ErShui 239-258 NT$, ChiaYi 224-432 NT$, TaiNan 295-570 NT$, KaoHsiung 352-677 NT$, PingTung 376-724 NT$, TaiChung 108-206 NT$, YiLan 208-399 NT$, HuaLien 324-622 NT$, HsinCheng 328-472 NT$, TaiTung 598-991 NT$.
- **Bus:** Trotz der Größe und der industriellen Bedeutung der Stadt liegen die Busbahnhöfe HsinChus unmittelbar am Hbf., so dass es keine Probleme bereitet, Nah- und Fernziele anzufahren.

  Die Station der **HsinChu KeYun-Gesellschaft** liegt schräg rechts vor dem Hbf., hier hat man Verbindung nach LeoFoo und HsiaoRenKuo (8:25, 9:30, 13:30, 15:35 Uhr für 61/64 NT$), ChungLi alle 10-15 Minuten (101 NT$), ChuTung (NengKaoShan & ShihTouShan) alle 20 Minuten.

  Gegenüber am Kreisverkehr befindet sich ein Haltestellenschild; hier fahren die Busse der **MiaoLi KeYun-Gesellschaft** nach MiaoLi alle 15-25 Minuten.

  100 m links vom Hbf. kommend liegt die **nationale Langstreckenbusstation** mit Anbindung nach KeeLung (alle 60-90 Minuten, 145 NT$), TaiPei (5:50 bis 22:30 Uhr ca. alle 10 Minuten sowie 5:40 bis 22:10 Uhr alle 15-30 Minuten über die Autobahn; 110 NT$), CKS-Airport (ab 9:30 Uhr), TanShui (8:10 und 18:40 Uhr; 125 NT$), PanChiao (neun x tgl. 9:40 bis 19:00 Uhr), TaiChung (6:00 bis 21:00 Uhr ca. alle 20-30 Minuten; 138 NT$), TaiNan (9:00, 11:00, 14:30, 17:50 Uhr; 337 NT$), KaoHsiung (8:00, 11:30, 13:30, 18:10 Uhr; 485 NT$).

中壢

ChungLi (Zhōnglì, Zentral-Trog)

Die kleine Stadt ChungLi, 12 km südwestlich der Distrikthauptstadt TaoYuan, ist ein mindestens ebenso guter **Transitpunkt zum CKS-Airport** wie TaoYuan selbst. Die Verkehrsanbindungen sind ähnlich günstig. Ob man ChungLi oder TaoYuan wählt, ist Geschmackssache, beide Städte verdienen jedenfalls den Vorzug vor TaiPei mit seinem längeren und unberechenbaren Anfahrtsweg zum CKS-Airport.

ChungLi hat ferner den Vorteil einer Direktverbindung zu den LeoFoo-Parks und nach Hsiao RenKuo. Außerdem gibt es in ChungLi überraschend viele Hotels und dennoch, verglichen mit TaoYuan, relativ wenige Touristen. Die meisten lassen sich wohl vom Namen „CKS-Airport/TaoYuan" nach TaoYuan locken, gerade im Mittelklassebereich besteht ein breites und günstiges Zim-

Der Nordwesten

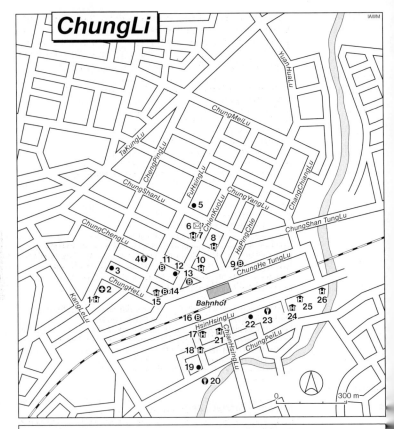

🏠	**1**	ChungLi Hotel
✚	**2**	RenShin Spital
●	**3**	Polizei
●	**4**	Wendy's
●	**5**	Supermarkt m. Warmtheke
✉	**6**	Post
🏠	**7**	LienChun Hotel
🏠	**8**	FuLung Hotel
Ⓑ	**9**	Nahverkehrsbusse (LeoFoo, HsiaoRenKuo)
🏠	**10**	PaoShan Hotel
Ⓑ	**11**	Nahverkehrsbusse/Nordwest (CKS-Flughafen)
●	**12**	Straßenbäckerei
Ⓑ	**13**	Nahverkehrsbusse/Süd (HsinChu)
Ⓑ	**14**	Langstrecken-Bbhf
🏠	**15**	LaiChu Hotel
Ⓑ	**16**	Busse nach ShiMen & TaHsi
🏠	**17**	AiAi, TaHsiang & HsinHsin Hotels
🏠	**18**	ChuChu Hotel
●	**19**	Supermarkt
� **20**		chin. SB-Rest. & Manabe-Café
🏠	**21**	YingShan Hotel
●	**22**	Wäscherei
♉	**23**	chin. Schnellimbiss
🏠	**24**	TangPiao Hotel
🏠	**25**	FuPao Hotel
🏠	**26**	TungTi, PieShe & MingShi Hotels

merangebot. Die Stadt ist eine relativ moderne „Wohnstadt", die Industrie dagegen hat sich mehr bei TaoYuan angesiedelt. Die Stadt
selbst bietet nichts Interessantes, aber wer am Ende seiner Tour
noch etwas Zeit hat, kann von hier aus leicht den Löwenkopfberg,
TzuHu, ShiMen, LeoFoo oder HsiaoRenKuo besuchen.

Unterkunft

親親大旅社   ✿*HsinHsin TaLuShe**, 110 HsinHsingLu, Tel: (03)-4588980,
sehr einfach, 450 NT$.

大亨賓館   ✿*TaHsiang PinKuan**, 114 HsinHsingLu,
Tel: (03)-4582568, ab 500 NT$.

櫻山大旅社   ✿*YingShan TaLuShe**, 134 HsinHsingLu,
Tel: (03)-4589056, ab 450-600 NT$.

愛愛大旅社   ✿*AiAiTaLuShe***, 116 HsinHsingLu,
Tel: (03)-4572166, haben Zi. von 600-800 NT$.

渤海樓大旅館   ✿*PoHaiLou TaLuKuan***, 18 ChungShanLu, Hsiang 228,
Tel: (03)-4222197, DZ 650 NT$.

連春旅社   ✿*LienChun LuShe***, 52 ChungPingLu,
Tel: (03)-4225156, DZ 650 NT$.

宝山大旅社   ✿*(Bao)Shan TaLuShe***, 16 ChungChengLu,
Tel: (03)-4223284, DZ 650 NT$. Empfehlenswert.

福隆大旅社   ✿*FuLung TaLuShe****, 16 ChungPingLu,
Tel: (03)-4222182, altes Hotel, andere bei gleichem Preis besser.

住住賓館   ✿*ChuChu PinKuan****, 48 TungHsiangLu, 2. Stock, Tel: (03)-4574385.
東帝位客棧   ✿*TungTi WeiKeChan****, 250 HsinHsingLu, Tel: (03)-4573152.
名什賓館   ✿*MingShi PinKuan****, 242 HsinHsingLu, Tel: (03)-4574533.
富堡大旅社   ✿*FuPao TaLuShe*****, 198 HsinHsingLu,
Tel: (03)-4222183. 980-1880 NT$.

賓士賓館   ✿*PinShe PinKuan*****, 256 HsinHsingLu, Tel: (03)-4595466.
來去大飯店   ✿*LaiChu TaFanTian*****, 180 ChungHeLu,
Tel: (03)-4253107, DZ ab 630 NT$ bis zu 1600 NT$

當代旅館   ✿*TangDai LuKuan******, 5 HsinHsingLu, Weg 196, 2-6 Etagen,
Tel: (03)-4595006, 1300-2000 NT$.

中壢大飯店   ✿*ChungLi TaFanTian******, 645 YanPingLu,
Tel: (03)-4224168. DZ zu gleichen Preisen.

Der Nordwesten

Verpflegung

● *Wendy's* neben der TaoYuan KeYun-Station an der ChungChengLu bie-
tet eine „Salat-Bar" für 188 NT$ (eat as much as you can).
● *SB-Restaurants, Snacks* und *Straßenstände* sowie kleine Super-
märkte liegen rund ums Zentrum.
● Ein sehr guter *Supermarkt* befindet sich in der 51 ChungPeiLu, ein wei-
terer in der ChungShanLu/Ecke FuHsingLu.
● Sehr gemütlich und stilvoll, allerdings auch etwas teurer ist das *Manabe
Tee & Kaffeehaus* in der 62 ChungPeiLu.

Institutionen

郵局
警察
醫院

● *Post:* 80 ChienKuoLu, geöffnet 8:00 bis 17:30 Uhr, Sa. bis 12:00Uhr.
● *Polizei:* 607 YanPingLu
● *Krankenhaus:* RenShin-Hospital, 643 YanPingLu.

An-/Abreise

Die verkehrstechnische Lage ChungLis (noch im Pendelbereich von TaiPei,
aber am Rande des Industriegürtels ein begehrtes Wohngebiet) bedingt
eine ausgezeichnete Anbindung sowohl zu den nahegelegenen Attraktionen
des Nordwestens, zum CKS-Airport wie auch nach TaiPei.

●***Bahn:*** 04:20-23:20 Uhr 93 Züge nach Norden, spätestens alle halbe Stunde fährt einer. Rund um die Uhr 90 Züge nach Süden, die meisten enden in KaoHsiung.

Preisbeispiele: KeeLung 81-155 NT\$, TaiPei 47-89 NT\$, TaoYuan 14-23 NT\$, ErShui 213-409 NT\$, TaiNan 343-660 NT\$, KaoHsiung 397-765 NT\$, PingTung 421-813 NT\$, ChiPen 572-1101 NT\$, TaiTung 593-1141 NT\$, TaiChung 154-296 NT\$, YiLan 162-311 NT\$, SuAo 205-277 NT\$, HsinCheng 258-497 NT\$, HuaLien 277-534 NT\$, TaiTung 468-901 NT\$, ShuiLi 244 NT\$. Vor allem von/nach TaiPei ist die Bahn (maximal 45 Minuten) dem Bus vorzuziehen.

●***Bus:*** ChungLi hat insgesamt nicht weniger als fünf Busstationen im Zentrum, alle dicht beieinanderliegend (⌖ Stadtplan). Von der **Nahverkehrsstation „Ost"** fahren Busse zum HsiaoRenKuo (stündlich, 41 NT\$), Shi-Men-Damm (etwa stündlich, 53 NT\$) und den LeoFoo-Parks (44 NT\$), nach HsinChu (alle 10-20 Minuten, 64 NT\$) sowie ChuTung (⌖ Löwenkopfberg; alle 10-20 Minuten)

Von der **Station „Südwest"** (HsinChu KeYun) pendeln Busse zwischen ChungLi und HsinChu (82 NT\$).

Von der **nationalen Langstreckenstation** fahren alle 40 Minuten Busse nach TaiChung (179 NT\$), KaoHsiung ab 07:25 Uhr stündlich (516 NT\$),

Unterhaltung in einer Kleinstadt (ChungLi)

TaiNan 08:15 und 15:35 Uhr (die Busse nach KaoHsiung fahren auch über TaiNan), PingTung 15:20 Uhr (552 NT$ via TaiNan, KaoHsiung), ChiaYi 4 x tgl. (308 NT$), KeeLung (116 NT$) alle 20-30 Minuten, TaiPei alle 5-10 Minuten ab 05:40 Uhr (62 NT$).

Die ***Nahverkehrsstation „Nord"*** (TaoYuan KeYun-Station) bedient TaYuan ***(CKS-Airport,*** etwa halbstündig ab 7:00), TaoYuan, PanChiao. Außerdem halten hier die Sonderbusse (direkt) von TaoYuan nach Tai-PingShan, ShangPaLing, HsueShan, ALiShan und Löwenkopfberg (Shi-TouShan), allerdings zu unregelmäßigen Terminen, meist 14-tägig am Samstagen. Das aktuelle Programm steht groß in der Halle angeschrieben, zu erkennen an den (arabischen) Ziffern des aktuellen Monats und den (arabischen) Ziffern der Abfahrtstages.

Schließlich die ***zweite Nahverkehrsstation „Ost"*** auf der Rückseite des Hbf. (Unterführung rechts vor dem Bhf.) mit Verbindungen nach TaHsi (31 NT$), ShiMen (41 NT$) und auch TaoYuan (21 NT$).

大溪

TaHsi

TaHsi ist ein kleiner, aber für Ziele im Nordwesten sehr bedeutender Transitpunkt. Es besteht praktisch keine andere Transportmöglichkeit für einen Besuch von TzuHu oder PaLing. Andererseits gibt es kaum Unterkünfte und auch keine Direktverbindung zum CKS-Airport, so dass TaHsi kaum als „Endstation" einer Tai-Wan-Rundreise vor dem Abflug in Frage kommt, für diesen Zweck liegen TaoYuan oder ChungLi wesentlich günstiger.

Sehenswert sind in TaHsi vor allem das im traditionellen Stil gebaute ***Stadttor*** sowie die ChungShanLu, die ehemalige ***Prachtstraße*** mit alten Wohn- und Geschäftshäusern. Von diesen Gebäuden stehen zwar lediglich noch die Fassaden, diese geben aber einen guten Einblick in den Baustil des frühen 20. Jahrhunderts; eine Rarität auf TaiWan. Aus der TaoYuan-Busstation kommend geht man geradeaus (rechts liegt die Parallelstraße zum Stadttor), an der Kreuzung nach 50 m rechts, die nächste Abzweigung links ist die ChungShanLu.

Der Nordwesten

Unterkunft

TaHsi hat nur ein kleines Hotel (aus dem Stadttor rechts, nach 150 m auf der linken Straßenseite) in direkter Nähe des nationalen Busbahnhofs. Eine Übernachtung ist ausschließlich dann zu empfehlen, wenn man den sehr frühen 6:30 Uhr Sonn-/Feiertagsbus nach PaLing (⌀ NCIH/PaLing) nehmen will:

山宮旅館

Φ***HsienKung TaLuShe,*** 57 HsinYiLu, Tel: (03)-3883126, DZ 650 NT$ - 2 Minuten von der TaiWan KeYun-Station.

An-/Abreise

●TaHsi hat zwei Busstationen; die ***nationale TaiWan KeYun,*** aus dem Stadttor (HsinYiLu) blickend zweimal rechts, hat alle 20 Minuten Anbindung nach TaiPei sowie nach PaLing um 6:30, 7:30 (dieser nur So/Fei.), 8:50, 10:10, 11:20, 12:30, 14:15, 15:30 und 16:30 Uhr (halten auch in TzuHu).

Die Busse der ***TaoYuan KeYun-Station*** fahren etwa viertelstündlich nach SanHsia (31 NT$), TzuHu (18 NT$), ShiMen (23 NT$) sowie ChungLi (31 NT$) und TaoYuan (35 NT$). Die Station liegt am Ende der westlichen (ins Stadttor kommend rechten) Parallelstraße des Stadttores.

Stadttor von TaHsi

茲湖

TzuHu (CíHú, Gütiger-See)

TzuHu wäre vermutlich ein völlig unbedeutendes Dorf im nordwestlichen Hügelland geblieben, hätte nicht der „Landesvater" und
langjährige Präsident der R.o.C., **ChiangKaiShek** (zur Biographie ↗ CKS-Gedächtnishalle, TaiPei), hier seine **vorläufige letzte Ruhestätte** gewählt. Vorläufig deshalb, weil er testamentarisch
verfügt hat, nach der Wiedervereinigung mit China aufs Festland
umgebettet zu werden. Ein letzter, genialer Zug des „Generalissimus", da sein letzter Wille eine moralische Verpflichtung für seine
Nachkommen darstellt und sein Lebensziel – die Einheit – auch
ohne ihn erreicht werden soll.

Das unauffällige Gebäude am See ist auch für Besucher zugänglich, eine kleine Zeremonie ist damit verbunden. Man wird vor
einem Mitarbeiter hineingeleitet, wobei die Ehrenwachen am To
salutieren – auch bei Ausländern. Anschließend geht man durch
den Innenhof zum Hauptgebäude und wird, erneut in Begleitung
hineingeführt. In dem sonst schlichten Raum ist der Sarg *Chiang*
aufgebahrt, dahinter hängt ein Portraitfoto. Vor dem Sarg steht ei
Blumenschmuck in Kreuzform *(Chiang* trat wegen seiner Heirat m
SungMeiLing zum Christentum über). Es gehört zum Ritual, das
jeder Besucher sich vor dem Sarg verbeugt. Fotografieren ist un
erwünscht und pietätslos. Offiziell wird man nur nach Vorzeigen e
nes Passes/Ausweises eingelassen (vermutlich als Vorbeuge

maßnahme gegen Vandalismus), in der Praxis werden westliche Touristen jedoch formlos durchgewunken.

Zurück am Parkplatz führt rechts über eine Bogenbrücke ein 1500 m langer Verbindungsweg zur **letzten Ruhestätte Chiang-ChingKuos,** dem Sohn *ChiangKaiSheks,* der (*1910) von 1975 bis zu seinem Tode 1988 das Erbe seines Vaters übernahm und erste Reformen einleitete. Die Formalia sind ähnlich wie am Sarge *Chiangs.*

Am Parkplatz vor dem ChiangChingKuo-Gebäude sieht man einen kleinen taoistischen Tempel. Man lasse diesen rechts liegen und folge der Straße zwischen Parkplatz und Tempel 100 m in Richtung Hauptstraße, wo schon von weitem eine Mauer mit Wasserbüffel-Abbildungen erkennbar ist. Bei dieser Anlage handelt es sich primär um einen kleinen **landwirtschaftlichen Betrieb,** der früher vorwiegend Wasserbüffel züchtete, mit zunehmender Technisierung aber zu einem Kultzentrum wurde. Wer meint, in Asien jede, aber auch wirklich jede Form der Glaubensrichtung und Tempelausstattung zu kennen, sollte einmal hier vorbeischauen. Das Areal ist weder eindeutig als Tempelanlage noch als Gutshof identifizierbar. Man meint eher, auf eine Tempel-Persiflage gestoßen zu sein. Der Eingang wird nämlich im pseudotraditionellen chinesischen Stil von auf Perlen ruhenden – Wasserbüffeln gesäumt! Auf dem Gelände befindet sich ein kleiner Tempel, der auf den ersten Blick taoistisch anmutet, aber auch hier machen Wasserbüffel auf Perlen vor dem Eingang stutzig. Erst recht verblüffend ist dann der eigentliche Schrein: Auf dem Opfertisch liegt wieder ein Büffel, dahinter thronen lebensgroß die drei Heiligen der Landwirtschaft, *ShenNung, FuHsi* und *YouTsao.* In diesem originellen schamanistischen Tempel mit taoistischem Einschlag wurden früher angeblich am ersten Tag des Mondmonats im Erntemonat Juli (tierische) Blutopfer gebracht. Vom Garten vor dem Tempel hat man einen hübschen Blick auf das Tal unterhalb TzuHus.

An-/Abreise

● Es gibt keine Direktverbindung mehr **mit öffentlichen Bussen** zu größeren Städten des Nordwestens, Schaltstelle ist die Kleinstadt TaHsi (✍), von wo aus man nach TzuHu (18 NT$) umsteigt. Dies hört sich umständlich an, geht aber recht zügig, binnen einer Stunde ist man von TaoYuan oder ChungLi aus in TzuHu. In TaHsi gibt es zwei Stationen, eine nationale vor dem auffälligen Stadttor sowie die TaoYuan KeYun-Station, von der aus man nach TzuHu und von/nach ChungLi fährt. Von TzuHu zurück kann man jeden Bus Richtung TaHsi nehmen.

● Der Bus hält in **TzuHu** nur an einer Haltestelle an der Hauptstraße kurz vor dem Ortsausgang (zurück gegenüberliegende Straßenseite). Hier gehen man 100 m weiter in Fahrtrichtung und sieht den Parkplatz linker Hand. Das Gebäude dort ist ein Snack-Restaurant, links davon führt der Weg am See entlang zum CKS-Gebäude. Auf der gleichen Seite (Parkplatzmitte) führt eine Brücke zum ChiangChingKuo-Gebäude und dem Tempel.

Der Nordwesten

石門水庫

ShihMen ShuiKu (ShíMén ShuǐKù, Stein-Tor-Wasserspeicher)

Der **Damm** wurde mit Hilfe US-amerikanischer Experten errichtet und war lange Zeit der ganze technische Stolz TaiWans. Für Studenten wurden noch in den 80er Jahren quasi „Pflichtbesichtigungen" von TaiPei aus organisiert, heute ist der ShiMen-Damm nur noch einer von mehreren. Der acht qkm große **Stausee** ist aber nach wie vor als Ausflugsziel beliebt.

So dient das Dammgebiet heute überwiegend den Städtern aus TaiPei, TaoYuan und ChungLi als **Naherholungsgebiet** an Wochenenden und Feiertagen, während der Tourist unter der Woche nahezu verloren am See steht.

In der Nähe der Zufahrt liegt der **Asien-Vergnügungspark** (YāZhou LèYuàn), ein völlig überteuerter kleiner Rummelplatz. Der Eintritt in das Damm-Gebiet beträgt 50 NT$ (Fahrzeuge extra), der zum Asien-Vergnügungspark 450 NT$.

Unterkunft

Der Stausee ist ein beliebtes Wochenendziel taiwanesischer Jugendgruppen und Wochenendausflügler. Dementsprechend wurden zwei Campingplätze für erstere und einige teure Hotels für letztere errichtet. Der Durchreisende wird es kaum für notwendig erachten, hier eine Nacht zu verbringen, da man einerseits alles erlaufen (bzw. mit dem Taxi fahren), andererseits den Damm und TzuHu zusammen leicht an einem Tag von TaoYuan oder ChungLi aus besuchen kann. Wer mit Gepäck zu Fuß laufen will, muss berücksichtigen, dass es vom Eingang hoch zum Stausee sehr steil bergan geht

● Zwei Campingplätze* liegen am See, beide am anderen Ende des Sees und daher für Fußgänger unerreichbar; eigenes Zelt mitbringen.

雲霄大飯店

Φ **YunHsiao TaFanTian***, Tel: (03)-4712111,
DZ 2500-3000 NT$, liegt einigermaßen günstig.

湖濱大飯店唯
芝麻大飯店

Φ **HuPinTaFanTian****, Tel: (03)-4883883, DZ ab 2200 NT$.
Φ **ChiMa TaFanTian*****, Tel: (03)-4712120, DZ 3900 NT$.

An-/Abreise

● Es gibt drei Möglichkeiten, zum Damm zu gelangen. Direktverbindungen existieren **von/nach ChungLi** (41 NT$), allerdings nur bis zum Dorf TaPing etwa 1500 m vor dem Parkeingang. Der Bus wendet praktisch, man geht also in die Haupt-Fahrtrichtung weiter, nach 200 m links, dann über die große Brücke bis zum Haupteingang; es zweigen zwar vorher noch Seitenwege zum Damm ab, doch diese werden kontrolliert und verkaufen keine Tickets.

● Eine zweite Busverbindung besteht **von/nach TaHsi** (23 NT$), welche auch als Transferpunkt nach TzuHu (♫) und PaLing (♫) dient. Diese Busse fahren bis kurz vor den Haupteingang, zurück nimmt man dann die Haltestelle auf der rechten Straßenseite.

● Es ist ferner möglich, **von TzuHu** aus (ab CKS-Parkplatz weiter, nicht zurück nach TzuHu) zu Fuß zu gehen. Doch ist die Straße nicht sehr angenehm zu begehen, es sind rund 3 km bis zum Damm und dann noch einmal drei bis zum Eingang. Achtung: es besteht keine Busverbindung von TzuHu zum Damm, man muss zurück nach TaHsi (♫) fahren und von dort einen Bus nach ShiMen-Damm nehmen.

● **Im Park** gibt es keine Busse, so dass auch der Besuch der Hotels und Campingplätze rund um den Damm zu Fuß schwer möglich ist.

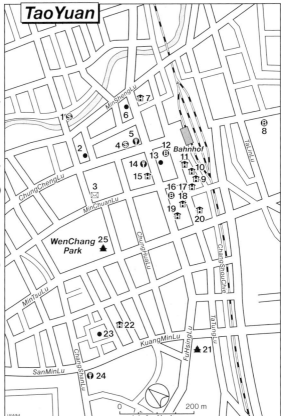

1 ICBC Bank
2 YuanTung-Kaufhaus
3 Post
4 Bank of Taiwan
5 McDonald's
6 Japan Asia Airways
7 Today Hotel
8 Überlandbusse/Ost (TaHsi)
9 Nestle Hotel
10 HanKung und FuShi Hotels
11 YongAn Hotel
12 Überlandbusse/Nord-West (TaoYuan KeYun)
13 Polizei; Visaangelegenheiten
14 Pizza Inn
15 HsinTao Hotel
16 Langstrecken Busbahnhof (TaiWan KeYun)
17 HsingHuaTsun
18 ChuKuo Hotel
19 TaoYuan Plaza
20 HsinHsiuShan
21 MaTzu Tempel
22 TaoYuan Hotel
23 Markt
24 McDonald's
25 MingTe Tempel

Der Nordwesten

TaoYuan (TáoYuán, Pfirsich-Garten)

TaoYuan gehört zum westlichen Industriegürtel TaiWans und ist die Hauptstadt der gleichnamigen Provinz TaoYuan. Rund 35 km südwestlich von TaiPei gelegen, dient die Stadt dem Touristen oft als die letzte Station vor dem Abflug vom CKS-Airport, der 15 km nördlich von TaoYuan bei TaYuan liegt. Von TaoYuan aus können auch bequem einige (Halb-)Tagesausflüge zu nahegelegenen Zielen im Nordwesten TaiWans gemacht werden.

Wer nur noch ein paar Stunden Zeit vor dem Abflug hat, kann in der Stadt über den **Stadtmarkt** in der WenHuaChie schlendern,

425

wo es neben frischem Obst und Gemüse auch zahlreiche Souvenir- und Kleidungsstände gibt. Ferner lohnt sich ein Gang zum **MaTzu-Tempel.** Dieser alte taoistische Tempel zeichnet sich durch aufwändige Holzschnitzereien an der gesamten Rückwand des Hauptschreines aus sowie durch untypische Deckenmalereien, u.a. chinesischer Meerjungfrauen, vor und in der Haupthalle. Beachtenswert ist auch die Dachformation: Sie besteht nicht aus einem kompletten Teil, sondern aus vier kleinen Dächern über Trommel- und Glockenturm sowie Vor- und Haupthalle. Der Tempel liegt an der KuanMingLu/Ecke FuHsingLu (die KuanMingLu wird auf den Straßenschildern teilweise auch als SanMinLu Sec. 3 bezeichnet).

Unterkunft

TaoYuan wird sehr häufig als Stop vor dem Abflug genutzt, dementsprechend gibt es eine Reihe von Unterkünften.

漢宮大旅舘   Φ*HangKong TaLuShe*,* 9 ChangShouChie,
Tel: (03)-3327189, DZ 550 NT$, etwas heruntergekommen.

杏化村大旅舘   Φ*HsingHuaTsun TaLuShe*,* 61 TaTungLu,
Tel: (03)-3323138, DZ 550 NT$.

富士大旅舘   Φ*FuShi TaLuShe*,* 7 ChangShouChie,
Tel: (03)-3324161, DZ ab 550 NT$.

永安旅舘   Φ*YungAn LuShe**,* 37 TaTungLu,
Tel: (03)-3322830, DZ ab 600 NT$ bis 800 NT$.

Altar des schamanistischen Wasserbüffeltempels/TzuHu

新秀山賓館   Φ *HsinHsiuShan PinKuan***, 77 TaTungLu,
Tel: (03)-3323112, DZ 650 NT$.

祝國大旅舍   Φ *ChuKuo TaLuShe****, 66 TaTungLu,
Tel: (03)-3325536, DZ ab 800 NT$.

欣桃大飯店   Φ *HsinTao TaFanTian****, 180 FuHsingLu,
Tel: (03)-3331131. Zimmer zwischen 800 und 1200 NT$.

桃園大飯店   Φ *TaoYuan TaFanTian****, 58 LiChenNanJie, Tel (03)-3356275.

雀巢飯店   Φ *ChueChao FanTian*** (Hotel Nestle)*, 5 ChangShouChie,
Tel: (03)-3365800, DZ ab 860 NT$, die besten Zi. bis 1600 NT$.

今日大飯店   Φ *ChinRi FanTian*****, 81 FuHsingLu,
Tel: (03)-3324162. Bestes Hotel im Zentrum, 1000-1500 NT$.

南華大飯店   Φ *TaoYuan Plaza******, 151 FuHsingLu, Tel: (03)-3379222, 1800-2500 NT$.

假日大飯店   Φ *Holiday******, 269 TaHsingLu, Tel: (03)-3254021, ab 3000 NT$.

中正國紀機場旅館   Φ *Airport-Hotel********, Tel: (03)-3833666. Die DZ beginnen hier bei
120 US$, wobei die Flughafennähe „die halbe Miete" ist!

Verpflegung

●Dass man sich in TaoYuan auf die Abreisenden eingestellt hat, zeigt die
breite Palette westlicher *Fast-food-Restaurants.*
●An chinesischen Essensmöglichkeiten ist neben den üblichen Snacklokalen, Bäckereien und SB-Restaurants im Zentrum der *Markt* in der WenHua-Chie mit Obst, Gemüse, Säften, Entenspezialitäten usw. erwähnenswert.

Information

Eine Filiale des TaiWan Tourism Bureau befindet sich in der 2 ChengKung-Lu Sec. 2, 2. Etage. Kaum jemand kommt allerdings hierher, weil praktisch niemand seine Reise in TaoYuan beginnt. Dementsprechend ist auch das Informationsmaterial am Airport oder in TaiPei wesentlich besser.

Institutionen
銀行
郵局
An-/Abreise

●*Bank:* ICBC, 2 ChengKungLu Sec. 2.
●*Post:* ChengKungLu/Ecke MinChuanLu.

●*Bahn:* In nördliche Richtung bestehen von 4:32 bis 23:19 Uhr alle halbe bis dreiviertel Stunde Verbindungen, nach Süden fahren rund um die Uhr 49 Züge, meist bis KaoHsiung. Insbesondere von/nach TaiPei und von/nach ChungLi empfiehlt sich die schnellere Bahn.
   Preisbeispiele: TaiPei 35-66 NT$, ChungLi 12-24 NT$, HsinChu 60-114 NT$, ErShui 224-347 NT$, TaiNan 356-680 NT$, KaoHsiung 421-787 NT$, TaiChung 406-678 NT$, PingTung 433-837 NT$, TaiTung 456-707 NT$, YiLan 150-334 NT$, SuAo 176-287 NT$, Hua Lien 265-292 NT$, HsinCheng 246-382 NT$.
●*Bus: Langstrecken-Bbhf:* nach KeeLung (94 NT$) alle 20 Min., TaiPei (53 NT$) alle 5-10 Min., TaiChung (205 NT$) 6:20 bis 21:10 Uhr 19 x tgl. alle 50 Min., ChiaYi (330 NT$) 7:40, 9:30, 13:30, 15:30 Uhr. TaiNan (386 NT$) 8:00 Uhr, KaoHsiung (574 NT$, via TaiNan) 7:00-20:00 Uhr stündlich.
   TaoYuan KeYun Überlandbusse/West und Nord: Sonderbusse fahren nur an bestimmten Tagen nach ShangPaLing, TaiPingShan, Löwenkopfberg, ALiShan, HsueShan (alle etwa jeden zweiten Sonntag). Die Daten hierzu stehen über den Bussteigschildern angeschrieben. Wichtigste Linie hier ist der Bus zum *CKS-Flugplatz* (35 NT$, alle 30-40 Minuten). Nach ChungLi (30 NT$) fahren Busse alle 20 Minuten.
   Überlandbusse/Ost: von/nach TaHsi (32 NT$) alle 20-30 Minuten, ShiMen (61 NT$) alle halbe bis dreiviertel Stunde. Achtung: hier hängen noch Schilder der früheren Direktverbindung nach PaLing, diese Linie ist eingestellt, man erreicht PaLing nur noch via TaHsi (⌐).
●*Taxi:* Taxis zwischen TaoYuan und dem Flughafen kosten 500-600 NT$.

Der Nordwesten

PaYang-Fälle bei TienHsiang

Zentralbergland Nord

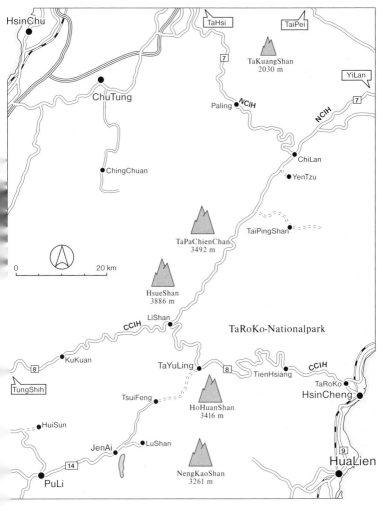

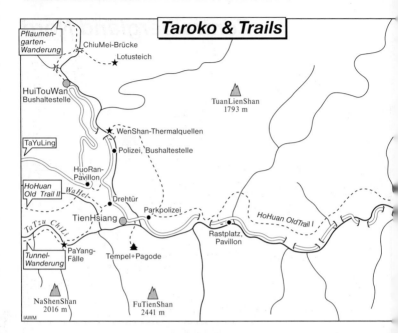

Achtung!!!

Gilt für alle Bergrouten: Seit der **Erdbebenserie** der vergangenen Jahre sind zahlreiche Straßen, erst recht aber Pfade und Wanderwege des Berglandes noch nicht wieder passierbar oder sogar gänzlich zerstört. Der überwiegende Teil der in den Bergkapiteln beschriebenen Gebiete ist wieder hergestellt, vereinzelt kann es jedoch vorkommen, dass eine Straße oder ein Weg noch gesperrt ist. Dies betrifft vor allem den wichtigen CCIH (Central Cross Island Highway) von TaRoKo bis TaiChung, dessen Abschnitt LiShan – TaiChung derzeit noch repariert wird (Umleitung via ⚠ PuLi). Bei den Wanderwegen steht es beispielsweise um den HoHuan OldTrail I (TaRoKo) nicht sehr gut – vermutlich kann er nicht wiederhergestellt werden.

太魯閣

TaRoKo-Nationalpark

TaRoKo (TàiLŭGé)
Central Cross Island Highway

TaRoKo bedeutet in der Sprache der Ami schlicht „schön" und ist sicherlich eine der Hauptattraktionen TaiWans, die man auf keinen Fall versäumen sollte. Für viele Reisende findet hier wieder der ers

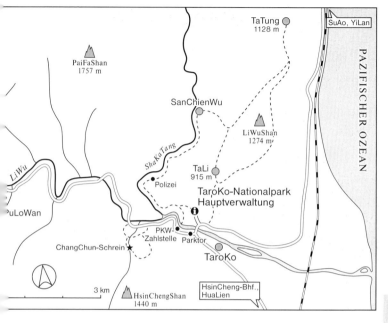

te Kontakt mit der freien Natur statt, vor allem wenn man über Hong-Kong und TaiPei angereist ist und von Menschen, Lärm und Luftverschmutzung die Nase voll hat. Am Eingang der Schlucht, praktisch am Meer gelegen, beginnt der *East-West Coast Highway (TungHsi HengKuan KungLu),* eine unter größten Anstrengungen den Bergen abgerungene schmale Straße, die über TienHsiang, TaYuLing und TungShih nach TaiChung führt und dabei auf der kurzen Distanz von 192 km Höhen von mehr als 2700 Meter passiert.

Beim Bau der Straße wurden immense Marmorvorkommen entdeckt, die ursprünglich kommerziell genutzt werden sollten. Glücklicherweise stellte die Regierung die gesamte Gegend unter Naturschutz. 1960 wurde mit 10.000 Arbeitskräften der Bau dieser Panoramastraße begonnen, die 1964 fertiggestellt wurde.

Das *Örtchen TaRoKo* selbst ist lediglich eine Ansammlung von touristischen Verkaufsständen entlang der Straße, an der ein Tor mit chinesischem Dach den Anfang des „East-West Coast Highways" markiert, an dem sich Ureinwohner in traditioneller Tracht gegen einen Obolus mit dem Besucher fotografieren lassen. Ferner stellt dieses Tor den Eingang zum TaRoKo-Nationalpark dar.

Die meisten Reisegruppen und einheimischen Pkw-Reisenden fahren nach dem obligatorischen Foto des Eingangstores (wahl-

431

ChangChunSi – in die Felsen gebaut

weise mit oder ohne Ureinwohner) bis TienHsiang durch und nach kurzer Pause von dort direkt weiter bis TaiChung.

Entlang des CCIH

Viel empfehlenswerter, zumindest unter der Woche, wenn kaum Verkehr herrscht, ist allerdings der etwa 18 km lange, leichte und trotzdem sehr schöne **Fußmarsch** vom Tor hinauf **nach TienHsiang.**

Nach etwa drei Kilometern (Fußgänger links die alte Straße, nicht rechts den neuen Tunnel nehmen) erreicht man drei Tempel zu Ehren der über 400 Bauarbeiter, die beim Bau der Straße ihr Leben verloren (ChangChunCi, **Tempel des ewigen Frühlings).** Ein kleiner Wasserfall mündet in einen Bach, der mitten durch den untersten der drei Tempel fließt. Links vom Parkplatz führt ein kleiner Pfad zu den Tempeln, der aber leider meist wegen Einsturzgefahr durch ein Eisentor abgesperrt ist. Die anschließende Treppe führt steil am Berg hoch zu den beiden weiteren Tempeln. Oben kann man entweder umkehren oder aber dem Pfad folgen, der über eine Hängebrücke etwa 500 m unterhalb des Parkplatzes zurück zur Hauptstraße führt.

Die stetig ansteigende Straße windet sich weiter durch die herrliche **Marmorschlucht,** deren Wände rechts und links des Flüsschens zum Teil Hunderte von Metern senkrecht hochragen.

Nach etwa sechs Kilometern bietet sich eine Rast im kleinen **Pavillon am HsiTan-Stausee** an. Ein gutes Stück weiter steht ein kleiner Pavillon in der Schlucht, wo Einheimische gerne etwas länger verweilen – angeblich soll dort schon Gold gefunden worden sein.

Nach etwa 15 km passiert man die Gebäude der Parkverwaltung, ehe schließlich der Ort **TienHsiang** erreicht ist. Kurz vor dem Ort führt die Straße durch einen 300 m langen, unbeleuchteten Tunnel – für Fußgänger ist es daher ratsam, die alte Straße außen links vor dem Tunnel zu nehmen. Der Fußmarsch dauert (mit Gepäck) inklusive aller Stops maximal vier bis fünf Stunden. Man kann leicht von TaiPei aus per Zug am Morgen anreisen und bis zum frühen Nachmittag in TienHsiang sein.

Als Ausgangspunkt für den Besuch TaRoKos wird in gängigen Publikationen meistens HuaLien empfohlen, weil von dort Linienbusse durch die Schlucht fahren. Wer die Wanderung plant, kann ebensogut mit dem Zug bis HsinCheng fahren (⌇ An-/Abreise).

Die Erkundung der Schlucht per Bus/Moped/zu Fuß entlang des CCIH (Central Cross Island Highway = East-West Coast Highway) ist die häufigste von Touristen gewählte Variante. Es gibt allerdings noch bessere Möglichkeiten, die allerdings eine gehörige Portion Mut und Ausdauer voraussetzen: Für Kinder und Höhenängstliche sind einige der folgenden Trails nicht zu empfehlen, es geht über zerstörte Hängebrücken und Bergziegenpfade. Hier kann man auch den chinesischen Ausdruck für „Landschaft", *ShanShui* (Berg-Wasser) verstehen lernen.

ShaKaTang-Trail
(= ShenMiKu-Trail) Wenige Hundert Meter hinter dem Parktor zum Taroko-National-
砂卡礑 park liegt rechter Hand an der Hauptstraße ein kleiner Gebühren-
神祕谷 schalter für durchfahrende Kraftfahrzeuge. Hier folgt man dem Pfad hinunter zum LiWu-Fluss, überquert diesen und folgt dem ShaKaTang Gebirgsbach auf der rechten Uferseite (flussaufwärts). Der Pfad ist sehr einfach begehbar, steigt nur geringfügig an und erreicht nach ca. 6 km die alte Attayal-Siedlung **SanChienWu.** Ursprünglich diente der Pfad den Arbeitern der taiwanesischen Wasserversorgung als Kontrollpfad und führt durch beeindruckende Marmorvorkommen und saftig-grüne Vegetation. Von SanChien-Wu aus geht es in einer Spitzkehre nach **TaLi** (3,5 km, s.u.) und weiter hinunter zur Wasserpipeline, von wo aus es noch 500 m zur **Parkhauptverwaltung** sind. 1996 wurde direkt an der Hauptverwaltung ein Pfad auf der nördlichen Uferseite des LiWu gebaut, so dass direkt vom/zum Hauptquartier gewandert werden kann. Auch wenn die Gesamtstrecke nur etwa 12 km beträgt, muss berücksichtigt werden, dass vom Hauptquartier (etwa auf 50 m) bis TaLi auf 915 m einige Höhenmeter überwunden werden müssen.

TaLi-TaTung-Trail
大禮 Nur unwesentlich länger, aber bedeutend anstrengender ist der
大同 TaLi-TaTung-Trail, welcher auch mit dem ShaKaTang-Trail kombiniert werden kann. Startpunkt ist entweder die Treppe an der Wasserpipeline (500 m von der Parkverwaltung an der Hauptstraße am nördlichen Flussufer gelegen) oder die Abzweigung am ShaKaTang-Trail zwischen SanChienWu und TaLi. TaLi (915 m) wie auch TaTung (1128 m) sind noch heute Heimat der Attayal (⌇ WuLai u.

Bergland Nord

Exkurs), deren traditionelle Bau- und Lebensweise hier hervorragend erlebt werden kann. In beiden Siedlungen kann problemlos gezeltet werden (Schlafsack mitbringen!). Der Trail bietet spektakuläre Ausblicke aufs Meer, die TaRoKo-Schlucht und den Schrein des ewigen Frühlings auf der anderen Seite des LiWu-Flusses. Die üppige Flora und Fauna können nahezu ungestört genossen werden, da nur sehr wenige Besucher diesen Weg einschlagen. Man rechne mit rund sieben Stunden für den Trail, wer den ShaKaTang-Trail mit einbezieht, sollte eine Übernachtung in TaTung einplanen.

PuLoWan
布烙彎

3,5 km hinter dem Schrein des ewigen Frühlings zweigt am CCIH links eine steile geteerte Serpentine 100 m hinauf nach PuLoWan, einer neu geschaffenen, kleinen (touristischen) ***Attayal-Siedlung,*** die neben Tanz- und Kulturvorführungen (Vorführung tgl. außer Mo. um 10:00 u. 15:00 Uhr) eine Informationsstelle der Parkverwaltung (geöffnet 8:30-16:30 Uhr) und Übernachtungsmöglichkeiten bietet (Hütten zu je 2 Räumen mit 4 Betten, 1000 NT$ pro Raum; verheerende Taifune haben die Bungalows unbewohnbar gemacht; noch Ende 1998 war nicht absehbar, ob sie renoviert oder eingerissen werden sollen). Attayal-Frauen zeigen hier ihre Webtechniken, weitere interessante Hintergründe zu den Attayal und Ami werden in Diavorführungen (sechs x tgl.) vermittelt. (Siehe auch Exkurse zu den Ami und Attayal.)

Hinter dem runden, hölzernen Vorführungsgebäude führt ein netter Fußweg (690 Stufen) hinunter zum CCIH, an dem auf der gegenüberliegenden Straßenseite der schwierige HoHuan Old Trail beginnt. Der Abstecher nach PuLoWan ist einfach und jedermann zu empfehlen.

HoHuan Old Trail (Teil I)
合歡老行道

Der alte HoHuan-Trail (auch NengKao-Trail genannt) war bis zum Bau des CCIH der Hauptverbindungsweg zwischen den Attayalsiedlungen. Die hier begehbare, etwa acht km lange Teilstrecke auf der nördlichen Seite des LiWu Flusses hoch oberhalb der TaRoko-Schlucht zählt heute zu den archäologisch besonders schützenswerten Strecken in TaiWan, es ist daher empfehlenswert, sich vor dem ***Start in PuLoWan*** über die Begehbarkeit zu erkundigen. Sicheres Schuhwerk und absolute Schwindelfreiheit sind unabdingbare Voraussetzungen für die Tour, Familien mit Kindern oder Höhenängstliche sollten auf diese Strecke verzichten – der Pfad ist schwierig, gefährlich, bietet aber Fotofreunden atemberaubende Motive.

Nach acht Kilometern führt der Hauptpfad links wieder auf den CCIH, rechts kann der Weg bis TienHsiang oder sogar bis zu den heißen Quellen von WenShan fortgesetzt werden.

Achtung: Dieser Trail wurde durch Erdbeben und Erdrutsche stark beschädigt und war zur Drucklegung noch nicht wieder freigegeben.

Information

In TaRoKo (auf der gegenüberliegenden Seite des Flusses an der Brücke) befindet sich die Parkverwaltung mit einem modernen *Visitor-Center.* Hier werden mehrsprachige Erläuterungen zur Schlucht, ihrer Geschichte und den Bewohnern angeboten. In der Cafeteria sind auch (recht brauchbare) Landkarten erhältlich.

Unterkunft

Keine Unterkunftsmöglichkeit in TaRoKo, die meisten Besucher fahren nur durch und übernachten in HuaLien oder TienHsiang. *Wildes Zelten* ist im Naturpark TaRoKo nicht verboten, Auskünfte über geeignete Stellen bei der Touristeninformation im Visitor-Center.

Verpflegung

Außer der Cafeteria im Visitor-Center gibt es an der Strecke keine Einkehrmöglichkeit, erst wieder in TienHsiang. Wanderer sollten vor allem genügend Getränke und eine Brotzeit mitbringen.

An-/Abreise

●*Bahn:* Station HsinCheng, von/nach TaiPei je nach Art und Klasse 370-420 NT$, von/nach HuaLien 35-50 NT$. Zur Schlucht keine öffentlichen Verkehrsmittel außer Taxi: vom Bahnhof HsinCheng zum Tor ca. 100 NT$ pro Taxi, Teilen mit anderen i.d.R. kein Problem. Zu Fuß knapp drei km, aus dem Bahnhof links bis zur Hauptstraße, dort links, das Zementwerk links liegen lassend.

●*Linienbus:* Die Busse aus HuaLien sind recht häufig, gehalten werden kann eigentlich überall an der Strecke, man muss nur dem Fahrer bedeuten, dass man aussteigen will. Von HuaLien bis TienHsiang ca. 50-60 NT$ je nach Busart.

● *Tourbus:* In HuaLien können Touren nach TienHsiang mit mehreren Stops in der Schlucht für etwa 600 NT$ pro Person gebucht werden (♪ HuaLien).

●*Zu Fuß:* vom Bahnhof HsinCheng etwa drei km bis zum Tor, von dort 18 km bis TienHsiang.

天祥

TienHsiang (TiänXiáng, Himmel-glücksverheißend)

Dieser kleine Ort am oberen Ende der TaRoKo-Schlucht ist mit dem Bau der Straße entstanden, also nicht traditionell gewachsen; die einzigen Arbeitsmöglichkeiten bietet der Tourismus. Außer einem kleinen Busbahnhof, einigen Restaurants, einer Post und drei Unterkunftsmöglichkeiten gibt es dort oben nicht viel. An Wochenenden und Feiertagen ist TienHsiang meist überfüllt, eine telefonische Zimmerreservierung ist dann dringend anzuraten. Unter der Woche beschränkt sich der Trubel auf die Mittagszeit, wenn die Tages-Tourbusse aus HuaLian eintreffen, ansonsten herrscht Ruhe, vor allem wenn man sich auf eine Wanderung in die nähere Umgebung begibt.

Leider ist der **Rundweg TienHsiang – Parkverwaltung – Heiße Quellen von WenShan** (WenShanWenQuan) nicht mehr passierbar. (Hinter dem Gebäude der Verwaltung führt ein Pfad in den Wald, der sich bald teilt: rechts ging es hinunter bis zum Rastplatz Richtung TaRoKo, links zu den Quellen.) 1990 war dieser wunderschöne Rundgang (etwa 2 Stunden) noch machbar, seit 1993 wegen eines Erdrutsches nicht mehr. Der Pfad ist mittlerweile zugewuchert und nur noch mit Machete begehbar. Die Chi-

Bergland Nord

435

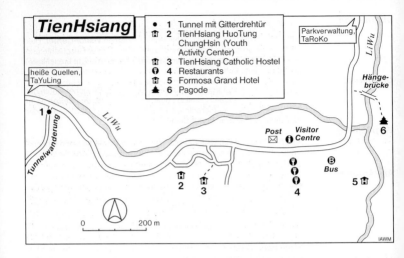

nesen sind keine großen Wanderer, daher sind die Hoffnungen, dass der Weg ausgebessert wird, wohl unbegründet. Der Vollständigkeit halber sei dennoch auf die Möglichkeit hingewiesen.

Tunnelwanderung
白揚瀑布

Interessant, ruhig und wie eine kleine Entdeckungsreise ist der Gang durch die 25 Tunnel der *PaiYang-Fälle.* Für diesen Ausflug sind Regenschutz, Taschenlampe und Getränke unbedingt mitzunehmen. Etwa 1 km von TienHsiang entlang der Straße Richtung TaYuLing sieht man auf der linken Seite den Eingang eines Tunnels, der von einem Eisentor mit Drehtür für Fahrzeuge gesperrt ist. Dieser Tunnel bildet den Auftakt zu einer abwechslungsreichen Wanderung oder einem kleinen Abenteuer. Dem Tunnel und dem gleich links dahinter liegenden Pfad folgend, liegen nach etwa drei Kilometern tosende Wasserfälle linker Hand. Und dann geht es erst richtig los: Der Pfad führt durch 25 Tunnel, die teilweise von natürlichen Wasserkaskaden durchflossen werden und (besonders in der Regenzeit) knietief unter Wasser stehen, an einer kleinen Schlucht mit Gebirgsbach entlang sechs Kilometer weit ins „Nichts". An Autoverkehr ist nicht zu denken, obgleich dieser ungeteerte Weg ursprünglich wohl dazu ausgelegt war. Er führt entlang jenes Baches, der in TienHsiang in den LiWo-Bach mündet.

5 km nach dem Wasserfall stößt man rechter Hand auf eine 1993 fertiggestellte *Hängebrücke,* die jenseits der Schlucht einer Wanderweg bis zur N14 zum LiYuHu bei HuaLien erschließen soll. Wenn dieser Weg fertiggestellt ist, bieten sich phantastische Trekkingmöglichkeiten von TaRoKo über TienHsiang nach HuaLien an. Bisher war der Weg noch nicht frei, die Parkverwaltung fragen!

Der **Tunnel No. 25,** etwa 6 km hinter dem großen Wasserfall, ist durch einen Erdrutsch 1992 in der Mitte zerstört und unpassierbar geworden. Unpassierbar insofern, als nach Aussage einiger Bauarbeiter eine Reparatur oder Umgehung unmöglich und eine Instandsetzung nicht geplant ist. Geübte Kletterer können durch einen Spalt im Tunnel auf dem Erdrutsch den Tunnel durchqueren und den Weg fortsetzen. Der Wanderer benötigt von TienHsiang bis zur Einsturzstelle ca. 3,5 Stunden (einfach), man sollte daher an dieser Stelle den Rückweg antreten.

**WenShan
WenChuan**
文山溫泉

Ein weiterer Höhepunkt in TienHsiang, vor allem während der kühleren Monate oder nach einer anstrengenden Wanderung, ist ein heißes Bad in den **WenShan-Quellen.** Hierzu folgt man dem Highway vom Ort aus etwa drei km vorbei an einer Parkpolizei-Station bis zum dritten Tunnel (gezählt ab TienHsiang). Vor dem Tunnel führt rechts eine Treppe steil hinunter über eine Hängebrücke zum LiWu-Bach und den heißen Quellen. Badeanzug/-hose nicht vergessen! Wer den Bus ab TienHsiang nehmen möchte, steigt an der offiziellen Haltestelle (500 m vor den Quellen) bei der Parkpolizei aus.

**HuoRan-
Pavillon-Trail**
豁然亭

Etwas weiter oberhalb des Einganges zum PaiYang-Trail (ca. 1 km entlang der Hauptstraße) führt links ein unscheinbarer Wanderweg drei km zu einem kleinen **Bergtempel.** Der steile Anstieg zum

Erholung in den heißen Quellen

Bergland Nord

HuoRanTing hat es in sich, der Ausblick entschädigt für die müh-samen 45 Minuten. Der Pavillon liegt am CCIH, welcher sich von TienHsiang hier hinauf windet, es ist daher möglich, mit Gepäck diesen Fußweg zu laufen und erst dann in den Bus Richtung Li-Shan zu steigen. Ein längerer Weg (90 Minuten) zum Pavillon be-ginnt unmittelbar hinter dem Youth Activity Center.

Pagode

Im Ort TienHsiang selbst ist, auf einer Anhöhe gelegen, die **bud-dhistische Klosteranlage** mit der weißen Pagode sehenswert. Vom obersten Stock der Pagode spricht der Ausblick für sich selbst. Die Anlage liegt auf der anderen Seite der Schlucht und ist über die unübersehbare **Hängebrücke** zu erreichen.

Lotusteich- und Pflaumengarten-Trails
蓮花池

梅園

Vier km oberhalb der heißen Quellen von WenShan liegt die klei-ne Siedlung **HuiTouWan,** bei der das CCIH das LiWu-Tal verlässt und steil hinauf über den HuoRan-Pavillon und den heiligen PiLu-Baum bis TaYuLing führt. An der Spitzkehre beim Km-Stein 162 führt ein Fußweg über eine Hängebrücke zu einer Weggabelung.

Rechts über eine weitere Hängebrücke geht es zum **Lotusteich** (weitere 4,5 km) auf 1200 Höhenmetern, dem einzigen echten Bergsee des Taroko-Nationalparks. Hier am See betreiben ehe-malige Armeeangehörige ein kleines Hostel und Obstbau (Pfir-siche und Birnen). Zoologisch Interessierte können Bären, Berg-ziegen und wilde Affen beobachten.

Bei der zweiten Hängebrücke führt der Fußweg geradeaus wei-ter über zwei Hängebrücken zum **Pflaumengarten** (MeiYuan, 3 km) und zur **Bambussiedlung** (weitere 4 km). Auch hier leben überwiegend ehemalige Armeeangehörige vom Obstbau (Pflau-men, Birnen, Pfirsiche), Übernachtungen (Schlafsack mitbringen!) sind jeweils problemlos möglich. Und noch etwas: Das Obst ist hier so frisch und schmackhaft wie sonst nirgends auf TaiWan.

Die Busse von TienHsiang Richtung TaYuLing halten in HuiTou-Wan, man melde sich dennoch rechtzeitig beim Fahrer, da dieser gelegentlich das Halten vergisst, wenn keine Einheimischen aus-steigen wollen.

HoHuan Old Trail (Teil II)
合歡老行道

Durch den vom CCIH auf den PaYan-Trail abzweigenden Tunnel (s.o.) gehend führt gleich dahinter rechts der Fußweg des alten HoHuan-Trails rund 25 km bis zum heiligen **PiLu-Baum** (2300 m ü.N.N.) am CCIH. Dieser Weg ist eine Alternative zur Busfahrt von Ti-enHsiang Richtung TaYuLing (am Baum kann man heraufkommen-de Busse stoppen und von hier aus weiterfahren). Insbesondere auf-grund der zu überwindenden Höhen ist dieser Marsch nur guten Fußgängern zu empfehlen, mit Gepäck sind 8-9 Stunden einzupla-nen. Man rechne nicht damit, hier vielen Passanten zu begegnen!

Information

Im Ort in den Unterkünften, ansonsten auch bei der Parkverwaltung-Außen-stelle (1 km von TienHsiang Richtung TaRoKo, hat auch Karten der Umge-bung) oder dem supermodernen Visitor-Center in TaRoKo.

Unterkunft

天祥天主堂

天祥活動中心

晶華渡假酒店

Φ*TienHsiangTianChuTang (TienHsiang Catholic Hostel)*, DZ 1500 NT$ mit Bad, Do 300 NT$. Tel: (03)-8691203.

Φ*TienHsiangHuoTungChungHsin (TienHsiang Youth Activity Centre)*, Zi. ab 1400 NT$, Do 2800 NT$ für 8 Pers. Tel: (03)-8691111.

Φ*Formosa Grand Hotel*, Luxushotel mit deluxe-Zimmern ab 5500 NT$/DZ, am unteren Ende des Busbahnhofes. Tel: (03)-8691155.

●Hinweis: Telefonische Reservierung ist für die Wochenenden bei allen Unterkünften ratsam.

Verpflegung

●Im *TienHsiang Youth Activity Centre* sowie im **Catholic Hostel** werden drei Mahlzeiten täglich (7:00, 12:00 und 18:00 Uhr) angeboten. Das Essen ist insgesamt gut, Vegetarier sollten allerdings vorher nachfragen, was es gibt, da oft fleischhaltige Speisen ausgegeben werden. Die Preise liegen nach Art und Umfang der Mahlzeit zwischen 60 (Frühstück) und 180 NT$.

●Direkt am Busbahnhof steht eine Reihe kleiner, offener *Restaurants* im Garküchenstil, in denen man sich seine Mahlzeit selbst zusammenstellen kann. Hier sind auch Kleinigkeiten wie Dosengetränke, Kekse und Hefeteilchen erhältlich.

●Heißes Wasser gibt es (kostenlos) in allen drei Unterkünften, Tee und Fertigsuppen können so selbst zubereitet werden.

Institutionen

●*Post:* gegenüber der Restaurants am Busbahnhof, geöffnet von 8 bis 18 Uhr.

●*Polizei:* ca. 2,5 km Richtung TaYuLing befindet sich die Station der Parkpolizei.

●*Parkverwaltung-Außenstelle:* etwa 1 km Richtung TaRoKo auf der linken Seite. Direkt neben der Post liegt eine kleine *Informationsstelle* (Visitor Centre), wo gesperrte Routen und allgemeine Informationen angefragt werden können.

An/Abreise

●*Bus:* von/nach HuaLien ca. 90 NT$, 10 Abfahrten täglich. Von/nach TaYuLing 10 Abfahrten täglich (124 NT$), die Busse fahren weiter über KuKuan bis TaiChung.

●*Zu Fuß:* von/nach TaRoKo etwa 4,5 Stunden (18 km), bergab etwas schneller. Von dort zur Bahnstation HsinCheng noch etwa drei km. Von/nach TaYuLing dem Highway folgend etwa 30 km, dabei Anstieg von 650 auf 2300 Höhenmeter.

●Hinweis: vor der Weiterreise gegebenenfalls Unterkunft für TaYuLing bzw. HoHuanShan telefonisch von der Unterkunft in TienHsiang aus reservieren (lassen)!

大禹嶺山莊

TaYuLing (Große-Yu-Bergkette, DàYüLĭng; Yu = legendärer chin. Urkaiser)

Nach achtstündigem Fußmarsch oder 45-minütiger Busfahrt von TienHsiang erreicht man TaYuLing. Die kleine Siedlung auf 2565 Metern Höhe bietet dem Reisenden – von der überwältigenden Aussicht abgesehen – nichts, was ihn länger hier halten könnte, sie ist aber in zweierlei Hinsicht von Bedeutung. Zum einen gibt es hier seit TienHsiang die erste Übernachtungsmöglichkeit, zum anderen zweigt hier der Weg zum HoHuanShan (Berg der harmonischen Freude) und weiter über TsuiFeng nach PuLi ab. Hundert Meter hin-

Bergland Nord

ter der Bushaltestelle zweigt links (rechts geht der East-West Coast Highway weiter) eine 9 km lange, teilweise geteerte Straße zum SungHsueLou, dem Hotel am Fuß des HoHuanShan, ab.

Diese geht anfangs so steil bergauf, dass man mit Gepäck – je nach Kondition – mindestens drei, im Durchschnitt vier oder mehr Stunden für die atemberaubende, die Baumgrenze passierende Strecke benötigt.

Linienbusse gibt es bislang nicht – sie kommen die Straße nicht hoch, so dass man auf die teuren Privattaxis an der Haltestelle angewiesen ist (500 NT$/Taxi) oder zu Fuß gehen muss. Ein kleines Stück zumindest: Fahrzeuge verkehren hier zwar sehr selten (fünf pro Stunde sind schon viel), aber sofern auch nur ein kleines Plätzchen frei ist, wird fast jeder Fahrer anhalten und kostenlose Mitfahrt anbieten.

Information

Keine offiziellen Einrichtungen vorhanden, hier helfen aber die Einheimischen wie auch die beiden Hostels weiter.

Unterkunft
大禹嶺山莊

Φ *TaYuLingShanChuang (TaYuLing Mountain Resort):* Zi. ab 1000 NT$, Do 250 NT$. Die Einrichtung gehört zum TienHsiang Youth Activity Centre, Reservierungen können in TienHsiang vorgenommen werden, Tel: (04)-25991009.

嘩然山莊

Φ *LuoYin ShanChuang,* an der Straße hinauf Richtung HoHuanShan: Do ab 300 NT$. Neu, nicht staatlich, Tel: (04)-25991173.

Da ein bis zwei Tage am HoHuanShan empfehlenswert sind, ist eine Übernachtung in TaYuLing nur dann sinnvoll, wenn man die Strecke TienHsiang – TaYuLing zu Fuß zurücklegt und HoHuanShan nicht mehr am gleichen Tag erreichen kann.

Verpflegung

Drei Mahlzeiten am Tag gegen Coupon wie im TienHsiang Youth Activity Centre (⌀) auch. Ansonsten ist Selbstverpflegung angesagt. Nudelsuppen sind i.d.R. erhältlich.

An-/Abreise

● *Bus:* 10 Verbindungen täglich auf der Strecke HuaLien – TaiChung. Richtung HuaLien hält der Bus unter anderem in TienHsiang (⌀ , 52-64 NT$), Richtung TaiChung in LiShan (⌀ , 52-58 NT$) und KuKuan (⌀ , 86-98 NT$). Die Haltestelle ist der einzige größere Platz im Dorf und unübersehbar. Nach HoHuanShan besteht noch keine Verbindung.

合歡山

HoHuanShan (HéHuānShān, Harmonie-Freude-Berg)

Das erste Ziel der Besucher ist nicht einer der Gipfel des „Berges der harmonischen Freude" auf 3416 m ü. M., sondern das *SungHsuehLou* (Schnee- und Pinien-Hotel) auf 3100 m als Ausgangspunkt für Bergwanderungen oder (selten) Skiabfahrten. In der Tat steht neben dem Hotel ein alter Skilift, da der HoHuanShan die einzige Gegend TaiWans ist, in der es schneien kann. Wenn dies im Januar und Februar der Fall sein sollte, kann man einen Besuch allerdings getrost vergessen: Halb TaiWan bestaunt dann die Rarität „Schnee", im Hotel kann man vielleicht noch einen Stehplatz zum Aufwärmen bekommen – mehr nicht. Vielen ist der Aus

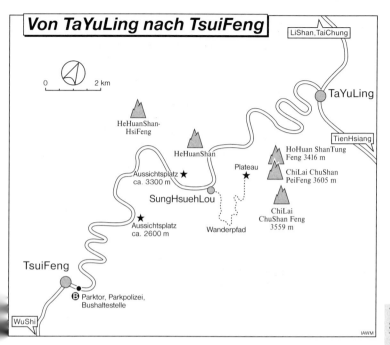

Von TaYuLing nach TsuiFeng

LiShan, TaiChung

0 — 2 km

TaYuLing

TienHsiang

HeHuanShan-HsiFeng

HeHuanShan

HoHuan ShanTung Feng 3416 m

ChiLai ChuShan PeiFeng 3605 m

Aussichtsplatz ★ ca. 3300 m

Plateau ★

SungHsuehLou

ChiLai ChuShan Feng 3559 m

Aussichtsplatz ★ ca. 2600 m

Wanderpfad

TsuiFeng

Ⓑ Parktor, Parkpolizei, Bushaltestelle

WuShi

IAWM

Bergland Nord

flug zum SungHsuehLou zu anstrengend, das Hotel steht, besonders unter der Woche, oft völlig leer. Der Betreiber ist ein netter, uriger alter Chinese aus TsingTao (QingDao), der ehemaligen deutschen Kolonie in Nordostchina (bis 1918). Er kam 1949 im Gefolge von ChiangKaiShek nach TaiWan und freut sich besonders über Besucher aus Deutschland. Gelegentlich auch im Sommer, erst recht aber im Winter fallen die Temperaturen des Nachts bis unter den Gefrierpunkt. Die Zimmer der oberen Etage sind sehr teuer, bieten aber auch offenen Kamin und rustikales Mobiliar.

An trockenen Tagen bietet das Zusammenwirken von eiskalter, sauberer Luft, stahlblauem Himmel, gelbgrünen Bambuswäldern und steingrauen Berggipfeln ein Farbenspiel, wie es die kitschigste Postkarte oder der Begriff „Kaiserwetter" nicht treffend genug wiedergeben können. Gleiches gilt für den spektakulären Sonnenaufgang oberhalb des „Wolkenmeeres", aus dem die kahlen Berggipfel glutrot angestrahlt emporragen.

Am Skilift rechts hinter dem Hotel führt hangabwärts ein Schotterweg zu den Wanderpfaden der Umgebung. Hält man sich auf diesem stets links, dem Schild MoShuiTiMuWu (Holzhütte zum versteinerten Tintenfass) folgend, wird nach etwa eineinhalb Stunden ein **Plateau** erreicht, welches eine prima Aussicht auf die Straße nach TaYuLing und die umliegenden Gipfel bietet. Richtung Straße blickend liegen rechter Hand von Nord nach Süd **Ho-HuanShan TungFeng** (Ostgipfel, 3416m), **ChiLai ChuShan PeiFeng** (Nordgipfel, 3605m) und **ChiLai ChuShan Feng** (Hauptgipfel, 3559m). In Anbetracht der Höhe ist diese Wanderung in der merklich dünnen Luft durchaus anspruchsvoll. Auf dem Plateau weist wieder das Schild MoShuiTiMuWu auf die Pfade zur Besteigung des ChiLaiChuShan hin. Die Besteigung der Gipfel ist nur Spezialisten anzuraten, Interessierte können sich im Hotel nach einer Anschlussmöglichkeit an eine einheimische Wandergruppe erkundigen.

Wem der Aufstieg zum Plateau zu mühsam scheint, kann der Straße vom Hotel etwa einen Kilometer bergan folgen, ehe am höchsten Punkt der Straße – der höchstgelegenen TaiWans überhaupt – auf knapp 3300 m ein Parkplatz mit **Aussichtspunkt** erreicht wird. Die Aussicht von hier ist phantastisch. Von dort aus sind es noch 14 km bis TsuiFeng, wo der Nationalpark endet und wieder Linienbusse verkehren. Der Fußmarsch auf der inzwischen durchweg geteerten Straße bis TsuiFeng dauert mit Gepäck nicht mehr als vier Stunden und geht auf Knie und Sehnen, da der Weg stets bergab führt. Genügend Wasser und Proviant sind unbedingt mitzuführen, gutes Schuhwerk ebenso.

Information

Die Betreiber des **SungHsuehLou** kennen sich bestens aus und helfen bei Fragen zur Region, Weiterreisemöglichkeiten usw. – sprechen allerdings leider kein Englisch.

Die höchste Straße TaiWans am SungHsueLou

Unterkunft
松雪樓

● Das neu renovierte **ΦSungHsuehLou (Schnee und Pinienhotel)** hat 6er Zimmer zu 2400 NT$, 3er Zimmer zu 2500 NT$ und Doppelzimmer zu 3500 NT$, Reservierungen unter Tel: 04-25878800.

合歡山莊

● Wenige Meter weiter bietet das **ΦHoHuan ShanZhuang** Bungalows/ Holzhütten ab 3000 NT$ an, Tel: 04-2802732.

Verpflegung

Im Hotel möglich, Anmeldung ist rechtzeitig vor der Mahlzeit erforderlich. Heißes Trinkwasser gibt es kostenlos, so dass mitgebrachte Nudelsuppen und Getränkepulver nützlich sind. Einkaufsmöglichkeiten gibt es keine.

An/Abreise

Das SungHsuehLou (Schnee- und Pinien-Hotel) liegt an der Höhenstraße TaYuLing-TsuiFeng und ist nur zu Fuß, per Anhalter oder mit einem der hier auf Kunden wartenden Privattaxis (ca. 600 NT$ pro Fahrzeug) zu erreichen. Von/nach TaYuLing 9 km, vier bis fünf Stunden bergauf, drei Stunden bergab. Von/nach TsuiFeng 15 km, vier Stunden bergab nach TsuiFeng, etwa fünf in umgekehrter Richtung.

Rund um PuLi

萃峰

TsuiFeng (Zusammenkommen-Gipfel)

Das wichtigste am ganzen Ort ist die Bushaltestelle hinter der Parkpolizei an der Hauptstraße. Hier beginnt man den Anstieg zum SungHsueLou oder man kommt von dort herunter – zu Fuß, zwischen TaYuLing und TsuiFeng besteht keine Busverbindung. Die Anbindung hinunter über ChingChing-Farm und WuShe nach PuLi ist verhältnismäßig schlecht (♫ PuLi), besser ist die Verbindung ab WuShe hinunter nach PuLi. Gegenüber der Haltestelle befindet sich ein kleiner Shop, der Inhaber kennt die aktuellen Abfahrtszeiten der Busse. In der Regel ist es so, dass ein Wanderer vom SungHsueLou um 5:30-6:00 Uhr losmarschiert und gegen 10:00 Uhr in TsuiFeng ankommt; dann hat man etwa eine Stunde Spielraum, um den Vormittagsbus zu erreichen, der hier gegen 11:00 Uhr abfährt. Richtzeiten der Busse sind: 8:00, 11:00 und 15:00 Uhr täglich.

Unterkunft
萃峰旅遊中心

● Eine neue Unterkunftsmöglichkeit in TsuiFeng wird vom **ΦTsuiFeng LüYou ChongHsin** angeboten, Tel: (049)-2801541, 4er Zimmer 2200 NT$. Nun haben Wanderer die Möglichkeit, in Tsui Feng zu übernachten und von hier aus den Weg zum HoHuanShan zu laufen

清境農場

ChingChing-Farm (QīngJìng NóngChǎng, Grün-Gegend-Bauer-Dreschplatz-Farm)

Der erste lohnenswerte Halt nach der anstrengenden Tour vom SongHsueLou nach TsuiFeng bietet sich in der landwirtschaftlichen Experimentalfarm ChingChing NongChang auf 1730 Höhenmetern an. Aufgrund des im Vergleich zur Ebene geradezu mitteleuropäischen Klimas wird jeder Meter bebaubaren Bodens für den Gemüseanbau und die Weidewirtschaft genutzt. Letztere ist für

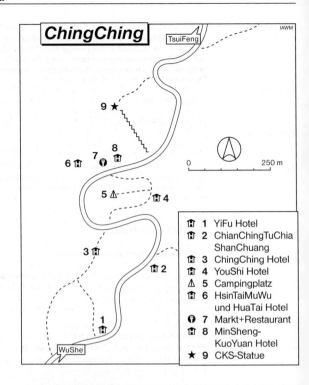

einheimische Besucher eine so selten zu sehende Attraktion, dass mittlerweile Ausflügler mit Bussen von überallher nach ChingChing NongChang kommen und sich scharenweise (bevorzugt an Wochenenden) vor den Weiden der wilden Bestien fotografieren lassen. Gänge durch die Felder und zur CKS-Statue, die hier in Erinnerung an den ehemaligen Staatspräsidenten errichtet wurde, sowie der Genuss des ausschließlich hier wachsenden delikaten Hochlandkohls (geschmacklich zwischen Broccoli und Rosenkohl anzusiedeln) gehören zu den wenigen Aktivitäten, denen der Besucher hier nachgeht. Von den Spazierwegen und Pavillons beim YouShi-Hotel aus hat man einen feinen Blick über die Bergwelt und auf den Stausee von WuShe.

Unterkunft

果園山莊

● *Campingplatz am YouShi-Hotel** steht jedermann offen, Anmeldung im Hotel (s.u., 250 NT$/Zelt).

Φ *MinShang KuoYuan ShanChuang*,* Tel: 049-2802364, verfügt über Schlafsäle, die in flauen Zeiten auch an Einzelreisende (250 NT$/Pers.) vermietet werden, DZ zu 1100 NT$.

幼獅山莊

Φ *YouShi ShanChuang**,* Tel: (049)-2802533, bietet die günstigsten Zimmer mit 1000 NT\$/DZ (wochentags Rabatte). Auch hier gibt es einen Schlafsaal, der mit 300 NT\$/Person sogar noch billiger ist als im MinSheng KuoYuan ShanChuang, allerdings ist dieser für unangemeldete Touristen nur im Glücksfall zugänglich.

果民賓館

Φ *KuoMin PinKuan****,* Tel: (049)-2802748,
verlangt ab 1600 NT\$ für ein DZ, 6er Zi für 3000 NT\$.

欣泰木屋

Φ *HsinTai MuWu,* Tel: (049)-2801051/993392,
DZ ab 1100 NT\$ – Rabatte unter der Woche

華泰山莊
億福山莊

Φ *HuaTai ShanChuang,* Tel: (049)-2802387, DZ 1200 NT\$
Φ *YiFu ShanChuang,* Tel: (049)-2802999,
DZ 2000 NT\$, 1600 NT\$ unter der Woche.

見晴渡假山莊

Φ *ChianChing TuChia ShanChuang (Sunshine Vacation Villa),*
Tel: (049)-2803163, DZ ab 1850 NT\$, sehr empfehlenswert.

Verpflegung

● Der **Markt** bietet die Gelegenheit, frische lokale Produkte – aus praktischen Gründen insbesondere Obst – zu kosten.
● Die **Restaurants** am Markt bereiten natürlich Gemüse und Fleisch zu, ersteres ist besonders empfehlenswert und sehr preiswert. Hervorzuheben ist der Hochlandkohl, im Aussehen dem Spinat sehr ähnlich, geschmacklich dem Rosenkohl nahekommend.

An-/Abfahrt

Es besteht lediglich eine Anbindung an die Strecke nach PuLi, Richtzeiten für die Abfahrt sind: 6:55, 8:00, 9:50, 11:00, 12:05, 12:40, 14:30, 15:40, 16:25, 18:30 Uhr. In die andere Richtung fahren nur selten Busse bis Tsui-Feng (✍), morgens gegen 7:30 und 10:30 Uhr. Hier hält der Bus an dem kleinen Markt an der Hauptstraße nahe der HsinTai- und MinSheng KuoYuan-Hotels, wer im YouShi-Hotel wohnt, braucht nicht hochzulaufen (ca. 500 m), sondern kann den Bus unten an der Straße an der Zufahrt zum YouShi abfangen und stoppen.

仁愛
霧社

JenAi/WuShe (RénAì/WùShè, Menschlichkeit-Liebe/Nebel-Vereinigung)

JenAi (mit anderem Namen WuShe), auf 1148 Metern gelegen, ist ein nettes Bergdorf, welches von Individualreisenden gelegentlich als Zwischenstopp zwischen HoHuanShan und PuLi sowie als Transitpunkt für einen Tagesausflug nach LuShan gewählt wird. In den 30er Jahren spielte WuShe eine blutige Rolle, als sich die Bevölkerung gegen die japanische Besatzung erhob und binnen Tagesfrist von den Japanern „befriedet" wurde. Eine Gedenktafel im WuShe ShanChuang erinnert an diese Epoche.

Die Bevölkerung lebt heute vom Teeanbau und landwirtschaftlichen Erzeugnissen wie Pilzen, Trockenobst, Gemüse usw. Der Ort liegt auf einer Anhöhe, unterhalb derer eine Senke normalerweise einen großen natürlichen Stausee bildet. Nach langen Trockenzeiten sieht dieser eher einer Mondlandschaft ähnlich denn einem See. Man kann sehr einfach zum See hinunter-, nicht aber herumgehen.

Von der reisepraktischen Seite her bietet es sich an, eher in ChingChing-Farm zu nächtigen und dann einen Tagesausflug nach WuShe und LuShan zu machen; die Wartezeit auf den Bus nach LuShan bzw. zurück nach ChingChing-Farm genügt, um durch WuShe zu streifen und um den See zu erkunden – viel mehr gibt es hier nicht.

Bergland Nord

Tee- und Trockenpilzhandel in LuShan

Unterkunft

● **WuShe ShanChuang,** Tel: (049)-2802611,
2000 NT\$/DZ, 6er Zi für 1800 NT\$.
● **WuYing TaLuShe,** Tel: (049)-2802360, 1200 NT\$/DZ,
beide an der Hauptstraße.

An-/Abreise

WuShe ist der einzige Transitpunkt in die „Sackgasse" nach LuShan. Die
einstmals recht häufig verkehrenden Busse wurden zwar erheblich zusam-
mengestrichen, noch ist der öffentliche Verkehr (zumindest von/nach PuLi)
jedoch ausreichend. Bei der Ankunft ist eine Nachfrage nach den aktuel
gültigen Zeiten nach TsuiFeng bzw. ChingChing-Farm sowie LuShan unbedingt anzuraten (Ticketbude an der Haltestelle). PuLi: alle 60-90 Minuter
TsuiFang: 3x täglich (8:00, 10:00 und 14:00 Uhr als Richtzeiten), zusätzlich je zwei Busse am Vor- und Nachmittag bis ChingChing-Farm. LuShan
derzeit nur zwei Busse täglich gegen 9:00 und 15:00 Uhr.

蘆山溫泉
LuShan (LúShān, Hütte-Berg)

Mit einer Höhe von rund 1200 Metern ist LuShan einer der höchst
gelegen Thermalquellenorte TaiWans. Zwar sind die Quellen auch
hier überwiegend kommerziell genutzt, sprich: in Hotelanlager
(reine Badewannenbenutzung kostet etwa die Hälfte des Über
nachtungspreises) geleitet, doch bietet sich ein Ausflug nach Lu
Shan nicht vorrangig wegen der Quellen an. Die 500-Seelen-Ge
meinde liegt auf beiden Seiten einer kleinen Schlucht und wir
durch eine (nicht befahrbare) Brücke verbunden, der tosende

Gebirgsbach darunter verleiht dem Panorama etwas wahrhaft Malerisches.

Außer Lage und Landschaft bietet der Ort noch einige weitere Kuriositäten. Die hiesigen **Imkereierzeugnisse** an sich sind zunächst noch nichts Besonderes, dies ändert sich aber bald bei genauerem Hinsehen: Bienen in Honig eingelegt, Käfer in Honigwein und andere „Leckereien" werden überall am Straßenrand feilgeboten.

Bergwanderer können von LuShan aus den **NengKaoShan** (3261 m) besteigen. Der Trail verläuft anfangs an der Nordseite des Baches stromaufwärts 10 km zum TunYuan-Parkeingang, von wo aus nach rund fünf Stunden anstrengenden Trekkings der „Himmelsteich" erreicht ist. Das kleine Hostel hier beherbergt bis zu 60 Gäste, bietet aber keine Verpflegungsmöglichkeit; der weitere Gipfelaufstieg dauert nochmals vier Stunden. Die gesamte Region um den NengKaoShan ist wenig bewaldet und ist von Bambushainen und Bergteichen geprägt, dementsprechend leben in der Gegend kaum größere Säuger, sondern primär zahllose Wasservogelarten. Die Besteigung ist nicht sonderlich schwierig, dennoch wird ein A-permit (nebst einheimischem Führer) verlangt.

Unterkunft

Das kleine Straßendorf ist heute überwiegend auf den Tourismus angewiesen. Dementsprechend zahlreich zeigt sich das Hotelangebot, obgleich eher der Hochpreisbereich angeboten wird. Etwa jedes dritte Haus in LuShan bietet Unterkunft mit Thermalbad und verlangt rund 1800 NT$ für ein DZ.

警光山莊

●Am günstigsten ist noch das Φ**ChinKuang ShanChuang,** Tel: (049)-2802529, mit DZ zu 1200-1300 NT$. Dieses Hostel gehört zur hiesigen Ortspolizei, ist aber jedermann zugänglich.

蘆山天盧大飯店

●Bestes Haus am Ort ist das Φ**LuShan TianLu TaFanTian,** 24 RungHua-Lu, Tel: (049)-2802288 mit DZ zwischen 1800-2000 NT$ und Suiten zu bis zu 4800 NT$.

An-/Abreise

LuShan wird von öffentlichen Bussen nur zweimal täglich ab PuLi via WuShe angefahren, ab PuLi um 7:25 und 15:00 Uhr, ab WuShe jeweils etwa 90 Minuten später. Rückfahrt ab LuShan 9:30 und 17:00 Uhr. Ein Tagestrip empfiehlt sich nur von WuShe (eventuell ChingChing-Farm, frühen Bus nach WuShe und umsteigen) aus. Die ehemalige stündliche Pendelverbindung WuShe-LuShan wurde mangels Interesse auf unbestimmte Zeit aufgehoben, kann aber jederzeit reaktiviert werden.

埔里

PuLi (PŭLĭ, Restaurieren-Heimat)

PuLi ist aus zweierlei Gründen erwähnenswert: Zum einen kommen Reisende vom nördlichen Zentralbergland oder von der Westküste, die ins mittlere Bergland fahren, kaum um PuLi herum. Zum anderen bietet sich hier ein Stop an, um von hier aus HuiSun (nur von hier) oder das Ureinwohner-Kulturzentrum TaiWans (am einfachsten) zu besuchen. Nicht zu unterschlagen ist auch die „praktische" Seite des Ortes: Mit seinen zahlreichen Unterkünften bietet sich PuLi auch als Ausgangspunkt zum Sonne-Mond-See an,

Bergland Nord

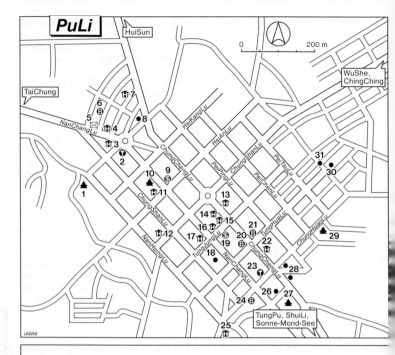

▲	1	MaTzu Tempel		血	17	TungFeng Hotel
♉	2	Pub		●	18	Markt
血	3	ChinKe Hotel		Ⓢ	19	Bank of Taiwan
血	4	YongFeng Hotel		Ⓑ	20	priv. Minibusse (TaiChung)
⊠	5	Post		Ⓑ	21	Langstreckenbusse
Ⓑ	6	NanTou KeYun Bbhf.				(TaiWan KeYun)
血	7	HeHuan Hotel		血	22	1st Hotel
●	8	Nachtmarkt		♉	23	Pub
Ⓢ	9	1st Bank		Ⓑ	24	NanTou KeYun Bushaltestelle
▲	10	ChengHuang Tempel		血	25	Apollo Hotel
血	11	TianYi Hotel		●	26	Schule
血	12	ShanWang (SunWang) Hotel		▲	27	TungFuKung Tempel
血	13	ChaoYang Hotel		●	28	Supermärkte
血	14	TungMei Hotel		▲	29	TianHuangSi Tempel
血	15	ChinShan Hotel		●	30	gr. Supermarkt
血	16	HsinTungChing Hotel		●	31	Obst- und Gemüsemarkt

den man von hier aus als Tagesausflug ansteuern kann, ohne die dortigen (horrenden) Übernachtungspreise zu zahlen. Die Stadt selbst ist klein und gemütlich, einige interessante Tempel und hübsche Kneipen überbrücken die Wartezeiten auf den nächsten Bus.

TungFuKung
同福宮

Sinngemäß übersetzt bedeutet TongFuKung **Tempel des allgemeinen Wohlstandes.** Hier wird nicht um geistlichen Beistand gegen Geister gebeten oder den Ahnen gehuldigt, sondern bei einigen lokalen Ur-Heroen um materiellen Segen gebeten. Der Tempel ist nur ansatzweise taoistisch beeinflusst und weist alte schamanistische Traditionen auf, die Anlage selbst dagegen ist jüngeren Datums.

▲ 27; er ist leicht zu entdecken, der Eingang jedoch etwas schwierig zu finden. Man geht an der Schulmauer der ShuRenLu entlang bis zur Rückseite des Tempels; links davon führt eine Gasse durch die Häuser, dann geht es rechts zum Eingang.

MaTzuMiao
媽祖廟

Der **MaTzu-Tempel** von PuLi ist nicht nur der größte Tempel der Stadt, sondern auch das taoistische Zentrum des zentralen Berglandes. Neben der großen, innen vorwiegend rot-goldfarbenen Haupthalle, die seltsamerweise der Meeresgöttin *MaTzu* gewidmet ist, liegen hier mehrere kleinere Tempel (u.a. für den Stadtgott) sowie eine kleine taoistische Schule. Der Tempel wird auch von einheimischen Touristen aufgesucht, die vor einem Ausflug in die Berge um sichere Rückkehr bitten. In der Haupthalle beachte man die drei Nischen weit oberhalb der MaTzu-Statue, in denen die drei Erhabenen *(San Huang)* stehen; ▲ 1.

ChengHuangMiao
城隍廟

Dass PuLi und sein Umland traditionell landwirtschaftlich orientiert sind, sieht man hier im **taoistischen Tempel** des Stadtgottes *ChengHuang*. Vor dessen Schrein stehen Tempelwächter mit Wasserbüffel- und Pferdekopf, was auf schamanistische Ursprünge hinweist. In doppelter Ausführung sind rechts General *Fan* mit heraushängender Zunge und links General *Hsie* (dunkel, als Hinweis auf bläuliche Verfärbung der Haut beim Tod durch Ertrinken) zu sehen. Überraschend ist die rückwärtige Halle: Neben den drei Erhabenen (Hauptaltar) sind links *KuanYin, Buddha, LaoTzu* und *Konfuzius* gemeinsam im linken Schrein versammelt, ein deutlicher Hinweis auf die friedliche Koexistenz der verschiedenen chinesischen Glaubensrichtungen. Der rechte Schrein ist dem Kriegsgott *KuangTi* gewidmet; ▲ 10.

TienHuangKung
天皇宮

Der älteste, noch stehende **taoistische Tempel** PuLis ist dem Himmelskaiser gewidmet und wurde 1996 neu restauriert; ▲ 29.

Unterkunft

PuLi als wichtiger Verbindungspunkt des Berglandes verfügt über ein breites Angebot an Unterkünften. Während an Wochenenden und Feiertagen in den beliebten Zielen der Region, Sonne-Mond-See oder HuiSun, Engpässe auftreten können, ist hier immer etwas frei.

Bergland Nord

照陽旅社   Φ *ChaoYang LuShe**, 386 ChungChengLu,
Tel: (049)-2983975/6, sehr einfach, DZ 400 NT$.

東美旅社   Φ *TungMei LuShe**, 379 ChungChengLu,
Tel: (049)-2982314, DZ 550 NT$, etwas laut, aber o.k.

合歡大飯店   Φ *HeHuan TaFanTian**, 67 ChungChengLu Sec 2,
Tel: (049)-2984936, DZ ab 600 NT$, empfehlenswert.

金谷豐別舘   Φ *ChinKeFeng PieKuan**, 289 NanChangChie, Tel: (049)-2984047,
DZ 500 NT$, etwas arg heruntergekommen, liegt aber sehr gut zum Bbhf.

永豐旅社   Φ *YongFeng LuShe***, 280 Nan(Chang)Chie,
Tel: (049)-2982304, DZ ab 750 NT$ bis 1200 NT$.

新東京大飯店   Φ *HsinTungChing PinKuan***, 113 TungJungLu,
Tel: (049)-2982556, 650 NT$, die besten Zi bis 1300 NT$.

東豐大旅社   Φ *TungFeng TaLuShe***, 103 TungJungLu, Tel: (049)-2982287, gleiche
Preise und Ausstattung bei allen (TV, A/C, übliche Alterserscheinungen).

金山大飯店   Φ *ChinShan TaFanTian**** (auch *JinShan* geschrieben), 127 TungJung-
Lu, Tel: (049)-2982311, DZ 750 NT$, sehr zu empfehlen.

天一大飯店   Φ *TianYi TaFanTian*****, 89 HsiAnLu, Tel: (049)-2998100,
tadellose Zimmer für 1200-1500 NT$.

8 1 龍生路   ● *Apollo-Hotel*******, Φ 81 LungShengLu, Tel: (049)-2900555,
Neu, Dz ab 2800 NT$, ausgezeichnet!

第一大旅社   Φ *TiYi TaLuShe*******, 294 ChungChengLu,
Tel: (049)-2982727, Zi zwischen 1200 und 4000 NT$.

山王大飯店   Φ *ShanWang TaFanTian*******, 399 ChungShanLu Sec 2,
Tel: (049)-2900227, DZ ab 1500 bis 4000 NT$.

Verpflegung

● Die beiden kleinen *Märkte* bieten Frischwaren, die *Pubs* im Zentrum kleinere Speisen und natürlich kühle Getränke.
● Im *Supermarkt* sind alle Arten von Fertigsuppen erhältlich, der 24h-Markt hat eine warme Theke mit gebackenen Hühnerteilen und anderen Snacks.
● In den Straßen gibt es reihenweise *chinesische Küchen* und SB-Restaurants sowie Minimärkte, Bäckereien und McDonald's.

Institutionen

● *Post:* 284 NanChangLu, geöffnet täglich (!) 8:00-17:00,
sonntags bis 11:30 Uhr.
● *Bank:* 1st Bank (97 HsiAnLu) und Bank of TaiWan (116 TungJungLu)
bieten ihre Dienste von 8:30-17:00 Uhr, Sa. bis 12:00 Uhr an.

An-/Abreise

PuLi hat zwei *Busstationen*, eine der TaiWan KeYun für Langstrecken so wie die NanTou KeYun für Kurzstrecken ins nähere Umland.
● Von/nach *TaiChung:* 6:00-20:40 Uhr alle 20 Minuten (TaiWan KeYun, 120 NT$, 60 km, 1,5-2 Stunden). Auf der gegenüberliegenden Seite der ChungChengLu bietet eine Privatfirma Minibusse nach TaiChung für 215 NT$ an. Die Fahrt dauert dann theoretisch nur eine Stunde, aber die dort angegebenen Abfahrtszeiten sind „SuiPien" zu verstehen – man fährt erst, wenn es sich lohnt.
● Von/nach *NanTou:* (kann interessant sein, wenn man schnell nach ErShui ohne Stopp in TaiChung oder ShuiLi kommen will) 6:00, 6:25, 8:50 Uhr und zwei weitere am Nachmittag (TaiWan KeYun, 88 NT$).
● Von/nach *RiYuehTan (Sonne-Mond-See):* 10 x tgl. (TaiWan KeYun,) so wie deren ShuiLi-Busse (40 NT$).
● Von/nach *ShuiLi:* 6:00-19:30 Uhr alle 30-50 Minuten (TaiWan KeYun, 59 NT$, via RiYuehTan), auch die NanTou KeYun fährt um 6:00, 10:40, 12:10, 15:10 und 17:20 Uhr nach ShuiLi, aber nicht über RiYuehTan, sondern über das ChiuZu WenHuaTsun (Aboriginal Culture Village).
● Von/nach *HuiSun:* nur 2 x tgl., 8:50 und 14:15 Uhr (NanTou KeYun, 70 NT$).
● Von/nach *ChiuZu WenHuaTsun:* 10:40, 12:10, 15:10 Uhr (NanTou KeYun, 70 NT$).

●Von/nach **LuShan:** 7:25 und 15:00 Uhr (NanTou KeYun, 72 NT$).
●Von/nach **TsuiFeng** (NanTou KeYun, 72 NT$, via WuShe, 46 NT$, ChingChing-Farm, 62 NT$): 7:00, 8:00 (Endstation WuShe), 8:35 (Endstation ChingChing-Farm), 9:05 (bis WuShe) , 10:20, 11:20 (bis WuShe), 12:20 (Endstation WuShe), 14:00, 15:30 (Endstation ChingChing-Farm), 16:35, 17:30, 19:00 und 21:00 Uhr (alle vier bis WuShe).
●Von/nach **TaiPei:** 7:00-18:00 Uhr alle 60 Minuten (TaiWan KeYun, 361-443 NT$).
●Von/nach **KaoHsiung:** 8:40, 15:10 Uhr (TaiWanKeYun, 370 NT$)

惠蓀林場

HueiSun LinChang (HuìSūn LínChăng, Gunst-Sprössling-Baum-Tenne, Baumtenne = Wald)

Die Gegend nördlich von PuLi ist eines der landwirtschaftlichen Hauptanbaugebiete von Bohnen, Hopfen, Betelnüssen und Reis. Über den nächsten Hügel hinweg ändert sich die Landschaft, ein breites, reizendes Tal entlang eines kleinen Flusses tut sich auf. Hier wird Reis und Tee angebaut, weiter oben sogar Kaffee. Am Ausgang des Tales liegt HuiSun, ein **Forstpark** der nationalen ChungHsing Universität mit über 7000 ha Anbaufläche, rund 120 davon sind als Erholungsgebiet der Öffentlichkeit zugänglich. Der Park wurde 1949 angelegt, aber erst 1961 von der Universität übernommen und schrittweise ausgebaut.

HuiSun LinChang dient hauptsächlich zu botanischen Studienzwecken für Wissenschaftler in aller Welt, hat sich aber auch zu einem beliebten **Erholungsgebiet** entwickelt.

Auf rund 1000 Höhenmetern gelegen bietet HuiSun ein angenehmes Klima und hervorragende Wanderwege, die der Reisende – zumindest unter der Woche – praktisch für sich allein hat.

Der Bus hält vor dem Service-Center, von hier aus beginnt ein großartiger **Rundwanderweg:** weiter aufwärts endet die Straße nach wenigen hundert Metern und geht in einen steil abfallenden Fußweg über. Diesem folgt man immer abwärts, über die Straße hinweg Richtung ChingHuaShih (Froschfelsen). Nach etwa 1200 m erreicht man ein kleines Plateau, an dessen Ende ein Serpentinenpfad 700 m hinunter zum Bach und dem Froschfelsen führt, einem weißen Felsblock, der tatsächlich eine gewisse Ähnlichkeit mit einem Frosch hat. Von hier aus muss man zurück zum Plateau, dort folgt man einer weiteren Serpentine (von unten kommend hinten rechts) erneut steile 700 m aufwärts bis zu einer Gabelung. Links geht es zurück zum Parkplatz, rechts weiter den Rundweg entlang, allmählich abfallend zum kleinen Wasserfall (ca. 1,5 km). Über die Straße hinweg folgt man den Kaskaden 30 m aufwärts bis zur Abzweigung. Der linke Weg führt zu einem Pavillon unterhalb des Hotels, der rechte setzt den Rundweg durch Bambus- und Pinienhaine erneut steil ansteigend fort, bis der Weg an einem Spielplatz endet. Hier folgt man der Straße 200 m aufwärts zum Hotel. Der andere Weg vor dem Spielplatz führt vier km aufwärts zu einem der begehbaren Gipfel des Parks auf 1700 m.

Bergland Nord

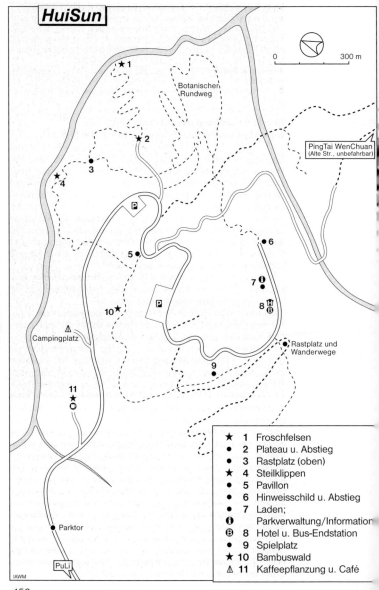

HuiSun

Botanischer Rundweg

0 — 300 m

PingTai WenChuan
(Alte Str., unbefahrbar)

Campingplatz

Rastplatz und
Wanderwege

Parktor

PuLi

IAWM

★ 1 Froschfelsen
● 2 Plateau u. Abstieg
● 3 Rastplatz (oben)
★ 4 Steilklippen
● 5 Pavillon
● 6 Hinweisschild u. Abstieg
● 7 Laden;
ⓘ Parkverwaltung/Information
Ⓑ 8 Hotel u. Bus-Endstation
● 9 Spielplatz
★ 10 Bambuswald
△ 11 Kaffeepflanzung u. Café

Ähnelt tatsächlich einem Frosch: ChingHuaShih

Bergland Nord

Ein anderer hochinteressanter Weg führt entlang der **alten Straße nach PingTai WenChuan:** Die ersten 300 m folgt man dem Wegweiser zum ChingHuaShih, bis man auf die alte Straße trifft. Geradeaus geht es den Fußweg abwärts zum Froschfelsen, rechts kann man der Straße (nicht befahrbar) sehr, sehr weit folgen. Nach 1,5 km passiert man eine alte Brücke, kurz zuvor führt ein Schotterweg hinab zum Bach, wo man an einigen Stellen recht gut zum Abkühlen eintauchen kann. Anschließend steigt die Straße, unterbrochen von zahlreichen Erdrutschen, sanft an und führt auf der anderen Seite des Baches weiter. Landschaft und Ausblick hier sind phantastisch, und es ist beeindruckend zu sehen, wie die Natur Stück für Stück die alte Straße zurückerobert.

Der große Rundweg ist verhältnismäßig anstrengend, da es laufend steil bergauf und bergab geht; weniger Geübte mögen den Spaziergang entlang der alten Straße bevorzugen. Es ist leicht machbar, mit dem Morgenbus von PuLi anzureisen, den großen Rundweg sowie sonstige kleinere Wanderungen zu unternehmen (⌀ Karte) und um 16:00 Uhr zurückzufahren. Allerdings ist es ebenso empfehlenswert, zwei oder drei Tage in HuiSun zu verbringen.

Unterkunft
服務中心

Oben im **Service-Center** (⊕ *FuWu ChungHsin),* Tel: 049-2941041 gibt es verschiedene Zimmer und Blockhütten. Ein DZ kostet 1400, ein Vierbettzimmer 1800 NT$. Daneben gibt es sieben Schlafsäle zu 200 NT$/Person, ein 5-Bett-Zimmer zu 1400 NT$ und drei 2-Bett-Zimmer zu 800 NT$.

Verpflegung

Im Hotel können drei Mahlzeiten täglich um 7:30-8:30, 12:00-13:00 und 17:30-18:30 eingenommen werden. An der Straße neben den Unterkünften liegt ein kleiner Shop mit Getränken und Suppen (heißes Wasser im Hotel).

Information

Im Hotel werden kleine Karten ausgegeben (sehr ungenau), die Parkverwaltung gleich rechts neben dem kleinen Shop ist sehr hilfsbereit, allerdings wird nur chinesisch gesprochen.

An-/Abreise

● *Von PuLi* 8:50 und 14:15 Uhr, nach PuLi 10:30 und 16:00 Uhr (70 NT$), eine Stunde Fahrzeit, keine anderen Anfahrtmöglichkeiten.
Der Bus passiert das Parktor, dort wird die Parkgebühr (100 NT$) eingezogen. Manche Fahrer wollen sich dort schon davonmachen; vor allem, wenn man der einzige Fahrgast ist, sollte man darauf bestehen, nach oben gefahren zu werden, es sind immerhin noch rund 4 km.

Der Westteil des CCIH

Anstatt von TaYuLing zum SungHsueLou zu marschieren, kann man dem *Central Cross Island Highway* nach LiShan folgen, wo erneut zwei Routen möglich sind: eine nordöstliche bis YiLan und eine westliche bis TaiChung.

梨山

LiShan (LíShān, Birne-Berg)

LiShan ist ein außerordentlich beliebtes Wochenendziel chinesischer Touristen, vor allem wegen der wunderschönen Lage in den Bergen und den zahllosen Obstplantagen auf rund 1850 Höhenmetern. Neben den vielen Birnbäumen (daher der Name) wachsen hier insbesondere Pfirsiche und Äpfel. Die Bergbauern haben sich zu Genossenschaften zusammengeschlossen, was eine ökonomischere Bebauung ermöglicht, daher sieht man überwiegend großflächige Plantagen. Demzufolge ist das meiste Land bebaut. Wanderwege gibt es praktisch keine; den einheimischen Touristen genügt die Anreise per Auto mit Landschaftsbetrachtung (die ab

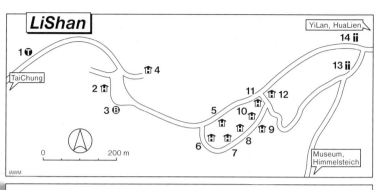

☉	1	Tankstelle	🏠 8	YanHuaLou Hotel
🏠	2	LiShanPinKuan Hotel	🏠 9	KuangTa Hotel
⊕	3	Bushaltestelle	🏠 10	LiTou Hotel
🏠	4	LiShanKuoMin Hotel	🏠 11	FuChung Hotel
🏠	5	LiShanLuShe Hotel	🏠 12	KaoChung Hotel
🏠	6	HaoWangChiao Hotel	⛪ 13	Kirche
🏠	7	ShengHsin Hotel	⛪ 14	Kirche

solut phantastisch ist) völlig, der westliche Tourist indes sucht verzweifelt nach Bewegungsmöglichkeiten.

Es gibt praktisch nur einen brauchbaren Wanderweg vor der Kirche rechts vom Zentrum aus: die Straße nach **TienChih (Himmelsbecken),** dem zwölf Kilometer entfernten ehemaligen Sommersitz von *ChiangKaiShek* auf 2590 m. Daneben ist noch das kleine **Museum** an dieser Straße gut 1 km hinter LiShan sehenswert. Ansonsten nutzen Individualtouristen LiShan als Station, um von hier aus die Nordostroute Richtung HsueShan einzuschlagen.

Bergland Nord

Unterkunft

Günstige Unterkünfte sind in einem räumlich sehr kleinen Naherholungsgebiet wie LiShan rar. Die nachfolgenden Hotels kosten (DZ) wochentags 600-800 NT$ (je nach Saison und Verhandlungsgeschick), am Wochenende knapp das Doppelte.

Φ*YanHuaLou TaLuShe**,* 22 MinTzuLu, Tel: (04)-25989511.

Φ*KuoChengTaLuShe**,* 3 MinTzuLu,Tel: (04)-25989279

Φ*HaoWangChiao TaFanTian**,* 52 MinTzuLu, Tel: (04)-25981513.

Φ*LiShan LuShe**,* 69 ChungChengLu, Tel: (04)-25989261.

Φ*KuangTa TaLuShe***,* 21 MinTzuLu, Tel: (04)-25989216.

Φ*ShengHsin TaFanTian***,* 46 MinTzuLu, Tel: (04)-25989577.

Φ*KuoMin LuShe***,* liegt (noch) am Hang unterhalb der Bushaltestelle. Wurde aus Sicherheitsgründen geschlossen; wer hingeht, wird sehen warum.
Zu den besseren und teureren Hotels gehören:

Φ*LiTou TaLuShe****,* 34 MinTzuLu, Tel: (04)-25989256.

Φ*FuChung TaFanTian****,* 61 ChungChengLu, Tel: (04)-25989506.

Φ*LiShanPieKuan****,* 91 ChungChengLu, Tel: (04)-25989501, unter der Woche DZ ab 1300 NT$, sehr zu empfehlen; Suiten bis 5000 NT$.

燕華樓大旅社
馘誠大旅社
子望角大飯店
犁山旅社
青達大旅社
腥心大飯店
馘民旅社

犁都大旅社
影忠大飯店
犁山賓館

Verpflegung

LiShan als der „Obstgarten TaiWans" bietet Vitamine in Hülle und Fülle, allerdings nicht ganz so billig, wie man es von Erzeugerpreisen erwartet. Ansonsten gibt es eine Reihe gehobener Restaurants sowie Snack-Küchen.

An-/Abreise

LiShan liegt etwa in der Mitte des Dreiecks HuaLien-YiLan-TaiChung. Das Wetter, Steinschläge, Erdrutsche und Taifune können den Fahrplan manchmal völlig unerwartet durcheinanderbringen. Die genannten Zeiten verstehen sich daher als Richtzeiten.

●Von/nach *HuaLien:* vier Busse täglich pendeln zwischen TaiChung und HuaLien (starten zwischen 7:00 und 9:30 Uhr in TaiChung), einer nur zwischen LiShan und HuaLien (startet um 11:50 in HuaLien). Je nach Verkehr und Straßenzustand fahren die vier Busse im Zeitraum von 10:00 bis 14:00 Uhr ab LiShan, 276 NT$.

●Von/nach *YiLan:* zwei mal täglich für 244 NT$, ab YiLan 7:00 und 12:00 Uhr, beide fahren am gleichen Tag zurück.

●Von/nach *LoTung* (10 km südl. YiLan): nur einmal tgl., diesen Bus kann man ebenfalls nehmen, um nach YiLan zu kommen, zwischen LoTung und YiLan pendeln Busse im 10-Minuten-Takt.

●Von/nach *TaiChung:* Die Busse aus HuaLien halten hier gegen 12:00, 14:30 und 16:00 Uhr. Zehn weitere Busse verkehren tgl. ausschließlich auf der Strecke TaiChung-LiShan; 300 NT$.

谷關　　　**KuKuan (GǔGuān, Tal-Abschluss)**

Von LiShan fährt man in westlicher Richtung weiter bis TaiChung den CCIH entlang; ein Stopp bietet sich nur noch in KuKuan an (von Westen kommend wäre dies der erste mögliche Halt).

Das kleine **Thermalbad** KuKuan liegt auf 755 Höhenmeter beiderseits einer Schlucht, an deren Südseite der CCIH zwischen LiShan und TaiChung verläuft. Ein Besuch hier ist für all jene interessant, die nicht höher in die Berge hinauf wollen oder können und vom nahegelegenen TaiChung aus zumindest einen kleinen Eindruck über die grandiose Bergwelt TaiWans gewinnen möchten. Die heißen Quellen des während der japanischen Ära erschlossenen Thermalbades sind heute allesamt nur noch als heißes Badewasser in den Hotels zu genießen.

LungYu KungYuan

Neben dem Genuss des Panoramas und einem Bad im Schwefelquellenwasser bietet sich der Besuch des **Drachentalparks** an Beim Dragon Valley Hotel führt eine Fußgängerbrücke zum Par (Eintritt 100 NT$), in dem sich ein botanischer Garten mit eine Sammlung der Fauna der unteren Bergregionen befindet. Der kle ne Tierpark im Gelände soll vor allem jüngere Besucher bege stern, weniger mit den Zoos der Großstädte konkurrieren. Die A fen betteln unentwegt um Futter, Kinder sollten beim Füttern dire aus der Hand aufpassen, es gab schon schmerzhafte Biss Größte Attraktion ist das Drachental-Katarakt, ein kleiner, aber hü scher Wasserfall. Für den Besuch des Parks sind zwei Stunde mehr als ausreichend.

Unterkunft

KuKuan ist ein sehr beliebtes Ausflugsziel von TaiChung aus, so dass sich an Wochenenden und Feiertagen eine telefonische Reservierung empfiehlt, auch wenn bei weitem nicht der Andrang wie in TienHsiang oder dem ALi-Shan herrscht. Leider gibt es nur eine günstige Unterkunft, alle anderen sind mindestens mittlere Preisklasse.

Mit Ausnahme der teuren „Dragon Valley" und „Utopia Holiday" liegen alle Hotels auf der anderen Seite der Fußgängerbrücke jenseits der kleinen Schlucht (etwa 10 Gehminuten).

谷關溫泉山莊   Φ *KuKuan WenChuan ShanChuang**, Tel: (04)-25951126, am Nordende der Fußgängerbrücke. Bietet sehr einfache Zimmerchen zu 500 NT$ (am Wochenende das Doppelte!).

文山大旅社   Φ *WenShan TaLüShe****, Tel: (04)-25951265, bietet einfache DZ ab 900 NT$ an. Liegt sehr nett in den Berg eingebettet und bietet sich als einzige Alternative für schmalere Geldbörsen an. Der Besitzer spricht Englisch, kennt die Gegend wie seine Westentasche und kann gute Wandertips geben.

東關溫泉旅社   Φ *TungKuan WenChuan LüShe*****, Tel: (04)-25951235, am Nordufer der Schlucht, ab 1800 bis 2500 NT$.

明治大飯店   Φ *MingChi TaFanTian*****, Tel: (04)-25951111, gegenüber vom TungKuan WenChuan-Hotel, hat wenige DZ zu 900 NT$ (eisern danach fragen!), ansonsten 1400-1800 NT$/DZ.

谷關大飯店   Φ *KuKuan TaFanTian******, Tel: (04)-25951355, beste Wahl der oberen Mittelklasse, da die meisten Zimmer einen sehr schönen Blick bieten und vor der Tür die Busse halten; nach wie vor das größte Hotel am Ort (Hauptstraße), je nach Aussicht 1200 bis 2500 NT$.

● *Dragon Valley*******, Tel: (04)-25951325. Hässlicher Neubau im Ortskern (Hauptstraße) ohne Flair.

● *Utopia Holiday********, Tel: (04)-25951511, hat zwar nur 42 Zimmer – die allerdings sind exquisit; Suiten bis 4500 NT$. Liegt ruhig auf der Nordseite der Schlucht.

Verpflegung

Ein paar Shops an den Hauptstraßen bieten die einzige Einkaufsmöglichkeit für Nudelsuppen und Snacks. Die besseren Hotels bieten Restaurantbetrieb an, die Preise dort sind etwas günstiger als in den regulären Straßenrestaurants. Für Selbstverpfleger empfiehlt es sich, Vorräte aus dem günstigeren TaiChung mitzubringen.

An-/Abreise

Die Busse zwischen TaiChung und LiShan (♪ TaiChung) halten alle am Ku-Kuan-Hotel in KuKuan. Derzeit pendeln sechs Busse täglich zwischen beiden Orten (4 x vormittags, 2 x nachmittags). Die Abfahrtszeiten ändern sich je nach Saison und Straßenverhältnissen, wobei gelegentlich die Strecke zwischen LiShan und KuKuan wegen Bergrutschen gesperrt sein kann. (Die Rezeption im KuKuan-Hotel kennt die aktuellen Zustände und gibt sehr hilfsbereit Auskunft.)

Individualreisende, die mit öffentlichen Verkehrsmitteln unterwegs sind, werden selten in KuKuan stoppen, da eine Übernachtung wenig lohnenswert erscheint. Wer dennoch nicht auf KuKuan verzichten will, kann um 7:00 Uhr den ersten Bus in TaiChung nehmen, in KuKuan für 2-3 Stunden stoppen und mit dem Mittagsbus nach LiShan, TaYuLing oder TienHsiang weiterfahren.

Bergland Nord

Das HsueShan-Massiv und der NCIH

武陵農場

WuLing NongChang (WǔLíng NóngChǎng, Martialisch-Hügel-Bauer-Dreschplatz)

Nun, so kriegerisch wie es der Name vermuten lässt, ist WuLing-Farm gewiss nicht. Eher eine ruhige, kleine Siedlung 25 km nördlich von LiShan am Fuße des mit 3886 Metern zweithöchsten Berges TaiWans, des HsingLungShan, genannt ***HsueShan*** (Schneeberg). Die Siedlung wurde von der KuoMinTang als Versuchshof und Refugium altgedienter Kämpfer angelegt, hat aber mittlerweile mehr und mehr Touristen angezogen. Die größte Attraktion ist die Besteigung des „Schnee-Berges". Die 100 NT\$ Gebühr sind am Parktor zu entrichten.

Unterkunft

武陵農場旅游
服務中心

In WuLing selbst gibt es nur zwei Unterkünfte, beide nicht gerade billig:
Φ***WuLing NongChang LuYou FuWu ChungHsin (WuLing Farm Travel Service Center),*** Tel: (04)-25901259 mit DZ für 1000 NT\$. Gleich gegenüber der Bushaltesstelle. Wer ein Zelt mitführt, kann auf dem angeschlossenen Campingplatz zelten.

武陵國民賓館

Φ***WuLing KuoMin PinKuan (WuLing National-Gästehaus),*** Tel: (04)-25901183, mit 54 Zimmern größtes Hotel der Gegend; DZ 1600 NT\$, Dreierzimmer bis 2400 NT\$.

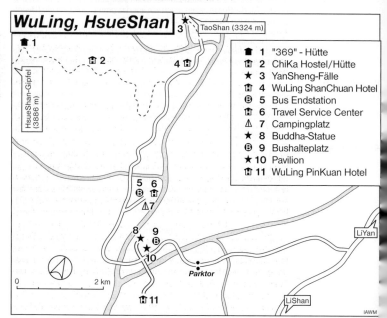

WuLing, HsueShan

TaoShan (3324 m)

HsueShan-Gipfel (3886 m)

🏠 1   "369" - Hütte
🏠 2   ChiKa Hostel/Hütte
★ 3   YanSheng-Fälle
🏠 4   WuLing ShanChuan Hotel
🅑 5   Bus Endstation
🏠 6   Travel Service Center
⚠ 7   Campingplatz
★ 8   Buddha-Statue
🅑 9   Bushalteplatz
★ 10   Pavilion
🏠 11   WuLing PinKuan Hotel

0   2 km

Parktor

LiYan

LiShan

IAWM

● 5 km außerhalb, 1,2 km hinter der Abzweigung zum HsueShan-Trail, befindet sich das **WuLing ShanChuan,** Tel: (04)-25901020, mit ähnlichem Komfort wie das SongHsueLou am HoHuanShan. Dorm. 180 NT$ (Wochenende teurer), DZ 1500 NT$. Hier starten die meisten Besucher den Trail zum „Schnee-Berg".

Bei allen drei Unterkünften empfiehlt sich telefonische **Reservierung.**

Verpflegung

Fertigsuppen und Kekse sind im Travel Service Center erhältlich, heißes Wasser in allen Unterkünften.

Information

Das Travel Service Center fungiert als kleiner Shop, Hotel und TI gleichzeitig; vor der Besteigung des HsueShan unbedingt Informationen zur Wetterlage einholen.

An-/Abreise

● Von/nach **LiShan:** neben den je dreimal täglich verkehrenden Bussen zwischen LiShan und YiLan/LoTung pendelt ein Bus zweimal täglich zwischen LiShan und WuLing-Farm. Nach LiShan 52 NT$, nach YiLan 170 NT$.

● Von/nach **YiLan:** 2 x täglich, ein dritter Bus fährt nach LoTung, von wo aus alle 10 Minuten Verbindung nach YiLan besteht oder man direkt per Zug/Bus nach TaiPei oder SuAo (Bus) bzw. HuaLien (Zug) weiterreisen kann.

雪山

HsueShan (XuĕShān, Schnee-Berg)

Ein Aufstieg zum HsueShan ist außerordentlich empfehlenswert, bietet ein großartiges Panorama und verlangt keine bergsteigerischen Fähigkeiten, sondern lediglich die Kondition eines Büffels. Die Gipfelregion beherbergt eine Reihe seltener Tiere (Schwarzbären, Lachse) und Pflanzen (Orchideen und Bergblumenarten), die Gewässer sind absolut sauber, man kann direkt aus den Bächen trinken.

Um das Unangenehme vorwegzunehmen: Man benötigt ein A-Permit, erhältlich in TaiPei oder einer lokalen Polizeistation, man muss also einen **Führer mieten.** Es gibt zwar nirgends Kontrollstationen, dennoch sollte man dies prinzipiell tun, zum einen wird der Pfad mit zunehmender Wegstrecke unkenntlicher, zum anderen besorgt der Führer den Schlüssel für die Hütten unterwegs.

Eine **Besteigung** vollzieht sich üblicherweise in zwei Abschnitten. Knapp 4 km nördlich von WuLing-Farm zweigt links der Pfad zum Trail ab. Nach gut zwei Stunden erreicht man die erste Schutzhütte, genannt ChiKa ShanChuang, auf 2440 Höhenmetern. Nach weiteren 2,5 Stunden erreicht man den Ostgipfel (HsueShan TungFeng) auf 3201 m, dann geht es relativ eben rechts des Bergrückens bis zur „369-Hütte" (SanLiuChiu ShanChuang, eine weitere Stunde, 3160 m). Hier wird übernachtet, um zum Sonnenaufgang die letzten 2,5 Stunden zum Gipfel (3886 m) anzugehen. Die Zeiten gelten als Richtzeit für normale Wanderer mit Gepäck und Verpflegung für zwei Tage. Wer geübt ist, kann auch an einem Tag die Strecke hin und zurück schaffen, muss dann aber um fünf Uhr

Bergland Nord

Die Saysiat

Mit nur knapp 4.000 Mitgliedern einer der kleinsten Ureinwohnerstämme TaiWans, leben die Saysiat im Hügelland westlich des Hsue-Shan. Ähnlich wie die Atayal, mit denen sie traditionell eine enge Nachbarschaft verband, lebten die Saysiat überwiegend von der Jagd sowie dem Anbau von Getreide und Süßkartoffeln. Ihre patriarchalische Organisation spiegelt sich auch im Stammesnamen, der „ehrenhafte Männer" bedeutet, wider. Jeder Clan mit einem Oberhaupt an der Spitze machte sich auch äußerlich durch spezielle Wappen (Totems) kenntlich. Die Bezeichnungen dieser Totems stellen noch heute die Familiennamen der einzelnen Clans dar. Im Unterschied zu den Atayal, die keine gemeinsamen Tänze und religiöse Zeremonien kannten, sind die Saysiat für ihre künstlerischen Reime und Verse bekannt, die sich auch in ihren gemeinsamen Tänzen wiederfinden. Tanzvorstellungen der Saysiat können nicht in der Urheimat des Stammes, sondern im HsiaoRenKuo (♪) bewundert werden.

---

los und mit 14 Stunden (incl. Pausen) rechnen. Beide Hütten bieten rund 120 Schlafplätze, Wasser gibt es in der 369-Hütte nur unregelmäßig, ein sauberer Bach fließt hinter der Hütte. Wie generell für Bergregionen auf TaiWan sind auch für den HsueShan Oktober bis Dezember die besten Monate. Anschließend wird es sehr kalt und frostig (vom Bodenfrost im Winter hat der Berg seinen Namen), März bis April sind wegen der klaren Luft auch gut.

TaPa ChienShan (DàBà JiānShān, Großer-Führer-zeigen-Berg)

大霸尖山

Der TaPaChienShan gehört zum HsueShan-Massiv und erreicht 3492 m. Aufgrund seiner spektakulären, pyramidenähnlichen Gipfelform galt er lange als schönster Gipfel TaiWans und hat seit jeher Bergfreunde angelockt. Dies wiederum führte dazu, den Grat mit Metallgittern zu bepflastern was noch mehr – nun auch unerfahrenere – Sportsfreunde anlockte. Kurzum, es gelang dennoch einigen abzustürzen, woraufhin der Aufstieg zum Hauptgipfel untersagt wurde (die Gitter und Hilfsstege blieben). Derzeit ist lediglich der Aufstieg zum „nur" 3400 m hohen HsiaoPaChienShan gestattet, allerdings gilt auch hier: Ohne A-Permit (hier allerdings auch angebracht, der Gipfelaufstieg ist nichts für Anfänger) geht nichts. Von einem Besteigungsversuch während der Regenzeit (Mai-Oktober) ist unbedingt abzuraten.

Als Führer dienten früher die Atayal-Ureinwohner, die den Berg verehren und viele Jahre Bergsteiger nur bis zum Grat des TaPa-

ChienShan brachten. 1927 gelang es einer Gruppe, sich vom
Führer zu lösen und eine Aufstiegsmöglichkeit zu entdecken, seitdem wurden hölzerne Pfade angelegt, die sich aber als untauglich
erwiesen. In den 60er Jahren kamen dann die stabilen Metallkon-
struktionen.

Unterkunft

Für den Aufstieg zum Fuß des TaPaChienShan sind mehrere Etappen notwendig, zum einen bis KuanWu, wo man im **KuanWu ShanKuan,** Tel: (03)-
5218853 unterkommt. Die nächste Etappe führt zum **ChiuChiu Shan-
Kuan,** Tel: ebenfalls (03)-5218853, von wo aus am Folgetag der Auf- und
Abstieg angegangen wird. Kochmöglichkeiten sind gegeben (einmalig neben YuShan), so dass kein Geschirr mitgeführt werden muss. Beide Hütten
können bis zu 200 Personen aufnehmen und bieten Wasserversorgung,
sind allerdings verschlossen, wenn keine Gruppe unterwegs ist. Zusätzlich
zu den A-Permit Formalitäten ist die vorherige Anmeldung für die Hütten
empfohlen.

An-/Abreise

Der Berg ist nur von Westen her über **ChuTung** (von ChungLi, MiaoLi oder
HsinChu aus) zu erreichen. Dort fährt ein Bus 80 km über die Kontrollstati-
on WuFeng bis ChingChuan, von wo aus man noch knapp 20 km zur Quelle
des MaTaLa-Flusses bei KuanWu zurücklegen muss. Hier beginnt der fünf
Kilometer lange Aufstieg zur „Schutzhütte 99" auf 2699 m (daher der
Name), von hier aus sind es noch sechs Kilometer bis zum Fuß des Gipfels.

仁澤   **JenTzu (Gütiger-Sumpf)**
太平山   **und TaiPingShan (Grosser-Frieden-Berg)**

JenTzu auf 650 m und der TaiPingShan auf 1930 m gelegen sind
die großen Gebirgserlebnisse der Städter aus dem nahegelegenen TaiPei. Um die heißen Quellen in JenTzu wurde ein Hotel errichtet, zum Gipfel eine asphaltierte Straße gebaut.

Wer dieser folgt und die rund 16 km von JenTzu zum Gipfel **zu
Fuß** gegangen ist, weiß dagegen, was er geleistet hat, auf knapp
2000 m zu wandern ist nicht ohne, das Panorama entschädigt jedoch für die Mühen.

Angenehmer ist die Fahrt **per Bus** zum Gipfel und von dort zu
Fuß zurück nach JenTzu. Der Berg ist einer der höchsten Gipfel
des Nordens, an klaren Tagen hat man freie Sicht bis zur Nordostküste und den Rändern von TaiPei.

Da man mit öffentlichen Verkehrsmitteln keine Tagestour machen kann, lohnt sich der TaiPingShan nur, wenn man von YiLan
den frühen Bus bis zum Gipfel nimmt, nach JenTzu läuft und dann
mit dem Nachmittagsbus YiLan-LiShan bis WuLing-Farm oder Li-
Shan weiterfährt (aus umgekehrter Richtung von LiShan fährt kein
Bus hinauf). Wochenendausflügler aus TaiPei können vor Ort übernachten. Die TaiPingShan-Region wurde zum Erholungsgebiet erklärt und kostet 100 NT$ Eintritt.

Bergland Nord

Unterkunft

仁澤溫泉山莊

太平山山莊

An-/Abreise

Nichts für die kleine Reisekasse!
Φ *JenTzu WenChuan ShanChuang,* Tel: (03)-9809603,
DZ 1700-2800 NT\$. Unten in JenTzu WenChuan, 25 ChiaoShuiLu.
Φ *TaiPingShan ShanChuang,* Tel: (03)-9809806, DZ 2200 NT\$, 6er Zi
2600 NT\$, oben am Gipfel gelegen, 1 TaiPingLu/Weg 58.

●*Bus:* Von LiShan kommend muss man das Stück von der Hauptstraße bis
JenTzu zu Fuß gehen, Anbindung siehe LiShan/WuLing-Farm (125 NT\$ bis
hierher); von YiLan fährt ein Bus tgl. um 7:00 Uhr und fährt gegen 12:00 Uhr
zurück. Der Bus von YiLan fuhr viele Jahre hinauf bis zum Mountain-Hostel,
in den vergangenen Jahren nur noch bis JenTzu, jetzt mal wieder bis zum
Hostel – Änderungen sind also jederzeit möglich. YiLan-JenTzu 118 NT\$, Yi-
Lan-TaiPingShan 162 NT\$.

巴陵

PaLing (BāLíng, Sehnen-Hügel)

Die YiLan – LiShan Busse halten in ChiLan, wenige km nördlich
von JenTzu, von wo aus nur selten Busse nach TaHsi über den
Northern Cross Island Highway (NCIH) fahren. Häufiger wird
von TaHsi (♫) aus PaLing, der Ausgangspunkt zum LaLaShan-
Park, angefahren. Der Bus aus TaHsi fährt über TzuHu (♫), dem
ersten Ort im Grünen, den NCIH hinauf nach PaLing auf 590 m.
Die Fahrt ist ähnlich spektakulär wie über den CCIH oder den
SCIH, unterscheidet sich aber von diesen beiden wesentlich. Zum
einen wurde die Straße praktisch einspurig gebaut, Bus- und Last-
wagenfahrer leisten hier atemberaubende Milimeterarbeit. Zum
anderen ist das Tal weiträumiger als die engen Schluchten der
beiden anderen „Highways", kleine landwirtschaftliche Nutz-
flächen wurden den Hängen abgerungen, selbst vom Bus aus hat
man einen guten Blick hinunter zum Fluss.
   Die Buslinie endet (von wenigen Ausnahmen abgesehen) in *Pa-
Ling,* von hier aus geht man zu Fuß 100 m in Fahrtrichtung weiter
und folgt der links abknickenden Straße knapp 1000 m zum Parktor (Fußgänger zahlen keinen Eintritt, Gebühren fallen nur für Fahrzeuge an; kein Mountain-Permit erforderlich). Dann geht es 6 km
aufwärts nach **ShangPaLing** (1129 m), einem kleinen, spektakulär oben am Hang gebauten Dorf, und nochmals 6 km zum eigentlichen Park auf rund 1500 Höhenmetern.
   Hier folgt man der Schotterpiste 1,5 km und dem anschließenden Fußweg 1 km bis zum Beginn des LaLaShan-Rundwander-
pfades (eine Stunde). Die Straße hinauf wie auch PaLing selbst
wird von vielen Obstständen gesäumt, die Gegend ist wie LiShan
berühmt für Pfirsiche und andere Obstarten, die hier in den
Höhenlagen wachsen. *LaLaShan* bedeutet etwa „sich die Hand
reichende Berge", von den hier eng beieinander stehenden Gipfeln erreicht der *TaKuangShan* 2030 m. Der Wald um den Wanderweg beheimatet zahlreiche seltene Vogel- und Beerenarten
sowie viele Jahrtausende alte Zypressen.

Unterkunft

巴陵大旅社

Φ*PaLing TaLuShe,* Hausnummer 21 PaLingLu (gegenüber der Bushaltestelle, es gibt nur die eine Straße), Tel: (03)-3912126, DZ um 1400 NT$.

Verpflegung

In PaLing gibt es kleine Läden und Restaurants entlang der Hauptstraße; in
ShangPaLing ebenfalls, sind aber teurer. Im Park steht ein Nudelsuppen-
stand (heiß) hinter dem Aufgang zum Rundwanderweg, der auch Getränke
verkauft. Wer den Fußmarsch wagt, muss Wasser mitführen; Obststände
sind überall an der Straße zwischen PaLing und LaLaShan zu finden.

Information

An der Kontrollstation für Fahrzeuge ist eine Übersichtskarte angebracht;
ein (winziges, chinesischsprachiges) Faltblatt ist innen erhältlich. Der Rundweg scheint verwirrend zu sein, führt aber zum Ausgangspunkt zurück (etwa
60 Minuten). Auch hier steht eine gute Übersichtstafel.

An-/Abreise

Eine **Tagestour** ab TaoYuan/ChungLi via TaHsi) ist möglich, ist aber nur guten Läufern zu empfehlen, man rechne mit 6 km/Stunde erforderlicher Ge-
schwindigkeit ab PaLing, da keine Busse hinauffahren (vom Sonderbus
sonntags ab TaoYuan abgesehen). Rund 1000 Höhenmeter geht es außerdem aufwärts, man muss also 30 km plus eine Stunde Rundwanderweg in
beispielsweise 6 Stunden schaffen! (Ankunft des 8:50-Bus um 10:30 Uhr,
letzter Bus zurück um 16:30 Uhr.) Zumindest an Wochenenden hat man
allerdings keine Chance, zu Fuß zum Park zu gehen, mitleidige Ausflügler
per Wagen insistieren förmlich darauf, einen mitzunehmen. Außerdem pendeln eine Reihe von Taxis zwischen PaLing, ShangPaLing und LaLaShan
(300 NT$), man ist also nie „verloren". Allerdings ist die Lage unter der
Woche schwieriger, da es dann kaum Touristen gibt.
    Etwas günstiger ist der 6:30 Uhr-Bus ab TaHsi (zwei Stunden Zeitgewinn),
dann muss man allerdings in TaHsi (♪) übernachten. Auch ein **Zweitages-
ausflug** ist möglich, ein kleines Hotel steht in PaLing, gegenüber der Bushaltestelle.
  ●**TaHsi-PaLing:** Ein Weg führt von ChungLi nach TaHsi, dort muss man zur
nationalen Station (zur Hauptstraße, dann links bis durchs Tor, dann zweimal
rechts), wo um 6:30, 7:30, 8:50, 10:10, 11:20, 12:30, 14:15, 15:30 und
16:30 Uhr Busse nach PaLing fahren. Zweckmäßig ist der 8:50 Uhr-Bus ab
TaHsi, da man diesen leicht ab ChungLi oder TaoYuan erreichen kann.
  ●**TaoYuan-ShangPaLing:** Die TaoYuan KeYun in TaoYuan (Lokalbusstati-
on TaoYuan vor dem Hbf., ♪) hat einen Sonntagsausflugsservice eingerichtet und fährt an Sonntagen (meist in 14tägigem Abstand) für 450 NT$ bis
hinauf nach ShangPaLing.
  ●Wer in PaLing **nach Osten** weiterkommen will (YiLan oder LiShan), muss
dies an einem Sonntag tun, wenn der Bus 14tägig nach ChiLan gegen
12:00 Uhr weiterfährt (Gabelung des NCIH), wo man Anschluss an die Linie LiShan (♪) – YiLan (♪) hat.

Bergland Nord

Brücke zur Steilwand (TsaoLing)

Zentralbergland Mitte

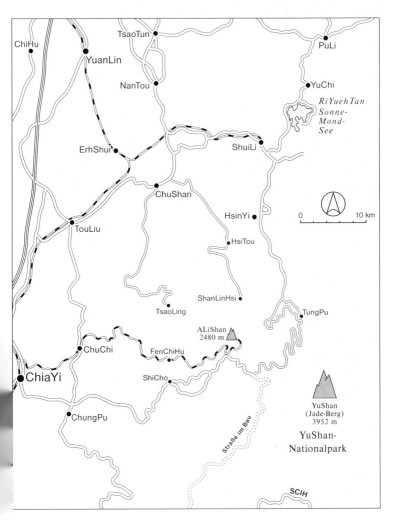

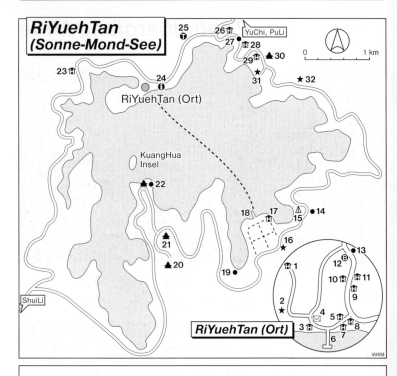

RiYuehTan (Sonne-Mond-See)

RiYuehTan (Ort)

🏯	**1**	Evergreen und Lehrerhotels	🏯 **17**	Yangs Wood Hotel
★	**2**	"griechische Villa"-Aussichtspunkt	**18**	Pier
🏯	**3**	HsiangHu Hotels	● **19**	Asia Country Club
⊠	**4**	Post	▲ **20**	TzuEn Pagode
🏯	**5**	MingKung & MinHsin Hotels	▲ **21**	HsuenChuang Tempel
	6	Pier	▲ **22**	HsuanKuang Tempel &
🏯	**7**	KuanHu, Apollo &	●	Ruderbootverleih
		El Dorado Hotels	🏯 **23**	Teachers Hotel
🏯	**8**	Skyline Inn Hotel	❶ **24**	Verwaltung & Information
🏯	**9**	Honeymoon Hotel	🕎 **25**	Tankstelle
🏯	**10**	SungHoYung Hotel	🏯 **26**	ChiuLung Hotel
🏯	**11**	MingRen Hotel	● **27**	PKW-Tor
Ⓑ	**12**	Busbahnhof	🏯 **28**	Chinatrust Hotel
●	**13**	Polizei	🏯 **29**	ChinSheng Hotel
●	**14**	SM-Youth Activity Centre	▲ **30**	WenWu Tempel
△	**15**	Campingplatz	★ **31**	CKS- Statue
★	**16**	TeHuaShi Ureinwohnerdorf	★ **32**	Vogelgarten

Rund um den Sonne-Mond-See

日月潭

RiYuehTan (RìYuèTán, Sonne-Mond-See)

Das bei den Taiwanern wohl **beliebteste Urlaubsziel,** der Sonne-Mond-See, liegt 748 m über dem Meeresspiegel auf einem Plateau zwischen dem nördlichen und mittleren Zentralbergland. Das Klima ist sehr angenehm und verträglich. Mit einer Fläche von 11,6 qkm ist der RiYuehTan das größte Binnengewässer TaiWans und gleichzeitig der einzige natürliche, größere See der Insel. An seiner tiefsten Stelle erreicht er gerade einmal 27 Meter, dennoch ist das Schwimmen in seinen kühlen Fluten nicht sehr beliebt. Zum einen schwimmen die Chinesen nicht gerne, zum anderen hat einmal irgend jemand das völlig aus der Luft gegriffene Gerücht in die Welt gesetzt, im See gebe es Piranhas. Im See liegt eine kleine Insel, auf der zur Freude der Besucher eine riesige, künstliche Wasserfontäne montiert wurde. Südlich dieser Insel ähnelt der See in seinem Umriss dem chinesischen Zeichen für „Mond", nördlich davon dem für „Sonne", daher der Name „Sonne-Mond-See".

Während der japanischen Besatzungszeit wurde am Südwestufer ein Damm mit **Wasserkraftwerk** errichtet, seinerzeit ausreichend zur Deckung des gesamten taiwanesischen Energiebedarfs. Mit dem Bau anderer Dämme (ShiMen, TsengWen, MingTe) und später auch von Kernkraftwerken trat diese Funktion in den Hintergrund, statt dessen begann man 1961 mit der allmählichen Umgestaltung zu einem Erholungsgebiet.

Bergland Mitte

Die lokalen Behörden wurden zunächst mit der Bildung einer Verwaltung zum planmäßigen touristischen Aufbau beauftragt, 1968 wurde diese Behörde direkt der Bezirksverwaltung des Nan-Tou-Bezirks unterstellt. Seitdem hat sich der See und sein unmittelbares Umland zu einer Art **Venedig TaiWans** entwickelt, denn 90 % aller taiwanesischen Brautpaare verbringen hier ihre Flitterwochen.

Die beliebtesten **Freizeitaktivitäten** am See sind Rudern und Motorboot-Fahren, einige der oberen Zehntausend haben bereits ihre Yachten auf dem See. Der See ist rundum dicht bewachsen, schwimmen ist nur an wenigen Stellen oder vom (Ruder-) Boot aus möglich. Zwei der großen Freizeitanlagen in TeHuaShe (Asia Country Club und Yangs Wood) bieten ihren Gästen Motorboot-Törns und Wasserski an. Unnötig zu erwähnen, dass an Wochenenden rundum Hochbetrieb herrscht und Zimmer nicht zu bezahlen sind. Rund um den See gibt es einige relativ gut zu erkundende Punkte, zu Fuß ist man einen vollen Tag unterwegs. Es wird eine Art Eintrittsgeld in Höhe von 50 NT$ erhoben.

WenWuMiao
文武廟

Der **WenWu-Tempel** ist in mehrerlei Hinsicht bemerkenswert. Er vereint die Elemente mehrerer religiös-philosophischer Schulen miteinander, beispielsweise auf der Yin-Yang Lehre basierend die zum Bau verwendeten dunklen Marmorblöcke als Gegensatz zum hellen See. Die Haupthalle zeigt die Statuen der Kriegsgötter *KuanYu* und *YuehFei* (schamanistisch), die hintere Halle ein Standbild des *Konfuzius*. Schließlich wurden einige Riten des Taoismus integriert, so zum Beispiel das typische Orakelknochenwerfen. Von den Türmen hinter der rückwärtigen Halle kann man den Seeblick genießen.

CKS-Statue
中正紀念碑

An schönen Plätzen darf natürlich nicht die obligatorische Statue des großen Präsidenten fehlen. Zwischen WuWenMiao und dem Vogelpark führt rechts ein Teerweg zur Statue.

KungChueYuan
孔雀園

In dem kleinen Freilaufgehege leben über 400 Großvögel, überwiegend Pfauenarten. In der kleinen Ausstellungshalle befindet sich eine Ausstellung zum Thema Schmetterlinge; der Eintritt ist frei. Vor dem **Vogelpark** führt links eine Nebenstraße zum TaiWan Aboriginal Center, etwa 1,5 Stunden zu Fuß.

TeHuaShe
德化社

Gleich am Eingang der kleinen Siedlung führt rechts eine Treppe zum Pier, links liegt der Eingang zum **Aboriginal Village** (nicht zu verwechseln mit dem „TaiWan Aboriginal Cultural Village" wenige km vom See entfernt, ♪). Dieses hier in TeHuaShe – oder besser: was noch davon übrig ist – bietet einen kleinen Einblick in die Lebensweise der Ureinwohner, die heute in TeHuaShe leben (Eintritt frei).

HsuanChuangSi
玄狀寺

In diesem **buddhistischen Tempel** befindet sich am Hauptschrein des Erdgeschosses hinter dem liegenden Buddha eine kleine Pagode, in der Knochenteile des Mönches *HsuanChuang*, des Begründers der buddhistischen Philosophie in China, aufbewahrt werden. Dahinter steht sein Standbild. Im ersten Obergeschoss sind mehrere Darstellungen des KuanYin-Boddhisatva zu sehen. Zentral steht die indische Urform der weiblichen Halbgöttin (ursprünglich ein Zwitterwesen), davor die hundertarmige Reinkarnation sowie zwei weiße Porzellanstandbilder in der häufigsten Erscheinungsweise in China, stehend mit erhobener Hand. Im zweiten Stock befinden sich eine kleine Bibliothek und Fotos ehemaliger Mönche. Vom Balkon hat man einen schönen Blick über die Nadelbäume hinweg auf den See.

TzuEnTa
慈恩塔

Die große **neunstöckige Pagode** gehört zum HsuanChuang-Tempel, liegt aber rund einen km oberhalb des Tempels. Man folge zunächst der Straße vor der Anlage weiter bis zu einer Abzweigung, links geht es hinauf zur Pagode. Eine Besteigung lohnt sich, von hier aus hat man eine phantastische Aussicht auf den See und die umliegenden Täler. Mit gut 45 m Höhe ist die TzuEn-Pagode die höchste auf TaiWan.

HsuanKuangSi
玄光寺

Nominell handelt es sich bei diesem Gebäude um einen **Tempel,** früher wurde das Hauptgebäude ausschließlich als buddhistische Ausbildungsstätte genutzt. Rund um den heute nicht mehr aktiven Tempel liegen einige Pavillons im Grünen, unterhalb der Anlage befindet sich ein kleiner Pier mit **Bootsverleih.**

Unterkunft

Einhergehend mit der heutigen Bedeutung des Sees als Flitterwöchner- und Pauschaltouristenziel liegen die hiesigen Unterkünfte preislich in den oberen Regionen, zumindest an Wochenenden. Engpässe sind dann hier eher die Regel denn die Ausnahme. Die folgenden Angaben der Hotelpreise gelten für normale Wochentage, an Wochenenden und Feiertagen sind Aufschläge zwischen 30 und 100 % je nach Angebot und Nachfrage einzuplanen (das *SuiBian-Prinzip*). Sehr viel Geld und Suecherei nach einem bezahlbaren Bett spart, wer in ShuiLi oder PuLi Quartier nimmt. Die Busfahrt zum See dauert nur 30 Minuten, innerhalb eines Tages kann man dort alles bequem sehen.

亞洲明潭鄉俱樂部

Φ**Asia Country Club**,** Tel: (049)-850001, etwa 1000 m hinter TeHuaShi ist eine Luxus-Campinganlage des „Yangs Wood". Der Campingplatz kostet 800 NT\$/Person, Zelt und Schlafsack werden gestellt. Komplettangebote mit Bootstouren, Wasserski und Vollpension reichen bis zu 3000 NT\$ pro Tag. Mahlzeit!

松鶴園賓館

Φ**SungHeYuan TaFanTian*** (Sung-Ho-Yung Hotel),**
135 ChungShanLu, Tel: (049)-2855364, DZ ab 1100 NT\$.

名人大飯店

Φ**MingRen TaFanTian***,** 138 ChungShanLu,
Tel: (049)-2855338, ab 900 NT\$.

Bergland Mitte

明勝大飯店   Φ *MingSheng TaFanTian****, 4 MingHsinChie, Tel: (049)-2855357, DZ ab 900 NT\$, einige wenige ohne eigenes Bad kosten 600 NT\$.

青年活動中心   Φ *ChingNian HuoTung ChungHsin**** (Youth Activity Center)*, 101 ChungChengLu, Tel: (049)-2850070, 8er Zi 2500 NT\$, DZ ab 1800 bis 6000 NT\$. Dorm-Betten sind i.d.R. auf Wochen ausgebucht, ohne Reservierung kann man sich den Weg auch unter der Woche sparen.

向湖大飯店   Φ *HsiangHu TaFanTian*****, 17 MingHsinChie, Tel: (049)-2855320, DZ ab 1100 bis 1800 NT\$.

涵碧樓   Φ *HanPiLou**** (Evergreen)*, 142 ChungHsingLu, Tel: (049)-2855311, 128 Zimmer, viele DZ zu 1400 NT\$, aber auch Suiten für 10.000 NT\$.

教師會舘   Φ *ChiaoShi HuiKuan**** (Teachers Hostel)*, 136 ChungHsingLu, Tel: (049)- 2855991, 111 Zi., davon viele zu 1250 NT\$, bessere kosten bis zu 3000 NT\$. Liegt wie das Evergreen recht weit vom Bbhf. entfernt, allerdings sehr ruhig direkt am See.

德化大飯店   Φ *TeHua TaFanTian*****, 20 ChungChengLu, Tel: (049)-2850167, 1100-1400 NT\$, direkt an der Hauptstraße in TeHuaShi, 100 m weiter vom Eingang zum Aboriginal Village.

景聖樓   Φ *ChingShengLou******, 58 ChungChengLu, Tel: (049)-2855366, liegt direkt gegenüber vom WenWu-Tempel, DZ 1800 NT\$.

九龍大飯店   Φ *ChiuLung TaFanTian******, 21 ChungChengLu, Tel: (049)-2855206, 1200-1400 NT\$.

環湖大飯店   Φ *HuanHu TaFanTian******, 1 MingHsinChie, Tel: (049)-2855341, DZ ab 1400 NT\$, bessere kosten bis zu 2000 NT\$.

天盧大飯店   Φ *TianLu TaFanTian*******, 1 ChungShanLu, Tel: (049)-2855321, DZ ab 2000 bis 8000 NT\$ für Suiten. Etwas zu alt für seine Preise, das Chinatrust bietet in der Oberklasse mehr.

蜜月樓別舘   Φ *MiYuehLou PieKuan****** (Honeymoon)*, 116 ChungShanLu, Tel: (049)-2855349, DZ zwischen 1500 und 2000 NT\$, haben auch eines (!) für 800 NT\$, welches aber nur durch ein Fenster mit Vorhang vom Gang getrennt ist.

明功大飯店   Φ *MingKung TaFanTian*******, 2 MingHsinChie, Tel: (049)-2855155, DZ ab 1800 bis 2500 NT\$.

紅賓大飯店   Φ *HongPin TaFanTian****** (Apollo)*, 3 MingTengChie, Tel: (049)-2855381. Hier kosten sehr gute DZ zwischen 1450 und 2600 NT\$.

中信大飯店   Φ *ChungHsin TaFanTian********, 23 ChungChengLu, Tel: (049)-2855911, DZ ab 3300 NT\$ und Suiten bis 10.000 NT\$.

哲園   Φ *Yangs Wood**********, Tel: (049)-2850000, liegt unübersehbar nahe der Anlegestelle in TeHuaShi. Das sehr schöne Hotel wurde in einer Mischung aus russischem und nordamerikanischen Blockhausstil gebaut und gilt als eine der Top-Adressen in TaiWan. Die Zimmerpreise liegen bei 4000 NT\$, Suiten kosten bis 18.000 NT\$.

Verpflegung

Was kein Hotel in RiYuehTan-Dorf ist, hat etwas mit Souvenirs oder Essen zu tun. Leider sind die Preise sehr hoch, es gibt kein einziges preislich zumutbares Restaurant. Man rechne mit 350 NT\$ Minimum für ein einfaches Gericht. Getränke gibt es in einigen kleinen Shops, dort kann man auch die rettenden Nudelsuppen erwerben. Die meisten Hotels am Ort verfügen über eigene Restaurants, die keineswegs teurer als reine Restaurantbetriebe sind.

Information

Das (ausschließlich chinesischsprachige) Personal des Administration Office ist sehr hilfsbereit und gibt ein kleines zweisprachiges Informationsblatt aus.

Institutionen

警察
郵局

- **Polizei:** 144 ChungShanLu, genau gegenüber vom Bbhf.
- **Post:** 36 ChungShanLu, geöffnet 8:30-12:30 und 13:00-16:30 Uhr täglich.
- **Geld:** Wechselmöglichkeiten bestehen nur in den großen Hotels, genügend Bares mitbringen!

An-/Abreise

- Nach **TaiChung:** 8:10, 10:30, 17:00 Uhr (148-171 NT$). Wenn man einen dieser Busse gerade verpasst hat, fährt man nach PuLi oder ShuiLi und findet dort laufende Anbindung nach TaiChung.
- Nach **TaiPei:** 15:00 Uhr für 388 NT$.
- Von/nach **PuLi:** 20 x tgl. zwischen 6:15 und 20:45 Uhr (35 NT$).
- Von/nach **ShuiLi:** zwischen 6:40 und 20:10 Uhr 18 x täglich für 33 NT$.
- Zum **TaiWan Aboriginal Cultural Village:** Hier gibt es keine direkte Busverbindung; man muss zunächst einen der PuLi-Busse bis YuChi (ca. 4 km) nehmen und dort in einen Bus der WuShe-PuLi-ShuiLi-Linie umsteigen (♪ PuLi). Achtung: Nicht alle Busse fahren zum Village, nur die in PuLi genannten Zeiten plus ca. 30 Minuten später ab YuChi.
- **Transport um den See:** Die großen Hotels (z.B. Chinatrust) setzen eigene Minibusse zwischen Bbhf. und Hotel ein, allerdings nur für Gäste. Vom Bbhf. verkehrt ein **Bus** zum HsuanKuang-Tempel, der an allen Sehenswürdigkeiten und Hotels hält. Allerdings fährt er nur etwa alle 90 Minuten. Zu empfehlen ist daher, einen Bus z.B. um 8:20 oder 9:50 Uhr bis zum Hsuan-Chuang-Tempel zu nehmen, dann zur Pagode zu laufen, zurück bis nach Te-HuaTsun zu laufen und von dort mit dem Boot zum Hauptort zurückzufahren oder mit einem Bus bis zum Vogelpark zu fahren und dann über den Wen-Wu-Tempel zurückzulaufen. Aufgrund der geringen Busfrequenz ist es unmöglich, alle Punkte binnen eines Tages nur per Bus anzufahren. **Zu Fuß** vom Bbhf. bis zum HsuanKuangSi sind es 16 km einfach (einschl. Gang zur Pagode).

Zwischen den beiden Siedlungen verkehrt alle 30-45 Minuten tagsüber eine **Fähre** für 60 NT$, eine gleichermaßen sinnvolle wie gemütliche Einrichtung. **Ruderboote** werden an den Piers ebenso vermietet wie motorisierte Kleinboote für Gruppen (zwischen 1200 NT$ für 2 Personen und 6000 NT$ für 30 Personen).

Taxis verlangen 500 NT$ für die Strecke Bbhf.-Youth Activity Center oder HsuanChangSi.

Fahrräder oder **Mopeds** werden bislang nicht angeboten, es ist aber einheimischen Hotelgästen gelungen, privat vom Hotelpersonal Räder zu mieten; vielleicht wird diese Marktlücke bald geschlossen. Noch empfehlenswerter ist es, ein Moped oder Leihfahrrad bereits in ShuiLi (♪) zu mieten, dann ist man am beweglichsten.

Bergland Mitte

尢族文化村

JiuZu WenHua ZhongXin (JiŭZú WénHuà ZhōngXīn, TaiWan Aboriginal Cultural Village)

Das sogenannte Ureinwohner-Kulturdorf nahe des Sonne-Mond-Sees ist ein **Freilichtmuseum** mit kleineren, nachgebauten Siedlungen der auf TaiWan vertretenen Ureinwohner-Gruppen. Auf dem weitläufigen Areal sind ursprüngliche Unterkünfte, Kornspeicher, Versammlungshalten und Gerätschaften in konzentrierter Form zu allen Stämmen zu sehen und beschrieben (auch englisch). Auch wenn es sich um eine nachgestellte Anlage handelt,

Ureinwohner-Kulturdorf beim Sonne-Mond-See

so gewinnt man doch einen recht guten Einblick in frühere Lebensweise auf TaiWan. Höhepunkt sind die *Tänze und Shows* der Ureinwohner, wobei auch das Publikum miteinbezogen wird. Insbesondere die Brautwerbe-Rituale entpuppen sich als Heidenspaß, auch wenn die ursprüngliche Intention dabei natürlich völlig in den Hintergrund getreten ist.

Das TaiWan Aboriginal Cultural Village ist mittlerweile zu einem „Vergnügungspark" erweitert worden, täglich von 7:00 bis 17:30 Uhr geöffnet und kostet 700 NT$ Eintritt. Im Preis enthalten sind alle Vorführungen und Fahrten mit den Touristenbussen im Park. An der Kasse gibt es Faltblätter mit einem Übersichtsplan. Ein kompletter Rundgang mit Besuch der Show dauert ca. 5 Stunden.

An-/Abreise

●Eine Direktverbindung per Bus besteht lediglich mit der Linie zwischen *PuLi* und *ShuiLi* (↗). Eine Verbindung zwischen diesen Orten besteht etwa alle 45 Minuten, aber nur jeder zweite (sieben täglich) fährt über das Cultural Village. Die Busse fahren nämlich entweder über den Sonne-Mond-See oder über das Cultural Village, nie jedoch über beide gleichzeitig. Es ist daher nicht möglich, ohne Umstieg in YuChi vom See aus das Village zu besuchen oder umgekehrt.
●*Vom See aus* nimmt man jeden Bus Richtung PuLi bis YuChi (ca. 4 km) und steigt dort in einen der folgenden Busse zum Village um: 7:25, 9:15, 11:00, 13:00, 14:30 und 15:00 Uhr.

水里

ShuiLi (ShuǐLǐ, Wasser-Heimat)

ShuiLi liegt am südlichen Ende der Strecke von PuLi über den Sonne-Mond-See, welche das nördliche mit dem zentralen Bergland verbindet. Der Ort ist wahrlich keine Touristenattraktion, als Ausgangspunkt zum YuShan via PuLi oder zum Sonne-Mond-See allerdings ein wichtiger Transitpunkt. Ferner gibt es hier etwas sehr seltenes: **Leihfahrräder!** Dies bietet eine interessante Variante zum Besuch des Sonne-Mond-Sees oder der historischen ChiChi-Linie an. Die günstigen Unterkünfte sind sehr nützlich, wenn das teure RiYuehTan-Ort überfüllt ist oder man einfach Kosten vermeiden will und einen Tagesausflug von hier aus startet.

Hinter dem Bahnhof liegt ein **schamanistisch-taoistischer Tempel,** gewidmet den Kriegsgöttern *KuanYu* und *YuehFei*. Die rote Gesichtsmaske *KuanYus* ist ein fester und markanter Bestandteil der Pekingoper. Der Aufgang zum Tempel befindet sich (durch den Bhf. gehen) jenseits der Schienen 100 m links.

Eines sei noch für die Planung erwähnt: Wenn man direkt vom nördlichen ins mittlere Zentralbergland reist, muss man entweder in PuLi (Nord), Sonne-Mond-See oder ShuiLi Station machen. Von ShuiLi aus kann man theoretisch das Wandergebiet HuiSun (⌔ , „Sackgasse" nördlich PuLi, man muss dazu den 8:50 Bus ab PuLi erreichen) in einem Tagesausflug besuchen; umgekehrt kann man aber nicht von PuLi aus das schöne TungPu (⌔ , „Sackgasse" südlich ShuiLi) innerhalb eines Tages ausreichend besichtigen.

Unterkunft

Die hiesigen Hotels sind sehr günstig, aber qualitativ kein Vergleich zum nahegelegenen Sonne-Mond-See.

勞功旅社

Φ**ShengKung LuShe*,** 69 TaiPingChie,
Tel: (049)-2770300, DZ 350-400 NT$.

華都旅社

Φ**HuaTou LuShe*,** 198 MinChuanLu,
Tel: (049)-2770162/3, DZ um 400 NT$.

震泰大旅社

Φ**HuanTai TaLuShe*,** 83 MinChuanLu,
Tel: (049)-2772137, DZ 450 (ohne A/C) bis 850 (A/C) NT$.

翔美旅社
龍江旅社

Φ**TungMei LuShe**,** 172 MinShengLu,
Tel: (049)-2772131, 500-700 NT$.

Φ**LungChiang LuShe**,** 174 MinShengLu,
Tel: (049)-2772161, EZ 600 NT$, DZ 700 NT$ (alles A/C).

東方大旅社
亞洲大飯店

Φ**TungFang TaLuShe**,** 64 MinChuanLu, Tel: (049)-2772126, DZ 650 NT$.

Φ**YaChou TaFanTian***,** 264 MinChuanLu, Tel: (049)-2772151,
1200-1400 NT$ bei 30 % Rabatt unter der Woche.

Verpflegung

In ShuiLi gibt es ein paar Restaurants in der MinShengLu, alle sehr günstig, sofern man keinen Fisch isst. Hier gibt es auch eine kleine Bäckerei und einen 24h-Markt. Frischwaren und Snacks bekommt man günstig auf dem Markt in der MinTzuLu.

Institutionen
警察

●**Polizei u. YuShan-Bergpolizei:** 112 MinChengLu, Tel: (049)-773121, erste Gasse links aus dem Bhf. kommend. Hier können A-Permits für YuShan beantragt werden.

銀行

●**Bank:** ChangHuaYinHang, 144 MinChuanLu, hat bislang nicht gewechselt, was sich aber schnell ändern könnte.

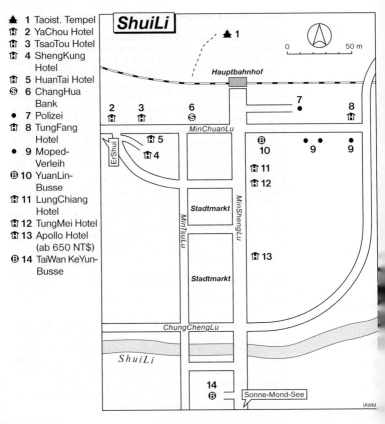

- ▲ 1 Taoist. Tempel
- 🏠 2 YaChou Hotel
- 🏠 3 TsaoTou Hotel
- 🏠 4 ShengKung Hotel
- 🏠 5 HuanTai Hotel
- 🏦 6 ChangHua Bank
- ● 7 Polizei
- 🏠 8 TungFang Hotel
- ● 9 Moped-Verleih
- 🚌 10 YuanLin-Busse
- 🏠 11 LungChiang Hotel
- 🏠 12 TungMei Hotel
- 🏠 13 Apollo Hotel (ab 650 NT$)
- 🚌 14 TaiWan KeYun-Busse

An-/Abreise

●**Bahn:** ShuiLi liegt an der historischen „ChiChi-Linie" von **ErShui** nac ShuiLi (⌀ ErShui), einer der beiden Bahnnebenstrecken auf TaiWan. Einig der neun Züge täglich fahren durch bis TaiChung, einige enden in ErShu Die Fahrt kostet 35 NT$ und dauert etwa 35 Minuten. Abfahrt ab ShuiLi i derzeit um 6:21 (bis TaiChung), 8:52, 10:54 (bis TaiChung), 12:54, 14:2: 16:40 (bis TaiChung), 18:23, 20:26 und 22:36 Uhr (bis TaiChung).

●**Bus:** In ShuiLi gibt es nur zwei Busstationen, die nationale TaiWan KeYu und die regionale YunLin KeYun. Letztere hat auch Direktverbindungen zu **ALiShan** über die Bergroute im Programm, die Route wird aber wegen d häufigen Straßensperrungen durch Erdrutsche nicht gefahren (hin 9:1 zurück 14:30 Uhr, 208 NT$); auf diese Möglichkeit ist seit Jahren kein Ve lass, man rechne damit, den Umweg über ErShui und ChiaYi hinnehmen müssen. Sicher angefahren wird lediglich HsinYi (etwa halbe Strecke zu ALiShan). Ab Hauptbahnhof fährt außerdem ein Minibus nach **TaiChun**

Von/nach ***TaiPei:*** 9:00, 10:00. 15:45 Uhr (367 NT$, TaiWan KeYun).
Von/nach ***TaiChung:*** alle 20-40 Minuten, (105-126 NT$, TaiWan KeYun).
Von/nach ***RiYuehTan (Sonne-Mond-See):*** 9:50, 14:40, 16:45 Uhr sowie alle Busse nach PuLi (34-42 NT$, TaiWan KeYun).
Von/nach ***PuLi:*** alle 30-50 Minuten (68 NT$, TaiWan KeYun).
Von/nach ***TungPu:*** (85 NT$, YunLin KeYun) 6:00, 7:30, 8:50, 10:50, 12:50, 14:30, 16:00 und 17:00 Uhr.
Von/nach ***YunLin:*** 20 Busse täglich, etwa alle 30-40 Minuten (YunLin KeYun).
Von/nach ***ChuShan*** (dort umsteigen, wenn man von ShuiLi nach Shan-LinHsi/HsiTou/FengYuan-Vogelpark möchte): 6:20, 7:10, 8:40, 10:00, 11:40, 12:40, 14:00, 15:20, 17:00 Uhr (YunLin KeYun).
Von/nach ***ErShui:*** Die Bahn ist angenehmer und interessanter, die Busse der YunLin KeYun halten aber auch in ErShui, etwa alle 60 Minuten.
●***Moped:*** In der MinChuanLu, neben der YunLin KeYun, befinden sich mehrere Verleihstellen; ca. 450 NT$/Tag.
●***Fahrrad:*** Am Bahnhof werden Fahrräder für 150 NT$/Tag vermietet. Per Rad oder Moped besteht die Möglichkeit, sowohl RiYuehTan (14 km) als auch die historische ChiChi-Linie (⌀ ErShui, 27 km) ausgiebig zu erkunden. Hotel und Rad sind zusammen billiger als die günstigste Unterkunft am Sonne-Mond-See, außerdem ist man dann vom selten verkehrenden See-Bus unabhängig. Zum Verleih muss man durch den Bahnhof, vor den Gleisen rechts bis zum Ende der betonierten Fläche gehen, dort rechts.

Rund um den ALiShan

ChuShan (ZhùShān)

竹山

Als wichtiger Transitpunkt des Zentralberglandes wird jeder Besucher der Region hier vorbeikommen oder sogar umsteigen müssen. Hier enden bzw. starten Busse zum FengYuan-Vogelpark, nach HsiTou, TsaoLing und ShuiLi, ferner besteht Verbindung nach TaiChung in Nordwest-TaiWan und TouLiu/ChiaYi im Südwesten. Die Kleinstadt selbst ist alles andere als eine Touristenattraktion, wer allerdings schnell mehrere der genannten Bergorte besuchen möchte, findet hier günstigere Unterkünfte.

FengHuangKu
JiaoYuan
(Phoenix-Tal-
Vogelpark)
鳳凰谷鳥園

Insbesondere Reisende mit Kindern, die in ChuShan landen und einen halben Tag übrig haben, sollten sich den größten Vogelpark TaiWans im FengHuang-Tal ansehen. Knapp 300 verschiedene Vogelarten beherbergt der hübsch am Ende des Tals angelegte Park.
●Geöffnet täglich 9:00-17:00 Uhr, Eintritt 100 NT$. An-/Abreise: 7:50, 10:10 und 14:00 Uhr ab ChuShan (⌀, 45 NT$), 45 Minuten später zurück.

Unterkunft

都旅社

●Das günstigste Hotel der Stadt ist das etwas heruntergekommene Φ***ChinTou LuShe*,*** 150 ChuShanLu, Tel: (049)-2642143. DZ sind hier schon für 450 NT$ zu haben.
Φ***HsinAn TaLuShe**,*** 41TsaoYuanLu, Tel: (049)-2642123, DZ 600 NT$.
Φ***YungHe LuShe**,*** 38 HengChie, Tel: (049)-2643352,
bei gleichen Preisen etwas sauberer.

安大旅社
和旅社

Bergland Mitte

永大旅社   Φ *YungTa LuShe***, 134 ChuShanLu,
Tel: (049)-2642133, DZ 700 NT$, bestes Mittelklassehotel.

竹山旅社   Φ *ChuShan LuShe*****, 169 ChuShanLu,
Tel: (049)-2642101, DZ zwischen 900 und 1300 NT$.

An-/Abreise

Zwei Busbahnhöfe liegen in ChuShan, beide praktisch direkt nebeneinander.

● *YunLinKeYun:* Von/nach *TaiChung:* 6:00-20:20 alle 20 Minuten, 110 NT$. Von/nach *ShuiLi:* 7:20-18:10 etwa stündlich, 65 NT$. Von/nach *HsiTou:* 6:10, 7:00, 8:00, 8:40, 10:00, 11:40, 13:00, 14:05, 15:40, 16:40, 18:00, 52 NT$. Von/nach *FengHuang NiaoYuan* 7:50, 10:10 und 14:00, 46 NT$. Von/nach *TsaoLing:* 9:10, 11:00, 14:40 und 19:00, an So./Fe. zusätzlich 7:00, 12:20 und 16:50, 73 NT$.

● *HsiTai KeYun:* von/nach *TouLiu* (39 NT$) und *ChiaYi* (106 NT$) 38 mal täglich, davon 12 Busse nur bis TouLiu.

溪頭

HsiTou (XīToú, Bach-Anfang/Ende)

Wer sich die Mühe gemacht hat und vom ALiShan nach ShanLinHsi gelaufen ist oder von TouLiu/ChuShan heraufkommt, passiert eines der neueren Erholungsgebiete auf TaiWan. Man achte bei der Auffahrt aus der Ebene einmal bewusst auf die wechselnde Vegetation der zunächst tropischen Bepflanzung, ab 600 m Teeanbau und kurz vor HsiTou schließlich überwiegend Bambuswald – alles während einer verhältnismäßig kurzen Fahrt. HsiTou (auch als ChiTou in taiwanesischen Publikationen zu finden), auf 1150 m gelegen und klimatisch vergleichbar mit WuShe oder ChingChing Farm im nördlichen Bergland, ist ein auf 33.000 ha angelegter *botanischer Garten* der National TaiWan University. Genauer gesagt: Ein sogenannter „Experimentalwald", der mit seinen verschiedenen Höhen (220 bis 3952 m) und somit auch zahlreicher Vegetationszonen ursprünglich rein akademische Ziele verfolgte

Malerische Spazierwege in HsiTou

Zu den hier noch existierenden seltenen Tierarten gehören auch der Schwarzbär, Felsenaffe, Muntjakhirsch, über 100 Vogelarten, einige der giftigsten Landschlangen (Bambusviper, Korallenschlange u.a.), sowie zahlreiche Amphibien, Fisch- und Schmetterlingsarten.

Angeregt durch den zunehmenden Inlandstourismus in den späten 1960er und 1970er Jahren auf der einen und Geldmangel der Verwaltung auf der anderen Seite entstand die Idee, dem breiten Publikum einen Teil des Gebietes zugänglich zu machen. Seit 1977 besuchen jährlich über eine Million Menschen den Park, der mit 16°C Durchschnittstemperatur ein ideales Klima bietet und dessen Bambushaine, Baumriesen, Wanderpfade und Teiche zum Spazierengehen einladen.

Alle sehenswerten Punkte auf den insgesamt rund 30 km Wanderwegen sind gut ausgeschildert (engl.), nur der Fußweg zum **FengHuangShan-Aussichtspunkt** fehlt völlig in der Beschilderung. Am „Bambuswald" angelangt geht links der Weg zu einem Lagerhaus, rechts in einer steil ansteigenden S-Kurve weiter. Am Ende der Kurve steht ein Pavillon und ein Wegweiser zum Ginko-Garten. Hinter dem Schild beginnen die Stufen, etwa 1200 m zum Aussichtspunkt. Der Weg ist relativ schlecht und soll auch nicht mehr weiter gepflegt werden, da ihn kaum jemand benutzt.

HsiTou liegt nicht gerade auf dem Weg zwischen zwei Reisezielen. Es bieten sich ein Abstecher von TouLiu aus oder ein Stopp am Tage nach dem Abstieg vom ALiShan nach ShanLinHsi (Übernachtung dort) an.

● Geöffnet täglich 8:00-17:00 Uhr, Eintritt 100 NT$ (an der Kasse ist eine praktische Übersichtskarte, *DiTu*, kostenlos erhältlich).

Unterkunft

Der Park kann sehr gut als Tagesausflug besucht werden (insbesondere ab ChuShan), Unterkünfte in HsiTou sind sehr teuer. Wanderer vom ALiShan nach ShanLinHsi können entweder in ShanLinHsi oder hier Quartier nehmen, wenn sie den Park besuchen wollen.

● Der **Campingplatz** (350 NT$ pro Platz) liegt leider außerhalb der Parkumzäunung, so dass bei mehrfachem Betreten des eigentlichen Parks jedesmal der Eintritt fällig wird.

● Weiterhin außerhalb des Parks liegt die **MingShan-Villa** (Tel: 049-2612121), ein modernes Hotel mit Zimmern ab 1500 NT$ bis zu 2600 NT$.

● Ein zweites Hotel liegt unweit der Tankstelle: **MengTsung ShanZhuang,** Tel: 049-2612131 mit Zimmern in der 2400er-Klasse.

● Innerhalb der Parkumzäunung liegt das **HsiTou ChingNian HuoTung ChungHsin (Youth Activity Center),** Tel: (049)-2612161. Es hat 8er-Zimmer zu 2800 NT$ und DZ zu 1700 NT$. Allerdings gilt hier ebenso wie am Sonne-Mond-See: „Rien ne va plus" ohne Reservierung!

● Zimmerunterkünfte vermittelt die **Parkverwaltung** (Tel: 049-2612111), der mehrere **einzelne Hotels** unterstehen. Am Haupttor, von der Bushaltestelle hinunter zur Tankstelle, dahinter links, befindet sich auf der rechten Torseite ein Reservierungsschalter, so dass man bereits hier ohne Herumlaufen die freien Kapazitäten erfährt. Die Zimmerpreise beginnen bei 1500 NT$/DZ, die Masse liegt bei 2000 NT$, einige Toplagen kosten bis zu 5000 NT$.

Bergland Mitte

鳳凰山山狀

松宗山狀

頭活動中心

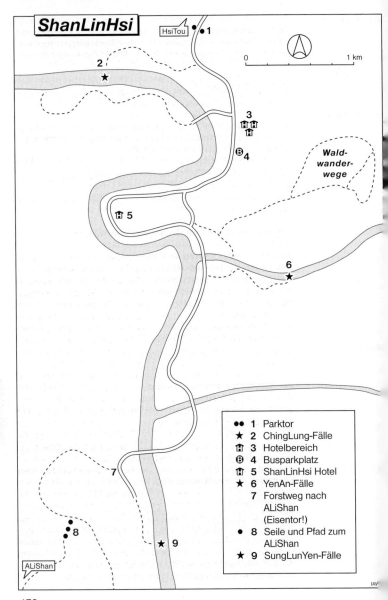

ShanLinHsi

HsiTou

Wald-
wander-
wege

0   1 km

●● 1 Parktor
★ 2 ChingLung-Fälle
⛩ 3 Hotelbereich
Ⓑ 4 Busparkplatz
⛩ 5 ShanLinHsi Hotel
★ 6 YenAn-Fälle
   7 Forstweg nach
     ALiShan
     (Eisentor!)
● 8 Seile und Pfad zum
     ALiShan
★ 9 SungLunYen-Fälle

ALiShan

Verpflegung

Am kleinen Eingang (oberhalb der Busstation) befindet sich ein Restaurant, welches Frühstück zu 70 NT$ (10 Pers. 650 NT$) und Mittags- oder Abendtafeln für bis zu 8 Personen (2800 NT$) anbietet. Getränke und Snacks gibt es in den Kiosken der Unterkunftsregion sowie am Universitätsteich.

Information

An den Kartenschaltern wird auf eindringliche Nachfrage eine kleine Wanderkarte ausgegeben. Allgemeine Informationen zum Park und den Hotels erteilt das Visitor-Center beim Haupteingang.

An-/Abreise

●Von *ChiaYi/TouLiu* nur ein Direktbus gegen 7:45 Uhr, nach TouLiu (90 NT$)/ChiaYi (158 NT$) 11:20 Uhr zurück. Es besteht allerdings eine sehr gute indirekte Verbindung über ChuShan (♫).
●Nach *ChuShan:* 52 NT$, 7:00, 9:20, 10:50, 12:20, 14:00, 14:50, 16:30, 17:20 und 18:50 Uhr.
●Nach *ShanLinShi:* 7:30, 8:40, 9:45, 10:40, 10:55, 12:15, 14:45 und 17:20 Uhr für 70 NT$.
●Nach *TaiChung:* von 8:00-17:00 Uhr 15 mal täglich, alle 45 bis 60 Minuten, 146 NT$.

杉林溪

ShanLinHsi (ShānLínXī, Schatten-Baum-Bach)

An sich bietet ShanLinHsi (in der taiwanesischen Straßenbeschilderung gelegentlich als „Sun link sea" zu sehen), knapp 20 km oberhalb von HsiTou gelegen, weder sonderlich viele Wandermöglichkeiten noch sonstige Attraktionen und ist obendrein in der Übernachtung verhältnismäßig teuer. Die Taiwaner strömen dennoch in Scharen herauf in die 1600 m hohe Bergsiedlung, vermutlich, weil man hier prima per Wagen ein Stück durch die Bergwelt fahren kann. Hauptsehenswürdigkeit sind die drei nicht mehr als 40 Gehminuten vom Ort entfernten *Wasserfälle* und eine sehr üppige Hochlandvegetation aus Nutzhölzern und Bambus.

Die eigentliche Attraktion – zumindest für Wanderfreunde – ist der *Aufstieg zum* (bzw. noch besser Abstieg vom, ♫) *ALiShan.* Der Aufstieg ist knochenhart und dauert mindestens 12-14 Stunden. Die Schwierigkeit liegt weniger in alpinistischen Hindernissen als schlicht am Höhenunterschied (von knapp 1600 auf über 2200 m) und der Entfernung (28 km). Der Weg teilt sich grob in drei Abschnitte: Der erste beginnt ab ShanLinHsi entlang der Straße, bis man nach rund vier km über zwei kleine Brücken kommt. Auf der anderen Seite des Flüsschens jenseits der zweiten Brücke führt ein breiter Waldarbeiterweg etwa 2 km stetig bergan. Nach einer langgezogenen Kurve (links Senke, rechts Höhe) liegt auf der rechten Wegseite ein vergammeltes Schild, und ein paar schmutzige Seile ragen scheinbar planlos aus dem Dickicht. Genau hier geht es hinauf und beginnt die zweite und schönste Phase des Marsches (bei Abzweigungen immer links halten!) über morsche Brücken, durch dichten Bambuswald, über kahle Felsen hinweg bis zum Affenfelsen am ALiShan, von wo aus noch rund 70 Minuten (dritter Abschnitt) zu den Unterkünften zu laufen ist.

Bergland Mitte

ShanLinHsi bildet das nördliche Ende des **ALiShan-National-parks** und kostet hier 200 NT$ Eintritt – ein stolzer Preis angesichts der Tatsache, dass es sich nur um einen Bergort handelt. Empfehlenswert ist ein Besuch eigentlich erst dann, wenn man von ShanLinHsi den ALiShan hinaufläuft oder umgekehrt (Eintritt wird nur einmal bezahlt, am ALiShan oder in ShanLinHsi). Wer von der Westküste zum ALiShan fährt, zahlt dort nur 120 NT$ Eintritt; zu Fuß ab FengShan/TsaoLing zum ALiShan und von dort nach ShanLinHsi ist es sogar völlig kostenlos.

An-/Abfahrt

●Von/nach **TouLiu** und **ChiaYi:** direkt um 7:45 ab ChiaYi (8:20 TouLiu zusteigen), zurück um 10:00 Uhr. „Indirekt" hört es sich komplizierter an, ist aber einfach, da man stets an der gleichen Haltestelle umsteigt. Schaltpunkt ist ChuShan (⌀), wo man bis HsiTou (⌀), knapp 20 km unterhalb von ShanLinHsi, weiterfährt und in einen der TaiChung-ShanLinHsi-Busse zusteigt (Richtzeiten ⌀ HsiTou).
●Von/nach **TaiChung:** gegen 7:55, 9:05, 11:05, 11:30, 12:40, 15:10 und 17:40 Uhr für 215 NT$.
●Von/nach **ChuShan:** TaiChung-Busse fahren nicht über ChuShan. Man muss zunächst nach HsiTou (jeder Bus hält dort), dann nach ChuShan umsteigen.

東埔

TungPu (DōngPú, Osten-Halten)

Wer einige einfache, nach Belieben verlängerbare Wanderstrecken im kühleren Klima auf 1120 Höhenmetern sucht und gleichzeitig günstig nächtigen möchte, sollte nach TungPu fahren. Der Ort, Heimat der Nachfahren der Bunun-Ureinwohner (⌀ Exkurs) liegt auf einem Berggrat und bietet fabelhafte Ausblicke.

Zum „Warmlaufen" bietet sich am Ankunftstag ein Spaziergang zu den **Regenbogenwasserfällen** an (immer bergan der Strässchen, das bald zum Pfad wird, folgen). Die Fälle sind nicht sonderlich spektakulär, aber allemal sehenswert, wobei der einfach zu begehende Pfad den Wanderer durch Wald und Bambus leitet.

Einer der spektakulärsten Wanderwege führt (schräg rechts gegenüber vom LungChuan-Hotel die Gasse hinab, am hölzernen Parkhinweiser vorbei bis zu den Lehm-/Holzstufen auf der linken Seite) vom Ort bis hinauf zum **YuShan** (⌀, A-Permit) oder folgt dem alten **PaTungKuan-Trail** bis YüLi nahe der Ostküste (⌀ Karte Verbindungswege im Zentralbergland). Vorab ein Wort zur Sicherheit: Der Pfad ist anfangs ausgezeichnet, wird aber zunehmend schlechter. Der normale Wanderer wird die wirklich schlechten Passagen aus Zeitgründen wohl gar nicht erst erreichen, wenn er nicht mit dem Zelt unterwegs ist. Trotzdem gibt es ein paar kleine Schwierigkeiten (morsche Stege, am Felsen auf 50 cm Gehbreite entlangtasten usw.), wobei nicht unerwähnt bleiben darf, dass es auf der einen Seite oft einige hundert Meter fast senkrecht abwärts geht – ohne Geländer oder Sicherungen!

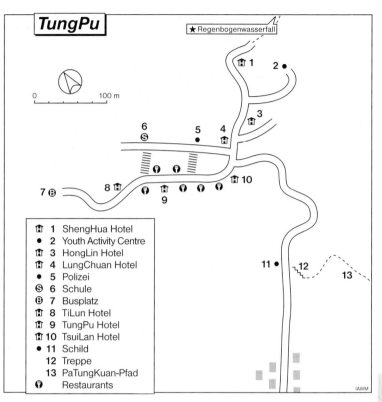

TungPu

★ Regenbogenwasserfall

0 — 100 m

🏠 1 ShengHua Hotel
● 2 Youth Activity Centre
🏠 3 HongLin Hotel
🏠 4 LungChuan Hotel
● 5 Polizei
Ⓢ 6 Schule
Ⓑ 7 Busplatz
🏠 8 TiLun Hotel
🏠 9 TungPu Hotel
🏠 10 TsuiLan Hotel
● 11 Schild
   12 Treppe
   13 PaTungKuan-Pfad
🍴   Restaurants

IAWM

Nach dem ersten kurzen Anstieg vorbei an einigen Hütten erreicht man *FuTzi TuanYai (Vater-Sohn-Klippe),* eine der ersten Steilklippen mit Schwindelgarantie für Trittunsichere. Nach einem weiteren Kilometer steht man vor einer kleinen Gabelung, deren rechter Pfad zu den *LeLe WenChuan (Heiße Quellen der doppelten Freude)* führt. Die Quellen bestehen aus einem überteuerten Hotel jenseits eines nur per Miniseilbahn (100 NT\$/Nase) überquerbaren Flüsschens und sind wenig empfehlenswert. Der linke Pfad führt 1,5 km weiter bergan zum *YunLung PuPu (Wolke-Drache-Wasserfall),* nach weiteren 2 km steht man am *YiNü PuPu (Ein-Mädchen-Wasserfall),* beide Fälle bieten sich für eine erfrischende Rast an.

Nach weiteren 3 km, am *TuiKuan-Pass* auf knapp 2100 m (zu erkennen nur als winzige Lichtung mit einer Wegabzweigung: Ge-

Malerisches Bergdorf TungPu

radeaus geht es weiter aufwärts, links steil hinunter an zerfallenen Plantagenhütten vorbei auf einen alten Forstweg, der bis ShuiLi führt), kehren die meisten Besucher um, mehr kann man als gemütlicher Geher an einem Tag nicht schaffen.

Sehr gute Wanderer können den Weg weitere 5000 Längen- und 1000 Höhenmeter zum *PaTungKuan-Plateau* auf 3010 m fortsetzen, ein zeitlich schwieriges Unterfangen, welches durch Erdrutsche und somit notwendige Kletteraktionen weiter verzögert werden kann. Zwar treten die hiesigen Bergvereine sofort in Aktion, legen Seile und markieren einen Umweg, dennoch sollte man genau wissen was man tut: Bis zum TuiKuan-Pass und zurück nach TungPu sind für den durchschnittlichen Wanderer mindestens 6-7 Stunden anzusetzen, zum PaTungKuan-Plateau und zurück zusätzlich je nach Zustand des Pfades weitere 3-4 Stunden. Als Tagestrip ist hier endgültig Feierabend (wer hier nach 14 Uhr noch oben steht und zurück nach TungPu möchte, wird bei Dunkelheit die gefährlichen Klippen passieren), außerdem benötigt man zur Fortsetzung des Weges über den YuShan ab hier ein A-Permit. Es gibt hier oben zwar keine Kontrollhäuschen, auch wird nur sehr selten patrouilliert, vor einem ungenehmigten Weitermarsch sei dennoch gewarnt.

Am PaTungKuan (geradeaus sieht man eine Schlechtwetterschutzhütte vor sich) folgt man der Gabelung nach rechts 3 km zum Campingplatz von LaoNung und setzt am nächsten Tag den Weg über den 3952 m hohen Gipfel des *YuShan* fort bis zum *ALiShan* (12 Stunden, stetig leicht abwärts ab YuShan/Hauptgipfel).

An der PaTungKuan-Gabelung geradeaus kann man dem alten *PaTungKuan-Trail* etwa 60 km fast bis YuLi (⌕) an der Ostküste folgen; am Weg gibt es einige Zelt- und Wasserschöpfmöglichkeiten, ein Permit ist derzeit nicht erforderlich. Ansonsten gibt es hier oben nichts als Natur.

Unterkunft

TungPu hat seine Vorteile: Es liegt weit ab vom Schuss und alle Sehens-würdigkeiten müssen zu Fuß angegangen werden – beides hat zur Folge, dass der einheimische Automobil-Tourist andere, eher befahrbare Gegenden aufsucht. Auch die Unterkunftspreise sind vernünftig.

東埔山地青年
活動中心

Φ*ShanTi ChingNian HuoTung ChungHsin* (Youth Activity Centre),* Tel: (049)-2701515, bietet Schlafsaal zu 200 NT$/Person sowie DZ ab 900 NT$. Die Lage ist fabelhaft, auch wird hier echtes Thermalwasser ein-gespeist – ein Labsal nach anstrengenden Bergtouren.

漉林別舘

Φ*HongLin PieKuan**,* Tel: (049)-2701596, dürfte eines der angenehm-sten und saubersten Berghotels dieser Preisklasse im Lande sein. Das höl-zerne, schmucke Interieur ist seine 650 NT$/DZ allemal wert. Heißes (Trink-) Wasser gibt' es unten in der Rezeptionshalle.

翠巒山狀

Φ*TsuiLuan ShanChuang**,* Tel: (049)-2701818, bietet DZ (o. Bad) für 600 NT$, mit Bad für 800-900 NT$ an. Der Besitzer ist eine Fundgrube an Informationen zum Ort und der Region, spricht aber leider nur Chinesisch.

龍泉山狀

Φ*LungChuan ShanChuang***,* Tel: (049)-2701061, hat sehr gute DZ von 800-1200 NT$ (Preis saisonabhängig).

勝華山狀
東埔大飯店

Φ*ShengHua TaFanTian*****,* Tel: (049)-2701511 und
Φ*TungPu TaFanTian*****,* Tel: (049)-2701090 sind beide gute Mittelklas-sehotels, insbesondere das TungPu ist sehr zu empfehlen.

帝綸大飯店

●Das beste Haus am Ort liegt in Sichtweite vom Busbahnhof, das Φ*TiLun TaFanTian******,* Tel: (049)-2701616, bietet DZ zu 3000 und Suiten zu 5000 NT$.

Verpflegung

Entlang der Hauptstraße liegen einige recht teure Spezialitätenrestaurants, meist mit Fisch und Seafood im Angebot. Am günstigsten kommt man als Selbstverpfleger mit heißen Suppen und Snacks weiter; ein kleiner Laden befindet sich gegenüber vom HongLin-Hotel.

Institutionen
警察

Φ*Polizei:* 50 m in der Seitenstraße vom LungChuan-Hotel.
●*Geld:* Umtausch, „eigentlich nur für Gäste", ist im TiLun-Hotel auf Anfrage möglich.

An-/Abfahrt

TungPu liegt praktisch in einer „Sackgasse", eine Busverbindung besteht ausschließlich von/nach ShuiLi ( ). Die Abfahrten nach ShuiLi finden täg-lich um 7:10, 8:40, 10:10, 12:10, 14.10, 16:00, 17:10 und 18:10 Uhr statt. Preis: 86 NT$. Vom Busbahnhof folgt man der geteerten Straße auf-wärts bis zum gewünschten Hotel (200 m).

Bergland Mitte

Die Bunun

Die Bunun als typischer Hochgebirgsstamm leben in Höhenlagen um 1500 m in der zentralen Bergregion Mitte und Süd. Die einzelnen Sied-lungen waren innerhalb dieses großen Gebietes weit verstreut. Inner-halb einer Siedlung wiederum lebten viele Verwandte unter der Führung eines männlichen Clanführers in großen Gemeinschaftsunterkünften. Neben den wegen der eher kargen Lebensbedingungen wichtigen Erntetänze sind die Bunun für Tanzdarstellungen der Lebensstationen der männlichen Gruppenmitglieder bekannt. Die traditionelle Tracht der Bunun ist überwiegend einfarbig schwarz und wenig verziert.

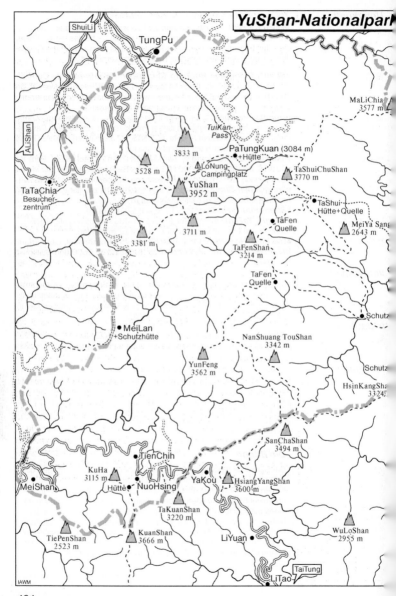

YuShan-Nationalpark

ShuiLi
TungPu
MaLiChia 3577 m
ALiShan
TuiKan Pass
PaTungKuan (3084 m) +Hütte
3833 m
3528 m
LoNung-Campingplatz
TaShuiChuShan 3770 m
TaTaChia Besucherzentrum
YuShan 3952 m
TaShui-Hütte+Quelle
MeiYa Sang 2643 m
3381 m
3711 m
TaFen Quelle
TaFenShan 3214 m
TaFen Quelle
Schutz
MeiLan +Schutzhütte
NanShuang TouShan 3342 m
YunFeng 3562 m
Schutz
HsinKangSha 3324
SanChaShan 3494 m
KuHa 3115 m
TienChih
MeiShan
Hütte
NuoHsing
YaKou
HsiangYangShan 3600 m
TaKuanShan 3220 m
WuLoShan 2955 m
LiYuan
TiePenShan 2523 m
KuanShan 3666 m
TaiTung
LiTao

IAWM

═══	Straße
┄┄┄	Forststraße
- - -	Fußweg
··········	PaTungKuan, Old Trail
▪▪ ▪▪	Parkgrenze

YuShan-Nationalpark (YùShān, Jade-Berg)
玉山國家功園

Der YuShan-Nationalpark mit seinen 100.000 ha und 30 Gipfeln über 3000 m Höhe, darunter der YuShan als höchster Berg Tai-Wans mit 3952 m, ist glücklicherweise noch nahezu unberührt. Dies wäre sicherlich nicht mehr der Fall, wenn kein A-Permit zur Benutzung der ALiShan-YuShan – TungPu Route vorgeschrieben wäre (*↗* TungPu, ALiShan). Alle anderen Routen, überwiegend Fußwege, sind ohne Erlaubnis begehbar, so dass hier zwei Verbindungswege zwischen dem zentralen und dem südlichen Bergland bestehen.

Zunächst verläuft ein Forstweg *ab TaTaChia Visitor Centre* (*↗* ALiShan-YuShan Trail) am TaTaChia-Sattel auf 2680 m knapp 50 km in südliche Richtung über die geplante MeiLan-Station (hier übernachten; eine Schutzhütte ist bereits fertiggestellt) *zur Mei-Shan-Station am SCIH* (*↗* Kapitel Südliches Zentralbergland). Die selbst mit Jeep nicht durchgehend befahrbare Strecke stellt sehr hohe Ansprüche an Kondition und Laufvermögen, es geht zwischen 1500 und 2900 Höhenmetern auf und ab.

Die zweite Route führt *vom PaTungKuan-Plateau* (*↗* TungPu) 10 km den alten PaTungKuan-Trail entlang bis zur TaShuiChu-Schutzhütte (5er-Wegegabelung). Von PaTungKuan kommend scharf rechts (südwestliche Richtung) führt ein Pfad 45 km über den TaFenJianShan (3214 m), TaFenShan (3068 m), NanShuang-TouShan (3342 m) und SanChaShan (3494 m), HsiangYangShan (3506 m) hinunter *zum SCIH bei YaKou* (*↗*). Auch hier sind keine besonderen bergsteigerischen Fähigkeiten vonnöten, aufgrund der großen Höhe und der völligen Abgeschiedenheit sollten aber nur Bergsteiger mit Erfahrung und guter Kondition diese höchstgelegene Langstreckenroute TaiWans wagen. Die Durchschnittstemperatur hier oben liegt bei nur 5° C im Jahresmittel, die meisten Regenfälle gehen in den Monaten Mai bis August nieder, so dass während und kurz nach dieser Phase mit Erdrutschen und Einstürzen von Pfaden gerechnet werden muss; häufig bleibt dann nur die Umkehr – am YuShan sind schon übermütige Westler erfroren, die nicht rechtzeitig umgekehrt sind. Dass Touren wie diese die richtige Ausrüstung voraussetzen, versteht sich von selbst. Andererseits sind phantastische Panoramablicke und Tierbeobachtungen (Bären, Wasserhirsche, Affen, Bergziegen usw.) eine Entschädigung für alle Mühen.

Bergland Mitte

485

Die Tsou

Die Tsou leben traditionell in den Höhenlagen rund um den ALiShan. Sie waren patrilinear organisiert (Erbfolge und Führung der einzelnen Gruppen oblag den Männern), die Einzelgruppen standen in einem strengen hierarchischen Verhältnis zueinander. Die dominierende Rolle des Mannes war bei den Tsou deutlicher ausgeprägt als bei den anderen Stämmen. So war es den Frauen untersagt, die „kupa" (Beratungsstätte) auch nur zu betreten. Ferner haben die Tsou eine ganze Reihe ausgeprägter Rituale und Tänze entwickelt, neben den Erntetänzen unter anderem Tänze zur Entsendung mächtiger Geister, zur Renovierung der kupa, anläßlich eines siegreichen Kampfes *(mayasvi)* oder auch nur zum Empfang von Gästen. Ähnlich wie bei den Atayal sind auch bei den Tsou Jagd und Weberei besonders entwickelt.

阿里山

ALiShan (ÀLĭShān, Ach,-Heimat-Berg)

Kaum eine Gipfelregion der taiwanesischen Bergwelt erfreut sich sowohl bei taiwanesischen wie auch bei ausländischen Besuchern solch großer Beliebtheit wie der ALiShan. Mit seinen 2190 m bietet der Berg ein kühles Klima, liegt aber noch nicht so hoch, dass Atemnot oder Höhenkrankheit ein Thema wären. Zudem sind Bus- und Bahnanschluss wie auch zahlreiche Unterkunfts- und Wandermöglichkeiten gegeben, so dass der ALiShan-Park heute jährlich mehrere Millionen Besucher anzieht. Für Einheimische liegt ein weiterer Hauptgrund für einen Besuch – zumindest ursprünglich – im spirituellen Bereich. Das *Chi (Qi,* =Lebensenergie, Atem) sei hier oben so günstig wie nirgendwo sonst, so dass jede Minute so wertvoll sei wie ein ganzer Tag in der Ebene. Da die meisten Besucher über ChiaYi in der Ebene heraufkommen, ist der Unterschied im Klima tatsächlich sehr markant. In den Morgenstunden herrscht oben meist klares Wetter mit fabelhafter Fernsicht auf die Berge des Zentralberglandes, unterhalb 1500 m streicht ein dichter, feuchter Nebel über die Teeplantagen und Bambuswälder. Warme Kleidung ist ein Muss, in den Regenmonaten (Sommer) sollte zudem ein brauchbarer Regenschutz mitgebracht werden.

Aufgrund seiner Beliebtheit ist am ALiShan an Wochenenden und Feiertagen der Teufel los, man ist gut beraten, dann auf den Trip zu verzichten; abgesehen davon kommt es zu logistischen Engpässen (Unterkunft, Transport), so dass der Individualreisende dann meist ohnehin umdisponieren muss.

120 NT$ Eintritt sind vor Betreten des Parks zu entrichten. Dies gilt nicht, wenn man z.B. ab ShanLinShi zu Fuß gekommen ist, da man dort bereits gezahlt hat. Nicht gezahlt wird in FengShan, Tsui-Feng und FenChiHu.

ChuShan
祝山

Was wäre ein Besuch am ALiShan ohne einen malerischen Sonnenaufgang! Täglich pilgern Hunderte von Touristen zur Aussichtsplattform ChuShan, entweder per Hotelbus, Schmalspurbahn oder auch zu Fuß, für V.I.P.s gibt es sogar einen Hubschrauberservice.

Auf Schusters Rappen (Taschenlampe mitnehmen) lässt man sich gegen 3:00 Uhr wecken – selbst wenn man nicht zum ChuShan möchte, wird man entweder mit aufgeweckt oder durch den Lärm von selbst wach – und marschiert den Fußweg parallel entlang der Bahn. 200 m hinter der Polizeistation, in Sichtweite vor der ChaoPing-Bahnstation, steht auf der linken Seite der Schienen einen Holztor. Hier beginnt der Aufstieg zum 1500 m entfernten Plateau, wo zahlreiche fliegende Händler Snacks und heißen Tee anbieten, Ferngläser und warme Jacken vermietet werden. Nach dem Sonnenaufgang entschwinden die Besucher ebenso rasch wie sie gekommen sind, um sich im Hotel aufzuwärmen. Über Tag sieht es hier oben so aus wie in einer Geisterstadt; wer die Ruhe liebt, sollte einmal nach Sonnenaufgang hierher kommen. Der Blick hinüber zum YuShan ist auch ohne Sonnenaufgang phantastisch.

Die **Schmalspurbahn** fährt ebenfalls zum ChuShan, so dass man nicht unbedingt im Finsteren hinauflaufen muss. Deren Abfahrtszeit richtet sich einerseits nach Sonn- oder Werktag, andererseits nach dem Monat (wegen des Sonnenstandes). An Sonn- und Feiertagen fahren sechs Züge zwischen 3:10 und 4:25 Uhr (Juni bis August) bzw. 4:20-5:35 Uhr (Dezember bis Februar) hinauf, an Werktagen nur drei Züge. Bis 6:30 (Sommer) bzw. 7:30 Uhr (Winter) geht es dann zurück zur ALiShan-Station. **Minibusse** starten entweder direkt vom Hotel oder vom Busbahnhof (180 NT$) ab 4:00 Uhr.

Bergland Mitte

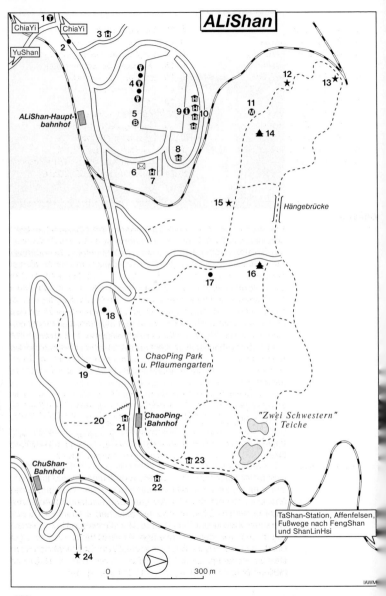

ALiShan

ChiaYi 1
ChiaYi 2
YuShan
3
ALiShan-Haupt-bahnhof
4
5
6
7
8
9 10
11
12
13
14
15
Hängebrücke
16
17
18
19
20
21
ChaoPing-Bahnhof
ChaoPing Park u. Pflaumengarten
"Zwei Schwestern" Teiche
22
23
ChuShan-Bahnhof
24

TaShan-Station, Affenfelsen, Fußwege nach FengShan und ShanLinHsi

0   300 m

IAWM

⛽	1	Tankstelle	★	12	botan. Garten
●	2	Parktor & Kasse	★	13	gigantische Zypresse
🏠	3	TienChu ChiaoTang	▲	14	Pagode der Baumgeister
		(Catholic Hostel)	★	15	Denkmal der Baumgeister
🍴	4	Restaurants & Shops	▲	16	Schule und Tempel
Ⓑ	5	Busbahnhof	●	17	Parkverwaltung
✉	6	Post	●	18	Polizei
🏠	7	YinShan Hotel	●	19	PKW-Kontrollstelle
🏠	8	WenShan Hotel		20	Fußweg zum ChuShan
❶	9	Tourist-Information	🏠	21	Eisenbahner-Hotel
🏠	10	"Hotelbereich"	🏠	22	ALiShan PinKuan Hotel
Ⓜ	11	Museum	🏠	23	ALiShan Kou (KeKuoMin) Hotel
			★	24	Aussichtsplateau ChuShan

ShihHou
石猴

Die bemerkenswerte Logistik der taiwanesischen Geschäftswelt zeigt sich einmal mehr am ALiShan: Der normale Besucher kommt am Samstag nachmittag an, übernachtet, genießt am Sonntagmorgen den Sonnenaufgang am ChuShan und fährt mit der Schmalspurbahn zurück zur Bahnstation. Anschließend fährt er zum heiligen Baum (s.u.), 10 Minuten später zurück, dann zum Affenfelsen und zurück, um schließlich am Nachmittag den Rundwanderweg zu genießen, ehe er am frühen Abend die Heimreise antritt. Minibusse, Abfahrtzeiten der Bahn, dieselben fliegenden Händler jeweils vor Ort – alles ist genau aufeinander abgestimmt!

Der **Affenfelsen** – so benannt nach den hier lebenden wilden Affenhorden – liegt 8,5 km vom ALiShan-Bahnhof entfernt und bietet eine brillante Aussicht auf die schroff abfallenden Felsen unterhalb der Gipfelregion.

● Zum Affenfelsen fährt ein **Zug** täglich um 9:00, zurück um 10:40 Uhr, an Wochenenden und Feiertagen zusätzlich um 13:30 Uhr (15:10 Uhr zurück) für 100 NT\$/einfach. Auf dieser Strecke werden alte Dampflokomotiven eingesetzt – ein nostalgischer Spaß für Jung und Alt.

● **Fußgänger** haben es schwerer, da für den größten Teil der Strecke kein Fußweg existiert – man muss daher den Schienen folgen (⌀ Fußweg nach FengShan), was eine abenteuerliche Angelegenheit sein kann.

Rundwanderweg

Eine sehr einfache und interessante 5 km-Rundwanderung verläuft durch hübsch angelegte Hochlandgärten, passiert einen kleinen Bergsee und führt über eine **Hängebrücke** zum **heiligen Baum,** einer angeblich 3000 Jahre alten (und längst toten) Hochlandzypresse. Zwei kleine Tempel und die „Pagode des Baumgeistes" liegen ebenfalls am Weg, alle Sehenswürdigkeiten sind sehr gut (engl.) ausgeschildert. Die Schmalspurbahn fährt pünktlich nach dem Sonnenaufgang um 7:40 und um 16:05 Uhr (20 NT\$) zum heiligen Baum, Rückfahrt jeweils 10 Minuten später.

Bergland Mitte

Verbindungswege im Zentralbergland

═══ Hauptstraße	1 Vater-Sohn-Klippe
┈┈┈ Forststraße (nicht öffentlich)	2 LeLe-Thermalquellen
---- Fußweg	3 YunLung-Fälle
══ ALiShan - Schmalspurbahn	4 YiNü-Fälle
⌂ Gipfel	5 TuiKuan-Sattel (2650 m)
x Hütte, Platz, Aussichtsplatz	6 PaTungKuan-Plateau (3004 m)
★ Wasserfall	7 TaTaChia-Sattel (3528 m)
⊕ Tankstelle	

An-/Abreise

● **Bahn** (via FenChiHu und RuiLi): Die attraktivste Möglichkeit zum/vom ALiShan ist sicherlich die Fahrt mit der alten Schmalspurbahn von **ChiaYi** (Hintergründe zur Bahn ♫ ChiaYi). Einfach 430, bzw. retour 795 NT\$ für die Strecke sind zwar vergleichsweise teuer, die Fahrt durch die Berge lohnt sich jedoch unbedingt. Heute verkehren nur noch wenige Züge, die Bahn startet um 13:20 Uhr ab ALiShan-Station, an Wochenenden und Feiertagen fährt ein zusätzlicher Zug um 12:30 Uhr.

● **Bus:** Die wichtigste Verbindung besteht von/nach **ChiaYi** (via ShiCho, 48 NT\$): drei Abfahrten täglich um 10:00, 14:00 und 16:00 Uhr, an So./Fe. zusätzlich um 8:30 und 12:00 Uhr ab ALiShan (Abf. ab ChiaY s. dort) für 160 NT\$, Fahrzeit 2,5 Stunden. Es ist geplant, die beiden letzt-genannten ebenfalls als tägliche Verbindung einzurichten.

Weniger für den Rundreisenden, wohl aber für den Arbeitenden und Studenten von Bedeutung sind die Direktbusse nach **TaiPei** (ab ALiShan

10 km

aKou

TaiTung

IAWM

9:00 Uhr, 427 NT\$, 6,5 Stunden), sowie nach **KaoHsiung** (ab ALiShan 13:45 Uhr, 282 NT\$, 4,5 Stunden via *TaiNan,* 236 NT\$, 3,5 Stunden).

Von/nach *TaiChung:* 9:10 und 13:00 täglich ab ALiShan für 311 NT\$, ab TaiChung um 8:10 und 13:00 (4h). **Achtung:** Mit Ausnahme der ChiaYi-Busse wurden alle Verbindungen nach den Erdbeben von 1999 und 2002 vorübergehend eingestellt; der Zeitpunkt der Wiederaufnahme steht derzeit nicht fest.

Von/nach **ShuiLi** (via TaTaChia/YuShan): Vor dem Eingang zum ALiShan-Park zweigt die N-18 scharf rechts ab und führt an die Westseite des Yu-Shan-Nationalparks nach TaTaChia (🚶) und dann als N-21 weiter nach Norden über HsinYi (erst hier wieder Busanschluss) nach ShuiLi. Früher existierte eine Busverbindung zwischen ALiShan und ShuiLi, diese wurde mangels Kunden eingestellt. Es wird bisweilen behauptet, die Linie existiere noch „fahre aber gerade in diesem Monat wegen eines Erdrutsches nicht" – dem ist nicht so, auch wenn das Fahrtziel ALiShan in ShuiLi noch auf der Anschlagtafel der Bushaltestelle steht. Die Straße ist befahrbar, mit viel Glück kann man also trampen; zu Fuß sind es 65 km bis HsinYi, an einem Tag auch für gute Läufer schwerlich zu schaffen. Übernachtungsmöglichkeiten gibt es in TaTaChia (28 km ab ALiShan) und TungPu-Villa (3 km vor TaTaChia), beide Ziele werden im Kapitel YuShan beschrieben.

● Mit einem **Leihmoped** (🚶 ChiaYi) kann man durchaus selbst zum Park fahren (ca. 2 Stunden) und den Berg als Tagesausflug besuchen. Wer sehr wenig Zeit hat und keine Langstreckenwanderung vom ALiShan aus plant, wäre somit vom öffentlichen Transport unabhängig. Bei zwei Personen sind die Kosten geringer als mit der Bahn, man achte aber darauf, ein stärkeres Moped zu nehmen – eine 50cc-Maschine schafft die Strecke hinauf mit zwei Personen nicht. Zwei km vor ShihCho (🚶) liegt die einzige Tankstelle auf der Strecke. Ein Leihmoped bietet noch einen weiteren kleinen Vorteil: 5,5 km vor dem Parktor (aus ChiaYi kommend) zum ALiShan-Park liegt das ALiShan ChingNian HuoTung ChungHsin (ALiShan Youth Activity Centre), Tel: (05)-2679561, wo ein 4er-Zi 2600 NT\$ (DZ 2500 NT\$) kostet – eine mögliche Alternative bei Überfüllung am ALiShan.

Einige der spektakulärsten Wanderungen TaiWans beginnen am ALiShan-Park. Es sei darauf hingewiesen, dass die hier vorgeschlagenen Routen für den normalen Wanderer in der Regel zu bewältigen sind. Manche Teile sind dennoch nicht unproblematisch, Pfade können verschüttet, Brücken eingestürzt sein, bisweilen muss man sich mit Hilfe fest in den Felsen verankerter Seile ein Stück entlanghangeln, was vor allem mit Gepäck nicht unbedingt ein Sonntagnachmittagsspaziergang wird. Die beiden ersten Touren können jeweils an einem Tag bewältigt werden, die beiden letzteren in jeweils 2-3 Tagen, wobei zumindest ein Schlafsack, nicht aber unbedingt ein Zelt mitgeführt werden muss. Eine einigermaßen brauchbare Karte zum ALiShan-YuShan-Gebiet (Titel: „YuShan") findet man kostenlos in den TI-Büros in TaiPei, KaoHsiung oder TaiChung sowie im TaTaChia Visitor Centre, nicht dagegen am ALiShan selbst.

Von/nach FengShan: Der Abstieg vom ALiShan (2190 m) hinunter nach FengShan (750 m) ist um einiges schwieriger als der Marsch nach Shan-LinHsi (s.u.). Es gibt allerdings zwei Varianten, deren erste um einiges kürzer ist, mehr Pausen ermöglicht und letztlich von jedermann problemlos bewältigt werden kann.

Die schwierigere Route führt vom ALiShan zunächst entlang den Bahngleisen bis zum Affenfelsen. Leider fährt am frühen Morgen kein Zug (erst um 9:00 Uhr), so dass Langstreckenwanderer auch diesen ersten Teil (8 km,

2 Stunden) zu Fuß zurücklegen müssen. Hierzu geht man zunächst den Fußweg bis zum KeKuoMin LüShe, dann muss man direkt auf den Gleisen gehen – kein einfaches Unterfangen, da etliche Brücken (nur Bahnschwellen) und Tunnels (Taschenlampe!) zu passieren sind. Gleich hinter den Stationshäuschen am Affenfelsen liegt links ein unscheinbarer, steil abwärts führender schmaler Pfad – diesem folgt man ganz hinunter. Nach wenigen hundert Metern gabelt sich der Pfad: Rechts geht es nach ShanLinHsi, links Richtung FengShan zunächst zur 30 Minuten entfernten **ChienRenTung** („1000-Menschen-Höhle"). Die Höhle wurde so benannt, da bei schlechtem Wetter bis zu 1000 Menschen Schutz finden sollen. Von hier aus geht es drei Stunden stetig bergab, bis der Pfad auf einen Bach stößt und zu einem Waldarbeiterweg wird. Diesem folgt man noch rund eine Stunde bis FengShan. Insgesamt dauert der Marsch etwa 7-8 Stunden.

Spürbar kürzer ist die **TaShan-Route,** welche nach der 2. Bahnstation (5,5 km ab ALiShan-Station) Richtung Affenfelsen so benannt wurde. Links hinter der Station führt ein schmaler Pfad hinunter zum ShiMengKu (Stein-Traum-Tal, etwa 1,5 Stunden). Weitere 60 Minuten später ist der Hsien-MengYuan (Garten der unsterblichen Träume) erreicht – beides ganz nette natürliche Felsformationen, doch die Strecke selbst ist nicht weniger sehenswert. Nach gut einer weiteren Stunde trifft man auf den Waldarbeiterweg nach FengShan (nochmals 60 Minuten), so dass dieser Marsch in insgesamt gut 5 Stunden zu gehen ist.

Im Gegensatz zur ShanLinHsi-Strecke gibt es auf beiden Routen nach FengShan die eine oder andere Möglichkeit, vom Weg abzukommen. Die einzelnen Etappenziele sind an Wegweisern nur auf chinesisch angeschrieben.

Von/nach ShanLinHsi: Der erste Teil dieses Trails ist mit dem nach FengShan über den Affenfelsen identisch. An der nächsten Gabelung geht man aber anstatt nach links (Richtung FengShan) auf dem rechten Pfad weiter. Dieser setzt sich beständig leicht abwärts von 2000 auf 1700 Höhenmeter fort und verlangt keine besonderen Anstrengungen. Einige der alten Holzstege sind etwas morsch, gelegentlich muss man den Pfad in dichten Bambushainen suchen, verlaufen ist aber nahezu ausgeschlossen. Am frühen Nachmittag erreicht man dann ein kurzes, steiles Kletterstückchen, an dem Seile angebracht sind. Unten angelangt stößt man direkt auf den Waldarbeiterweg nach ShanLinHsi (links, ♪).

Diese etwa 10-stündige Tour ist zwar nicht leicht, aber sehr empfehlenswert. Es ist auch möglich, noch am gleichen Tage von ShanLinHsi bis Tai-Chung zu fahren, wenn man gegen 5:00 Uhr morgens startet.

ALiShan-YuShan Trail/TaTaChia: Sollte diese Route jemals zur Benutzung ohne Permit und Führerpflicht freigegeben werden, wird sie wohl der Wanderknüller schlechthin werden. Doch derzeit ist es ein mühsames Unterfangen, die erforderliche Genehmigung in TaiPei einzuholen und den verhältnismäßig teuren Führer anzuheuern. Betroffen ist die Strecke TaTaChia – PaTungKuan, alles andere ist freigegeben.

100 Meter vor dem Haupteingangstor des ALiShan-Parks zweigt eine Straße Richtung YuShan ab. Diese führt auf den „New Central Cross Island Highway", eine kurvenreiche und spektakuläre Verbindungsstraße zwischen ALiShan und ShuiLi (♪). Der YuShan-Park beginnt etwa 25 km weiter beim TungPu ShanChuang (Übernachtung möglich, 180 NT$/Person im Schlafsaal) auf der linken Straßenseite hinter der Parkeinfahrt. Von hier aus sind es drei km zum TaTaChia-Besucherzentrum. Die Hauptstraße führt weiter nach ShuiLi, rechts starten die Trails. Leider gibt es keinen öffentlichen Transport, so dass man auf Schusters Rappen oder Trampen zwischen ALiShan und TaTaChia angewiesen ist. Das TaTaChia Visitor Centre erteilt Aus-

künfte über die Streckenzustände, verfügt über Übersichtskarten, zeigt Dia-Shows zur Region usw.

Vom Center aus folgt man dem Forstweg 3 km zum TaTaChia-Sattel auf 2680 m, wo sechs Pfade sternförmig zusammenlaufen: Vom Visitor Centre auf dem Forstweg kommend führt der erste Pfad links über den TungPuShan Richtung TungPu nach Norden. Leider geht der Weg nicht direkt bis Tung-Pu (♫), man bleibt durch eine Schlucht in 1000 m Sichtweite vom Ort getrennt. Der Pfad wird nach 7 km zu einem Forstweg und führt nach ShuiLi.

Der zweite Pfad, genau ostwärts führend, darf nur mit A-Permit begangen werden und führt über die PaiYun-Schützhütte (Übernachtung möglich) und den Gipfel des YuShan (3952 m) hinab zum PaTungKuan-Plateau (3084 m, Übernachtung in Schutzhütte), von wo aus es links hinunter noch 6 Stunden Marsch bis TungPu sind. Wanderer werden hinter dem TaTaChia-Sattel gelegentlich nach dem A-Permit überprüft, in umgekehrter Richtung ist dies sehr selten der Fall.

Der dritte Weg ist die Fortsetzung des Forstweges in südöstliche Richtung und führt über MeiLan nach MeiShan am SCIH (♫ YuShan).

Die beiden Pfade scharf rechts führen über (ganz rechts) bzw. um den Lin-ChiShan herum zum LuLinShan (2881 m). Hin und zurück zum TaTaChia-Sattel sind es etwa 10 km, ein netter Rundweg, wenn man im TungPu Shan-Chuang übernachtet und noch einen halben Tag übrig hat.

Unterkunft

Ohne Reservierung geht an Wochenenden und Feiertagen praktisch nichts. Ansonsten hat man die Wahl zwischen sehr einfachen (bezahlbaren) und überteuerten Unterkünften. Campingmöglichkeiten gibt es keine; es ist zwar nicht verboten, seinen Schlafsack irgendwo auszurollen, doch sollte dies angesichts der Kälte und häufiger, nächtlicher Regengüsse (besonders im Sommer) nur eine Notlösung sein. Kommt man gar nicht mehr weiter, kann eventuell das TI-Büro weiterhelfen und eine Privatunterkunft vermitteln (kostet rund 1200 NT$/2 Pers.) Die meisten Hotels liegen hinter dem TI-Büro am Busbahnhofsplatz (das Sträßchen am Parkplatz entlang gehen), hier kommen jährlich neue Häuser hinzu (unten „Hotelbereich" genannt).

*(günstig)
高山大飯店

Φ*KaoShan TaFanTian,* Tel: (05)-2679411, gehört eigentlich zur oberen Preisklasse, hat aber auch ein Dorm. zu 300 NT$/Pers., wobei Westler oft alleine untergebracht werden. Die Räume sind klein und verfügen über keine Betten sondern Tatamis. Im Hotelrestaurant werden Mahlzeiten zu 170 NT$/Person angeboten, somit günstiger als in den Restaurants. Liegt im „Hotelbereich" hinter dem TI-Büro.

神木賓館

Φ*ShenMu PinKuan,* Tel: (05)-2679666, bietet einige wenige dürftige Dorm.-Unterkünfte zu 350-450 NT$/Pers., DZ kosten ab 1450 NT$. Ebenfalls im „Hotelbereich" gelegen.

****(1200-1500 NT$)
天主賓館

Φ*TianChu ChiaoTang (Catholic Hostel),* Tel: (05)-2679602, bietet gute DZ zu 1400 NT$ sowie Dorm. zu 300 NT$ und liegt kurz hinter dem Parkeingang auf der linken Seite. Dies ist oft der erste Anlaufpunkt für westliche Reisende, da das Hostel sehr sauber ist und (zumindest gelegentlich) über englischsprachiges Personal verfügt. Leider können Engpässe auftreten, telefonische Vorabreservierung ist ratsam.

國民旅舍

Φ*KeKuoMin LüShe,* Tel: (05)-2679611, 250 m hinter der ChaoPing-Bahnstation Richtung Affenfelsen. DZ ab 1300 NT$, die besten (sehr guten) Zimmer kosten bis zu 3800 NT$. Eine gute Wahl, da das Hotel günstig für alle Wanderungen liegt. 15 Gehminuten ab Busbahnhof.

Bergland Mitte

Im „**Hotelbereich**" liegen die folgenden Unterkünfte:

城功別館 　ⅎ**ChengKung PieKuan,** Tel: (05)-2679735, DZ ab 1450 NT$.

吳風別館 　ⅎ**WuFeng PieKuan,** Tel: (05)-2679730, klein und angenehm, ab 1350 NT$/DZ.

大風渡假 　ⅎ**DaFeng DuChia,** Tel: (05)-2676769, gleicher Preis.

青山別館 　ⅎ**ChingShan PieKuan,** Tel: (05)-2679733, verlangt für ein DZ 1600 NT$.

萬國別館 　ⅎ**WanKuo PieKuan,** Tel: (05)-2679777, ab 1500 bis 2650 NT$.

登山別館 　ⅎ**DengShan PieKuan,** Tel: (05)-2679758, ab 1400 NT$

*****(ab 1800 NT$)

●Aus der Post kommend 50 m rechts führt wieder rechts eine kleine Sackgasse von der Straße ab. Hier liegt das **YingShan TaFanTian,** Tel: (05)-2679979, ein nettes Haus etwas abseits der Massen; 1750 NT$/DZ.

高山青賓館 　ⅎ**KaoShanChing PinKuan,** Tel: (05)-2679780, im Hotelbereich gelegen, mit ebenfalls netten DZ, leider morgens etwas laut.

阿里山賓館 　ⅎ**ALiShan PinKuan,** Tel: (05)-2679811, im „Hotelbereich", war eines der ersten Hotels hier oben und galt lange Jahre als die Nummer Eins. Immer noch eine sehr gute Wahl (2000 NT$/DZ). Hat mittlerweile eine Filiale (mit Verwaltung) gegenüber vom KeKuoMin-Hotel.

火車廂旅館 　ⅎ**HuoCheHsiang LüKuan (Eisenbahn-Hotel),** Tel: (05)-2679621, bietet Salonwagen-DZ (2000 NT$ für 2, 2500 NT$ für 4 Personen) an und wird vom ALiShan PinKuan betrieben. Liegt gegenüber der ChaoPing-Bahnstation. Ein Schnäppchen für Eisenbahn-Nostalgiker!

美麗亞山莊 　ⅎ**MeiLiYa ShanChuang,** Tel: (05)-2679745, ist kaum besser als die anderen im Hotelbereich, verlangt aber spürbar mehr: 1800 NT$/DZ.

文山賓館 　ⅎ**WenShan PinKuan,** Tel: (05)-2679730, ab 2400 NT$, im „Hotelbereich".

Verpflegung

Alle **Restaurants** befinden sich im Ladenbereich am Busbahnhof. Auch kleine Gerichte sind hier durchweg teuer, Fischgerichte sind völlig überteuert. Einigermaßen günstig ist noch der „HotPot" (Topf am Tisch, in dem verschiedene Zutaten wie Nudeln und Gemüse mit heißer Holzkohle gegart werden), der überall serviert wird und rund 170 NT$/Person kostet.

Innerhalb der **Ladenstraße** können Getränke und Tütensuppen gekauft werden.

Information

Gegenüber den Geschäften und der Bushaltestelle befindet sich ein TI-Büro, welches eine elektronische Informationssäule am ALiShan anbietet, allerdings über keine brauchbaren englischsprachigen Informationen (Karte, Faltblatt o.Ä.) verfügt. Das Personal kommt aus TaiChung oder ChiaYi wechselt ständig und spricht in den seltensten Fällen Englisch, Tel: (05)-2679917.

Institutionen

警察 　●Verkehrsunfälle und Taschendiebstähle sind die Hauptprobleme hier oben, in Notfällen hilft die kleine ⅎ**Polizeistation** am Fußweg zwischen Bahnhof und dem Treppenaufstieg zum ChuShan.

郵局 　●Die ⅎ**Post** liegt oberhalb des Busbahnhofs (8:00-17:00 Uhr) und wurde im chinesischen Stil errichtet – ein sehr beliebtes Fotomotiv.

　●Es gibt keine **Banken** am ALiShan – genügend NT$ oder Kreditkarte (Hotels) sind notwendig.

豐山 　### FengShan (Fēngshān, Üppig-Berg)

FengShan, eine kleine Teepflanzersiedlung, auf 700 m gelegen ist ein beliebter Transitpunkt für Wanderungen vom/zum ALiShan Auch kleinere Spaziergänge in und um die aus nur wenigen, ver streut gelegenen Häuschen bestehende Siedlung sind außerordentlich reizvoll. Wer die schmale alte Straße von TaiHo hinaufgelaufen ist, mag es kaum glauben, aber an Wochenenden kommen sogar Tourbusse aus TaiChung und ChiaYi hier hinauf, Ruhe und Frieden sind dann bis Sonntag nachmittag unterbrochen. Beliebteste Wanderziele sind ALiShan und TsaoLing (s. dort), um die Siedlung sind Wanderungen zum TaTziYuPuPu-Wasserfall, zur ShiMenKu-Felsformation (beide an den Aufstiegspfaden zum ALiShan gelegen) sowie der Rundweg zum ShiPanKu PuPu-Wasserfall höchst empfehlenswert.

Unterkunft

Die Teepflanzer sind clevere Leute. In dem Wissen, dass zumindest am Wochenende Touristen kommen, haben sie einige Herbergen gebaut, die mit wenig Aufwand viel einbringen. Unter der Woche ist absolut nichts los, aber auch an Wochenenden ist eine Reservierung nur zum chinesischen Neujahrsfest nötig. Die Unterkünfte sind an die Privathäuser angebaut, es gibt nicht einmal hinreichend chinesische Beschilderung; es ist daher unumgänglich, sich zum gewählten Hotel durchzufragen – die Leute kennen dort jedes Huhn mit Vornamen. Alle folgenden Hotels haben Zimmer zwischen 1400 und 2000 NT$ (je nach Lage), zwei auch ausgezeichnete Schlafsäle zu 400 NT$/Bett – wie gesagt, unter der Woche ist man für sich allein.

楓葉山狀   ✿*FengYe ShanChuang,* Tel: (05)-2661197, Dorm.
豐吉山狀   ✿*FengChi ShanChuang,* Tel: (05)-2661363.
廣緣山狀   ✿*KuangYuan ShanChuang,* Tel: (05)-2661247.
石鼓山狀   ✿*ShiPi ShanChuang,* Tel: (05)-2661252.
明月山狀   ✿*MingYueh ShanChuang,* Tel: (05)-2661246.
豐山山狀   ✿*FengShan ShanChuang,* Tel: (05)-2661161.
豐賓山狀   ✿*FengPin ShanChuang,* Tel: (05)-2661047, Dorm.

Verpflegung

Alle Hotels kochen selbst und servieren ausgezeichnete Gerichte aus selbstangebautem Gemüse und eigenen Hühnern. Ein winziger Shop vertreibt den hier angebauten Tee, aber auch Kleinigkeiten wie Nudelsuppen, Getränke oder Kekse. Das nächstgelegene Restaurant befindet sich in TsaoLing (♫).

An-/Abreise

Auch von/nach FengShan gibt es keinerlei öffentliche Verkehrsanbindung, so dass man in aller Regel auf seine Füße angewiesen sein wird. Der Straßenverkehr ist ausgesprochen ruhig, lediglich die Teepflanzer fahren per Moped zu ihren Pflanzungen, so dass auch Trampen nur im Glücksfall von Erfolg gekrönt sein dürfte.

Vom/zum ALiShan: Man folgt dem befestigten Dorfweg bis zur Abzweigung mit dem Schild „TaTianYu PuPu 2,8 km". 350 m über diesem Wasserfall verzweigt sich der Weg; links führt der längere (bergauf 7-8 Stunden) zum Affenfelsen, rechts der kürzere (6 Stunden) zum ALiShan. Theoretisch könnte man sogar direkt vom Affenfelsen (♫ ALiShan) nach ShanLinHsi weitergehen, doch dies wären weitere 6 Stunden abwärts (insgesamt 12-14 Stunden Marsch). Beide Routen sind großartig, aber aufwärts sehr anstrengend (abwärts ♫ ALiShan).

Von/nach TsaoLing: Es gibt insgesamt drei Möglichkeiten, von FengShan nach TsaoLing zu marschieren. Die eine führt am westlichen Ortsausgang auf befestigtem Weg über die Brücke nach ShiPi bei TsaoLing (♫), von wo aus man an den Wasserfällen vorbei hinunter in den Ort gelangt (die Straße windet sich über rund 8 km den Berg hinunter, der Fußweg ist schöner und kürzer, wenngleich anstrengender). Insgesamt dauert diese Route

Bergland Mitte

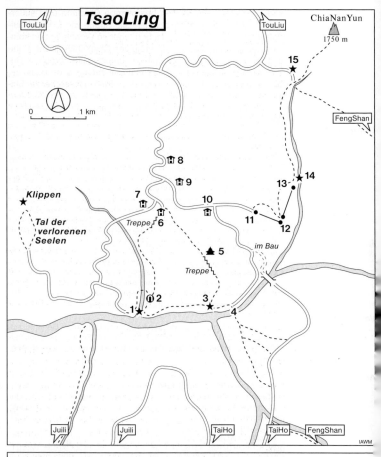

★ 1 Wasserfall
  2 Grotte/Höhle
★ 3 Steilwand
  4 Furt, für Mofas möglich, PKWs nicht
▲ 5 Buddh. Tempel
🏠 6 Rainbow (TsaiHong), YungLi
   und ShenNung Hotels
🏠 7 Holiday Inn, Hsin MingHsiu
   und TsaoLing Hotels

🏠 8 TsaoLing ShanChuang Hotel
🏠 9 Green Mountain Hotel
🏠 10 HsiuLing Hotel
● 11 Seilbahn Talstation
● 12 Seilbahn Mittelstation
● 13 Seilbahn Bergstation
★ 14 PengLai-Fälle
★ 15 Steinwall

knapp 4 Stunden. Verpasst man die Abzweigung in FengShan über die Brücke, kommt man zu einer Hängebrücke, der man über den Bach folgt und sich dann links hält, bis man auf den o.g. Weg stößt. Dieser Umweg dauert zwar eine Stunde länger, ist aber landschaftlich noch schöner.

Der zweite Weg ist sehr einfach, allerdings nicht sonderlich interessant. Zunächst folgt man der alten Straße 7 km bis zur TaiHo-Kreuzung und folgt dann der rechten Straße bis durch den Tunnel. Danach sieht man bereits TsaoLing halblinks oben auf dem Berg liegen. Die Straße selbst endet nach weiteren 3 km im Nirgendwo an einer Brücke – es wird noch eine Weile dauern, ehe dieser Abschnitt fertiggestellt sein wird. Daher suche man nach dem Tunnel einen Feldweg (es gibt mehrere Möglichkeiten) links hinunter zum Fluss und folge diesem bis zum Ende, einer kleinen Dreier-Gabelung bei TsaoLing (⌀). Die 18 km auf befestigter Straße sind in 5h leicht zu schaffen.

Die dritte Variante ist sicherlich die kürzeste, streckenweise auch spektakulärste, da der Bach gelegentlich durchquert werden muss – kein harmloses Unterfangen in der Regenzeit. Diese Route führt vom FengPin Shan-Chuang bis zum Ende des Weges, der hier zu einem Feldweg entlang und durch den kleinen Bach wird. Nach 3 km unterquert man dann die Hauptstraße und trifft auf den ChingShuiHsi-Fluss, in den auch der Bach mündet. Hier marschiert man rechts und trifft auf die kleine Dreiergabelung bei TsaoLing. Je nach Wasserbedingungen und Zustand des Weges (im Hotel nachfragen!) erreicht man TsaoLing nach etwa drei Stunden.

Von/nach TaiHo: Am Schild „TaTianYu PuPu 2,8 km" am östlichen Ortsausgang führt die Straße rechts 7 km leicht abwärts ins Tal zur Kreuzung. Geradeaus durchquert sie das Tal (TaiHo Hostel) und steigt dann auf 1210 m (TaiHo-Motel, 5 km). Von hier aus kann man entweder weiterlaufen (links, der N-169 folgend) bis FenChiHu (auf 1400 m, weitere 9 km) oder rechts der N-122 bis nach JuiLi (RuiLi) folgen (rund 18 km). In beiden Orten hat man dann wieder Bus- bzw. Bahnanschluss.

草嶺

TsaoLing (CǎoLǐng, Gras-Bergkette)

Das winzige ***Bergdorf*** TsaoLing auf 880 m Höhe wird von Einheimischen hochgeschätzt, allerdings verhältnismäßig wenig besucht. Das mag daran liegen, dass man hier nicht per PKW zu den interessanten Flecken dieses Wandergebietes vordringen kann und kleine Fußmärsche unvermeidlich sind. Daher kann man unter der Woche mehr oder weniger alleine wandern und trifft selbst am Wochenende kaum auf andere Touristen. Mit anstrengenden, mittelschweren bis schweren, aber phantastischen Wandermöglichkeiten dürfte TsaoLing für denjenigen, der abseits der Massen umherstreifen will, neben TungPu der schönste (und zudem auch kostenlose) Ausgangspunkt des zentralen Berglandes sein. Bambus, Betelnusspalmen und Tee, der hier hauptsächlich angebaut wird, prägen die Vegetation. Als Startpunkt für die vorgeschlagenen Wanderungen sei die Straßengabelung am Green Mountain Hotel angenommen.

*GuanHunKu-
Sektion*

行魂谷

Vom Green Mountain Hotel führt die Hauptstraße 100 m zurück steil aufwärts bis zu einer Abzweigung links. Hier folgt man der abwärtsführenden Straße immer geradeaus, vorbei am Holiday Inn und den SingMingSiu und TsaoLing Hotels. Dann geht es immer

Bergland Mitte

dieser Straße entlang, nach 3 km an der Abzweigung nach rechts bis ins *Tal der verlorenen Seelen.*

Der interessantere (Fuß-)Weg führt dagegen immer abwärts ab Green Mountain Hotel entlang der Straße bis zu deren Ende am letzten Hotel (TsaiHong). Links davon beginnt die abwärtsführende Treppe durch Teebäume, entlang an Wasserkaskaden und durch eine sehr schmale Höhle (Taschenlampe!), in der ausgewachsene Mitteleuropäer ihre Mühe haben, sich hindurchzuschlängeln. (Kommt man aus der entgegengesetzten Richtung, achte man auf ein blaues Schild und einen weißen Pfeil am Felsen, genau dieser Spalt führt durch die Höhle!) Gleich am Ende der Höhle verzweigt sich der Pfad. Links geht es hinter dem Wasserfall entlang hinunter zum Fluss, wo sich der Weg teilt. Hier nimmt man den rechten Weg und trifft an einer Gabelung auf den o.g. einfacheren Weg und folgt diesem links abbiegend zum Tal. Eine Legende, die mit dem Tal der verlorenen Seelen verbunden ist, besagt, dass hier mehrere Unkundige in den Treibsandsümpfen bei Dunkelheit umgekommen seien und ihre Seelen verloren sind, da sie nicht traditionell bestattet werden konnten. Ein Rundweg führt von hier aus zu in der Regenzeit sehr gefährlichen Klippen; eine Reihe tragischer Unfälle haben sich hier bereits ereignet.

ChaoPi Hsiung-Feng-Sektion
峭襞雄鳳

Unten am Fluss nach der Höhle und dem Wasserfall führt der Fußweg rechts zu einer steilen, einige hundert Meter langen *Felswand,* geradeaus kommt man zum Weg nach FengShan wie auch zu den PengLai-Fällen. Mehrere Seilkonstruktionen erleichtern den Aufstieg an der Wand, anschließend geht es unendlich scheinende Treppenstufen hinauf zum buddhistischen Tempel mit KuanYin-Statue und einer Aussichtsplattform. Durch die Teeplantage erreicht man schließlich wieder die Hotelstraße. Bei Regen oder Feuchtigkeit sollte man die Steilwand vermeiden, auch körperliche Fitness ist für das Hochhangeln notwendig. Der Weg in diese Richtung scheint etwas angenehmer zu sein als umgekehrt. Sollte nach starken Regenfällen der untere Fußweg unpassierbar sein, muss man den hier beschriebenen Rückweg auch zur Steilwand hin nehmen.

PengLai PuBu-Sektion
蓬萊瀑布

Hinter dem Green Mountain Hotel führt zunächst eine teilweise eingestürzte Straße 2 km zu einer alten Seilbahnstation, die nicht mehr in Betrieb ist. An der Mittelstation sind erstmals die *PengLai Wasserfälle* zu sehen, die sich etwa 100 m über die Klippe ins Tal ergießen – ein beeindruckendes Naturschauspiel. Von der Gipfelstation führt ein Fußweg weiter zum sogenannten ShiPi (Steinwall), einem sehr gefährlichen begehbaren Flussbett, dessen Gestein an Schmierseife erinnert. Spaßig, aber Vorsicht ist angebracht. Interessant und sportlich herausfordernd ist der Fußweg, welcher 50 m vor der Talstation linker Hand beginnt. Nach nur 10 Minuten hat

Wasserfälle in TsaoLing

Bergland Mitte

man bereits die Mittelstation erreicht, alle hier weiterführenden Pfade treffen sich nach wenigen Metern am Aussichtspunkt auf die Wasserfälle wieder. Dort, wo unterhalb der Seilbahnführung die Geländer unterbrochen sind, liegen blanke Felsen. Diese muss man ein kurzes Stück hinaufsteigen und sich halblinks orientieren; wo der Felsen endet, beginnt ein kaum sichtbarer Fußweg, welcher nach wenigen Metern in eine Treppe übergeht. Man mag es – von der Mittelstation aus gesehen – nicht glauben, aber diese Treppe führt links im Wald entlang bis zur Spitze der Fälle und weiter zum Steinwall. Von hier aus führt eine Straße rund 8 km zurück nach TsaoLing, der beschriebene Fußweg ist aber angenehmer und interessanter als die Straße. Folgt man dieser nach rechts, erreicht man nach wenigen Kilometern FengShan (♪).

Es ist keineswegs unmöglich, alle drei Sektionen an einem Tag zu begehen, allerdings addieren sich die Wege auf etwa 25 km Gehstrecke mit nicht zu unterschätzenden Höhendifferenzen (das Flussbett liegt 400 m unter, die PengLaiSektion 250 m oberhalb TsaoLing). Ab der Steilwand bis zum PengLai-Fall geht es nur noch aufwärts!

Unterkunft

Die Unterkünfte in TsaoLing liegen recht weit verstreut entlang den wenigen Sackgassen. Billige Zimmer gibt es keine, dafür aber einige gute Schlafsäle. Die Hotels sind alle sehr gut zweisprachig ausgeschildert. Alle Preise gelten unter der Woche, an Wochenenden wird ein Zuschlag von bis zu 50 % erhoben. Zelten ist zwar prinzipiell außerhalb der Siedlung möglich, nur ist es sehr schwer, einen vernünftigen Platz zu finden, da jeder mögliche Fleck Erde der Hänge bebaut ist. Während der Trockenzeit kann man es unter beim Fluss versuchen.

永利賓館   Φ *YungLi PinKuan***, Tel: (05)-5831012, Dorm. 300 NT$, DZ 1200 NT$

新明修大飯店   Φ *SingMingHsiu TaFanTian***,
Tel: (05)-5831116, Dorm. 300 NT$, DZ ab 950 NT$.

草嶺山狀   Φ *TsaoLing ShanChuang***,
Tel: (05)-5831121, Dorm. 300 NT$, DZ ab 1350 NT$.

愛之旅大飯店   Φ *AiTziLu TaFanTian*** („Venus")*,
Tel: (05)-5831116. Etwas zu weit zu laufen, DZ 1700 NT$.

踩虹大飯店   Φ *TsaiHung TaFanTian*** („Rainbow")*, Tel: (05)-5831218,
liegt sehr günstig am Beginn der Wanderwege, ab 1600 NT$.

草嶺大飯店   Φ *TsaoLing TaFanTian*** („TsaoLing Hotel")*, Tel: (05)-5831228.
Hat auch 8-Bett-Zimmer zu 200 NT$/Person, aber nur für Gruppen,
nicht für Einzelreisende, sonst ab 1100 bis 2400 NT$/DZ.

神農大飯店   Φ *ShenNung TaFanTian*****,
Tel: (05)-5831385, recht neu und sehr empfehlenswert.

假期大飯店   Φ *ChiaChi TaFanTian*****,
Tel: (05)-5831389, liegt recht günstig in der kleinen Einkaufsstraße.

高山青大飯店   Φ *KaoShanChing TaFanTian**** („Green Mountain Hotel")*, Tel: (05)-5831201, DZ 1800, Suiten bis 10000 NT$ bei 30 % Rabatt unter der Woche. Das große, rote Gebäude ist sehr markant und dient auch zur Orientierung.

秀嶺大飯店   Φ *HsiuLing TaFanTian*******, Tel: (05)-5831211. 15-Bett-Zimmer kosten 4500-5000 NT$, Einzelpersonen werden nicht zugelassen. Die DZ beginnen bei 2200 NT$ und reichen bis zu 3800 NT$ für eine Suite.

Verpflegung

An der Straße rund um das Holiday Inn Hotel liegen einige *kleine Läden* m Getränken, Nudelsuppen, Keksen sowie Souvenirshops und Imbissbuden TsaoLing ist berühmt für seinen *KaoShan-Tee,* den man unbedingt pr bieren sollte.

An-/Abfahrt

● *Bus:* Von/nach *ChuShan:* 3 x tgl. (morgens, mittags, abends), an W chenenden und Feiertagen dreimal zusätzlich, 72 NT$.

Von/nach *TouLiu:* zweimal tgl. (6:30 und 14:00 Uhr) nach TouLiu, ab To Liu 8:30 und 16:00 Uhr (138 NT$). Man kann auch die Busse nach Ch Shan nehmen und dort u.a. nach TouLiu, ShuiLi, TaiChung umsteig (♪ ChuShan).

●***Zu Fuß:*** Es bestehen drei Wandermöglichkeiten in benachbarte Siedlungen, JuiLi (RuiLi), TaiHo und FengShan. Alle drei Strecken sind nicht allzu schwierig zu gehen, sie führen entlang wenig befahrener Nebenstrecken. Das wichtigste ist, den Anfang des jeweiligen Trails zu finden, anschließend kann man sich nicht mehr verlaufen.

Den Weg nach ***TaiHo*** und ***FengShan*** sieht man bereits unten am Weg an der „Steilwand" von TsaoLing. Man geht den Fußweg ab der Steilwand weiter bis zum Ende und wendet sich dann rechts den Feldweg entlang bis zur neuen Straße und folgt dieser durch einen Tunnel. Nach etwa 4 km erreicht man eine Brücke, wo ein Bach in den Fluss mündet. Geradeaus kommt man direkt nach TaiHo (von wo aus man auch nach FengShan kommt, aber dies dauert länger). Unter der Brücke beginnt der Fußweg nach FengShan. Dieser Weg ist etwas schwieriger, da er teilweise im Flussbett entlang führt, spart aber rund 6 km. Von TsaoLing nach TaiHo sind es rund 10, von TsaoLing nach FengShan rund 8 km. Achtung: Die Straße ist begehbar, aber noch nicht vollständig bis TsaoLing befahrbar; sie soll in Kürze für den Kraftverkehr freigegeben werden. Insgesamt führen drei Wege von/nach FengShan (⤳ dort).

Der Fußmarsch nach ***JuiLi*** ist etwas schwieriger zu finden und durchzuführen. Der erste Abschnitt von der Höhle bei TsaoLing ist der gleiche wie zum „Tal der verlorenen Seelen". Sobald aber der Fußweg in eine kleine Straße (Feldweg) übergeht, muss man sich am Fluss entlang halten bis zu einem Seitenarm auf der gegenüberliegenden Seite. Dort beginnt auf der anderen Seite der Fußweg (rund 10 km bis JuiLi ab dort).

太和

TaiHo (TàiHé, Große-Harmonie)

TaiHo ist eigentlich kein Ort, sondern ein kleiner Bezirk, der sich mit vereinzelten Häusern über 10 km erstreckt und dabei Höhen von 500 bis 1200 m überbrückt. Die Gegend ist absolut ruhig und friedlich, kaum ein Fahrzeug fährt die alte Straße entlang. Wer zwischen FengShan (⤳) und FenChiHu (⤳) wandert, kommt nicht um TaiHo herum, die Strecke ist sehr empfehlenswert und trotz der großen Höhendifferenzen wegen der asphaltierten kleinen Straße nicht zu schwierig. Ein beliebter Wanderweg führt vom TaiHo ShanChuang (500 m) auf den TaFuShan (2129m), einen der nördlichen Gipfel des ALiShan-Massivs. Obgleich nur sechs km entfernt, dauert der anstrengende Aufstieg rund drei Stunden.

TaiHo liegt zwar absolut zentral, eine Übernachtung ist aber keineswegs unumgänglich; es ist ebensogut möglich, direkt von/nach FenChiHu, JuiLi, FengShan oder TsaoLing durchzumarschieren.

Bergland Mitte

nterkunft

和山狀

Es gibt nur eine Möglichkeit, im TaiHo-Bezirk unterzukommen, das Φ ***TaiHo ShanChuang,*** Tel: (05)-2661222, Dorm 180 NT$, DZ 1200NT$. Eine telefonische Anfrage ist dringend anzuraten, da es keine Alternativen gibt – außer nach FengShan oder TsaoLing weiter zu marschieren.

n-/Abreise

●Hier kommt man nur ***zu Fuß*** weiter; nach ***FengShan*** sind es 7 km (über die neue Kreuzung hinweg die alte, schmale Straße den Berg hinauf, nur 200 m Höhengewinn), nach ***FenChiHu*** ab Abzweigung/Teefabrik (zu erkennen an dem Schild mit der Tel-Nr: 266161812) elf km bei 900 m Höhengewinn (ab Hostel zum Fluss, über die alte Brücke am kleinen Betonwerk vorbei auf die N-169 und 6 km bergan), nach *JuiLi* 15 km bei 600 m (wie FenChiHu, aber an der Teefabrik rechts ab auf die N-122) und nach *Tsao-Ling* 9 km bei 350 m Höhengewinn (an der neuen Kreuzung nach links, durch den Tunnel nach ca. 6 km, dann die nächste Möglichkeit abwärts zum Fluss nehmen, der Feldweg am Fluss endet unweit der Steilwand von Tsao-Ling, ♫).

奮起湖

FenChiHu (FènQïHú, Sich-erheben-entschlossen-See)

Auf 1416 Höhenmetern, eingehüllt in die Nebel des ALiShan, liegt ein kleines, aber um so feineres Wandergebiet rund um die Forstsiedlung FenChiHu an der ChiaYi-ALiShan-Bergbahnstrecke. Das kühle Klima, die Bambus- und Zypressenwälder sowie die Einsamkeit machen FenChiHu zu einem lohnenswerten Ziel des zentralen Berglandes. Die Wanderungen hier sind beileibe nicht so spektakulär und anstrengend wie von anderen Bergorten, sind aber vielleicht gerade deshalb etwas für Familien mit Kindern oder diejenigen, die etwas kürzere und weniger aufregende Trails, aber gleichzeitig Ruhe und kühlere Temperaturen suchen.

FenChiHu ist berühmt für eine seltene, quadratische Bambusart, die im *TsuiChuPo,* einem Bambushain nur wenige hundert Meter vom Ort entfernt, gezogen wird. Anschließend folgt man etwa 500 m der Straße, die nach 200 m halblinks nach TaiHo, rechts bis LaiChi und nach Fertigstellung bis TsaoLing führt. Nach weiteren 300 m führt rechts ein Weg zur *MingYuehKu,* einem imposanten Felsüberhang inmitten des Waldes. Ein etwas abenteuerlicher aber wunderschöner Weg ist der Abstieg zu den *TianChian Chi Kuan-Höhlen,* einer sehr schmalen und niedrigen Höhle, in welche der normale Mitteleuropäer nur mit Mühe hineinkriechen kann (Taschenlampe!). Der Weg führt parallel zur Bahn abwärts bis zu einer Abzweigung, an der es rechts zur Höhle, links zum großen *HuiChuLin-Bambuswald* geht. Insbesondere am Vormittag zur Nebelzeit wirkt die Landschaft ausgesprochen gespenstisch. Gewarnt sei vor der grünen Bambusviper (tödlich giftig), die hier häufig anzutreffen ist.

Die beliebteste Wanderung, etwa gleichzusetzen mit der Wanderung zum Sonnenaufgang am ChuShan (♫ ALiShan), ist der Weg zum *TaTungShan,* der bei einheimischen Touristen ein „Pflichtübung" darstellt. Der Berg erreicht 1877 Höhenmeter und ist in zwei Gehstunden vom Ort aus zu erreichen. Man folgt der Straße (oder kürzt mit dem Fußweg ab) bis zur Abzweigung der N-155 nach LaiChi, der man 1,5 km aufwärts folgt bis zu einem Parkplatz; hier beginnt der Fußweg zum Gipfel. Von oben hat man die beste Aussicht in FenChiHu, ansonsten ist der Blick wegen der dichten Bambusbewuchses eingegrenzt.

Unterkunft

FenChiHu erfreut sich zunehmender Beliebtheit und bietet sich als Stop auf einer längeren Wanderung durch das Zentralbergland unbedingt an.

天住堂

Φ*TianChu ChiaoTang* * *(Catholic Hostel),* Tel: (05)-2561035, Dorf

雅湖山状

300 NT$, DZ 700 NT$. Vor allem bei Jugendlichen, Wandergruppen und Individualreisenden sehr beliebt, Reservierung ist daher an Wochenenden ratsam, unter der Woche ist man quasi allein.
Φ *YaHu ShanChuang**, No. 112, Tel: (05)-2561097, Dorm 300 NT$, DZ 1200 NT$ mit Rabatten unter der Woche für Zimmer. Das Hotel ist sehr klein, ein reiner Familienbetrieb und sehr zu empfehlen.

金日山状

Φ *ChinRi ShanChuang LuShe**, No. 168,
Tel: (05)-2561034, gleiche Preise, verfügt aber über 40 Zimmer.

六福賓館

Φ *LiuFu PinKuan*****, No. 185, Tel: (05)-2561776,
ältestes Hotel des Ortes, etwas heruntergekommen, DZ ab 900 NT$.

白雲山状旅社
雅　山状旅社
群峰山状
奮起客棧
中山山状
奮起湖大飯店

Φ *PaiYun ShanChuang LuShe*****, No 148, Tel: (05)-2561012.
Φ *YaHsiu ShanChuang LuShe*****, No. 159, Tel: (05)-2561565.
Φ *ChunFeng ShanChuang*****, No. 190, Tel: (05)-2561326, DZ ab 1000 NT$.
Φ *FenChi KeChan*****, No. 178, Tel: (05)-2561789.
Φ *ChungShan ShanChuang******, No. 184, Tel: (05)-2561052, DZ ab 900 NT$.
Φ *FenChiHu TaFanTian******, No. 178, Tel: (05)-2561888, Zi. bis 2300 NT$.

An-/Abreise

● *Bahn:* FenChiHu liegt an der Strecke der ChiaYi-ALiShan Schmalspurbahn: Nach *ChiaYi* fahren zwei Züge täglich um 10:41 und 14:40 Uhr (258 NT$), zum *ALiShan* um 14:26 und 15:37 Uhr (174 NT$).
● *Bus:* Nur zwei Busse täglich pendeln zwischen *ChiaYi* und FenChiHu (96 NT$), um 6:30 und 15:00 Uhr ab ChiaYi, um 8:30 und 15:40 Uhr ab FenChiHu.
Indirekt kommt man von hier auch nach *ALiShan,* indem man bis ShiCho(♪) fährt und dort in einen ChiaYi-ALiShan Bus umsteigt.
● *Zu Fuß:* Nach Süden besteht keine Veranlassung zu Fuß zu gehen, da man den Bus oder die Bahn nach ChiaYi nehmen kann. Bis *ShiCho* sind es (überwiegend leicht abwärts) sechs km, von dort zum ALiShan 25 km bergan.
Nach Norden *(TaiHo/FengShan/JuiLi)* gibt es keine andere Möglichkeit, als zu Fuß zu gehen (es sei denn, man trampt oder hat ein eigenes Fahrzeug). Die befestigte Straße N-169 führt zunächst 2 km aufwärts, dann stetig bergab durch Teeplantagen, Bambus- und Zedernwälder über einen Aussichtsparkplatz (8 km) bis TaiHo-Teefarm/Abzweigung auf 1210 m (11km), wo die Straße rechts (kurz darauf links, der rechte Weg ist eine im Bau befindliche Sackgasse) weitere 6 km bergab in ein Tal und die im Bau befindliche Straße nach TsaoLing (links) kreuzt. Geradeaus geht es dann wieder 7 km bergan nach FengShan auf 700 m. Ab TaiHo-Hotel (von FenChiHu kommend) geht es links weiter bis JuiLi (9 km).

丂卓

ShiCho (ShíZhuō, Stein-aufrecht)

Nach 2/3 der Busstrecke zwischen ChiaYi und ALiShan bei km 55 liegt das kleine *Bergdorf* ShiCho, dessen Bewohner hauptsächlich vom Teeanbau (zwischen ShiCho und FengShan liegt das größte Teeanbaugebiet TaiWans) und Forstwirtschaft (Betelnusspalmen und Nadelbäume, gelegentlich Bambus) leben. Der Bus hält hier für etwa 10-15 Minuten, ausreichend Zeit, das hier auf 1140 m bereits spürbar angenehmere Klima zu „kosten" und möglicherweise den berüchtigten ALiShan-Nebel zu sehen. Etwa ab hier bis auf rund 1750 m, vor allem in Richtung FenChiHu, gleicht die Luft am Vormittag einer Waschküche, die Sicht ist häufig auf unter 100 m begrenzt.

Bergland Mitte

Wer mit einem *eigenen Fahrzeug* unterwegs ist, kann hier nach links auf die N-169 nach FenChiHu, TaiHo und JuiLi abbiegen. Auch die Busse von ChiaYi nach FenChiHu (7 km ab ShiCho) nehmen diese Route. Drei km vor ShiCho befindet sich die einzige Tankstelle auf der Strecke.

Für *Wanderer,* die in FenChiHu den Morgenbus um 8:30 Uhr verpasst haben und nicht auf den teuren Zug um 12:30 Uhr nach ChiaYi warten wollen, besteht die Möglichkeit, die 6 km nach ShiCho zu wandern und dort den nächsten Bus nach ChiaYi zu nehmen. Von/nach ALiShan sind es 25 km die Hauptstraße entlang, es empfiehlt sich daher eher eine Wanderung zwischen ALiShan und ShanLinHsi bzw. FengShan.

交力坪
瑞里

ChiaoLiPing/JuiLi (RuìLǐ, glückliche-Heimat)

Idyllisch oberhalb eines langgestreckten Tals liegen einzelnstehende Teefabriken, unten im Tal plätschern mehrere Wasserfälle und Bäche. Die Höhenstraße entlang der Berge führt etwa zehn km außen herum, ein phantastischer Fußweg kürzt auf vier km ab, dennoch sind rund 1,5-2 Stunden nötig, um von ChiaoLiPing nach RuiLi, dem „Zentrum" dieser Siedlung zu kommen. Die Wanderungen hier sind mittelschwer bis schwer, wenn auch nicht übermäßig lang; es sei allerdings vor einer Unterschätzung gewarnt, da einige Teilabschnitte wahrlich nicht unbedingt leicht zu gehen sind und unglaubliche Steigungen, teilweise auch Kletterpartien enthalten. Und wer den „langen Marsch" nach FenChiHu quer durch die Wälder plant, kann sich beim Gang zum ChangShan davon überzeugen, dass dies mit Gepäck ein nahezu aussichtsloses Unterfangen sein dürfte. Dieses Gebiet ist verhältnismäßig untouristisch und liegt auf 800 bis 1100 Höhenmetern, ist also besonders dann zu empfehlen, wenn man beispielsweise aus gesundheitlichen Gründen nicht in die höheren Lagen TaiWans möchte.

Zwei Wanderungen sind besonders zu empfehlen. Zunächst einmal die am Anfang einfach, später unmöglich scheinende kleine Rundwanderung (3 Stunden) zum *ChangShan.* Ausgangspunkt ist das FengLin-Hotel, von wo aus es zunächst 300 m bergan bis zu einer Teefabrik rechter Hand geht. Auf dem Fußboden in den Vorhallen sind rote Pfeile angebracht, denen man hinter das Gebäude folgt. Hier geht es dann zunächst ein Stück auf einem teilweise nur 30 cm schmalen Weg aufwärts am Hang entlang, bis man nach etwa 1000 m auf einen Forstweg trifft. Hier hält man sich nun immer links, der Weg führt durch dichten Bambuswald, vorbei an einer Hütte (links), weiter hinauf bis zum Ende des Weges. Wer aufgepasst hat, entdeckt 10 m vor dem Ende dieser Sackgasse ein Schild mit Schriftzeichen und einen beinahe unsichtbaren, steil abwärts führenden Pfad. Wenig später ist erneut Schluss, hier geht es links die Steilwand an den Seilen hinauf, wo man ein wenig achtgeben muss: Geradeaus weiter führt der überwucherte

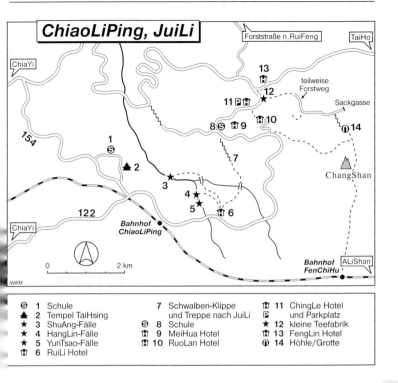

⑤	1	Schule		7	Schwalben-Klippe und Treppe nach JuiLi	
▲	2	Tempel TaiHsing	⑤	8	Schule	
★	3	ShuAng-Fälle	🏠	9	MeiHua Hotel	
★	4	HangLin-Fälle	🏠	10	RuoLan Hotel	
★	5	YunTsao-Fälle				
🏠	6	RuiLi Hotel				

🏠	11	ChingLe Hotel
ⓟ		und Parkplatz
★	12	kleine Teefabrik
🏠	13	FengLin Hotel
ⓞ	14	Höhle/Grotte

Pfad hoch zum ChangShan und weiter bis FenChiHu. Oben an der Steilwand ganz rechts führt der Rundpfad weiter ein Stück hinab bis zu den Höhlen, die gelben und roten Pfeile markieren den Durchgang (Taschenlampe!). Sobald man heil hindurchgekrochen ist, kommt man an vermoderte Stufen, die immer weiter hinunter bis zum Beginn eines Forstweges führen. Dieser verzweigt sich x-mal, und man hält sich daher immer rechts mit Ausnahme der letzten Abzweigung (Haarnadelkurve rechts aufwärts), wo man abwärts und nach links marschiert. Unten an einer kleinen Kreuzung in JuiLi angelangt, folgt man dem rechten Weg aufwärts zum RuoLan-Hotel, welches man durchqueren muss (man muss hoch in den ersten Stock zum oberen Ausgang!), um über den Pfad zurück zur Straße und dem Ausgangspunkt zu kommen.

Etwa sechs Stunden (hin und zurück) dauert die **Wanderung zwischen JuiLi und ChiaoLiPing,** um u.a. die Schwalbenklippe und die Wasserfälle im Tal zu sehen. Hierzu geht man zunächst die Hauptstraße hinunter bis zur Schule, wo rechts eine kleine Abzweigung liegt. Eine unendlich scheinende Treppe führt hier abwärts in das Tal, vorbei an den Felsüberhängen der Schwalbenklippe bis zum Parkplatz am JuiLi-Hotel. Der Wanderweg verzweigt sich und führt zu zwei sehr hübschen Wasserfällen. Etwas außerhalb liegen die Wolken-Teich-Fälle, eine Kaskade von hohen Fällen, wobei der obere einen schönen Badeteich bildet. Man folgt der Hauptstraße ab JuiLi-Hotel bis zur nächsten Abzweigung, dort beginnt rechts der Abstieg. Der Pfad endet genau zwischen beiden Fällen. Man kann sowohl den oberen Wasserfall von unten wie auch den unteren von oben sehen. Dieser Weg beinhaltet keine Klettereien, aber die steilen Anstiege durchs Tal sind „atem-raubend".

Unterkunft

Die Wahl einer Unterkunft als Ausgangspunkt fällt schwer, da die ALiShan-Bahn über ChiaoLiPing fährt, aber nur der Bus hinauf nach JuiLi. Von der ChiaoLiPing-Station sind es immerhin drei km bis zum (einzigen) Hotel, die Busse dagegen sind mehr oder weniger Taxis, sie lassen einen am gewünschten Hotel aussteigen (was sehr sinnvoll ist, da sie meist mehrere km auseinander liegen) – außer beim RuoLan-Hotel, welches aber von Lage und Preis als das geeignetste erscheint. Man steige daher (aus Bus) beim ChingYe ShanChuang-Hotel aus und gehe von dort 50 m bergan, dann den Pfad rechts steil hinab, und schließlich darauf immer links 200 m bis zu einem scheunenähnlichen Gebäude mit mehreren Hunden. Zwei Bisse weiter führt eine kleine Treppe rechts hinunter ins Hotel, meines Wissens der einzige Wanderweg der Welt, der mitten durch ein Hotel führt (s.o.).

若蘭山狀
Φ **RuoLan ShanChuang**, Tel: (05)-2501210, Dorm 350 NT$, DZ 1500 bis 2200 NT$ bei leichten Nachlässen unter der Woche. Zimmer und Schlafsaal sind gut in Schuss.

青葉山狀
Φ **ChingYe ShanChuang**, Tel: (05)-2501031, DZ 1350 NT$, liegt aber nicht ganz so fein wie das RuoLan.

Zu diesen beiden gibt es noch einige brauchbare Alternativen, allerdings gleich ein gutes Stück entfernt:

楓林山狀
Φ **FengLin ShanChuang**, Tel: (05)-2501095 bietet DZ für 1250 NT$ und liegt oberhalb der Abzweigung nach JuiFeng.

梅花山狀
Φ **MeiHua ShanChuang**, Tel: (05)-2501522, nahe der Schule, nimmt 1100 NT$ für DZ und 300 NT$ für Dorm.

瑞里大飯店
● In ChiaoLiPing gibt es keine Wahl, hier ist es das Φ **JuiLi TaFanTian**, Tel: (05)-2501310, DZ ab 2000 NT$. Mit 83 Zimmern größtes Hotel hier oben, etwa drei km vom Bahnhof entfernt.

Verpflegung

Die **Hotels** bieten ausgezeichnete Menüs für 70 NT$ (Frühstück) und 140 NT$ (Mittag-/Abendessen). Ein kleiner **Laden** für die Selbstverpflegung befindet sich neben dem YuanHsing-Tempel; die entlang der Straße verstreuten wenigen **Restaurants** sind allesamt sehr teuer und hauptsächlich für Tagestouristen interessant, die nicht im Hotel essen.

An-/Abreise

● **Bahn:** Die Züge der ChiaYi-ALiShan-Bahn fahren zwar durch ChiaoLiPing, doch nur je einer hält hier: um 15:05 aufwärts Richtung **ALiShan**, um 15:15 abwärts nach **ChiaYi**, je etwa 240 NT$. In ChiaoLiPing geht es 150 m die Schienen entlang Richtung ChiaYi bis zu einem Betonweg, den rechts hinunter bis zu Straße, dort erneut rechts, und es sind noch 2,5 km zum JuiLi-Hotel. Wer nach JuiLi will, kann gleich die Route zwischen RuiLi und ChiaoLiPing (beginnend am JuiLi TaFanTian) testen.

Bergland Mitte

Wasserfälle von ChiaoLiPing

●*Bus:* Zwei Busse täglich von/nach *ChiaYi,* in ChiaYi 10:30 und 15:45 Uhr, in JuiLi um 6:30 und 13:30 Uhr. Die Busse fahren nicht unbedingt immer ganz hinauf, wenn dort niemand aussteigt; man erkundige sich bei seinem Hotel, ob der gewählte Bus hier auch hält. Die Fahrt dauert etwa zwei Stunden und kostet 117 NT$ zwischen FengLin-Hotel und ChiaYi.

●*Zu Fuß:* Von JuiLi kann (bzw. muss) man zu Fuß gehen, um nach *TaiHo* (✍) und von dort aus weiter nach FenChiHu, FengShan oder TsaoLing zu kommen. Ein alter Trail führt durch den Wald über den ChangShan (s.o.), doch ist dieser mit Gepäck sehr schwer zu bewältigen, da der Weg nicht mehr benutzt wird und mittlerweile arg überwuchert ist.

Zentralbergland Süd

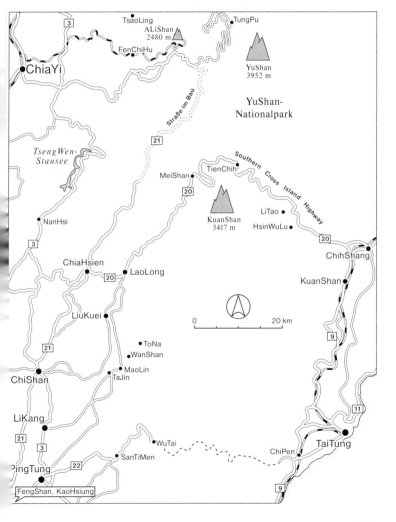

Überblick

Das südliche Zentralbergland erstreckt sich vom Südrand des YuShan-Parks bis in die Ausläufer der Berge an der Südspitze Tai-Wans. Im Gegensatz zu Nord- und Zentralbergland ist das schrittweise Bereisen der einzelnen Punkte nur mit eigenem Transportmittel möglich, eine Durchfahrt von Ost nach West nur ganz am Nordrand der Region über den „Southern Cross Island Highway". Man muss daher, wenn man auf öffentliche Verkehrsmittel angewiesen ist, von einem Punkt im Südwesten die einzelnen Ziele anfahren; die meisten Reisenden wählen KaoHsiung als Basis für Trips in die Berge, ich persönlich bevorzuge PingTung, da man schneller und öfter mit den Bussen ans Ziel gelangt und die Stadt selbst wesentlich ruhiger ist. Das südliche Bergland wird besonders denjenigen zusagen, die, ohne in den Bergen selbst übernachten zu müssen, einen kleinen Einblick gewinnen möchten und abends zurück in der Stadt sein wollen. Zudem sind hier im Süden weit weniger Touristen unterwegs als im mittleren und nördlichen Zentralbergland.

Eine besondere „Spezialität" in den Niederungen des südlichen Zentralberglandes ist der Anbau der schlanken **Betelnusspalme.** Die Region östlich von PingTung gilt auf TaiWan als Zentrum der Betelnussproduktion.

Von PingTung zum SCIH

三地門

SanTiMen (SānDìMén, Drei-Erde-Tor)

Rund zwanzig Kilometer östlich von PingTung liegt auf 350 m Höhe, romantisch an den Ausläufern des Südberglandes, das *Tor zu den drei Ländern.* Gemeint ist damit das Zusammentreffen der ursprünglichen Lebensräume der drei Ureinwohner-Stämme Bunun, Rukai und Paiwan. Die Region ist eines der Zentren des Betelnussanbaus, die vielen dünnen, schnurgeraden Bäume auf dem Weg nach und um SanTiMen zeugen davon. Die Bevölkerung lebt überwiegend vom Ackerbau und von den Touristen, die vor allem mit ihrem Besuch des Aboriginal Cultural Centre Geld bringen.

SanTiMen ist eigentlich ein geographischer Sammelbegriff für drei Punkte geworden. Zunächst einmal kommt man in dem Dorf **ShuiMen** an, wo es nicht viel zu sehen gibt. Von hier aus führen zwei verschiedene Straßen zum einen zum eigentlichen SanTiMen, von dessen kleinem Park aus man eine großartige *Aussicht* auf das Tal und auf das Aboriginal Cultural Village genießt, zum anderen zu eben diesem *TaiWan ShanTi WenHua YuanQu (Ureinwohner-Kultur-Dorf).* Im Unterschied zu den Vorführungen in HuaLien und am Sonne-Mond-See ist dieser Park weitläufig in die

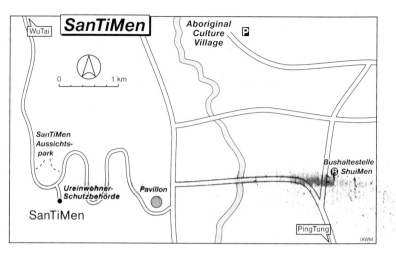

Berglandschaft integriert und zeigt keine Aufführungen der nördlichen Ami, sondern der südlichen Stämme; ein kleines Museum bietet zusätzliche Hintergrundinformationen. Allgemein gilt der Park am Sonne-Mond-See als besser, wer touristischen Massen entgehen und gleichzeitig die Berglandschaft genießen möchte, wird an diesem Park aber zweifellos mehr Gefallen finden.

●Geöffnet tgl. 8:30-17:00 Uhr, Eintritt 300 NT$, ermäßigt 200 NT$.

An-/Abreise

●Busverkehr halbstündig von/nach PingTung (45-53 NT$ je nach Route); 5 x tgl. von/nach KaoHsiung (95 NT$).
●Selbstfahrer folgen immer der N-22 ab PingTung.

Information

Am Aussichtspark auf der anderen Seite der Straße liegt eine **Station der Ureinwohnerkommission.** Der Stationsleiter spricht gut Englisch und ist ausgesprochen hilfsbereit. Informationen zu den Ureinwohnern gibt es auch im Aboriginal Centre.

霧臺

WuTai (Tanz-Platz)

Hinter dem Aussichtspark von SanTiMen setzt sich die N-22 steil ansteigend Richtung Osten fort und endet als befahrbare Straße in WuTai, einer „echten" Siedlung der Bunun. Theoretisch könnte man von hier aus den Fußweg über den WuTouShan bis nach ChiPen bei TaiTung (rund 70 km) fortsetzen, allerdings muss sowohl für WuTai als auch für die Fortsetzung bei der Polizei in PingTung Tel: (7322156) ein A-Permit beantragt werden. Die Straße führt weiter über WuTouShan (2735 m) und ChiPenYuShan (2229 m) nach ChiPenWenChuan.

Bergland Süd

511

Bunun, Rukai und Paiwan

Die **Bunun** als typischer Hochgebirgsstamm leben in Höhenlagen um 1500 m in der zentralen Bergregion Mitte und Süd. Die einzelnen Siedlungen waren einst innerhalb dieses großen Gebietes weit verstreut, innerhalb der Siedlung wiederum lebten viele Verwandte unter der Führung eines männlichen Clanführers in großen Gemeinschaftsunterkünften. Die Bunun sind bekannt für die Vielfalt ihrer Tänze. Aufgrund der eher kargen Lebensbedingungen spielten mannigfaltige Erntetänze eine Schlüsselrolle in ihrem Leben. Auch die Tänze, die einzelne Lebensstationen der männlichen Stammesmitglieder darstellen, sind landesweit berühmt. Die traditionelle Tracht der Bunun ist überwiegend einfarbig schwarz und wenig verziert.

Der nur noch rund 8.000 Mitglieder zählende Ureinwohner-Stamm der **Rukai** lebt im südlichen Zentralbergland und hat sich wegen der großen Unzugänglichkeit des Gebietes in mehrere Untergruppen mit stark voneinander abweichenden Dialekten auseinanderentwickelt. Die Gesellschaft der Rukai ist in zwei Klassen gegliedert: Edle, denen das Land gehört, und Gemeine, die durch herausragende Leistungen bei der Landbearbeitung oder auch Heirat aufsteigen können. Die Erbfolge geht immer auf den ältesten Sohn über. Wichtigste gemeinsame rituelle Aktivität der Rukai ist der Erntetanz, daneben entwickelten sich auch Hochzeits- und Geselligkeitstänze. Schwarz und grün sind die Grundfarben der reichhaltig verzierten Tracht der Rukai.

Die **Paiwan**, deren Siedlungsgebiet sich vom südlichen Zentralbergland bis zur Südwestspitze TaiWans erstreckt, zählen rund 60.000 Mitglieder und stellen damit die drittgrößte Gruppe der Ureinwohner dar. Die einzelnen Siedlungen waren in vielerlei Hinsicht vollkommen unabhängig voneinander; so war der männliche Führer einer Siedlung nicht nur für interne Angelegenheiten, sondern gleichzeitig auch für politische, militärische und religiöse Fragen seines Machtbereiches zuständig. Auch bei den Paiwan gibt es wie bei den Rukai Edle und Gemeine, hier allerdings bleiben Mischehen die Ausnahme, das Standesbewusstsein der Edlen ist hier stärker ausgeprägt. Optisch zeigt sich dies am Kopfschmuck und den Unterkünften der Edlen, welche oft von einer Schlange verziert sind, von der die Edlen der Paiwan ihre Herkunft ableiten. Ein weiterer wichtiger Unterschied zu den Rukai ist die Erbfolge: Während bei den Rukai stets der älteste Sohn erbt, tritt bei den Paiwan das älteste Kind (Tochter oder Sohn) die Erbfolge an. Die traditionelle Kleidung der Edlen ist schwarz mit reichhaltigen gelben Verzierungen während die Gemeinen schwarz-blaue Gewänder tragen.

Die Kulturen der Bunun, Rukai und Paiwan können in SanTiMen und MaoLin besucht werden.

Ureinwohner-Tanz in SanTiMen

賽嘉樂園

SaiChia LeYuan (Wettkampf-ausgezeichnet-Fröhlichkeit-Park)

4 km vor SanTiMen von PingTung kommend weist ein zweisprachiges Schild vielversprechend auf den SaiChia-Vergnügungspark
hin. Es handelt sich allerdings nicht etwa um eine Touristenattraktion des Berglandes, sondern um einen *Flug- und Drachen-
sportplatz* (Tel. (08)7668239), ist also vorwiegend für flugsport-
begeisterte Anwohner, vor allem aus TaiNan und KaoHsiung, interessant. Ein Besuch dieser Anlage ist nur mit eigenem Fahrzeug
möglich, da keine öffentliche Verkehrsanbindung besteht.

茂林

MaoLin (MàoLín, Cyclopentadien-Wald)

30 km nordöstlich von PingTung öffnet sich eine Schlucht und
bietet einen fabelhaften Einblick in die Berglandschaft. Die Gegend hier gilt als größte Sehenswürdigkeit des südlichen Berglandes. Der Park selbst ist etwa 1000 qkm groß, befahren oder begangen werden kann aber nur ein verhältnismäßig kleiner Teil
zwischen MaoLin und ToNa. Flüsse, Wasserfälle, grüne Berge
säumen den von Bergrutschen gezeichneten (asphaltierten)
Hauptweg davon führen immer wieder kleinere Wege zu Aussichtspunkten am und um den Fluss ab.

Im Park verkehren keine Busse, der Fußweg nach ToNa nimmt
mindestens 3,5 h in Anspruch – ohne Abstecher zu den Wasserfällen. In den einzelnen Siedlungen sind Getränke erhältlich, man
sollte aber trotzdem eigenen Wasservorrat wie auch Sonnenschutz mitnehmen. Der Park liegt zwar nur auf 450 m Höhe, die
Sonne kann aber mörderisch brennen – und Schatten ist rar.

**ToNaWenChuan
(Viel-genießen-
warm-Quelle)**
多納溫泉

Am oberen Ende des MaoLin-Parkes, 13,5 km oder gut 3 Stunden
Marsch, liegt ToNa, ein sehenswertes *Dorf der Rukai-Urein-
wohner.* Besser als in den Aboriginal Cultural Centres kann man
hier einen kleinen Einblick in Siedlungs- und Lebensweise der
heutigen Ureinwohner gewinnen, wenn die Moderne freilich auch
in ToNa Einzug gehalten hat.

Etwa 1200 Meter hinter ToNa (gut beschildert) kann ein Bad unter freiem Himmel in den *heißen Quellen* wahre Wunder bewirken
– richtig wohltuend natürlich besonders dann, wenn man hierher
gewandert ist.

Information

Die Region MaoLin wurde zum Naturpark erklärt, die früher obligatorischen
B-Permits sind nicht mehr notwendig. Eintritt 70 NT$. Das Gebäude rechts
hinter dem Parktor ist die Parkverwaltung, hier liegen auch (überwiegend
chinesischsprachige) Faltblätter mit Karte und Informationsschriften aus.

An-/Abreise

●Es bestehen öffentliche *Busverbindungen* zwischen KaoHsiung oder
PingTung nach TaJin/MaoLin. TaJin ist ein kleines Nest vor dem MaoLin-
Park (500 m), manche Busse enden hier, manche fahren noch ein Stück in

Bergland Süd

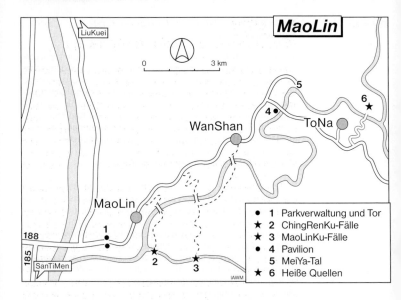

den Park hinein. PingTung ist häufiger frequentiert (mindestens stündlich), obwohl MaoLin im KaoHsiung-Distrikt liegt. Fahrzeit von PingTung ca. 50 Minuten (80 NT$), von KaoHsiung ca. 90 Minuten (121 NT$).

Man sollte sich von den Entfernungen nicht abschrecken lassen: Es ist machbar, den Bus um 8:10 Uhr von PingTung zu nehmen, bis 13:00 Uhr an den Quellen zu sein und um 19:00 Uhr den Bus zurück nach PingTung zu nehmen (der letzte fährt gegen 21:00 Uhr).

●Als **Selbstfahrer** folgt man der N-3 von PingTung bis LiKang, dort zweigen die N-185 (diese passiert das BaLian DanSi, ein modernes buddhistisches Kloster) und die N-188 (hier fahren die öffentlichen Busse) ab. Beide Straßen vereinigen sich in TaJin und führen als N-185 über LiuKuei bis zum SCIH.

六龜

LiuKuei (Sechs-Schildkröten)

Von TaJin führt die N-185 nordwärts zum SCIH, vorbei an der kleinen Siedlung LiuKuei, die eine ähnlich **phantastische Aussicht** bietet wie SanTiMen.

An-/Abreise

Leider ist der öffentliche Verkehr hierher nahezu eingestellt worden, so dass sich ein Stop nur noch **mit eigenem Fahrzeug** anbietet, es sei denn, man läuft 14 km (einfach) von TaJin aus. Die Straße ist mäßig befahren und der Marsch durchaus möglich, doch den meisten genügt die Anfahrt nach TaJin und der Besuch des MaoLin-Parks.

●Zuletzt fuhren noch die **Überland-Regionalbusse** der *KaoHsiung KeYun* (KaoHsiung) No. 116, 314, 301, 302, 303 (vor dem Einstieg fragen!).

南部橫貫公路

Der SCIH
(Southern Cross Island Highway)

Ähnlich spektakulär wie der CCIH bei Taroko, aber wesentlich seltener besucht und mit öffentlichen Verkehrsmitteln schwer zu erschließen, ist die südliche Inselverbindungsstraße (SCIH). Ohne eigenes Verkehrsmittel bleiben nur Schusters Rappen oder Trampen. Auch zwischen den einzelnen Orten (z.B. von MaoLin über LiuKuei bis zum SCIH) gibt es keinen öffentlichen Transport. Gleiches gilt für die Verbindungswege zwischen dem südlichen und dem mittleren Zentralbergland: Die N-21 in nördliche Richtung zwischen ChiaHsien und ALiShan ist noch im Bau, ansonsten gibt es nur zwei Fußwege (♪ unten).

甲仙

15 km nördlich von LiuKuei stößt die malerische Nebenstraße auf den Southern Cross Island Highway (N-20). Auf der N-20 15 km nach Westen kommt man nach Φ **ChiaHsien,** wo die N-20 von der N-21 gekreuzt wird. ChiaHsien kann in Zukunft auch für den Individualreisenden interessant werden, da die N-21 nach Norden (noch im Bau) bis zum ALiShan führen soll. Von ChiaHsien nach Süden führt die (in diese Richtung fertige) N-21 nach FengShan bzw. PingTung.

美山山莊

An der Abzweigung der von LiuKuei auf den SCIH stoßenden Straße nach rechts (Nordosten) sind es rund 50 km über das Φ **MeiShan ShanChuang** (MeiShan-Hotel, Tel: 07-7470134, Dorm. 260 NT$) kurz nach der Einfahrt in den YuShan Nationalpark bis TienChih. 1000 Meter vor dem Hotel am SCIH von ChiaHsien kommend zweigt jene kleine Forststraße links ab, die den SCIH mit TaTaChia (♪ YuShan) verbindet – ein phantastischer Marsch von 55 km.

天池

Auf dem SCIH verkehrt der TaiNan-TienChih-Express einmal täglich. Dieser kommt gegen Mittag in Φ **TienChih** an und fährt um 14:00 Uhr zurück. Von TaiTung (8:30 Uhr) an der Ostküste fährt ebenfalls ein Bus bis TienChih, der gleichfalls um 14:00 Uhr wieder zurückfährt. Wer von TaiNan nach TaiTung will, muss hier oben also auf jeden Fall umsteigen. Alle anderen Busse ab TaiNan *(HsingNan KeYun)* außer dem frühen Bus (7:30 Uhr) fahren zu spät ab, um den „14:00-Uhr-Treffpunkt" (Umstieg in den Bus nach TaiTung) rechtzeitig zu erreichen (die Busse warten aufeinander).

六龜，茂林

Eine indirekte Busverbindung besteht seit neuestem wieder zwischen dem SCIH und MaoLin: Man muss vom TaiChung-Bus in LaoLung umsteigen, von hier aus geht es mehrmals täglich weiter von/nach Φ **LiuKuei** und Φ **MaoLin.**

Ein Besucherzentrum mit Informationsschalter sowie ein angeschlossenes Hotel sind in Vorbereitung.

天池，新霧鹿

Die Strecke *zwischen* Φ **TienChi und** Φ **HsinWuLu** entlang des SCIH ist eine der spektakulärsten und interessantesten Straßen auf TaiWan. Steile Klippen, tiefe Schluchten, rauschende Bäche

Bergland Süd

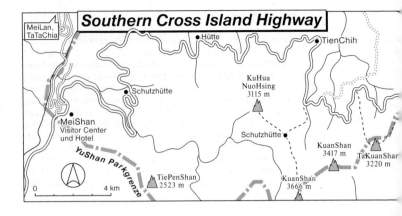

und ein schier „unmöglicher" Straßenverlauf kennzeichnen die Etappe von MeiShan über TienChih und YaKou bis LiTao. Wer zu Fuß unterwegs ist, fährt zweckmäßigerweise mit dem Bus von TaiNan bis TienChih oder steigt dieser Linie (von MaoLin bzw. Liu-Kuei kommend) am SCIH zu. Von der Bushaltestelle in TienChih läuft man dann rund 11 km (3,5 Stunden) hinauf zum höchsten Punkt des SCIH in YaKou auf 2728 Höhenmetern. Natürlich kann man auch den TaiTung-Bus ab TienChih bis hierher nehmen, laufen ist aber interessanter.

YaKou (YǎKoǔ, Zweitrangige Öffnung)

1200 m vor dem **YaKou ShanChuang** (YaKou-Berghotel, Tel: 089-938092, Dorm. 500 NT$) muss man durch einen fast 800 m langen **Tunnel** (Taschenlampe!), ehe das Hotel auf der rechten Straßenseite erreicht ist. Der Schlafsaal ist in Ordnung. Wie in anderen Berghotels auch muss man sich anmelden, wenn man Mahlzeiten einnehmen möchte (je nach Angebot 100-140 NT$). Im Hotel kann man auch Kleinigkeiten, Getränke und Nudelsuppen kaufen – die einzige Einkaufsmöglichkeit auf der Strecke. YaKou selbst besteht lediglich aus den wenigen zum Hotel gehörenden Gebäuden, auch Wanderwege in unmittelbarer Nähe gibt es nicht. Der Schlüsselpunkt kommt vier Kilometer östlich von YaKou:

Rund eine Gehstunde hinter YaKou liegt eine steile Haarnadel-Rechtskurve. Vor dieser führt links ein Fußweg zum 5 km entfernten **HsiangYangShan** (3600 m), von wo aus Wanderwege bis zum alten **PaTungKuan-Trail** führen (30 km). Von dort sind es dann noch 10 km bis PaTungKuan (⌀ TungPu, Zentralberglanc Mitte). Es sei darauf hingewiesen, dass diese Tour nicht an einem Tag möglich ist (YaKou – TungPu sind über 70 km); zahlreiche Abzweigungen und ausschließlich chinesische Hinweisschilder erschweren zudem die Orientierung. Kompass und genügend Wasse

sind Pflicht, erst im letzten Teilabschnitt des Weges zum PaTung-Kuan-Trail gibt es einige Wasserschöpfmöglichkeiten.

Eine einigermaßen brauchbare *Karte* zu den MeiShan-TaTaChia und YaKou-PaTungKuan-Trails (Name: „YuShan", immer engl. und chin. Version zwecks Zeichenvergleich auf der Strecke geben lassen!) gibt es bei den TI-Stellen sowie den Besucherzentren TaTa-Chia, TienChih usw.

Kurz vor dem Gipfel des HsiangYangShan zweigt links ein Weg ab, überquert nach 4 km den SCIH (unten führt ein Tunnel durch den Berg) und trifft über einen 3220 m hohen Nebengipfel des *KuanShan* zurück auf die Hauptstraße, etwa auf halber Strecke zwischen TienChih und YaKou. Diese Strecke (rund 25 km) ist als Tagesausflug von YaKou aus möglich.

Von YaKou in östliche Richtung dem SCIH folgend, erreicht man nach 30 km (sieben Stunden) LiTao, die nächste Übernachtungsmöglichkeit nach YaKou.

LiTao (LìDào Heimat-Reis)
利稻

利稻山莊

Nach dem Abstieg von 2728 auf 1070 Höhenmeter bietet LiTao geradezu luxuriös viel: eine Bushaltestelle mit Bussen nach KuanShan (Richtung TaiTung, Abfahrt 8:00 und 14:30 Uhr), eine Unterkunft (ΦLiTao ShanChuang, Tel: 089-938089, Dorm. 400 NT$, DZ 1650 NT$) sowie einen kleinen Laden an der Haltestelle. Wer hier übernachtet, kann entweder am nächsten Morgen um 8:00 Uhr gemütlich weiterfahren oder bricht um 6:00 Uhr zu Fuß auf nach WuLu. Man kann WuLu von LiTao aus beinahe sehen, Luftlinie sind es vielleicht 2 km, aber die Straße windet sich 9 km die Berge entlang (Richtung TienChih, Abfahrt ca. 10:25 Uhr).

HsinWuLu (XīnWùLù, Neu-Militär-Oper)
新武呂
天龍大飯店

Wer es bis hierher zu Fuß geschafft hat, kann stolz sein. WuLu liegt auf 713 m, 38 km hinter YaKou und 9 km hinter LiTao. Hier gibt es fast nichts – außer dem sehr teuren ΦHotel TianLong Fan Dian (Tel. 089-935075; DZ ab 3000 NT$) und der langersehnten Bushaltestelle. Spätestens hier sollte man einsteigen, die restlichen 10 km bis ChihShang sind nicht mehr ganz so interessant wie das bislang gesehene. Die Busse nach KuanShan (dort umsteigen nach TaiTung) fahren nur selten – 8:15 und 14:45 Uhr.

Bergland Süd

Kristallklares Wasser auf den Pescadoren

Die Inselwelt

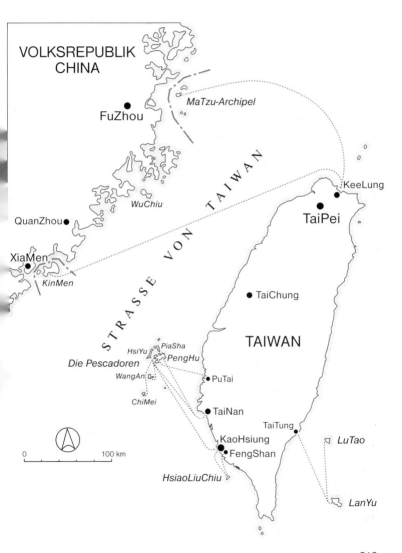

綠島

LuTao (LüDǎo, Grüne-Insel)

Nur 35 km östlich von TaiTung liegt die „grüne Insel", die wegen ihrer üppigen Vegetation so benannt ist. Mit 16 qkm ist sie eine der kleinsten taiwanesischen Inseln und wurde bislang eher selten von Touristen besucht. Das lag hauptsächlich an der Redewendung „Urlaub auf LuTao", die etwa soviel bedeutet wie in Russland „nach Sibirien verbannen", denn auf LuTao lagen vier Hochsicherheitsgefängnisse. Mittlerweile sind diese jedoch geschlossen und die Insel wird vom Tourismusministerium vorrangig gefördert.

Bis zum frühen 19. Jh. war die Insel gänzlich unbewohnt. Heute wird LuTao von etwa 4000 Hakka-Chinesen bewohnt – etwas überraschend, da diese frühen chinesischen Siedler (fast) ausschließlich an der Westküste zu finden waren. Eine Erklärung für die Ansiedlung der Hakka auf LuTao bietet eine kleine chinesische Geschichte: Ein Fischer der Hakka von der Westküsteninsel Hsiao-LiuChiu geriet während eines Sturmes mit seinem Fischerboot in die Strömung des pazifischen Ozeans und wurde nach LuTao verschlagen. Die Insel gefiel ihm so gut, dass er seine Verwandten und Bekannten nach LuTao holte. Im Laufe der Zeit wurden zum Schutz der Schifffahrt einige Leuchttürme errichtet und die Insel „Feuerinsel" genannt. Den Namen LuTao bekam die Insel erst später, während der R.o.C.-Ära.

Eine befestigte Straße führt auf einer Länge von 22 km rings um die Insel, eine weitere Straße und Fußwege laufen quer hindurch zu den wichtigsten Sehenswürdigkeiten, die alle binnen eines Tages gesehen werden können:

KuanYin-Höhle
觀音洞

Die Höhle selbst ist keine Sensation, interessant aber ist die mit der Höhle verbundene *Legende.* Ein Fischer der Insel (es ist nicht derselbe, der die Insel entdeckte) kam durch ein Unwetter vom Kurs ab und wusste bald nicht mehr, wo er sich befand. Er erblickte eine helle, leuchtende Kugel am Horizont und nahm Kurs auf sie. So kam er sicher an Land und folgte immer weiter dem Licht, welches ihn zu dieser Höhle führte. Im Inneren sah er einen Stein, der eine gewisse Ähnlichkeit mit der Statue von *KuanYin* (Boddhisatva der Barmherzigkeit) hatte; in Angedenken an die glückliche Rückkehr des Fischers verehrten die Einheimischen von da an die Höhle als „KuanYin-Höhle"; ❶ 7.

PaiSha WeiWan
白沙尾彎

Die große Bucht an der Ostseite ist der bekannteste *Schwimmstrand* der Insel. Der Einstieg ins Meer (felsig) ist teilweise schwierig und die Sicherheitsposten in Rot verweisen auf stillere Fleckchen am Strand unterhalb des Leuchtturms.

HaiShui WenQuan
海水溫泉

Um zu dieser weltweit fast einmaligen Attraktion – einer heißen Salzwasserquelle – zu gelangen, nimmt man den Fußweg ganz im Südosten, knapp 1 km hinter dem LuTao KuoMin LuShe; ★ 9

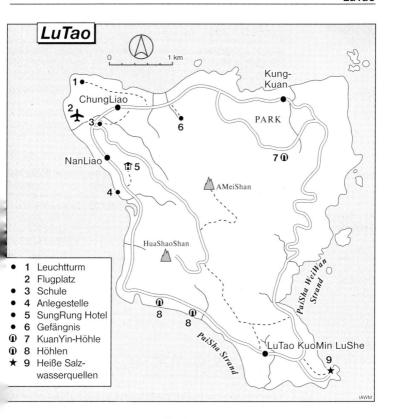

LuTao

0 ———— 1 km

- 1 Leuchtturm
- 2 Flugplatz
- 3 Schule
- 4 Anlegestelle
- 5 SungRung Hotel
- 6 Gefängnis
- ⓝ 7 KuanYin-Höhle
- ⓝ 8 Höhlen
- ★ 9 Heiße Salz-
    wasserquellen

ChungLiao
Kung-Kuan
PARK
NanLiao
AMeiShan
HuaShaoShan
PaiSha WeiWan Strand
PaiSha Strand
LuTao KuoMin LuShe

IAWM

Seit neuestem führt ein Sträßchen bis zu den Thermen mit Schwimmbad und Salzwasserquellen(150 NT$). Vom benachbarten Hügel hat man einen schönen Ausblick bis zum Festland und auf die Orchideeninsel (♪).

**KueiWan (Schild-
krötenbucht)**
龜灣

Die westlichen Ufer von LuTao eignen sich hervorragend zum **Schnorcheln oder Tauchen,** über 150 Arten an Korallenfischen sind hier anzutreffen. Wer die Wasserwelt trockenen Fußes bestaunen möchte, kann mit einem **Glasbodenboot** („Yellow Submarine") vom Hafen aus für 300 NT$ die Korallen anfahren. Dieselbe Gesellschaft betreibt ähnliche Boote auch auf der Insel HsiaoLiuChiu bei KaoHsiung. Besonderer Gag: Auf Wunsch werden (gegen gewaltigen Aufpreis, versteht sich) Trauungen an Bord vorgenommen.

Die Inselwelt

Unterkunft
露營區

- Mit Ausnahme der Siedlungen kann man überall Φ *zelten* – was aber während der Sommermonate wegen der Hitze nicht unbedingt erfrischend sein dürfte. Ausrüstung wird am Flugplatz verliehen: ca 350 NT$ pro Zelt und 50 NT$ pro Schlafsack, Platzgebühr ca. 300 NT$ (wird von der Informationsstelle am Flugplatz zugewiesen)

警廣宿舍

Φ *ChingKuang SuShe (Polizei-Hostel),* NanLiao-Polizeistation, bietet DZ für 1400 NT$ – originell, sind aber nur erhältlich, wenn Kapazitäten frei sind.

凱新飯店

- Ebenfalls in NanLiao bietet das Φ *KaiHsin FanTian,* Tel: (089)-672033, DZ zu 2700 NT$, aber auch Dorm. zu 500 NT$/Person.

綠島渡假中心

- Das Φ *LüTao TuChia ChungHsin,* NanLiao, Tel (089)-672243 hat DZ ab 2000 NT$ – direkt beim Flugplatz.

松榮飯店

- Recht teuer mit 1800 NT$ (DZ) und 9 Zimmern ist das Φ *SungRung TaLushe,* 42 NanLiaoLu, NanLiao Village, Tel: (089)-672515.

綠島國民旅舍

- Das auffällige Φ *LuTao KuoMin LuShe (Grüne Insel Island Public Hostel),* Haus Nummer 56 an der Südküste wurde aufgegeben und steht leer. Gegenüber liegt nun ein einfacher Campingplatz, für den Zelte bei der Verwaltung der Thermalquellen (♬ *HaiShui WenQuan*) gemietet werden können.

Verpflegung/ Geldwechsel

- Kleine Geschäfte und Imbisslokale gibt es in den beiden Dörfern ChungLiao und NanLiao, auf Anmeldung werden Frühstück, Mittag- und Abendessen im LuTao KuoMin LuShe zubereitet.
- *Achtung:* Es gibt *keine Umtauschmöglichkeiten* auf der Insel, genügend Bares mitbringen.

Tauchen

Als Erster bietet **Tony's Diving Club,** Tel: (089)-672899, am KaiHsin-Hotel (NanLiao) geführte Tauchgänge (Bootstauchgang) für ca. 1300 NT$ pro Person (incl. Ausrüstung) an. Vor allem an Wochenenden fahren organisierte Reisegruppen junger Leute zum Tauchen und Schnorcheln nach LuTao.

An-/Abreise

- *Luftweg:* nur von/nach **TaiTung:** *Mandarin-Airlines* fliegt 8x täglich für 1.100 NT$ (einfach). Für Gruppen können auch Direktflüge zwischen LuTao und **LanYu** organisiert werden, planmäßig existiert eine solche Verbindung allerdings nicht.
- *Seeweg:* von/nach **TaiTung über LanYu:** Ab FuKang, dem außerhalb gelegenen Hafen von TaiTung, geht seit neuestem 8x täglich eine Schnellfähre (ca. 45 min Überfahrt) für 450 NT$. Von FuKang nach TaiTung verlangen Taxis ca 400 NT$.
- *Auf der Insel:* Auf den (einen) **Bus** rund um die Insel (4x täglich) sollte man sich nicht verlassen, er wird an vielen Wochenenden den Tourgruppen zur Verfügung gestellt. **Taxis** kosten 1000 NT$ für eine Rundfahrt, allerdings hat man dann kaum etwas gesehen. **Mopeds** werden einem schon am Flughafen förmlich aufgedrängt und kosten 400-500 NT$/Tag je nach Nachfrage. Zu Fuß lässt sich die Insel zwar umrunden, es bleibt aber nur dann ausreichend Zeit, wenn man auf den ersten (7:30 Uhr) und letzten Flug (16:30 Uhr) gesetzt wird.

Beschaulichkeit auf LanYu

蘭嶼

LanYu *(LànYǔ, Orchideen-Inselchen)*

Die 45 qkm große Insel liegt etwa 65 km südöstlich von TaiTung und erhielt ihren Namen nach der in den Hügeln wachsenden (heute allerdings nur noch selten zu sehenden) Blume. Die Orchideeninsel ist vulkanischen Ursprungs und hat daher kaum Sandstrände, ist also für Strandliebhaber von nur geringem Interesse.

Der Hauptgrund für einen Abstecher nach LanYu liegt eher bei der dortigen Bevölkerung, den etwa 3000 Nachfahren der **Yami,** des kleinsten Stammes taiwanesischer Ureinwohner. Ethnologen zählen die Yami zum australo-polynesischen Kulturkreis und nicht zum südchinesischen, wie die anderen Ureinwohner-Stämme TaiWans. Die ursprüngliche Lebensform der Yami lässt darauf schließen, dass hier auf LanYu die nördlichsten Ureinwohner der Südsee ihre Heimat hatten bzw. haben. Die Yami sind matrilinear organisiert, Paare ziehen also nach der Heirat zur Familie der Frau und übernehmen deren Namen. Ihre Unterkünfte bauten sie halb unter der Erdoberfläche – ein wirksamer Schutz gegen Witterung und Taifune. Heute wird ihnen von der R.o.C. moderner Wohnraum zur Verfügung gestellt, der die alten Lebensweisen mehr und mehr verdrängt; in zwei der fünf kleinen Siedlungen auf LanYu (LangTao und YeYin) sind die traditionellen Sous-Terrain-Bauten aber immer noch vorherrschend. Die offenen, größeren Versammlungspavillons werden nur bei gutem Wetter als eine Art Freiluftwohnzimmer genutzt, so wie man es von den Palaverbauten an-

Die Inselwelt

523

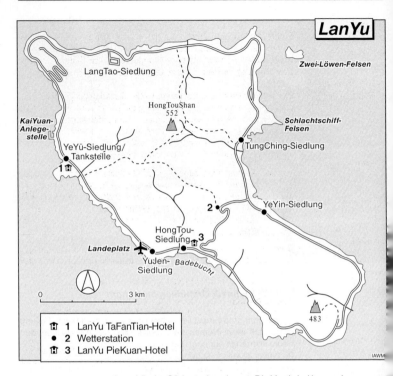

derer Länder Südostasiens kennt. Die Yami sind besonders wegen ihrer Einbaum-Kanus berühmt, die sie mit einfachsten Werkzeugen herstellen und im April mit einer farbenprächtigen Zeremonie einweihen und zu Wasser lassen. Sie leben hauptsächlich von auf der Insel angebauten Süßkartoffeln und Tarowurzeln. Eine weitere Spezialität auf ihrem Speisezettel sind die fliegenden Fische, die nach der Bootsweihe in großen Schwärmen vor LanYu auftauchen. Es waren die Japaner, die während der 50jährigen Besatzungszeit LanYu unter besonderen Schutz zur Bewahrung der Traditionen der Ureinwohner stellten; heute verlieren die Yami durch die Nähe zum hochentwickelten taiwanesischen Festland sowie durch den Übereifer christlicher Missionare (es gibt zwei Kirchen auf der Insel) mehr und mehr ihre Ursprünglichkeit. Mit der Kirche kamen Schulen, dann Fernseher – und somit Konsumwünsche. Die jüngeren Yami halten nicht mehr viel von traditioneller Kleidung (Wickelröcke bzw. Stickkleider), sie sprechen chinesisch anstatt des Yami-Dialektes und wollen möglichst rasch eine moderne Gesellschaft auf LanYu errichten.

Strand

Einigermaßen gut schwimmen kann man nur in der Bucht zwischen der Landepiste und dem LanYu-Hotel. Ansonsten ist die Küste durch das schwarze Vulkangestein zwar äußerst reizvoll, aber zum Schwimmen nahezu ungeeignet.

HongTouShan
紅頭山

Die höchste Erhebung auf LanYu ist der **Rotkopfberg** (552 m), so genannt, da er bei Sonnenuntergang glutrot scheint. Rund um die Insel führen sternförmig fünf Wege hinauf, der kürzeste (4 km) kommt von Osten, der landschaftlich reizvollste beginnt 1 km südlich des LanYuTaFanTian-Hotel (7 km); man kann sich nicht verlaufen, alle Wege treffen sich rund um den Berg.

Felsen

Vor der Nordostküste liegen einige Gesteinsformationen, denen nach guter alter chinesisch-taiwanesischer Tradition Namen wie **Zwei-Löwen-Felsen** oder **Schlachtschiffe-Felsen** verliehen wurden. Wer nicht mit dem Moped unterwegs ist, sollte seine Zeit eher für die Besichtigung eines Yami-Dorfes nutzen oder den HongTouShan besteigen.

Unterkunft

LanYu ist als ein „wildes Abenteuer" bei den Taiwanern als Wochenendausflug so beliebt, dass die beiden Airlines mittlerweile gleich eigene Hotels eröffnet haben:

蘭嶼大飯店

Φ**LanYu TaFanTian (Orchid Hotel),** Tel: (089)-732032,
KaiYuan, mit DZ ab 1800 NT$.

蘭嶼別觀

Φ**LanYu PieKuan (LanYu Hotel),** Tel: (089)-732111,
Reservierung in TaiTung unter (089)-326111, DZ ab 1800 NT$.
   Beide Hotels haben Dorm-Betten zu (je nach Saison) 400-500 NT$; Zelten ist außerhalb der Siedlungen und Hotelanlagen problemlos möglich.

Verpflegung

Beide Hotels bieten ein (mäßiges) Restaurant (ca. 280 NT$/Hauptmahlzeit) an, ansonsten kann man sich mit Fertigsuppen und Snacks, die in den Siedlungen erhältlich sind, über Wasser halten.

Tauchen

Tauchsportler finden inzwischen einen kleinen **Ausrüstungsverleih** in der YeYü-Siedlung, dort ist auch die **Tankstelle** der Insel zu finden.

An-/Abreise

●**Luftweg:** Wie auch bei LuTao ist ein Flug nur von/nach **TaiTung** möglich. *MaKung-* und *Formosa-Airlines* fliegen offiziell stündlich ab 8:30 Uhr, inoffiziell je nach Bedarf. Einfacher Flugpreis von/nach TaiTung 1154 NT$. Fliegen ist unbedingt empfehlenswert, da die Schiffe ohne festen Plan fahren und schwer in TaiTung/TungKang erreichbar sind. Flüge zwischen LanYu und **LuTao** gibt es nur für Gruppen auf Anfrage bei den beiden Gesellschaften.
   Von/nach **TaiPei** bieten die beiden Airlines für hinreichend große Gruppen ebenfalls Flüge an; wer von TaiPei aus fliegen möchte, muss bei *MaKung-* bzw. *Formosa-Airlines* in TaiTung anfragen, ob und wann ein Flug vorgesehen ist. Von/nach **KaoHsiung** ist 1 Flug tgl. in Erprobung (1607 NT$).
   ●**Seeweg:** von/nach TaiTung: Es gilt gleiches wie bei LuTao (⌐), die Frachter der in TaiTung genannten Linien (Tickets dort zu kaufen, nicht in FuKang) legen unregelmäßig etwa alle zwei Tage im Hafen von LuTao an, entladen und fahren nach LanYu weiter. Preis: 450 NT$. Wer Zeit hat, sollte nach LanYu fliegen und zurück das Boot nehmen – man kann es schon mindestens eine Stunde vor der Ankunft erkennen, das Entladen dauert nochmals 1-1,5 Stunden, so dass man genügend Zeit hat, zum Hafen zu gehen.

Die Inselwelt

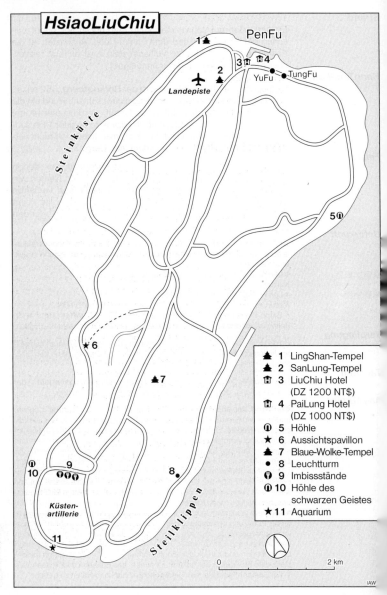

HsiaoLiuChiu

PenFu

Landepiste

Steinküste

Steilklippen

Küstenartillerie

YuFu · TungFu

- ▲ 1 LingShan-Tempel
- ▲ 2 SanLung-Tempel
- 🏨 3 LiuChiu Hotel (DZ 1200 NT$)
- 🏨 4 PaiLung Hotel (DZ 1000 NT$)
- ⋒ 5 Höhle
- ★ 6 Aussichtspavillon
- ▲ 7 Blaue-Wolke-Tempel
- • 8 Leuchtturm
- ⋔ 9 Imbissstände
- ⋒ 10 Höhle des schwarzen Geistes
- ★ 11 Aquarium

0   2 km

IAW

●*Auf der Insel:* *MaKung-* und *Formosa-Airlines* bieten kostenlosen Transfer mit einem *Airport-Bus* zu den von ihnen betriebenen Hotels an *(Formosa –* LanYu PieKuan, *MaKung* – LanYu TaFanTian). Der öffentliche *Bus* fährt nur viermal täglich um die Insel zu den einzelnen Siedlungen; eine ganze Umrundung summiert sich (mit Stops) auf rund 300 NT$ und kostet vor allem sehr viel Zeit und Geduld. Vom Airport oder Hafen zu einem der Hotels (selbst zum nahegelegenen LanYu-Hotel) kostet das *Taxi* 250 NT$, der Mietpreis für einen halben Tag beträgt 2000 NT$. Das *Moped* ist die beste Möglichkeit, LanYu ausgiebig zu erkunden. Beide Hotels bieten Mopeds für 500-600 NT$ pro Tag an.

小琉球嶼

HsiaoLiuChiu (*XiǎoLiúQiú*, Kleine-glasierte-Kugel)

Die kleine Insel LiuChiu misst etwa 33 qkm und liegt rund 25 km südöstlich von KaoHsiung in der Straße von TaiWan. Sie stellt für die Städter ein wichtiges Naherholungsgebiet dar und ist dementsprechend an Wochenenden und Feiertagen gut besucht. War früher die Fischerei die wesentliche Lebensgrundlage der Insulaner, so hat heute der inländische Tourismus die erste Stelle eingenommen. Nach HsiaoLiuChiu kann man als Einzelreisender entweder eine Tagestour unternehmen, wobei man dann aber nur ca. vier Stunden auf der Insel Zeit hat, oder aber man übernachtet auf der Insel und fährt dann über TungKang nach Süd-TaiWan weiter.

HsiaoLiuChiu ist zwar klein, dennoch kann man sich überraschenderweise leicht verfransen. Die meisten Sehenswürdigkeiten liegen an der Nordseite, es empfiehlt sich daher ein Rundgang/-fahrt gegen den Uhrzeigersinn vom Hafen aus nach Norden, um möglichst viel zu sehen. Von der Anlegestelle geht man erst am Hotel PaiLung vorbei, dann links bis zur Hauptkreuzung der Insel in der Siedlung *PenFu* (250 m ab Fähre). Hier führt die rechte Straße (MinShengLu) am LiuChiu-Hotel vorbei, wo sie sich teilt. Gleich hinter dem Hotel biegt man scharf rechts ab (das Hinweisschild ist erst später sichtbar) den Hügel hinauf, wo der Ling-Shan-Tempel zu sehen ist. Vor den Statuen von *SunYatSen* und *ChiangKaiShek* führt diese Straße (links) die hübsche Nordküste entlang, vorbei am „Airport" bis zur Kreuzung, von der rechts ab ein Sträßchen zur „Höhle der schönen Menschen" führt.

Von dieser Kreuzung drei km geradeaus gelangt man zur „Höhle des schwarzen Geistes" (beide Höhlen kosten 30 NT$ Eintritt). Eigentlich sind diese *Höhlen* keine echten Höhlen, sondern nett angelegte kleine Pfade quer durch die natürlichen Meeresauswaschungen im Fels.

Anschließend umrundet man die Südspitze, die taiwanesische Küstenartillerie links liegen lassend, hinunter zu einer kleinen Siedlung mit einem *Seewasseraquarium* (100 NT$, nicht sehr viel zu sehen). Die Route führt weiter an mehreren, an die Bretagne erinnernden Klippen vorbei nach Norden, wo sie über YuFuTsun und TungFuTsun als SanMinLu wieder auf PenFu trifft.

Die Inselwelt

Biegt man in PenFu hinter dem LiuChiu-Hotel nicht rechts ab, so kommt man am Ortsausgang zum kleinen taoistischen *San-LungTang-Tempel.* Nach 3 km trifft sie an einem Aussichtspavillon auf die Straße der Nordküste.

Am Pier können Rundfahrten (NT$ 250/Pers.) in einer Art U-Boot (zumindest die Bullaugen sind unter Wasser) zu den wenigen verbliebenen *Korallenstöcken* gebucht werden.

Unterkunft

Etwa fünf Hotels liegen in Hafennähe, Tipps siehe auf der Karte.

An-/Abreise

●*Seeweg:* von/nach *KaoHsiung (via LinKang):* 3 Boote täglich (9:00, 12:00, 15:00 Uhr) nach LinKang (Hafen nahe KaoHsiung). Die einfache Strecke kostet 130 NT$, dann der Bus vom Hafen nach KaoHsiung 60 NT$. Einfacher gestaltet sich die Fahrt mit der *ChanAn LunChuan KungSi-Gesellschaft,* 65 MinTzuLu Sec. 2 (Tel: 2222123), die ein Komplett-Ticket (Direktbus & Fähre) für 450 NT$ (hin und zurück) anbietet; das Risiko, eventuell kein Fährticket mehr zu bekommen, ist damit ausgeschaltet. Die Fähren ab LinKang gehen um 8:00, 10:00 und 13:30 Uhr; die Strecke dauert mit öffentlichem Bus mindestens 90 Minuten, mit dem Direktbus eine Stunde, Abfahrt 90 Minuten vor Start der Fähre ab o.g. Adresse. Überfahrt 50 min.

Von/nach *FengKang:* die besseren Boote mit gleicher Frequenz fahren nach FengKang. Die Preise liegen etwas über denen von LinYuan, da die Gesellschaft auf neue A/C-Schnellboote (30 min.) umstellt.

●*Luftweg:* HsiaoLiuChiu verfügt zwar über eine als „Airport" ausgewiesene Landebahn, diese dient jedoch ausschließlich als Ausweichpiste des Fliegerhorstes bei KaoHsiung und für Ministerialbeamte. Eine zivile Luftverbindung besteht derzeit nicht.

●*Auf der Insel:* Wer über Nacht bleibt, kann alles gut *zu Fuß* erreichen, eine Inselumrundung ist ca. 15 km lang. Bei Tagestouren ist dagegen ein *Moped* empfehlenswert, da man i.d.R. mit der 10:00-Uhr-Fähre um 11:00 Uhr ankommt und bis zur letzten (15:00 Uhr) nur vier Stunden zur Verfügung hat. Mopeds werden bei der Ankunft am Hafen von den Einheimischen angeboten oder sind gegenüber vom LiuChiu TaFanTien erhältlich.

Der Hafen von HsiaoLiuChiu

澎湖

PengHu/Pescadoren (PéngHú, Brausende See)

Das PengHu-Archipel wurde aufgrund seiner zentralen Lage zwischen China und TaiWan von den europäischen Seemächten des 16. und 17. Jahrhunderts als Sprungbrett benutzt. Es besteht aus 64 teilweise unbewohnten Inseln mit einer Gesamtfläche von ca. 110 qkm. Da vulkanischen Ursprungs, bestehen alle Inseln aus Basalt und ragen nur wenig mehr als 20 Meter aus der See empor. Die zahlreichen vorgelagerten Korallenriffs sind die Heimat einer Vielfalt von Fischen und Korallenstöcken. Der wenig fruchtbare Boden und das trockene, heiße Klima lassen wenig mehr als Erdnuss-, Melonen- und Süßkartoffelanbau auf den Inseln zu. Die Felder werden von künstlich aufgeschichteten Steinwällen zum Schutz gegen Verwehungen umgeben. Aus demselben Grund leben auch heute noch viele Einwohner der „Pescadores" – so von den Portugiesen wegen der Fischvielfalt genannt – vom Fischfang. Allerdings stellen mittlerweile taiwanesische Touristen die größere Einnahmequelle dar. Interessant sind die Monate Oktober bis März, wenn zahllose Delphinschulen nach ShaKang auf PengHuTao kommen; ihnen zu Ehren sind die Straßenschilder in MaKung alle in Form eines Delphins gestaltet.

Die traditionelle *Fischerei* auf PengHu kennt fünf Fangarten:

Am exotischsten sind die sogenannten *Stein-Fischfallen,* die man sehr gut beim Anflug nach MaKung in Ufernähe sehen kann. Die Fischer errichteten Steinwälle bei Ebbe im Meer, bei Flut schwimmen Fische in diese „Steinpools" hinein und können bei erneuter Ebbe eingefangen werden.

Beim *Stock-Netz-Fischen* wird ein Netz zwischen zwei Bambuspfählen im Meer gespannt, bei Flut schwimmen die Fische vorbei und bleiben bei Rückgang der Flut im Netz hängen.

Beim *Nachtfischen* werden auf See Laternen auf dem Boot aufgehängt, was zahllose Fische anlockt.

Bei einer *kombinierten See-Land-Fangart* halten ca. 30 Menschen ein Ende eines langen Netzes, ein Boot fährt in großem Bogen hinaus, wirft dabei langsam das Netz aus und reicht dann das andere Ende Hunderte von Metern entfernt einer zweiten Gruppe; dann wird von beiden Gruppen langsam eingezogen.

Schließlich ist natürlich das *Hochseefischen* weit verbreitet, neben vielen anderen Fischarten werden vor allem Ruderfisch und Seehecht gefischt.

Außer den hierher gebrachten Rindern auf natürlichen, kärglichen Freilandweiden wird der Besucher vor allem den Reichtum an Vogelarten bewundern können, PengHu gilt nicht umsonst als *Vogelparadies* TaiWans.

Da PengHu früher als TaiWan von China aus besiedelt wurde, finden sich auch hier einige bedeutende *historische Monumente* wie das HsiYu-Fort oder der MaTzu-Tempel in MaKung. Nahezu je-

Die Inselwelt

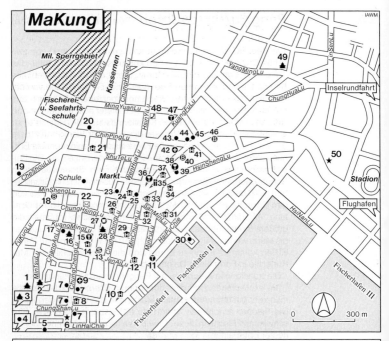

▲	1	YinYang-Tempel	
▲	2	MaTzu-Tempel	
▲	3	NanHai-Tempel	
●	4	Ticketverkauf/provisorisch	
●	5	Passagierhafen (neu)	
★	6	CKS-Statue	
●	7	Mopedverleih	
🏚	8	ChangChun und PaoHua Hotels	
✚	9	Spital	
🏚	10	HeTien Hotel	
🛢	11	Tankstelle	
🏚	12	PengHu Hotel	
Ⓢ	13	Bank of Taiwan	
🏚	14	SiHai Hotel	
🛢	15	chin. Fast-Food Rest.	
▲	16	PeiChen Tempel	
●	17	TaiWan Airlines	
Ⓑ	18	Busbahnhof	
●	19	Youth Activity Centre	
●	20	Polizei/Visaangelegenheiten	
🏚	21	ChiaoShi HuiKuan (Lehrerherberge)	
✉	22	Post	
●	23	Mopedverleih	
🏚	24	ErHsin (Seal Grand) Hotel	
●	25	MaKung Airlines	
🏚	26	YouChi Hotel	
Ⓞ	27	Cafe	
▲	28	ChengHuang-Tempel	
🏚	29	LanTien & HsinYi Hotels	
●	30	Fischmarkt	
🏚	31	HungAn Hotel	
🏚	32	FuKuo Hotel	
🏚	33	TungHai Hotel	
🏚	34	PengHu Royal Hotel	
⛪	35	Kirche	
Ⓞ	36	Kneipe ("no women"!)	
🏚	37	ChuTang & ChiTe Hotels	
●	38	Pub	
●	39	Trans Asia Airways	
Ⓑ	40	Bushaltestelle	
🏚	41	ShengKuo Hotel	
✚	42	HuiMen Spital	
●	43	Moped- & PKW-Verleih	
●	44	Formosa Airlines	
●	45	Far Eastern Airlines	
Ⓑ	46	Bushaltestelle	
🛢	47	Tankstelle	
▨	48	nation. Telefongesellschaft	
▲	49	WuSheng-Tempel	
★	50	Märtyrerschrein	

des Fischerdorf hat seinen eigenen MaTzu-Tempel, doch sind dieses überwiegend neuere Bauten.

PengHu ist der einzige administrativ selbstständige Inselbezirk TaiWans. TaiPei ist weit, die Menschen und die Inseln sind anders als die „Hauptinsel" – ein wenig mehr südostasiatisch.

Die insgesamt ca. 100.000 Einwohner – von denen 65.000 im Hauptort MaKung leben – haben sich für die *weitere Entwicklung* einiges vorgenommen: PengHu soll in den kommenden Jahren touristisch ausgebaut und weiter erschlossen werden, der Bus- und Fährverkehr erweitert, neue Hotels gebaut, Yachthäfen errichtet, und sogar ein „Wasserwelt-Öko-Park" bei ShaKang ist bereits projektiert. Werden alle Projekte realisiert, kann PengHu zum „Gran Canaria" TaiWans werden.

Beste Jahreszeit für einen Besuch auf PengHu sind die Monate Mai bis September, wenn sich kristallklares, flaches Wasser und strahlend blauer Himmel bei tropischen Temperaturen von ihrer besten Seite zeigen. In den Wintermonaten ist es trübe, trist und vor allem sehr windig, allerdings kommen zu dieser Zeit auch die Delphine.

馬公
MaKung (MäGōng)
馬公

PengHuTao (Brausende-See-Insel)

Eine brodelnde Metropole darf man bei MaKung nicht erwarten. Die *Hauptstadt des PengHu-Archipels* mit ihren 65.000 Einwohnern nimmt zwar alle administrativen und politischen Aufgaben einer Provinzhauptstadt wahr, hat sich aber viel von seiner Ursprünglichkeit bewahrt. Im Gegensatz zu nahezu allen Verwaltungszentren des taiwanesischen Festlandes sucht man in MaKung Spielhöllen, Unterhaltungszentren, Kaufhäuser und amerikanische Fast-food-Ketten vergeblich. Die Fischerei und Seefahrt standen und stehen im Mittelpunkt des Lebens der Insulaner, dementsprechend sieht man hier auch gänzlich andere Werte als bedeutsam an. So sind hier der Kampf gegen die Gezeiten, Sorge um die Fischpopulation oder ganz banale Fragen wie Trinkwassersicherung in der Trockenzeit wichtiger als die Errichtung des nächsten Karaoke-Shops. Mit der modernen Technik und Kommunikation ändern sich freilich auch hier in MaKung – vor allem bei der Jugend – die Wertvorstellungen. Der Reisende wird jedoch krasse Unterschiede in Mentalität der Menschen und Stadtbild zwischen Städten des Festlandes und MaKung erkennen.

Die meisten Tempel und Sehenswürdigkeiten sind leicht zu Fuß erreichbar.

ShunChengMen
順承門

Das ShunCheng-Tor, restauriert 1972, ähnelt einer kleinen Festung und ist das letzte erhaltene der ehemals sechs *Stadttore* von MaKung.
● ChungShanLu/Ecke FuKuoLu.

Die Inselwelt

YinYangTang
陰陽當

Der kleine und seltene *Tempel* der Yin-Yang-Schule ist stark von taoistischen Elementen geprägt. Am Hauptaltar sitzt der von eigener Hand erhängte General *Fan*, zu erkennen an der heraushängenden Zunge.

▲ 1 (Seite 530); 8 MinTzuLu, kleine Seitenstraße links.

MaTzuKung
媽組宮

Errichtet im Jahre 1592, ist dieser der Meeresgöttin *MaTzu* geweihte Komplex mit der offiziellen Bezeichnung TianHouKung der **älteste Tempel ganz TaiWans.** Ursprünglich kamen Seeleute und Fischer hierher, um den Schutz der Göttin *MaTzu* zu erbitten. Berühmt ist die überlappende Dachkonstruktion aus der Ching-Zeit. Die antiken Holztore zum Hauptschrein, die in hölzernen Angeln hängen, sind ebenso gut erhalten wie die geschnitzten Deckenverzierungen. Zu beachten sind die tragenden Säulen, die jeweils zur Hälfte aus Mörtel und Original-Holz bestehen. Die prunkvoll gewandete Meeresgöttin thront im Zentrum vor einem schwarz-weißen Drachengemälde.

▲ 2 (Seite 530); MinTzuLu, schräg gegenüber vom Eingangspfahl des YinYangTang.

NanHaiTang
南海當

Der überwiegend von Fischern und Seeleuten besuchte *Tempel* besteht aus einer Vorhalle mit Holzaltar zur Opferdarbietung, der Hauptschrein ist dreigeteilt mit dem Schutzgott der Südmeere in der Mitte. Alle Figuren sind prunkvoll gekleidet; beachtenswert ist außerdem eine 3 m lange **Dschunke.**

▲ 3 (Seite 530); ChungShanLu, 25 m vor dem neuen Westtor.

PeiChenKung
北辰宮

Dieser zweistöckige, sehr geräumige *Tempelkomplex* beherbergt im gesamten Erdgeschoss, welches durch nur ein Haupttor betreten wird, lediglich einen winzigen Schrein mit dem Gott der Weisheit. Der eigentliche Hauptaltar, zu dem ein typisches dreigeteiltes Tor mit gesperrter Mitte hineinführt, liegt im oberen Stock. Zentralfigur des hier oben farbig ausgestalteten Saales ist der für die nördlichen Regionen zuständige Gott *Chen*. Die Dschunke auf der linken Seite verdeutlicht die zentrale Bedeutung der See im Zusammenhang mit den Glaubensritualen der Fischer.

▲ 16 (Seite 530); 53 ChungChengLu.

ChengHuangTan
成隍廟

Am Eingang rechts weisen die Generäle *Fan* und *Hsie* auf den taoistischen Einfluss dieses Tempels hin, der dem legendären Stadtgott *Cheng* (Zentralfigur) gewidmet ist.

▲ 28 (Seite 530); 20 KuangMingLu.

Kulturhalle

Für manchen Besucher mag auch die Stadt- und Kulturhalle mit Aufführungen, Ausstellungen u.a. interessant sein. Hier ist auch das *ozeanographische Museum* sowie das *Science Museum* zu finden. Beide liegen an der 230 ChungHuaLu.

Nachtmarkt

Ein Erlebnis ganz anderer Art (vor allem für die Nase) ist ein Besuch des Nachtmarktes am Hafen. Er erwacht erst richtig, wenn die Fischer ihren Fang eingefahren haben und ihn feilbieten.

Andere Orte auf PengHuTao, der Hauptinsel, sind am zweckmäßigsten per Moped zu erreichen, obgleich auch ein unregelmäßiger Busverkehr vom MaKung-Bbhf. zu allen Orten der vier verbundenen Inseln besteht.

Falls die Inseln in einem Tag besichtigt werden sollen, vergehen die fünf Stunden mit einer 50er sehr schnell, wenn man alles einmal gesehen haben möchte. Daher einige Erläuterungen zum **Straßennetz:** Aus MaKung heraus muss man die ChungHuaLu nehmen und dieser bis zu einer Gabelung am Ortsende folgen. Rechts führt die N-4 südlich des Airport vorbei nach LungMen; nach ca. 3 km biegt rechts die N-1 nach FengKuei ab. Schräg links von der erstgenannten Gabelung führt die N-2 immer geradeaus nördlich des Airport entlang bis LungMen. Ebenfalls links, und somit die ersten 2 km gemeinsam mit der N-2, verläuft die wichtigste Straße, die N-3, die über PaiShaTao nach HsiTai auf HsiYu führt. 2 km nach der MaKung-Gabelung trennen sich N-2 und N-3 an einer Ampel (N-3 scharf links).

FengKuei
鳳櫃洞

Am westlichen Ende der N-1 liegt das kleine Dorf FengKuei mit der **FengKuei-Höhle,** einem beliebten Ausflugsziel einheimischer Touristen. Die Küstenspitze besteht aus purem Basalt, der von den Wellen pittoresk ausgehöhlt wurde. Bei starkem Wind entstehen Luftwirbel durch nach oben offene Kamine, daher der Name für FengKuei, „Wind-Kabinett". Von der N-1 führt links ein Hinweisschild (englisch) zu den Klippen.

ShiLi Beach
薜裡海水浴場

2 km vor FengKuei liegt linker Hand eine kleine, unauffällige, völlig leere Bucht. Einzige Spuren menschlicher „Baukunst" sind die Anlandesperren der Marineinfanterie in Form riesiger spanischer Reiter auf der linken Seite. Das Wasser ist flach und kristallklar, schwimmt man um die Bucht Richtung FengKuei, kann man auch gut schnorcheln. Offiziell hält hier kein Bus – es hängt vom Fahrer ab, ob er auf Anfrage eine Ausnahme macht.

ShanShui Beach
山水海水浴場

Noch ruhiger, da etwas ab von der Hauptstraße, ist der Strand von ShanShui. Ungefähr 3,5 km nach der Gabelung N-4/N-1 geht von der N-1 links die „26" ab, die zum Strand führt.

Auch zum **Hafen von SoKang** (einer der Fährhäfen der Pescadoren) folgt man hier zunächst der „26", nach ein paar hundert Metern dann der „27".

LinTou Beach-Park
林投公園

Etwa einen Kilometer hinter dem Flughafen auf der rechten Seite an der N-4 Richtung LungMen liegt ein sehr gepflegter, künstlich

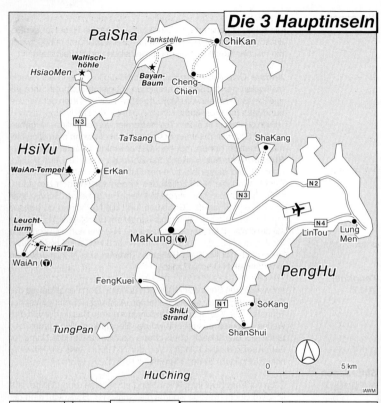

Die 3 Hauptinseln

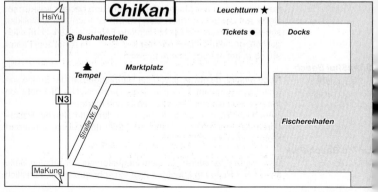

ChiKan

angelegter **Strandpark** mit einer Miniaturausgabe der Chiang-KaiShek-Gedächtnishalle (TaiPei). Der Park ist ideal für Kinder; Eintritt 60 NT$. Weiter Richtung LungMen führt die „19" zur N-2 nach HuHsi (SeeWest), wo sich eine der wenigen Tankstellen befindet.

ShaKang
沙港

Auf der N-3 nach Norden zweigt nach sieben Kilometern rechts eine kleine Straße in das **Fischerdörfchen** ShaKang ab. Hier ziehen von Oktober bis März zahllose Delphinschulen vorbei, die die Provinzregierung auf die Idee brachten, einen riesigen Ocean-Park mit Delphinobservatorium, Aquarium, Meeresmuseum und transparentem Unterwassertunnel zu errichten.
●Tel: 9933006, tgl. 9-18 Uhr, Eintritt 500 NT$.

Information

In der 236 ChungHuaLu befindet sich die Zentrale der „PengHu National Scenic Area Preparatory Administration", die u.a. für den Tourismus zuständig ist. In Broschüren wird eifrig für einen Besuch geworben, doch hat die Behörde über Mittag geschlossen und liegt ein gutes Stück außerhalb des Zentrums. Mit dem neuen Hafengebäude soll eine Informationsstelle direkt am Hafen eingerichtet werden.

Unterkunft

Auf den Pescadoren mangelt es nicht an Unterkünften, nicht zuletzt da die Regionalverwaltung einen ehrgeizigen Plan zur Entwicklung der Inseln und des Tourismus aufgestellt hat. Offiziell soll es dann allein in MaKung etwa 40 Hotels geben, zuzüglich derer auf ChiPei, WangAn, ChiMei, YuanPei, Ta-Tsang und Niao-Islet. Auch Camping ist generell erlaubt, im Sommer allerdings höchst schweißtreibend, da die drückende Hitze auch nachts kaum nachlässt. Beim Besuch der vorgelagerten Inseln werden dem Besucher von o.g. Fährunternehmen beim Ticketkauf die aktuell gültigen Unterkünfte angeboten; die Preise auf vorgelagerten Inseln variieren zwischen 700 und 1100 NT$/DZ.

In MaKung befinden sich die meisten Quartiere in Gehnähe zum Hafen:

青年活動中心

Φ **ChingNian HuoTung ChungHsin* (PengHu Youth Activity Center),** ist schon ab der Ausfallstraße ChungHuaLu zweisprachig ausgeschildert), 11 ChieShouLu (Tel: 9271124), 5-Bett-Zimmer zu 250 NT$/Pers., DZ ab 2500 NT$, sehr attraktiv und direkt am Meer gelegen. Gleich nebenan ist ein größerer Spielplatz.

教師會館

Φ **ChiaoShi HuiKuan*,** 38 ShuDeLu (Tel: 9273692), 3er Zi. 650 NT$, DZ 750 NT$. Traveller-Treff mit dazugehörendem Flair. Erkennungspunkt ist ein roter Rundbogen vor dem Gebäude. Spartanisch, aber sauber.

Hinzu kommen in dieser Kategorie noch einige halb-legale Privathotels, alle sehr einfach und nur für den Notfall zu empfehlen:

中美旅舍

Φ **Chung Mei LuShe*,** 18 ChungHsingLu, Tel: 9272560, DZ ab 400 NT$. Sehr einfach, aber erträglich.

昇平旅舍

Φ **ShengPing LuShe*,** 5 RenAiLu, FuTeHsiang, Tel: 9272047, DZ zu 400 NT$.

中央旅舍

Φ **ChungYang LuShe*,** 35 ChungYangChie, Tel: 9272046, DZ 350 NT$ – nur für Hartgesottene.

有志大旅舍

Φ **YouChi TaLüShe**,** 22 ZhongXingLu, Tel: 9272151; liegt in der Stadtmitte, ruhige Zimmer mit A/C und TV ab 650 NT$.

宏安大旅舍

Φ **HungAn TaLüShe**,** 16 SanMinLu, Tel: 9273832; zentral, A/C, Zimmer o.k., ab 600 NT$.

Die Inselwelt

535

| 富國大旅舍 | ⏀ *FuKuo TaLüShe***, 31 SanMinLu, Tel: 9273861; ebenfalls zentral, A/C und fan, TV, etwas älter, ca. 700 NT$/DZ. |
| 東海旅舍 | ⏀ *TungHai LüShe***, 38 SanMinLu, Tel: 9272367, untere Mittelklasse, zentral, 550-700 NT$. |

Alle folgenden Hotels mit TV und Kühlschrank:

四海大飯店	⏀ *SiHai TaFanTien****, 3 QianGuoLu, Tel: 9272960; sehr zentral, daher etwas laut, von 900 bis 2000 NT$.
玉堂大飯店	⏀ *YuTang TaFanTien****, 33 ZhongHuaLu, Tel: 9274831; ruhige, helle Zimmer zu 1200 NT$.
旅德大飯館	⏀ *LuTe TaFanKuan****, 22 ZhongHuaLu, Tel: 9278802-4; neu und gut.
新券大飯店	⏀ *HsinXuan TaFanTien*****, 1 GuanMingLu, Tel: 9276584; sehr modern.
藍天大飯店	⏀ *LanTienTaFanTien*****, 3 GuanMingLu, direkt nebenan. Beide erstklassig, nehmen sich aber Licht weg und sind daher relativ preiswert.
長春大飯店	⏀ *ChangChun TaFanTian*****, 8 ChungChengLu, Tel: 9262112; liegt praktisch am Pier, Zimmer stehen dem PaoHua kaum nach, DZ 1000 NT$.
澎湖大飯店	⏀ *PengHuTaFanTien*****, MinChuanLu/Ecke RenAiLu, Tel: 9272136; nahe beim Fischereihafen, gemütliche Zimmer.
寶華大飯店	⏀ *PaoHua TaFanTien******, 2 ZhongChengLu, Tel: 9274881; stilvolleres, modernes Hotel der Stadt mit Cafeteria, Restaurant, Bar, Airport-Transport.
天仁主大飯店	⏀ *TianRenChu TaFanTien******, 96 TungChiLi, Tel:9214250; das PaoHua bietet mehr für den Preis, DZ schon ab 1450 NT$.
瑞富大飯店	⏀ *RuiFuTaFanTien******, 33. Str., 64 HsinShengLu, Tel: 9261182; übersetzt PengHu Royal, zweitbestes Haus am Platz, DZ 1450-2250 NT$.
和天大飯店	⏀ *HeTiánTaFanTien******, *(PeaceHotel)* MinChuanLu/Ecke ChungShan-Lu (Tel: 9274419). Liegt direkt am Fischereihafen; ist das neueste Hotel in MaKung und soll das PaoHua ablösen. Internationaler Komfort.

Verpflegung

MaKung verfügt über eine Vielfalt an kleinen Läden, Bäckereien, Fruchtsaftständen usw., nur „fehlen" bislang noch westliche Fast-food-Ketten.

Als Fischereistadt bietet MaKung fast an jeder Ecke *Fischlokale.* In der MinShengLu (um das FuKuoTaFanTien herum) liegen gleich ein halbes Dutzend, durchweg preiswerter als auf TaiWan selbst. Auch die Restaurants der größeren Hotels bieten neben dem üblichen Angebot an chinesischer Küche frische Meeresfrüchte und Fisch an.

Schräg gegenüber vom ChengHuangTan-Tempel (ChienKuoLu/Ecke KuangMingLu) befindet sich das größte *chinesische Fast-food-Restaurant* der Stadt; preiswert und gut. In der MinChenLu/Ecke MinChuanLu werden chinesische Gerichte bei Selbstbedienung zur eigenen Zusammenstellung angeboten.

Institutionen

● *Post:* ChungChengLu/Ecke ChungHsingLu, geöffnet 8:00 bis 17:00, Samstag bis 12:00 Uhr.
● *Bank:* Bank of TaiWan, RenAiLu/Ecke ChienKuoLu.
● *Krankenhäuser:* 57 ChungHuaLu und 20 ChungChengLu.
● *County-Polizei:* ChiPingLu/Ecke MinTzu Lu (Visaverlängerung; Tel: 9270870).

An-/Abreise

● *Luftweg:* Der Flughafen von PengHuTao liegt etwa 10 km außerhalb des Hauptortes MaKung, am einfachsten kommt man per Taxi in die Stadt (300 NT$, fix). Die Inselbusse passieren den Airport nur etwa stündlich.

Von/nach *TaiPei* fliegen *Far Eastern* 3mal tgl. (2 ChiPingLu, Tel 9724891), *Great China* 5mal tgl. (102 KuangFuLu, Tel: 9263111), *Trans Asia* 3mal tgl. (2 ShuTeLu, Tel: 9279800) und *Formosa* 3mal tgl. (4 ChiPingLu Tel: 9261089), einfach NT$ 1252.

Formosa und *Great China* fliegen von/nach **TaiChung** 7 bzw. 5mal täglich für 1091 NT$. Von/nach **ChiaYi** fliegt nur *Great China* dreimal täglich für 897 NT$.

Am häufigsten wird **KaoHsiung** angeflogen, z.B. von *MaKung Airlines* 9mal tgl. (2 MinShengLu, Tel: 9276297) für 909 NT$.

Schließlich von/nach **TaiNan** *Great China* fünfmal, *Trans Asia* 3mal tgl. (867 NT$).

Von MaKung nach **WangAn** und/oder **ChiMei** fliegen nur *TaiWan-* (Tel: 9211800, nur am Airport) und *Formosa-Airlines* (701 NT$). Tickets können direkt am Airport oder in MaKung (s. Stadtplan) bei den Gesellschaften gebucht werden.

● **Seeweg:** PengHuTao hat mehrere Fährverbindungen zur taiwanesischen Hauptinsel, und zwar von drei verschiedenen Städten aus.

Von/nach SoKang pendelt die „ALiShan" nach **PuTai bei ChiaYi** *(Chia-Chung Maritime Company,* Tel. SoKang: (06)-9951697, Tel. PuTai: (05)-6914878, Tel. ChiaYi: (05)-2266859) ab 450 NT$ einfach (4 Klassen).

Zwischen LungMen und **TaiNan** verkehrt die „HaiYian" *(HuaPin Company,* Tel. TaiNan: (06)-6565588, Tel. LungMen: (06)-9922255) ebenfalls ab 450 NT$.

Die wichtigste Fährverbindung schließlich besteht zwischen MaKung (Abf. tgl. 15:30 Uhr) und **KaoHsiung** (Abf. tgl. 9:00 Uhr) mit der MS „TaiHua" ab 450 NT$ einfach. *(TaiWan Navigation Company:* Tel. MaKung: (06)-9263030, Tel. KaoHsiung: (07)-5613866). Ferner besteht eine (seltene) Direktverbindung von MaKung nach **TaiNan/AnPing** mit der „Merry Princess" *(TaiPeng-Company,* Tel: 06-9273877).

Zur Entwicklung der Pescadoren soll auch das neue **Hafengebäude** (am MaKung-Pier) beitragen.

Zu den äußeren Inseln der **südlichen Pescadoren** fährt man per Boot ab MaKung, nach ChiMei und WangAn fahren mehrere Boote täglich, Tickets am Dock oder unter Tel: (06)-9272378.

Rundtouren zu den südlich gelegenen Inseln werden wie folgt von kleinen (unübersehbaren) Tour-Organisatoren in der ChungChengLu rund ums PaoHua Hotel angeboten:

MaKung – ChiMei – WangAn – HuChing – TungPan – MaKung (750 NT$)
MaKung – ChiMei – HuChing – TungPan – MaKung (600 NT$).
MaKung – WangAn – HuChing – TungPan – MaKung (550 NT$).
MaKung – HuChing – TungPan – MaKung (400 NT$).
MaKung – TaTsan – MaKung (350 NT$).

Außerdem wird von ShaKang eine Verbindung nach der kleinen Badeinsel YuanPei (YuanBei) aufgebaut.

(nördliche Inseltouren siehe PaiSha)

● *Transport auf den Hauptinseln:*

Mopeds werden überall in der ChungChengLu angeboten, eine 50-cc-Maschine kostet 250 NT$ für 5 Stunden, „überziehen" wird zwar nicht gerne gesehen, bleibt aber bei geringen Verstößen ohne Folgen.

Inselbus: Auf den durch Brücken verbundenen Hauptinseln verkehren unregelmäßig blaue Stadt-/Überlandbusse, die rundum fahren. Das Ticket wird an Bord gelöst und kostet je nach Ziel zwischen 12 und 60 NT$. Von der Zentralhaltestelle in MaKung fahren drei Hauptlinien: nach WaiAn (HsiYu) über ChiKan (PaiSha), nach LungMen im Osten auf PengHuTao und nach FengKuei im Westen.

Die Inselwelt

Straßenschilder in Form von Delphinen (MaKung)

白沙島 | **PaiShaTao (BáiShāDào, Weiß-Sand-Insel)**

ChiKan
赤崁

Über die Brücke nach PaiSha der N-3 ca. 6 km weiter folgend, erreicht man den kleinen Ort ChiKan, der weiter keine touristische Bedeutung hat, außer dass von hier aus die **Boote zu den nördlichen Inseln,** insbesondere ChiPei, ablegen.

Banyan-Baum
通梁古榕

3 km nordwestlich hinter ChiKan zweigt links von der N-3 (hier gibt es auch eine Tankstelle) eine Straße zu einem 300 Jahre alten, gigantischen Banyan-Baum ab (zweisprachig ausgeschildert). Er wird mittlerweile künstlich gestützt und gleicht einer von einer grünen Pflanzendecke überdachten Halle.

An-/Abreise

●Etwa alle zwei Stunden **Busverkehr** von/nach MaKung (Orientierungspunkt: rot-weißer Fernmeldeturm am Ortsausgang links oben am Berg).

●Von ChiKan aus werden die interessanten **Rundfahrten zu den nördlichen Inseln** durchgeführt (Tickets in MaKung in den Tour-Geschäften der ChungChengLu oder hier am Hafen):

HsiaWeiYi ChuanKungSi, Tel: (06)-9932237.

PaiShaHsiang Administration Office, Tel: (06)-9931031.

AiMin ChuanKungSi, Tel: (06)-9932232.

PaiSha Marine Recreation Center, Tel: (06)-9215115.

Man kann telefonisch reservieren (im Juli/August empfehlenswert), oder auch direkt am Dock eine der vielen Gesellschaften rund um die Anlegestelle am roten Leuchtturm aufsuchen. Einige **Preisbeispiele:**

ChiKan – ChiPei – ChiKan (250 NT$).

ChiKan – HsienChiao – ChiPei – ChiKan (400 NT$).

ChiKan – HsienChiao – KuPo – TiehChan – ChiPei – ChiKan (800 NT$).

ChiKan – KuPo – TiehChan – ChiPei – ChiKan (600 NT$).

ChiKan – HsienChiao – KuPo – TiehChan – ChiPei – MuTou – ChiKan (1100 NT$).

ChiKan – HsiaoPaiSha – ChiShan – TingKou – YuanPei – ChiKan (900 NT$).

ChiKan – HsiaoPaiSha – ChiShan – TingKou – ChiKan (800 NT$).

●Vom kleinen Hafen **ChengChien** auf PaiSha existiert ferner eine Verbindung nach TaTsang.

西嶼 | **HsiYu (XīYü)**

Landschaftlich ist HsiYu, das in seinen Umrissen Italien ähnelt, sicherlich die interessanteste der Hauptinseln. Oft ist es möglich, gleichzeitig sowohl die nördliche wie auch die südliche Küste im Blickfeld zu haben. Dabei entdeckt man immer wieder kleine traditionelle Fischerhäfen an den steilen Küsten.

ErKan
二崁

Etwa in der Mitte des „Stiefels" liegt im Osten ErKan, eine kleine **Siedlung im traditionellen Stil.** Dort gewinnt man einen guten Einblick in Bauweise, Gartenmauerbau, Alltag usw. Die von den Tourismusbehörden verliehene Bezeichnung „historical site" scheint allerdings etwas übertrieben. Zwischen ErKan und WaiAn liegt eine weitere Tankstelle.

Die Inselwelt

Fort HsiTai
西嶼燈塔

Diese für eine kleine Insel beeindruckende Anlage wurde 1886 von General *WuHongLe* zum Schutze TaiWans vor Piraten errichtet. Sie diente während der Ching-Dynastie (1644-1911) als ständige Basis der Marine und wird an seinen vier Seiten von hohen Mauern umgeben. Im Inneren befinden sich gespenstische, lange, schnurgerade Gänge mit abzweigenden Unterkunfts„grotten". Auf dem Wall stehend soll man an klaren Tagen sowohl TaiWan als auch Festlandchina sehen können. Neben Fort HsiTai hatten die Ching 3 km östlich (am Absatz des HsiYu-Stiefels) ein zweites Fort namens TungTai (Ostplateau) errichtet. Hiervon ist heute nichts mehr zu sehen.

●Das Fort liegt 1 km östlich vor WaiAn. Die Zufahrt linker Hand ist mit einer überdimensionalen Kanone markiert; Eintritt 30 NT$.

HsiYu-Leuchtturm
西嶼燈塔

50 m hinter dem Fort weist ein zweisprachiges Schild den Weg von der Hauptstraße ab zu einem wichtigen Leuchtturm – so wichtig, dass er bewacht wird, und zwar gleich von einem ganzen Marine-Infanteriebataillon; früher konnte man den Turm besichtigen, heute ist hier leider Sperrgebiet.

WaiAn
外垵

Dieses beschauliche *Fischerdorf* liegt am Ende der N-3 1 km westlich hinter Fort HsiTai und bietet zwei wichtige Dinge: Getränke und eine Tankstelle (am Hafen unten links, diese Nebenstraße führt auch wieder den Berg hinauf zum Fort). Gegenüber der Tankstelle befindet sich ein sehenswerter *MaTzu-Tempel* (Göttin des Meeres und Schutzheilige der Fischer) jüngeren Datums.

Unterkunft

外垵大飯店

●Die Hauptstraße den Berg hinunter liegt auf halber Höhe linker Hand das Φ*ChienTe TaFanTien**** (Tel: 9982899). Es ist derzeit die einzige Unterkunft am Ort und bietet oft kräftige Nachlässe, da sich nur wenige Touristen hierher über Nacht „verirren".

An-/Abreise

●Der *Bus* von MaKung stoppt u.a. auf HsiaoMenYu, bei ErKan, Fort HsiTai und in WaiAn.
●Eine *Radtour* (Fahrräder müssen auf die Pescadoren selbst mitgebracht werden) ist im Sommer für Untrainierte nicht empfehlenswert, Hitze und Entfernungen machen schwer zu schaffen.

小門嶼

HsiaoMenYu (XiǎoMénYü, Klein-Tor-Inselchen)

An der Nordspitze ist HsiYu durch eine kleine Brücke mit der winzigen Insel HsiaoMenYu verbunden, von der aus man einen schönen Blick aufs offene Meer hat. Man erreicht das Inselchen, indem man nach etwa 3 km hinter der Brücke von PaiSha nach HsiYu von der N-3 nach rechts auf die „2" abbiegt. Markantes Merkmal ist kurz vor der Abzweigung auf der linken Seite ein großes, steinernes Segel, welches die Einfahrt zu einem der insgesamt fünf geplanten neuen Jachthäfen markiert.

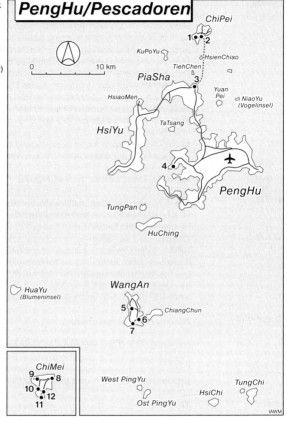

1 ChiPei-Oceanpark
2 ChiPei-Hafen
3 ChiKan
4 MaKung
5 WangAn-Flugplatz
6 TangMen-Hafen
7 WangAn (Hauptort)
8 TingHsi
9 ChiMei-Flugplatz
10 NanHu-Hafen
11 Grab der
   sieben Schönen
   & Leuchtturm
12 YueLi-Hafen

Weiter auf der N-3 geht es dann nach 100 m rechts nach Hsiao-MenYu. Am Ende dieser Straße befindet sich ein Parkplatz und die Bushaltestelle. Ein Rundweg beginnt links dahinter; interessantester Punkt ist die **Walfischhöhle,** eine von den Gezeiten in das Gestein gespülte Höhle, bei der das nach oben herausschießende Wasser bei Flut an einen blasenden Walfisch erinnert. Der große, vom Parkplatz aus sichtbare Tempel ist ein MaTzu-Tempel neuerer Bauart.

Die Inselwelt

吉貝嶼

ChiPeiYu (Glücksbringendes Kaurimuschel-Inselchen)

Diese Insel ist das Sonnenanbeter-Paradies TaiWans überhaupt, auch Schnorchler finden hier eine intakte Korallenwelt vor. An der Anlegestelle führt links (ca. 3 km) eine Straße zum ChiPei Ocean Park, in dem auf feinem weißen Sand kleine Sonnenschutzhütten stehen. Tandems (!) werden für 70, Mopeds für 100 NT$/Std. vermietet. (Noch) einzige Unterkunft ist das ChiPei HaiShang LeYuan TaFanTien, das den Schlafsaal für 250 NT$ und das DZ für 1200 NT$ anbietet (in den Wintermonaten 40 % Rabatt). Die Insel hat einen Durchmesser von lediglich 5 km und kann auch leicht zu Fuß erkundet werden, allerdings ist die Hitze im Sommer mörderisch. Die Westseite bietet überwiegend herrlichen Strand, der Zentralteil und der Osten bestehen aus nacktem Basalt.

姑婆嶼
鐵砧嶼
險礁嶼

KuPoYu, TiehChenYu, HsienChiaoYu

Alle drei Inseln können mittlerweile frei angefahren werden. Die Region um KuPo ist als ein herausragendes Fanggebiet der Blaubandsprotte und für seine reichhaltige Korallenwelt bekannt. TiehChenYu wird vor allem von Hochseefischern wegen der inselnahen, tiefen Gewässer aufgesucht, HsienChaoYu ist eine flache, touristisch noch nicht sehr weit entwickelte Insel mit ausgedehnten Sandstränden ringsum und wird von Strandurlaubern tageweise aufgesucht, die auf möglichst wenig andere Touristen treffen wollen. Eigenes Zelt und Proviant mitbringen!

鳥嶼

NiaoYu (Vogel-Inselchen)

Neben TaMaoYu und HsiaoMaoYu im Süden ist die Vogelinsel ein Hauptanlaufpunkt für Vogelbeobachter. Es empfiehlt sich, möglichst früh am Morgen hierher zu kommen und genügend Proviant mitzubringen. Bester Monat für Vogelstudien ist der April.

大倉嶼

TaTsang

Dieser kleine Sandhaufen inmitten der drei Hauptinseln ist eine reine **Badeinsel** für Tagesausflügler. Die bisher unregelmäßige Verbindung ab MaKung soll jetzt dauerhaft stehen, von ChengChien (auf PaiSha) existiert sie bereits einige Jahre.

膛桶盤嶼
虎井嶼

TungPan und HuChing

Diese kleinen, MaKung am nächsten gelegenen Inselchen werden von bizarren, zylindrischen **Basaltmauern** umgeben – ein deutlicher Hinweis auf den vulkanischen Ursprung. Bei Bootsrundfahrten werden sie meist als beliebtes Fotomotiv passiert, finde man ähnliche Formationen doch lediglich noch im Yellowstone

Park (USA). Auch um HuChing (Tiger-Quelle) rankt sich eine Legende aus der Zeit der Holländer: Die Kolonialherren sollen ein Fort auf HuChing gebaut haben, welches, als sie TaiWan nach der Niederlage gegen *KoHsingKa* verließen, komplett überspült worden sein soll. Bei Ebbe kann man am Grund angeblich die roten Ziegel sehen können – nicht wundern also, wenn sich alle Passagiere gerade bei ruhigster See an der Reling vornüber beugen!

七美嶼　　　**ChiMeiYu (QīMěiYü, Sieben-Schönheiten-Inselchen)**

ChiMei, die „Sieben Schönheiten", misst etwa 4x6 km und ist die südlichste der Pescadoren mit dem Hauport NanHu im Südwesten mit etwa 5000 Einwohnern. Hier kommen die Fähren aus MaKung an, hier sollen mehrere Luxus-Unterkünfte entstehen; Zelten ist – wie auf fast allen Pescadoreninseln – erlaubt. Die spärliche Vegetation wird durch künstliche kleine Steinwälle vor den scharfen Winden geschützt.

Nanhu-Leuchtturm
南湖燈塔

Der NanHu-Leuchtturm an der Südspitze der Insel ist der südlichste Leuchtturm aller Pescadoren-Inseln. Hier liegt in unmittelbarer Nähe die die Südspitze abschließende kuriose Felsformation **„Husband-waiting-rock".** Tatsächlich erinnert dieser Felsen an eine liegende, schwangere Frau. Die Insulaner erzählen die Legende, es handele sich um eine versteinerte Frau, die auf ihren Mann, einen Fischer, so lange wartete, bis sie zu Stein wurde. Auch um das **Grab der sieben Schönheiten** (an der Südostküste, etwa 1 km nördlich des Leuchtturms) rankt sich eine Legende: Als sich japanische Soldaten ChiMei näherten, stürzten sich die sieben schönsten Frauen der Insel gemeinsam in einen Brunnen, um einer drohenden Vergewaltigung zu entgehen. Die Einwohner schütteten den Brunnen später zu und errichteten ein Grabmal. Aus dem Grab sollen sieben immergrüne Bäume *(mallotus japonicus)* gesprossen sein, die noch heute zu sehen sind.

**Unterkunft/
Verpflegung**

NanHuKang ist der Hauptort von ChiMei nahe der Anlegestelle. Hier befinden sich einige kleine Geschäfte mit Snacks und Getränken sowie die beiden Hotels der Insel, die auf Anfrage auch Mahlzeiten anbieten.

順田旅社　　Φ*ShunTian LuShe* (No. 18), Tel: (06)-9971024,
Dorm. 300 NT$, DZ 850 NT$.

福鵬旅社　　Φ*FuPeng LuShe* (No. 10); Tel: (06)-9971043,
DZ zwischen 700 NT$ und 1200 NT$.

An-/Abreise

●*Luftweg: Formosa Airlines* fliegt zweimal täglich direkt nach **KaoHsiung** für 1358 NT$.

Nach **MaKung** fliegen täglich je zweimal *Formosa* und *TaiWan Airlines* für 701 NT$.

Auch **WangAn** kann von ChiMei aus direkt erreicht werden: *Formosa* und *TaiWan* fliegen – allerdings unregelmäßig – für 580 NT$. *TaiWan* gibt offiziell zwei Flüge täglich (8:45 und 13:45 ab ChiMei, 9:35 und 14:30 Uhr ab WangAn) an.

Die Inselwelt

● *Seeweg:* Fährverbindung nach *MaKung* (⌀ MaKung)
● *Transport auf der Insel:* Es werden *Mopeds* für 200 NT$/Std. am Airport und im Zentrum von NanHu vermietet, *Busrundfahrten* werden für den gleichen Preis angeboten.

望安嶼

WangAnYu (WàngÀnYü, Fernblick-Frieden-Inselchen)

WangAn ist etwa ebenso groß wie ChiMei und bekannt durch die berühmten PengHu-Achate. WangAnYu unterscheidet sich von den anderen außenliegenden Inseln durch ihre kargen Freilandweiden und ihre Hügellandschaft, die von den Taiwanern auch gleich Shan (Berg) genannt wird. Tatsächlich erreicht die höchste Erhebung, TianTaiShan im Nordosten, keine 100 m. Hauptorte sind TungAn an der Südseite mit 3500 Einwohnern, der Hafenort TangMen, von dem die Fähren ablegen 2 km nordwestlich an der Ostküste sowie der Landesstreifen drei Kilometer nördlich bei der Westküste. Auch auf WangAn sollen in den nächsten Jahren mehrere Unterkünfte entstehen.

TianTaiShan
天太山

An legendenumwobenen Plätzen darf es offenbar auf keiner der südchinesischen Inseln fehlen, auch WangAn weiß eine Geschichte zu erzählen. Eines Tages sei *LuTungPin,* einer der acht Unsterblichen, vom chinesischen Festland nach TaiWan gesprungen und habe dabei nur einmal zwischendrin aufgesetzt. Dies sei am Gipfel des TianTaiShan gewesen – ein riesiger Stein mit einem Fußabdruck ist beredtes Zeugnis dieser Geschichte.
● An der Westküstenstraße 4 km nördlich von TungAn, linker Hand.

ChungSeCheng
中社成

1 km westlich vom Landestreifen, direkt an der Westküstenstraße liegen gut erhaltene und restaurierte *Gebäude der Einheimischen* aus dem vorigen Jahrhundert, die einen Eindruck des harten Lebens auf den Inseln vermitteln.

**Unterkunft/
Verpflegung**
望安渡假中心

Die einzige feste Unterkunft befindet sich im Hauptdorf TungAn: Φ *WangAn TuChia ChungHsin* (No 79), Tel: (06)-9991200, bietet Betten für 220 NT$ sowie DZ von 700 bis 1100 NT$. Mahlzeiten gibt es dort auch auf Anfrage.

An-/Abreise

● *Luftweg: Formosa-* und *TaiWan-Airlines* fliegen unregelmäßig zwischen WangAn und *ChiMei* für 580 NT$ (⌀ ChiMei). Beide Gesellschaften bieten den 5-Minuten-Sprung nach *MaKung* für 701 NT$ an.
● *Seeweg:* regelmäßige Fährverbindung nach *MaKung* (⌀ MaKung).
● Für die Insel selbst bietet es sich an, ein *Moped* anzumieten (200 NT$/Std.), ansonsten werden *Minibusse* für 1500 NT$ vermietet. Ohne Gepäck kann man die Insel auch leicht *zu Fuß* erkunden.

大倉嶼

TaMaoYu, HsiaoMaoYu (Große-und-kleine-Katzeninsel)

Entgegen ihrem Namen sind diese beiden Inseln bekannt für ihre Beobachtungsmöglichkeiten von *Zugvögeln.* Leider ist hierzu eine umständliche Erlaubnis beim County Government (MaKung) mindestens einen Tag vorher notwendig.

金門

KinMen (JīnMén, Gold-Tor)

KinMen, oder QueMoy, wie es früher genannt wurde, ist anders als die in tropischem Glanz erstrahlenden Pescadoren, anders als das durch die Yami-Ureinwohner ein wenig südostasiatische LanYu, anders als die ruhige Oase HsiaoLiuChiu vor der Küste KaoHsiungs. KinMen besticht durch seine reizvolle Landschaft, seine unbesiedelten Landstriche, seine Alleen.

Lage

Besondere Bedeutung aber erfährt KinMen vor allem durch seine Lage, die eine herausragende Rolle für die Geschichte TaiWans spielte und spielt. Obwohl an der engsten Stelle nur 1800 m vom Festland entfernt, existiert keine Brücke zur Insel, setzen keine Fähren über diese kurze Strecke über, bieten keine geschäftstüchtigen Chinesen inoffiziell ihre Fährdienste an. Dies hat nichts damit zu tun, dass KinMen nicht besiedelt und derartige Dienste überflüssig wären – ein Blick auf die Landkarte genügt, um die einmalige Besonderheit dieser Insel schlechthin zu erklären. KinMen, genauer gesagt der aus 15 Inseln bestehende KinMen-Archipel, gehört ***geographisch zur volksrepublikanischen Provinz FuKien.*** Von den Inseln des Archipels kontrolliert deren drei die VR-China, acht die R.o.C./TaiWan mit insgesamt etwa 150 qkm. Die Inseln liegen in einer großen Bucht und sind so weit vom (rot-) chinesischen Festland umschlossen, dass ihre Südküsten etwa eine Linie mit der Südküste FuKiens bilden. Die von TaiWan kontrollierten Teile sind durchschnittlich knapp 2 km von Rotchina, aber knapp 300 km von TaiWan entfernt.

Schwerbewachte Straßenkreuzung auf KinMen

Die Inselwelt

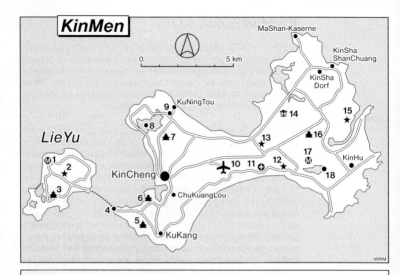

Ⓜ	1	HuChingTou-Kriegsmuseum
★	2	HoHsingKa-Brunnen
♠	3	RuWenMiao
●	4	ShuiTou-Pier
♠	5	WenTai-Pagode
♠	6	KoHsingKa-Tempel
♠	7	LiKuangChien-Tempel
●	8	TzuHu-See
●	9	PeiShan-Zentrale
✈	10	ShangYi-Flugplatz
✛	11	Granitberg-Hospital
★	12	Töpferei
★	13	ChiuLiangKung-Gedächnisstätte
🏛	14	TaiChin-Hotel
★	15	23. August-Gedenktafel
♠	16	HaiYin-Tempel
Ⓜ	17	Museum "23.8"
●	18	TaiHu-See und Park

Geschichte

Diese wichtige strategische Lage spielt nicht nur in Gegenwart und jüngerer Geschichte eine Schlüsselrolle, schon seit jeher war KinMen ein bedeutender Anlaufpunkt in kriegerischen Zeiten. Zur Zeit der *Chin-Dynastie* (4. Jh. v.Ch.) wurde die Insel erstmals von Flüchtlingen vor den kriegerischen, nach Unabhängigkeit strebenden Einzelfürstentümern aufgesucht.

Den zweiten großen Flüchtlingsansturm erlebte KinMen während des *Mongolensturms* von Nord nach Süd im 12. Jh., als die Mongolen China eroberten und 1277 die Yuan-Dynastie errichteten.

Nach 1644 setzten sich Anhänger der *Ming-Dynastie,* unter ihnen der heutige Volksheld *KoHsingKa,* zunächst nach KinMen ab, als die Mandschu-Ching Dynastie etabliert wurde.

Und schließlich wurde die Insel 1949 zu einer Festung ausgebaut, als sich *ChiangKaiShek* und seine Armee „vorübergehend" nach TaiWan zurückzogen.

Doch die eigentliche, nach heutigem taiwanesischem Geschichtsbild helden-, ja sagenhafte Episode sollte erst noch folgen. Am 25.10.1949 lande ten **rotchinesische Sturmtruppen** auf KinMen, die rasch einige Teile der Insel erobern konnten und ihr Hauptquartier in der PeiShan-Villa im Nordwesten nahmen. Unter Inkaufnahme von 15.000 Opfern schlugen die Nationalchinesen den Angriff bis zum 27.10.1949 zurück und vertrieben die Angreifer (Schlacht von KuNingTou). TaiWan ist davon überzeugt, dass im Falle eines Scheiterns der Gegenoffensive früher oder später ein direkter Angriff zunächst auf die Pescadoren, dann auf die Hauptinsel selbst erfolgt wäre, daher erklärt sich die überaus große Bedeutung, die dieser Schlacht beigemessen wird.

Rotchina fand sich mit dieser Schlappe keineswegs ab und plante einen erneuten Schlag, diesmal allerdings mit gründlicher Vorbereitung. Am 23.8.1958 feuerten die Kommunisten aus knapp 350 Geschützen bis zum 6. Oktober eine halbe Million Artilleriegranaten auf KinMen ab, mehr als 3000 Stück auf jeden qkm. Die Nationalchinesen gruben sich ein und hielten erstaunlicherweise die Stellung, auch eine **Seeblockade Rotchinas** gegen KinMen brachte nicht den gewünschten Erfolg. So wurde am 6. Oktober seitens der VRC ein Waffenstillstand erklärt, kleinere Artillerieduelle und Scharmützel wurden bis 1978 fortgesetzt.

Erst dann erklärte die Volksrepublik die Beschießung offiziell für beendet und der groteske Teil der Geschichte begann: Beide Seiten vereinbarten, sich nicht mehr mit scharfer Munition, wohl aber mit **Propagandamaterial** zu beschießen. Und zwar, damit es keine Zivilopfer zu beklagen gab, feuerte TaiWan montags, mittwochs und freitags, die Volksrepublik dienstags, donnerstags und samstags. Damit nicht genug: Auf dem höchsten Berg KinMens wurden die größten Neon-Schriftzeichen TaiWans mit der ersten Zeile der Nationalhymne angebracht – eine Touristenattraktion für die nahegelegene (kommunistische) Großstadt HsiaMen (früher Amoy) auf dem Festland. Noch heute wird schmunzelnd als großer moralischer Sieg gefeiert, dass die Stadt HsiaMen nach der Abschaltung der Zeichen 1990 formell protestierte, da nun weniger Touristen nach HsiaMen kämen!

Heutige Situation

In Anbetracht der unsicheren Lage stand KinMen bis November 1992 nicht unter ziviler, sondern unter einer **Militärverwaltung.** Zivilisten durften die Insel nicht betreten. Um den Schwarzhandel

Dörfer im fukienesischen Stil auf KinMen

Die Inselwelt

•	1	Sportplatz	
▲	2	MaTzu Tempel	
🏠	3	ShangPin Hotel	
🏠	4	Jin ManLou Hotel	
🏠	5	YanShan Hostel	
🏠	6	HaiFu Hotel	
▲	7	ChengHuang Tempel	
🛑	8	Tankstelle	
•	9	EVA-Air	
⚲	10	Protest. Kirche	
📰	11	Zeitungshandlung	
🏠	12	TaChen Hotel	
•	13	Far Eastern Airways	
⚲	14	Kath. Kirche	

🏠	15	NongYou ChiChia Hotel
•	16	YongHsing-Reisebüro
✉	17	Post
•	18	Polizei
Ⓑ	19	Busbahnhof
★	20	ChiuLiangKung-Gedächtnisbogen
★	21	KueiHsingLou
🏠	22	KinMen Hotel
🏠	23	HongFu Hotel
Ⓢ	24	Bank
📰	25	Marktplatz
•	26	Mopedverleih
•	27	Fahrzeugverleih

zum Festland zu unterbinden und ungewollten Abfluss von NT\$ z
kontrollieren, wurde eine eigene Militärwährung für KinMen g
druckt. Seitdem wird KinMen „zivilisiert", ein normales Leben hä
allmählich Einzug, auch wenn von den 50.000 Einwohnern imm
noch rund die Hälfte aus Militärs besteht. Deren Aufgabe beste
heute neben ständiger Wachsamkeit in der Begrünung der seine

zeit umgepflügten Insel. Jeder Soldat übernimmt während seiner Dienstzeit auf KinMen die Patenschaft für einen Baum.

1994 kamen die ersten chinesischen **Besucher** (von TaiWan, versteht sich), seit Mitte 1995 wird auch Ausländern die Einreise problemlos gewährt. Seit 2002 ist das Projekt „kleiner Grenzverkehr" in Erprobung, das erstmalig mittels einer **Fährverbindung** zwischen KinMen und XiaMen (VR-Provinz FuJian) direkte Besuche von Taiwanern nach China und umgekehrt ermöglicht. Diese Route ist für Ausländer allerdings tabu.

Die verhältnismäßig flache Insel (der TaWuShan erreicht gerade einmal 253 m) ist inzwischen sowohl wieder landschaftlich, aus den genannten Gründen historisch, aber auch kulturell hochinteressant, da die kleinen verstreuten Siedlungen überwiegend *in traditionell fukienesischem Stil* gebaut wurden. Der Besucher spürt sofort, dass er eher in China als auf TaiWan ist.

Die Straßen führen meist nicht am Ufer entlang, sondern (aus militärischen Gründen) durch Bäume verdeckt durchs Inland. Natürlich ist das **Militär** immer noch allgegenwärtig: Kreuzungen, Küstenplätze und nahezu alle Hügel sind zu Bunkern und Stellungen ausgebaut worden, sämtliche Sehenswürdigkeiten der Insel stehen in engem Zusammenhang mit der jüngeren Militärgeschichte KinMens. Die Idee, Touristen gegen Bares auf historischen Schlachtfeldern mit scharfer Munition schießen zu lassen (wie in CuChi, Vietnam), wurde hier – gottlob – noch nicht realisiert.

KinCheng

金城

„Goldstadt", so die Übersezung von KinCheng, bildet mit seinen etwa 10.000 Einwohnern den Hauptort der Insel. Der Ort empfiehlt sich als Ausgangspunkt für Erkundungen und Ausflüge, da hier die breiteste Angebotspalette an Unterkünften, aber auch Verleihstellen für Mopeds usw. zu finden sind.

Sehenswert sind die beiden Tempel der Stadt, der dem Stadtgott gewidmete Φ **ChengHuang-Tempel** (♠ 7) sowie der obligatorische **MaTzu-Tempel** (♠ 2) zu Ehren der Meeresgöttin. An die europäische Kolonialzeit erinnern noch heute eine protestantische sowie eine katholische **Kirche;** (ⅱ 10+14). Sehenswert ist ferner der Φ **Gedächtnisbogen für ChiuLiangKung's Mutter:** Dieses steinerne Portal aus dem Jahre 1812 erinnert an die Mutter des Generalgouverneurs *ChiuLiangKung,* die nach dem Tode ihres Gatten 28 Jahre lang unverheiratet blieb; ★ 20.

郝皇廟

邱良功田紀念物

Sehenswertes außerhalb von KinCheng

huKuangLou
莒光樓

Bei dem Gebäude, das eher einem Tempel oder traditionellen Stadttor gleicht, handelt es sich um einen **modernen Märtyrerschrein** für die hier Gefallenen. Eine Multimedia-Präsentation im Erdgeschoss verschafft einen guten Einblick in die Geschichte

Die Inselwelt

Denkmal für die Schlacht von KuNingTou

KinMens und der kriegerischen Ereignisse vor Ort. Die überragende symbolische Bedeutung KinMens wird auch dadurch unterstrichen, dass ChuKuangLou als ein Briefmarkenmotiv der R.o.C. ausgewählt wurde.

Das Schlachtfeld von KuNingTou
古寧頭戰場

Wie Schlachtfelder so sind, historischer Boden eben. An die Geschehnisse und den Sieg der Nationalchinesen über die kommunistischen Angreifer erinnern hier eine Gedenktafel, ein Torbogen und eine Soldaten-Statue.

KuNingTou-Militärmuseum
古寧頭戰史舘

Das Gebäude ähnelt einem Fort, entstand allerdings erst im Jahre 1984 und hat keinerlei militärische Funktion. Die heroisch gestalteten Außenreliefs untermalen Durchhaltevermögen und Kampfgeist der taiwanesischen Verteidiger, ebenso die 12 großen Ölgemälde im Museum. Der unbedarfte Betrachter fühlt sich an die heroisierenden Darstellungen und Denkmale insbesondere in der ehemaligen UdSSR erinnert.

PeiShan-Kommandozentrale
北山

Am Ende der Straße in PeiShan liegt ein scheinbar abbruchreifes zweistöckiges Gebäude, gezeichnet von Munitionseinschlägen. Hier nahmen die Truppen der Volksbefreiungsarmee Rotchinas ihr Hauptquartier zu Beginn der zunächst geglückten Anlandung am 25. Oktober 1949. Die äußere Mauer mit der Gedenktafel wurde 1986 nachträglich errichtet.

TaiHu
太湖

Das Areal rund um den 35ha großen TaiHu-See, KinMens größtes **Süßwasserreservoir,** wurde 1965 zur Erholungszone erklärt und mit hübschen Rundwegen und Rastpavillons ausgestattet; ● 18. Auch das „23.-August-Artillerieschlacht-Museum" liegt hier im Park. Von besonderem archäologischen Interesse ist die Ausgrabung einer Villa aus der Ming-Zeit (1368-1644) im Parkgebiet.

**Museum
„23. August"**
八月２３日戰史館

Anders als das KuNingTou-Museum zeigt das Freilichtmuseum authentisches Kriegsgerät beider Kriegsparteien. Eine Gedenktafel an beiden Zugängen erinnert an die auf taiwanesischer Seite gefallenen 587 Soldaten. Im Hauptgebäude werden die Ereignisse ab dem 23.8.1958 anhand von Modellen und Operationskarten nachgestellt; Ⓜ 17.

**Granitberg-
Krankenhaus**
花崗岩醫院

Noch 1980, also nach Einstellung der direkten militärischen Animositäten zwischen der Volksrepublik und TaiWan, wurde hier ein Krankenhaus in den TaWuShan gegraben. Zum Segen aller Beteiligten wurde das komplett eingerichtete und voll funktionsfähige Spital bisher für keinen Ernstfall benötigt; ➌ 11.

MaShan-Kaserne
馬山觀測站

Die größte Attraktion für einheimische Touristen liegt auf dem Areal der MaShan-Kaserne im Nordosten KinMens, dem geografisch zur Volksrepublik nächstgelegenen Punkt TaiWans. Hier belauern sich die Kontráhenten nach wie vor per Superfernrohr aus gerade einmal 1800 m Luftlinie Entfernung. Touristen werden täglich (außer Montag) von 8:00 bis 12:00 und 13:30 bis 18:00 Uhr in die (nach wie vor voll besetzte) Kaserne eingelassen und können in den Bunkern sogar durch Fernrohre einen Blick auf umliegende Dörfer, Fischerboote und Militärposten der Rivalen werfen. Viele

erschossene PeiShan-Kommandozentrale

Die Inselwelt

westliche Besucher werden sicherlich den touristischen Zweck des Ganzen in Frage stellen, doch wird gerade der deutsche Besucher, der die frühere innerdeutsche Grenze gekannt hat, diese eigenartige Stimmung, die zwischen den feindlichen Bruderstaaten herrscht, begreifen können.

TzuHu
慈湖

Ursprünglich wurde der Damm des heutigen **TzuHu-Sees** aus rein militärischen Gründen errichtet. Feindlichen Landungsbooten sollte die Zufahrt zur Bucht erschwert werden. Heute dient der entstandene See den Einheimischen als Fischfanggebiet, den Touristen als Vogelbeobachtungsstation. Insbesondere der sonst auf TaiWan unbekannte Kormoran ist hier zu sehen; ● 8 (S. 546).

KinMen-Kulturdorf
金門民俗文化村

Die kleine Siedlung ShanHou entstand im Jahre 1900. Sie wurde im traditionellen fukienesischen Stil gebaut und dient heute als ein großes **Freilichtmuseum** zur Demonstration traditioneller Lebensweise, Kunst, Handwerk und Alltagsleben des frühen 20. Jahrhundert in der Provinz FuKien. Die Busse 25 und 31 von Kin-Cheng fahren direkt vor den Eingang; der Eintritt beträgt 20 NT$. Hier im Dorf wird auch der berühmte KaoLiang-Schnaps verkauft.

WenTai-Pagode
文臺宝塔

Die kleine sechseckige Pagode ist fünf Stockwerke hoch, stammt aus dem Jahre 1387 und ist damit eines der ältesten erhaltenen Bauwerke auf taiwanesischem Gebiet. Die Schriftzeichen am Bauwerk stammen vom Ming-Gelehrten *ChenHui* sowie dem taiwanesischen Künstler *ChangTaTien;* ▲ 5 (Seite 546).

KinMen-Töpferei
金門陶器制造厂

Diese staatliche Töpferei ist für die Einwohner KinMens so bedeutsam wie für die Bayern eine Maßkrugmanufaktur: Hier werden die Krüge für den berühmten KaoLiang-Schnaps hergestellt der traditionell in Tonkrügen gelagert wird. Heute werden hier außerdem Reproduktionen chinesischer Antiquitäten und Kunstgegenstände für Touristen gefertigt. Ein Besuch ist zwischen 9:00 und 17:00 Uhr möglich; ★ 12 (Seite 546).

Insel LieYü
國姓井

湖井頭戰史館

Per Fähre (7:30-16:00 Uhr ca. alle 60 Minuten, 50 NT$) von Kin Men aus ist LieYü in 15 Minuten zu erreichen. Auf dem hübschen Inselchen, das leicht zu Fuß an einem halben Tag erkundet werden kann, sind der **KoXingKa-Brunnen** (★ 2, S. 546; ein angebliche Rastplatz des Helden während seiner Schlachten), insbesondere aber das **HuChingTou-Kriegsmuseum** interessant – w im ♫ MaShan-Observatorium kann hier der große Bruder Volksrepublik China mit Fernrohren ausgespäht werden; Ⓜ 1 (S. 546).

Unterkunft
燕山山狀

金滿樓，２９巷５號

Praktische Hinweise

Ganz neu und preiswert sind das Φ**YanShan ShanZhuang** (Tel. 082 27311) in der 147 KuangChienLu mit Dorm. ab 300 NT$ und DZ ab 900 N sowie das nahe gelegene **JinManLou** (Tel. 0823-27499) in der Φ KuangChienLu, Seitenstr. 29, mit EZ zu 600 und DZ zu 900 NT$.

農友之家	Φ**NongYou ChihChia****, 6 MinShengLu, Tel: (0823)-21301, DZ schon ab 600 NT$
金門旅館	Φ**KinMen LuKuan*****, 172 MinTzuLu, Tel: (0823)-21567-9, Zimmer von 900 bis 1900 NT$.
金門青年活東中心	●Erschwinglich ist noch das Φ**KinMen ChingNian HuoTung Chung-Hsin*** (Youth Activity Centre)**, Tel: (0823)-25722, mit DZ ab 900 NT$ – leider etwas nördlich vom Zentrum.
宏福大飯店	Φ**HongFu TaFanTian******, 169 MinTzuLu, Tel: (0823)-26768, DZ 1100 bis 1700 NT$
上賓飯店	Φ**ShangPin LuKuan*******, 33-37 MinChuanLu, Tel: (0823)-21528, DZ 1500 NT$.
海福飯店	Φ**HaiFu TaFanTian*******, 85 MinChuanLu, Tel: (0823)-22538, DZ ab 1650 NT$
大城飯店	Φ**TaCheng FanTian********, 16 MinShengLu, Tel: (0823)-24851-9, DZ 1800 NT$.

Unterkünfte außerhalb von KinCheng

Übernachtungsmöglichkeiten außerhalb des Zentrum bestehen ebenfalls, aus logistischen Gründen (Verleihstellen, Busse usw.) bietet sich jedoch KinCheng als Standort für den Aufenthalt auf der Insel an. Hier trotzdem einige Alternativen:

	In KinSha:
榮湖山莊	Φ**RungHu ShanChuang*******, 22 HouShuiTou, Tel: (0823)-52998, 51998, DZ 1500 NT$.
	In KinHu:
金湖旅觀	Φ**ChinHu LuKuan*****, 101 HuangHaiLu, Tel: (0823)-33101-2, die DZ liegen zwischen 900 und 1500 NT$.
	In KinNing:
仁愛山莊	Φ**RenAi ShanChuang*******, No 2, Tel: (0823)-21531, mit Preisen zwischen 1430 und 1760 NT$.
長瀇山莊	Φ**ChangHung ShanChuang*********, 56 HsiaPuHsia, Tel: (0823)-28811-10, DZ 2400 bis 4000 NT$.
金宝來大飯店	Φ**ChinPao Lai TaFanTian**********, 90 HsiaPuHsia, Tel: (0823)-20048, DZ 2500 bis 4000 NT$.
	Auf LieYü:
海陽旅官	Φ**HaiYang LüKuan******, TungLin (ca. 1000 Meter ab Anlegestelle landeinwärts Richtung KoHsingKa-Brunnen), Tel: (0823)-63338, DZ zu 1200 bis 1450 NT$.

Verpflegung

●In KinCheng gibt es eine Reihe von **Restaurants** entlang der Hauptstraße sowie viele kleine **fukienesische Snackshops** im Zentrum.

●Berühmte Mitbringsel sind der **KaoLiang-Schnaps**, ein sehr mild schmeckendes Sorghum-Destillat (wird nur hier angebaut und gebrannt) sowie **Erdnuss-Karamelbonbons**.

Ärztliche Versorgung

Um der Bevölkerung ausreichende und zügige Hilfe zu gewähren, wurde Ende 1995 ein täglicher Hubschrauber-Rettungsservice von TaiPei (Stadtflughafen) via MaKung (Pescadoren) nach ShangYi-Flugplatz probeweise eingeführt. Im Notfall wende man sich direkt an die Flughafenbehörden.

An-/Abreise

KinMen ist erst seit Mitte 1995 auch für den ausländischen Tourismus freigegeben, eines der jüngsten deutlichen Anzeichen für eine Liberalisierungs- und Entspannungsphase. Es gibt zwar mehrere Anreisemöglichkeiten, allerdings empfiehlt sich aus Zeit- und Kostengründen eigentlich nur der

Die Inselwelt

553

●*Luftweg:* Mit der Fertigstellung des neuen (zivilen) Terminals Anfang 1996 fliegen *FAT, MaKung-Airlines, Trans Asia, Eva Airways* und *U-Land-Airlines* von TaiWan nach KinMen.

Von/nach **TaiPei:** *FAT* (4 x tgl.), *MaKung-Airlines* (3 x tgl.) und *TransAsia* (3 x tgl.) fliegen KinMen täglich zwischen 07:10 und 15:30 Uhr an (3258 NT$ retour). Alle Maschinen fliegen kurz nach der Landung auf KinMen auch wieder zurück (08:25 bis 16:45 Uhr).

Von/nach **KaoHsiung:** *TransAsia* fliegt um 10:00 und 15:40 Uhr ab KaoHsiung, zurück um 11:10 und 16:50 Uhr. *MaKung-Airlines* fliegt um 10:10 (zurück 11:20 Uhr), *FAT* um 14:35 Uhr nach KinMen, zurück am Folgetag um 13:25 Uhr. Der Preis liegt einheitlich bei 2922 NT$ (retour).

Auch **Gabelflüge** TaiPei – KinMen – KaoHsiung (oder umgekehrt) sind problemlos möglich.

Weitere Anbindungen bestehen nach TaiChung, ChiaYi (1x tgl., 1920 NT$) und HsinChu, eine Flugverbindung nach MaKung (Pescadoren) ist derzeit in Planung.

Vom **Flughafen ShangYi** steigt man direkt in die bereitstehenden Tourbusse, die allerdings nur zum Ausgangstor fahren. Hier am Taxiplatz nimmt man entweder ein Taxi (200-250 NT$) oder den Linienbus No. 3 (gegenüberliegende Seite vom Flugplatz, direkt am Taxiplatz) zum Hauptort KinCheng (JinChéng) an der Westküste.

●*Seeweg:* Von/nach TaiWan: Eine regelmäßige Fährverbindung zwischen **KeeLung** (⌀) und KinMen ist bereits in Erprobung; Zielvorstellung ist eine tägliche Anbindung KinMens an das Festland. Der Preis liegt bei 1350 NT$ (einfach). Diese Passage ist freilich nur zu empfehlen, wenn man sehr viel Zeit hat (die Fahrt dauert zwischen 11 und 15 Stunden). Der Fährhafen von KinMen liegt an der Südwestküste in ShuiTou.

●*Transport auf KinMen: Linienbusse* fahren vom Hauptort KinCheng sternförmig alle Ecken der Insel an (13-26 NT$ je nach Entfernung), allerdings nur in je etwa einstündigen Abständen – und fast ausnahmslos nur bis 17:00 Uhr! Die wichtigsten Linien (alle ab KinCheng):

Linie 1: ShanWai, Granitspital, ChiuLiangKung-Gedächtnisstätte, ChiangChingKuo-Gedächtnishalle

Linie 3: ChuKuangLou, Flughafen, ShanWai

Linie 6: ChuKuangLou, WenTai-Pagode, KuKang-Turm

Linie 7: KoHsingKa-Schrein

Linien 10, 11: KuNingTou (auch **26)**, TzuHu (auch **9)**

Linie 20: ChungCheng-Park (Artilleriemuseum)

Linien 22, 23: KinSha

Linien 25, 31: Kulturdorf

Linie 32: MaShan-Observatorium

Mopeds: In KinCheng haben clevere Geschäftsleute diese sehr nützliche Marktnische sofort entdeckt und mehrere Verleihstellen eröffnet (400 NT$ pro Tag). Wer einen frühen Hinflug (7:40 Uhr) und den letzten Rückflug (16:40 Uhr) bucht, kann sogar per Moped zumindest auf der Hauptinsel alles Wesentliche an einem Tag sehen und ist nicht auf die recht teuren Hotels angewiesen. Aufgrund des sehr dünnen Straßenverkehrs ist eine Rundfahrt per Moped außerordentlich empfehlenswert.

馬祖

MaTzu (Pferd-mieten)

Das MaTzu-Archipel, rund 200 km westlich von TaiWan und nur knapp 10 km von der volksrepublikanischen Festlandprovinz Fu-Kien entfernt (zu der MaTzu administrativ ebenso gehört wie Kin-Men), lässt sich am ehesten als Mischung aus Pescadoren und KinMen beschreiben. Ähnlich wie KinMen birgt die unmittelbare Nähe zum chinesischen Festland einigen Zündstoff, ohne aber je zu großen kriegerischen Auseinandersetzungen geführt zu haben. Und ähnlich wie die Pescadoren besteht MaTzu aus einer ganzen Reihe von Inseln und Inselchen mit zahlreichen Erholungsmöglichkeiten und Sehenswürdigkeiten – nur praktisch ohne Tourismus, bisher zumindest!

Erst 1994 wurde das Kriegsrecht (wie in KinMen, ♪ Geschichte) aufgehoben, so dass nur allmählich der eine oder andere Besucher noch zaghaft, mit Sicherheit mittelfristig dann aber doch zahlreicher, seinen Fuß auf MaTzu zu setzen wagen wird.

Das Archipel umfasst insgesamt etwa 30 qkm Landfläche, die einzelnen Inseln sind über eine Gesamtlänge von rund 50 km verstreut. Landschaftlich reiht sich MaTzu in die **typisch südchinesische Inselwelt** mit kargen, steilen Anstiegen auf kleiner Fläche ein – der PiShan auf PeiKan erreicht 290 Meter, der YunTaiShan auf NanKan immerhin 248 Meter.

Die beiden bedeutendsten Inseln, **PeiKan** und **NanKan,** liegen nur 6 km auseinander und bilden das Herzstück des Archipels. Wer nach MaTzu reist, sollte **mindestens zwei Übernachtungen einplanen:** eine nach der Ankunft auf PeiKan, am zweiten Tag Transfer nach NanKan mit Übernachtung – um hier auf der größten Insel die meiste Zeit verbringen zu können – und am dritten Tag Rücktransfer nach PeiKan mit Rückflug nach TaiWan. Zwar sind noch weitere Inseln per Boot oder Hubschrauber erreichbar, doch dies ist – zumindest derzeit – eine ziemliche Expedition.

北竿

PeiKan (BeiGan)

Wenn man nach MaTzu fliegt, landet man auf PeiKan, dem mit 10,5 qkm zweitgrößten Eiland der Inselgruppe. PeiKan ist vor allem wegen seiner **hervorragenden Strände** und einiger **traditioneller, fukienesischer Siedlungen** hervorzuheben. Zum **Hauptort** hat sich die knapp 2 km vom Flugplatz entfernte Siedlung **TangChi** entwickelt; hier gibt es Unterkünfte und Taxis nach PaiSha (Fährstelle nach NanKan, 150 NT$). Auch am Flughafen stehen Taxis bereit, um entweder nach TangChi (100 NT$) oder PaiSha (200 NT$) zu fahren. Von der Unterkunft in TangChi aus, lässt sich die Insel bequem zu Fuß erkunden (ca. 14 km für einen kompletten Inselrundgang).

Die Inselwelt

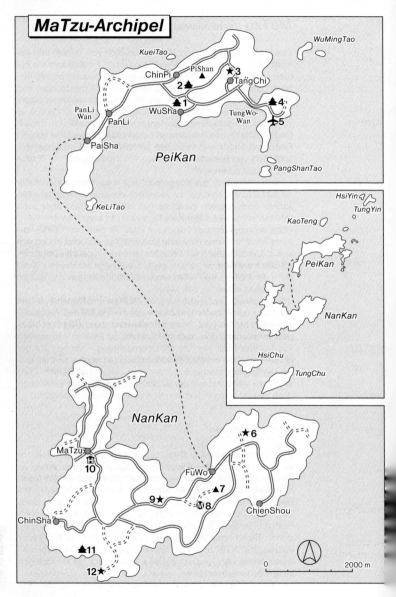

MaTzu-Archipel

♠	1	ChaoYuanShui-Tempel	▲	7	YunTaiShan
♠	2	MaTzu-Tempel	Ⓜ	8	WenChien-Museum
★	3	YiYuan-Obstgarten	★	9	ChieShou KungYuan, ShengLiHu
♠	4	YangKungPaShi-Tempel	🏠	10	LienChiang Hotel
✈	5	Flugplatz	♠	11	MaTzu-Tempel
★	6	MaTzu JiuChang-Brennerei	★	12	PeiHai-Tunnel

Sehenswertes

Strände

塘后沙彎

An der Westseite der schmalen Landbrücke zwischen Flugplatz und TangChi erstreckt sich die Φ*TangWo-Bucht* mit seinen vorzüglichen Sandstränden – das flache Wasser ist auch für Kinder hervorragend geeignet. Auf der Nordwestseite der Insel empfiehlt sich die Φ*PanLiWan-Bucht* mit ebenfalls sehr guten Bademöglichkeiten.

班里彎

Tempel

天后宮

Natürlich darf der obligatorische Tempel zu Ehren der Meeresgöttin Φ*MaTzu* (♠ 2) nicht fehlen – die Schriftzeichen der Göttin haben übrigens nichts mit denen der Inselgruppe gemein, sie sind nur zufällig lautgleich. Weitere interessante Tempel sind der Φ*ChaoYuanShui-Tempel* (♠ 1) an der Südseite PeiKans sowie der Φ*YangKungPaShi-Tempel* (♠ 4) beim Flugplatz.

趙元師廟
楊公八師廟

ChinPi

金壁

Auf der Nordseite PeiKans liegt die Siedlung ChinPi, das schönste Dorf der Insel im typisch *fukienesischen Baustil.* Der dem Dörfchen im Meer gegenüberliegende Felsen wird wegen seiner Form *„Schildkröteninsel"* (KueiTao) genannt.

PiShan

壁壁山

Mit 290 Metern *höchste Erhebung des gesamten MaTzu-Archipels* bietet der PiShan – vorausgesetzt das Wetter spielt mit – einen hervorragenden Ausblick über die Inseln.

Unterkunft

● Schon am Flughafen versuchen die emsigen Taxifahrer, eine *Privatunterkunft* zu vermitteln (wer darauf eingeht, wird meist kostenlos hingebracht, dem Fahrer gehört dann entweder das entsprechende Haus oder er kassiert eine Provision. Die Preise liegen bei 500 NT\$/Person – sich darauf einmal einzulassen ist nicht unbedingt das schlechteste, da man so gute Einblicke in das Leben der Leute gewinnt.

壁雲天旅舍

● Alternativ bietet sich das Φ*PiYunTien LüShe,* 255 ChungChengLu, TangChi, Tel: (0836)-55461 an: 4er Zimmer kosten hier 2200 NT\$, DZ ab 1400 NT\$. Es gibt noch vier weitere Hotels im Ort, die etwa die gleichen Zimmerpreise berechnen.

Verpflegung

Im Ortskern von *TangChi* gibt es ein Restaurant, einen kleinen Laden sowie ein paar Snackverkäufer.

**Transport
von/nach NanKan**

Zwei *Fährboote* verbinden die beiden Hauptinseln von PaiSha-Pier (PeiKan) nach FuAo-Pier (NanKan) miteinander: ein langsameres Militärboot (45 NT\$, 45 Minuten) und ein Schnellboot (95 NT\$, 10 Minuten), so dass spätestens stündlich eine Anbindung besteht. In Notfällen oder alternativ kann auch per

Die Inselwelt

德安航空

Hubschrauber geflogen werden: *TeAn HangKung* (am Flugplatz PeiKan) bietet diesen exklusiven Transfer sowohl nach NanKan (1800 NT$ einfach) als auch zu anderen Inseln (2200 bis 2800 NT$ einfach) an.

南竿

NanKan

Die Hauptinsel NanKan, nach dem nördlichen MaTzu-Pier bisweilen auch schlicht MaTzu genannt, ist mit 12,2 qkm die **größte Insel der MaTzu-Gruppe.** Hier befinden sich das Verwaltungszentrum, Unterkünfte, Militärbasen sowie einige interessante Sehenswürdigkeiten. Reisende kommen per Fährboot am FuAo-Pier an, als **Hauptort** bei FuWo an, als **Hauptort** mit der Verwaltung fungiert die Siedlung **ChieShou** im Südosten der Insel. Die Bevölkerung lebte ursprünglich ausschließlich vom **Fischfang,** seit der taiwanesischen KuoMinTang-Ära dann auch vom Militär und seit neuestem auch vom sich langsam entwickelnden (einheimischen) **Tourismus.**

Mit Gepäck ist (außer für das YüMin-Hotel) wohl ein Taxi (180 NT$) unvermeidbar, um zu den Unterkünften zu gelangen, ansonsten kann man auch NanKan bequem zu Fuß zu erkunden.

Sehenswertes

TienHouKung
天后宮

TienHou-(= *MaTzu,* Meeresgöttin)-Tempel gibt es reichlich in TaiWan, mit dem auf NanKan hat es allerdings etwas besonderes auf sich. Zum einen soll die Meeresgöttin in diesem Tempel die Gebeine ihres Vaters begraben haben, zum anderen sei sie selbst der chinesischen Legende zufolge hier zeitweise bestattet gewesen. Daher wird gerade dieser **MaTzu-Tempel** als besonders heilig betrachtet; ▲ 11.

PeiHai-Tunnel
北海坑道

Es könnte eine Szenerie aus einem James-Bond-Streifen sein: Von hoher See rasen chinesische Schnellboote auf eine Felswand an der Küste zu, verfolgt vom Helden, um plötzlich, wie vom Erdboden verschluckt, mitten in der Wand zu verschwinden. Der verdutzte Kinoheld dreht ab, um im Laufe des Films dann doch, meist mit einer Schönheit im Arm, das Rätsel zu lösen. Des Rätsels Lösung indes ist hier auf NanKan simpel: 1968 – während der Angriffe auf KinMen – trieben die *KuoMinTang*-Truppen einen Tunnel vom Meer direkt in die Steilwand, der bis zu 120 kleinen Kampfbooten Unterschlupf gewährt! Die Grabung dieses Stollens dauerte über drei Jahre, der Tunnel ist heute eine der Hauptattraktionen auf NanKan. Wer die Wachtposten am Zugang höflich fragt, wird bereitwillig herumgeführt; ★ 12.

MaTzu JiuChang
馬祖酒廠

In unmittelbarer Nähe eines natürlichen Brunnens kamen 1956 zwei clevere Bauern auf die keineswegs abwegige Idee, die auf NanKan stationierten Truppen mit einem in Militärkreisen nahezu als Grundnahrungsmittel geläufigen Stoffe zu versorgen – Alkohol.

Neben dem berüchtigten KaoLiang-Schnaps wird auch *TaChu,* eine Spezialität MaTzus hergestellt.

★ 7; Besuche sind kostenlos Montag-Freitag von 9:00-17:00 Uhr möglich, eine kleine flüssige Verköstigung ist natürlich obligatorisch – also denn: *KanPei* (Prost)!

ChieShou-KungYuan-Park
界手公園

Im Zentrum NanKans liegt das ***Süßwasserreservoir*** der Insel, der ShengLiHu. Das Areal wurde weitläufig zum Parkgebiet erklärt und lädt zum Lustwandeln oder Besuch der ***ChiangChingKuo-Gedächtnisstätte*** (♪ Glossar) oder des ***historischen Museums*** mit vielen lokalen Exponaten zur älteren und jüngeren Geschichte des MaTzu-Archipels ein; ★ 9.

YunTaiShan, Wen-Chien-Museum
雲台山

Vom ⏀YünTaiShan, dem mit 248 Metern **höchsten Berg der Insel,** bietet sich ein famoser Rundblick über die Insel, bei klarem Wetter auch über PeiKan und sogar bis zum chinesischen Festland. Am Gipfel wurde Ende der 1960er Jahre eine Steintafel mit dem Satz „wir schlafen mit gezücktem Schwerte" als Warnung an die festlandschinesische Seite angebracht.

Auf halbem Weg zum Gipfel liegt das interessante ***WenChien-Museum,*** welches auf mehreren Etagen lehrreiche Exponate zur Meeresbiologie, Geschichte und Kultur der Insel austellt; Ⓜ 8.

ChinSha-Dorf
金沙村

An der Westküste NanKans liegt die kleine ehemalige Fischersiedlung ChinSha, ein Dorf in **typisch fukienesischer Bauweise** mit geschwungenen Dächern. Nahezu alle Einwohner haben den Ort mittlerweile verlassen, um ihr Glück in den größeren Siedlungen oder auf der taiwanesischen Hauptinsel zu machen – hochinteressant, einmal durch das Geisterdorf zu streifen.

ChienChou
建江村

In ChienShou im äußersten Südosten von NanKan ist die ***Verwaltung MaTzus*** untergebracht; beachtenswert ist hier vor allem der an der Küste angelegte hübsche Garten.

Unterkunft

NanKan bietet - neben zahllosen Privatunterkünften, für die am Pier lautstark geworben wird (400 NT/Person) derzeit drei Hotelunterkünfte:

魚會招待所

⏀ **YuHui ChaoTaiSuo,** YuHuiLou, FuWo, Tel: (0836)-22296, nahe der FuAo-Anlegestelle und daher logistisch am empfehlenswertesten mit DZ schon ab 600 bis 1150 NT$.

勝利山狀

⏀ **ShengLi ShanZhuang (Siegeshotel),** ChieShou KungYuan, Tel: (0836)-22382, DZ ab 750 NT$, sehr hübsch im ChieShou-Park im Zentrum NanKans gelegen.

軍江山狀

⏀ **LianChiang ShanChuang,** Tel: (0836)-22431, DZ von 450 (ohne Bad) bis 1600 NT$, nahe dem MaTzu-Pier im Nordwesten der Insel.

Verpflegung

Meeresfrüchte werden in etlichen Lokalen in den Hauptstraßen von FuWo und ChienShou angeboten. Ansonsten ist man auf Lebensmittelgeschäfte in diesen Orten sowie in MaTzu-Pier angewiesen.

An-/Abreise

♪ PeiKan zu den Fährmöglichkeiten

Die Inselwelt

Andere Inseln der MaTzu-Gruppe

Es besteht, zumindest theoretisch, die Möglichkeit, **HsiYin** und **TungYin** im Norden, sowie **HsiChu** und **TungChu** im Süden des MaTzu-Archipels zu besuchen. Allerdings gibt es **keine offiziellen Unterkünfte,** auch die Anreise ist entweder Glückssache (Militärboote fahren jede Insel etwa einmal wöchentlich an und nehmen Besucher mit) oder sehr teuer: Die einzige echte zivile Transportmöglichkeit bietet *TeAn HangKung* (Flugplatz PeiKan) mit Hubschrauberservice für 2200 bis 2800 NT$ pro Person (einfach) an.

An-/Abreise von/nach MaTzu

●**Luftweg:** *TaiWan Airlines* (PeiKan Flugplatz, Tel 0836-56576) und *Formosa Airlines* (ebenfalls PeiKan Flugplatz, Tel: 0836-56561) bieten derzeit vier Flüge täglich von TaiPei nach PeiKan für 3404 NT$ (Rückflug) an. Für gutbetuchte oder eilige Kunden bietet auch *TeAn HangKung* (auch am Flugplatz PeiKan) einen Helikoptertransfer an – zum vierfachen Preis allerdings. Wie bei Flügen nach KinMen werden auch hier vor dem Flug strenge Personenkontrollen durchgeführt, ein Reisepass ist also auch für diesen Inlandsflug notwendig.

●**Seeweg:** Militärtransporter fahren alle zehn Tage **von KeeLung** nach NanKan, Passagiere werden gegen Voranmeldung unter Tel: (02)-24254661 beim LienChiang-Verwaltungsamt in TaiPei (z.Zt. der Recherche noch) kostenlos mitgenommen. Zum vereinbarten Abfahrtszeitpunkt liegt die Passagebescheinigung in KeeLung am Hafen bereit.

Die **TaiMa-Fährgesellschaft** pendelt 14-tägig zwischen KeeLung und NanKan, die Passage kostet allerdings 700 NT$ einfach. Auch hier ist telefonische Reservierung unter (02)-24234733 oder (02)-24228267 in KeeLung oder auf NanKan unter (0836)-22395 erforderlich. Bei beiden Fährmöglichkeiten dauert eine Strecke rund 10 Stunden (Nachtfahrt).

烏坵

WuChiu (Rabe-Regenwurm)

Diese ebenfalls von TaiWan kontrollierte Insel liegt zwischen KinMen und MaTzu vor dem chinesischen Festland und gehört ebenfalls zur Provinz FuKien. Die Geschichte WuChius weist große Parallelen zu KinMen und MaTzu auf, ist aber derzeit **noch nicht für den Tourismus freigegeben.** KinMen und MaTzu waren gewissermaßen die Vorreiter; falls es keine unerwarteten Probleme (Schwarzhandel, NT$-Abfluss zum oder Wirtschaftsflüchtlinge vom Festland) gibt, ist allerdings auch hier mittelfristig mit einer Öffnung zu rechnen.

Anhang

Kleine Sprachhilfe

In diesem Kapitel finden Sie einige wertvolle Sprachtipps, die die Verständigung im Land vereinfachen. Ausführlichere Sprachhinweise und Vokabellisten finden Sie im Kauderwelsch Band 14 **Hochchinesisch (Mandarin) – Wort für Wort.** Amtssprache auf TaiWan ist das nordchinesische **Mandarin.** Daneben wird Taiwanesisch (eine dem FuKien-Dialekt verwandte Mundart) gesprochen.

Geschrieben wird ausschließlich in Zeichen, eine lateinische Umschrift gibt es nur selten, und diese ist nicht immer einheitlich. Für die folgende Sprachhilfe wird auf die sicherlich beste **Umschrift,** das sogenannte **PinYin,** zurückgegriffen. TaiWan hat diese Umschrift des Festlandes aus „kulturpolitischen Gründen" nicht übernommen und eigene Systeme entwickelt. Die taiwanesische Umschrift ist denkbar ungeeignet, da viele Konsonanten mit gleichen lateinischen Buchstaben trotz unterschiedlicher Aussprache wiedergegeben werden. So werden beispielsweise PinYin „Zhu", „Chu", „Qu" und „Ju" auf TaiWan unisono als „Chu" geschrieben – aufgrund der ohnehin schon sehr schweren Verständlichkeit ein Unding für Anfänger.

Aussprache

Alle chinesischen Zeichen stehen prinzipiell für je eine Silbe. Die Silbe beginnt mit einem Konsonanten/-gruppe und endet auf einen Vokal/-gruppe oder die Konsonanten n und ng. Bei der Aussprache des PinYin kommen Vokale und Konsonanten der deutschen Aussprache sehr entgegen, unterschiedlich sind lediglich die folgenden Konsonanten und Vokale:

X - [chß], wie in „Mil<u>ch</u>suppe"
Q - [tj], wie in „<u>tj</u>a"
J - [dji], wie in „<u>J</u>eep"
Zh - [dsch], wie in „<u>Dsch</u>ungel"
Ch - [tsch], wie in „deu<u>tsch</u>"
C - [tz], wie in „Hi<u>tz</u>e"
Z - [ds], wie in „Rund<u>s</u>aal"
Sh - [sch], wie in „<u>Sch</u>ule"
H - [ch], wie in „a<u>ch</u>"
R - [sh, r], wie in Journal bzw. am Wortende wie ein englisches „R" (Es ist übrigens ein Gerücht, die Chinesen sprächen kein „R". Es gibt allerdings einige südliche Dialekte, die kein „R" kennen.)
Yu - [ü], im Anlaut, lautgleich mit ü am Ende einer Silbe

Auslautende Vokal/-gruppen:
Ei - [ei], wie in „h<u>ey</u>, Du!"
Ou - [ou], wie im englischen „g<u>o</u>"
Ui - [uei], wie im englischen „<u>way</u>"
Alle übrigen Vokale sind mit der deutschen Aussprache in etwa identisch.

Es ist sehr wichtig, alle Konsonanten und Vokale sehr genau zu sprechen. Da alle Wörter einsilbig sind und nur rund 400 verschiedene Silben existieren, lauten sehr viele Wörter mit unterschiedlicher Bedeutung gleich und sind nur am Schriftzeichen zu unterscheiden. Um mit den wenigen Silben kommunizieren zu können, setzten die Chinesen fünf verschiedene **Töne** ein, anhand derer eine Silbe auf fünf verschiedene Weisen ausgesprochen werden kann.

1. Ton: gleichbleibend hoch, z.B. mā, vergleichbar mit deutsch „Aal" in der Situation: „Ich esse heute Aal." „Was isst du?" „Aal esse ich!"

2. Ton: von unten nach oben aufsteigend, etwa: „Was schenkst du ihm, ein Buch? er hat schon so viele!" Oder: „Na, wie geht´s?"

3. Ton: erst von oben nach unten fallend, dann steigend (in der Praxis meist leicht vibrierender tiefer Ton), etwa deutsch: (fragendes, verblüfftes) „aha?", aber das h bleibt weg, die Betonung (erst abwärts dann aufwärts) liegt nur auf dem ă

4. Ton: Von oben nach unten fallend, etwa deutsch: „Jawoll!".

5. Ton: der Vokal wird sehr kurz ausgesprochen abrupt abgebrochen, etwa wie das erste o in „Otto", nur noch viel kürzer (beinahe erstickt, abgewürgt).

Ein Beispiel: Es gibt für die Silbe (das gesprochene Wort) „Shi" nicht weniger als 61 verschiedene Schriftzeichen, verschiedene (Grund-) Bedeutungen also. Mit Hilfe der Töne wird „Shi" 13 mal im ersten, neun mal im zweiten, sieben mal im dritten, 28 mal im vierten und zwei im fünften Ton gesprochen – es bleibt also immer noch unheimlich schwierig, die genaue Bedeutung zu erschließen. Selbst wenn der Ausländer Aussprache und Ton genau trifft (was aber nur Profis gelingt), bleiben 28 verschiedene (Grund-) Möglichkeiten für „Shi" im vierten Ton! Jedes Schriftzeichen gibt dann wiederum eine Grundbedeutung mit verschiedenen Varianten je nach Zusammenhang wieder; Shi (nur im vierten Ton) kann demnach bedeuten:

Als Zeichen No. 1 je nach Zusammenhang und Zusammensetzung „Junggeselle", „Gelehrter", „Leibwache", „Held", „Ritter", „Unteroffizier".
Zeichen No. 2 wäre „Clan", „geborene…" oder ein Namenszusatz.
Zeichen No. 3: „Markt", „Stadt" oder ein Zusatz bei Maßeinheiten.
usw. bis Zeichen No. 28!

Isoliert betrachtet ist es daher auch für Fachleute und manchmal selbst für Muttersprachler schwierig bis unmöglich, ad hoc die richtige Bedeutung einer korrekt gesprochenen Silbe wiederzugeben. Es kommt also im Gespräch immer auf den Gesamtzusammenhang an; zum anderen tendiert das moderne Mandarin zur Doppelsilbigkeit. Dies bedeutet, dass immer häufiger zwei ähnliche Begriffe, die ursprünglich einzeln gesprochen wurden, zusammengesetzt werden und erst dann ein Wort komplett ist.

So genügte früher in der geschriebenen (wie auch gesprochenen) Sprache das Wort „Shi" im dritten Ton für (historische) „Geschichte". Heute verwendet man „LiShi" als Zusammensetzung von „alte Ereignisse" (Li) und „Historie" (Shi), um „Geschichte" zu sagen.

Um die Sache noch zu komplizieren versuchte man auf TaiWan, ein Buchstaben-Zeichensystem zu erproben, das sogenannte **BoPoMoFo.** Dieses besteht aus 37 hieroglyphenartigen Schnörkeln (entfernt ähnlich den koreanischen Buchstabenkringeln), wobei jedem chinesischen Laut genau ein „Buchstabe" zugeordnet ist. In der Alltagspraxis (Zeitung, Straßenschilder usw.) hat sich dieses System aber nicht durchgesetzt Lediglich im chinesischen Sprachunterricht lernt man BoPoMoFo, in taiwanesischen Chinesisch-Lehrbüchern wird es durchgängig verwendet.

Eines der fatalsten „kulturellen Missverständnisse", welches dem Anfänger passieren kann (nein, wird), ist die einen Fragesatz einleitende Formel „Ach Entschuldigung,...". Im Mandarin heißt dies (und sollte höflicherweise auch immer gesagt werden) „QìngWèn,..." im dritten und vierten Ton. Spricht man dies im dritten und zweiten Ton (QìngWén), dann bedeutet dies „Darf ich Sie bitte küssen?" - also Achtung!

Essen & Trinken

Viele Gerichte auf TaiWan werden unter blumigen Namen wie „Jadetee" für Gurkensuppe oder „Lotusblüten im Vollmond" für Bambussprossen auf gebratenen Nudeln auf den Speisekarten angeboten, wobei jedes Lokal seine eigenen Bezeichnungen wählt. Englischsprachige Speisekarten gibt es ohnehin nur in gehobenen Restaurants. Nach der Speisekarte fragt man mit **„Qìng Gěi Wǒ CàiDān".** Die nachfolgende Liste bietet einige wichtige Redewendungen und Grundspeisen, um einigermaßen über die Runden zu kommen.

我要一點米飯	Ich möchte etwas Reis	Wǒ Yào Yī Diǎn Mǐ Fàn
我要一點乾麵	Ich möchte etwas Nudeln	Wǒ Yào Yī Diǎn Gān Miàn
我不要吃肉	Ich möchte kein Fleisch	Wǒ Bú Yào Chī Ròu
我吃素菜	Ich bin Vegetarier	Wǒ Chī SùCài
我不吃猪肉	Ich esse kein Schweinefleisch	Wǒ Bu Chī ZhūRòu
我要水餃	Ich möchte gekochte Ravioli	Wǒ Yào Chī Shǔi Jiao
我要喝茶＼啤酒	Ich möchte Tee / Bier trinken	Wǒ Yào Hē Chá / Pí Jiǔ

Die nachfolgend genannten Speisen bestellt man mit der Redewendung „Wǒ Yào Chī...." ich möchte....essen":
Suppen werden in China getrunken und wie Getränke mit „Wǒ Yào Hē...." bestellt.

湯	Suppe (allg.)	Tāng
豆腐菜湯	Toufu-Gemüsesuppe	DòuFǔ CàiTāng
奶油鮮蘑湯	Pilzcremesuppe	NǎiYóu XiánMó Tāng
奶油番茄湯	Tomatensuppe	NǎiYóu FanQie Tāng
蛋花湯	Ei/Gemüsesuppe	DànHuāTāng
鮮魚湯	Fischsuppe	XiānYúTāng
酸辣湯	süßsaure Suppe	SuānLàTāng

陽春麵	einfaches Nudelgericht	YángChūnMiàn
烏龍麵	Nudeln m. Seafood	WūLóngMiàn
牛肉炒麵	Nudeln m. Rind	NiúRòu ChaoMiàn
鷄絲炒麵	Nudeln m. Huhn	JīSī ChaoMiàn
鴨肉麵	Nudeln m. Ente	YāRòu Miàn
蝦仁炒麵	Nudeln m. Shrimps	XiāRén ChǎoMiàn
米粉	Reisnudeln	MǐFěn
白飯	gekochter Reis	BáiFàn
壽司	japanische Sushi	ShòuSī
素什錦	gemischtes Gemüse	SùShíJǐn
蚝油豆腐	gebr. Toufu u. Sauce	HáoYóu DòuFǔ
素炒豆腐芽	gebr. Sojabohnen	SùChǎo DòuYá
素炒青菜	gebr. Gemüse	SùChǎo QīngCài
蔬菜炒麵	gebr. Nudeln mit Gemüse	ShūCài ChǎoMiàn
蔬菜炒飯	gebr. Reis m. Gemüse	ShūCài ChǎoFàn
麻婆豆腐	pikanter Toufu	MáPò DòuFǔ
咖哩牛肉麵	Rindercurry m. Nudeln	GāLǐ NiúRòu Miàn
咖哩牛肉飯	Rindercurry m. Reis	GāLǐ NiúRòu Fàn
牛肉飯	Reis m. Rindfleisch	NiúRòuFàn
牛肉絲炒飯	gebr. Reis m. Rind	NiúRòu SīChǎoFàn
蛋餅	Omelett	DànBǐng
鷄蛋炒飯	gebr. Reis m. Ei	JīDàn ChǎoFàn
西紅柿炒鷄蛋	gebr. Tomaten m. Ei	XīHóng ShìChǎo JīDàn
咖哩鷄肉飯	Reis m. Hühnercurry	GāLǐ JīRòu Fàn
鷄腿飯	Hühnerkeule m. Reis	JīTuǐFàn
鷄絲炒麵	gebr. Nudeln m. Huhn	JīSī ChǎoMiàn
鷄絲炒飯	gebr. Reis m. Huhn	JīSī ChǎoFàn
手扒鷄	Brathuhn	ShǒuPáJī
糖醋鷄丁	Huhn süß-sauer	TángCù JīDīng
芽肉炒麵	gebr. Nudeln m. Ente	YāRòu ChǎoMiàn
芽肉飯	Ente m. Reis	YāRòuFàn
北平烤鴨	Peking-Ente	BěiPíng KǎoYā
三宝飯	Reis m. versch. Fleisch	SānBǎoFàn
猪肉絲炒麵	gebr. Nudeln m. Schwein	RòuSī ChǎoMiàn
猪肉絲炒飯	gebr. Reis m. Schwein	ZhūRòuSī ChǎoFàn
排骨飯	Schweinefl. in Streifen m. Reis	PáiGǔFàn
冬笋肉絲	Schweineragout m. Bambusspr.	DōngSǔn ZhūRòuSī
魚香肉絲	Hackfleisch pikant	YúXiāng ZhūRòuSī
辣子肉丁	Schweinefleisch-Würfel, pikant	LàZi ZhūRòuDīng
糖醋猪肉片	Schweinefleisch süß-sauer	TángCù ZhūRòuPian
什錦炒飯	gebr. Reis m. Seafood	ShíJǐn ChǎoFàn
螃蟹	Krabbenfleisch	PángXiè
炸蝦仁	gebr. Shrimps	ZhàXiāRén
鱔魚	Aal	ShànYú
魚	Fisch (allg.)	Yú
红烧魚	Fisch in Sojasauce	HóngShāoYú
蝦仁炒麵	gebr. Nudeln m. Shrimps	XiāRénChǎoMiàn
蝦仁炒飯	gebr. Reis m. Shrimps	XiāRénChǎoFàn

龍蝦	Hummer	LóngXiā
魷魚	Tintenfisch	YóuYǔ
春捲	Frühlingsrolle	ChūnJǔan
蛇肉	Schlange	ShéRòu
火鍋	mongolisches Barbeque	HuǒGuō
青蛙肉	Frosch	QīngWāRòu
高麗菜捲	veget. Frühlingsrolle	GāoLì CàiJüàn
羊肉	Hammelfleisch, Ziegenfleisch	YángRòu
狗肉＼香肉	Hundefleisch	GòuRòu, XiāngRòu
八宝冰	Eis m. Früchten	BāBǎoBīng
檳榔	Betelnuss	BīnLáng
黃油	Butter	HuángYóu
大蒜	Knoblauch	DàSuàn
辣椒醬	scharfe Sauce	LàJiāoJiàng
果醬	Marmelade	GuǒJiàng
番茄醬	Ketchup	FānQiéJiàng
鹽	Salz	Yán
醬油	Sojasauce	JiàngYóu
糖	Zucker	Táng
啤酒	Bier	PíJiǔ
茶	Tee	Chá
牛奶	Milch	NiúNǎi
可口可樂	Coca-Cola	KēKǒuKēLè
葡萄酒	Wein	PúTáoJiǔ
白酒	Schnaps	BáiJiǔ
橘子水	Orangensaft	JúZiShuǐ
氣水	Limonade	QìShuǐ
礦泉水	Mineralwasser	KuàngQuánShuǐ

Hotel/Unterkunft

我找···旅社＼大飯店	Ich suche das Hotel …	Wǒ Zhǎo …TàFànTiàn/LùShè
你還有一個房間嗎	Haben Sie ein Zimmer frei?	NǐHái Yǒu Yī Ge FángJiān Ma?
我在這裏要主到星期	Ich möchte bis….bleiben	Wǒ Zài ZhèLi Yào Zhū Dào XīngQi….
我我要主在多人房	Ich möchte im Schlafsaal wohnen.	Wǒ Yào Zhū Zài DuōRénFáng
我喜歡一個套房	Ich möchte ein Zimmer m. Bad.	Wǒ XǐHuán Yī Ge TàoFáng
這個房間多少錢	Wie viel kostet das Zimmer?	Zhèi Ge FángJiān DuōShǎo Qián?
可以看一看嗎	Kann ich es mal sehen?	KéYǐ KànYiKan Ma?
可以便宜一點嗎	Geht es etwas billiger?	KéYǐ PiánYǐ Yī Diǎn Ma?
好，我要主在這裏	Gut, ich bleibe hier.	Hǎo, Wǒ Yào Zhū Zài ZhèLi
太貴,我不要,再見	Zu teuer für mich, auf Wiedersehen	TàiGuì, Wǒ Bú Yào, ZàiJiàn
我現在得付錢嗎	Soll ich gleich bezahlen?	Wǒ XiànZài Děi FùQián Ma?
在哪裏可以登記	Wo muss ich einchecken?	Zài NǎLi KéYǐ DēngJi?
請鑰匙···	Den Schlüssel Nr. … bitte.	Qīng YàoShi (+ Zahlen einzeln)

你鑰看見我的護照嗎	Möchten Sie den Reisepass sehen?	Nĭ Yào KànJian Wŏ De HùZhào Ma?
你有一點開水嗎	Haben Sie etwas heißes Wasser?	Nĭ Yŏu Yī Diăn KāiShuĭ Ma?
請對我找一個計程車	Bitte rufen Sie mir ein Taxi.	Qĭng Duì Wŏ Zhăo Yī Ge Chū ZūQiChē
你有一張名片嗎	Haben sie eine Visitenkarte?	NĭYŏu YīZhàng MíngPiàn Ma
怎麼打一個電話到⋯	Wie telefoniere ich nach…?	ZĕnMo Dă YīGe DiànHuà Dào….
房不干凈	Das Zimmer ist schmutzig.	FángJiān Bú GānJìng
在哪裏洗得濯依服	Wo kann man Wäsche waschen?	Zài NăLi XĭDeZhuò YīFu?
廁所＼洗澡間在哪裏	Wo ist die Toilette / das Bad?	CèSuŏ / XĭZăoJiān Zài NăLi?
在房間裏什麼不工作	Im Zimmer ist etwas kaputt.	Zài FángJiānLi ShénMo Bú GòngZuo.

Zahlen und Wochentage

一	1	Yī
二	2	Èr
三	3	Sān
四	4	Sì
五	5	Wŭ
六	6	Liù
七	7	Qī
八	8	Bā
九	9	Jiŭ
十	10	Shi
十一	11	ShíYī
十二	12	Shí-Èr
二十	20	ÈrShí
二十一	21	ÈrShíYī
三十	30	SānShí
四十	40	SìShí
一百	100	YīBăi
一百0一	101	YīBăiYī
一百十	110	YīBăiShí
二百	200	ÈrBăi
一千	1000	YīQiān

星期一	Montag	XīngQiYī
星期二	Dienstag	XīngQi-Èr
星期三	Mittwoch	XīngQiSān
星期四	Donnerstag	XīngQiSì
星期五	Freitag	XīngQiWŭ
星期六	Samstag	XīngQiLiù
星期七＼星期天	Sonntag	XīngQiTiān

Kleine Sprachhilfe

Zeitangaben, Fragewörter und Personalpronomen

多少	wie viel	DuōShǎo
多久	wie lange	DuōJiù
什麼	was	ShénMo
神秘時候	wann; wie viel Uhr	ShénMo ShíHou
誰	wer	Shéi
---在哪裏	wo ist…	…ZàiNǎLi
怎麼樣	wie	ZěnMoYàng
這個	dieser, -e, -es	ZhèiGe
那個	jener, -e, -es	NèiGe
現在	jetzt	XiànZài
---點鐘	……Uhr	….DiǎnZhòng
小時	Stunde	XiǎoShí
今天	heute	JīnTiān
明天	morgen	MíngTiān
後天	übermorgen	HòuTiān
星期＼禮拜	Woche	XīngQi; LiBai
月	Monat	Yuè
我，我們	ich, wir	Wǒ, WǒMen
你，你們	du/Sie, ihr/Sie	Nǐ, NiMen
他，他們	er/sie/es, sie	Tā, TāMen

Der Plural für die Pronomen wird immer durch das Zeichen Men gebildet

Alltagsdinge

我要	*ich möchte*	Wǒ Yào
我找	ich suche	Wǒ Zhào
我要賣	ich will…kaufen	WǒYàoMǎi…
我不要	ich will nicht…	WǒBúYào…
在這裏有---嗎	gibt es hier…	Zài ZhèLi Yǒu…Ma
---多少錢	wie viel kostet….	…, DuōShǎoQián
我不懂	ich verstehe nicht	Wǒ Bú Dòng
對不起	Entschuldigung!	DuìBuQǐ
等一下	Augenblick	DěngYīXià
請給我看	Zeigen Sie mir…	Qǐng Gèi Wǒ Kàn
你好	Guten Tag	NǐHǎo
我沒有	ich habe nicht…	Wǒ MéiYǒu
沒有	Gibt es nicht	MéiYǒu
謝謝	Vielen Dank	XièXie
白貨公司	Kaufhaus	BǎiHuò GōngSi
照片卷	Farbfilm	ZhaoPianJuan
幻燈膠片	Diafilm	HuanDeng JiaoPian
---壞了	…..ist kaputt	…..HuaiLe
照片機	Fotoapparat	ZhàoPiànJǐ
在哪裏修理---	wo wird…repaiert	ZàiNǎLi XiúLi…?

付錢＼給錢	etwas bezahlen	FùQián GěiQián
英文日報	engl. Zeitung	YīngWèn RíBào
廁所在哪裏	wo ist die Toilette	CèSuǒ Zài NǎLi
洗澡間	Badezimmer	XǐZaoJián
衛生紙	Toilettenpapier	WèiShēngZhǐ
衛生棉條	Tampons	WèiShēng MiánTiáo
防曬油	Sonnenöl	FángShàiYóu
蚊香	Mosquito-Coils	WénXiāng
洗依中心	Wäscherei	XǐYī ZhōngXīn
洗依粉	Waschpulver	XǐYīFèn
電池	Batterien	DiánChi
火柴	Streichhölzer	HuǒChāi
地圖	Stadtplan	DìTu
香烟	Zigaretten	XiāngYán
一瓶	eine Flasche…	YīPíng…
再見	Auf Wiedersehen	ZàiJiàn
銀行	Bank	YinHáng
兌換錢	Geld wechslen	DuìHuan Qián
兌換旅行支票	Reisescheck wechseln	DuìHuan LǚXingZhǐPiáo
書店	Buchladen	ShūDiàn
電影院	Kino	DiànYíngYuǎn
酒家	Kneipe	JiǔJiā
餐館	Restaurant	CānGuǎn
請給我單子	eine Quittung bitte	Qǐng Gei Wǒ DānZi

Postwesen

郵局	Postamt	YóuJú
航空運	Luftpostbrief	HángKōngYün
郵片	Briefmarke	YóuPiàn
電話	Telefon	DiànHuà
郵簡	Aerogram	YóuJiǎn
電話卡	Telefonkarte	DiànHuàKǎ
明信片	Postkarte	MíngXìnPiàn
國際直撥電話	itl. Direktwahl	GuóJì ZhīBǒ DiànHuà
封信	Brief	FèngXìn
存局候領	postlagernd	CúnJú HòuLǐng

我要一張郵票＼	Ich möchte eine <u>Briefmarke / ein Aerogram</u> nach Europa.
郵簡到歐洲	Wo Yao YiZhang <u>YouPiao / YouJian</u> Dao OuZhou.

Hilfe, Notfälle, Dokumente

请你幫助我	Bitte helfen Sie mir!	Qǐng Nǐ BāngZhù Wǒ!
我走錯路了	Ich habe mich verirrt.	Wǒ Zǒu Cuò Lù Le.
我找一位說英文的人	Ich suche jmdn., der Englisch spricht	Wǒ Zhǎo YīWèi Shuǒ YíngWèn De Rén.
我生病了，我得看病	Ich bin erkrankt u. muss zum Arzt.	Wǒ ShěngBingLe, Wǒ Děi KànBing.

我真受傷	Ich bin ernsthaft verletzt.	Wǒ Zhēn ShòuShāng.
我有牙痛	Ich habe Zahnschmerzen	Wǒ Yǒu YáTòng
在哪裏有牙科醫生	Wo gibt es einen Zahnarzt?	Zai NaLi Yǒu YáKe YīSheng?
我找一家药房	Ich suche eine Apotheke	Wǒ Zhǎo YìJiā YàoFáng
在這裏我有痛	Hier tut´s weh (+ zeigen).	Zài ZhèLi Wǒ Yǒu Tòng.
我要中药	Ich brauche ein Medikament.	Wǒ Yào ZhōngYào.
我有感冒	Ich habe eine Erkältung.	Wǒ Yǒu GǎnMào
我有日炙	Ich habe Sonnenbrand.	Wǒ Yǒu RìJiǔ
幫助，火灾，小頭	Hilfe, Feuer / Diebe!	BāngZhù, HuǒZai / XiǎoTou!
請帶我到醫院＼警察	Bringen Sie mich ins Spital/ zur Polizei	Qǐng DàiWǒ Dào YīYuàn/JǐngChá
我找延期簽証的 外事警察	Ich suche die Ausländerpolizei zur Visaverlängerung	Wǒ Zhǎo YánQī QiānZhèng De WàiShi JǐngChá
護照＼簽証	Pass - Visum	HùZhào - QiānZhèng
飛機票＼錢	Ticket - Geld	FēiJǐPiào - Qián

Transport und Orientierung

北	Norden	BěiBián
東	Osten	DōngBian
南	Süden	NánBian
西	Westen	XīBian
右	rechts	YòuBian
左	links	ZuǒBian
往前走	geradeaus	WàngQiánZǒu
往回走	zurück	WàngHui Zǒu
從---到	von...nach	Cóng...Dào
自行車	Fahrrad	ZìXíngChē
摩托車	Moped	MǒTuoChē
機車出租	Mopedverleih	JīChē ChūZū
出租汽車	Mietwagen	ChūZu QiChe
加油站	Tankstelle	JiāYóuZhàn
公共汽車	Bus	GōngGòng QiChē
公車站	(Bus-)Haltestelle	GōngChēZhàn
買票	Fahrkarte kaufen	MǎiPiào
火車	Zug (Bahn)	HuǒChē
火車站	Bahnhof	HuǒChēZhàn
手票出	Ticketschalter	ShòuPiáoChū
行李	Gepäck	XíngLi
飛機場	Flugplatz	FēiJǐChǎng
確認票	rückbestätigen	QuèRèn Piǎo
船	Schiff	Chuán
火車在哪裏	<u>Wo ist</u> der Bhf. (Flugplatz usw.)	HuǒChēZhàn <u>Zài NǎLi</u>?
什麼時候有汽車到	<u>Wann fährt</u> ein Bus <u>nach...</u>	<u>ShénMo ShíHou Yǒu</u> QiChē Dào...?
我要買一張票到	Ich möchte ein Ticket nach...kaufen.	WǒYàoMai YìZhāngPiào Dào...
還有位子嗎	Gibt es noch Sitzplätze?	HàiYǒu WēiZi Ma?

我得幻車嗎，在哪裏	Muss ich umsteigen? Wo denn?	Wǒ Děi HuànChē Ma? <u>Zài NǎLi?</u>
我要取消我的票	Ich möchte mein Ticket stornieren	WǒYào QǔXiāo WǒDePiào.
我要定一個位子到···	Ich möchte einen Platz nach…reservieren.	WǒYào Dīng YīGe WèiZi Dào…
這離···多遠	Wie weit ist es von hier nach …?	Zhè Lí …., DuōShǎo GōngLi
我們什麼時候到了	Wann sind wir ın …?	WǒMen ShénMo ShíHou DàoLe….?
我的位子在哪離	Entschldg., wo ist mein Sitzplatz?	QǐngWèn, WǒDe WèiZi Zài NǎLi?
我找一家書店	<u>Ich suche</u> einen Buchladen.	<u>Wǒ Zhǎo</u> YīJiā ShūDiàn.
摩托車多少錢一天	<u>Was kostet</u> ein Moped für einen Tag.	MōTuoChē <u>DuōShǎoQián</u> YīTiān?
請你些開車的時候	<u>Bitte schreiben Sie</u> die Abfahrtszeit <u>auf.</u>	<u>Qǐng Nǐ Xiě</u> KāiChē De ShíHou.

Small-Talk

我老家在	Ich komme aus …	Wǒ LǎoJiā Zài ….
澳地利···瑞士···德國	Österreich - Schweiz - Deutschland	AòDìLì - RuìShì - DéGuó
臺的山水非常漂亮	Die Landschaft auf TaiWan ist schön	TáiWàn De ShānShuǐ FēiChang PiàoLiǎng
人人這利非常熱情	Die Leute hier sind alle sehr nett	RénRen ZàiZhèLi FēiChang RèQing
我是學生	Ich bin Student/-in.	Wǒ Shi XuéSheng.
假期的時候 我帶在臺彎	Die Ferien verbringe ich in TaiWan	JiàQī De ShíHou Wǒ Dài Zài TáiWàn
我不會說中文	Ich spreche kein Chinesisch	Wǒ Bú Huì Shuǒ ZhōngWèn
我結婚了， 我有···個孩子	Ich bin verheiratet und habe…Kinder	Wǒ JiéHūnLe, Wǒ Yǒu ….Ge HáiZi
時間不早，我該走了	Es ist spät, ich muss gehen.	ShíJian Bú Zǎo, Wǒ Gāi Zǒu Le

Glossar

Viele chinesische Begriffe, insbesondere Zahlen und Früchte, haben neben ihrer eigentlichen Bedeutung auch die Funktion eines Symbols. Dies erklärt sich zum einen aus der geringen Anzahl an Silben im Chinesischen, was zwangsläufig zu Ähnlichkeiten bei der Aussprache führen musste, zum anderen aus der konfuzianischen Sozialethik, die besonders im Intimbereich zu einer blumigen Symbolsprache führte (⤳ Sex).

Acht

(Ba) Viele Zahlen nehmen in der chinesischen Symbolik eine besondere Rolle ein. Alle geraden sind weibliche (Yin-) Zahlen, alle ungeraden männliche (Yang-) Zahlen. Die Zahl acht ist die Zahl der Gelehrten und der Religionen, es gibt die Acht Unsterblichen des Taoismus oder die Acht Kostbarkeiten im Konfuzianismus.

Acht Unsterbliche

(BaXian) Die acht Unsterblichen sind taoistische Heilige, die durch Befolgung der taoistischen Lehren Unsterblichkeit erlangten und auf ihrem Weg vom asiatischen Festland zur paradiesischen Insel PengLai im Pazifik auch TaiWan passiert haben sollen. Jeder von ihnen hatte ein besonderes Utensil (Fächer, Schwert, Kürbis, Kastagnetten, Bambusrohr, Flöte, Lotus, Blumenkorb), welches ihm magische Fähigkeiten verlieh. Ferner symbolisieren sie je einen bestimmten Lebens- bzw. Gesellschaftstyp: Männlichkeit, Weiblichkeit, Alter, Jugend, Adel, Volk, Wohlstand und Armut. In taoistischen Tempeln werden sie oft an den Seitenwänden als Bild oder Statue dargestellt.

Amitabha-Buddha

Nichthistorischer Buddha, der „Buddha des unendlichen Lichtes" genannt wird. Angeblich lebt er, umgeben von zahlreichen Boddhisatvas, im Paradies des Westens. Meist wird er in Tempeln rechts als Teil des Buddha-Dreigestirns dargestellt.

Apfel

Da in der chinesischen Sprache nur wenige hundert Silben für den gesamten Wortschatz zur Verfügung stehen, lauten viele Begriffe und Worte gleich. Jede Frucht symbolisiert daher etwas, was gleich oder ähnlich ausgesprochen wird. Der Apfel (Ping) ist zwar ein gutes Mitbringsel, da er den Frieden (Ping) symbolisiert, darf aber keinem Kranken geschenkt werden (Krankheit = Bing). Die Zeit der Apfelblüte ist der Frühling, der Apfel ist daher vor allem in der Malerei auch ein Symbol für diese Jahreszeit.

Apfelsine

Die Orange (JuZi) ist wegen ihrer goldorangenen Farbe ein Symbol für Gold (Wohlstand) und daher stets ein positives Geschenk. Ähnlich gesprochen wird „Zhu" (erbitten, wünschen), so dass das Verschenken von Orangen als „ich wünsche dir Wohlstand" interpretiert wird.

Aprikose

Eine gelbe Aprikose (Xing) symbolisiert den zweiten Monat des Mondjahres (etwa März), eine rote dagegen eine verheiratete Frau mit außerehelichen Beziehungen.

Auberginen

(JieZi) Die chinesischen Auberginen sind länglich und erinnern mit ihrem grünen Stengelansatz an einen stehenden Menschen mit Hut. Hutträger waren überwiegend nur Beamte, so dass die Aubergine den Wunsch „mögest du einen Beamtenrang erhalten" ausdrückt. In einer Nebenbedeutung steht die Aubergine in Fernost auch für Penis. In TaiWan wird sie am Jahresende bevorzugt von Frauen gegessen, da sie angeblich verführerische rote Lippen bewirkt.

Avalokitesvara

Indischer Boddhisatva der Barmherzigkeit, der als Zwitterwesen auf der Welt blieb, um den Menschen zu helfen. Die Allmacht wird durch hunderte von Armen und mehrere Köpfe symbolisiert. In China wird Avalokitesvara als GuanYin (↗) verehrt.

Ball

Der Ball (Qiu) hat zwei symbolische Bedeutungen. Während des Herbstfestes am 15. Tag des achten Mondmonates (↗ „Feste und Feiertage") warfen die heiratsfähigen jungen Mädchen einen Ball vom Balkon, wer ihn fing, wurde der Bräutigam. Zum anderen stehen die Löwen vor taoistischen Tempeln auf einem Ball, genauer gesagt der weiter östlich stehende rollt einen Ball unter der linken Tatze. Der weiter westlich stehende Löwe ist ein Weibchen, welches ein Junges säugt. Der Ball beim Männchen wird oft als beim Liebesspiel ausgerissenes Haarknäuel interpretiert, der Ball an sich gilt daher auch als Fruchtbarkeitssymbol.

Bambus

Bambus ist ein innen hohles Grasgewächs, „sein Herz ist leer". Da der Bambus ein äußerst widerstandsfähiges Gewächs ist („der Bambus beugt sich im Wind, bricht aber nicht"), steht er symbolisch für langes Leben, gilt aber auch als ein Zeichen für Bescheidenheit und Tugend. Er war bei der klassischen chinesischen Malerei äußerst beliebt und stellt eines der Leitmotive aller Landschaftsmalereien dar. Bambus, Pflaume, Chrysanteme und Orchidee sind die vier edlen Blumen Chinas (z.B. die Blumensteine beim MaJong-Spiel).

Banane

Das Bananenblatt symbolisiert eine der vierzehn Kostbarkeiten, die Frucht selbst ist ein Symbol der Selbsterziehung und war gleichzeitig eine Symbolfrucht für die Kopfjagd der Ureinwohner auf TaiWan.

Biene

(Feng) Im Allgemeinen ist die Biene nicht von so großer Bedeutung wie im Westen, lediglich in Südchina und auf TaiWan resultieren aus der dort gelegentlich betriebenen Bienenzucht einige symbolhafte Redensarten. Der Begriff FengHou, wörtlich Biene-Affe, wird für „Würde verleihen" verwendet, da Biene (Feng) mit „Würde" und Affe (Hou) mit „verleihen" jeweils gleichlauten.

Birne

Wegen des möglichen hohen Alters der Birnbäume wurde die Frucht zum Symbol für langes Leben, aber auch ein Zeichen für eine gute (langanhaltende) Ehe. Paare dürfen die Birne (Li) nicht aufschneiden, da dies gleichlautend mit Trennung (Li) wäre.

Blau

Blau (Lan) ist eine zwiespältige Farbe, die je nach Zusammenhang sowohl Erfolg wie auch Unglück bedeuten kann.

Boddhisatva

Jünger des historischen Buddha, der in seiner Entwicklung im Nirwana (buddhistisches Paradies) angelangt ist. Er tritt allerdings nicht in das Nirwana ein, sondern verbleibt in der diesseitigen Welt, um andere Menschen auf dem Pfad des Buddhismus (⌀ Mahayana, Hinayana) zu unterstützen. Im religiös-spirituellen Alltag werden Boddhisatvas in China als götterähnliche Wesen angesehen.

Cathay

Alter Name für China, abgeleitet vom nordöstlichen Stamm der Kithan auf dem Festland, der 916 n.C. in der Region Mandschurei-Nordostchina die Liao-Dynastie gründete. Der Begriff Cathay wurde in die russische Sprache durch Kontakte sibirischer Pelzjäger zu China am Amur aufgenommen (kitaj = China), auch die HongKonger Fluggesellschaft Cathay-Pacific griff diesen Namen auf.

ChiangKaiShek

(JiangJieShi, ChengZhengGong, 1887-1975) Nach seiner militärischen Ausbildung in Japan kehrte er zur Revolutionszeit 1911 in seine chinesische Heimat zurück und schloss sich der Truppen Dr. SunYatSens (⌀) an. Auch durch familiäre Verbindungen wurde er dessen engster Vertrauter und führte nach dem Tode Suns (1925) den Aufbau der Republik fort. 1949 zog sich Chiang mit einem Großteil der nationalchinesischen Truppen vor den Kommunisten nach TaiWan zurück und amtierte dort als Präsident bis zu seinem Tode. Sein Ziel blieb die Wiedervereinigung mit dem Festland und die Durchsetzung der Republik gemäß der Vorstellungen Dr. Suns. Zur Biographie ⌀ TaiPei, ChiangKai Shek-Gedächtnishalle.

ChiangChingKuo

(JiangJingGuo, 1910-1988) Sohn ChiangKaiSheks und Nachfolger als Präsident von TaiWan. Er studierte bis 1937 in der UdSSR und wurde enger Vertrauter seines Vaters. Von 1972-1978 übernahm er das Amt des Premierministers der R.o.C. auf TaiWan und wurde anschließend als Nachfolger von ChiangKaiShek zum Präsidenten gewählt. Zu Beginn der 80er Jahre leitete er allmähliche Reformen des Einparteienregimes der GuoMinDang (KMT und die Beendigung des Kriegszustandes mit dem verfeindeten Festland ein.

DaoDeJing

(TaoTeChing): von LaoZi (⟡) im vierten Jahrhundert vor unserer Zeitrechnung verfasstes philosophisches Werk, auf welchem der Daoismus (⟡Religionen) aufbaut. Zentrale Lehre ist das sogenannte „WuWei" (nicht-handeln), durch welches der Mensch meditativ seine Umwelt erfasst und begreifen lernt.

Demokratische Fortschrittspartei

1986, noch vor Aufhebung des Kriegsrechtes und somit eigentlich gesetzwidrig, sammelten sich Oppositionspolitiker zur Gründung der sogenannten „Demokratischen Fortschrittspartei" (DPP). Sie verlangten innenpolitisch demokratische Reformen von der regierenden KuoMinTang (KMT) sowie außenpolitisch die Unabhängigkeit TaiWans vom chinesischen Festland. Insbesondere bei der Jugend und den Intellektuellen gewann die DPP viel Sympathien und errang bei den Wahlen zur Nationalversammlung nicht nur mittlerweile die Mehrheit, sondern brachte auch ihren Kandidaten ChenShuiBian, den ehemaligen Bürgermeister von TaiPei, in das direkt vom Volk gewählte Präsidentenamt. „Mr. Saubermann" lautet sein Spitzname wegen rigoroser Müll- und Verkehrspolitik, die TaiPei von katastrophalen Umweltverhältnissen erlöste.

Drache

Der Drache (Long) ist in der chinesischen Symbolik sehr vielschichtig. Im Gegensatz zum Westen ist er positiv und gutartig, seit der Han-Zeit (seit 206 v.C.) auch Sinnbild des Kaisers (daher „Drachenthron"). Der Drache ist nahezu allmächtig, kann sich unsichtbar machen, Regen erzeugen und in jede beliebige Größe verwandeln. So ist es nicht weiter verwunderlich, dass der Drache in Volkstänzen, Erntefesten (zum Dank für den Regen), im chinesischen Kalender und bei den sogenannten Drachenbootrennen traditionell eine Schlüsselrolle spielt. Oft wird der Drache mit der Zahl neun in Verbindung gebracht. Die neun symbolisiert die potenzierte drei (Zahl der Männlichkeit) und deutet besondere Fruchtbarkeit an. „YiLong JiuZi" (ein Drache, neun Kinder) wird Jungvermählten mit auf den Weg gegeben; auch in Ortsnamen wird diese Verbindung oft gewählt, z.B. bei JiuLong (kantonesisch: Kowloon), einem Stadtteil von HongKong.

Drei

(San) Aus der ursprünglich religiös-spirituellen Bedeutung des Dreieckes Himmel-Erde-Mensch und dem häufigen Buddha-Dreigestirn (Buddha in der Mitte, Amitabha rechts und Shakyamuni links) ergab sich in der chinesischen Geschichte eine Vielzahl von symbolischen Verwendungen der Zahl drei. So bei den drei Lehren (Konfuzianismus, Daoismus, Buddhismus), dem „Drei-Zeichen-Klassiker" (Moralregeln zu je drei Zeichen in der klassischen Schule), den drei Alten (drei Dorfoberhäupter) oder den drei Augen der Frau (Augenpaar und Vagina). Die drei ist auch eine männliche Yang-Zahl und Sinnbild für Fruchtbarkeit.

Drei Erhabene

(SanHuang) Yao, Shen und Yu sind legendäre Urheroen der chinesischen Vorgeschichte, die in China als götterähnliche Urkaiser einer paradiesischen Zeit angesehen wurden.

Dreizehn

(ShiSan) Die 13 als unangenehme Zahl spielt in China – wenn überhaupt – nur im Buddhismus eine Rolle. Jener kam aus Indien, wo die 13 in der Zahlenmystik eine wesentlich größere Rolle spielt (und deren Negativdeutung bei uns im Westen dort ihren Ursprung hat). Vermutlich liegt dies am Mondjahr mit 12 Mondmonaten, welches kürzer als das Sonnenjahr ist. Nach einigen Mondjahren musste ein Schaltmonat (der dreizehnte) zwischengeschaltet werden, um den Kalender dem Sonnenstand wieder anzugleichen. Dieser Monat wurde „Monat der Bedrängnis" genannt und war unbeliebt. In China gibt es lediglich einige Schimpfausdrücke, die auf der Zahl 13 als Ausdruck des Negativen basieren.

Fan und Hsie

Zwei tugendhafte Generäle, die in vielen Taoistentempeln als Tempelwächter oder Nebenfiguren stehen. Sie gelten als besondere Beispiele für Freundschaft und Treue.

Fisch

Der Fisch (Yu) ist gleichlautend mit Überfluss (Yu) und daher ein Symbol für Wohlstand. Beliebtester Fisch ist der Goldfisch (JinYu), der wegen der Lautgleichheit als Zeichen für „Gold im Überfluss" verstanden wird (Gold = Jin). In chinesischen Lokalen (auch im Westen) spielt das Goldfischbecken am Eingang eine symbolhafte Rolle bei der Schutzgelderpressung: die Anzahl der Goldfische zeigt, wie viel man zu zahlen bereit ist.

Fo

Chinesisch für Buddha

Fünf

Die Fünf (Wu) ist eine der wichtigsten Symbolzahlen der Chinesen. So kennt man fünf Himmelsrichtungen (N, O, S, W und Mitte), fünf Geschmacksrichtungen, fünf Töne im Mandarin, fünf Farben (Cyan, Magenta, Gelb, Schwarz, Weiß), fünf Beziehungen (Fürst-Diener, Vater-Sohn, Mann-Frau, Freund-Freund, ältere-jüngere Geschwister), fünf klassische Bücher, fünf Elemente, fünf buddhistische Verbote (töten, stehlen, Lust, unbuddhistische Nahrung, lügen), fünf Anzeichen der Wollust der Frau und viel andere mehr.

Fünf Elemente

(WuXing) Holz, Feuer, Wasser, Metall und Erde waren die fünf Grundelemente, aus denen sich alle Dinge ableiten lassen und die miteinander in Harmonie stehen sollen. Die fünf Elemente spielen auch in der traditionellen chinesischen Küche eine Rolle.

Fünf Herrscher

so sollte man stets bemüht sein, alle fünf im Hause zu haben und bei einem Essen Anteile aller Elemente zu verarbeiten.

In der chinesischen Legende folgten auf die drei Erhabenen (⌀) die fünf Urherrscher. Man geht heute davon aus, dass es sich bei ihnen in der Voksreligion um Götter handelte, die im Laufe der Zeit immer mehr als fiktive weltliche Herrscher verehrt wurden. Der bedeutendste von ihnen war HuangDi, von dessen Namen sich später der Titel „Kaiser" (HuangDi = göttergleich-erhaben) ableitete.

Gelb

(Huang) Einer der wichtigsten Flüsse Chinas, der gelbe Fluss (HuangHe), führt Unmengen gelblichen Lößbodens mit sich und färbt die Böden am Flusslauf. Gleichzeitig wird Gelb als Farbe der Himmelsrichtung „Mitte" betrachtet und steht symbolisch für das „Reich der Mitte" (China). QinShi HuangTi war der erste gelbe Kaiser, im Laufe der Jahrhunderte wurde Gelb auch die Farbe der Kaiser. Nur buddhistischen Mönchen und den Kaisern war es gestattet, gelbe Kleidung zu tragen. China wird auch heute noch gelegentlich als „gelber Drache" bezeichnet, die Farbe selbst steht im Alltag für Ruhm und Fortschritt.

Geomantik

(FengShui) Aus der Yin-Yang Theorie, die den Einklang der Dinge mit der Natur postuliert, ergab sich die Notwendigkeit, vor dem Bau eines Gebäudes die unsichtbaren Strömungen vor Ort zu erforschen. Nach bestimmten Regeln, genannt „FengShui" (Wind und Wasser), legte der Geomantiker fest, wie und wo ein Haus zu stehen hat, insbesondere dürfen Geister nicht negativ vom Gebäude beeinflusst werden. Noch heute ist der Geomantiker ein wichtiger Beruf; er wird vor Baubeginn auch heute noch selbst von modernen Großunternehmen zu Rate gezogen.

Grün

(Lü) Farbe des Frühlings und des Lebens. In der chinesischen Traumdeutung wird grün als besonders positiv hervorgehoben.

GuanYin

(KuanYin) Der indische Boddhisatva (⌀) Avalokitesvara („der das weltliche Bitten hört") wird im chinesischen GuanShiYin, kurz GuanYin, genannt. Als Boddhisatva ist die geschlechtliche Trennung überwunden, die Gottheit kann wahlweise als weiblich oder männlich auftreten. Im fernen Osten wird GuanYin als Gottheit der Barmherzigkeit und Schutzpatronin der Frauen betrachtet. Sie wird sowohl von Buddhisten (als Statue meist aufrecht stehend mit einer erhobenen Hand) als auch von Taoisten (hundertarmig als Zeichen der Allmacht) verehrt. GuanYin ist eine der am häufigsten vorkommenden Figuren in taiwanesischen Tempeln.

GuanYu

GuanYu (auch WuDi genannt) ist ein historisch belegter General während der Zeit der drei Reiche (222-265 n.C.), der zahlreiche

Schlachten und heldenhaften Ruhm gewann. Dennoch war ihm ein tragisches Ende beschieden, er wurde durch eine List gefangen genommen und hingerichtet. Sein Heldentum diente der Armee als Vorbild, unter den Ming (1368-1644) wurde GuanYu schließlich zum Kriegsgott und Schutzpatron der Soldaten sowie zum Gott der Gerechtigkeit ernannt. Zahlreiche Tempelschreine erinnern an ihn, meist unter dem Namen WuShengMiao. Sowohl im Tempel wie auch als Figur der chinesischen Oper wird Guan-Yu mit auffälliger roter Gesichtsfarbe (Maske) dargestellt.

GuoMinDang

(KMT) „Nationale Volkspartei", die sich aus SunYatSens „Gesellschaft zur Erneuerung Chinas" entwickelte. Nach 1949 war unter ChiangKaiShek keine Opposition zugelassen, die KMT regierte nach dem klassischen Muster eines Einparteiensystems. Mit den Reformen unter ChiangChingKuo (JiangJingGuo) und LeeTeng-Hui (LiDengHui) Ende der 80er Jahre sammelte sich eine Opposition in der DPP (⬦), die Vorherrschaft der KMT geriet zunehmend ins Wanken. Seit den Parlamentswahlen (2001) ist die KMT nur noch zweite Kraft im Lande - innerparteiliche Zwiste führten zu Parteienabsplitterungen.

Hinayana

(Sanskrit: kleiner Wagen) Die ursprüngliche altindische buddhistische Lehre vom Weg der Erlösung. Diese kann der Mensch nur in sich selbst und ohne äußere Hilfe durch Boddhisatvas finden. Die Hinayana-Strömung verbreitete sich hauptsächlich in Südindien und Südostasien.

Jade

(Yu) Dieser Halbedelstein wurde in China in den Flüssen des Nordostens gefunden und wegen seiner Seltenheit als sehr kostbar erachtet. Da man annahm, Jade sei vom Himmel gekommen, schrieb man ihr auch magische Kräfte zu, wie zum Beispiel das Verhindern der Verwesung eines Leichnams. Bedeutende Kaiser wurden daher vor ihrer Bestattung oft mit Jade gefüllt und in Jadehemden gekleidet.

Jadekaiser

(YuHuangTi) Legendärer Urkaiser, der heute einer der wichtigsten Götter in der Volksreligion (taoistisch-schamanistisch) ist.

Kalligraphie

Kunstform des Schreibens chinesischer Zeichen mit schwarzer Tusche und Pinsel.

Karpfen

Der Karpfen (Li) ist gleichlautend mit „Vorteil". Da der Fisch auf seiner Wanderung im gelben Fluss springend Schnellen flussaufwärts überwindet, setzte man ihn mit „Erfolg in der Beamtenprüfung" (Überspringen von Prüfungshürden) gleich. Der Karpfen wird gelegentlich mit Bart dargestellt, ein Zeichen für übernatürliche Kraft und besondere Beharrlichkeit.

Kiefer

(Sung) Wegen ihrer Unempfindlichkeit gegenüber Wind und Wetter dient sie als Symbol der Langlebigkeit; gemeinsam mit dem Kranich dargestellt ist sie ein Zeichen für den von Weisheit erfüllten letzten Abschnitt eines langen Lebens.

Konfuzius

Lateinischer Name des Philosophen und Staatstheoretikers KungFuZi (551-479 v.C.). Die nach ihm benannte Lehre wurde erst lange nach seinem Tod während der Han-Dynastie (ab 206 v.C.) zur Staatsphilosophie ernannt. Zum Konfuzianismus ⌀ Religionen im Hauptteil.

KoXingGa

(KoHsingKa, ChengZhengGong) Taiwanesischer Volksheld und Anhänger der Ming-Dynastie, der sich nicht den mandschurischen Qing beugte und die Holländer von TaiWan vertrieb (⌀ Geschichte).

Kranich

(He) Symbolvogel für langes Leben. Große Bronzekessel vor Tempeln und Palästen wurden sehr häufig mit dem Kranich verziert. Auch als Symbol besonderer Mutterliebe wird der Kranich verstanden: er füttert seine Jungen angeblich in Notzeiten mit seinem eigenen Herz und Fleisch.

LaoZi (LaoTzu)

Verfasser des DaoDeJing und Begründer der darauf basierenden Lehre des Daoismus. Zu Leben und Werk ⌀ Religionen im Hauptteil.

LiDengHui

(LeeTengHui, *1923 in TaiPei) Li promovierte auf dem Fachgebiet Agrarwissenschaften nach Studien in den USA, Japan und TaiWan. Er wurde Mitglied der Führungspartei KuoMinTang (⌀) und arbeitete zunächst an der Umstrukturierung der Landwirtschaft. 1972 wurde er zunächst Gouverneur von TaiWan, dann Bürgermeister von TaiPei. 1984 wurde Li Vizepräsident, 1988 nach dem Tode ChiangChingKuos dessen Nachfolger im Präsidentenamt. Li setzte die demokratischen innenpolitischen Reformen seines Amtsvorgängers fort und wurde in seinem politischen Kurs in den ersten freien und allgemeinen Präsidentschaftswahlen im März 1996 mit großer Mehrheit (54%) bestätigt. Li trat im Jahr 2000 aus Altersgründen nicht mehr zur Präsidentschaftswahl an und gründete eine eigene Partei (TSU), die mit der DPP eine Koalitionsregierung bildet.

LienChan

(*1936) Lien kam mit seiner Familie 1946 nach TaiWan und studierte Politikwissenschaften in TaiPei und Chicago. 1969 erhielt er eine Professur an der National TaiWan University, wurde als Mitglied der KuoMinTang 1975-1978 als Botschafter nach El Salvador entsandt und diente anschließend als Vizepremier, Außenminister und Gouverneur von TaiWan, ehe er 1993 als Premierminister der taiwanesischen Regierung vereidigt wurde. Lien kam

Löwe

1995 in erhebliche Schwierigkeiten, nachdem seine Frau rechtzeitig vor der Schließung eines Unternehmens Anteile der Familie Lien an jenem Unternehmen abstieß, ehe der Konkurs der Öffentlichkeit bekannt wurde. Heute ist Lien Parteivorsitzender der „Rest-KMT" und deren Präsidentschaftskandidat.

(Shi, aus persisch: Sirr) Der Löwe war in China bis zu Handelskontakten mit Persien unbekannt. Seine Stärke ließ ihn zum Fabeltier und Tempelwächter werden. Vor vielen (insbesondere taoistischen) Tempeln stehen ein männlicher Löwe mit einer Perle (⌀ Ball) sowie ein weiblicher mit einem Löwenbaby. Übertragen bedeutet der Ausdruck „der Löwe wirft den Ball" den Beischlaf vollziehen. In den berühmten Löwentänzen an Festtagen sollen böse Geister vertrieben werden.

Lotusblüte

(LienHua) Der Lotus wächst auf schmutzigen Tümpeln, ohne selbst schmutzig zu sein und wird als Zeichen der Reinheit betrachtet. „Lien" ist außerdem lautgleich mit „Bescheidenheit", „lieben" und „ehelich verbinden", kann daher in zahlreichen symbolischen Varianten eingesetzt werden. Der Stengel stellt in der Sexualsymbolik das männliche, die Blüte das weibliche Geschlecht dar. Lotusblüte wurde daher außerhalb des Buddhismus zum Synonym für die Frau. Der „Goldlotus" bezeichnete den durch straffes umwickeln von Kindesalter an verkrüppelten Fuß der Frau, eine grausame Praxis, die bis zum Ende der letzten Kaiserdynastie (in ländlichen Gegenden auch noch darüber hinaus) weit verbreitet war.

Mahayana

(Sanskrit: großer Wagen) Die in Nordindien, Nepal und China verbreitete Lehre des Buddhismus. Im Unterschied zur Hinayana-Strömung (⌀) kann der Weg zur Erlösung des Menschen aus dem ewigen Kreislauf durch die Hilfe von Boddhisatvas (⌀) erleichtert werden.

Maitreya

Diese nach Buddha zweithöchste Figur des Buddhismus kam während der Sung-Dynastie (960-1280 n.C.) aus Indien nach China. Maitreya bedeutet „der noch nicht Erschienene" und wird im Chinesischen mit MiLoFu wiedergegeben. MiLoFu ist keine historische Figur und symbolisiert durch seine stets lachende, gemütliche und dickbäuchige Gestalt den naiven Frohsinn. Dadurch stellte er nie eine politische Gefahr dar und konnte leicht in China Anhang finden. Er wird auch HuanXiFo, „Freuden-Buddha" genannt, seine Beleibtheit drückt insgesamt Zufriedenheit aus, dicke Menschen erinnern in China an ihn und werden (im Gegensatz zum Westen) geschätzt. Einer anderen Interpretation zufolge spielt der Begriff „Freuden-Buddha" nicht auf die Leibesfülle dieses Buddha, sondern auf Beischlaf an.

MaTzu

(MaZu) Göttin des Meeres und Schutzpatronin der Fischer und Seeleute, die insbesondere in Südchina sowie auf TaiWan verehrt wird. MaZu wird auch „TianHou" (Himmelskaiserin) genannt, die zu ihren Ehren errichteten Tempel heißen daher entweder „TianHou Gong" oder „MaZu Miao". Ihr Geburtstag (14. April, angeblich 901 n.C.) wird auf TaiWan ganz besonders in BeiGang (PeiKang), einem der größten MaZu-Tempel der Welt, gefeiert.

Ming-Dynastie

Das vorletzte Kaisergeschlecht von 1368-1644 n.Chr. war gleichzeitig die letzte echte chinesische Dynastie und wird entsprechend verehrt. Die nachfolgende Qing-Dynastie (Ching, 1644-1911 n.Chr.) wurde immer als Fremdherrschaft der Mandschuren angesehen. Unter den Ming entstanden der Kaiserpalast in Peking, die Ming-Gräber bei XiAn, die Porzellanverarbeitung kam zur Blüte und die größten literarischen Werke wurden verfasst.

Namensgebung

Ein Baby erhält zunächst einen Kindernamen, der bis etwa zum zehnten Lebensjahr getragen wird. Erst danach wird entsprechend der Persönlichkeit des Kindes der eigentliche Dauername vergeben. Namen werden in China und auf TaiWan mit besonderer Sorgfalt von den Eltern ausgewählt. Der Name soll bestimmte Charaktereigenschaften widerspiegeln, so werden Mädchen häufig mit blumigen oder anderen positiven Adjektiven ausgezeichnet, Knaben dagegen mit Worten der Stärke, Tugend oder Tiernamen. Die zweisilbigen Namen werden dem einsilbigen Familiennamen nachgestellt. Frauen behalten nach der Heirat ihren alten Familiennamen, werden aber als „Frau XY" mit dem Familiennamen des Ehemannes angesprochen. Falls ein Mensch im Laufe seines Lebens eine Pechsträhne hat, kommt es sogar zu Namensänderungen, wobei häufig Astrologen zu Rate gezogen werden. Auch die Furcht vor Geistern spielt dabei eine Rolle, dies aber eher auf dem chinesischen Festland.

Nirwana

Eine Art buddhistisches Paradies oder die Endstation auf dem spirituell-religiösen Pfad. Wörtlich bedeutet Nirwana etwa „Ende der Bestrebungen" und bezeichnet jenes Stadium in der Entwicklung eines Individuums, in dem dieses die Kette der unendlichen Wiedergeburten durchbricht.

Opiumkrieg

Auseinandersetzung zwischen Großbritannien und dem kaiserlichen China um die Öffnung Chinas für den britischen Handel mit Opium 1840-1842.

Pagode

(BaoTa) Die Pagode entspricht der indischen Stupa und bezeichnet entweder eine heilige Stätte oder ist ein Ort, an welchem Reliquien aufbewahrt werden. Pagoden befinden sich überwiegend in unmittelbarer Nähe buddhistischer Tempel und Schreine.

Papagei

(YingWu) Der in Südchina und auf TaiWan beheimatete Papagei ist in seiner religiösen Bedeutung ein Begleiter des GuanYin-Boddhisatva (♪) und trägt dabei auf Darstellungen häufig eine

Perle im Schnabel. Im Alltag meint man mit Papagei auch „junges Mädchen", und die Redewendung „mit dem Papagei Tee trinken" bedeutet „ein Freudenmädchen besuchen".

Pavillon

(Ting) Beliebtes Thema der chinesischen Landschaftsmalerei. Gemeinsam mit Kranichen ein Symbol der Zauberinsel im Ostmeer, dem Ziel der Reise der acht Unsterblichen.

PengMingMin

(*1923) Peng stammt aus einer wohlhabenden taiwanesischen Medizinerfamilie und promovierte nach Studien in Tokyo in Paris. Er zählte schon in den 60er Jahren (wie auch sein Studienfreund LiDengHui) zur Elite TaiWans, wurde aber zunehmend zur Reizfigur, als er 1964 eine „Erklärung zur taiwanesischen Selbstrettung" verfasste. Peng trat für die Unabhängigkeit TaiWans von China ein, was ihm einen Hochverratsprozess einbrachte. Der drohenden Todesstrafe entging er nur durch internationale Proteste; er wurde zu acht Jahren Haft verurteilt, nach knapp zwei Jahren zu Hausarrest begnadigt. Unter mysteriösen Umständen gelang ihm die Flucht nach Schweden, 1992 kehrte Peng nach TaiWan zurück. Hier schloss sich der Verfechter der Unabhängigkeit der DPP (Demokratische Fortschrittspartei) an und gilt als Sympathieträger der Opposition. Bei den Präsidentschaftswahlen im März 1996 errang er 21% der Stimmen, seine DPP erreichte bei den gleichzeitig stattgefundenen Wahlen zur Nationalversammlung 99 von 334 Sitzen. 1998 versuchte Peng einen politischen Neuanfang, indem er sich von der DPP distanzierte und die Independence Party gründete, die aber bislang nur als Splitterpartei in Erscheinung tritt (unter 1%; Wahl 2000).

Perle

(Ju) Symbol der Reinheit. Einer chinesischen Legende zufolge besitzen tibetanische Mönche eine Zauberperle. Wenn sie sechzig Jahre unter dem Einfluss der Mönche stand, kann sie jede Frau, die die Perle erblickt, liebestoll machen.

Pfirsich

(Tao) Der Pfirsich ist das bedeutendste Symbol der Langlebigkeit. Zum chinesischen Neujahrsfest wurden Pfirsichzweige vor die Türen gelegt, um Geister zu vertreiben und das eigene Leben zu schützen. Im KunLun-Gebirge auf dem Festland soll alle 9.000 Jahre ein Pfirsichbaum blühen, dessen Früchte unsterblich machen. Auch der Affengott Sun (oder Hanuman, beides basiert auf dem indischen Hinayana-Epos) kam auf seiner legendären, im Roman „Reise nach dem Westen" (16. Jh.) beschriebenen Reise hier vorbei und verzehrte die Früchte dieses Baumes kurz vor ihrer Reife zum Entsetzen aller – und wurde unsterblich.

Pflaume

(Mei) Die Pflaume bezeichnet Winter und Jungfräulichkeit, die Bettdecke eines Brautbettes wird sinnigerweise „Pflaumenblütendecke" genannt. Eine Reihe anderer Bezeichnungen werden ebenfalls mit Mei gebildet, z.B. „Weiden-Pflaume-Krankheit" (Syphillis), „die Pflaume blüht zum zweiten Mal" (eine Nebenfrau nehmen oder zweiter Beischlaf einer Nacht) oder „Pfirsich-Pflaume" (Student).

Piktogramm

Bezeichnung für Bildzeichen, hier für chinesische Schriftzeichen, die aus Bildern entstanden.

QinShi HuangDi

Erster chinesischer Kaiser, der über ganz China herrschte. Er regierte nur relativ kurz von 221-206 v.C., viele der nachfolgenden Herrscherhäuser und selbst MaoZiDong orientierten sich an ihm. Sein zentraler Gedanke war es, das Land rigoros zu vereinheitlichen und mit alten Traditionen zu brechen. Einschneidenste Taten waren der Bau der großen Mauer, die berühmte Terrakotta-Armee in XiAn und die Verbrennung traditioneller Schriften durch seinen Minister LiSi.

Reich der Mitte

(Zhong Guo) Heutiger Name Chinas, der bereits während der Chou-Dynastie (1028-221 v.C.) entstand und den führenden Teilstaat Chou inmitten unterworfener Fürstentümer am Rande bezeichnete. Der Begriff „ZhongGuo" spiegelt auch das heutige Selbstverständnis Chinas und das sinozentrische Weltbild der politischen Führung in Peking wieder.

Republik China

(R.o.C., ZhongHua MinGuo) Am 1.1.1912 von Dr. SunYatSen ausgerufene Republik als Nachfolgestaat des Kaiserreiches (gestürzt in der Revolution vom 10.10.1911). Die „Republik China auf TaiWan" versteht sich als direkter Nachfolger der Republik Suns, die aber 1949 vor den Kommunisten „vorübergehend" nach TaiWan ausweichen musste.

Rosa

(FenHong) Farbe der Unzucht und Prostitution.

Rot

(Hong) Rot ist sowohl die Farbe des Kriegsgottes GuanYu, Farbe des Reichtums und des Lebens. In Kombination mit der Farbe grün gibt es noch heute einige interessante Wendungen wie „Lampen rot, Wein grün" (Kneipenleben), „roter Rock und grüne Socken" (Jungfrau); in Kombination mit weiß bedeutet „rot und weiß" ein Kompliment für die Schönheit einer Frau (rote Lippen, weiße Zähne).

Schildkröte

(Gui) Symboltier, welches die Geheimnisse des Himmels und der Erde vereint. Sie steht auch für Zähigkeit und Standfestigkeit. Andererseits bedeutet „GuiGong" (Schildkrötenherr) das Fluchwort „Vater einer Hure" und „WuGui" (dunkle Schildkröte) „Zuhälter".

Schlange

(She) Gerade auf TaiWan ist die Bedeutung der Schlange recht vielfältig. Sie wird gerne verzehrt, da ihr Genuss gut für die Augen sei. Andererseits hält man das Schlangenfett für gefährlich, da die Funktion des Penis beeinträchtigt werde. Träumt ein Taiwaner von einer Schlange, bedeutet dies den Verlust seines Wohlstandes oder aber eine neue Frauenbekanntschaft (wie sinnig!). Da man nicht genau sagen kann, welche Möglichkeit zutrifft, ist die Beratung durch traumdeutende Astrologen/Handleser am Morgen nach dem Traum weit verbreitet. In der Praxis werden Schlangen mit Hilfe von – Damenunterwäsche gefangen, da sie durch den Geruch angeblich angezogen werden. Daher wird die Schlange auf TaiWan beinahe folgerichtig auch mit dem Penis gleichgesetzt.

Schwarz

(Hei) Symbolfarbe für Tod, Ehre und das Dunkel.

Sex

(Se) Die verhältnismäßig strikte Moralethik des Konfuzianismus bedingte eine Tabuisierung erotischer und sexueller Handlungen und deren Beschreibung. So entwickelte sich die beinahe ausschließliche symbolische Beschreibung erotischer Handlungen, wobei die Symbole zwar eindeutig waren, gemäß der strengen Sozialethik die Dinge aber nie direkt beim Namen genannt wurden. In ländlichen Regionen des Festlandes ist es noch heute üblich, vollkommen bekleidet zu Bett zu gehen, auch ins Ehebett. In TaiWan verschwindet diese Haltung allmählich – nicht zuletzt durch westliche Einflüsse; in der Volksrepublik drohen bei vorehelichem Verkehr dagegen auch heute noch Strafen.

Sieben

(Qi) Nach chinesischer Zahlensymbolik Zahl des Lebens und des Todes. Mit sieben Jahren verliert das Mädchen die Milchzähne, mit vierzehn hat sie die erste Regel, mit 49 die letzte. Nach dem Tod werden Opfer an jedem siebenten Tag gebracht, nach sieben mal sieben Tagen geht die Seele ins Jenseits über.

Stein

(Shi) Berge, Felsen und Steine stehen für langes Leben. Auf TaiWan liefern sich kleine Dörfer am fünften Tag des fünften Mondmonates regelrechte Steinschlachten, um die Fruchtbarkeit zu fördern und Krankheiten vorzubeugen.

SunYatSen

(SunZhongShan) Chinesischer Politiker (1866-1925), der mit seiner „Gesellschaft zur Erneuerung Chinas" das chinesische Kaiserreich 1911 stürzte und die demokratische „Republik China" gründete. (Zur Biographie ↗ TaiPei, SunYatSen-Gedächtnishalle.)

TaiJiQuan

Chinesisches Schattenboxen, eine meditative Leibesübung für Körper und Geist.

TaiZi

(TaiTzu) Der junge götterähnliche Held TaiZi oder NaCha ist eine Art chinesischer Siegfried, der auf einem Feuerrad stehend mit Hilfe eines Zauberringes seine Feinde bekämpft. TaiZi ist der Sohn des nördlichen Himmelskönigs LiJing und ehrte nur Buddha, nicht aber seine Eltern. Obgleich inhaltlich eher eine buddhistische Figur, ist er auf TaiWan nur sehr selten in einigen Tempeln im Südwesten (Raum ChiaYi) zu sehen.

Taro

(YuNai) Die Knollenpflanze stammt vermutlich aus Polynesien und kam mit den Yami-Ureinwohnern (↗ LanYu) nach TaiWan und Südchina. Ihr wird nachgesagt – ähnlich wie bei unseren Karotten – dass man bei ausreichendem Verzehr gut sehen könnte.

Tee

Das chinesische Nationalgetränk kam vermutlich im dritten Jahrhundert aus Indien nach China. Im Süden heißt er „Ti" (Taiwanesisch, Fukienesisch), im Norden dagegen „Cha". Das nordchinesische Cha (Gesprochen Tscha) kam als Lehnwort ins Russische (tschaj), das südchinesische Ti als tea, Tee usw. zu den westeuropäischen Sprachen.

Tempel

(allgemein: SiMiao) Ursprünglich war die Benennung chinesischer Tempel relativ klar gegliedert. So war ein „Si" immer buddhistisch, ein „Miao" taoistisch und konfuzianistisch, ein „Tan" eine Stätte der Volksreligion. Auf TaiWan fand eine starke Vermischung der einzelnen Strömungen statt, so dass heute lediglich der „Si" relativ eindeutig und ausschließlich für buddhistische Tempel steht. Konfuziustempel heißen immer „KongZiMiao", aber auch taoistische und schamanistische (volksreligiöse) Tempel werden als „Miao" bezeichnet.

Tempelwächter

Steinerne Wächter an den Eingangstoren finden sich gelegentlich bei buddhistischen, nahezu immer bei taoistischen Tempeln. Meist dienen die vier bis an die Zähne bewaffneten und furchterregend blickenden Himmelskönige (Wen, Ma, Li und Zhao) als Tempelwächter, aber auch andere ehrenwerte Figuren wie die Generäle Fan und Xie nehmen diese Aufgabe wahr.

Vier

(Si) Unglückszahl, da lautgleich mit sterben. In chinesischen Gebäuden wird der vierte Stock oft übersprungen, auf den dritten folgt unmittelbar der fünfte. Mit vier Geldscheinen oder 400/ 4.000 NT\$ als Geschenk macht man daher niemandem eine Freude, vier halbe, glasierte Birnen (↗) kommen schon beinahe einer Kriegserklärung gleich.

Walfisch

(JingYu) Der Wal wird in den Küstenregionen TaiWans als Patron der Hirsesaat verehrt. Ehe KoXingGa (↗), der taiwanesische Volksheld, nach TaiWan übersetzte, tauchte vor TaiNan angeblich ein Walfisch auf und blieb vor der Küste. Nachdem KoXinGa starb und seine Anti-Qing-Herrschaft zusammenbrach, verschwand auch der Wal.

XinDang

(Neue Partei) Als Folge der innenpolitischen Zwänge für die KMT (↗) durch das Entstehen der DPP bildeten sich innerhalb der KMT verschiedene politische Strömungen. Die konservativen

Kräfte der KMT, die ein absolutes, restriktives Festhalten an der „Ein-China-Politik" verfolgen und jegliche demokratische Reformen ablehnen, formierten sich im August 1993 zur XinDang. Bei ihrer ersten Teilnahme an den Wahlen zur Nationalversammlung im März 1996 errang sie 46 der 334 Sitze, hat aber bei den Wahlen 2000 nur noch knapp 3% der Wählerstimmen bekommen. Mit ihrer Abspaltung begann für die alte Einheitspartei KMT der allmähliche Machtverlust.

Yin-Yang

Prinzip der Harmonie zwischen den universalen Polen Yin (weiblich, schattig, weich, negativ) und Yang (männlich, sonnig, hart, positiv), welches in der Volksreligion und der chinesischen klassischen Medizin von Bedeutung ist. Beide Pole ergänzen sich und können nur gemeinsam, im Idealfall in vollendeter Harmonie, existieren.

HILFE!

Dieses Reisehandbuch ist gespickt mit unzähligen Adressen, Preisen, Tipps und Infos. Nur vor Ort kann überprüft werden, was noch stimmt, was sich verändert hat, ob Preise gestiegen oder gefallen sind, ob ein Hotel, ein Restaurant immer noch empfehlenswert ist oder nicht mehr, ob ein Ziel noch oder jetzt erreichbar ist, ob es eine lohnende Alternative gibt usw.

Unsere Autoren sind zwar stetig unterwegs und versuchen, alle zwei Jahre eine komplette Aktualisierung zu erstellen, aber auf die Mithilfe von Reisenden können sie nicht verzichten.

Darum: Schreiben Sie uns, was sich geändert hat, was besser sein könnte, was gestrichen bzw. ergänzt werden soll. Nur so bleibt dieses Buch immer aktuell und zuverlässig. Gut verwertbare Informationen belohnt der Verlag mit einem Sprechführer Ihrer Wahl aus der über 150 Bände umfassenden Reihe "Kauderwelsch". Wenn sich die Infos direkt auf das Buch beziehen, würde die Seitenangabe uns die Arbeit sehr erleichtern.

Bitte schreiben Sie an:
REISE KNOW-HOW Verlag Peter Rump GmbH,
Osnabrücker Str. 79, D-33649 Bielefeld,
oder per e-mail an: info@reise-know-how.de
Danke!

Literaturhinweise

Selbstredend können politische, wirtschaftliche und kulturelle Themen im Rahmen dieses Handbuchs nur angerissen werden. Der Leser wird vielleicht an dem einen oder anderen Gebiet besonders interessiert sein oder möchte mehr zu bestimmten Punkten wissen. Während über China im Allgemeinen ein breites Literatur-Angebot zu Geschichte, Sprache und Landeskunde besteht, wird TaiWan in der deutschsprachigen Literatur eher vernachlässigt. Die Geschichte TaiWans ist natürlich mit der Chinas untrennbar verbunden, eine vollkommen eigenständige Entwicklung besteht erst seit der KuoMinTang-Ära (1949).

Gesamtdarstellungen

● *Gernet, Jacques:* **Die chinesische Welt,** Frankfurt, 1979. Das Standardwerk zur Universalgeschichte Chinas von den Anfängen bis zur Gegenwart.

● *Government Information Office (Hg.):* **Republic of China Yearbook,** Taipei, jährlich. Das Nonplusultra an aktueller Information zur Entwicklung TaiWans auf allen Sektoren. Einfach, verständlich, umfassend und informativ. Weist mit zunehmender Demokratisierung in den vergangenen Jahren auch auf Mängel (Umwelt, Sozialsystem) hin.

● *Schöller, P. u.a. (Hg.):* **Ostasien,** Fischer Länderkunde, Bd. I, Frankfurt, 1978. Allgemeines Nachschlagewerk zu allen fernöstlichen Ländern mit knappen Übersichten zu Politik, Wirtschaft und Geographie.

● *Statistisches Bundesamt (Hg.):* **Länderbericht TaiWan,** Wiesbaden, jährlich. Im Wesentlichen eine Zusammenfassung der taiwanesischen statistischen Jahrbücher ohne eigene Erkenntnisse und Analysen.

Geschichte

● *Eberhard, Wolfram:* **Geschichte Chinas,** Stuttgart, 1980. Wirtschafts- und sozialgeschichtliches Standardwerk.

● *Fairbank, John:* **Geschichte des modernen China (1800-1985),** Nördlingen, 1989. Die Epoche vom Ende des Kaiserreiches über den Bürgerkrieg bis zur Volksrepublik.

● *Bianco, Lucien (Hg.):* **Das moderne Asien,** Fischer Weltgeschichte Bd. 33. Frankfurt, 1969. Historisch-politische Gesamtdarstellung der asiatischen Staaten von der Mitte des 19. Jhd. bis in die Zeit nach dem Weltkrieg im Vergleich.

● *FitzGerald, Patrick:* **Das alte China,** Lausanne, 1975. Beschreibung der Frühgeschichte Chinas von den Anfängen bis zur Tang-Zeit (9. Jhd. n.C.) aus archäologischer Sicht. Wissenschaftlich, informativ und verständlich.

● *Schafer, Edward:* **Das alte China,** Amsterdam, 1982. Überblick über die chinesische Geschichte von der Bronzezeit bis zur Tang-Dynastie (618-907 n.C.). Mit ausführlichen Exkursen zu Buchdruck, Kalligraphie u.a., einfach und verständlich.

● *Weggel, Oskar:* **Die Geschichte Taiwans,** Köln, 1991. Leicht verständliche und objektive Gesamtdarstellung der besonderen Geschichte TaiWans.

Politik und Gesellschaft

● *Cheng TunJen & Haggard, Stephan (Hg.):* **Political Change in Taiwan,** Boulder, 1992. Beschreibung der politischen Veränderung Taiwans vom Einparteiensystem zur Demokratie mit dem Schwerpunkt der Reformen ChiangChingKuos und LeeTengHuis.

Literaturhinweise

- *Chiu HungTa:* **The International Legal Status of the Republic of China.** Maryland, 1992. Erörterung der Problematik eines offiziell nicht existierenden Staates. Interessant besonders für Juristen des internationalen Rechts.
- *Gold, Thomas:* **State and Society in the Taiwan Miracle,** New York, 1986. Beschreibt die Entwicklung Taiwans von der Agrar- zur modernen Industriegesellschaft in Wirtschaft, Politik und Gesellschaft.
- *Kindermann, Gottfried-Karl:* **Pekings chinesische Gegenspieler,** Düsseldorf, 1977. Gute Einführung in Theorie und Praxis des nationalchinesischen Widerstandes gegen das kommunistische Festland.
- *Troyelle, Claudie:* **Die Hälfte des Himmels,** Berlin, 1973. Feldstudie über Frauen, Emanzipation und Kindererziehung in China (VR, dennoch auch für Taiwan sehr interessant).
- *Zhao QuanSheng u.a. (Hg.):* **Politics of Divided Nations: China, Korea, Germany, Vietnam,** Maryland, 1991. Vergleicht den Wunsch der Menschen in geteilten Staaten nach Einheit mit den realpolitischen Möglichkeiten. Der Schwerpunkt liegt in Asien, die asiatische Sichtweise ist aber auch für den deutschen Leser eine neue Perspektive.

Sprache

- *Eberhard, Wolfram:* **Lexikon chinesicher Symbole,** Köln, 1983. Detaillierte Beschreibung des Symbolgehaltes der wichtigsten chinesischen Zeichen.
- *Karlgren, Bernhard:* **Schrift und Sprache der Chinesen,** Berlin, Heidelberg, 1986. Einführung in die Hintergründe und Geschichte der Sprache (keine Sprachlehre), ohne Vorkenntnisse verständlich.
- *Latsch/Forster-Latsch:* **Hoch-Chinesisch Wort für Wort,** Bielefeld, 2002. Einfache, leicht verständliche Einführung mit vielen anwendungsbezogenen Beispielen, Zeichen und Umschrift; geeignet für Touristen und Anfänger.
- *Pao, Donald (Hg.):* **Practical Chinese Conversation,** TaiPei, 1968. Praktisches Taschenbuch mit einfachen Redewendungen zum Alltag (in Zeichen und Umschrift). Gegliedert nach Situationen. Sprachführer für den Einsteiger und Urlauber. Bei den Cave's-Buchläden in Taiwan erhältlich.

Wirtschaft

- *Bürklin, Wilhelm:* **Die vier kleinen Tiger,** München, 1993. Vergleichende Einstiegslektüre zur Wirtschaft in HongKong, Singapur, Korea und TaiWan.
- *CETRA (Hg.):* **Doing Business with Taiwan, R.o.C.,** TaiPei, 1993. Handbuch für Wirtschaft und Handel mit Taiwan unter Berücksichtigung von Infrastruktur, Telekommunikation, gesetzlichen Vorgaben, Auflagen, Unterstützungsprogrammen usw.
- *Council for Economic Planning and Development (Hg.):* **Statistical Yearbook of the Republic of China,** TaiPei, jährlich. Statistisches Jahrbuch zu innen- und außenwirtschaftlichen Entwicklungen.
- *Frankfurter Allgemeine Zeitung (Hg.):* **Taiwan (Republik China) – im Schatten des Festland-Booms,** Frankfurt, 1994. Beschreibung der aktuellen wirtschaftspolitischen Lage Taiwans im Vergleich zur internationalen Entwicklung der Volksrepublik.
- *Fukuyama, Francis:* **Konfuzius und Marktwirtschaft,** München, 1995. Studie über die Unterschiede der wirtschaftlichen Großzonen Amerika – Europa – Asien mit Schwerpunkt Asien. Bemerkenswert dabei die feinen Unterschiede zwischen den einzelnen asiatischen Marktwirtschaften. Sehr genau und das Verständnis fördernd Pflichtlektüre für Geschäftsleute.

●*Industrial Development and Investment Center (Hg.):* **Questions and Answers on Investment by Foreigners in Taiwan, R.o.C.,** TaiPei, 1993. Richtlinien für Investitionsvorhaben ausländischer Unternehmen.

●*Ministry of Economic Affairs (Hg.):* **An Introduction to the Six-Year National Development Plan for Taiwan, Republic of China (1991-1996),** TaiPei, 1991. Mit dem Schwerpunkt der Innen- und Außenwirtschaft werden die politischen Grundgedanken und Planungen der Regierung für den ersten Sechsjahres-Plan der 1990er Jahre detailliert erörtert.

Kunst und Kultur

●*Burger, Helga:* **Die chinesische Oper,** Würzburg, 1983. Gelungene Einführung in diesen für Einsteiger schwer verständlichen Teil der chinesischen Kultur.

●*Chen, Hanne:* **Kulturschock VR China/Taiwan,** Bielefeld, 2002. Alltagskultur, Tradition, Verhaltensregeln, Religion, Tabus, Mann und Frau, Stadt- und Landleben u.v.m..

●*Harell, Steven & HuangChunChieh:* **Cultural Change in Postwar Taiwan,** Boulder, 1994. Zeigt die gesellschaftlichen und kulturellen Entwicklungen auf, die letztlich mit Ursache für die Demokratisierungstendenzen waren.

●*Herrmann, Konrad (Hg.):* **Reiskörner fallen nicht vom Himmel,** Leipzig, 1984. Sammlung chinesischer Sprichwörter und Redensarten.

●*Levy, Howard:* **Chinese Footbinding,** New York, 1967. Beschreibt die alte Tradition des Fußbindens im kaiserlichen China, u.a. anhand von Interviews mit Zeitzeuginnen.

Martin, Helmut: **Die literarische Entwicklung Taiwans,** In: Asien, Nr. 51 (April). Hamburg, 1994. Überblick über die moderne Literatur Taiwans.

●*PengPonTo (Hg.):* **Retrospektive – Die taiwanesische Filmlandschaft bis 1994,** München, 1994. Zeigt Tendenzen, Hintergründe und Erfolge der jüngeren taiwanesischen Filmgeschichte auf.

●*Timmermann, Irmgard:* **Die Seide Chinas,** München 1988. Bietet einen guten Einblick in die Geschichte der Seide, Seidengewinnung, Techniken, Kleidersitten, Rituale, Kunst und Handel mit Seide in China. Leicht verständlich.

Philosophie und Religion

●*Chen, Hanne:* **Daoismus erleben,** Bielefeld, 2001. Die geistigen Grundlagen des Daoismus.

●*Granet, Marcel:* **Das chinesische Denken,** München, 1963. Versucht, chinesische Denkweisen auf allen Gebieten verständlich zu machen. Gilt als Standardwerk der chinesischen Philosophie und des politischen Denkens.

●*Hülsmann, Heinz & Mall, Ram Adhar:* **Die drei Geburtsorte der Philosophie – China, Indien, Europa,** Bonn, 1989. Guter Ein- und Überblick über die wichtigsten Philosophien und Religionen der Welt im Vergleich.

●**YiJing,** (Übersetzung R. Wilhelm). Köln, 1985. Das Buch der Wandlung in der Wilhelmschen Übersetzung. Pflichtlektüre für jeden, den das chinesische Orakel interessiert.

●*Konfuzius:* **LunYu (Gespräche),** Köln, 1985. Die berühmten Dialoge des Meisters mit seinen Schülern sind die Grundlage des Konfuzianismus. Pflichtlektüre, um das chinesische „um die Ecke denken" zu verstehen.

●*Maspero, Henri:* **Taoism and chinese Religion,** Massachusetts, 1981. Handbuch zu daoistischen Tempeln und Gottheiten.

●*Schuhmann, Hans-Wolfgang:* **Buddhismus,** Olten, 1976. Gute Einführung.

Alle Reiseführer von Reis

Know-How auf einen Blick

Wo man unsere Reiseliteratur bekommt:

Jede Buchhandlung der BRD, der Schweiz, Österreichs und der Benelux-Staaten kann unsere Bücher beziehen.
Wer trotzdem keine findet, kann alle Bücher über unseren Internet-Shop unter **www.reise-know-how.de** oder **www.reisebuch.de** bestellen.

China

Ein Riesenreich, ein faszinierendes Reiseland, eine Herausforderung für jeden Traveller! Die Reiseführerreihe REISE KNOW-HOW bietet verlässliche Handbücher mit umfassenden und aktuellen Informationen für das Reisen auf eigene Faust (mit Sprachhilfe und viel Hintergrund):

Andrea und Oliver Fülling

China – Manual

Das komplette Handbuch für individuelles Reisen und Entdecken in ganz China
792 Seiten, über 150 Karten und Pläne.

Andrea und Oliver Fülling

Chinas Norden –
die Seidenstraße

Reisen entlang des uralten Handelsweges
648 Seiten, über 70 Karten und Pläne.

Andrea und Oliver Fülling

Chinas Osten –
mit Beijing und Shanghai

Reisen entlang der modernen Ostküste mit den Sonderwirtschaftszonen
648 Seiten, über 80 Karten und Pläne.

Werner Lips

Hongkong – Macau, Kanton

Reisen in der ehemaligen Kronkolonie, in Macau und in der Provinz Kanton
480 Seiten, über 40 Karten und Pläne.

Alle Titel sind durchgehend illustriert, mit chinesischen Schriftzeichen zu jedem Ort, Hotel, Highlight versehen und kosten 19,90-25,00 €.

Kauderwelsch Sprachführer:

Hochchinesisch - Wort für Wort

Der Sprachführer für Globetrotter.
Leicht verständliche Erklärung der Grammatik, praxisorientierte Konversationsbeispiele, Wort-für-Wort-Übersetzung, ca. 1000 Vokabeln. 160 Seiten, Taschenformat, Begleitkassette erhältlich. Je 7,90 €.

REISE KNOW-HOW Verlag, Bielefeld

Mit REISE KNOW-HOW gut orientiert durch die Welt

Wohin auch immer Ihr Fernweh Sie zieht, welche Regionen der Erde auch immer Sie entdecken wollen – mit den Landkarten von REISE KNOW-HOW finden Sie Ihren Weg zu den entlegenen Winkeln der Welt.

Erholen Sie sich auf wundervollen Wanderungen, entspannen Sie an schönen Strände fernab jeglicher Touristenrouten, erforschen Sie Höhlen und stürmen Sie Berggipfel . Die Karten aus dem Hause REISE KNOW-HOW leiten Sie sicher an Ihr Ziel.

In Zusammenarbeit mit dem world mapping project gibt Reise Know-How detaillierte, GPS-taugliche Landkarten mit Höhenschichten und Register heraus.

So zum Beispiel:

Sri Lanka	1:500.000
Namibia	1:1.250.000
Mexiko	1:2.250.000

world mapping project
REISE KNOW-HOW Verlag, Bielefeld

Register

Die Reihe KulturSchock

vermittelt dem Besucher einer fremden Kultur wichtiges
Hintergrundwissen. **Themen** wie Alltagsleben, Tradition,
richtiges Verhalten, Religion, Tabus, das Verhältnis von
Frau und Mann, Stadt und Land werden nicht in Form
eines völkerkundlichen Vortrages, sondern praxisnah
auf die Situation des Reisenden ausgerichtet behandelt.
Der **Zweck** der Bücher ist, den Kulturschock weitgehend abzumildern oder ihm gänzlich vorzubeugen.
Damit die Begegnung unterschiedlicher Kulturen zu
beidseitiger Bereicherung führt und nicht Vorurteile
verfestigt.

Hanne Chen
KulturSchock China
VR China und Taiwan
280 Seiten, reich illustriert

Reise Know-How Verlag, Bielefeld

Der Autor

Werner Lips (*1961) studierte nach der Offiziersausbildung Geschichte und Ost- sprachen in Würzburg und TaiPei. Beruf- lich wie privat zieht es ihn immer wieder in den chinesischen Kulturkreis. 1995 besuchte und beschrieb er als erster westlicher Reisejournalist überhaupt für die Erstauflage dieses Buches die bis dahin gesperrte taiwanesische Militär- Bastion KinMen. Vom ihm erschien bei Reise-Know-How auch das „HongKong, Macau, Kanton-Handbuch".

Kartenverzeichnis